はじめに

北海道の高校情報が
この1冊にギッシリ！

高校の内容って意外と知られていないんです。高校生に「どうしてこの高校を選んだの？」と聞くと、「なんとなく」「近いから」「友達も行くから」「自分のSSから考えて……」といった答えが多いのです。情報のほとんどは身近な先輩や先生の話、同級生の評判やウワサ、制服のデザインなどで、あとは雑誌に載っていた大学進学者数や部活の新聞記事といったところでしょうか。

もちろん、それでも間違いではありません。

しかし、高校は、人生の最も多感な時期、一生を左右しかねない大切な3年間を過ごすところです。そこでの出会いや経験が、善かれ悪しかれ――好むと好まざるとにかかわらず――君たちの人生の骨格を作っていきます。この本を通して少しでも学校の魅力を感じていただけたら幸いです。皆さんが将来「ガイドブックに載っていたあの一言がきっかけでこの高校を選んだけど、良かったな」と思うようなことがあれば、作った甲斐があったというものです。

道コン事務局スタッフ一同

記事を提供して下さった高校と関係者に感謝しつつ――

do-con
北海道
高校ガイドブック

目 次　CONTENTS

僕の、わたしの高校受験体験記！
P170, 232

本紙掲載の日程等については、5月現在の予定です。変更になる場合がありますので、道教委ホームページ、各校ホームページをご確認ください。

入試に向けて『やるべきこと』
～ランクとSSを意識してみよう～

1
今は昔に比べて内申ランクが高い生徒が増えてきていると聞きました。

2
そうですね。皆さんのお父さんお母さんが中学生の頃は相対評価（※1）といい、1クラスで「4」の生徒は10人、「5」の生徒は2人までなど、5段階評価のつけ方に制限（※2）がありました。
現在は絶対評価なので、一定の基準を満たした生徒すべてに「4」や「5」の評価をすることが可能です。
（※1）相対評価は2001年頃まで。
（※2）クラスや学年の人数によって異なる。

3

僕も頑張れば「5」をたくさんとれるかな！？

4
道コン受験生のランクを分析してみました。
表①は過去10年間の道コン受験者のランク別構成比をまとめたものです。
高いランクの人数が年々増えてきていることがわかります。
2015年のAランクの割合は道コン受験生全体の9.8%でしたが、2024年では、2倍の18.3%まで増えています。
また、2024年のA・Bランクの合計は34.4%で全体の3分の1以上になっています。

表① 中3・1月道コン　ランク別構成比（10年間の動き）

ランク	2024	2023	2022	2021	2020	2019	2018	2017	2016	2015
A (オール5)	18.3%	18.6%	17.7%	16.0%	13.5%	13.0%	12.2%	11.0%	10.3%	9.8%
B	16.1%	16.4%	16.8%	15.1%	14.5%	14.3%	13.8%	13.0%	12.7%	12.4%
C	15.6%	15.8%	15.6%	16.5%	15.6%	15.9%	15.2%	14.6%	14.0%	14.7%
D (オール4)	14.2%	14.8%	14.7%	15.0%	16.3%	15.6%	16.1%	15.3%	16.2%	16.2%
E	12.5%	12.7%	13.1%	13.6%	14.3%	14.3%	15.0%	15.8%	15.7%	15.8%
F	10.8%	10.4%	10.6%	11.7%	12.6%	13.3%	13.3%	14.2%	15.1%	14.6%
G (オール3)	6.8%	6.4%	6.7%	7.0%	7.4%	8.0%	8.3%	9.2%	9.0%	9.5%
H～	5.7%	5.0%	4.8%	5.2%	5.8%	5.6%	6.0%	6.7%	6.9%	7.1%

!!
Aランクって通知表がほとんど「5」ですよね。

5教科だけじゃなく体育や音楽も頑張らないと…

5
入試では、皆さんの中学校での評価である内申点と学力検査の得点を総合的に判断して入学者が選抜されることになります。
表②は道コンの個人成績票にも掲載されている高校ごとの志望者の相関表です。
道コンのボーダーラインは皆さんの先輩たちの進学校調査によって決められています。
志望校に合格した先輩たちと今年の受験生の分布をSSとランクから総合的に判定して合格の可能性を計算しています。

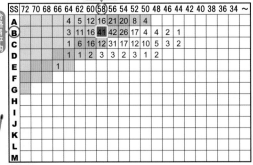
表② (例) 2024年1月 道コン 中3 札幌月寒高校の第一志望者の分布
■あなたの位置　■80%以上　■60～80%　■40～60%

札幌月寒高校の志望者は、SS64～50くらいまでに多く分布していますね。

内申ランクだけじゃ合格できるかどうかわからないからSSも大事なんだ。

6
そうですね。ランクを疎かにすることはできませんが、道コンの様な模試を受験し自分のSSを把握することは、志望校の選択にとても重要です。

7
道コンはどれくらいの生徒が受験しているのですか？

中3生になると、北海道全体で3人に1人、札幌市ではおおよそ2人に1人が受験しております。皆さんのクラスにも受験している方はいると思いますよ。

36% 全道の中3道コン受験者の割合
51% 札幌の中3道コン受験者の割合

なるほど。同じ高校を目指すライバルと、入試の前に力試しができるってことか。

志望校を決める
ポイントって
あるのですか？

できれば、中1・中2のうちから道コンを受け、自分の力と、行きたい学校のレベルを把握するとよいでしょう。
そうして、中3の夏ころまでに『行きたい学校』から『志望校』を絞り込み、秋からの学力テストや道コンに全力で取り組み、入試を意識した学習に切り替えましょう。できるだけ多くの試験に参加して色々な問題に挑戦することが大事です。

8

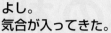
9

よし。
気合が入ってきた。

10

志望校合格に向けてがんばるぞー

「やるべきこと」まとめ をチェック！

中1・中2のころから入試に向けてやるべきこと

・ランクを意識した学習
・道コンのような模試を受け、自分の学力を分析し、行きたい学校のレベルを把握する。
★『自分』と『行きたい学校』のランクとＳＳをチェック。

> 高校選びは【北海道高校ガイドブック】を有効活用し、1年後・2年後の受験や高校生活をイメージしよう！

中3から入試に向けてやるべきこと

・『行きたい学校』から『志望校』を絞り込む
・入試を意識した学習
★道コンのような模試を受け、同じ高校を受験するライバルと勝負する。

> 入試直前は【北海道公立高校 入試の完全攻略】をじっくり解いて、受験勉強を充実させよう！

北海道学力コンクール・編
各 1,760 円（税込）

北海道学力コンクールは、実際に同じ高校を受験するライバルと勝負できる、北海道最大級の公開模擬試験です。

北海道学力コンクール事務局では、毎年、高校入試を終えた受験生に進学校調査を行っております。

道コンの合格可能性は、この調査結果を基礎データとし、同等の成績（ランク・SS）だった先輩が、どの程度の割合で合格されたかを表しています。

そして、今年も道コンを受けた多くの先輩たちが、高校生活をスタートさせました。

次は皆さんの番です！

高校名	定員	合格者の内、道コンを受験した生徒			高校名	定員	合格者の内、道コンを受験した生徒			高校名	定員	合格者の内、道コンを受験した生徒		
		人数	割合	ランク・SS			人数	割合	ランク・SS			人数	割合	ランク・SS
札幌南	320	282	88.1%	A・68	札幌平岡	240	150	62.5%	E・45	函館中部	200	151	75.5%	B・60
札幌北	320	275	85.9%	A・66	札幌稲雲	280	192	68.6%	E・45	市立函館	200	135	67.5%	C・53
札幌西	320	284	88.8%	A・64	札幌英藍	280	169	60.4%	E・43	函館西	240	143	59.6%	E・44
札幌東	320	256	80.0%	A・63	札幌厚別	280	155	55.4%	E・42	小樽潮陵	200	133	66.5%	B・54
市立札幌旭丘	320	266	83.1%	B・61	札幌東豊	280	141	50.4%	F・39	小樽桜陽	200	104	52.0%	E・42
札幌国際情報	80	78	97.5%	A・60	札幌真栄	200	80	40.0%	G・37	旭川東	240	208	86.7%	A・63
札幌月寒	320	236	73.8%	B・59	札幌西陵	280	104	37.1%	G・37	旭川北	200	159	79.5%	B・58
市立札幌新川	320	265	82.8%	B・55	市立札幌啓北商業	240	101	42.1%	F・42	北見北斗	240	191	79.6%	B・56
札幌手稲	320	256	80.0%	C・54	札幌東商業	320	131	40.9%	E・42	北見柏陽	200	119	59.5%	D・47
札幌啓成	320	224	70.0%	C・54	札幌工業	320	86	26.9%	G・36	苫小牧東	240	152	63.3%	B・54
市立札幌藻岩	240	166	69.2%	C・54	札幌琴似工業	320	92	28.8%	G・36	苫小牧南	160	80	50.0%	D・45
市立札幌清田	240	202	84.2%	C・52	北広島	280	188	67.1%	B・57	帯広柏葉	240	192	80.0%	A・62
札幌北陵	320	221	69.1%	C・52	千歳	200	115	57.5%	D・48	帯広三条	240	175	72.9%	B・55
市立札幌平岸	320	228	71.3%	D・50	石狩南	280	218	77.9%	D・48	釧路湖陵	200	140	70.0%	B・57
札幌白石	280	195	69.6%	D・46	大麻	280	172	61.4%	D・47	釧路江南	200	128	64.0%	D・50

複数学科ある学校は全学科の合計。※札幌国際情報と千歳は普通科のもの。
合格者データは道コン受験者による進学校調査より集計（24年5月判明分）。ランク・SSは平均。

道コンは全道の学習塾で実施。
参加塾はホームページで！

北海道学力コンクール

は、石狩管内 約1100ヵ所
全道では 約1800ヵ所
の教室で一斉実施されます！

●学習塾なら、出題内容を含めた総復習はもちろん、実施後の学習指導・進路指導が受けられます。
●塾に通っている人は、お通いの塾で道コンを実施しているか確認しましょう！
●テスト生として道コンの受験が可能な塾もあります。お近くの学習塾に直接お問い合わせ、お申し込み下さい！

いま、挑戦の時。
https://www.do-con.com

北海道学力コンクール

do-con 北海道学力コンクール事務局　札幌市中央区北7条西20丁目1-8 SKビル
個人受験専用ダイヤル
電話 011-621-6640（平日AM9:30～PM5:30）

本書の利用の仕方

①学科・コース

各学校の学科とコースを掲載します。公立高校は、学科の右横は［大学科］を示します。

大学科の種類

［普］：普通科	［体］：体育科	［商］：商業科	［看］：看護科	［総］：総合学科
［理］：理数科	［農］：農業科	［水］：水産科	［福］：福祉科	
［外］：外国語科	［工］：工業科	［家］：家庭科	［工］：工芸科	

②アイコン（カラーページのみ）

志望校の気になる施設などを紹介。

食堂　購買部（売店）　カウンセラー　寮・寄宿舎　海外研修（交流）　携帯電話持込　スキー授業　プール施設　資料請求

〈全員〉
韓国・中国・越南

巻末ページの
二次元コードから
アクセスできます。

「／」は、「不可」または「なし」を、下部のコメントは条件・補足事項を示します。「不明」はアイコンを割愛しています。

③各学校からのメッセージ

その学校の特色や、授業内容、教育目標などを掲載しています。

④学校へ行こう！

説明会・オープンキャンパス・学校祭（一般公開）などの日程です。掲載の日程等は5月現在の予定です。

来場には、事前に予約が必要な場合があります。また、校舎以外になる場合や、掲載の日程が変更になる場合がありますので希望者は各学校にお問い合わせ下さい。

⑤卒業後の主な進路

円グラフは今春卒業生全員を100％とした、進路状況を表しています。基本的に大学は「系列校・国公立・私立・道内・道外」で分けています。ただし、割合が少ない項目はまとめております。

大学合格実績・就職先は代表的なものを掲載しています。

人数は主に現浪合計を掲載しており、一人の生徒が複数の学校に合格している場合は、それぞれ集計しています。

⑥指定校推薦（一部）

各学校の代表的なものを掲載しております。（2024年4月現在）指定校推薦定員は毎年見直されます。

定員が「不明」「非公表」については、「―（ハイフン）」「空白」で掲載しています。

⑦学費（私立・高専ページのみ）

学費は入学手続時、月額経費（授業料＋設備費など）を掲載しています。

学校によっては、そのほかに制服費用・教材費・修学旅行積立金などが必要になります。なお、高等学校等就学支援金制度が適用となる場合があります。詳細は、P62を参照して下さい。

本書の最大の特色は、北海道の全私立高校、中高一貫校と主要公立高校、国立・高専を収録している点にあります。また、全道最大の高校入試模擬試験「北海道学力コンクール（以下、道コン）」の受験データと進学調査結果をもとに、各校の合格圏を分析。実戦的な受験資料としてご活用いただけます。

公立ページ

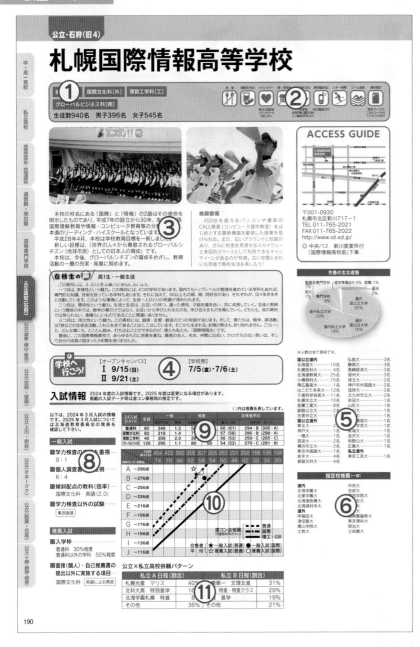

⑨24入試DATA

2024年度入試の結果及び、道コンデータによる合格者平均を掲載します。

学科・コースが複数ある場合は、まとめて掲載している場合があります。

また、学科（コース）が複数ある学校は、当初出願・受験した合格基準の高い学科（コース）に不合格になっても、第2志望の学科（コース）に合格する場合があります。その場合は、受験者よりも合格者数が多くなります。

なお、「募集なし」「データなし」「非公表」については、「－（ハイフン）」で掲載しています。

⑩相関表・道コン合格圏

●道コンSSと入試点

相関表の横軸（上部）は道コンSSで、公立高校は入試点も表示しています。

●内申ランク（A～M）と内申点

相関表の縦軸（左部）は、内申ランクと内申点を示します。内申ランクと内申点の関係は右表のようになります。

なお、高校紹介ページではKランク以降は省略しています。

内申ランク	内申点
A	315～296
B	295～276
C	275～256
D	255～236
E	235～216
F	215～196
G	195～176
H	175～156
I	155～136
J	135～116
K	115～ 96
L	95～ 76
M	75～ 63

⑧入試募集要項

2025年度の予定、または2024年度の実績の入試募集要項を掲載します。

私立高校に出願する際には、募集要項及び、願書を請求する必要があります。奨学金・特待制度を希望する場合は、事前に申し込みや、学校側の推薦が必要な場合があります。

資料請求アイコンがついている学校は、学校案内を道コンホームページから請求できます。

巻末ページの二次元コードからアクセスできます。

●道コン合格圏（可能性60％ライン）と合格者平均

相関表の ━━━━ ━ ■■ ■■■ は、それぞれ各校の道コンデータによる合格圏（可能性60％ライン）を示します。

★●は、一般入試の合格者平均を示します。

☆○は、推薦入試の合格者平均を示します。

※公立高校入試では、内申・学力均等枠70％、学力重視枠（入試点重視）15％、内申重視枠（ランク重視）15％がそれぞれ相関表を用いて選抜されるため、合否ラインは斜め線のようになります。一方私立高校入試では、ランクを重視した選抜や、逆に入試点のみの選抜（内申点を考慮しない）など学校によって様々です。

⑪併願パターン（公立ページのみ）

2024年の道コン事務局入試調査に基づく公立高校受験者の他校（私立・高専）併願割合を掲載しています。

制服2024 コレクション

お気に入りの制服1校を見つけて、投票しよう！

投票は二次元コードからアクセス!!

全道各地の高校から制服が大集合!!

北海高等学校

1 グランプリ

若者らしい爽やかさと、伝統校の品格や落ち着き。双方を兼ね備えた制服は、男女共学移行時にデザインされました。ボタンには「SINCE1885」と創立年が刻まれています。リニューアル以来、生徒や保護者の皆さまから好評をいただいており、リボンとスカートがマッチした女子制服は特に人気です。「理想の学生服」として紹介されたこともあります。

立命館慶祥高等学校

2

「信頼と尊敬・知的でエレガンス」を基本コンセプトとし、落ち着いた色合いのグレーを基調にしています。学園カラーでもあるエンジ色をポイントとして使用し、「世界に通用する18歳」としての誇りをもって着用できるデザインとしました。

北海道科学大学高等学校

3

季節や気分にあわせてコーディネートが楽しめる、バリエーション豊かな制服です。ポロシャツ（第一ボタンを開襟可）とスカート・スラックスだけの略装も可能です。学校法人北海道科学大学グループのテーマカラーであるアクティブオレンジがデザインされたスカートや、北海道初「デニムウール素材のブレザー」など、こだわりと着心地のよさを追求しました。

市立札幌旭丘高等学校

3

儀式には、ブレザー、ブルーのYシャツ、ネクタイ、リボンの正装服で臨みます。季節やそれぞれの活動場面ではポロシャツ、ベスト、セーター、ノーネクタイ、ノーリボン、女子スラックス（男子スラックスやスカートは各2種類）などの組み合わせ自由の略装ができます。

札幌大谷高等学校

グレーが基調のスーツスタイル。セーター（4色）、ベスト（4色）との組み合わせも楽しめます。夏はポロシャツ（3色）でさわやかに。女子用スラックスもあります。

札幌第一高等学校

男子の詰襟は替襟を使わないパンピングカラー、女子は濃紺のダブルジャケットです。男子の詰襟の裏地、女子のベストやスカートはスコットランドの老舗キルトブランドであるキンロック・アンダーソン社に認定された、世界に一つだけのオリジナルチェック模様を採用しています。

北海学園札幌高等学校

男女ともプライムグレーのジャケットとズボン、スカートを正装とし、女子は襟なしのジャケットに大きめのリボンが特徴的です。他にもサブアイテムとして、シャツやズボン、スカートにチェック柄を用意。セーターやベストもグレーとホワイトの2色から好きなものを組み合わせ、自由に着用することができます。

札幌日本大学高等学校

2024年4月入学生より、本校の制服がリニューアルしました。ブレザースタイルの他、ロゴマーク入りのパーカーやシャツなど豊富なバリエーションをカタログから選び組み合わせることができます。詳しくは学校案内からご覧下さい。

札幌北斗高等学校

紺のブレザーにチェックのズボンとスカートが基本です。カラーシャツ、ポロシャツ、セーター、カーディガンのカラーバリエーションが豊富で、様々なコーディネートが楽しめます。

東海大学付属札幌高等学校

正装は東海ブルーを基調とした爽やかなイメージ。オプションで赤のチェックスカートなどたくさんの組み合わせが可能になり、シャツ＆ブラウスなどはニットを採用し、着やすさを追求しました。

北嶺中学校・高等学校

中央は冬服ブレザーで、オジロワシのエンブレムが輝く（高校生は紺のネクタイ、中学生は赤のネクタイ）。左は夏服ポロシャツ（高校生は紺、中学生は白）。また、冬服用として2色のセーター（グレーと紺）があり、任意での着用となる。

北星学園女子高等学校

北星女子のシンボルとも言える星を背と胸にあしらったセーラー服が誕生したのは1933年。
この制服は生徒たちの提案から生まれたものです。自主性を重んじる本校ならではのエピソードです。スラックスも選択出来ます。

札幌静修高等学校

2024年度より新制服へ。リボンやネクタイ、スラックスの組み合わせが自由に。女子はセーラー服と新制服を選ぶことができます。

藤女子中学校・高等学校

冬はシックな濃紺、夏は冬服とおそろいの3本線が入った白のセーラー服です。夏服は中学生がリボン、高校生はネクタイです。

札幌光星高等学校

男子は七つボタンの詰襟で、フランスのサン・シール士官学校の制服をモデルにしています。女子はコムサ・スクールレーベルによるもので、洗練されたブレザースタイルです。夏服はホワイトを基調としたさわやかで清潔感のあるスタイルです。

札幌創成高等学校

「BEAMS SCHOOL product by KANKO」によるグレーを基調とした爽やかなブレザースタイル。男女共にチェック柄のボトムスを採用。シャツやセーターなどのバリエーションも豊富で、四季に合わせたファッションを楽しめます。

札幌新陽高等学校

濃紺を基調とした色合いで統一され、落ち着いた大人っぽい雰囲気が特徴となっている。ネクタイリボン、シャツ、カーディガン、セーター、ベストなどそれぞれ数種類あり、豊富なバリエーションで着回しの多彩さが好評です。

札幌龍谷学園高等学校

AKB48グループの衣装を制作している㈱オサレカンパニーの学校制服ブランド「O.C.S.D」による完全オーダーメイドデザインの制服。北海道初上陸です。

北海道文教大学附属高等学校

正装は紺地にストライプ柄のスーツスタイル。略装（夏服）はチェック柄のスカート＆スラックスと紺色ポロシャツの組み合わせもOK。

酪農学園大学附属とわの森三愛高等学校

制服を一新。ジェンダーレスにも対応しています。エンブレム付の紺ブレザーを基本にしたトラディショナルスタイル。女子はチェック柄のスカートとベスト。ニットのベストやセーターなど、様々なバリエーションが楽しめます。

札幌山の手高等学校

きりりと締まった胸元が特徴の3つのボタンのブレザーに、学校オリジナルのエンブレムとチェック柄。

北星学園大学附属高等学校

黒を基調としたシックなブレザータイプです。夏は指定ポロシャツ着用も可能で、女子用スラックスも用意されてます。

遺愛女子高等学校

遺愛の制服は90年あまりの歴史があります。現在のデザインは戦後まもなく生徒の意見を反映して制定されました。清楚さと優美さを兼ねた人気の制服です。

函館大谷高等学校

ダークグリーンのブレザーにチェックのボトム、ストライプタイが基本。夏は水色のポロシャツで、涼やかなイメージです。

日本航空高等学校北海道

エアラインデザインで見た目にも美しい機能的な制服！ 男子はパイロット、女子はキャビンアテンダントの制服のように、凛として格好いい制服です！

小樽明峰高等学校

紺のブレザーにグレーのスラックス・チェックのスカートが基本です。女子は白のサマーベストも着用可能です。冬は防寒着として、紺のカーディガンがあります。2021年よりブラッシュアップ。ブレザーはより軽く動きやすいタイプになりました。

北照高等学校

着やすさや機能性を追求し、オリジナルのチェック柄を用いた制服は、生徒からも好評です。

小樽双葉高等学校

2022年4月、制服が新しくなりました！！グレー×グリーンのカラーが特徴のブレザー、上品で個性的なベージュが注目を集めるスカート、スラックスの組合せです。

函館白百合学園高等学校

全国制服コンクールで1位になったこともある白百合学園の制服は女の子の憧れです。夏は白地に濃紺のセーラー、冬は濃紺のセーラーに純白の百合の刺繍。清楚なイメージを一層引き立てます。また、自慢の制服を守ってくれるダブリエと呼ばれる作業着もあります。美術の時間や清掃時によく利用されるほか、冬の冷え込む日には暖かい重ね着にもなります。

函館大妻高等学校

2021年に新しくなった制服は、シャネルタイプのノーカラージャケットにスカートはキンロック・アンダーソン社認定の函館大妻オリジナルチェック柄を採用。上品でかわいらしいと評判で着心地も抜群です。

清尚学院高等学校

濃紺のシングルブレザーの胸には、エンブレムが付く。男子はポロシャツ、女子は白セーラー服で夏もさわやか。女子は夏服にオプションとして、ポロシャツを導入しました。

函館大学付属有斗高等学校

平成元年より36年間の歴史を持つ紺色の学ランが有斗の制服です。夏服は白のポロシャツで、爽やかなイメージです。

苫小牧中央高等学校

函館大学付属柏稜高等学校

エンブレムが付いた紺のブレザーとボトム。夏はポロシャツで、ニットベストの着用も自由です。

北海道栄高等学校

男女とも紺色の落ち着いた制服になっています。

北海道大谷室蘭高等学校

男子は、濃紺のブレザー・ズボン、女子は、濃紺のブレザー・スカート。気候により、セーター・ベスト着用。男女ともスッキリとしたデザインで、さわやかな印象を持てる制服です。制服の着こなしを大切にすることによって誇りを持てる高校生活を願っています。

帯広大谷高等学校

男女共に紺を基調とした清楚で凛としたシルエットが特徴。季節に合わせて、ポロシャツ・セーターなど様々なバリエーションを楽しめます。

帯広北高等学校

男女共に紺を基調とした清楚で凛としたシルエットが特徴。女子は従来のセーラー型に加えて、夏専用のセーラーブラウスを着用しています。

駒澤大学附属苫小牧高等学校

海星学院高等学校

旭川志峯高等学校

道内高校初導入のオリジナルパーカーもあります。

角川ドワンゴ学園
N高等学校・S高等学校［通信・単位］

丸みを帯びたフロントカットと白いパイピングが清潔感を引き立ててくれます。スラックスとスカートは快活さ溢れるチェック柄です。
※制服購入・着用は所属コースに関わらず任意です。上着のみ、スカートのみなど一部購入することも可能で、好みに合わせカスタマイズして着用できます。

旭川龍谷高等学校

男女とも、濃紺のブレザータイプで高貴で清潔感が漂う。男子のワイシャツ・女子のブラウスはスクールカラーのスカイブルーでおしゃれ。モスグリーンとブラックのレジメンタルネクタイにフィットしている。

北海道芸術高等学校［通信・単位］

男女ともに赤チェックがポイントの制服。生徒のデザインを基に作られた人気の制服です。一人一人採寸してオーダーするので着心地も抜群。

白樺学園高等学校

十勝で1番人気のある濃紺をベースとしたデザイン！ 爽やかな制服です。

旭川実業高等学校

女子のスカートは2種類でスラックスも選択可能。リボンとネクタイ、ベストとセーターなどバリエーションも豊富！ 夏は男女ともプルオーバーシャツでの通学もOK！

旭川明成高等学校

ボルドー色のブレザーと校章柄のネクタイとリボンがポイントです。ワイシャツはボタンダウン、季節に合わせてポロシャツ、ベスト、セーターと様々なバリエーションを楽しめます。

旭川藤星高等学校

女子はセーラーカラーのジャケットにストライプ柄のスカートで、藤色のリボンがポイント。男子はブレザーに着心地の良いストレッチ素材のワイシャツ。

稚内大谷高等学校

スコットランドのKinloch Anderson（キンロック・アンダーソン）社が学校のイメージに合わせてオリジナルのチェック柄を作成し、世界で唯一のデザインとなりました。

北見商科高等専修学校

夏季にはポロシャツやセーラーブラウスが着用できます。

札幌月寒高等学校

市立札幌平岸高等学校

正装では男女ともに落ち着いたネイビーとグレーのコーディネートで着心地も抜群。夏のポロシャツ、秋冬のカーディガンなど過ごしやすい設定が充実しています。
女子はリボン or ネクタイ、スカート or スラックスの選択制です。

市立札幌藻岩高等学校

夏季は白・青・ピンクの3種類のポロシャツ（指定）の着用も可能です。

札幌南陵高等学校

セーターとベストはオフホワイト、ライトグレー、チャコールグレー、ネイビーの4色から選べます。女子はネクタイ・リボン、スカート・スラックスを選べます。高級感があり上品な正装、藤色のラインが入った夏スカートとも生徒に大変好評です。

札幌啓成高等学校

札幌白陵高等学校

男子・女子ともに黒に近いグレーを基調とした3ボタンのスーツスタイルです。
白いワイシャツに紺と赤のストライプのネクタイ、淡いグレーのニットベストを組み合わせた高校生らしい「はつらつさ」と大人の「落ち着き」を兼ね備えた、さわやかなイメージの制服です。女子もスラックスを選択することができます。

札幌厚別高等学校

黒を基調としたシックなデザイン。
女子はスラックスを選択できます。
夏季はポロシャツも可。

市立札幌清田高等学校

札幌東高等学校

100年を超える伝統を受け継ぐ黒の詰め襟と、襟と胸ポケット、袖口に入った2本ラインが特徴のセーラー服。夏はワイシャツと白セーラー服で。

札幌白石高等学校

札幌東陵高等学校

札幌北高等学校

男子は詰襟学生服、女子は3本線が印象的な
セーラー服です。伝統の中で育まれた気品の
ある美しいフォルムです。

札幌真栄高等学校

男子は詰め襟学生服、女子はスクールカラー
のブルーラインが入ったセーラー服です。男
子の指定シャツはさらりとした素材の着心地
の良いシャツです。

札幌丘珠高等学校

札幌国際情報高等学校

平成26年度入学生から導入された新制服です。
伝統を継承しつつブラッシュアップ。清楚で落ち
着いた国際情報生らしさを演出しています。
また、盛夏時のプルオーバーシャツを平成26年
夏から導入し暑さ対策も万全です。

石狩南高等学校

紺色を基調としたブレザータイプで、
「さわやかで落ち着いた印象を与える」
と評価されています。

札幌北陵高等学校

本校50周年に合わせ、令和3年度入学生
からデザインが一新されました。青を基調
としたさわやかなイメージの制服です。

石狩翔陽高等学校

ブルー×ハマナスピンク
本校のスクールカラーであるウルトラ
マリンブルーと石狩市の花ハマナスの
カラーをネクタイ（リボンも選べま
す。）やスカートのチェック柄にも取
り入れ、統一感を出しました。ブレザー
のボタンには、石狩翔陽高校の「S」
をさりげなくあしらっています。半袖
ポロシャツを選ぶことも可能。
※令和6年度から新制服に変わりまし
た!!

市立札幌新川高等学校

男子は詰襟タイプ、女子は3つボタンブレザー
タイプで、ネクタイ・リボンの選択が可能です。
女子の夏服は指定のニットベスト、冬服の中
には男女ともグレーの指定セーターを着用す
ることができます。5年前から、夏服にポロ
シャツが加わりました。

札幌東豊高等学校

夏季略装は爽やかなサックスのポロ
シャツ。特に男子はスタンドカラー
のシャツになっています。

札幌東商業高等学校

札幌あすかぜ高等学校

当別高等学校

令和4年度より私服となりましたが、儀式等には、男女ともに紺のスーツを着用します。女子はスカート・スラックスのどちらも選択できます。

札幌英藍高等学校

スクールカラーのインディゴブルーを基調としたブレザースタイルの冬服。爽やかな白が際立つ夏服は、女子はセーラースタイルです。場合により、セーターを組み合わせることもできます。

札幌手稲高等学校

スクールカラーのセルリアンブルーを基調にしたブレザースタイル。ベストやセーター、ポロシャツ、ボトムなどバリエーションも豊富。

札幌西陵高等学校

モスグリーンを基調にしたブレザースタイル、女子のショートタイがチャーミング。

札幌工業高等学校

耐久性、機能性に優れ、自宅で洗える制服。男子は黒のツメ襟で中にポロシャツを着用。女子は紺ブレに、20本のワンウェイプリーツスカートかスラックスを着用。指定のニットベストやブラウス、ポロシャツもある。

札幌稲雲高等学校

伝統的な黒の詰め襟とセーラー服が令和7年度からマイナーチェンジします！着心地が良く家庭でも洗濯できる素材になります。セーラー服の形は着脱しやすく、洗練された形になります。

札幌琴似工業高等学校

男子は黒の詰襟。女子は濃紺のブレザーでリボンは、ストライプ柄、濃紺、えんじの3種類。夏は男子がワイシャツ、女子は白色のブラウスにベスト。また、男女とも指定のポロシャツもOKです。

市立札幌啓北商業高等学校

上着は濃紺、三つボタンのブレザー、ブルーのボタンダウンのYシャツ。男子はネクタイとスラックス。女子はネクタイかリボンにスカート（又は希望によりスラックス）。夏期は半袖Yシャツか、白ポロシャツもOK。ネクタイ・リボンの省略を認めています。着心地は軽くて丈夫。セーターはアウトラストという温度調節機能つき素材を採用、家庭でも洗濯できます！

大麻高等学校

令和4年度から夏服にポロシャツを導入しました。女子のスカートも一部変更しました。

恵庭南高等学校

江別高等学校

北広島高等学校

令和2年度から制服を、より快適なウォッシャブル素材に変更。女子スカートをBOXスカートから車ヒダスカートにマイナーチェンジ。夏期はポロシャツもOK、好評です。

北広島西高等学校

千歳北陽高等学校

令和4年度より新制服になりました。

千歳高等学校

檜山北高等学校

三笠高等学校

函館商業高等学校

七飯高等学校

小樽未来創造高等学校

男子はブレザー、女子はイートン（襟なし）ジャケットに白いリボン。夏は白いセーラータイプ。ボトムは男女とも紺とモスグリーンのチェック柄。

小樽水産高等学校

函館西高等学校

岩見沢緑陵高等学校

伝統のブレザータイプ。ブレザー、ベストのボタンはシングルになりました。

男女とも同じベーシックな紺のブレザーとネクタイ。
夏服は白のポロシャツや指定のベストも着用可能です。

2019年4月再編統合を機に
新しい制服になりました。

旭川工業高等学校

旭川西高等学校

旭川永嶺高等学校

鷹栖高等学校

滝川西高等学校

旭川南高等学校

創立50周年を機に制服を一新しました。
上品なスーツのような見た目のブレザースタイル。光の加減で見え方が変わるチェック柄ボトムスは、冬も夏も快適に着用できるオールシーズン素材です。

冬暖かく、夏は涼しい新素材を採用しています。特に衣替えの設定はせず、各自がベストと上着の組み合わせですべての季節に対応します。スカートは夏季のみ使用可能にしています。

留萌高等学校

おといねっぷ美術工芸高等学校

生徒と教員による「身だしなみ検討委員会」が、本校の制服及び服装のあり方を検討し、儀式服として一般のスーツも可とし、制服は任意購入となりました。校内でも私服や作業着など多様な服装が認められ、生徒自らが考えた着用のルールに則って生活しています。

深川西高等学校

深川東高等学校

東川高等学校

室蘭栄高等学校

登別青嶺高等学校

士別翔雲高等学校

富良野緑峰高等学校

富良野高等学校

斜里高等学校

室蘭東翔高等学校

遠軽高等学校

スクールカラーのエンジを基調としたデザイン。温度調節しやすく、家で洗える素材となっている。部活動で全道各地から集まるため、LGBTにも先がけて対応し、女子のネクタイ、スラックスも認められている。

北見工業高等学校

美幌高等学校

伊達開来高等学校

北見柏陽高等学校

苫小牧総合経済高等学校

室蘭清水丘高等学校

創立100周年を機に、平成31年（2019年）入学生よりリニューアル。

白老東高等学校

苫小牧南高等学校

静内高等学校

帯広工業高等学校

帯広緑陽高等学校

帯広南商業高等学校

芽室高等学校

音更高等学校

池田高等学校

鹿追高等学校

コストパフォーマンスに優れた制服です。
北海道新聞やHBCTVで紹介されました。

釧路江南高等学校

釧路北陽高等学校

釧路湖陵高等学校

根室高等学校

部活動 & 学校行事

学生生活に＋αの楽しみ、見つけてね！

高校生活はイベントがいっぱい！

Slide Show

北嶺
NASA 研修

航空宇宙への理解を深める「サイエンスプロジェクト」では、アメリカ・ケネディ宇宙センター（NASA）で研修を行います。

藤女子
合唱コンクール

高校3年生は"ハレルヤ"を学年全体で合唱します。

北海
体育祭

お揃いのクラスTシャツを着て、クラス対抗で戦うので、毎年大盛り上がりです。

札幌第一
LEAGUE OF LEGENDS 一高

"LEAGUE OF LEGENDS 一高"は2023年度に初めて開催された行事です。札幌ドームを貸し切り、生徒が知力・体力を最大限に活用して挑む競技を一から企画・運営し、各クラスは全力で取り組みました。

札幌日大
桜虹祭

生徒が中心となって企画をし、各クラスの文化委員や放送局、そして有志による学校祭実行委員によってスケールの大きな一大イベントが開催されます。模擬店やステージ発表、壁新聞にステンドグラスコンテストと内容盛りだくさんの二日間です。

東海大付属札幌
ダンス部

HIP HOP 男女混成部門で全国大会連続出場を決めた期待のチーム

立命館慶祥
海外研修プログラム

オンリーワンの慶祥の課題解決型海外研修「ダーウィンの進化論と環境保全」ガラパゴスコース

北海学園札幌
国際交流プログラム

SDGsをテーマとする多岐にわたる探究活動の中で視野を広げていきましょう。

札幌光星
光星祭（学校祭）

模擬店や行灯行列など、地域の人々に楽しんでもらえるように生徒が主体的に運営しています。前夜祭には花火を打ち上げます！

日本航空　北海道
女子バスケットボール部

2024年度インターハイ出場（ベスト16）、ウインターカップ出場

札幌大谷
硬式野球部

2018年、創部10年で、神宮大会初出場、初優勝。2019年の選抜大会で甲子園初出場、初勝利。2022年の全国高等学校野球選手権大会初出場。

北星学園大附属
サッカー部

1964年創部。全国大会出場を目標に日々活動しています。部員は各学年上限25名としています。札幌1部リーグ、ルーキーリーグ北海道1部に所属。校舎敷地内の人工芝グランドで日々練習しています。長期休み中には全国各地へ遠征します。また、冬季はフットサルにも力を入れて活動しています。進路は北星学園大学の他、全国各地の大学へ進学しています。

札幌創成
太鼓部

今年の夏16回連続17回目の全国大会に連続出場！（ぎふ総合文化祭）

札幌北斗
盛んなボランティア活動

生徒会主催で、行うボランティア活動が盛んです。ごみ拾い、雪かき、北海道マラソンボランティアなど一年を通じて行っています。

札幌静修
ダンス部

これまでに全国大会他、数多くのメディアやLIVEに出演。YouTubeを活用し、動画の配信を行うなど、活躍の場を広げている。

札幌山の手
女子バスケットボール部

全国制覇の実績あり！　昨年度のウィンターカップ全国準優勝です。

札幌龍谷学園
男子バドミントン部

全道大会6連覇!!
全国大会メダル獲得を目指して頑張っています!!

札幌新陽
eスポーツ研究部

eスポーツを科学的に考え理論をもとにミーティングを行い、互いに切磋琢磨しています。
STAGE:0、全国選手権大会で全国大会にも出場しています。部活動だけでなく、eスポーツを授業に取り入れたり、中学生限定の大会を運営したりするなどeスポーツの普及にも尽力しています。

北海道文教大附属
食物科 調理実習

3年間、毎週行われる調理実習で、和・洋・中各分野の技術を磨いています。

酪農学園大学附属とわの森三愛
バドミントン部

2023年度は北海道高体連で全道10連覇を果たしました。卒業生であり、'18 '19世界選手権で優勝し、2020東京五輪に出場した松本麻佑選手に続けるよう、日々練習に励んでいます。

北星女子
英語科「英語劇」

高校3年生の4月に行われる「英語劇」は半年間をかけて準備します。セリフや発音指導などを英語で行うため、英語でのコミュニケーション力が高まることはもちろん、他の学校では決して味わうことのできない一体感や感動を体験することができます。

北海道科学大
吹奏楽部

部員同士の仲が良く、チームワーク抜群！　2022年度は初の全道大会に出場、2023年度は演奏会の開催、多くの活動を通して日々ゆっくり、確実に成長しています。高校のカラーを象徴するような部活です。

遺愛女子
吹奏楽局

北海道大会『5年連続金賞』、全日本高等学校吹奏楽大会『2年連続連盟会長賞』、全日本アンサンブルコンテストにも『3年連続出場』し、人数も『北海道NO.1のビッグバンド』になりました!!

函館大柏稜
女子バスケットボール部

13年ぶりに『高校総体（インターハイ）』と『全国高校選手権（ウィンターカップ）』において、函館支部予選で優勝!!思い描いたその先へ、共に更なる高みを目指しましょう。

函館大有斗
マーチングバンド部

「ドラム・コー」スタイルの活動を行う道内でただ一つのマーチングバンド部。さいたまスーパーアリーナで開催される全国大会にこれまで23回出場し、通算4回金賞を受賞しています。

函館大谷
遠足・宿泊研修

ルスツや大沼、元町散策など毎年異なる場所に行き、学年交流を深めます。

清尚学院
スイーツ販売

年に数回、実習で製作したスイーツを校外イベントや校内行事で販売するなど、積極的に学習の場を広げています。毎回オープン前には長い行列もでき、多くの地域の皆様に購入していただいており、大変盛況です。

函館大妻
ファッションショー

クラス対抗で行われる大妻コレクション。大妻生が中学生に伝えたい、ぜひ見てほしいイベントNO.1になっています。

函館ラ・サール
ラグビー部

文武両道の象徴、ラグビー部。過去3回、大阪・花園ラグビー場での全国大会に南北海道代表として出場しました！

函館白百合
クリスマスツリー点灯式

ツリー点灯式から始まるクリスマスを迎える一連の行事は、学園が華やぐだけでなく、自分以外の誰かのために何かしようというあたたかい心が自然と生まれる大切な1カ月です。

小樽双葉
ドリームプロジェクト

体験型学習ドリームプロジェクトには6つの専攻(サイエンス・ビジネスマーケティング・医療福祉・グローバルカルチャー・スポーツアスリート・フードデザイン）があり、1つを選択、様々な体験の中で自分の可能性・夢の探求をしていきます。

小樽明峰
太鼓部

地域に根ざした活動を目指します。地域のお祭りなどで演奏を行ってきました。

北照
野球部

春夏10回の甲子園出場、11回目の出場を目指し、頑張っています。

旭川龍谷
野球部

春夏9度目の甲子園へ一歩ずつ。

旭川志峯
国際交流

沢山の留学生を受け入れ国際交流に力を入れています。

旭川実業
女子バレーボール部

春高バレー全国第3位！
人間力向上に重きを置き、文武両道、目標達成に向け切磋琢磨できる集団を目指しています。

旭川藤星
弓道

講師の先生の指導のもと、正射必中の気持ちで日々精進しています。

旭川明成
女子野球

N/S高
eスポーツ部

"eスポーツでつながり・競い・成長する"がコンセプト。大会に出場し優勝を目指したり、自分のペースでゲームを楽しんだり部員同士切磋琢磨しあい、仲間との絆を深め、目標に向かってチャレンジします。全国大会での優勝実績も多数あります。

稚内大谷
バレー部

令和5年度北海道高等学校バレーボール新人大会男女アベック出場

北海道大谷室蘭
女子サッカー部

創部23年全日本高校女子サッカー選手権大会17回出場

海星学院
修学旅行

アメリカミネソタ州修学旅行（希望者）。姉妹大学SJU/CSBの付属校SJPで寮生活をしながら、現地での様々な交流を通して異文化理解を深める体験型プログラムです。

駒大苫小牧
アイスホッケー部

令和5年度インターハイ優勝（3年連続34回目）

北海道栄
陸上競技部

陸上インターハイ入賞

帯広大谷
大谷祭

本気のお祭り『大谷祭！』悔し涙、嬉し涙あり。本気だからこそ感動があります。

帯広北
男子サッカー部

全国高校選手権およびインターハイ出場、Jリーガーやフットサル日本代表を輩出する伝統クラブです。

白樺学園
女子バスケットボール部

北海道芸術
芸術発表会〜Hokugei Art Collection

年に一度の総合エンターテイメントステージ。舞台、照明、音響はすべてプロ仕様。音楽、ダンス、ファッションショー、ライブアフレコ、イラスト展示など、すべての芸術コースの力がこのステージに集結します。

酪農学園大学附属とわの森三愛通信制課程
修学旅行（特別活動）

とわの森では通信制課程でも研修旅行を実施（自由制）。昨年度は沖縄に行きました。美ら海水族館や沖縄にしかない食文化を体験しました。とわの森では研修旅行の他にも、年間を通じて様々な体験学習ができる「特別活動」が組まれています。

旭川高専
国際交流

韓国・水原ハイテク高校に10名、シンガポール・ポリテクニックに9名がそれぞれ1週間の国際交流で訪問し、台湾・台北へ9名が4日間の海外研修へ行きました。

函館高専
e-sports愛好会

令和5年度活動では、企業や自治体と様々な調整や準備を行いながらe-スポーツイベントを企画運営し開催しました。

苫小牧高専
ウィンターフェスティバル

例年12月に文化系クラブ合同イベントとしてパフォーマンスや展示を行っています。

釧路高専
ロケットランチャープロジェクト同好会

本物の小型ロケット用ランチャーシステム開発に直接携われるよう発足したのがこの同好会です。さっそく現場を見学してきました。

札幌南
学校林「森づくり活動」

121haの学校林の管理作業が生徒の手により続けられています。

市立札幌旭丘
SSH 道外研修

本校では最先端の研究の現場を実際に体験することで科学や科学技術に関する興味・関心を深めることを目的に、様々な研修を行っています。令和6年度は、写真の「つくばプログラム」の他、道内や屋久島、台湾、タイでの研修も予定しています。

札幌月寒
陸上競技部

令和元年度は中距離走でインターハイ・団体の全国大会に出場。全国選抜大会では入賞を果たしました。

札幌東
探究発表会

1年生はグループで、2年生は個人で探究活動を行います。自らの興味や関心に基づいて課題を設定し、実現可能な解決策を導くことを目標として、情報の収集、整理、分析を行います。

市立札幌藻岩
南区探究 MSP 全体発表会

2年次の総合的な探究の時間の総まとめ。地域の方にも参加していただき、自分たちの実践と今後の展望についてイキイキと発表します。

市立札幌平岸
書道部

「書の甲子園」で北海道地区初優勝をし、3月のセンバツ高校野球の校名プラカードを揮毫する大役を務めました！

札幌南陵
科学部

科学部は、第19回神奈川大学全国高校生理科・科学論文大賞において「努力賞」を受賞し、その研究論文が2021年5月に刊行された「未来の科学者との対話19」に掲載されました。

札幌啓成
啓成祭

ステージ発表の様子。
盛大に盛り上がる2日間です。

市立札幌清田
女子バレーボール部

女子バレーボール部は令和5年度の選手権全道大会に初出場しました。その他大会を含めて、31年ぶりの全道大会となりました。

札幌白石
吹奏楽部

数多くの全国大会に出場。マンガや映画のモデルにも取り上げられる。例年、子ども会や町内会など地域のイベント演奏も多い。

札幌平岡
軽音楽部

「ライブの様子」
「様々なイベントに参加することもあります」

札幌厚別
芸術学習発表会

音楽系列・美術系列で学ぶ生徒による学習成果の発表会をカナモトホールで実施しています。

札幌真栄
ハンドボール部

昨年度、全道大会にも出場したハンドボール部。運動部・文化部とも、技術面だけでなく、活動を通して仲間づくりや人間としての成長を目指します。

札幌白陵
学校祭

市内のホールを借りて行われます。

札幌東陵
書道部

札幌丘珠
野球部

札幌東豊
レスリング部

15年連続で全国大会に出場中

市立札幌新川
放送局

放送コンテストで13年連続全国大会に行きました。

札幌北陵
少林寺拳法部

インターハイ(全国大会)出場常連校、今年は全国選抜大会で優勝しました。

札幌英藍
バトントワリング部

第47回全国高等学校総合文化祭鹿児島大会(かごしま総文2023)に、北海道代表として出場しました。

石狩南
陸上競技部

令和元年インターハイ全国大会出場

札幌北
行灯行列

例年7月に3日間かけて行われる北高祭。その初日を飾るのが行灯行列です。約一ヶ月をかけて各クラスが作成し、出来ばえを競います。

札幌国際情報
うたごえポン

学年を縦割り、各学年1クラスずつで競う合唱コンクール。学年問わず仲が良い本校を象徴する行事です。

石狩翔陽
ミニ文化祭

12月上旬の恒例行事。全ての文化系部活が、日頃の活動の成果を生徒の前で発表します。写真はダンス部の発表のもの。

札幌西
大運動会

各クラスで趣向を凝らした衣装を身につけ全校生徒が一丸となって精一杯取り組む本校恒例の大運動会です。

札幌手稲
手稲高祭

学校行事の中でも一大イベントの学校祭。
模擬店やバンド演奏もおこなわれ、最終日の夜には花火を打ち上げます。

札幌稲雲
吹奏楽団定期演奏会

恒例となっているkitaraでの吹奏楽団定期演奏会。今年も多くの観客のみなさんに満足していただける演奏を目指します。

札幌西陵
体育大会

多くの観客が応援する中、熱戦が繰り広げられます。

札幌あすかぜ
新入生歓迎会

書道部による書道パフォーマンス

大 麻
チアリーディング部

JAPAN CUP 2015 準決勝進出

江 別
ホッケー部

北広島
クロスカントリースキー大会

冬の体育授業でクロスカントリースキーを取り入れています。その集大成として、2月中旬、1・2年生全員参加のクロスカントリー大会を実施しています。校舎向かいの「レクの森」に設けたコースで行っています。

北広島西
陸上競技部

平成31年度インターハイ出場

千 歳
カナダ語学研修

国際教養科では、2年時にカナダ語学研修を実施しています。異文化理解を深めたり、現地で様々な価値観に触れることで、多様化社会に対応できるバランス感覚を養う貴重な機会となります。(写真はバンクーバーで撮影)

千歳北陽
レスリング部

インターハイ出場

恵庭北
陸上競技部

女子陸上部は、インターハイ(全国大会)常連校。御家瀬は、リレーの日本代表選手として「2018アジア競技大会」に出場しました。

恵庭南
男子新体操部

男子新体操部を始め、陸上競技部、空手道部、柔道部、ボクシング部、バレーボール部、クロスカントリースキー部等、全国大会で活躍する部活動があります。

市立札幌啓北商業
アーチェリー部

令和5年7月、道内各地のトップ選手による選考会を突破し、本校から2名の選手が2023燃ゆる感動かごしま国体(鹿児島県鹿児島市)に北海道代表として出場しました。

札幌東商業
東商祭

札幌琴似工業
ウエイトリフティング部

インターハイ(全国高校総体)常連校、角は令和5年度全国高等学校選抜大会で優勝しました。

札幌工業
ボクシング部

全国制覇を目指して頑張っています。

札幌大通
和太鼓・伝統芸能部

「愛地球心」をテーマに、和太鼓等を通して様々な国や地域、多様な年齢や背景をもつ人と温かな心の繋がりをもたせて頂いています。和太鼓の人と人を繋ぐ力は素晴しく、和太鼓ができる環境に感謝しています。

市立函館
吹奏楽部

第68回北海道吹奏楽コンクール函館地区大会代表となり、北海道大会では金賞を受賞しました。毎年6月に行う定期演奏会では、ステージドリルにも取り組みお客様に披露しています。

函館商業
検定取得

全国商業高等学校（全商）主催検定三種目以上1級合格者表彰において、82名が受賞

小樽潮陵
ボート部

第33回全国高等学校選抜ボート大会／JOCジュニアオリンピックカップ大会出場

小樽水産
体験乗船・乗船実習

各学科とも日帰り、または1泊で体験乗船をおこないます。海洋漁業科では、外国や沖縄への乗船実習もおこないます。

岩見沢東
行 灯

学校祭（岩東祭）では行灯行列をおこないます。クラスごとに全員が手作りの衣装を着て、学校から中心街を練り歩きます。最後に市内の公園でパフォーマンスを行います。

七 飯
剣道部

岩見沢緑陵
学校祭

仮装アピールの開会式の様子です。大変盛り上がります。

三 笠
高校生レストラン

三笠高校生レストランでレストランやカフェの運営など実践的な学びでプロを目指します。

美唄聖華
戴帽式

滝川西
販売実習

情報マネジメント科の課題研究で商品を開発し、販売実習を行います。

深川西
コーラス大会

66年続く伝統の生徒会行事です。クラス毎に、課題曲と自由曲で、心をひとつにして歌声を響かせます。

深川東
弓道部

「文武両道」を掲げ、日々の学習や資格取得にも力を入れています。

芦 別
学校祭

クラスアトラクションのダンスパフォーマンスです。

旭川北
学校祭前夜祭

クラスパフォーマンスの一場面です。

旭川永嶺
野球全校応援

永嶺オリジナルの人文字は市内でも有名。

旭川工業
旭工オリンピック

旭川南
学校祭万灯行列出発式

学校祭初日に行われる伝統行事。1年から3年まで各クラスが行灯を作成し、地域を練り歩きます。多くの住民が楽しみにしている行事です。この後、花火大会もします。

富良野
少林寺拳法部

少林寺拳法は女子団体演武で全国選抜大会とインターハイで連覇を果たしました。

東川
学校祭 ねぷた行列

学校祭の「ねぷた行列」の様子です。弘前から染料や写真を取り寄せて本格的な武者絵の「ねぷた」に仕上げています。この「ねぷた」は1年生の力強い作品です。

鷹栖
介護職員初任者研修

平成27年度より鷹栖町の協力で、介護職員初任者研修を開始し、今年度の受講生徒は、17名です。

北海道おといねっぷ美術工芸
卒業制作発表

3年生は1年かけて卒業制作をつくります。作品は校内やHP、『木の手づくり展』で公開します。ぜひ見に来てください。

北見柏陽
部活一覧

美幌
美高祭

網走桂陽
ボート部

名寄
吹奏楽部

2020（第26回）日本管楽合奏コンテスト全国大会最優秀賞受賞（S部門）

士別翔雲
ウェイトリフティング部

ウェイトリフティング男子北海道インターハイ第4位

遠軽
吹奏楽局

北海道で唯一、コンクール、マーチング、アンサンブル3大会全ての全国大会出場をしています。月に3万円の下宿補助など、遠方からの生徒が多数います。

斜里
知床 森づくり

室蘭東翔
TAF（Tosho Art Festival）

毎年恒例の文化部合同発表会です。室ガス文化センターを会場に、2日間開催されました。

室蘭清水丘
清風祭（パフォーマンス発表）

クラス毎のテーマに合わせた演出や衣装、踊りを披露します。

室蘭栄
陸上部

静内
馬術部

苫小牧東
書道部

positive active 書道部

苫小牧南
吹奏楽部

帯広南商業
バレーボール部

インターハイ6回、春高全国5回の計11回の全国出場を誇るクラブです。しかし、過去の栄光に捉われることなく「次こそは最高のバレーを！」をモットーに日々気迫溢れる活動を展開しています。

帯広工業
野球部

芽室
吹奏楽部

音更
管弦楽局　全国大会

池田
スピードスケート部

清水
アイスホッケー部

アイスホッケー部は、日本一を目指すことはもちろんのこと、日々の生活でも日本一を目指しています。文武両道を基本として、心技体が兼ね備わった選手の育成およびアイスホッケーを通じた人格形成を目指します。

釧路江南
ハンドボール部

釧路工業
アイスホッケー部

釧路工業アイスホッケー部は、多くの実業団選手、オリンピック選手を輩出しています。また部員の多くは様々な資格を取得しており、ホッケーも勉強も頑張れる部活動です。

釧路北陽
湿原強歩大会

釧路北陽高では、毎年9月末に釧路湿原の中を男子33km、女子29km歩き通す、湿原強歩大会が行われています。

根室
学校祭

クラスごとにテーマ、曲、振付、衣裳をつくり上げる根高祭のメイン企画です。

在校生・卒業生の声 先輩たちの学校紹介

北嶺の盛んな生徒会活動

北嶺中学校・高等学校　2年・生徒会執行部

　北嶺のメリットは、難関大をめざす高い進路目標をもった仲間が集まり、指導力ある先生の授業を受けることができることです。また、北嶺は生徒が中心となって学校行事を運営する生徒会活動が活発に行われ、生徒の自主精神が尊重される点も魅力の1つです。私は、生徒会活動に興味をもち、中学2年生から生徒会執行部に所属しました。現在は生徒会三役の立場として活動しています。生徒が楽しめる学校祭・体育祭の企画・運営のほか、生徒の社会貢献活動を応援するボランティア活動推進を行っています。昨年の学校祭では、北嶺祭史上初となる「中夜祭」を実現させ、花火の打ち上げを行いました。ボランティア活動では、募金活動・北海道マラソンの運営・献血活動など、多岐にわたる社会貢献活動に携わりました。

　生徒会執行部として責務を果たす事により、学業と両立させるタイムマネジメント力を身につけることができるとともに、達成感を得ることができ、毎日の生活を充実させることができます。

出会いと経験、その先に

北海高等学校　生徒会長

　北海高校は、己を飾らず強くたくましく生きていく「質実剛健」、何度失敗しても立ち上がり、信念を貫く「百折不撓」の2つの精神を基に、勉強や部活動などに熱心に取り組む学校です。特別進学コースと進学コースの2つのコースがあり、さらに特別進学コースには北大などの難関国公立大学への進学をめざすSクラスと、道内外の国公立大学・難関私立大学への進学をめざす特進クラスがあります。進学コースは、得意分野で個性を磨きながら主に4年制大学への進学をめざすコースです。いずれのコースでも質の高い授業や講習を受けることができ、進路目標の実現に向けたサポート体制も充実しています。

　また、部活動は運動部、文化部ともに多くの舞台で活躍しており、全道・全国でその名を轟かせています。

　行事においては、どの学校よりも盛り上がる北海祭をはじめとして、支笏湖遠足、体育祭、芸術鑑賞、修学旅行などと豊富なため、たくさんの思い出を作ることができます。

　北海高校には、さまざまな個性と魅力のある生徒が集まっています。それぞれ目標や歩む道は違えども、北海で繋がった仲間たちが互いに励まし合い、共に努力できることが最大の魅力だと思います。勉強、部活動、行事、その他の活動も、とことん欲張って最高の高校生活を送りたい人にはピッタリです。北海生一同、皆さんと共に過ごせる日を楽しみにしています。

Let's spend a fruitful three years in Sapporo Nichidai.

札幌日本大学高等学校　IBコース生徒

　IBとは国際バカロレア機構が提供する世界への道が拓ける国際基準の教育プログラムです。本校では一昨年度からIBコースが設立され、道内の私立高校としては初のIB校となりました。IB独特のコアと呼ばれる科目では、大学の卒業論文のようなものを書いたり、自分自身で企画実行する課外活動をしたり、全く新しい概念である「知の理論」を探究したりします。また、本校の魅力のひとつであるSSHやSGH等の探究学習による「主体的な学び

の場」、大所帯である吹奏楽部の「表現の場」、そして国際バカロレア「実践の場」として、多目的ホール「新未来空間N Link」が昨年度誕生しました。今後ますます進化する札幌日大で、充実した3年間を送りましょう！

IB is an educational program which offers an avenue for the world by International Baccalaureate Organization. Founding the IB course from last school year, our school became the first IB school as private high school in Hokkaido accredited by the organization. In the unique "core elements", we write a paper similar to a graduation thesis, do extracurricular activities we need planned and carried out on our own, and conduct researches on theory of knowledge, a quite new concept. In addition, a multipurpose hall named "N Link — New Future Space" was built this year as a venue for various activities. It serves as a "place for active learning" through inquiry-based programs such as SSH, SGH and more which are some of the school's attractions. Furthermore, the hall is a "place for performances" by the large-scale wind orchestra club and a "place for practice" for the IB students. Let's spend a fruitful three years in Sapporo Nichidai which will evolve more and more!

TOKAIの魅力！

東海大学付属札幌高等学校　特別進学コース　3年・図書局長

　「東海大札幌」といえば部活動が盛んな高校というイメージが強いと思いますが、私たちの学校の生徒はけっしてそれだけではありません。

　東海大学や幅広い進路実現を目指しながら、部活動にも集中できる「総合進学コース」と、国公立大学や難関といわれる私立大学進学を目指す「特別進学コース」という2つのコースがあります。

　さまざまな部活動に所属しながら、部活動と勉強の両立「文武両道」を実践しようと、多くの生徒が取り組んでいます。

　東海大学には独自の付属推薦制度があります。毎年多くの生徒がこの制度を利用して東海大学に進学しています。東海大学の付属高校ならではの強みです。

　学校行事は多彩なイベントがあり、大変充実しています。特に年に2回行われるスポーツ大会や、円山陸上競技場で行われる体育大会は毎回白熱したクラス対抗戦を繰り広げています。

　校舎は2016年に新調されました。新しいデザインの校舎の中に、とても充実した施設が数多くあります。人気のカフェテリアには、リーズナブルな日替わり定食のほかにも、沢山のメニューが揃っており、昼休みには多くの生徒が利用しています。朝には校内で焼き上げたパンも販売されており、朝早い登校で、朝食をとることができなかった生徒の助けになっています。

　このように私たちは充実した高校生活を送っています。

　私たちと共に東海大札幌で高校生活を送ってみませんか？

刺激のシャワーがある！

立命館慶祥高等学校　SPコース　国際局

　医師になりたいという漠然とした夢とともに慶祥に入学してから3年間、慶祥での様々な経験が私を確実に成長させてくれまし

た。意識が高く勉強熱心な友人との切磋琢磨や熱心な先生との学習環境、医療関連の講演会などはモチベーションを高め、学びを深めてくれました。

また、私は国際交流にも興味がありました。国際局での部活動や留学への挑戦は視野を広げ自分自身を見つめ直すきっかけになり、慶祥で特に力を入れた英語学習は東北大学AO入試での合格に直結したと思っています。

様々な経験を通して自分の目指す医師像や興味が沢山見つかりました。漠然とした夢から明確な目標ができ、それが努力し続ける一番の理由になっています。うまくいかないこともありましたし新型コロナウイルスの影響下ではありましたが、今の私はできることを精一杯やり切ったと感じています。支えてくれた多くの方々と未来に向けた目標のおかげです。私に挑戦の機会を与え強くしてくれた慶祥の仲間や先生方には本当に感謝しています。慶祥は自分の興味に素直になれる場所であり、挑戦に前向きでいられる場所です。勉強も部活もその他も、自分にしかできないような高校生活を是非楽しんでください！

学札の超重要2ポイント!!!

北海学園札幌高等学校　特進コース　3年・生徒会長

高校の数が多すぎて進路選択に困っているそこのあなた！　今からこれだけは押さえてほしい学札の超重要ポイントを2つお教えします。
① 内容の濃い行事がいっぱい！

中学校より一段階進化した高校の学校祭を始め、体育大会や研修旅行はもちろんのこと、外国人チューター生と実際に異文化交流をしながらラフティングなどのイベントを3日間に亘って行う「グローバルヴィレッジ」や、友達や部活動の仲間と共に綺麗な支笏湖の景色を目指して歩く「支笏湖遠足」などなど、学札だけの特別な行事が盛沢山です。
② 「やりたい事」が見つかる4つのコース！

高校生として忘れてはいけない学生の本分、それは勉強です。そして、いずれまた訪れる進路選択。でも大丈夫です。あなたが本当にやりたいことは、あなたが選ぶコースがきっと教えてくれます。仲間でもありライバルでもある友達と国公立大学を目指す「特進コース」、文武両道を基本として全国大会出場に向けて励む「総進コース」、世界を視野に1週間の海外研修や3週間のホームステイを経験出来る「グローバルコース」、今だからこそ医療で人の役に立つ為に新たな第一歩を踏み出す「メディカルプレップコース」。あなたはどのコースを選びますか？

本当はもっとたくさんの魅力を伝えたい……！　だから是非学校説明会へお越し下さい！

学札でしか味わえない青春のひとときを一緒に過ごしましょう！

札幌光星で得た経験と学び

札幌光星高等学校　3年

カトリックミッションスクールである創立90周年の私たち札幌光星学園。校章に掲げる星は聖母マリアの、月桂樹は勝利の印であり、聖母マリアの愛が悪に打ち勝つことを意味しています。多くの生徒がそれぞれの地域から集まり、互いの個性を認め刺激し合いしながら共に学んでいます。

札幌光星で2年間を過ごして私が感じたことは、生徒1人ひとりの勉強意欲やモチベーションの水準が高いことです。生徒自身で自分に必要なものを考え、能動的に学びの機会を作る姿勢は、中学校との大きな違いだと感じています。尊敬する友人であり競い合うライバルでもあるクラスメイトが側にいる学習環境は、私の力を伸ばし意欲を高めてくれています。

また、私は合唱同好会に所属しながら、学校祭実行委員、グローバルスタディプログラム、修学旅行委員会、キャンパスナビゲーター、聖歌隊など様々な活動を経験し、それぞれから多くの学び

と思い出を得ました。強いられることなく興味の惹かれる活動・企画に参加できる環境は、間違いなく光星の強みです。

今回触れたものの他にも、美味しい食堂や洗練された制服、充実した設備など、伝えきれない光星の魅力は山ほどあります。特に先生方。色々なタイプの先生方がいる光星には、「どんな先生も親身で生徒想いで」のような言葉では伝えきれない魅力があります。ぜひ1度、学校説明会の機会にお越しください。

個性を生かせる学校

札幌大谷高等学校　3年・生徒会長

札幌大谷高校を一言で表すと『個性を生かせる学校』です。

例えば、普通科学力重点コースPSクラスの生徒は、勉強にしっかりと取り組むために7時間授業や土曜授業、放課後講座があります。もちろん、普通科個性探求コースで勉強を頑張りたいと思っている生徒も、放課後講座を受けることが出来ます。さらに、勉強を頑張りたいと思う生徒は、大谷予備門と呼ばれる精鋭教師における授業を受けることができます。そのため、より高い目標を持ち勉強を頑張ることが出来ます。

また、部活動を頑張りたい生徒は、放課後に部活動があり1つ1つの部活動が強く、全国大会を目指して毎日頑張っています。本校では、夏の甲子園出場や全国大会出場など素晴らしい成績を残しています。各部活動は、毎日放課後遅くまで練習しています！

音楽科では、通常の授業で音楽科専門の授業があります。さらには生徒1人1人にそれぞれの専攻の先生がつき個別にレッスンを受けることが出来ます。有名な講師をお招きして授業を行ったり、レッスン室が沢山あり、生徒がそれぞれの専攻楽器を練習する環境が整っています。

美術科では、音楽科と同様に通常の授業の中で美術科専門の授業があったり、放課後にはデッサンの講座を受けます！　さらには高文連に出展するのはもとより、U-21道展に出展したりとたくさんの美術の専門知識を学ぶ事のできる機会があります。

このように札幌大谷高校では、勉強を頑張りたい生徒、芸術を頑張りたい生徒、部活動を頑張りたい生徒など、様々な人が活躍できる環境が整っています。

ぜひ大谷高校への入学を考えてみてください！

充実の3年間〜高いレベルの文武両道を実現〜

北海道科学大学高等学校　卒業生

私が北海道科学大学高校を志望した理由は、勉強も部活も高いレベルで文武両道をしたいと考えたからです。勉強面では北海道大学合格を目標に、部活では、バレー部で全国大会に出場することを目標に3年間努力に励みました。

結果的に、北海道大学経済学部に合格し、バレー部でも全国大会に複数回出場することができ、とても充実した高校生活を送ることができました。

私は、夏休みが終わるまで部活を続けていたため、限られた時間を有効に活用することを考えました。勉強は時間単位で何をするかを決め、授業の合間や部活が始まるまでのスキマ時間も有効活用して、時間よりも質を重視した勉強をすることを意識していました。受験に向けて、どんどん自分を追い込み、長時間勉強をすることもありましたが、それを「苦」と感じずに努力できたのは、部活で鍛えた体力と忍耐力のおかげだと感じています。遊ぶことものんびりすることも中々叶わない、机に向かうだけの生活だったけれども、仲間と毎日夜遅くまで残って勉強した楽しかった思い出や、周りの方々への感謝の気持ちを強く抱き、合格したこと以上に、受験生活は自分自身を成長させる大きなものになりました。

中学生のみなさんには、決して悔いのないように、中学校生活を大切に過ごしてほしいと思います。

自分らしく輝く瞬間がここに

北星学園大学附属高等学校　卒業生

　私は中学校時に所属していた吹奏楽部の活動と学習をどちらも打ち込みたいという気持ちがあり、北星附属高校の特進コースに進学しました。

　吹奏楽部は強化指定クラブとなっています。朝は7：30から、放課後は7校時後の16：00から私はトランペットと向き合い、日々技術を磨きました。3年生の10月の定期演奏会まで活動し、たくさんのお客さんの中で演奏できたことは本当に幸せな時間でした。

　そこから受験に切り替え、勉学に励みました。北星附属には土曜講習、長期休暇の講習という学習サポートがあります。また自習室があり、学習に集中できる環境が整っていたので土曜日の部活動の後や日曜日によく利用していました。そして何より先生たちの前向きな言葉かけがあり、いつも応援されていることを実感しました。このことが第一志望の大学の合格に繋がったと思います。四月からは横浜国立大学の教育学部に進学します。

　勉強も部活動も学校行事も全て自分の将来に繋がっています。そして、北星での時間全てが「自分らしく輝ける瞬間」となるはずです。みなさんが3年間、北星での学びを通じて本気で何かに向き合うことを期待しています！

生徒のメッセージ

札幌創成高等学校　S選抜コース　2年・生徒会長

　札幌創成高等学校は南北線の北24条駅と北34条駅の間に位置しており、石狩街道沿いには創成川が流れています。本校はS選抜・A特進・特進といった3コースにわかれています。それぞれのレベルにあった授業や講習に加え、SUTや勉強マラソンなど自主学習への手厚い支援が多くあります。生徒に親身になってくださる先生方が多いため気軽に職員室に行って質問ができたり、悩みの相談がしやすかったりするのが魅力です。

　本校ではタブレットを導入しているため家からでも先生に質問する事ができたり、模試の成績をいつでも確認したりすることができます。また、部活動は沢山の種類があり、かけ持ちする生徒も多く居ます。サッカー部や野球部はもちろんのこと、他校にはあまりない太鼓部やイノベーション同好会があります。様々な活動形態の部活動や同好会があるので勉強をおろそかにしたくない人でも気軽に入部できるのも魅力的だと思います。

　本校の行事の中で1番大きい創成祭では去年から一般の方の入場解禁や模擬店の再開がなされました。教室展示のみにとどまらず模擬店が再開したことにより、全体がより活気に溢れて創成祭は大成功に終わりました。模擬店や展示だけでなく、中夜祭やクラスごとのステージもあります。このように勉強や部活動、行事など創成ならではの取り組みも多々あります。ぜひ皆さんも創成高校で3年間をすごしてみませんか。

北斗高校で学んで

札幌北斗高等学校　卒業生

　私が北斗高校の特別進学コースに進学したのは、勉強と部活動の両方に打ち込める環境が整っていると感じたからです。中学生の時からしていたサッカーを全力で続けながら、志望校を目指して勉強できる学校は他になく、私にとってはとても魅力的でした。

　北斗高校は週4日の7時間授業に加え、隔週の土曜授業や放課後のトワイライトスタディなどがあるため、十分な勉強時間が確保されています。また、長期休暇中の講習も充実しているため、自分に必要な学力を短期間で集中的に伸ばすことができると思います。先生方も生徒一人ひとりにとても親身になって対応してくださいます。学校生活や勉強・部活動のことなど、何でも気軽に相談できます。特に受験に関しては、豊富な情報を提示し、それぞれの進路に合わせてサポートしてくださるので、安心して受験

　に挑めました。一般受験の直前に解答の添削を何度もしていただいたことで、自分の弱点を把握できたと感じています。

　高校入学以前からのあこがれだった北海道大学教育学部に合格することができました。受験勉強では、北斗高校で学んだ基礎力の重要さを強く実感しました。そして、決して楽ではない受験生活を後押ししてくださった先生方の熱い応援にも本当に感謝しています。合格した時にもたくさんの先生方が喜んでくださったので、頑張ってよかったと心から思いました。大学では、高校時代の経験を生かして、自分が興味を持ったことについて楽しみながら学びを深めていきたいと思います。

　高校生活は、勉強はもちろん、部活動などの自分がやりたいことに全力を注げる貴重な時間です。だからこそやりたいこととやるべきことの両方にバランスよく取り組む必要があると思います。北斗高校にはその両立を実現できる環境があります。

夢中になれる瞬間がきっとある。

札幌静修高等学校　ユニバーサル科　3年

　静修高校は将来語学を生かすことができるユニバーサル科と目標にあった進路を目指せる普通科特進・総合の3つに分かれています。

　私は英語だけではなく、韓国語やドイツ語の学習を通して様々な文化に触れることができることに魅力を感じ、ユニバーサル科に入学しました。

　基本的には英語の授業が多く、プレゼンやディベートの授業では倫理的に意見を考え、述べるというような将来に生きるスキルを3年間で身につけることができます。「ユニバーサル科」と聞くと、英語ができないとだめなのかと感じるかもしれませんが、そうではありません。ネイティブスピーカーの先生からすべて英語で教わる授業もあるので、最初は難しく思うかもしれません。私もそうでした。しかし、友達や先生と協力し、学びあっていくにつれて次第に慣れ、気が付くとさらに英語を使えることに気が付きます。また、英語だけではなく、2学年では韓国語、3学年では中国語またはドイツ語が必修となっていて、いつも刺激を受け楽しみながら学んでいます。

　静修高校では様々な国から留学生の受け入れを行っていますし、普通科の生徒も海外語学や国際交流イベントを体験することで本物の語学に触れる環境が整っています。クラブ活動も盛んですので、活気がありユニークで優しい生徒が多いと思います。先生方はいつも親身になって勉強以外の相談も聞いてくれるので、自分の好きなこと、やりたいことに自信をもって行動できます。皆さんも静修高校で新たな自分を見つけにきませんか？

我が道程～札幌龍谷で学んで～

札幌龍谷学園高等学校　スーパー特進コース　卒業生
　小樽商科大学へ進学

　自分のこれまでの歩みに評価を下そうと3年間を振り返ってみた時に、どのような基準で評価するかは十人十色だと思う。志望校に合格できたか、役立つ技能を身に付けられたか。私は「悔いの無い3年間を送ることができたか」という基準をもって、これまでの歩みを総括する。

　自分が目標に届かなかったという事実にうちひしがれ、奮起する気持ちと、鬱屈した気持ちの半分ずつで始まったあの日。違う道を歩んでいたら自分はどんな生活を送っているんだろうと考えていた。

　しかし、違う道を歩んだ自分の姿など、今は想像もつかない。ここで過ごすことでしか得られなかったものが確かにあるからだ。

　それは互いに高め合う友人でもあり、お世話になった先生方でもあり、ここまで歩みを進めた自分そのものである。

　悔いは無い。結局これでよかったのだと、今にして思う。札幌龍谷学園高校で過ごした一度きりの青春時代は、今の私を形作った道程は、まさにかけがえのない日々であったと思う。

出会いと原体験〜新陽高校での挑戦〜

札幌新陽高等学校　2年生

　私が新陽高校への入学を決めた理由は、自分が求める学校生活を送ることができそうだと思ったからです。中学時代の私は、人との関わりや人間関係を築くことが苦手でしたが、全日制の高校に入学して新たに頑張りたいという気持ちがありました。新陽高校の入試イベントに参加し、先生方や先輩から学校での取り組みやボランティア・課外活動について聞き、とても魅力的な高校だと感じました。

　実際に高校に入学してからは、とても充実した日々を送っています。授業時の座席が常にグループ形式のため、顔を合わせている同級生たちとコミュニケーションをとる中で、人と関わることに積極的になりました。ホームルームや学校行事では、同学年の生徒だけでなく、先輩と関わる機会も多くある点も新陽高校の特徴だと思います。

　また、新陽高校では Google Classroom を用いて、学校内外の様々なイベントやプログラムの案内が生徒に共有されます。私はこうした活動を通じて、初対面の人や企業の方と話し、自分が知らなかった価値観や考え方に触れることができました。その中でも、復興庁主催の福島県視察ツアーへの参加と、NASA の技術者の方へインタビューを行ったことは、自分の将来像や仕事について考えて学ぶ機会となったため、特に印象に残っています。

　新陽高校には『挑戦』するチャンスが溢れています。私も、将来の夢や人との繋がりなどを得て、入学前の自分が考えていた以上に成長していると感じています。新陽高校の先生方は、生徒の想いを全力で支え、親身に向き合ってくれる存在です。一緒に考えて学び合う同級生や先輩もたくさんいます。チャンスは手の届くところにあり、掴むかどうかは自分次第です。新陽高校で待っています！

 ## 未来につながる学び

酪農学園大学附属とわの森三愛高等学校　3年

　本校では「三愛主義」と「健土健民」という二つの建学の精神のもと、様々な学びを深めています。全日制の2学科5コース、通信制の2学科2コースから自分に合ったコースを選択して深いところまで学びを深めることができます。在校生は道内のみならず全国各地から多くの人が集まっており、一人ひとり個性豊かな友達と充実した学校生活を送っています。本校はキリスト教教育を行っており、全日制では毎週水曜日の礼拝や聖書の授業、通信制では年間10回ほどの礼拝を通して生き方について見つめる時間を持っています。

　学習面では各コースごとに特色ある授業や、放課後にわからないところを先生に質問しながら勉強できる「とわ塾」（全日制のみ）などが行われています。酪農学園大学との高大連携授業として「アグリトライ」や機農コースの「総合実習」なども展開されています。大学と連携しているからこそ経験できることも多くあり、とても深いところまで学ぶことができます。

　部活動では女子ソフトボール部や男子ソフトテニス部など8つの強化指定部が好成績を修めています。部活動に特に力を入れ、「人から応援される人間」になるための学びを深め、世界に羽ばたくアスリートを育成するトップアスリート健康コースからは2020東京オリンピックに出場した選手が2名います。

　私の祖父は米農家を営んでおり、小さい頃から農業と接してきました。私自身も将来は農業関係の仕事に就きたいと思い、この広大な敷地で作物と酪農について詳しく学べる機農コースに入学し、実際に作物と自然、そして動物に触れながら学んでいます。

　酪農学園大学附属とわの森三愛高等学校は、たくさんの自然に触れながら個性豊かな仲間たちと心強い先生方の教えにより未来につながる学びを深めることができます。みなさんのご入学をお待ちしております。

 ## 学校紹介

藤女子高等学校　2年

　「謙遜・忠実・潔白」という校訓をもつ本校は、カトリックの精神に基づいて、思いやりと温かい心をもつ女性を育てることを目指しています。藤での生活は、毎日が新しい発見ばかりで、また、親しみやすく生徒を成長させてくれる先生方や、普段の生活のお手本となる先輩方のおかげで、日々成長することができます。

　藤は、学習面でのサポート体制が整っているのはもちろん、行事などにも力を入れていて、女子校ならではの覇気があったり、先生方を巻き込んでの活動はとても楽しいです。

　また藤には様々な部活動・同好会があり、とくに生徒たちが立ち上げる同好会は他の学校にはないものが多いので、自分に合う部活動・同好会を探すのも楽しいと思います。私は、自分で実験テーマを決め、仲間と日々試行錯誤しながら研究ができる科学部に惹かれ、入学直後に科学部に入部することを決めました。科学部では、校内、校外ともに自分たちの研究を発表する場を設けているため、ただ実験をするという状況をなくし、第三者に伝える能力を鍛えられるほか、質疑応答をすることで新たな知見を得ることができます。

　説明会や個別相談会、学校祭などでぜひ本校に足を運んでみてはいかがでしょうか？

　優しい先輩方と愉快な先生方があなたのことを待っていますよ!!

函館白百合学園とは

函館白百合学園高等学校　高3・生徒会長

　函館白百合学園は「従順・勤勉・愛徳」を校訓としたフランス系のミッションスクールです。1878年にフランスより来函した3人のマ・スールによって設立された学校であり、校章に掲げる「白百合」の花は理想の女性である聖女マリアを表しています。また聖女ジャンヌが祖国を救う旗印になった「勇気と希望のシンボル」でもあります。

　函館白百合学園では広いキャンパス、そして整えられた設備の下で充実した学校生活を送ることができます。恵まれた環境で学びを求めるならば、学園での3年間はきっと自分の夢や可能性が広がる有意義な時間になるでしょう。

　私たちの学校は、特別進学コース、看護医療系進学コース、総合進学コースの3つのコースがあり、自分の進路にあったコースで学ぶことができます。どのコースでも様々な経験を通して一人一人が自分らしく成長できる環境が整っています。私は看護医療系進学コースに在籍していますが、同じ夢を目指す仲間が多いため、共に勉学に励み将来を考えることができるのはこのコースの強みであると実感しています。

　また、私は生徒会長として様々な行事の企画や運営をしています。先生方のサポートの下、学年やコースの垣根を越えて活動し、仲間と切磋琢磨することで自分の成長に大きく繋がっていると感じています。

　函館白百合学園で私たちと共に学びを深め、夢への一歩を踏み出しませんか。お待ちしています。

 ## 遺愛の特色

遺愛女子高等学校　3年・生徒会長

　私の通う遺愛女子高等学校は今年で創立150周年を迎える伝統ある学校です。

　遺愛には普通科一般コース、普通科特進コース、そして英語科があるので自分に合った勉強スタイルを選ぶことができます。また電子黒板やタブレットの導入により豊かな授業を受けることができているなと実感しています。授業環境だけではなく、今年改修工事が終わった本館には大きな自習室があり、自主学習をする環境も整えられています。

そして私が遺愛でしか体験できないと思うことは「客船ボランティア」です。これは函館にやってきた外国人観光客の方々の通訳をするボランティアです。最初は緊張してしまって上手く話せなかったり、自分の英語力に自信が持てなかったのですが、なんとか意味が伝わって会話が成立した時に自分の成長を直に感じることができます。このような体験は遺愛でしかできないと私は思っています。

女子高に怖いというイメージを持っている方もいらっしゃると思います。ですが、実際学校生活を送っているとそんなことは全くなく、普段の学校生活でも行事でも何事にも全力でありのままの自分で取り組むことができるのが女子高の1つの魅力でもあると思います。

1度遺愛のオープンスクールに参加していただくとパワフルで賑やかな雰囲気を味わうことができるので是非1度参加してみてください!!

みなさんとお会いできるのを楽しみにしています!

グローバルコースで頑張ってみたいこと

旭川志峯高等学校　1年

私がグローバルコースに入って頑張りたいことは、英語力をつけることです。中学生の時は、あまり英語にふれることがなく、英語にふれているのは、英語の授業の時でした。私は、『英語がすごく出来る!!』という人ではないですが、留学に興味があり、英語に力を入れたいと思っていたのでグローバルコースを選択しました。グローバルコースでは、1年生で1回、2年生で1回と、留学出来るチャンスが2回あり、英語に触れる機会が中学生の時よりも沢山あると思います。そこで、海外の人のネイティブな英語を聞けること、英語を勉強する機会が増えることに期待し、英語力の向上を目指して頑張りたいと思います。

旭川志峯高等学校　1年

私の夢は英語を使って仕事をすることです。その夢に近づいていけるように留学を通してたくさん学びたいです。英語はもちろん他の教科もしっかりと勉強し、進路決定の時に困らないようにしたいです。また、私は吹奏楽部に入っているので、二刀流・三刀流で一生懸命頑張ります。

やりたいことが出来る場所

旭川明成高等学校　グローカル探究系列　3年

旭川明成高校はやりたいことが出来る場所です。

当校が独自で行っている未来タイムでは、既にあるものだけでなく、自らプロジェクトを立ち上げて主体的な活動を行っています。また、ボランティア活動も多く行っており、興味・時間の余裕に応じて自主的に参加出来ます。

授業ではICTを活用して、主体的、対話的、創造的な学びが出来ます。また、3つの系列があり、国公立大学を含めた大学や短大、高等看護学校を含む専門学校などへの進学から就職まで、それぞれの進路にあった学習を行う為に、2年生から系列を選択することが出来ます。

進路のサポートはとても充実していて、担任や進路指導の先生による定期的・不定期的相談や、多くの講習会、セミナーがあります。この他にも主に数・英の授業で習熟度別授業を実施したり、小論文指導などの国公立大学の推薦対策も充実しています。

進路だけではなく、体育祭や学校祭などのイベント、部活動などもとても充実しています。充実した高校生活を送りたい、夢を叶えたい人におすすめです。

未来につながる実業高校

旭川実業高等学校　3年・生徒会長

旭川実業高等学校には個性溢れた多くの生徒と頼りになる多くの先生方がおり、毎日充実した生活を送っています。授業や放課後に関係なく、常に先生と生徒の距離が近いので勉強でわからないところを聞いたり、進路で困ったことがあれば相談したりすることができます。その際は先生方がすぐに対応してくださって、自分が納得するまで寄り添ってくださるので安心です。先生と生徒が一体となって楽しく学校生活を過ごしています。

旭川実業高等学校には、普通科、機械システム科、商業科、自動車科の4つの科があります。

機械システム科、商業科、自動車科はそれぞれ普通高校では学べない専門的な授業や実習があり、卒業後は、大手メーカーや市内の有名企業に専門職として採用されたり、私立大学や専門学校に進学しています。また、国家資格や検定などの資格取得にも力を入れており、卒業までに最低3つの資格を取ることが目標です。さらに興味のある職種に職場体験することができるインターンシップも体験でき、普段入ることのできない会社や工場の見学に行けることも魅力の一つです。

普通科は3つのコースが設置されています。公務員や専門学校、私立大学を目指す進学コース、国公立大学や難関私立大学を目指す特別進学コース、そして国公立大学や難関私立大学の医療系の学部を目指す難関選抜コースがあるため、様々な進路に対応しています。

行事は入学してすぐに宿泊研修があるのでクラスの仲間ともいつの間にか打ち解けてしまいます。また、体育祭や文化祭はもちろん、芸術鑑賞や球技大会など勉強を忘れて楽しむイベントがたくさんあります。

さあ、まだ自分のやりたいことが見つかっていない皆さん、高校生活を楽しみたい皆さん! どうぞ旭川実業高校に足を運んでみてください。

藤星ファミリーの一員になりませんか?

旭川藤星高等学校　3年・吹奏楽部部長

私は中学校3年生の夏に訪れたオープンスクールで藤星高校のアットホームさに惹かれて入学を決めました。私が漠然と抱いていた高校生活に対する不安を先輩方が聞いてくれたり、気さくに声をかけていただいたことで、高校生活が楽しみになったことを覚えています。実際に入学してからもその雰囲気を感じることができました。私が入部した部活動では、部活動外でも声をかけてくれるような先輩と出会い、どんどん交友関係を広げていくことができました。

このように部活や行事はもちろん、学校祭や体育祭等の実行委員会活動でも全員がお互いを思いやることができ、学年を越えた縦の繋がりを感じられることが藤星高校ならではのアットホームさに繋がっているのだと日々実感しています。

あなたも藤星ファミリーの一員になりませんか?

充実した高校生活を通じて技術と人間力が向上する

北海道芸術高等学校　美容師コース　3年

この学校を選んだきっかけは、母も姉も美容師で、3歳年上の姉はここの卒業生です。姉がここに入学する際、小学生だった私も体験入学に訪れ、この学校に入りたい!と思ったのが最初のきっかけです。その後、何度も体験入学に参加し、そのたびにこの学校に通いたいと思いました。

学校の良さを感じるのは、自分たちで何かを創り上げる機会がたくさんある点です。アートコレクションをはじめ、ファッションショーなどもあり、自分たちで企画して、プレゼンして、形にしていくという作業は、本当に良い経験になります。美容師コー

スやファッションビューティーコース以外のコースの生徒ともコラボしたり、みんなの意見をまとめながら創り上げていくのはとても楽しいです。個性があり、自分の意見をしっかり持っている人が多いので、ぶつかりあったりもしますが、納得いくまで話し合うことで良いものを完成させる機会にもなっています。これは他ではあまり体験できないことかもしれません。2年生からは生徒会に入り、今年、生徒会長を務めていますが、学年に関係なく、みんなの声を大切にしたいと思っています。

学習面の特徴は、検定がとても多くどれも美容師として社会へ出たときに役立つものばかりだと思います。なぜその検定を受けたほうがいいのかを先生がきちんと説明してくれるので、納得して検定を受けることができます。対策授業をしてくれたり、休みの日でも勉強を見てくれたり、先生方のサポートがとても手厚いのもありがたいです。それから、社会へ出たときに困らないよう、技術だけでなく、マナーや振る舞いなど、人として必要なこともしっかり教えてくれます。卒業して各界で活躍している先輩たちも、人間力の高い人が多くて憧れます。

この学校にはやりたいことや夢が明確な人が多いので、好きなことを極めたいのであれば本当におすすめです。仲間と切磋琢磨しながら、自分の夢に近づけるのが魅力です。やりたいことがはっきりしていない人でも、入学すればすぐに自分が進みたい方向が見つかる学校だと思います。人としての成長も期待できますし、社会性も身につきます。きっと想像以上に充実した高校生活を送ることができます。

在校生からのメッセージ

函館工業高等専門学校　物質環境工学科　4年・学生会会長

函館高専は全国57高専のうちの一つで生産システム工学科、物質環境工学科、社会基盤工学科の3つの学科があり、幅広い学問を学べる学校です。中学卒業後の5年間の一貫教育で一般科目と専門科目をバランスよく学ぶことで、日本の将来を担う技術者に必要な教養と専門知識を身につけることができます。

我が校は世界で活躍するグローバルエンジニアの育成にも力を入れています。道内唯一の国際寮を2021年に新設し、寮内では英語を基本言語として、留学生と日本人学生が共同生活することで相互理解を目指し国際交流の充実を図っています。

また、今年度からは、第1学年から国際交流に参加できる機会が増え、新モンゴル学園高専での研修や、シンガポール・タイ・台湾でのグローバル研修にも多くの生徒が参加し、異文化交流を深めていました。

さらに函館高専には40以上の高専ならではのクラブや愛好会があり、多くの学生が加入しています。加えて、我が校では校外での研究発表や、アントレプレナー教育によって授業外で自分の研究したい専門分野を生かすチャンスも多くあります。

このように函館高専では普通高校で体験できないようなことがたくさんあります。我々、学生及び教職員一同、入学を楽しみにしています。

苫小牧高専でできること

苫小牧工業高等専門学校　5年・学生会長

苫小牧高専は近年の社会ニーズに応じて、「数理・データサイエンス・AI」教育にも力を入れており、従来のモノづくりだけでなくDX人材の育成にも力を入れています。本校には5つの専門系（機械系、都市・環境系、応用化学・生物系、電気電子系、情報科学・工学系）がありますが、すべての系においてデータサイエンス教育を実施しています。また専門系が違う人との合同授業もあり、異なる分野から新しい知識や経験を得ることができます。

高校には無いクラブや同好会も多数あり、中には複数のクラブに掛け持ちで参加し、夏の大会、冬の大会等いろいろな大会に参加している人もいます。学校最大のイベントである高専祭（例年10月頃）は2日間にわたって催し物が多数です。また体育祭では、強く・速く・高くを競うだけでなく、運動が苦手な人も参加しやすいeスポーツも開催して盛り上がります。敷地内には寮（男子・女子）があるので、遠方の人も入学しやすいと思います。部活動や寮での同級生はもちろん、先輩や後輩と接することで有意義な対人コミュニケーション力が得られます。

苫小牧高専での5年間が充実したものであればあるほど、進路は多様になると思います。

私の説明が中学生や保護者のみなさんの進路選択の参考になれば幸いです。

意欲を高く持ち、有意義な学校生活を!

釧路工業高等専門学校　建築学分野　5年

釧路高専といえば「勉強が難しそう」「ついていくのが大変」というイメージがあると思います。確かに専門的な内容を勉強する分、難易度は上がります。しかし、先生の質問のしやすさや自習スペースの充実度など、勉強をサポートする体制・設備は整っているので安心してください。

また、釧路高専のもう一つの特徴は自由度の高さです。高専は公立校のような校則がほとんどなく、やろうと思えば何でもできる学校です。新しいことに挑戦する意欲がある人、専門的な知識・技術を身に付けたい人にとっては、これ以上ないくらいいい学校だと思います。ですが、高専の5年間というのはあっという間に過ぎます。ぼーっとしていたら何もできずに5年間が終了してしまうので注意してください。

中学生の皆さんには、ハードルを勝手に上げずに、釧路高専を進路の視野に入れていただきたいです。皆さんの入学を心よりお待ちしております。

高専ならきっと見つかる!自分のやりたいこと

旭川工業高等専門学校　物質化学工学科　3年

皆さんは将来の夢を持っていますか。中学生の頃、私にはまだ明確な夢や目標、そして本当にやりたいことがありませんでした。そんな時、「学習・研究に打ち込める環境」が高専にあるということを知りました。当時の私にとって「研究」は程遠いものであり専門的な内容を理解できるか不安でいっぱいでした。しかし、入学して2年が経つ今は、専門的な1つの分野を、詳しく深く学ぶことで新たな発見や知識を得られることができ、学ぶことの意義を大いに感じられるようになりました。

授業は1コマ90分で、理数系の科目は特に進むペースが速いですが、分からないことがあったときにも、友達と相談したりその科目を専門とする先生が理解できるまで分かりやすく解説をしてくれるのでとても心強いです。高校と大学が一緒になったような学校で15歳から専門領域を学ぶことで、知識を広げるだけでなく様々な物事に対する適応力を高めることもできます。特に週に一度ある実験の授業では、テーマに基づいて、その実験に必要な材料や操作方法を考えたり、グループワークで実験結果を発表する機会もあります。

このような学校生活を通して、私は将来の夢、目標を見つけることができました。旭川高専は親元を離れ、新しいコミュニティで交友関係を築き、自分のやりたいことを見つけられる良い環境だと思います。初めての経験と新たな発見が尽きない高専への進学を是非検討してみてはいかがですか。

道コンデータで見る新入試得点・

●道コン SS −入試当日点換算表

◎ 2024 年度入試の状況

2024 年度入試は、高難度と言われた 2023 年度よりさらに難しくなりました。5 教科合計の受験生全体の平均点は 5 割を大きく割り込み、220 点を下回りそうです。

教科別では、昨年受験生全体の平均点が 50 点を超えていた国語と英語がともに難化し、特に英語は昨年を 10 点ほど下回りそうです。社会と理科も昨年に引き続きたいへん難しく、社会、理科、英語の受験生平均はいずれも 40 点前後となりそうです。5 教科の中では比較的取り組みやすい出題だった国語や数学も平均点は 50 点前後と、易しいといえる教科はありませんでした。

出題傾向では、文章や資料の読解を重視する傾向がさらに顕著になっており、限られた時間内で様々な資料から必要な情報を読み取る力が求められます。また、国語、英語、社会など複数の教科で自分自身の考えを説明するタイプの記述問題が出題されるなど、表現力を求められる問題も年々増加傾向にあります。

平均点の面でも、内容の面でも、入試問題と学校における定期テストとの乖離はますます進んでいるように見受けられます。基礎をしっかりと積み上げた上で、早い段階で実戦的な問題に触れ、読解力や表現力、思考力を養っておく必要がありそうです。

●合否調査 合格者平均点
（当日点収集分の単純平均）

	2024	2023	2022
国	61.1	67.4	79.7
数	68.0	66.1	64.6
英	60.1	71.3	74.3
社	57.8	61.8	70.6
理	58.8	54.5	74.3
計	305.8	321.1	363.5
SS	55.3	55.3	54.8

SS	2024年度	2023年度	2022年度
75	462	471	−
74	454	463	494
73	446	455	487
72	438	448	481
71	430	440	474
70	422	432	467
69	414	425	460
68	406	417	453
67	398	409	446
66	390	402	440
65	382	394	433
64	374	386	426
63	367	379	419
62	359	371	412
61	351	363	405
60	343	356	398
59	335	348	392
58	327	340	385
57	319	333	378
56	311	325	371
55	303	318	364
54	295	310	357
53	287	302	350
52	279	295	344
51	271	287	337
50	263	279	330
49	255	272	323
48	247	264	316
47	239	256	309
46	231	249	302
45	224	241	296
44	216	233	289
43	208	226	282
42	200	218	275
41	192	210	268
40	184	203	261
39	176	195	254
38	168	187	248
37	160	180	241
36	152	172	234
35	144	164	227
34	136	157	220
33	128	149	213
32	120	142	206
31	112	134	200
30	104	126	193
29	96	119	186
28	89	111	179
27	81	103	172
26	73	96	165
25	65	88	158

難易度分析

● 2024年度入試 高校別合格者推定平均点

道コン受験者における入試の高校別合格者推定平均点の一覧です。（各教科100点満点合計500点満点）
複数学科ある高校は普通科のもの。釧路湖陵は文理探究のもの。データが少ない高校は割愛しております。
（　）は道コン受験者における合格者平均SSです。（－）はデータが少ない学科です。

地区	高校名	学科名	合格者推定平均点					
			国	数	英	社	理	計
石狩	札幌南	普通（68）	71	90	86	78	81	406
	札幌北	普通（66）	76	86	81	71	75	388
	札幌西	普通（64）	72	81	76	74	75	376
	札幌東	普通（63）	64	83	76	72	71	365
	市立札幌旭丘	普通（61）・数理データサイエンス（60）	72	77	71	65	69	353
	札幌国際情報	普通（60）・国際文化（57）・理数工学（56）・グローバルビジネス（54）	65	74	75	66	66	345
	札幌月寒	普通（59）	68	73	64	63	64	330
	北広島	普通（56）	63	72	59	57	64	314
	市立札幌新川	普通（56）	61	69	60	61	58	310
	札幌手稲	普通（54）	62	65	52	59	59	297
	市立札幌藻岩	普通（54）	63	66	56	57	56	295
	札幌啓成	普通（53）・理数（59）	59	63	56	56	56	289
	市立札幌清田	普通（53）・グローバル（52）	56	63	54	55	58	285
	札幌北陵	普通（52）	55	66	54	52	54	280
	市立札幌平岸	普通（51）・デザインアート（50）	57	59	51	49	53	268
	千歳	普通（48）・国際教養（46）・国際流通（44）	45	60	48	44	52	247
	石狩南	普通（48）	56	55	45	48	43	245
	大麻	普通（47）	51	56	42	47	46	241
	札幌白石	普通（46）	46	55	36	44	52	233
	札幌平岡	普通（45）	48	53	34	44	47	225
	札幌稲雲	普通（45）	48	52	36	43	42	220
	札幌英藍	普通（43）	45	50	31	39	42	207
	札幌厚別	総合（42）	41	50	36	39	34	199
	札幌東陵	普通（40）	41	41	31	36	31	179
渡島	函館中部	普通（59）・理数（62）	67	74	71	60	61	332
	市立函館	普通（53）	62	63	59	53	54	290
後志	小樽潮陵	普通（54）	62	67	55	55	57	295
	小樽桜陽	普通（42）	44	42	38	42	31	195
空知	岩見沢東	普通（54）	59	66	58	56	57	295
	滝川	普通（49）・理数（56）	55	51	50	50	49	255
上川	旭川東	普通（63）	71	79	74	69	71	363
	旭川西	普通（54）・理数（51）	61	66	55	56	57	295
	旭川北	普通（58）	66	69	65	61	63	324
	旭川永嶺	普通（48）	51	55	45	47	47	245
	旭川南	総合（47）	52	53	41	47	47	240
オホーツク	北見北斗	普通（54）・理数（63）	61	68	62	54	54	298
	北見柏陽	普通（47）	55	54	43	44	44	240
	北見緑陵	普通（40）	40	46	29	32	37	183
	網走南ケ丘	普通（42）	40	45	40	38	39	202
胆振	室蘭栄	普通（53）・理数（59）	58	61	57	56	53	285
	室蘭清水丘	普通（44）	44	47	45	46	37	218
	苫小牧東	普通（54）	60	67	59	53	58	296
	苫小牧南	普通（45）	46	46	45	44	42	223
日高	静内	普通（38）	33	37	33	32	32	167
十勝	帯広柏葉	普通（62）	73	78	72	65	71	358
	帯広三条	普通（55）	62	67	59	59	56	303
	帯広緑陽	普通（50）	53	59	49	52	53	266
釧路	釧路湖陵	文理探究（55）・理数探究（63）	65	69	61	54	57	306
	釧路江南	普通（50）	54	58	49	50	49	259
根室	根室	普通（45）・商業（－）・事務情報（－）	45	50	44	42	43	222

「こんなはずじゃ…」と後悔しない

[高校選びにあたって ～自分自身と向き合い、将来を考える～]

　小学校、中学校と、皆さんはほぼ自動的に進む道（＝通う学校）が決められていました。でも高校進学では、初めて自分の進む道を選択します。皆それぞれの希望・条件（部活、通学時間、学力…）をもとにそれぞれの選択をします。そして大抵の場合、入試によってふるいにかけられます。そこには競争が生じます。迷いや不安など、いろいろな感情がつきまといます。学校の評判、噂なども気になることでしょう。それが「選択する」ということだと言えます。

　学校選びは、実は自分自身を客観的にとらえる機会でもあります。選択肢はいろいろあります。自分にとって何が大事か、やりたいこ

とは何か、じっくり考える。「どこに行くか」ではない、「そこで何をするか」だ、というのはよく言われることですが、これから３年間を過ごす場所を選ぶわけですから、納得した後悔しない選択をしたいものです。気に入らないから別の高校に、と気軽に変更できるものではないため、しっかりと志望校を選ばなければなりません。

　しかし、「どうやって志望校を選べばいいのかわからない」という人も多いでしょう。下に高校受験を経験した先輩方の志望校選びについてまとめました。迷ってしまった時の参考にしてみてください。

先輩方に聞きました

「どうやって志望校を選びましたか？」 （343人の先輩に回答してもらいました）

1. 志望校を決めたのはいつ頃ですか

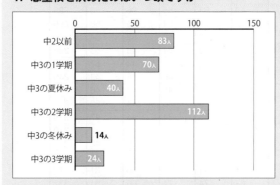

	人
中2以前	83人
中3の1学期	70人
中3の夏休み	40人
中3の2学期	112人
中3の冬休み	14人
中3の3学期	24人

　「中３の２学期」に決めた人が32％おり、また約64％の人が中３の１学期～２学期の間に決めたようです。

　部活動を引退した後で、学校説明会などのイベントも多く開催され、本格的に受験を意識し始める時期といえます。

　また、約４分の１の人が中２以前に志望校を決めていることも見逃せません。

　早くから目標を定め、それに向けた取り組みを積み重ねていくことは、**受験に非常に有利**といえます。

2. 志望校を決める際に参考にしたものは何ですか （複数回答）

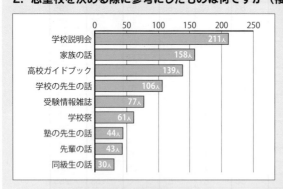

	人
学校説明会	211人
家族の話	158人
高校ガイドブック	139人
学校の先生の話	106人
受験情報雑誌	77人
学校祭	61人
塾の先生の話	44人
先輩の話	43人
同級生の話	30人

　学校説明会を参考にした人が多かったようです。

　本書などの本の他、学校や塾の先生、家族の話ももちろん参考になりますが、高校３年間を過ごす場所ですから、自分で確かめるのがイチバンです。

　いろいろな学校の説明会などのイベントに積極的に参加しましょう。日程は本書の各学校ページや、学校のホームページなどで確認できます。

○他の意見○
学校のホームページ、道コンの結果、部活体験、自宅からの距離など

3. 志望校を受験する決め手となったのは何ですか （複数回答）

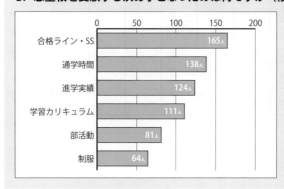

	人
合格ライン・SS	165人
通学時間	138人
進学実績	124人
学習カリキュラム	111人
部活動	81人
制服	64人

　現実として合格ライン・SSは無視できないものの、進学実績、学習カリキュラムなど「将来」を考えて志望校を決めた人も多かったです。

　また、入りたい・がんばりたい部活動があることで決めた人も少なくありませんでした。

　いずれにせよ、「高校に入ること」が目標ではなく、「高校に入ってから」「将来に」何をしたいかイメージして目標をたて、その目標を達成するにはどの高校に入学するのがいいのかしっかりと考えることが大切です。

○他の意見○
校風、設備、行事、資格取得、就職率など

左の「3. 志望校を受験する決め手」は、「合格ライン・SS」と「進学実績」が上位になりました。学力によっては、行きたい学校が行ける学校であるとは限りませんが、行ける学校が行くべき学校であるかは別問題です。学力レベルの高い公立高に合格しても、部活やカリキュラムを優先して私立高を選択したケースもあります。無難な選択も悪くはありませんが、もしやりたいことがあるのなら納得いくまで調べ、考えてみましょう。

また、大学への進学を考えた場合、進学実績は無視できないでしょう。高校の進学実績を調べるとき、ある大学の合格者数を高校ごとに比較するとしても、単純に人数だけをみるのではなく、現役なのか浪人も含むのか、在籍者数に対する割合はどうなのかをチェックしてみてください。一般に私立高は進学実績が低いように見られがちですが、公立高よりも定員が少ない学校も多いので、数だけでなく割合を比較すると本当の実力が見えることもあります。同じようなレベル・進学実績の高校の場合、現役合格者のみで比較してみると意外なことに気付くこともあるかもしれません。336ページから掲載している大学合格実績なども参考にしてください。入り口（入試）が高いからといって、出口（卒業時）もその高さが維持できているとは限りません。どこに進もうと、結局は個人の意識とがんばりということになりますが、たとえば現役合格率の差は、その学校の学習環境や指導力の表れとみることもできます。「環境が人を育てる」という側面

があることもまた事実です。

私立高には、進学を目指した特進コース、さらにその上位コースの他、資格習得を目指すコース、就職を目指して技術を身につけるコースなど、学校によって特色のあるさまざまなコースが設置されており、選択肢が多く設けられています。また、系列大学・短大などの推薦枠や特待生制度があったり、指定校枠が多いなど私立校ならではのしくみも進学の上では有利です。「私立高＝学費が高い」というイメージがあるかもしれませんが、就学支援金などの制度もあります（詳しくは62ページ）。では、公立高には特色がないのかというとそんなことはありません。理数科や国際学科などが設置されている学校もありますし、自分の関心などに応じて科目を選択する普通科単位制、フィールド制、総合学科など新しいスタイルの公立高もあります。早くから専門的な知識や技術を身につけたいという人は、高等専修学校・技能連携校や高等専門学校（高専）などもチェックする必要があります。毎日の通学に困難のある人や、やりたいことに応じて柔軟に学校生活を送りたい人には、通信制高校という選択もあり得ます。

いずれにせよ、「自分」が行きたい学校は「自分」にしか決めることができません。学校のイベント、受験の情報誌などを積極的に活用して、後悔のない選択をしてください。

道コン受験生に聞きました！

志望校の選び方・決め方

事務局会場受験生へのアンケートから一部を紹介します！

- 学校説明会などを通して実際に学校に足を運び、3年間通えそうな距離か、通学手段、設備、雰囲気など自分に合っているかを見極めるといい。
- 自分の学力や目的に合わせて選ぶ。
- 高校卒業後の自分の将来を考えて選ぶ。
- 早い段階からなんとなくでもいいので進路について一通り見通しを持ってみるとよい。
- 行事や部活で決めても良いが、大部分をしめる勉強のカリキュラムを見て考えるのが大切。
- 制服や友達などは二の次。自分のことなので周りに左右されないこと。
- 自分のランク、道コン、学力テストABCの結果をみて何校かに絞り、その中から校風など自分に合う高校を選んだ。
- 倍率や学力テストの結果で諦めないほうがいい。最後までねばってください。

- レベルが高い高校に入ることが全てではない。自分がどんな高校生活を送りたいか、どんな人生を過ごしたいかを考え実現できる高校を選ぶ。
- 落ちても納得がいくように自分で最終的に決める。
- 公立、私立高校併願の場合、私立もきちんと決めることが大事。
- 公立に落ちても自分で行きたいと思えるような第二志望校を自分の目線で考えておく。
- 部活動を重視して決めたため、何度か学校に足を運び見学、体験させてもらいました。
- 信頼できる知人や先生から情報を得てネット情報が正しいか見極めてみる。
- 自分の学力レベルより少し上を目指し、努力する。
- 英語教育がしっかりしているか。
- 学校の施設が充実し、清潔かどうか。
- 志望校の大学進学率。

今すぐ始めよう！ 志望校選択

●中3下半期 志望校選びカレンダー

	7月	8月	9月	10月
イベント・道コン日程など		第2回道コン		第3回道コン
			総合 A	総合 B
		対策 学力テスト総合A対策模試		対策 学力テスト総合B対策模試
		合同説明会シーズン	各校説明会シーズン	

[　　　　7月～9月は情報収集期…学校を直接知ろう！　　　　]

◆情報収集の定番「学校説明会」

「学校説明会」は、各校が小中学生や保護者を招き、学校のようすや授業のスタイルなどを詳しく説明するイベントです。

従来は私立を中心に行われていましたが、近年は公立高校でも積極的に説明会を実施する学校が増えています。また、説明会と合わせて個別相談の場を設けたり、授業を公開する学校もあります。直接先生方に疑問をぶつけることもできますので、学校選びに迷っている人には絶好の機会です。

本書では、説明会日程は各校の紹介ページに掲載していますので、日程をチェックしておきましょう。

◆学園生活を疑似体験！ 「学校公開（オープンキャンパス）」

「学校公開」は、実際に授業や行事が行われているようすを文字通り公開するイベントです。元々は90年代後半から大学で実施されるようになり、その後私立高校での実施例が急速に増えてきました。上記の「学校説明会」と合わせて実施されるケースも多いようです。実際にその学校の生徒になった気分で、学校のようすを感じることができます。

◆地域と一体！思い出のイベント「学校祭」

学校生活で、最も思い出深いイベントの1つが「学校祭」です。学校祭は、基本的に公開されますので、もちろん受験生の皆さんも遠慮なく参加することができます。皆さんの先輩方が、一生懸命がんばる姿、学校生活を思いっきり楽しんでいる姿に接することで、受験勉強への意欲も高まるはずです。

Webサイトや動画でバーチャル体験できる学校もあるね!!

必勝スケジュール

11月	12月	1月
第4回道コン		第5回道コン
総合C　　三者面談		公立願書提出
↑ 対策 学力テスト総合C対策模試		第6回道コン （2月1日）

[　　　11月～1月は受験校決定期…カギは「学テ」と「三者面談」　　　]

◆学力テスト総合ABCとは？

　北海道の中学校では、一般財団法人「北海道教育文化協会」が主催する「学力テスト」が、中1のころから定期的に実施されます。参加状況は中学校ごとにまちまちですが、中でも**中3の9月・10月・11月のテストは殆どの中学校で実施され、「三者面談」での志望校決定の重要な資料となります。**この3回のテストを、特に「総合A」「総合B」「総合C」とよんでいます。

◆三者面談とは？

　学力テストABCが終了した11月下旬から12月にかけて、**生徒・保護者・先生の三者による面談**が実施されます。

　多くの中学校では、この場で高校に提出される**内申点・内申ランク**が内示されるとともに、学テABCの結果も踏まえて出願先を絞り込みます。

One point　志望校選びの「タイムリミット」と「本人の意思」

　願書の提出は三学期になってからですが、実際には中学校側としても高校への提出のために事前に取りまとめる必要があります。冬休み明けの始業式に願書が配布され、翌日までに先生に提出、といったケースも多いようです。そのため、実質的には冬休み前の三者面談が出願先決定の山場となります。学力テストABCで、志望校の水準に届く点数を取ることができなければ、三者面談で先生や保護者に自分の希望を通すことは難しくなり、志望校を下げなければならなくなることも多くあります。まずは、学テで失敗しないように全力を尽くすことが肝心。その上で、三者面談の場で自分の意思をしっかり主張することです。どうしても、先生や保護者の薦める志望校が自分の意思と異なる場合は、候補を絞り込んだ上で最終決定を冬休み明けに延ばしてもらうようにお願いしてみましょう。さらに、43ページで説明する「出願変更」の制度を活用すれば、1月道コンの結果を待って志望校を最終検討することが可能です。

受験者の88%以上が役に立ったと回答しました！

役に立たなかった 3.9%　　よくわからない 7.9%

「学力テスト総合ABC対策」は役に立った **88.2%**

「学力テスト総合ABC対策」受験者アンケート調査より

学力テスト総合ABC対策模試

　受験校決定のカギを握る学力テストABC。道コン事務局では中3生を対象に「学力テスト対策模試」を開催します！

　過去問を分析して作成された予想問題で、道コン同様の合格判定！

　「進路決定」に向けた君のチャレンジを強力サポート！

　学力テスト対策模試は、全道の道コン参加塾で受験できます。

※実施日は塾によって異なります。最寄りの道コン参加塾にご確認ください。

志望校が決まったら

●中3出願～受験カレンダー　※私立・高専の日程は学校によって異なります。

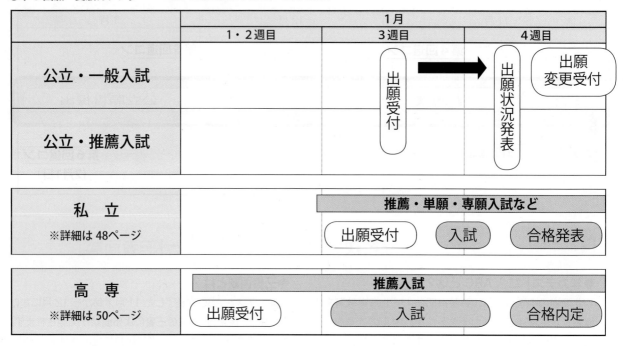

	1月		
	1・2週目	3週目	4週目
公立・一般入試		出願受付	出願状況発表　→　出願変更受付
公立・推薦入試			

		推薦・単願・専願入試など		
私　立　※詳細は48ページ		出願受付	入試	合格発表

		推薦入試		
高　専　※詳細は50ページ	出願受付		入試	合格内定

[　**公立高校　出願できる学科は？**　]

　1月下旬、中学校の先生を通して志望校に願書を提出し、受験票の交付を受けます。出願できる学科は、原則として1高校の1学科のみです。ただし、複数の学科を併置している高校への出願においては、願書に第2志望または第3志望まで併記できます。

※第2志望：できるだけ第1志望を優先して選抜。

　第3志望：当該学科の合格者が募集人員に達しない場合に入学者選抜の対象とし、当該学科へ入学させるよう配慮。

[　**「推薦入試（自己推薦）」**　]

　出願先高校のスクール・ポリシーを理解し、自らを各学校が示す「入学者の受入れに関する方針」に合致すると考える生徒で、出願する動機及び理由が明確であれば自己推薦できます。

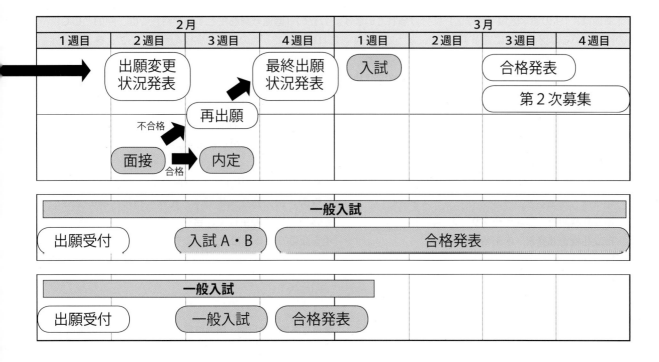

[　　　　　　　　「出願変更期間」は受験校を変える最後のチャンス　　　　　　　　]

　願書の提出期間が終わると、1月末に出願状況が発表されます。各校の出願者数や倍率がわかりますので、その結果に基づき、2月初旬の約1週間の間に、一般入試では1回だけ出願先を変更することが認められています。

　出願変更は当初出願した学科に関わりなく、同一の課程の他の学科、または他の高等学校の同一の課程の学科に1回出願を変更することが可能です。

One point　学校で「出願変更は認めない」と言われたら？

　出願変更は非常に時間が限られているせいか、中学校の先生が「認めない」と言うケースもあるようです。しかし、多くは「出願変更を安易に考えてはいけない」という程度の意味です。制度としてある以上、きちんと説明すれば、柔軟に対応してくれることもあります。遅れそうな場合、連絡・相談だけでも締切前に高校に入れておくのが有効です。

　また、出願変更の条件が緩和されることとなりますが、道立から市立への変更、学区外から学区内への変更等、意外と先生が「変更できない」と誤解している場合もありますので注意しましょう。

公立高校の「学区制度」を知る

学区制度とは？

　北海道は、19の通学区域（＝学区）に分けられています。公立の「普通教育を主とする学科」では、原則として自分の住んでいる学区の高校に進学することになっています。これに対して、他の学区の高校を受験することを「学区外受験」といい、「学区内」の場合とは異なるしくみが設けられています。

※普通教育を主とする学科とは、普通科、地域探究科及び文理探究科を指します。

■学区制度が適用される高校は？

　学区制度による制限を受けるのは、以下の学科だけです。

- ・公立・普通教育を主とする学科
（市立札幌清田　普通科グローバルコース、市立札幌平岸　普通科デザインアートコースを含む）
- ・**市立札幌旭丘　数理データサイエンス科**
- ・**市立札幌啓北商業　未来商学科**

　左記以外の公立の理数科や総合学科、職業科には、学区制度は適用されず、全道いずれの高校にも同じ条件で入学することができます。

　私立高校や高専には学区制度はありません。ただし、札幌の一部の私立高校では、札幌（石狩）圏の生徒とその他の地区の生徒で、合格に要するランクの基準に差を設けている場合があります。

学区外受験のしくみ

　公立高校では、通学区域以外の高校に入学できる人数に制限が設けられています。
（地域事情により、一部例外があります。）

●道立高校（全日制・普通教育を主とする学科）の場合

		入学できる割合
石狩学区以外から石狩学区へ		定員の5％まで
石狩以外の各学区へ	普通教育を主とする学科のうち普通科	定員の10％まで
	普通教育を主とする学科のうち普通科以外	定員の20％まで
総定員120人以下の学校へ		定員の50％まで

●札幌市立高校（全日制）の場合

	入学できる割合
札幌市外の地域から札幌市立高校へ	定員の20％まで

One point　ほとんどの高校は学区外でも合格ラインは変わらない！

　学区外受験は狭き門にレベルの高い受験生が集中し、学区内よりも厳しい戦いになるイメージがあります。

　しかし、実際は学区外受験枠にその定員を上回る出願者が集まる学校は、トップ校や人気校など一部の学校だけです。2022～2024年度入試で定員を超えたのは右表の12校でした。

　それ以外の学校では元々枠が埋まらないため、結果として学区内の生徒と同じ基準で合否判定が行われることになり、「合否ライン」は学区外を意識する必要はありません。

高校名	学区外定員	学区外出願者数（定員超過数）		
		2024	2023	2022
札幌東	16	22(6)	23(7)	28(12)
札幌西	16	24(8)		28(12)
札幌南	16	26(10)	26(10)	24(8)
札幌北	16	28(12)	27(11)	18(2)
札幌国際情報	4	5(1)	9(5)	
千歳	10	12(2)	12(2)	11(1)
市立札幌清田グローバル	8	9(1)		
旭川東	24	26(2)		29(5)
旭川西	16	26(10)		
旭川北	20		29(9)	30(6)※
北見北斗	20	32(12)	21(1)	
遠軽	20	49(29)	29(9)	54(34)

※旭川北は2023年に定員減がありました。

●全道学区一覧表　～公立　普通教育を主とする学科・総合学科のみ～　☆…札幌市立（市内1学区）★…総合学科（全道1学区）

学区		高校名
石狩	旧第1	南　旭丘☆　月寒　藻岩☆　平岸☆　南陵
	旧第2	東　白石　清田☆　啓成　平岡　真栄　白陵　厚別★
	旧第3	東陵　丘珠　東豊
	旧第4	北　北陵　新川☆　英藍　国際情報　石狩南　石狩翔陽★　当別
	旧第5	西　手稲　稲雲　西陵　あすかぜ
	旧第6	大麻　野幌　江別
	旧第7	北広島　北広島西　千歳　千歳北陽★　恵庭北　恵庭南
渡島		函館中部　函館西　市立函館　南茅部　上磯　松前　七飯　八雲　長万部　知内　森★
檜山		江差　上ノ国　奥尻　檜山北★
後志		小樽潮陵　小樽桜陽　寿都　蘭越　倶知安　岩内　余市紅志★
空知南		夕張　岩見沢新設　長沼　栗山　月形　岩見沢緑陵　美唄尚栄★
空知北		芦別　滝川　砂川　深川西　滝川西
留萌		留萌　羽幌　天塩
上川南		旭川東　旭川西　旭川北　旭川永嶺　旭川南★　富良野新設　鷹栖　上川　東川　美瑛　上富良野　南富良野
上川北		士別翔雲　名寄　美深　剣淵★
宗谷		稚内　浜頓別　枝幸　豊富　礼文　利尻
オホーツク中		北見北斗　北見柏陽　北見緑陵　常呂　美幌　津別　訓子府　佐呂間
オホーツク東		網走南ケ丘　網走桂陽　清里　大空★　斜里★
オホーツク西		紋別　遠軽　湧別　興部　雄武
胆振西		室蘭栄　室蘭清水丘　室蘭東翔★　登別青嶺　伊達開来
胆振東		苫小牧東　苫小牧西　苫小牧南　白老東　厚真　追分　鵡川
日高		富川　平取　静内　えりも　浦河★
十勝		帯広柏葉　帯広三条　帯広緑陽　音更　上士幌　鹿追　芽室　大樹　広尾　幕別清陵　本別　足寄　清水★　池田★
釧路		釧路湖陵　釧路江南　釧路明輝★　釧路北陽　阿寒　釧路東　厚岸翔洋　弟子屈　白糠　霧多布　標茶★
根室		根室　別海　中標津　標津　羅臼

※生徒募集を停止した高校を除きます。

●例外として学区内とみなされる地域（下記以外にも、一部地域では道内全高校への入学が学区内とみなされます。）

学区	高校名	通学区域
石狩	上表の石狩学区全校（市立札幌は除く）	南幌町
	札幌あすかぜ	小樽市のうち、銭函1～5丁目、星野町、春香町、見晴町、張碓町、桂岡町
	北広島	長沼町
	北広島西	
渡島	長万部	黒松内町の一部
檜山	江差・上ノ国・奥尻	八雲町のうち、熊石地区
空知南	岩見沢新設・岩見沢緑陵	新篠津村
	月形	新篠津村、浦臼町
留萌	留萌・羽幌・天塩	幌延町
オホーツク中	常呂	網走市、斜里町、清里町、小清水町、大空町
オホーツク東	網走南ケ丘・網走桂陽・清里	北見市常呂町
胆振東	追分	千歳市のうち、協和、幌加、新川、東丘、由仁町と栗山町の一部

45

公立高入試の合否は「内申点」

「内申点（学習点）」について

　北海道の入試では、当日の学力点以外に、中学校での成績評価である「**内申点を含めた個人調査書**」が合否の判定に用いられます。

　内申点は、中 1 からの各学年の成績を元に計算します。また、算出した内申点を 20 点ごとに区切って「**内申ランク**」を決めます。同じランクでも、内申点が高いほど有利です。

■内申点と内申ランクの計算方法

　内申点は、通知表の成績を元に次の式で計算されます。

　算出した内申点を右の表に当てはめると、自分の内申ランクを知ることができます。

> 　　（中 1・学年末の通知表　9 教科合計 × 2）
> ＋（中 2・学年末の通知表　9 教科合計 × 2）
> ＋（中 3・学年末の通知表　9 教科合計 × 3）

　この計算をする際には、必ず 5 段階評価で行いますので、学校でもらう通知表の評定が 10 段階になっている人は、1 と 2 なら「1」、3 と 4 なら「2」…というように、5 段階評価に直してから計算しましょう。

●内申ランク一覧表

ランク	内申点	備　考
A	315 〜 296	オール 5（315 点）
B	295 〜 276	
C	275 〜 256	
D	255 〜 236	オール 4（252 点）
E	235 〜 216	
F	215 〜 196	
G	195 〜 176	オール 3（189 点）
H	175 〜 156	
I	155 〜 136	
J	135 〜 116	オール 2（126 点）
K	115 〜 96	
L	95 〜 76	
M	75 〜 63	オール 1（63 点）

One point　内申点の謎　〜中 3 はいつの時点の成績で計算するのか？〜

　中学校では、各学年終了時に生徒それぞれの「学年の評定」を決め、「生徒指導要録」に記載します。（これは基本的に、学年末の通知表に記載されて皆さんに渡されます。）これをそのまま「個人調査書」に転記して、願書とともに各高校に送るのですが、中 3 の場合は願書提出期限である 1 月下旬の時点では評定が出ていません。

　これについて、道教委の定めでは「出願の時点における学習状況を踏まえて記入すること」となっており、解釈のあいまいさが残ります。ただ、多くの中学校では、11 月末〜 12 月の三者面談の際に、高校に提出する最新の成績を "内示" してくれるようです。はっきりしなければ、先生に確認してみるとよいでしょう。

「学力点（当日点）」について

　公立高入試は、5 教科各 100 点満点、計 500 点満点です。

■傾斜配点について

　一部の学校では、特定の科目の得点を 1.5 倍や 2 倍などにする「**傾斜配点**」が実施されています。例えば、「英語を 1.5 倍する」ような高校であれば、英語の得意な人は有利といえます。

　傾斜配点が行われる高校では、満点が 500 点を超えてしまいますが、**選抜の際は得点を 500 点満点に換算**してから合否判定が行われます。

●傾斜配点の換算方法

（例）札幌北高校（傾斜配点：数英 2.0 倍）は
　　　以下の様に 500 点満点に換算します。

通常の学校（傾斜配点なし）

国語	数学	社会	理科	英語	計
100	100	100	100	100	500 点満点

札幌北（傾斜配点：英数 2.0 倍）

国語	数学	社会	理科	英語	計
100	100×2	100	100	100×2	700 点満点

科目ごとの得点例

国語	数学	社会	理科	英語	計
94	86	97	96	90	463
	×2			×2	
94	172	97	96	180	639

639 点を 500 点満点に戻す ⇒ 639（傾斜得点）÷ 700（傾斜満点）× 500 点満点 ＝ 456 点

と「学力点」で決まる！

合否を決める「相関表」のしくみ

　入試では、「当日の学力点」と「内申点を含めた個人調査書」の両方を総合的に判断して合否が決定されます。その際は図のように、内申点（ランク）を縦、学力点を横にとった**相関表**が用いられます。

■合否判定の方法は？

合否判定の手順は次の通りです。

①定員の70%…学力点と個人調査書（内申）を同等に評価

②定員の15%…学力点をより重視

③定員の15%…個人調査書（内申）をより重視

　なお、②・③の場合の重視比率や、②・③の選抜のどちらを先に行うかは、高校ごとに異なっており、毎年6月ごろ、翌年の重視比率が発表されます。

■「重視比率」について

　例えば、ある高校の重視比率が「学力点重視…8：2」「調査書重視…6：4」だった場合を考えます。

　これは、上の説明の②にあたる「学力点をより重視する」際に、「学力点を8、調査書を2の割合でみる」という意味です。

　同様に、③の「調査書をより重視する」際には、「調査書を6、学力点を4の割合でみる」ことになります。

　この割合、**一部の学校では「学力点重視10：0」**というケースもあり、この場合は建前上、「**当日の点数さえ良ければ個人調査書の内容（内申）に関わらず合格できる可能性がある**」といえます。

●内申ランク・学力点相関表（イメージ）

		500〜481	480〜461	460〜441	……	……	……
A	315〜296	同等		個人調査書（内申）を重視			
B	295〜276	**70%**		**15%**			
C	275〜256						
D	255〜236						
	……	学力点を重視					
	……	**15%**					

不合格でも最後のチャンス！「追加合格」と「第2次募集」

■追加合格

　合格した生徒が入学を辞退した場合などに、定員を割ってしまう場合があります。その場合、各高校は**いったん不合格となった生徒の中から合格者を追加し**、合格発表後1週間程度のうちに中学校と本人に通知します。

■第2次募集

　追加合格のしくみを使っても定員の充足が見込めない場合は、第2次募集が実施されます。各校の第2次募集の有無は3月下旬に発表され、希望者は出願することができます。**出願先の高校では、その生徒が最初の入試を受験した高校から生徒の成績を取り寄せ、合否判定を行って通知します。**

One point　第2次募集の出願資格と合否判定の基準は？

　第2次募集は原則誰でも出願できますが、「最初の入試で合格した生徒」や「推薦入試の面接を欠席、または合格を辞退した生徒」は出願できません。一方で、最初の入試に出願しなかったり、欠席した生徒は出願できます。その場合は選抜の参考として作文や面接が行われます。

公立高校以外の入試制度 Part1

私立高校の一般入試は「A 日程」に集中!

　私立高校の一般入試は 2 月中旬〜下旬に実施されます。「A 日程」と「B 日程」に分かれており、日程が異なる学校であれば 2 校受験することが可能です。

● 2025 年度入試　私立高校入試日程

A 日程			B 日程	
2 月 13 日		2 月 13 日・14 日	2 月 18 日	2 月 18 日・19 日
北海学園札幌	函館大谷	北照	北海	北星女子
藤女子	清尚学院	小樽明峰	北星学園大附属	小樽双葉
北科大高	函館大妻	海星学院	立命館慶祥	大谷室蘭
札幌大谷	函館ラ・サール	稚内大谷	札幌第一	
札幌静修	苫小牧中央	帯広大谷	道文教大附属	
札幌北斗	駒大苫小牧	白樺学園	札幌龍谷学園	
札幌光星	北海道栄	帯広北	とわの森三愛	
札幌山の手	旭川志峯			
札幌新陽	旭川実業			
東海大札幌	旭川龍谷			
札幌創成	旭川藤星			
札幌日大	旭川明成			
函館大有斗	北見藤			
函館大柏稜	武修館			
遺愛女子	日本航空			
函館白百合				
31 校		7 校	7 校	3 校

One point　札幌以外は結局 1 校しか受験できない? 日程の偏り

　私立高入試は、かつては全校が統一日程で実施していましたが、受験生の選択肢を広げる観点から、現在では複数日程方式が取り入れられております。

　ただし、上の表の通り、実際には多くの高校が A 日程に集中しており、特に札幌圏以外では、事実上選択のしようがないのが現状です。

単願・専願・推薦入試とは？

多くの私立高校の入試では、「その学校のみに出願する」または「その学校を第一志望とする」ことを条件に、普通の一般入試よりも試験科目を減らしたり、合格判定のレベルを下げるなどの有利な条件で合格できる仕組みが設けられています。これらを「単願」「専願」といい、他県ではほぼ同じ意味で用いられているようですが、北海道では概ね以下のように使い分けられています。

> 「単　願」　主に「その学校のみに出願する」ことをいいます。単願を条件に、合格の確約をもらうのが一般的です。

> 「専　願」　主に「その学校を第一志望とする」ことをいいます。他校との併願は可能ですが、優遇を受ける場合は合格したら入学することが前提となります。

> 「推薦入試」　推薦入試は、筆記試験がなく面接と調査書で合否が決まる学校が殆どで、さらに「単願」か「専願」であることが条件として課されるのが一般的です。

なお、これらの用語は完全に統一されているわけではなく、学校によってはここでの説明に当てはまらない場合がありますので、詳細は各校の紹介ページで確認しましょう。

特待制度・奨学金制度

多くの私立高校では、一定の条件を満たした生徒に対して奨学金を支給したり、入学金や授業料を減免したりする制度を設けています。多くの場合、「融資」ではなく「減免」ですので、減額された分の返済の必要がないのが特徴です。
制度適用の主な条件は以下のようなものです。

●特待制度・奨学金制度の主な認定基準

特待の種類	認定の基準
学業優秀	入学試験の成績上位、中学時代の内申点が一定以上など
スポーツ特待	中学時代の実績・指定する部活動への入部など
その他	中学時代の生徒会活動・ボランティア活動の実績、兄弟姉妹が在学中など

なお、これらの制度を推薦入試と組み合わせている学校もありますが、その場合、合否自体は推薦入試の面接で決定しても、特待認定の可否を判断するための材料として、一般入試の受験を義務付けているケースもあります。
私学の奨学金などの詳細は、62 ページをご覧ください。

公立高校以外の入試制度 **Part2**

通信制高校

学校によって入試要項は大きく異なる

通信制高校の入試では、殆どの学校で面接が実施されますが、筆記試験の有無は学校によって異なります。**筆記試験を課す学校は入試日が決まっていますが、面接のみの学校では、願書送付時に面接日程の連絡がある場合があります。**

通信制高校を選択する人は志望理由も様々だと思いますので、まずは本紙紹介ページで気になる学校をチェックして、学校に相談してみましょう。

高専（国立高等専門学校）

推薦入試で不合格なら自動的に一般入試を受験可能！

国立高専では、1月中旬～下旬に推薦入試、2月下旬に一般入試が実施されます。推薦入試は面接と調査書による判断になりますが、出願時の内申点の基準は各校によって異なります。

また、大きな特徴として、**推薦入試で不合格の場合、新たな手続きや受検料の再納付を行うことなく、一般入試当日に受験票持参で会場に行くだけで、一般入試を受験できる**点があげられます。

一般入試の問題は全国共通！学習点の計算は公立と異なる

一般入試は学力検査が5教科で、**全国の高専で共通の問題**（マークシート方式）です。公立と同様、学力検査の成績と内申点による総合判定ですが、**内申点の計算方法は公立と異なる**ので注意が必要です。

●道内4高専　入試の概要

	推薦入試		一般入試	
	試験内容	内申点の条件	学力検査	調査書（内申点）
函館	面接　作文	詳細は学校へお問い合わせ下さい	国社…各100点 数理英…各100点×2 計800点満点	主要5科目…各5段階評定×3か年×2 他の4科目…各5段階評定×3か年 計210点満点
苫小牧	面接	中1/中2・9科目…各5段階評定×2 中3・9科目…各5段階評定×3 計315点満点のうち中3の数学が4以上、かつ252点以上		
釧路	面接	中3の5段階評定が9科目すべて3以上で、合計33以上（平均3.67以上）		
旭川	面接	3か年の5段階評定全合計105以上で、主要5科目の合計が60以上、 又は、中3の5段階評定全合計35以上で、主要5科目の合計が20以上、 又は、3か年の数学の5段階評定が各学年で4以上で、中1・中2は5段階評定の合計を2倍、中3は3倍した総和が236以上		

※複数校志望受験制度により、4校を併願することができます。
※釧路高専では、上記の他に特別推薦選抜・自己推薦選抜があります。(P164～165参照)

中高一貫校

12月〜1月は中学入試ラッシュ！

　私立中学校の入試は、札幌圏では1月上旬に集中しています。出願期間は、12月上旬から試験直前まで、かなり長く設けられています。また、前期・後期の2回入試が行われる学校もあります。

　高校部の入試は、他の私立高校に準じています。

高校からの入学がない「北嶺」「登別明日」「札幌開成」

　私立**男子校の北嶺は、高校部からの募集を行わない「完全中高一貫校」**です。北海道では1校ですが、首都圏では一般的に見られる方式です。

　また、北海道登別明日中等教育学校、市立札幌開成中等教育学校も、前述と同様に前期の中学部入学後はそのまま後期の高校部に進学し、計6年間かけて学びます。

中学入試ならこちらも注目！

2025年度受験用 北海道中学受験ガイドブック
北海道学力コンクール事務局・編　550円（税込）

○私立中学については本書の66ページから紹介していますが、より詳しい情報を知りたい人は、「中学受験ガイドブック」がオススメ！

○入試情報や学校のようすを、豊富なスナップショットとともに掲載しています！

○私立中の他、道内附属中と開成中・明日中の入試情報も掲載！

○道内各書店で好評発売中！中学入試を考えているキミは本書と合わせてGETしよう！

受験勉強の頼れるコーチ！

公開模擬試験　受験のメリット

　みなさんは「模擬試験（模試）」を受験したことがありますか？「北海道学力コンクール」は、特定の塾に限定されず、全道の多数の塾や個人が参加できる「公開模擬試験」とよばれるものですが、このような模試は他の都道府県でも実施されており、受験勉強を進める上で重要な位置を占めています。それでは、公開模擬試験を受験することには、どのようなメリットがあるのでしょうか。上手な模試の利用法を知って、合格への道をより確かなものにしましょう。

メリット１
「偏差値（SS）」で自分の位置が正確にわかる！

「得点」では自分の位置は分からない！

　例えば、A君が100点満点のテストで70点だったとします。このテストの平均点が40点だとすると、A君は優秀な成績といえます。反対に、平均点80点の簡単なテストなら、A君は反省して勉強し直す必要があります。

　このように、実は「点数」を見ただけでは、全体の中の自分の位置は分かりません。そこで、「偏差値（SS）」という数値が登場します。

「SS」のとらえ方

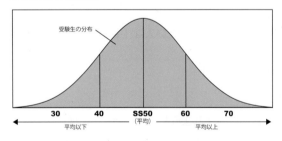

受験生の分布

| 30 | 40 | **SS50**（平均） | 60 | 70 |

平均以下　　　　　　　　　　　　　　平均以上

　SSを算出するには複雑な計算が必要ですが、道コンなどの模試では、コンピューターが計算した偏差値が個人成績票に印字されます。皆さんは、その見方を覚えておきましょう。

　図のように、もし自分が「SS50」であれば、その模試の受験者全員の中で平均の位置にいることになります。

　また、SS40は下位から、60は上位から、それぞれ約15％の位置です。

　500点満点のテストでは、得点が8〜10点上がるとSSが1上がります。
（問題内容や受験生のレベルによって若干異なります。）

模試によってSSがちがう？

　「A社の模試ではSS54だったのに、B社の模試ではSS46といわれた。どちらかが間違っているんじゃないの？」という質問がよくあります。そういう人は、もう一度左の説明をよく読みましょう。

　SSは、あくまでその試験を受験した生徒全体の中での自分の位置を示したものです。試験が異なり、受験した人のレベルも違えば、SSが全然違う値になるのは当然で、どちらも間違いではありません。

道コン受験生に聞きました！
道コンを受験して良かったこと

事務局会場受験生へのアンケートから一部を紹介します！

- ✉ 合否判定データが、正確なので参考になる。
- ✉ 入試に近いであろう独特の雰囲気を味わうことができてよかったです。
- ✉ 時間配分や緊張感を味わうことができた。
- ✉ 苦手を発見できた。
- ✉ 問題の質が良く、SSも規模が大きいテストなので信頼できるものになっています。
- ✉ 解説が詳しくていつも受けていた。
- ✉ 何回も受験してテストの空気に慣れたり、色々な出題パターンが身についてよかった。
- ✉ 入試の過去問と問題形式が似ていて、良い対策になると思った。
- ✉ 自分がどのくらいのレベルか知ることによって、志望校が決めやすくなり、受験の意識が高まった。

このように、自分の位置を示す重要な数値である偏差値ですが、学校のテストの偏差値は、あくまでその学校内での自分の位置を示すものにすぎません。その意味で、公開模擬試験、それも**できるだけ受験生の多い模擬試験を受験して、その偏差値で北海道全体の中の自分の位置を確かめることがとても重要です。**

「北海道学力コンクール」は、全道の受験生の４割が受験する、北海道で最大の公開模擬試験です。本書に掲載されている各校の合格者平均SS等のデータも、すべてこの道コンにおける偏差値を示していますので、道コンを受験した際には、ぜひ本書と見くらべて、自分が各校の合格ラインに達しているかどうか確認しましょう。

メリット２
学力の推移がわかり、目標と計画が生まれる！

公開模擬試験の多くは、１年に何回も実施されます。各回の模試を休まずに連続して参加することによって、自分の学力の移り変わりが把握できます。

北海道学力コンクールでは、過去に受験した時の得点や偏差値、合格可能性などの情報が累積して成績票に表示されていきますので、成績推移が明確にわかります。

また、受験勉強では定期的に実力を測って学習目標を設定し、計画的に取り組む、という繰り返しが重要です。学校の定期テストは範囲が狭く、入試に向けての目標設定には不十分です。

その点で公開模試は最適で、長い受験勉強にリズムをもたらす利点があります。**一度良かったからと安心せず、また、一度悪かったからといって落胆せずに取り組むことが大切です。**

メリット３
学習内容の復習と総整理ができる！

公開模擬試験を受験する意義は「学力の測定」だけではありません。

実は模試を受けること自体が「学力アップ」に直結します。模試に向けてあらかじめ学習に取り組むことによって、学習事項の総復習や整理ができるからです。

多くの模試では、事前に出題範囲表が公開されますので、それをもとに毎日こつこつと学習に励みましょう。

また、**当日間違えてしまった問題も放置せず、試験後に配布される解答・解説を読んでしっかり復習しましょう。**わからなかった点が明確になり、弱点克服につながります。

メリット４
入試に準じた出題で、実戦的な「得点力」が身につく！

しっかり学習して理解したつもりなのに、テストになると点がとれない、という声をよく聞きます。これは、「理解する」ことばかりに気を取られ、得た知識を駆使して問題を解く、という「得点力」を身につける訓練が不足しているためです。

模擬試験は、名前の通り実際の入試を模して問題が作成されていますので、問題の解法をマスターし、得点力を身につける絶好の機会といえます。

メリット５
入試本番の予行演習が自信につながる！

中学入試や高校入試は、ほとんどの受験生にとって生まれて初めての経験です。準備万端と思っていても、本番になると緊張して、本来の実力を発揮できなかった、というケースは少なくありません。

公開模擬試験は問題の内容はもちろん、試験時間なども入試に準じています。また、それを塾の教室や公開会場で受験することによって、**入試本番に近い雰囲気が体験でき、当日の大きな自信につながるはずです。**

高校入試に向けての学習法

北海道の公立高入試問題の概要

　2022年度より入試問題は5教科各60点（45分）合計300点から各100点（50分）合計500点に変更になりました。

　46～47ページで解説しているように、合否は、学力検査の合計得点と、内申点を含んだ個人調査書をもとに決められるので、傾斜配点がない学校では、国語の1点と理科の1点は合否を決める上で同じ意味を持っています。（傾斜配点が実施される学校もあります。）

　学力検査は国語、数学、社会、理科、英語の順に行われます。

　出題範囲は、中学で学習した全ての内容を含みます。仮に学校の授業で習わなかった事柄があったとしても、教科書に載っている以上は入試で出題される可能性があります。

　短期間で対応できる量ではないので、早いうちから計画的に学習を進めていき、しっかりと準備して入試をむかえましょう。

●公立高入試　全日制全体の合格者の年度別平均点

	2023	2022	2021	
			標準	裁量
合計	228.6	280.3	135.4（226）	196.5（328）
国	54.2	70.0	31.6（52.7）	38.8（64.7）
数	47.4	47.6	28.3（47.1）	34.6（57.7）
社	41.0	52.9	32.1（53.5）	
理	35.4	54.6	29.6（49.3）	
英	50.6	55.2	29.0（48.3）	40.0（66.6）

※ 2022年度から、1教科100点満点5教科合計500点満点です。
※ 2021年度まで、1教科60点満点5教科合計100点満点です。
（　）は、100点満点（合計は500点満点）換算の参考値です。

基本の確認→実戦的な問題　の繰り返しを！

　入試に向けて、各教科の基礎的な知識や技能を身につけることはもちろん必要ですが、さらには、問題に対してどの知識を使ってアプローチするか、という、考え方の訓練がとても大切です。基礎的な事項を整理し終えたら、過去問や、入試問題をまとめた問題集、模擬試験などを使って、本番と同じような実戦的な問題をできるだけ多く練習することが、最も有効な方法と言えるでしょう。

　ただし、どんな模擬試験や問題集も、「受けっぱなし」「解きっぱなし」では価値がありません。答えあわせをする時は、○×だけでなく、問題を解くときの方針（アプローチの仕方）が合っていたのかどうかを確かめるように心がけましょう。方針が間違っていた場合には、解説をなぞってもう一度解き直し、あやふやな知識がある場合は教科書に戻ってスグに確かめること。

　『定期テストでは良い成績が取れるのに、学力テストや模擬試験の結果が今一つふるわない…』という人には、特に上で述べたような勉強が有効です。すぐには効果が現れないかもしれませんが、入試という場で必ず役に立つでしょう。

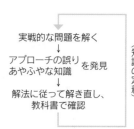

実戦的な問題を解く
↓
アプローチの誤り
あやふやな知識 を発見
↓
解法に従って解き直し、
教科書で確認

（知識の定着）

どの教科もおろそかにしないこと！

　だれでも、好きな教科、得意な教科があるでしょう。好きな教科をどんどん勉強して、学力をつけるのは楽しいですし、得意な教科が自信につながり、他教科の成績を押し上げることもあります。しかし、1教科で得られる得点は、どんなにがんばっても100点までです。得意な教科の一方で、おろそかになっている教科はありませんか？

　右のグラフは、合格者平均点をもとにした、5教科で300点をとった場合の得点モデルです。

　例えば『理科や社会の勉強は、定期テストの前にしかしない』という人がいますが、受験前に全範囲を一夜漬けするわけにはいきません。どの教科も、普段から定期的に復習をして、不得意教科をなくしていきましょう。

公立高入試では基本的な知識などを問う問題のほか、思考力・判断力・表現力を要する問題をバランスよく出題する、としています。多くの人が正解できる基礎的・基本的

●5科得点モデル
（5科合計で500点満点中300点をとった生徒の場合）

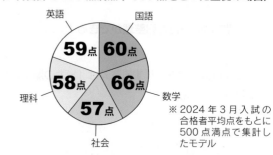

英語 59点　国語 60点　数学 66点　社会 57点　理科 58点

※2024年3月入試の合格者平均点をもとに500点満点で集計したモデル

な問題で確実に得点を重ねることが必要となりますし、高い得点を目指すには応用的な問題への対策が必須です。いずれにせよ、全ての教科で偏りなく、長い目で見た学力向上が不可欠です。

試験当日の心構えは？

入試は満点をとるのが目的の試験ではありません。その学校で求められる水準の得点を、きちんと確保できればよいのです。言いかえれば「限られた時間で、効率良く得点をとる」ことが求められているのです。

入試本番には、緊張もあるでしょう。見たこともない難しい問題が出題されることだってあります。

過去の受験生から、『いつもできるはずの問題ができなくて、焦ってその1問ばかり考えていたら、他の、易しい問題を解くための時間がなくなってしまった』という話を

よく聞きます。あなたが難しいと感じる問題は、他の受験生にとっても難しいはず。入試当日は落ち着いて、試験問題をゆっくり見渡してから解き始める余裕が欲しいものです。

集中していると50分はあっという間で、時間不足に陥りがちです。落ち着いて時間配分を考えながら解答していきましょう。模擬試験でも、過去の入試問題を解くときでも、必ず時間をはかり、自分なりの戦略を考えておくとよいでしょう。

One point　どこがちがう？私立高入試の傾向と対策

まずは、志望校の入試制度や受験科目を確かめましょう。学力検査は3教科という高校もあるので注意が必要です。マークシート式／記述式など、形式的な違いも大きいので、過去問も早めに手に入れておきたいものです。学校によっては、過去の入試問題をまとめた冊子を説明会などで配布している場合もあるので、書店で購入する前に学校説明会などに出向くのもよいでしょう。

学校によって、出題傾向や難易度はさまざまです。教科書に載っていないような事柄の知識がなければ解けない問題が出題されることも（頻繁に）あります。例えば、理科や社会では、最近のニュースで取り上げられている事項（時事問題）についての出題があったり、数学では、学校で習っていない公式や法則を使う問題が出題されることもあります。公立高入試の場合と同様に、できる問題を確実に得点していくように心がけましょう（できない問題の「みきわめ」「あきらめ」も大切です）。

また、公立高入試にくらべて試験日が早いので、「勉強が間に合わない」ということのないよう、気をつけましょう。

公立高入試に万全の対策！
2025年度受験用 北海道公立高校 入試の完全攻略
北海道学力コンクール事務局・編　1,760円（税込）

○過去3年分の公立高校入試問題と、道コン事務局予想問題2回分を掲載！道コンならではの役立つ入試データも満載です。

○解答用紙つきで、入試本番と同じ演習が自宅でばっちり可能！

○じっくり解いて、受験勉強を充実させよう！

公立高入試　科目別対策

国　語　　自らの考えを表現する記述問題への対応がカギ！

入試問題の特徴 2024年度入試は、大問は四つで、小問集合、文学的文章、古典（漢文）、実用文という構成。昨年出題されていた説明的文章からの出題はなかった。

小問集合では、2020年度入試以来出題がなかった韻文の分野から、俳句（季語・表現技法）が出題された。

文学的文章では、会話文を参考に、自分なりに身近な例を用いて表現するという新傾向の問題が出題された。実用文でも、絵を見て自分が感じたことを、資料の内容に結び付けながら表現するという新傾向の問題が出題された。今後も、自分自身の考えを、例などを用いて表現するような問題が出題される傾向が続くと考えられる。

古典では、近年、文章全体の内容を把握しなければ解くことが難しい問題の出題が増えている。

オススメ勉強法 漢字の書き問題は、小学校5・6年生の漢字からの出題が多い。小学校の漢字の学習も忘れずに。

近年、文学的文章・説明的文章はどちらか一方の出題となっているが、どちらも練習しておきたい。文学的文章は、部活動や仕事に関わる小説、時代小説など。説明的文章は、哲学、自然、言語など。問題集を使って、様々なテーマの文章に触れ、各テーマの出題傾向に慣れておこう。日頃の授業における自分の考えを表現する場も大切にしたい。

実用文では、問題文で問われていることを正確に捉える力が求められる。他都府県の問題などを利用し、より多くの出題パターンに対応できるようにしよう。

古典では、文章全体の内容を簡単な表にまとめたり、大まかに現代語に訳したりする練習をしておきたい。

数　学　　実戦的な問題演習が必要

入試問題の特徴 中1から中3までの、広い範囲から出題される。基本的な知識や技能をみる問題が中心だが、解法の工夫が必要な難易度の高い問題まで幅広く出題される。

問題の特徴としては、全体に「解答の記述量が多い」ことが挙げられる。「途中の計算過程」を書く問いが毎年数題出題されるほか、近年は「考え方の説明」を文章や図を用いて書かせる問いも出題されている。ポイントをおさえて簡潔に記述する練習をしておこう。

図形の分野でも、証明が毎年出題されているほか、作図もほぼ毎年出題されている。

また、近年は問題自体の文章量も増加傾向にあり、読解力も必要である。

オススメ勉強法 まずは基礎・基本をしっかり身につけよう。中1で学習した、作図や立体の計量、データの活用などもほぼ毎年出題されるので、弱点がないように復習しよう。

基本をおさえたら、「文字式・方程式」「図形」「関数」「確率・統計」それぞれの分野ごとに、過去問を利用して代表的な出題パターンに慣れておこう。

2022年以降、「思考力・判断力・表現力等をみる問題」として、身近な題材を数学的に考えたり、数学を使って説明したりする問いの出題頻度が高まっている。他県の実際の入試問題などを利用して様々なパターンの問題に触れ、初めて見る問題に対応する力を養っておきたい。

英　語　　思考力や表現力が問われる記述問題への対応がカギ

入試問題の特徴 リスニング・小問集合・資料を読み取る問題・長文読解・英作文などで構成される。内容把握に関する出題を中心に、図表やイラストなどを絡めた思考力を試す問いや、英語の質問に答えたり場面に応じた英文を書いたりする表現力が試される問いも多く出題される。

全体として中難度の問いが多く、細かい知識が問われたり極端な難問が出題されたりすることはほぼない。

中1・中2の学習内容を中心に、中学3年間で習った範囲から広く出題される。なかでも、動詞の用法や疑問詞は出題の中心となるため、必ず習得しておく必要がある。また、不定詞や動名詞、助動詞などの文法も頻出である。

オススメ勉強法 まず、早い時期に文法の基礎固めをしておくこと。文法の理解は、問いを正確に解く上での大前提となるので、穴がないようにしておきたい。その後は過去の

入試問題などで実戦演習を行うとよい。

　長文を読み始める前にはざっと設問に目を通し、長文を読む際のヒントや設問で問われるポイントなどの情報を得ておくようにしよう。また、リスニング問題でも、イラストや選択肢にあらかじめ目を通し、問われる内容について大まかな見当をつけておくとよい。2022年以降、英文が

一度しか読まれない問題も出題されているので、過去の入試の音声を聞くなど、しっかり対策をしておこう。問題を解いた後は、音源を繰り返し聞いて英文をすべて聞き取れるようになるまで練習しよう。英作文は、他府県の入試問題なども利用して、なるべく多くの出題パターンを練習しておこう。

社　会　　資料を利用した問題への対応がカギ！

入試問題の特徴 大問は4題で、大問1に各分野の小問集合、大問2、3、4に歴史、地理、公民の問題という構成。地理と歴史、歴史と公民など、融合形式の出題も見られる。

　小問集合は、かつては基本的な内容が中心だったが、最近は、難度の高い語句や記述問題も出題されている。

　地理は、地図を題材として表・グラフの判別や読みとり、地図（地形図）の見方などが出題される。また、作図が出題される年もある。

　歴史は、広い分野から出題されることが多い。また、年代並べかえ問題も毎年出題されるので、教科書の年表を活用したり、自分なりのノートを作成したりして、歴史の流れと内容を頭に入れよう。

　公民は、身近なテーマを題材としており、基本的な内容

も出題されるが、2022年からは資料を利用した出題が増えている。

　どの分野も、あたえられた資料（グラフや表、写真など）と自分が持っている知識を利用して答える問題が増えている。記述問題では、複数の資料をもとに簡潔に文をまとめる力が求められる。

オススメ勉強法 まずは教科書を中心に基本事項を身につけよう。その際、語句を答えるだけでなく、その語句を正しく説明できるようにしておこう。

　基本が身についたら、問題集を使って問題に慣れよう。資料問題は、問題を解くだけでなく、記述問題対策として、資料から読みとれることを自分の言葉でまとめる練習もしておきたい。

理　科　　実験の手順と結果をしっかり読もう！

入試問題の特徴 大問は5題で、小問集合1題と、物理、化学、生物、地学の4分野から1題ずつ出題される。また、各学年の内容もバランスよく出題されているので、苦手分野をつくらず、全範囲を漏れなく学習しておくことが重要。

　実験などの文章に加え、図や表に必要な情報が含まれていることが多く、その内容を正確に読みとらなければ解答できない出題もあるので、注意力が求められる。重要な部分に書き込みをしたり、印をつけたりして、見落としがないように慎重に読み進めていくのがポイント。

　ただし、易しい出題も少なからずあるので、確実に得点できるようミスに十分に注意したい。

オススメ勉強法 小問集合は図をもとに語句などを答える内容で得点するのは比較的容易だが、その他の大問は、まず実験や観察が与えられ、それに関する5題程度の小問

が出題される構成なので、教科書の語句や公式を丸暗記しても一定以上の得点は望めない。

　基礎力がある程度ついたと思ったら、「入試形式の実践的な問題の演習→間違えたところを復習」というサイクルを繰り返し行って、総合力upを目指そう。

　近年、記述式問題の出題数が増えつつあり、やや長い文章を記述する問題も出題される。普段から教科書などを参考にして、正確な文章を書くように意識しておこう。

　また、中間点が与えられる問題もあるので、1つでも多くの問題を解答するように意識しよう。

　理科は入試直前まで得点力を伸ばすことができる教科なので、最後まであきらめずにしっかり学習を。

学力検査以外の入試 Part1

面接 | Interview

推薦入試では殆どの場合で面接が行われますが、一般入試でも半数以上の学校（学科）で面接を実施しています。

「個別（個人）」「集団」「同伴」の違い

個別面接は、受験生1人1人と試験官が面接する形式で、高校入試では多くの高校が導入しています。

集団面接は受験生複数を一度に面接する形式で、グループ面接ともよばれます。

保護者同伴面接は、私立中学入試、特待生試験などでよく見られる形式です。

自分の受験高校の面接の方法を確認しておきましょう。

面接を受ける姿勢と話し方

みなさんはまだ中学生ですから、面接となれば緊張するのが当たり前。面接官の先生も、完璧に流暢に自信を持って話すことを求めているわけではありません。

とはいえ、きちんと最低限の礼儀をわきまえること、その姿勢を見せることは重要です。

次のような点には特に気をつけましょう。

◎遅刻をしないこと　◎服装や髪形を整えること
◎待ち時間や入退室時の態度に注意すること
◎言葉ははっきり、丁寧に　◎先生の目をみて話すこと

道コン受験生に聞きました──質問されるのはコレだ！

そもそも、高校入試の面接では一体どんなことが聞かれるのでしょうか？事務局では、今春の高校入試で面接を体験した道コン受験生156人にアンケート調査を行いました。

ここではその結果を踏まえ、面接での答え方をアドバイスします。

Best 1「本校を志望した動機は何ですか？」
& Best 3「将来の夢は？なりたい職業は？ 進学の希望は？」

こう
答えよう

アンケートの結果、この2つが多かった。学校側は「あなたは自分の将来をどのように描いてこの学校を選んだのか？」を最も聞きたがっていることがわかる。

だから、「第1志望校ではないんだけど、自分のレベルで合格できそうから…」などといった "ぶっちゃけすぎ"

の答えは当然不可。反対に、「貴校の建学の精神や指導の理念に感銘を受け…」などとわざとらしい答え方も逆効果だ。

「自分は将来○○になりたい」→「そして、○○を行って社会に役立ちたい」→「そのために、貴校の○○な点が魅力なので、入学して○○を学びたい」と、筋道だてて説明できるようにしておくのが良い。

Best 2「中学生活、部活や生徒会でがんばったことは？」

高校側が受験生の中学校時代を知りたいのは当然のこと。自分が力を入れていたことを、熱意をこめて説明しよう。もちろん、**部活や生徒会活動**は「調査書」に記載されて高校に届いているので、ウソは厳禁！どうしても誇れる実績がない場合は、**学校外のボランティア活動や家庭での手伝い、打ち込んだ趣味**などを説明するのもよいだろう。

Best 4「自分の長所・短所は何だと思いますか？」

この質問は、長所・短所の内容自体よりも、あなたが「**きちんと自分を客観的にみて分析できているか**」を見極めようとしている。

長所を積極的にアピールすることはもちろん重要だが、それ以上に**自分の短所をきちんと語れるかどうか**が重要だ。合格したいためにいいことばかり言っていては、逆効果になりかねないので注意しよう。

●道コン受験生が面接で聞かれたこと
（回答数 156 人・複数回答）

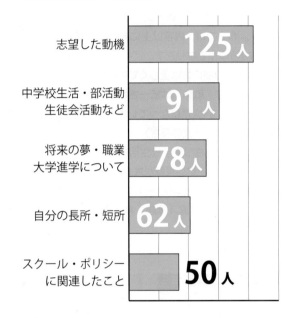

志望した動機	125人
中学校生活・部活動 生徒会活動など	91人
将来の夢・職業 大学進学について	78人
自分の長所・短所	62人
スクール・ポリシー に関連したこと	50人

面接で聞かれた事 ─その他編─

- 中学時代に１番心に残ること
- 決まりや社会のルールについてどう思うか
- 取りたい資格は何か
- 学校説明会に来た時の感想
- SSH の活動で興味のあるものは何か
- 将来どの様に社会に貢献していきたいか
- １日の勉強時間
- 好きな教科と苦手な教科（苦手教科の克服方法）
- 校則の必要性と理由
- 志望大学
- 自己推薦文の内容について

- ロシア・ウクライナ戦争について
- 文武両道を目指すために大切なことは何か
- 温暖化対策について
- 中１でスマホを持ってくることに賛成か反対か。自分と反対意見の人をどう説得するか
- 公立高と私立高の違い
- 興味のある部活
- この高校の特色やカリキュラムについて
- 高校で頑張りたいこと
- 高校に期待していること
- このコースを志望した理由

- 人と接する上で大切にしていること
- 最近の（気になる）ニュース
- 最近読んだ本
- もし他者と意見が異なっていたらどうするか
- 家庭での仕事、役割
- ボランティアなど活動していること
- 卒業後、将来の進路
- 自己PR
- 休日の過ごし方
- 家から学校までの所要時間と利用した交通機関

学力検査以外の入試 Part2

作文 | Composition

　「作文」は、公立の推薦入試では２割程度の学校で実施されます。作文では、内容以上に形式的な面の正しい理解が重要なポイントとなります。

◎原稿用紙の使い方は正しくできているか。

◎文体（常体・敬体）は統一されているか。

◎分かりやすい文章になっているか。（主述や修飾の関係、句読点、一文の長さ）

　テーマは、あいさつや学校生活など身近なものから社会活動や地球環境など広い視野が求められるものまで幅広く出題されています。（字数:400 〜 800字、時間:45 〜 60分）

　いずれも客観的事実（体験・具体例）とそれに対する主観的意見（考え・感想）に分けてまとめるのがポイントとなります。

● **2024 年度入試公立推薦実施校　作文採用状況**

23%

281 学科中 65 学科

自己推薦書 | Self recommendation

　「自己推薦書」は、自己推薦入試で実施されるもので、作文との大きな違いは、決められたテーマについて前もって記入し、願書提出時にともに提出する点です。もちろん、出願者自身が書かなければなりません。

自己推薦書のテーマ

◎入学を志望する理由や抱負について

◎中学校の各教科や総合的な学習の時間における学習について

◎中学校在学中における学校内外の諸活動について

One point 日本語力を高めよう

　日本語力は、すべての教科の基礎であり、学力アップの決め手であることは言うまでもありません。「日本語検定」は、敬語・文法・語彙・言葉の意味・表記・漢字の６つの領域から出題される検定試験で、あなたの日本語力を測定する、受験にも役立つ検定です。例えば、作文では豊富な「語彙」を持ち、正確な「文法」「表記」の知識を身につけていれば、自分の考えや主張を正確に表現できます。また面接では、正しい「敬語」を使用し、四字熟語などをおりまぜて話すと好印象をもたれるはずです。さあ、自分にとってどの領域が苦手かチェックして、入試の得点力をアップしましょう。

問1.【　】のような場面で、（　）に入る敬語を使った適切な言い方を一つ選んで、番号で答えてください。[敬語]

【入学試験の面接で志望理由を聞かれて】　運動部の活動が盛んなところに魅力を感じ、（　　　）ました。

[1　志望いたし　　2　ご志望し　　3　ご志望いたし]

問2.【　】と似た意味の言葉を選んで、番号で答えてください。[語彙]

①【終生】[1　一生　　2　往生　　3　余生]　②【母国】[1　亡国　　2　愛国　　3　故国]

問3.【　】に掲げた言葉は、一方の文では適切に使われていますが、もう一方の文では適切に使われているとはいえません。適切に使われているほうの文を選んで、番号で答えてください。[言葉の意味]

【二つ返事】

1　山田君にブラスバンド部の会計係を頼んだら、二つ返事で引き受けてくれた。

2　弟に、母に言われたお使いを代わってもらえないかと頼んだら、二つ返事で断られた。

問4. 以下の文にはパソコンで入力したときの変換ミスが一つあります。誤っている言葉の正しい書き方を書いてください。[表記]

この計画には根本的な欠陥があるから、再興が必要だ。

問題提供  日本語検定委員会

日本語検定公式キャラクター
「にほごん」
2008　日本語検定委員会

英語聞き取り・問答 | Listening/Q&A

聞き取り（リスニング）

公立の一般入試では「リスニング」は必須で、**特別の事情がない限りは受験しなければなりません**。私立でも、一部の高校では聞き取りテストが実施されます。内容は日常的な場面での会話の応答や、短文を用いて内容理解を問うものが一般的です。

また、一部の公立では、推薦入試の際にも英語の聞き取りが行われます。出題の形式や内容は、一般入試の聞き取りテストに準じたものが一般的ですが、記述解答の割合が多い学校もあります。レベルは通常、**一般入試の聞き取りよりもやや高め**に設定されています。学科によっては、国際理解を扱った題材が出題されることもありますので、国際理解の基本的な知識もあるとよいでしょう。

英語による問答

「英語問答」は、公立の推薦入試の際に一部の高校で実施されます。英語問答では、主に**コミュニケーション能力**が問われます。英検の面接試験のような形で、問答が行われることが多いようです。内容理解も大切ですが、積極的にコミュニケーションをとろうとする意欲も重要なポイントになります。対策としては、**英検3級の面接試験の対策が、推薦入試の英語問答の対策としても有効**でしょう。

いずれにせよ、聞き取りテストや問答は筆記試験に比べ、内容的にはそれほど難しいことが問われるわけではありませんので、**英語の発音を聞き取れるかどうかがポイント**になります。56～57ページに聞き取りテストの対策が書かれていますので、そちらを参考にして下さい。

実技・適性検査など | Others

実技

公立で「実技試験」が課されたのは、市立札幌平岸の普通科デザインアートコース、恵庭南の体育科のみです。推薦入試、一般入試それぞれで実施されます。このうち、平岸デザインアートではデッサンが課されますが、この学科は普通科普通コースとの併願が可能です。**普通コースを第1志望、デザインアートコースを第2志望とした**場合も、**当然デッサンが課されます**から注意が必要です。

私立では、美術科、音楽科、体育（スポーツ）コースなどで実技試験があります。

適性検査

適性検査は、札幌市立高校である旭丘普通科・数理データサイエンス科の推薦入試で実施されます。過去には「地下鉄の料金表等の資料から切符を最低金額で購入する方法を求める」など、**思考のプロセスを問うもの**が多く出題されています。

前ページの日本語検定問題の解答　問1：1　問2：①…1　②…3　問3：1　問4：単発

私立高校って、学費が高くって…

ご存知ですか？

私立小中学生・高校生への修学支援

『私立高校も気になっているけれど、
　授業料や入学金が高そうで…』

そんな理由で私立高校を諦めていませんか？もったいない！家庭を支援する制度は多種多様！
（但し、各ご家庭の所得によって異なります）

1 授業料の負担軽減

（「国の就学支援金」と「道の授業料軽減補助金」）

私立高校生　国・北海道

○年収590万円未満世帯の生徒に対し、「国の就学支援金※4」と「道の授業料軽減補助金※4」を組み合わせて最大35,000円（月額）を補助します。※3
○保護者の失職等で授業料等の納付が困難となった世帯の生徒に対し、最大35,000円（月額）を補助します。※3
○いずれの制度も、返済が不要な制度です。
○制度利用の申し込みは、入学後に学校を通じて行います。（一部異なる場合があります。）

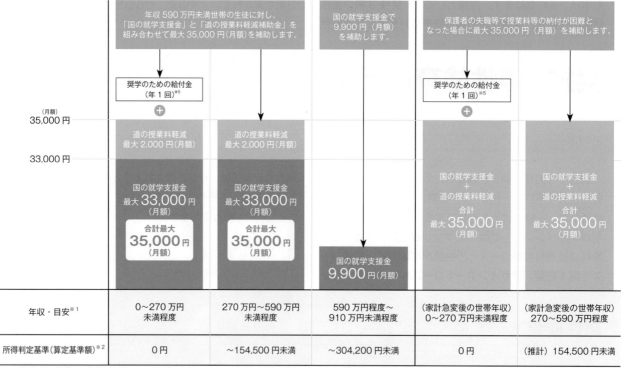

	年収590万円未満世帯の生徒に対し、「国の就学支援金」と「道の授業料軽減補助金」を組み合わせて最大35,000円（月額）を補助します。		国の就学支援金で9,900円（月額）を補助します。	保護者の失職等で授業料等の納付が困難となった場合に最大35,000円（月額）を補助します。	
年収・目安※1	0～270万円未満程度	270万円～590万円未満程度	590万円程度～910万円未満程度	（家計急変後の世帯年収）0～270万円未満程度	（家計急変後の世帯年収）270～590万円程度
所得判定基準（算定基準額）※2	0円	～154,500円未満	～304,200円未満	0円	（推計）154,500円未満

※1　年収はあくまで目安です。
※2　所得判定基準＝市町村民税の課税標準額×6％－調整控除の額（なお、指定都市の場合は調整控除の額に3/4を乗じてください。）
※3　実際の支給額、支給手続き等の詳細は各学校へお問い合わせください。
※4　国の就学支援金の補助対象となるのは、授業料のみです。道の授業料軽減補助金の補助対象となるのは、授業料及び学則で定めるその他の納付金です。
　　通信制の私立高校や学校法人立以外の私立高校等は、道の授業料軽減補助の対象外です。（国の就学支援金及び奨学のための給付金のみ支給されます。）
※5　奨学のための給付金は、私立特別支援学校高等部に通う生徒には、支給されません。

1 2 について　※支給手続き等の詳細は、入学後、学校から案内があります。
　　　　　　　　※詳しくは、北海道総務部教育・法人局学事課へお問い合せください。　TEL.011-204-5066

2 教育費の負担軽減

道は、私立高等学校等及び高等学校等専攻科に通う高校生等が安心して教育を受けられるよう、授業料以外の教育費負担を軽減するため、高校生等がいる道府県民税・市町村民税所得割がともに非課税相当である世帯に対し、奨学のための給付金を支給します。

【制度の概要】

支給要件	次の全てに該当していることが必要です。 ●生活保護（生業扶助）受給世帯または保護者全員の道府県民税・市町村民税所得割がともに非課税（年収 270 万円未満程度）の世帯（家計急変による経済的理由から非課税相当である世帯（家計急変世帯）を含む）であること。 ●保護者、親権者等が北海道内に在住していること。 ●国の就学支援金支給対象である学校に平成 26 年 4 月 1 日以降に入学し、在学していること。

支給額		支給区分	支給額
	1. 生活保護（生業扶助）受給世帯（家計急変世帯を除く）	全日制の高校生	1 人当たり年額 52,600 円
		通信制の高校生	1 人当たり年額 52,600 円
	2. 道府県民税・市町村民税所得割がともに非課税の世帯（1 に該当する世帯を除く）	①全日制の高校生（②に該当する場合を除く）	1 人当たり年額 142,600 円
		②・2 人目以降の全日制の高校生 ・15 歳（中学生を除く）以上 23 歳未満の扶養されている兄弟姉妹がいる世帯の全日制の高校生 等	1 人当たり年額 152,000 円
		③通信制の高校生及び専攻科に通う生徒	1 人当たり年額 52,100 円

備考	・家計急変世帯については、申請月の翌月以降の月数に応じた①〜③の額が支給されます。 ・支給要件に該当していれば、学年の進行に合せて毎年度支給されます。 ただし、利用するためには毎年度（7 月頃）申し込みが必要です（家計急変世帯については 7 月以降随時受付）。 ・返済は不要です。

【世帯構成別の給付金の内訳〈全日制の場合〉】

	世帯 A	世帯 B	世帯 C	世帯 D	世帯 E	世帯 F	世帯 G	世帯 H
23 歳以上								〇
15 歳以上 23 歳未満の兄弟姉妹			第 1 子 ※扶養されている	第 1 子 ※扶養されている	第 1 子 ※扶養されていない			
高校生	第 1 子 142,600 円	第 1 子 142,600 円 第 2 子 152,000 円	第 2 子 152,000 円 第 3 子 152,000 円	第 2 子 152,000 円	第 2 子 152,000 円 第 3 子 152,000 円	第 1 子 142,600 円	第 1 子 142,600 円	第 1 子 142,600 円
中学生以下								〇

3 奨学金（私立・公立高校生）及び 入学資金貸付制度（私立高校生）

北海道高等学校奨学会では、高校生に奨学金をお貸ししています。
また、全日制の私立高校生には入学資金をお貸しする制度もあります。

奨学金貸付制度（私立・公立高校生）	応募資格	●学習、生活態度が高校生にふさわしい方で、経済的理由により修学が困難であり、次のいずれかに該当すること。 ①保護者が北海道内に住所を有すること。 ②保護者が北海道内に住所を有していない場合にあっては、生徒本人が北海道に在住して北海道内の高校に在学し、他の都府県の奨学事業の貸し付けを受けていないこと。 【経済的理由とは】 ●給料収入 4 人世帯の場合、収入が国・公立は 768 万円以下、私立は 787 万円以下であること。 ●自営業等の 4 人世帯の場合、所得が国・公立は 314 万円以下、私立は 327 万円以下であること。 ●上記は標準的な例であり、それ以上に収入等があっても該当する場合があります。
	貸付月額	●次の月額の中から希望額を選択すること。（公立高校生は原則①〜④から選択） ① 10,000 円 ② 15,000 円 ③ 20,000 円 ④ 25,000 円 ⑤ 30,000 円 ⑥ 35,000 円 ●貸付利率は無利子です。
	返済条件	●高校卒業後 1 年据置き、12 年以内に均等分割返済。 ●大学等へ進学した場合には、在学期間中返済を猶予できます。
	申　込	●中学 3 年生の募集時期（9 月頃）に中学校に予約申請するか、入学後の 5 月頃に高校で定期募集します。
入学資金貸付制度（私立高校生）	応募資格	●全日制の私立高校入学者で、生活保護世帯または市町村民税が非課税の世帯であること。
	貸付額	● 200,000 円以内（入学校の入学一時金が上限となります。） ●貸付利率は無利子です。
	返済条件	●貸付を受けた年の翌年から、12 年以内に半年賦（6 月と 12 月の年 2 回）の分割返済。
	申　込	●中学 3 年生の募集時期（9 月頃）に中学校に予約申請するか、入学後の 4 月に高校で定期募集します。

3 について ※詳しくは、北海道高等学校奨学会へお問い合せください。 TEL.011-222-6166

日本語が好きだから
語検

公式キャラクター
にほごん

日本語検定

文部科学省 後援事業

学力の基盤となる「言葉の力」を伸ばす！

普段何気なく使っている日本語ですが、思わぬ勘違いや思い違いも多く見られます。日本語検定では、敬語・文法（言葉のきまり）・語彙・言葉の意味・表記・漢字の6領域と総合問題で、日本語力を幅広く測定します。

令和6(2024)年度　実施予定

第1回（通算第35回）	申込期間 3/1金〜5/17金 ※5/18土消印有効		第2回（通算第36回）	申込期間 8/1木〜10/11金 ※10/12土消印有効	
一般会場	準会場※		一般会場	準会場※	
6/15土	6/14金	6/15土	11/9土	11/8金	11/9土

学校での団体受検も可能です。(5名以上)

入試時の加点や合否判定の際の優遇条件にする学校が増えています。
※団体受検の場合のみ、学校や企業を検定会場(=準会場)として受検できます。

受検級の目安

【1級】社会人上級レベル
【2級】大学卒業レベル〜社会人中級レベル
【3級】高校卒業レベル〜社会人基礎レベル
【4級】中学校卒業レベル
【5級】小学校卒業レベル
【6級】小学校4年生レベル
【7級】小学校2年生レベル

[主　催]　特定非営利活動法人 **日本語検定委員会**
[後　援]　文部科学省／日本商工会議所／経団連事業サービス／全国連合小学校長会／全日本中学校長会／全国高等学校長協会／全国工業高等学校長協会／全国商業高等学校長協会／全国高等学校国語教育研究連合会／日本PTA全国協議会／全国高等学校PTA連合会／日本青少年育成協会　他
[特別協賛]　読売新聞社
[協　賛]　時事通信社／東京書籍　他　（令和6年3月現在）

お問い合わせ
日本語検定委員会事務局　☎0120-55-2858
〒114-8524　東京都北区堀船2-17-1　FAX.03-5390-7454
https://www.nihongokentei.jp　日本語検定 🔍

中・高一貫校紹介

12校

CONTENTS

北嶺中学校・高等学校

普通科

生徒数747名　中学生387名　高校生360名

食堂　購買部(売店)　カウンセラー　寮・寄宿舎　海外研修(交流)　携帯電話持込　スキー授業　プール施設　資料請求

（全員）アメリカ（ボストン・ニューヨーク）

巻末ページの二次元コードからアクセスできます

中・高一貫校
私立高校
高等専修学校・技能連携校
通信制・単位制
高等専門学校
公立高校(石狩)
公立(渡島・檜山・後志)
公立(空知・留萌)
公立(上川・宗谷)
公立(オホーツク)
公立(胆振・日高)
公立(十勝・釧路・根室)

2024年度 東京大学入学式

「めざすなら高い嶺」を合言葉に難関大学に合格

　北嶺は「めざすなら高い嶺」を合言葉に、東京大学や医学部医学科などの難関大学への進学を目標とする学校です。中高一貫教育ならではの本校「独自の教育プログラム」により、毎年多数の生徒が夢を実現させています。2024年度大学入試では、東京大学に7名（現役5名、理三1名）、医学部医学科に63名が合格しました。学業だけではなく、授業では全員が「柔道・ラグビー」を実践、全校登山も実施し、体力や精神の涵養も行います。今春卒業した卒業生117名の約90%が、柔道初段（黒帯）を取得し、心技ともにその強さが認められました。

ハーバード大学の学生を本校に招いた研修

充実した「英語教育」「グローバル教育」を実践

　グローバル社会でリーダーとして活躍する人材を養成するため、北嶺では英語教育・グローバル教育に関するさまざまなプログラムを実施しています。英語能力検定試験（英検・TOEIC）を全員が受験、放課後講習や併設の青雲寮では、外国人講師を招いた「英会話・国際理解教育」を行っています。高校1年生の海外修学旅行では、アメリカ・ボストンにある「ハーバード大学」にて「グローバルリーダー養成プログラム」に取り組みます。その他、ニュージーランドへの短期留学・ホームステイ制度も活用することで、生徒は実戦的な英語力の向上とともに、グローバル社会で必要となる国際性を涵養します。

ハーバード大学での英語ワークショップ

豊かな自然に囲まれた学習環境、
落ち着いた学校生活を送ることができます。

ニューヨーク国連本部での研修

今春の主な進路

進学準備 40%
道内 国公立大学 19%
道外 国公立大学 30%
道外 私立大学 11%

※人数は現浪合計です。

国公立道内

北海道大	15名
札幌医科大	15名
旭川医科大	3名
室蘭工業大	3名

国公立道外

東京大	7名
京都大	3名
東北大	8名
一橋大	5名
大阪大	4名
名古屋大	1名
神戸大	1名
筑波大	1名
横浜国立大	1名
大阪公立大	3名
千葉大	1名
弘前大	1名

私立道内

北海学園大	1名
北海道医療大	2名

私立道外

早稲田大	17名

慶應義塾大	9名
上智大	5名
明治大	8名
東京理科大	7名
中央大	5名
青山学院大	3名
同志社大	3名
関西医科大	2名
法政大	2名
関西学院大	2名
立教大	1名
愛知医科大	2名
獨協医大	2名
東京慈恵会医科大	1名
近畿大	4名
藤田医科大	2名
芝浦工業大	2名
神田外語大	1名

大学校

防衛大学校	12名
防衛医科大学校	5名
航空保安大学校	1名
他多数	

指定校推薦（一部）

道外	
慶應義塾大	北里大
早稲田大	獨協医大
東京理科大	同志社大
中央大	学習院大
	他多数

学校へ行こう!

【学校説明会】（予定）　※中学入試のみ
6/29(土) 10:00～12:00
TKP札幌駅カンファレンスセンター

【オープンスクール】（予定）　※中学入試のみ
第1回 **8/24(土)**　※時間はHPにて　北嶺中・高等学校
第2回 **10/12(土)**　※時間はHPにて　北嶺中・高等学校

学費

■入学手続時　313,700円
■学費　50,000円
高1～高3では申請により、所得に応じて就学支援金が支給されます。
（詳細P310参照）

ACCESS GUIDE

〒004-0839
札幌市清田区真栄448番地の1
TEL011-883-4651
FAX011-884-1616
https://www.kibou.ac.jp/hokurei/

◎ 福住バスターミナル→（福87）有明小学校行・ふれあいの森行・滝野すずらん公園行→アンデルセン福祉村1丁目→徒歩10分→学校到着
◎ 登下校時、専用スクールバスを運行しています

募集要項（2025年度予定）

一般入試　中・高一貫校

■**募集定員**
120名
※中学部のみの募集

■**試験日**
2025年1月8日（水）

■**受験料**
20,000円

■**試験内容**
国語 算数 （60分ずつ） 理科 社会 （40分ずつ）

■**合否判定**
・筆記試験の得点により判定

2024 入試 DATA

	受験者数 / 合格者数 / 入学者数	合格者平均 道コンSS
男 子 校	1269／1044／129	68

掲載の道コン SS は道コン事務局の推定です。

POINT

難関国立10大学・医学部医学科に96名が合格（卒業生117名）。

今春卒業した33期生まで、33年連続で東京大学に合格者を輩出してきました。33年間で東京大学に255名（理科三類21名）、国公立医学部医学科に879名が合格し、中高一貫を活かした教育カリキュラムにより、多くの生徒が難関大学進学への夢を実現させています。中学1年生から、大学入試を意識した授業・講習を実施していること、多彩な進路指導プログラムがあることが「北嶺の強さ」となっています。

2024年度　札幌医科大学　入学式

「英語教育」「グローバル教育」北嶺の多彩な英語プログラムを紹介。

ニュージーランド語学研修・ホームステイ

北嶺では中学1年生から週7時間の英語の授業があり、グローバル社会で求められる「英語4技能」は、授業だけで十分に習得することができます。さらなる英語力の向上、国際性を高めるためにも、次のような多彩なプログラムを実施しています。
・英語能力検定試験［英検・TOEIC（CBT方式）］
・ニュージーランドへの短期語学研修・ホームステイ
・外国人講師による「放課後英会話教室」
・ハーバード大学の学生を招いた「北嶺ハーバードキャンプ」

グローバル教育の集大成、海外修学旅行。ハーバード大学における「グローバルリーダー養成プログラム」

高校1年生の3学期に、アメリカ・ボストン「ハーバード大学」にて、ハーバード大学の学生・院生による「特別研修」を実施します。英語でのワークショップ・ディスカッション・プレゼンテーションを通じ、英語のコミュニケーション能力を高めるとともに、グローバルリーダーに必要となる資質を学びます。併せて、ニューヨークも訪問し、国際連合本部やメトロポリタン美術館などで研修も実施します。

マサチューセッツ工科大学でも研修を実施

学習プログラムが充実した「青雲寮コース」

本校OB・医学部生チューターによる学習指導

学校に併設された青雲寮では、寮生の学習を最大限にサポートする「青雲寮コース」が人気を集めています。学校の先生による夜間講習、北嶺OB医学部生によるチューター制度、寮教諭による個別指導など、充実した学習プログラムが用意されています。生活面では、毎月レクリエーションを実施し、野外でのジンギスカンパーティー、ルスツ遊園地遠足などで仲間との交流をさらに深めます。全国から集まる仲間と寝食をともにすることで、かけがえのない一生の友人を作ることができるのも「青雲寮」の魅力の1つです。

中・高一貫校
私立高校
高等専修学校・技能連携校
通信制・単位制
高等専門学校
公立高校（石狩）
公立（渡島・檜山・後志）
公立（空知・留萌）
公立（上川・宗谷）
公立（オホーツク）
公立（胆振・日高）
公立（十勝・釧路・根室）

中学受験校はまだまだあるぞ

掲載の入試データ等は道コン事務局の推定です。

札幌日本大学中学校
生徒一人ひとりの6年後を見据えた教育

2024入試DATA		受験者数／合格者数／入学者数	合格者平均 道コンSS
男女共学	スーパーアクティブコース	327／314／97	62
	アクティブコース		54

東大・京大・医学部を目指すスーパーアクティブコース
探究的学習プログラムで難関国公立大学を目指すGLOBAL・CREATEコース

平成29年度より新設されたスーパーアクティブコース（SAコース）に加え、令和7年度より探究的学習プログラムを中心とした学びで難関国公立大学・難関私大・海外大学を目指すGLOBAL・CREATEコースが新設されます。

このコースでは、学ぶ楽しさを原動力に、主体的に学ぶ姿勢を身につけ、高校から選択できる国際バカロレアコース・グローバル探究プログラムの基礎を学ぶことになります。

スーパーアクティブ（SA）コース1期生は、北大を含めた旧帝大合格者が30%、医学部医学科合格者が23%という結果を残しました。その他、国公立大学薬学部や早稲田・慶應などの難関私大にも多数の合格者を出しています。

いずれのコースも「世界に貢献できる人」になるべく、世界を視野に入れチャレンジする力、世界のどこにいても地球市民の一人として問題解決できる力を育成し、グローバルに活躍できる人材育成を目指しています。

札幌日本大学中学校・高等学校は教育に対して真摯で、誠実で、謙虚でありたいと考えます。世界に貢献できる人材育成のため、子供たちの未来を全力で応援します。

2025年度 入試情報

■ 募集定員 105名
■ 受験料 20,000円

■ 試験内容

	4教科入学試験	総合学力入学試験
試験日	1月7日・9日両日受験可（特待生入試1月7日）	1月9日
スーパーアクティブコース	75名	
GLOBAL・CREATEコース	30名	

特待生入試は、4教科入試で行ないます。

立命館慶祥中学校
「世界に通用する18歳」を育成

2024入試DATA		受験者数／合格者数	入学者数	合格者平均 道コンSS
男女共学	SPコース	198／65	187	68
	一貫コース	343／225		60

※入学者数は両コースの合計です。

個性を伸ばし 夢をかなえる6年間
「世界に通用する18歳」の育成へ

世界の価値観が大きく変わりつつある激動の時代に、ますますグローバルな視点と行動力を持つ人材が求められています。立命館慶祥中学では、進学先は難関国公立・難関私立大学と立命館大学が半々です。多彩な学びが多様な進路を支えます。国際教育・人間教育に重点を置いたオリジナルプログラムを展開します。知識だけではなく、論理的な思考力や判断力を伸ばす様々なプログラムを重ねる6年間で、「世界に通用する18歳」を育てます。

SPコース躍進中！

学習意識の高い目的集団で、東大・京大・医学部医学科をめざす「SPコース」。PBL（課題解決型学習）やアクティブ・ラーニング（学習者主体の参加型学習）を取り入れた独自のカリキュラムは、大学入試のためではない、すでに実施されている教育プログラムです。立命館慶祥伝統の「本物に触れ・本物を体験する」教育プログラムがあなたの夢の実現をかなえます。

2025年度 入試情報

■ 募集定員 180名
■ 受験料 それぞれ20,000円 ただし両日入試を一度に申込んだ場合は25,000円
■ 試験内容 SP入試・一般入試 国語 算数 社会 理科 一般入試のみ作文あり

※個性・帰国入試は、事前の資格審査を受けて認められたもの。（出願資格の詳細は、ご相談下さい）

札幌光星中学校
強く、優しい、光になる。

2024入試DATA	受験者数／合格者数／入学者数	合格者平均 道コンSS
男 女 共 学	215／185／87	56

～キリスト教の人間観に基づいた、心を育てる教育～

札幌光星学園は1934年に開校し、今年度で創立90周年を迎えます。これまでの歴史の中で約3万人もの卒業生を世に送り出し、社会に貢献する人を多数輩出してきました。

ミッションスクールである本校の教育は、カトリックの教えに基づく人間教育を柱としています。聖書の言葉「地の塩 世の光」を校訓とし、社会に出て他者の幸せのために働き得る人となり、リーダーとなって活躍できる人間となることを目標としています。10代の6年間という心も身体も学力も飛躍的に成長するこの時期に最も大切なことは、他者を慈しみ、思いやる心をもち、自分の能力を磨き、その身につけた能力を、人の役に立つように生かすことができるようになることだと考えています。

また、時代の変化とともに新しい取り組みも導入してきました。2008年度には男女共学となり、また2011年度からはルクスプログラムという独自の授業が開始され、そのプログラム内容も年を重ねるごとに洗練されてきました。

長い伝統に培われた心の教育が醸し出す落ち着いた校風を土台としながら、時代のニーズに合わせた柔軟なカリキュラムで、生徒一人ひとりがもっている個性と能力を伸ばすことができる学校です。

2025年度 入試情報

■ 募集定員 105名
■ 受験料 16,000円
■ 試験内容

4教科型 国語 算数 社会 理科 面接（保護者同伴）

LE型 (A)式 国語 算数 社会 理科 面接（保護者同伴） (B)式 国語 算数 面接（保護者同伴）

このコーナーでは、高校編で特集している学校のうち、中学校を併設している学校を簡単にご紹介します。学校によっては、中学受験しか募集のない中・高一貫コースもあります。また、札幌市立の札幌開成中等教育学校および道立の登別明日中等教育学校や、今回ご紹介する以外の、国立の北海道教育大附属中学校（札幌・旭川・函館・釧路）も選抜試験に合格することにより入学できます。

札幌大谷中学校
「人間力」を育成する学校

2024入試DATA		受験者数／合格者数／入学者数	合格者平均 道コンSS
男女共学	英数選抜・医進選抜	93／52／17	57
	アスリート・アート・プログレス	65／64／58	42

※アスリート・アート・プログレスコースの合格者数は、英数選抜・医進選抜コース志願者の第2希望合格を含みます。

今年で118年目を迎える札幌大谷学園は、宗祖親鸞聖人の示された本願念仏の大道による仏法と人を重んずる宗教教育を基調とした心の教育を実践し、次代を担う人物を多く輩出してきました。中学は今年で共学17年目を迎えました。

宗教的知性を柱として視覚的知性、聴覚的知性、身体的知性、創造的知性という5つの知性を育成します。大きく変わっていく世界の中で、人間として価値ある人生を歩める教育を行います。また、与えられた命の尊さに気づき、感謝できる心の育成に重点を置いています。自己肯定と他者貢献の教育実践を行い、豊かな人間性を有した人物の育成につとめています。

本校では、コース制募集をしています。生徒それぞれの個性にあった学習個性、スポーツ個性、芸術個性の3つの個性を磨きます。Prodigy Programは文武両道を目指すアスリートコース、美術を究めるアートコース、使える英語とプログラミングを重視したプログレスコースの3つのコースから編成され、Eminence Programは医進選抜コース、英数選抜コースの2コースです。

特に、「医進選抜コース」は、医学科への合格を目指すコースです。医師になるための「知力」を育て、各自の「矜持」も探求し、社会に役立つ人物の育成に努めます。札幌大谷中学校は互いの個性を尊重しながら個性豊かな人格形成をします。

2025年度 入試情報
■ 募集定員　100名　■ 受験料　15,000円
■ 試験内容

Eminence Program： 国語　算数　理科(物・化)
Prodigy Program： 国語　算数

※全コース面接あり（親子面接）、アスリート・アート・プログレスコースは事前に面接
アスリートコースは左記の他に　実技点検　があります。

※ Prodigy Program（アスリート・アート・プログレス）は1期入試のみ。
※ Eminence Program と Prodigy Program では一部問題が異なります。
アートコースは入試面接で実技点検があります。

正確な検定は学校配布の概要でご確認下さい。

藤女子中学校
藤の6年間で知性と個性と心を磨く　うつくしく　やさしく　しなやかに

2024入試DATA	受験者数／合格者数／入学者数	合格者平均 道コンSS
女子校	124／115／85	51

6年間で知性と個性と心を磨く　65分・1日5時間授業

本校は2025年に創立100周年を迎える、カトリック系の中高一貫の女子校です。12歳から18歳までの人格形成における最も大切な6年間を、落ち着いた環境で過ごし、カトリックの精神に基づいた心の教育と65分授業によって、次世代を担う女性を育成します。

65分授業では、基礎的な学力を身につけることはもちろんのこと、正解のない問いや答えが一つではない問いにも挑み、仮説を導き出す過程で、論理的に思考する力、構造を的確に表現する力、様々な可能性からひとつを判断する力を身につけます。

授業において活用されている「Google Classroom」は、授業以外でも、先生による動画の配信や生徒による課題の提出などで活用されています。また、本校オリジナルの学習手帳を通してきめ細やかに家庭学習のサポートを行っています。

土曜日は、それぞれの力を伸ばすための日です。より深い学びを希望する中学生には、普段の授業内容をさらに発展させた「応用演習講座」を、高校生の希望者には、大学受験をより意識した「進学課外授業」を行っています。また、自習のため図書館を利用する生徒や、部活動や校外での習い事などで個性や実力を発揮する生徒も多くいます。

＊転入試をご希望の方は公式HPをご覧ください。

2025年度 入試情報
■ 募集定員　160名　■ 受験料　15,000円
■ 試験内容　国語　算数　社会　理科　面接(個人)　※英検加点

北星学園女子中学校
Shine Like Stars

2024入試DATA	受験者数／合格者数／入学者数	合格者平均 道コンSS
女子校	96／86／61	49
	9／4／3	

上段人数は1期入試、下段人数は2期入試のデータです。

自分らしさを大切にし、
他者と共に生き、
輝くことができる女性を育てる

北星学園女子中学高等学校の創立者サラ・C・スミスは社会が成熟するためには、女性の働きは時代を超えて極めて大切であると考えました。

以来私たちは130年以上にわたって女子教育の礎を築き、その時代の期待に応える教育環境を整えてきました。豊かな人間性はもちろん、社会に貢献できる確かな資質を磨く。そのような「しなやかに生きる力」を育むために、教育活動の改革に取り組んでいます。

2025年度 入試情報
■ 募集定員　120名（1期90名、2期30名）　■ 受験料　15,000円
■ 試験内容

1期入試 ① 国語　算数　社会　理科 ② 国語　算数　英語 ③ 国語　算数　面接(保護者同伴)
①②③のいずれか選択　①～③いずれも

2期入試 国語　算数　面接(保護者同伴)

中・高一貫校

私立高校

高等専修学校・技能連携校

通信制・単位制

高等専門学校

公立高校(石狩)

公立(渡島・檜山・後志)

公立(空知・留萌)

公立(上川・宗谷)

公立(オホーツク)

公立(胆振・日高)

公立(十勝・釧路・根室)

中・高一貫校は魅力がいっぱい!!

もっと詳しく知りたい方は、姉妹本「北海道中学受験ガイドブック」をご覧下さい。

函館ラ・サール中学校
人間教育と進学教育の高いレベルでの両立

2024入試DATA	受験者数/合格者数	入学者数	合格者平均 道コンSS
男子校	259/159	72	56
	68/44		

上段が第1次入試、下段が第2次入試のデータです。

函館ラ・サール中学校は、1999年に開校しました。開校以来、函館市内近郊はもとより、道内各地また関東・関西を中心に全国各地から生徒が集まっています(近年は海外の日本人学校からの入学者もあり)。異国情緒ただよう函館の地で、「ラ・サール・ファミリースピリット」の言葉に象徴される、あたたかな校風のなか、生徒たちは6年間伸びやかに生活しています。

本校はただの進学校ではありません。世界におよそ80か国に広がるラ・サール会の理念の下、人間教育と進学教育を高いレベルで両立をはかる学校です。勉強はハードですし、もちろん一生懸命取り組んでもらいますが、中・高の6年間の時代には勉強以外のさまざまなことにもチャレンジしてほしいと思っています。本校の活発な部活動や生徒会活動、そして寮生活は全国唯一の大部屋形態、それらのなかで自分自身を鍛えて、高い学力と真の人間力を養いましょう。

2025年度 入試情報
- **募集定員** 80名(第1次・第2次の合計)　**受験料** 20,000円
- **試験内容**　第1次試験　① 国語 算数 社会 理科 　② 国語 算数 理科
　　　　　　　　　③ 国語 算数 社会　①②③のいずれか選択
　　　　　　　　第2次試験　① 国語 算数 社会 理科 　② 国語 算数 理科
　　　　　　　　　③ 国語 算数 社会 　④ 国語 算数　①②③④のいずれか選択

遺愛女子中学校
創造する力、育む未来…夢を叶える学校、それは遺愛!!

2024入試DATA	受験者数/合格者数/入学者数	合格者平均 道コンSS
女子校	37/32/32	58

遺愛はその礎が築かれてから150年を超える道内で最も伝統あるキリスト教主義の女子校です。スクールモットーである「信仰・犠牲・奉仕」のもと、目に見えないものを大切にし、自分のためだけでなく他者のために神様から与えられた才能を使える女性を育てたい、と願っています。そして、毎朝の礼拝や聖書の時間、クリスマス礼拝、ボランティア活動等でそのような心を育てていきます。また、クラブ活動との両立をうまく図っている生徒が多く、中学生では新体操部、剣道部、羽球部、英語部、ハンドベルクワイアなどで活躍し、充実した生活を送っている生徒もたくさんいます。

高校進学時には難関大学を目指す「特別進学コース」、多彩な進路希望を叶える「一般コース」、難関私大入試に対応する「英語科」を選択することができます。近年では、東京大学、京都大学、一橋大学、北海道大学などの難関国公立大学や早稲田大学、慶応大学、上智大学、国際基督教大学などに合格する生徒が多数います。また、理系への進学希望者も増えており、国公立の医学部、薬学部、看護学部、理学療法、作業療法などメディカル、コ・メディカル分野の合格実績もあげています。

2025年度 入試情報
- **募集定員** 70名　**受験料** 11,000円
- **試験内容**　 国語 算数 社会 理科 面接(保護者同伴)

函館白百合学園中学校
ここから未来へ。

2024入試DATA	受験者数/合格者数/入学者数	合格者平均 道コンSS
女子校	21/18/15	36

※専願入試・プレゼンテーション入試・一般入試の合計です。

白百合学園の設立母体シャルトル聖パウロ修道女会(フランス)は今年創立328周年となりました。そして函館にその精神が受け継がれて146年が過ぎました。"白百合の精神"とは愛の心。本校はその愛をキリスト教から学びます。「一人ひとりは神に愛された大切な存在です」、「隣人を自分と同じように愛しなさい」。白百合学園はこれらのことばを基に、「従順・勤勉・愛徳」を校訓とし、社会に貢献する女性に成長できるようしっかりサポートしていきます。

中学、高校の6年間は、その人の人生を決定づける大切な時期。だからこそ高校入試の重圧のないゆとりある学生生活の中で、多くのことを体験し、じっくり自分の生き方をみつめることができるよう充分に配慮しています。

2025年度 入試情報
- **募集定員** 70名　**受験料** 12,000円
- **試験内容**　オープン模試 国語 算数 社会 理科 　専願 面接のみ(保護者同伴)
　　　　　　　　プレゼンテーション プレゼン・面接(保護者同伴)
　　　　　　　　一般 ① 国語 算数 社会 理科 　② 国語 算数 　面接(保護者同伴)
　　　　　　　　①②どちらか選択　　　　　　　　　　　　　　①②いずれも

中・高一貫校

私立高校

高等専修学校・技能連携校

通信制・単位制

高等専門学校

公立高校(石狩)

公立(渡島・檜山・後志)

公立(空知・留萌)

公立(上川・宗谷)

公立(オホーツク)

公立(胆振・日高)

公立(十勝・釧路・根室)

2025年度受験用北海道中学受験ガイドブック

★道内の私立中学校・公立中・高一貫校を紹介！
★各校への取材や、私学に通っている生徒さんへのアンケート調査
　をもとに、私学の魅力を徹底的に紹介！

定価550円（税込）

絶賛発売中！

市立札幌開成中等教育学校

学校教育目標『わたし、アナタ、min-na そのすがたがうれしい』

2024 入試DATA		出願者数	一次検査通過者	合格者数 辞退・追加入学予定	二次検査・合格者平均 道コンSS
男女共学	男女合計	490	320	160（不明）	58

　6年間の連続した学びを生かして、札幌で学んだというアイデンティティを持ちながら、将来の札幌や日本を支え国際社会で活躍する、知・徳・体のバランスのとれた「自立した札幌人」を掲げ開校しました。この育てたい生徒像を踏まえ、本校における全ての教育活動が、これまで慣れ親しんだ考え方と違うものと出会った時の驚きや戸惑いに正面から向き合い（わたし、アナタ、min-na）、調整や折り合いをつけていきながら、自分と違う存在の意味を理解し受け入れていく方向（そのすがたがうれしい）を目指していることを示しました。
　また、本校における全ての教育活動を通して身に付けていくことが期待される力や心―「課題発見・解決力、思考力・判断力・表現力」、「豊かな人間性、国際的な広い視野、札幌に愛着を持つ心、地域に貢献する気持ち」、「自らの将来を切り拓く力、魅力ある個性」―を育むことを目指し、日々の学校生活の中で生徒が意識することを【生徒のすがた】、そのために教職員を始めとした周囲の大人が果たすべき役割を【大人のすがた】として示しました。

2024年度 入試実績（参考）

■ 募集定員　定員160名

■ 試験内容　調査書　適性検査（Ⅰ・Ⅱ）　グループ活動

①適性検査・調査書により募集人員の2倍以内までを一次検査通過者とし選考（一次）
②一次通過者に対しグループ活動を実施（二次）
③適性検査・調査書・グループ活動を総合的に評価し入学候補者を選考

適性検査Ⅰ：思考力、判断力、粘り強さ等
適性検査Ⅱ：表現力、課題発見・解決力等
グループ活動：授業形式によるグループ活動を通して、集団でのコミュニケーション能力や課題探究的な学習への対応力等

北海道登別明日中等教育学校

学校・家庭・地域社会が連携し、中高一貫教育を行い、「高い知性」、「豊かな人間性」、「郷土愛と国際性」を身に付けた、本道の将来を担う人材の育成を目指す。

2024 入試DATA	出願者数	うち寄宿舎から通学する者 男子	女子	うち自宅から通学する者	合格者数	合格者平均 道コンSS
男女共学	100	8	4	88	80	46

※寄宿舎の定員は男女それぞれ8名以内です。

開学の精神：明日（あす）を創る

　6年間の学びを通して、生徒は確かな学力を身に付けるとともに、学年が異なる生徒同士の交流を通して、社会性や豊かな人間性を育みます。また、グローバルリーダーとしての資質・能力を身に付けた生徒の育成を目指す「ここでしかできない教育」の推進に取り組みます。

2024年度 入試実績（参考）

■ 募集定員　定員80名

■ 試験内容　作文 45分　実技（グループ活動を取り入れたもの）60分　面接 10分程度

2024年4月
制服リニューアル！

正装制服とカジュアル制服に
ついての詳細は学校説明会にて

心を動かし、
未来を創る

MOVE！

あなたにあった
学びがみつかる4つのコース

プレミアS コース	東大・京大・医学部や、北大以上の難関国公立大学受験に対応。独自の先取り学習とプレミア講習で、高3段階で十分な受験対策時間を確保。
特進 コース	北大をはじめとする国公立大学受験に対応。スパイラル学習システムときめ細かな進路サポートで進路目標の実現へ。
総合進学 コース	日本大学をはじめとする私立大学受験に対応。充実のフォローアップ講習で、基礎学力の定着を徹底。
NEW IB （国際バカロレア） コース	道内私立唯一となる世界規格の学習プログラム（IBDP）を開始。世界を見据えた生徒主体の新しい学びのスタイルを実践。

世界に貢献するための
3つの探究ベクトル

― 選択クラス ―

プレミアSコース	特進コース

SSH　理数系教育の最先端
**スーパーサイエンス
ハイスクール**

SGH

SGL　グローバルリーダー育成
**スーパーグローバル
リベラルアーツプログラム**

MLP　高度な医療人材育成
**メディカルリーダー
育成プログラム**

学校法人 札幌日本大学学園
札幌日本大学高等学校

併願できる新しい推薦入試制度「推薦Ⅲ」

- ●公立高校に合格した場合は、本校への入学を辞退できます。
- ●私立B日程との併願もできます。
- ●推薦Ⅲ（1月）と一般入試（2月）の2回、特待生認定の機会があります。
- ●出願は自己推薦となります。

出願基準等の詳細は学校説明会、個別相談会にて

2025年度入試

学校説明会
（生徒・保護者対象）

第1回	第2回	第3回
9/14 土	10/13 日	11/9 土

会場／本校（予約不要）　時間／10:00〜

内　容／●コースの特徴　●学習指導説明　●進路状況説明　●校内見学
　　　　●部活動紹介　●個別相談　●食堂営業 他

地区別学校説明会

［札幌市・苫小牧市］（生徒・保護者対象）　**9/28 土**

時間／10:00〜11:30

※会場のご案内につきましては、本校ホームページにて追ってお知らせいたします。

オープンキャンパス START!
（生徒・保護者対象）
※いずれも 土 開催

会場／本校（要事前予約）　時間／10:00〜

5/18・6/1・7/20・8/24・9/21・10/5・11/30・12/7

個別相談会
（生徒・保護者対象）
※いずれも 土 開催

会場／本校（要事前予約）　時間／9:00〜16:00

※下記以外の日程でも可能です。詳しくは、広報募集本部までお問い合わせください。

第1回 9/7	第2回 11/2	第3回 11/16

※説明会等の日程は4月時点のものです。今後変更がある場合は、本校ホームページでお知らせいたします。

令和6年度　大学合格実績

難関国公立大学に多数合格

京都大学1名、大阪大学1名、東京工業大学1名、一橋大学1名、
北海道大学7名、帯広畜産大学（共同獣医）1名、千葉大学2名、金沢大学（薬）1名

国公立大学に112名合格

小樽商科大学9名、北海道教育大学15名、室蘭工業大学16名、札幌医科大学3名、札幌市立大学5名、公立千歳科学技術大学8名、
弘前大学4名、電気通信大学1名、東京都立大学1名、信州大学4名、岡山大学1名、広島大学1名 など

医学部医学科に5名合格
北海道大学1名、札幌医科大学2名、旭川医科大学1名、日本大学1名

有名私立大学に多数合格
日本大学93名、早稲田大学3名、慶應義塾大学1名、東京理科大学13名、
明治大学12名、青山学院大学4名、立教大学4名、中央大学6名、法政大学8名、
北海学園大学63名、北海道医療大学40名、藤女子大学10名、天使大学5名 など

お問い合わせ先

札幌日本大学高等学校　広報募集本部

〒061-1103 北広島市虹ヶ丘5丁目7-1　TEL.011-375-2611　FAX.011-375-3305　E-Mail nyushi_snuh@sapporonichidai.ed.jp

ホームページもご覧ください▶ 札幌日大高校　検索　https://www.sapporonichidai.ed.jp

北海道学力コンクール推薦

完全攻略 シリーズ

学年別・領域別

学校の定期テスト対策から、高校入試の基礎固めに最適な教材

巻頭小冊子 Perfect Book 付き！

教科別WEB付録も充実！

・耳ヨリ音声解説（国語・社会）
・完全攻略テスト（理科・数学）
・発音上達アプリ「おん達　完全攻略」
　（英語　※英文法を除く）
・英語音声（英語）
・マイ解答用紙／学習計画表（5教科共通）

仕様：B5判／オールカラー
ラインナップ：

国語	読解／文法・古典
社会	地理／歴史／公民
数学	中1／中2／中3
理科	中1／中2／中3
英語	中1／中2／中3／英文法

定価：各1,430円（税込）

高校入試

高校入試へ向けての基礎力、実戦力を身につける

北海道の高校入試対策におすすめ！

中1・2の総復習

仕様：B5判／オールカラー
ラインナップ
国語／社会／数学／理科／英語
定価：各1,100円（税込）

3年間の総仕上げ

仕様：B5判／オールカラー
ラインナップ
国語／社会／数学／理科／英語
定価：各1,210円（税込）

 **BUNRI**

〒141-8426
TEL 03-6421-7470

東京都西五反田2丁目11番8号
https://www.bunri.co.jp/

北海道私立高校紹介

49校

CONTENTS

北海高等学校

中・高一貫校

私立高校（石狩）

高等専修学校・技能連携校

通信制・単位制

高等専門学校

公立高校（石狩）

公立（渡島・檜山・後志）

公立（空知・留萌）

公立（上川・宗谷）

公立（オホーツク）

公立（胆振・日高）

公立（十勝・釧路・根室）

普通科 特別進学コース 進学コース

生徒数1153名　男子579名　女子574名

食堂	購買部（売店）	カウンセラー	寮・寄宿舎	海外研修（交流）	携帯電話持込	スキー授業	プール施設	資料請求
学園大の学食利用可		週に2度		語学研修（カナダ）（ニュージーランド）	校内使用禁止			巻末ページの二次元コードからアクセスできます

つないでいく、歴史と誇り。
札幌を重んじ、一生涯の友と出会う。伝統ある学校で、じぶんを変えていく。

ACCESS GUIDE

〒062-8601
札幌市豊平区旭町4丁目1-41
TEL011-841-1161
FAX011-824-5519
https://www.hokkai.ed.jp

◎地下鉄東豊線と学校が直結 さっぽろ駅から6分
◎地下鉄東豊線「学園前」駅直結

今春の主な進路

専門学校 5%　就職 2%　進学準備ほか 2%
系列大学 33%
道外私立大学 22%
道内私立大学 20%
短大 1%　道外国公立大学 3%　道内国公立大学 8%
看護系専門学校 4%

※人数は現浪合計です。

系列校
北海学園大 …………… 137名
北海商科大 …………… 7名

国公立道内
北海道大 …………… 4名
北海道教育大 …………… 10名
小樽商科大 …………… 4名
室蘭工業大 …………… 4名
札幌市立大 …………… 3名
北見工業大 …………… 2名
はこだて未来大 …………… 2名
千歳科学技術大 …………… 2名
名寄市立大 …………… 1名
旭川市立大 …………… 1名

国公立道外
京都大 …………… 1名
大阪大 …………… 1名
神戸大 …………… 1名
弘前大 …………… 4名
滋賀大 …………… 1名
富山大 …………… 1名
高崎経済大 …………… 1名
新見公立大 …………… 1名
都留文科大 …………… 1名
北九州市立大 …………… 1名

私立道内
藤女子大 …………… 9名
北星学園大 …………… 9名
天使大 …………… 6名
北海道科学大 …………… 47名
北海道医療大 …………… 21名
札幌保健医療大 …………… 2名

私立道外
早稲田大 …………… 2名
東洋大 …………… 9名
中央大 …………… 8名
法政大 …………… 4名
東京理科大 …………… 4名
立教大 …………… 2名
日本大 …………… 2名
青山学院大 …………… 1名
芝浦工業大 …………… 3名
日本体育大 …………… 3名

大学校
水産大学校 …………… 1名

短大道内
北海道武蔵女子短大 …………… 1名

専門道内
道医療センター附属札幌看護 …………… 2名
日本航空大学校 …………… 2名

就職先等
公務員 …………… 5名
他多数

より高く　多様な可能性の開花を

　北海高校は2学期制のもと、特進コースと進学コースの2つのコースで授業を行っています。1年生では、さまざまな方面から自己の生き方を探り、進路に対する関心を高めてもらうことを重点にしています。そうした中で、生徒一人一人の個性を磨き、「なりたい自分への挑戦」を大切にしています。北海高校は、勉強も部活も国際交流も、あなたの挑戦を全面的にサポートします。そのために、コース制を充実させています。

主として国公立大学進学をめざす 特別進学コース

学力を高める基本は毎日の授業。
その授業を質量ともに充実させます。

そして2つのクラスに

Sクラス
北大などの難関国公立大学進学をめざすクラス
目標実現のため、学習に専念します。放課後はセルフラーニングで学習し、学力を定着させます。

特進クラス
道内外の国公立大学や難関私立大学進学をめざすクラス
希望者を対象に放課後講習とセルフラーニングを行います。

北海学園大学をはじめとする4年制大学進学をめざす 進学コース

◎主に4年制大学をめざします。
◎2年生から文理系にわかれ、きめ細かな対応をします。
◎3年生では、「理系」「国公立文系」「私立文系」の3つにわかれます。

学校へ行こう！
【説明会】
8/24（土）、9/21（土）　※変更になる場合があります。本校ホームページでご確認ください。

学費
■入学手続時 254,500円　■月額経費 49,000円（学校行事費・進路指導費等含）
申請により、所得に応じて就学支援金が支給されます。　（詳細P310参照）

CLUB

アイスホッケー部

全国で活躍する北海

　北海高校は、勉強だけでなく課外活動においても特筆すべき伝統を築き上げてきました。夏の甲子園大会全国最多出場を誇る硬式野球部をはじめ、サッカー、テニス、バドミントン、陸上競技、柔道、アイスホッケーなど数多くの運動部が全国レベルの活躍を見せています。スポーツ北海の伝統は今も健在です。また、美術部、新聞局、写真部、弁論部、書道部などの文化部も道内トップレベルの活動実績を誇っています。

指定校推薦（一部）

道内	道外
北海学園大	駒澤大
北海商科大	神奈川大
北海道医療大	成城大
	成蹊大
	中央大
	立教大
	東洋大
	法政大
	南山大
	同志社大

中・高一貫校

私立高校（石狩）

高等専修学校・技能連携校

通信制・単位制

高等専門学校

公立高校（石狩）

公立（渡島・檜山・後志）

公立（空知・留萌）

公立（上川・宗谷）

公立（オホーツク）

公立（胆振・日高）

公立（十勝・釧路・根室）

募集要項（2025年度予定）

一般入試　B日程

■募集定員

385名
（特別進学コース・進学コース　合計）
※推薦入学者を含む

■試験内容

国語　数学　社会　理科　英語

（各100点・500点満点）※変更の可能性もあります

■受験料

15,000円

■合否判定

以下の3通りの方法で判定
(1) 当日点を重視して判定する方法
　　学科試験において、特進コースSクラスで400点以上、特進クラスで350点以上、進学コースで300点以上を得点したものは、学習点にかかわりなく合格となります。
　　※この基準は下がることがあります。
(2) 部活動を重視して判定する方法

推薦入試

推薦入試

■出願資格

・本校を第一志望とし、合格したら必ず入学する現役の生徒

■試験内容

面接

■合否判定

・面接試験・個人調査書・中学校長の推薦書（学力推薦）・自己推薦（運動部・文化部推薦）を総合して判定

■受験基準

学力推薦（校長推薦）	特別進学コース 進学コース	学習点Bランク以上（札幌市内基準）
運動部・文化部推薦 （自己推薦）	進学コース	運動または文化面ですぐれた技量をもち、本校でも当該クラブに入部して活動する生徒 本校部活動顧問との連絡・確認がとれている生徒

2024 入試 DATA

上段は一般入試・下段は推薦入試を表しています。

	受験者数 / 合格者数 / 入学者数	合格者平均 道コンSS	内申点・ランク
特別進学コースSクラス	150／118／15 2／2／2	61 －	286・B －
特別進学コース特進クラス	735／620／86 11／11／11	57 56	283・B 296・A
進学コース	798／756／193 77／77／77	52 45	261・C 240・D

道コン合格圏
（可能性60％ライン）

━━ Sクラス　━━ 特進クラス　━━ 進学

道コンSS 内申ランク・内申点	74	70	66	62	58	54	50	46	42	38	34	30
A ～296点												
B ～276点			Sクラス	★	●							
C ～256点								進学				
D ～236点							◇					
E ～216点												
F ～196点												
G ～176点												
H ～156点												
I ～136点												
J ～116点												

合格者平均　★ 一般入試（特進・Sクラス）
● 一般入試（特進・特進クラス）
○ 推薦入試（特進・特進クラス）
◇ 一般入試（進学）
◇ 推薦入試（進学）

掲載の入試データ等は道コン事務局の推定です。

SNAP

SNAP

本校独自の奨学金制度（2024年実績）

■認定基準及び奨学金

	北海高校特別奨学生A	北海高校特別奨学生B	南部忠平記念奨学生	大谷喜一奨学生	北海学園特待生	北海学園奨学生（第1種）	北海校友会奨学生
認定基準	入試成績が30位以内の現役生	入試成績が100位以内の現役生	スポーツにすぐれた文武両道を目指す生徒（運動部）	スポーツにすぐれた文武両道を目指す生徒（主に野球部）	最優秀生徒	成績に経済的条件を加味	成績優秀者・文武に優れた者
対象人数			1年若干名	若干名	2年・3年 各1名	各学年4名	各学年2名
奨学金	入学一時金＋3年間の授業料相当額	入学一時金相当額	入学一時金相当額	入学一時金相当額等	1年間の授業料免除	60,000円（年額）	120,000円（年額）

※いずれも返還義務はありません。

EVENT
海外と交流する北海

北海高校は、カナダにある『ブロック大学』と、ニュージーランドにある『ウェリントン高校』と協定を結び、語学研修・文化交流を行っています。カナダ・オンタリオ州にあるブロック大学では、ホームステイをしながらの3週間の語学研修を、毎年実施しています。ニュージーランドの姉妹校である『ウェリントン高校』では、2週間の短期、及び8週間の中期留学も実施し、ホームステイをしながら現地の高校の授業を受ける交換交流を実施しています。これらの研修に多くの在校生が参加をし、異文化理解と英語力向上に大いに役立てています。また、視野が広がり、価値観が変わる貴重な体験ができます。日常の授業では、ネイティブの先生が着任していますので、本場の英語に触れながら、英語と同時に異文化を学ぶことが出来ます。

POINT
歴史と伝統の北海

北海──139年の青春の軌跡。若者たちが未来を見つめ、歩きつづけたその道は、かけがえのない青春の証です。そして、明治18年（1885年）の創立以来、文化勲章受章者や、オリンピックのゴールドメダリスト、芥川賞・直木賞受賞者など、各界に多くの人材を輩出してきました。約4万人の卒業生は、道内はもとより、全国各地でめざましい活躍を見せています。北海高校には、長い歴史と伝統に裏付けられた確かな教育があります。

札幌第一高等学校

普通科 文理選抜コース 文理北進コース 総合進学コース

食堂　購買部(売店)　カウンセラー　寮・寄宿舎　海外研修(交流)　携帯電話持込　スキー授業　プール施設　資料請求

3カ月短期留学　持込可使用不可　巻末ページの二次元コードからアクセスできます

生徒数1100名　男子580名　女子520名

ACCESS GUIDE

〒062-0021
札幌市豊平区月寒西1条9丁目10-15
TEL011-851-9361
FAX011-856-5151
https://www.kibou.ac.jp/daiichi/

◎ 地下鉄東豊線
「月寒中央駅」下車 4番出口徒歩3分
◎ 中央バス
「月寒中央通10丁目」下車 徒歩2分

今春の主な進路

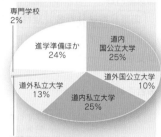

専門学校 2%
進学準備ほか 24%
道内国公立大学 25%
道外国公立大学 10%
道内私立大学 25%
道外私立大学 13%

看護系専門学校 1%

※人数は現浪合計です。

国公立道内	
北海道大	27名
札幌医科大	10名
旭川医科大	3名
北海道教育大	35名

国公立道外	
京都大	1名
東北大	2名
一橋大	1名
神戸大	1名
九州大	1名
筑波大	4名
横浜国立大	1名
横浜市立大	1名
弘前大	19名
高崎経済大	5名
千葉大	2名
国際教養大	1名
東京学芸大	1名
金沢大	2名
広島大	1名

私立道内	
北海学園大	109名
北星学園大	23名
北海道科学大	107名
北海道医療大	46名

私立道外	
早稲田大	5名
上智大	1名
慶應義塾大	1名
法政大	22名
中央大	17名
明治大	14名
立教大	11名
関西学院大	9名
同志社大	9名
東京理科大	7名
青山学院大	7名
立命館大	7名
学習院大	2名
関西大	2名
埼玉医科大	1名
金沢医科大	1名
東北医科薬科大	1名

日本はもちろん世界でリーダーシップを発揮できる有能な人材の育成

　本校は「目は高く　足は大地に」(高い理想を持ち、着実な実践を)の校訓を掲げ、生徒全員がこれからのグローバル社会の中で様々な人と協力し合い、社会を創造する人材になるよう教育を行っています。そのため、生徒一人ひとりが自分の人生を考え、形作っていく「自走」のための様々なコンテンツを用意して、夢を実現するサポートを行っています。

「高校生活をどう過ごすのか」で選ぶ3つのコース

文理北進コース(280名)
日々の学習に励むとともに、全国・全道レベルの部活動などでも活躍する生徒が多く在籍するコース

文理選抜コース(80名)
学習活動を中心に学校生活を送り、早い進度の授業、こまめな確認テストなどを通じて高い進路目標の実現を目指す生徒が多く在籍するコース

総合進学コース
学習活動に力を入れながら、授業終了時間が他コースより早いことを利用し、部活動や学外での活動で活躍する生徒が多く在籍するコース

指定校推薦

道内
北海学園大
北星学園大
北海道科学大
北海道医療大
酪農学園大
日本医療大
道外
早稲田大
東京理科大
青山学院大
立教大
中央大
法政大
津田塾大
関西学院大
同志社大
龍谷大
獨協大
芝浦工業大
南山大
創価大

令和5年度入試指定校

学校へ行こう!

【オープンスクール】
9/14(土)、10/12(土)

【一高祭】
7/12(金)、7/13(土)

学費

■入学手続時 **260,000円**　■月額経費 **48,100円**
申請により、所得に応じて就学支援金が支給されます。
(詳細P310参照)

POINT

【夢の実現への近道、安定した進学実績】それが第一高校!

- ●北海道大学合格27名(内現役23名)　道内私立 No.1
- ●京都大学や一橋大学などの難関国公立大学、国公立医学部医学科に37名合格
- ●令和6年度大学入試　国公立大学等207名合格

　札幌第一高校は、北海道の私立高校でトップレベルの進学実績を誇ります。
　過去10年間では、北海道大学322名、東京大学・京都大学・大阪大学20名、東北大学23名、国公立医学部医学科に42名を輩出しています。その中には部活動で活躍し、文武両道を果たした生徒も多数います。
　令和6年度入試では北海道大学27名、京都大学1名、一橋大学1名、東北大学2名、神戸大学1名合格など、国公立大学等に207名が合格する安定した進学実績を収めています。

中・高一貫校　私立高校(石狩)　高等専修学校・技能連携校　通信制・単位制　高等専門学校　公立高校(石狩)　公立(渡島・檜山・後志)　公立(空知・留萌)　公立(上川・宗谷)　公立(オホーツク)　公立(胆振・日高)　公立(十勝・釧路・根室)

中・高一貫校

私立高校（石狩）

高等専修学校・技能連携校

通信制・単位制

高等専門学校

公立高校（石狩）

公立（渡島・檜山・後志）

公立（空知・留萌）

公立（上川・宗谷）

公立（オホーツク）

公立（胆振・日高）

公立（十勝・釧路・根室）

募集要項（2024年度実績）

一般入試　B日程

■募集定員

400名（文理選抜コース80名・文理北進コース280名・総合進学コース40名）※推薦入学者を含む

■試験科目

| 国語 | 数学 | 社会 | 理科 | 英語 |

（各50分・100点満点）
※マークシート方式
※過年度卒業生は面接あり

■受験料

16,000円

■合否判定

・学料試験及び調査書の総合判定（過年度生は面接結果を含む）

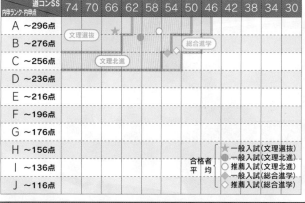

2024 入試 DATA　上段は一般入試・下段は推薦・単願などを表しています。

	受験者数 / 合格者数 / 入学者数	合格者平均	
		道コンSS	内申点・ランク
文理選抜コース		65 —	300・A —
文理北進コース	−／−／−	60 57	293・B 300・A
総合進学コース		55 53	275・C 278・B

道コン合格圏（可能性60%ライン）　── 文理選抜　── 文理北進　── 総合進学

内申ランク・内申点 ＼ 道コンSS	74	70	66	62	58	54	50	46	42	38	34	30
A ～296点			★									
B ～276点							総合進学					
C ～256点												
D ～236点												
E ～216点												
F ～196点												
G ～176点												
H ～156点												
I ～136点												
J ～116点												

合格者平均
★ 一般入試（文理選抜）
● 一般入試（文理北進）
○ 推薦入試（文理北進）
◆ 一般入試（総合進学）
◇ 推薦入試（総合進学）

掲載の入試データ等は道コン事務局の推定です。

推薦入試

自己推薦　（全コース共通）

■募集定員

約100名
（文理選抜コース・文理北進コース・総合進学コース）

■出願資格

1. 2025年3月中学校卒業見込みの者
2. 中学校3年間の総欠席日数が30日以内の者
3. Aランク（学習点315点～296点）の者
　　※特典資格認定者はBランク（学習点276点）以上で出願可能
　　　（文理北進コース、総合進学コースのみ）
4. 本校を第一志望とし、合格後必ず入学する者
　　（公立高校・私立高校・高等専門学校への出願は可能）

■試験内容

| 書類審査 | 面接 | 国語 | 数学 | 英語 |

■合否判定

・学料試験・調査書・自己推薦書・面接試験による総合判定

※詳しくは生徒募集要項をご覧ください

学園特待生制度　札幌第一高等学校独自の奨学金制度です。

○「学園特待生制度」は希望学園独自の返還義務のない奨学金制度です。
　※就学支援金申請を条件とし、授業料から就学支援金を差し引いた額を給付
○入学金・授業料免除、さらに毎月奨励金として1万円を給付します。
○対象者は文理選抜コースまたは文理北進コースの生徒全員で、最大30名程度となります。

POINT

「一歩ずつ着実に目標に近づける」

　本校の特徴として生徒たちが自ら考え、学んでいく「自走」をサポートするコンテンツが多数存在していることがあげられます。
　そのうちの一つに「チューター制度」があります。これは本校を卒業した北海道大学や札幌医科大学医学部に通う現役大学生が、生徒の学習、進路相談など様々なことをサポートしてくれる制度です。平日はもちろん、土・日や長期休業中も含めて毎日いつでも気軽に相談することができます。
　コースを問わず参加できる「HUPプロジェクト」という企画では、北海道大学をはじめとする全国難関大学への合格を目指し、休業中に本校敷地内で行われる勉強会や教員と一対一で行う添削指導などに参加することができます。集団で受験に向かう意識を涵養し、同時に自分に必要な個々の能力を養っていくことができます。
　他にも、段階別の学習活動が充実しています。普段の授業の理解度を確認する「単元テスト」を行い、理解の不十分な点があれば補習を行い基礎を完成させます。一方で放課後や休業中の講習では発展的な内容に取り組むため、各自のニーズにあった学習設計を行うことができます。

札幌日本大学高等学校

中・高一貫校

私立高校（石狩）

高等専修学校・技能連携校

通信制・単位制

高等専門学校

公立高校（石狩）

公立（渡島・檜山（後志）

公立（空知・留萌）

公立（上川・宗谷）

公立（オホーツク）

公立（胆振・日高）

公立（十勝・釧路・根室）

普通科　| プレミアSコース | 特進コース | 国際バカロレアコース |
総合進学コース | 中高一貫コース

| タブレット | 食堂 | 購買部（売店） | カウンセラー | 寮・寄宿舎 | 海外研修（交流） | 携帯電話持込 | スキー授業 | プール施設 | 資料請求 |

短期・長期 オーストラリア

巻末ページの 二次元コードから アクセスできます

生徒数1027名　男子536名　女子491名

ACCESS GUIDE

〒061-1103
北広島市虹ヶ丘5丁目7-1
TEL011-375-2611
FAX011-375-3305
https://www.sapporonichidai.ed.jp

◎ JR千歳線　上野幌駅　徒歩7分
◎ JRバス　上野幌駅通　徒歩5分
◎ JRバス・中央バス　青葉通橋　徒歩10分
◎ スクールバス（3経路）

今春の主な進路

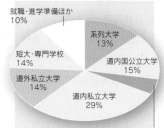

就職・進学準備ほか 10%
系列大学 13%
道内国公立大学 15%
道内私立大学 29%
道外国公立大学 5%
道外私立大学 14%
短大・専門学校 14%

※人数は現浪合計です。

系列校
日本大 …… 93名
国公立道内
北海道大 …… 7名
札幌医科大 …… 3名
旭川医大 …… 1名
北海道教育大 …… 15名
小樽商科大 …… 9名
帯広畜産大 …… 3名
室蘭工業大 …… 15名
千歳科学技術大 …… 8名
札幌市立大 …… 5名
はこだて未来大 …… 3名
国公立道外
京都大 …… 1名
東京工業大 …… 1名
一橋大 …… 1名
大阪大 …… 1名
弘前大 …… 4名
信州大 …… 4名
千葉大 …… 2名
電気通信大 …… 1名
金沢大 …… 1名
東京都立大 …… 1名
広島大 …… 1名
岡山大 …… 1名
私立道内
北海学園大 …… 63名
北星学園大 …… 27名
藤女子大 …… 10名
天使大 …… 5名
北海道医療大 …… 40名
私立道外
早稲田大 …… 3名
慶應義塾大 …… 1名
東京理科大 …… 12名
明治大 …… 12名
法政大 …… 8名
中央大 …… 6名
青山学院大 …… 4名
立教大 …… 4名
関西学院大 …… 2名
同志社大 …… 1名
大学校
防衛大学校 …… 1名

世界に貢献する人材育成を目指し、大学合格のその先を目指した教育を展開

札幌日大高校は、道内私立高校で唯一となる国際バカロレアの教育プログラム（IBDP）を展開する国際バカロレアコースを新設し、SSH・SGHを含む豊富な教育コンテンツの下で生徒が主体的に自らの可能性を追求できる環境が整っています。高い学力を身に付けると共に、未来に繋がる資質を育成します。

プレミアSコース
東大京大医学部や、北大以上の難関国公立大学受験に対応。独自の先取り学習とプレミア講習で、高3段階で十分な受験対策時間を確保。

特進コース
北大をはじめとする国公立大学受験に対応。
スパイラル学習システムときめ細やかな進路サポートで進路目標の実現へ。

総合進学コース
日本大学をはじめとする私立大学受験に対応。
充実のフォローアップ講習で、基礎学力の定着を徹底。

国際バカロレアコース
世界規格の学習プログラムである国際バカロレア（IBDP）の教育を実践。海外でも通用する主体的な学習者を育成します。

【学校説明会】
第1回 9/14（土）　第2回 10/13（日）
第3回 11/9（土）
【地区別学校説明会】 9/28（土）　会場　札幌市・苫小牧市

【オープンキャンパス】 第1回〜第8回
5/18（土）、6/1（土）、7/20（土）、8/24（土）、
9/21（土）、10/5（土）、11/30（土）、12/7（土）

学校説明会等の日程は4月時点のものです。今後変更がある場合は、本校ホームページにてお知らせします。

学費

■入学手続時 **266,000**円　■月額経費 **45,200**円　国際バカロレアコースは別途20,000円
申請により、所得に応じて就学支援金が支給されます。
（詳細P310参照）

指定校推薦（一部抜粋）

道内
北海学園大 …… 15名
北星学園大 …… 11名
藤女子大 …… 2名
北海道医療大 …… 15名
北海道科学大 …… 27名
酪農学園大 …… 5名
道外
青山学院大 …… 4名
立教大 …… 3名
中央大 …… 4名
法政大 …… 9名
東京理科大 …… 7名
関西学院大 …… 3名

POINT

新しい学びのスタイル：探究型学習

自ら課題を設定して解決に向けてのアプローチを生徒自らが進んで取り組む探究型学習。学習指導要領改訂に伴い、「総合的な探究の時間」が必修化され、札幌日大高校では、SSH・SGH指定校としてのノウハウをいかし、従来の学びに加えて新しい学びのスタイルに全校体制で挑戦しています。また、一人に一台タブレット端末が導入され、双方向型の学習環境も整備されました。変化の大きな時代を生き抜くための主体的な学習者としての礎が、この札幌日大高校で培われます。

中・高一貫校

私立高校（石狩）

高等専修学校・技能連携校

通信制・単位制

高等専門学校

公立高校（石狩）

公立（渡島・檜山・後志）

公立（空知・留萌）

公立（上川・宗谷）

公立（オホーツク）

公立（胆振・日高）

公立（十勝・釧路・根室）

募集要項（2024年度実績）

一般入試　A日程

■募集定員
364名（プレミアSコース25名　特進コース169名　総合進学コース120名　国際バカロレアコース50名）
※推薦Ⅰ・Ⅱ・Ⅲ入学者を含む

■試験内容
| 国語 | 数学 | 社会 | 理科 | 英語（リスニングあり） |

（各50分・100点）

■合否判定
・学力検査と個人調査書により総合的に判定

■受験料
15,000円

■その他
・プレミアSコース志願者は、プレミアSコースの合格点に達しなかった場合、特進コース・総合進学コースでの合格判定を行います。
・特進コース志願者は、特進コースの合格点に達しなかった場合、総合進学コースでの合格判定を行います。
・SSH、SGL、MLPの選択はプレミアSコース・特進コースの生徒が対象です。
・推薦入試合格者（プレミアSコース・特進コース対象）は、プレミアSコースおよび学習特待生認定のために一般入試を受験できます。（受験料不要）
・国際バカロレアコースは日本語と英語による面接あり。

推薦入試

推薦入試

■募集定員
—

■出願資格
推薦Ⅰ（専願）プレミアSコース、特進コース、国際バカロレアコース
推薦Ⅱ（単願）総合進学コース
推薦Ⅲ（併願）プレミアSコース、特進コース、国際バカロレアコース

■合否判定
推薦Ⅰ（専願）
・自己推薦書、個人調査書、面接により判定
・プレミアSコース、国際バカロレアコース、学習特待生は学力認定調査の結果により判定
・国際バカロレアコースは日本語と英語による面接あり
推薦Ⅱ（単願）
・自己推薦書、個人調査書、面接、作文により判定
推薦Ⅲ（併願）
・自己推薦書、個人調査書により判定
・プレミアSコース、国際バカロレアコース、学習特待生は学力認定調査の結果により判定
・国際バカロレアコースは日本語と英語による面接あり

2024 入試 DATA

推薦入試は併願推薦の人数を除いています。
上段は一般入試・下段は推薦・単願などを表しています。

	受験者数／合格者数／入学者数	合格者平均 道コンSS	合格者平均 内申点・ランク
プレミアSコース	191／100／10　5／2／2	64	297・A
特進コース	648／725／76　34／38／38	55　54	275・C　283・B
総合進学コース	341／340／36　92／92／92	49　43	243・D　246・D
国際バカロレアコース	19／16／7　6／5／5	64	287・B

道コン合格圏（可能性60%ライン）

凡例：プレミアS／特進・国際バカロレア／総合進学

道コンSS 内申ランク・内申点	74	70	66	62	58	54	50	46	42	38	34	30
A ～296点						特進・国際バカロレア						
B ～276点			プレミアS									
C ～256点												
D ～236点							総合進学					
E ～216点												
F ～196点												
G ～176点												
H ～156点												
I ～136点												
J ～116点												

合格者平均
★ 一般入試（プレミアS）
● 一般入試（特進・国際）
○ 推薦入試（特進・国際）
◆ 一般入試（総合進学）
◇ 推薦入試（総合進学）

掲載の入試データ等は道コン事務局の推定です。

SNAP　学園祭　全校応援

■受験基準

	推薦Ⅰ（専願）	推薦Ⅱ（単願）	推薦Ⅲ（併願）	備考
プレミアSコース	内申点256以上		内申点276以上	学力認定調査での認定が必要
特進コース	内申点256以上		内申点276以上	
総合進学コース		内申点236以上　指定クラブ推薦（クラブ顧問の事前確認が必要）内申点206以上　※対象は野球部、剣道部、柔道部、スキー部、陸上部、サッカー部、男子バスケットボール部、吹奏楽局		
国際バカロレアコース	内申点256以上		内申点276以上	学力認定調査および面接での認定が必要

特別奨学生制度　※前年度実績

			A特待生	B特待生
認定基準	一般入試	学習成績優秀者	プレミアSコース・特進コース・国際バカロレアコースを対象とし、一般入学試験合格者のうち5教科入試得点上位の者	
	推薦入試	学習成績優秀者	プレミアSコース・特進コース・国際バカロレアコースを対象とし、学力認定調査5教科得点上位の者	
		指定クラブ	競技実績と学習成績を総合的に審査	
	特典		入学金・毎月授業料相当額を支給	入学金・毎月授業料相当額の半額を支給

POINT　充実のICT教育

休校期間のリモート学習だけでなく、推薦図書をPRするビブリオバトルや最先端の研究者から講義を受けるサイエンスカフェ、海外の高校生とSDGsをテーマにした英語ディスカッションなどといったオンラインイベントを多数企画し、コロナ禍においても多くの人や考え方との出会いが生まれました。また、雪害等の自然災害の際にも学びを継続しました。

POINT　併願推薦「推薦Ⅲ」

併願できる新しい推薦入試を導入しました。自己推薦方式で、学力認定調査を受検し、その結果でプレミアSコースと学習特待A・Bの認定がされます。高校受験の新しい選択肢を基に、最適な進路を検討できます。また、札幌東西南北に合格した受験生は学習特待A（入学金・授業料全額支給）に追加採用されます。

東海大学付属札幌高等学校

普通科 特別進学コース 総合進学コース

生徒数960名　男子617名　女子343名

食堂　購買部(売店)　カウンセラー　寮・寄宿舎　海外研修(交流)　携帯電話持込 始業前放課後のみ　スキー授業　プール施設　資料請求 巻末ページの二次元コードからアクセスできます

自分を見つける、旅のはじまり。
どこまでも広がる未来。

特別進学コース
3年間勉強に集中して現役合格を目指す生徒や、部活動も頑張りながら受験に挑み、大学合格を目指す生徒のためのコースです。

総合進学コース
思い切り部活動に励みながら、基礎学力を身につけて、付属推薦で東海大学に進学することができます。東海大学以外の大学や専門学校への推薦制度も充実しています。

東海大学とのネットワーク
本校は医学部をはじめ、政治経済学部、文学部、法学部、工学部、体育学部、海洋学部など23学部62学科・専攻・課程を設置した我が国有数の総合大学である東海大学の付属高校です。あらゆる分野をカバーしているのでやりたい勉強ができます。世界にも大きく羽ばたく東海大学の一員としてキャンパスライフを過ごしてみませんか。

ACCESS GUIDE

〒005-8602
札幌市南区南沢5条1丁目1-1
TEL011-571-5175
FAX011-571-5160
https://www.sapporo.tokai.ed.jp

◎じょうてつバス●地下鉄南北線 真駒内駅発
　■南95
　　(硬石山行き)
　　藻岩小学校前下車(徒歩12分)
　■南96・環96:東海大学前行き
　　東海大学前下車(徒歩3分)
◎じょうてつバス●札幌駅発
　■南55:硬石山行き
　　藻岩小学校前下車(徒歩12分)
　■快速7(J/H)・快速8(J)
　　定山渓方面行全線
　　藻南公園下車(徒歩15分)
※市内6ヶ所より無料スクールバスを運行

今春の主な進路

就職 3%
進学準備ほか 3%
系列大学 34%
短大・専門学校 20%
道外私立大学 16%
道内私立大学 22%
国公立大学 2%

※人数は現役のみです。

系列校
東海大系列 …………… 97名
国公立道内
北海道大 ………………… 1名
釧路公立大 ……………… 2名
国公立道外
弘前大 …………………… 1名
鹿屋体育大 ……………… 1名
私立道内
北海学園大 …………… 11名
北星学園大 ……………… 5名
天使大 …………………… 1名
日本医療大 ……………… 7名
北海道科学大 …………… 3名
札幌保健医療大 ………… 2名
北海道医療大 …………… 2名
私立道外
専修大 …………………… 2名
日本大 …………………… 2名
法政大 …………………… 2名
明治大 …………………… 1名
関西外国語大 …………… 2名
近畿大 …………………… 1名

学校へ行こう!

【学校説明会】
7/21(日)、27(土)

【オープンスクール】
9/7(土)

【スクールセミナー】
10/12(土)

【学校公開】(2部制)
11/9(土)

学費
■入学手続時 **272,000**円　■月額経費 **38,600**円
申請により、所得に応じて就学支援金が支給されます。
(詳細P310参照)

POINT

ICT教育を推進
iPadを使用してICT教育を実践しています。各教室に電子黒板型プロジェクタを設置し生徒主体型の授業を展開していきます。

東海大学の一貫教育システムによるユニークな科目

東海大学との高大連携や現代社会の諸問題を考える「現代文明論」、創造性を養う「知的財産教育」、現在と将来の自分を見据えるキャリア教育」など生徒一人ひとりの個性と創造性を高める多彩なプログラムを実践しています。

現代文明論で作成「藻南商店街ストリートマップ」

進路実現のための徹底した指導

模擬試験、通年の放課後講習や長期休暇中の60〜90分間の講習など生徒達の夢の実現に向かって徹底した学習指導を行っています。確かな学力を身につけ、生徒一人ひとりの進路保証を行うのが東海大札幌の最も大切にしていることです。

中・高一貫校　私立高校(石狩)　高等専修学校・技能連携校　通信制・単位制　高等専門学校　公立高校(石狩)　公立(渡島・檜山・後志)　公立(空知・留萌)　公立(上川・宗谷)　公立(オホーツク)　公立(胆振・日高)　公立(十勝・釧路・根室)

募集要項（2025年度予定）

一般入試　A日程

■募集定員
280名
（普通科特別進学コース80名・総合進学コース200名）
※推薦入学者を含む

■試験内容
国語　数学　社会　理科　英語　（各50分・100点）
※過年度生は面接あり

■受験料
15,000円

■合否判定
・書類審査（調査書）と筆記試験により判定

■試験日
2月13日（木）A日程

推薦・単願

推薦入試

■出願資格
・中学校長の推薦があること
・本校を第一志望とすること

■試験日
1月17日（金）

■試験内容
面接

■合否判定
・書類審査（調査書）と面接試験により判定

単願入試

■出願資格
・本校のみを受験すること

■試験日
1月17日（金）（1月単願）
2月13日（木）（2月単願）

■試験内容
国語　数学　英語
理科　社会　（1月単願のみ3教科）

■合否判定
・書類審査（調査書）と筆記試験により判定

奨学金制度

・運動競技技量等で模範となる生徒に部活動奨励奨学金を支給します

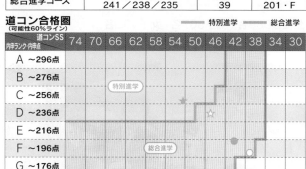

2024 入試 DATA
上段は一般入試、下段は推薦・単願を表しています

	受験者数／合格者数／入学者数	合格者平均 道コンSS	内申点・ランク
特別進学コース	108／102／7	52	259・C
	36／32／32	47	245・D
総合進学コース	251／244／59	42	214・F
	241／238／235	39	201・F

道コン合格圏（可能性60%ライン）　　━━ 特別進学　　━━ 総合進学

内申ランク・内申点＼道コンSS	74	70	66	62	58	54	50	46	42	38	34	30
A ～296点												
B ～276点					特別進学							
C ～256点							★					
D ～236点								☆				
E ～216点												
F ～196点					総合進学					⬠		
G ～176点											○	
H ～156点												
I ～136点												
J ～116点												

合格者平均
★ 一般入試（特別進学）　● 一般入試（総合進学）
☆ 推薦入試（特別進学）　○ 推薦入試（総合進学）

掲載の入試データ等は道コン事務局の推定です。

POINT

カフェテリアが充実!!

本校のカフェテリアはメニューが充実し、美味しく栄養豊かな食事を楽しむことができます。また焼きたてパンなどの朝食メニューも提供しています。

CLUB

東海大札幌の部活動はトップレベル

・全国・全道の舞台で自分の力を試してみよう!
・一流の指導者、すぐれた練習環境であなたのレベルアップを支えます。
・初心者でも大歓迎!　先輩たちが優しく指導します。

2023年度、全国大会に出場した部活動

男子バレーボール部、男子バスケットボール部、男子柔道部、女子柔道部、ダンス部、テニス部、剣道部、スキー部、吹奏楽部、陸上競技部、eスポーツ部

全道大会に出場した部活動

女子バレーボール部、サッカー部、女子バスケットボール部、野球部

中・高一貫校
私立高校（石狩）
高等専修学校・技能連携校
通信制・単位制
高等専門学校
公立高校（石狩）
公立（渡島・檜山・後志）
公立（空知・留萌）
公立（上川・宗谷）
公立（オホーツク）
公立（胆振・日高）
公立（十勝・釧路・根室）

縦書き左側インデックス：
中・高一貫校 / 私立高校（石狩） / 高等専修学校・技能連携校 / 通信制・単位制 / 高等専門学校 / 公立高校（石狩） / 公立（渡島・檜山・後志） / 公立（空知・留萌） / 公立（上川・宗谷） / 公立（オホーツク） / 公立（胆振・日高） / 公立（十勝・釧路・根室）

立命館慶祥高等学校

普通科 SPコース 普通科

生徒数969名　男子507名　女子462名
高校のみ

食堂 / 購買部（売店） / カウンセラー / 寮・寄宿舎 / 海外研修（交流）〈全員〉ボツアナ・ガラパゴスなど8コース（2019年例） / 携帯電話持込 放課後や授業は指定時のみ / スキー授業 / プール施設 / 資料請求 巻末ページの二次元コードからアクセスできます

ACCESS GUIDE

〒069-0832
江別市西野幌640-1
TEL011-381-8888
FAX011-381-8892
https://www2.spc.ritsumei.ac.jp

◎JR「新札幌駅」、札幌市営地下鉄「新さっぽろ駅」から通学バスが1日60本登下校時に運行。
JR「大麻駅」、札幌市営地下鉄「大谷地駅」からも通学バスが出ています（約20分）

「世界に通用する18歳」を育てる3つのコース

SPコース（高校1年から）
東大・京大・医学部医学科等の最難関大学を目指すコースです。入学試験で希望した生徒の中から成績上位者を選抜します。

立命館コース（高校3年から）
立命館大学・立命館アジア太平洋大学（APU）への学内進学を視野に、大学0年生と位置づけ課題研究など、大学の学びを先取りできるコースです。

難関大コース（高校3年から）
北大をはじめとする国公立大や、早慶などの難関大突破を目指すコースです。

立命館慶祥だから選べる「3つの進路」

①東大・京大・医学部医学科への進学……東大1名、京大7名、医学部医学科44名合格（2024年5月実績）
②立命館への学内推薦……慶祥生全員に、立命館大・立命館アジア太平洋大への学内推薦の資格有り（推薦基準あり）
③海外大学への進学……欧米の国立大学を中心に毎年数名現役合格

高1	高2	高3	
高入SPコース ※入学試験時に選抜します。	高入SPコース	高入SPコース	▶ 東大・京大 医学部医学科 など
公立中学校など → 高入生クラス	高入生クラス	立命館コース	▶ 立命館大学 立命館アジア太平洋大学
		難関大コース（文系・理系）	▶ 北大・難関私立大 など

今春の主な進路

系列大学 7%
道内国公立大学 14%
進学準備ほか 8%
道内私立大学 17%
道外国公立大学 51%
道内私立大学 3%

※人数は現浪合計です。

系列校
立命館大 …………… 154名
立命館アジア太平洋大 …… 4名
国公立道内
北海道大 …………… 9名
旭川医大 …………… 10名
札幌医大 …………… 6名
国公立道外
京都大 …………… 7名
東京大 …………… 1名
東北大 …………… 3名
九州大 …………… 2名
一橋大 …………… 1名
大阪大 …………… 1名
私立道外
早稲田大 …………… 10名
慶應義塾大 …………… 6名
上智大 …………… 5名
国際基督教大 …………… 1名
中央大 …………… 25名
東京理科大 …………… 19名
明治大 …………… 17名
法政大 …………… 14名
立教大 …………… 11名
青山学院大 …………… 9名
大学校
防衛医科大学校 …………… 4名
防衛大学校 …………… 1名
気象大学校 …………… 1名

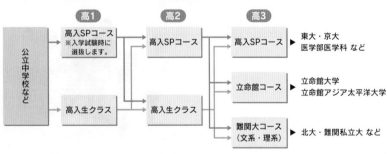

学校へ行こう！

【高校夏のオープンキャンパス】
6/29（土）午後

【高校秋のオープンキャンパス】
9/21（土）午後

【高校見学会】
10/19（土）午前

【道内地区別説明会】
8/25（日）午前 旭川・帯広・釧路　**9/1**（日）午前 北見・函館

学費

■入学金 **350,000**円　■月額経費 **64,500**円
申請により、所得に応じて就学支援金が支給されます。　　　　　　（詳細P310参照）

POINT

慶祥伝統の「課題解決型海外研修」

SSH第三期始動！
タイ・シンガポールに加え
トルコとの共同研究も開始します

高2で全員参加の他、希望すれば複数回の参加も可能なハイブリッド型。2024年度以降実施予定コース：ガラパゴス、アメリカ（3コース）、カナダ、オーストラリア、台湾、インドネシア、ネパール、マレーシア（2コース）、タイ、ベトナム、ボツワナ、フィンランド、ポーランド＆リトアニア、韓国、ニュージーランドなど。

指定校推薦（一部抜粋）

道外
早稲田大
上智大
東京理科大
明治大
青山学院大
立教大
中央大
法政大
東京薬科大
北里大
道内
酪農学園大
北海学園大
北海道医療大

中・高一貫校

私立高校（石狩）

高等専修学校・技能連携校

通信制・単位制

高等専門学校

公立高校（石狩）

公立（渡島・檜山・後志）

公立（空知・留萌）

公立（上川・宗谷）

公立（オホーツク）

公立（胆振・日高）

公立（十勝・釧路・根室）

募集要項（2025年度予定）
高校から入学した生徒だけのSPコースがあります。

一般入試　B日程

■募集定員
305名
※全ての入試区分と内部進学生を含む

■試験内容
| 国語 | 数学 | 社会 | 理科 |

英語（リスニングあり）
（各50分・100点）

■受験料
15,000円

■合否判定
・以下の2つの方法により受験生に有利になる方法で判定
・総合判定
・入試得点判定

2024 入試 DATA
上段は一般入試・下段は推薦・専願などを表しています。

	受験者数／合格者数／入学者数	合格者平均	
		道コンSS	内申点・ランク
SPコース	320／314／28	66	305・A
		61	300・A
普通科	75／75／75	60	290・B
		54	272・C

道コン合格圏
（可能性60%ライン）　━━ SP　━━ 普通

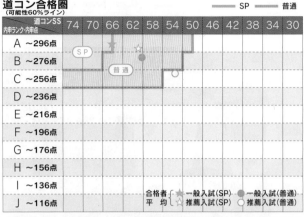

道コンSS 内申ランク・内申点	74	70	66	62	58	54	50	46	42	38	34	30
A ～296点												
B ～276点												
C ～256点												
D ～236点												
E ～216点												
F ～196点												
G ～176点												
H ～156点												
I ～136点												
J ～116点												

合格者
平　均
☆ 一般入試（SP）　● 一般入試（普通）
☆ 推薦入試（SP）　○ 推薦入試（普通）

掲載の入試データ等は道コン事務局の推定です。

推薦・専願など

自己推薦入試（SP推薦・一般推薦）

■出願資格
・本校を第一志望としていること
・合格の場合は本校へ必ず入学すること
（他校との併願可）

■試験日
1月18日（土）

■試験内容
| 国語 | 数学 | 英語 | 面接 |

（各50分・100点）

■合否判定
・試験点（300点）、内申点、面接、提出書類を総合的に判定

■受験基準
・SP推薦は内申点Aランク
・一般推薦は内申点Cランク以上

自己推薦入試（指定部活動推薦）

■出願資格
・本校を第一志望としていること
・合格の場合は本校へ必ず入学すること
（他校との併願可）

■試験日
1月18日（土）

■試験内容
| 国語 | 数学 | 英語 | 面接 |

（各50分・100点）

■合否判定
・試験点（300点）、内申点、面接、提出書類を総合的に判定

■受験基準
・入学後下記の指定部活動に入部する者
　※吹奏楽部・ラグビー部・陸上競技部・硬式野球部
・当該競技において都道府県レベル以上の大会に出場し活躍した実績がある者。
・上記実績において事前に資格審査を行います。

専願入試

■出願資格
・本校を第一志望としていること
・合格の場合は本校へ必ず入学すること
（他校との併願可）

■試験日
1月18日（土）

■試験内容
1月専願
| 国語 | 数学 | 英語 | 面接 |

（各50分・100点）

■合否判定
・試験点（300点）、内申点、面接、提出書類を総合的に判定

■その他
・全国入試、帰国入試

スカラーシップ奨学金　※2025年度予定

■給付金額
スカラーシップA
授業料全額免除（詳細要項参照）
スカラーシップB
授業料半額免除（詳細要項参照）
※いずれも返済義務はありません。

■受給資格
スカラーシップA（推薦受験）
「内申成績Aランク」「自己推薦（1月）による入学者」
スカラーシップB（推薦受験）
「内申成績Bランク以上」「自己推薦（1月）による入学者」
※いずれの奨学金も事前の申請が必要です。

■採用人数
スカラーシップA（推薦受験）
各年度入学生から、10名程度
スカラーシップB（推薦受験）
各年度入学生から、10名程度

POINT
ラグビー部花園出場!!（2022実績）　陸上部・テニス部・弁論研究部・将棋部・競技かるた部全国大会常連校！

CLUB
立命館慶祥高校のクラブ

文化・学術系
■国際局
■報道局
■囲碁将棋部
■演劇部
■競技かるた部
■茶道部
■自然科学部
■写真部
■吹奏楽部
■美術部
■弁論研究部
■数学同好会
■IT同好会

スポーツ系
■硬式テニス部
■硬式野球部
■ラグビー部
■陸上競技部
■弓道部
■剣道部
■サッカー部
■柔道部
■チアリーディング部
■バスケットボール部
（男子・女子）
■バドミントン部
■バレーボール部
（男子・女子）

北海学園札幌高等学校

普通科 [特進コース] [総進コース] [グローバルコース] [メディカル・プレップコース]

生徒数1284名　男子602名　女子682名

食堂	購買部(売店)	カウンセラー	寮・寄宿舎	海外研修(交流)	携帯電話持込	スキー授業	プール施設	資料請求
	週2回			アメリカ・台湾中国・韓国	始業前、昼休み、放課後のみ			巻末ページの二次元コードからアクセスできます

ACCESS GUIDE

〒062-8603
札幌市豊平区旭町4丁目1-42
TEL 011-841-1161
FAX 011-824-5593
https://www.hgs.ed.jp

◎ 地下鉄東豊線「学園前」駅3番出口より徒歩約2分
◎ じょうてつバス「学園前」下車 徒歩5分
◎ 中央バス「豊平3条8丁目」下車 徒歩10分

今春の主な進路

道内国公立大学 2%
系列大学 26%
道内私立大学 31%
道外国公立大学 1%
道外私立大学 6%
看護系専門学校 3%
短大 3%
専門学校 23%
就職 1%
進学準備ほか 4%

※人数は現浪合計です。

系列校
北海学園大 ……………101名
北海商科大 ……………15名
国公立道内
北海道教育大 ……………2名
小樽商科大 ……………2名
室蘭工業大 ……………2名
北見工業大 ……………2名
千歳科学技術大 ……………2名
旭川市立大 ……………1名
札幌市立大 ……………1名
国公立道外
弘前大 ……………1名
埼玉大 ……………1名
私立道内
北星学園大 ……………15名
藤女子大 ……………8名
天使大 ……………1名
札幌大 ……………39名
日本医療大 ……………23名
北海道科学大 ……………20名
北海道医療大 ……………11名
札幌国際大 ……………8名
北海道文教大 ……………6名
札幌保健医療大 ……………5名
札幌大谷大 ……………3名
酪農学園大 ……………2名
札幌学院大 ……………12名
北翔大 ……………6名
北海道情報大 ……………6名
星槎道都大 ……………4名
北海道武蔵女子大 ……………3名
私立道外
東洋大 ……………2名
学習院大 ……………1名
中央大 ……………1名
立教大 ……………1名
立命館大 ……………1名
駒澤大 ……………1名
東海大 ……………3名
千葉工業大 ……………2名
創価大 ……………1名
明治学院大 ……………1名
桜美林大 ……………1名
短大道内
北海道武蔵女子短大 ……………3名

【育てる学び舎】を実践、明確な目標こそが最大の武器。

「学ぶことで成長できる」を第一に考える「ガクサツ」では個々の才能を引き出すための教育ステージとしてコース制を導入しています。1年次は「特進コース」と「総進コース」。2年次からは、さらに目標を開花させるための4つのコースを設定。生徒一人ひとりの適性に合ったコース選択をサポートしています。

2年次からのコース選択

【特進】コース
「国公立大学」合格を目指し、放課後や長期休業時にも講習を実施。1、2年次は国数英に重点を置き、3年次は一人ひとりの進路希望に柔軟に対応するため、全科目の講習を準備し万全な環境を整えている。また、学習方法のアドバイスや進路選択のための個別面談も随時実施。夢を実現できる場所がこのコースです。

【総進】コース
「私立大学・短大」「専門学校」「就職」を目指し、それぞれの目標に向けて生徒の個性を生かした指導を実施していきます。選択授業では各種検定取得も可能です。注目は、併設校「北海学園大学」・「北海商科大学」の推薦枠をそれぞれ74名、20名確保していることです。

【グローバル】コース
英語に重点を置き、さまざまな活動を通して、語学力の向上はもちろんのこと、思考力や行動力を身につけます。さらに2年次には、コース全生徒でアメリカ・ポートランド州立大学への短期(3週間)留学を実施。高度な英語能力を養い大学合格を目指します。

【メディカル・プレップ】コース
「看護」「薬学」「福祉」「理学療法」「作業療法」「管理栄養」その他の医療系の私立大学・専門学校を目指すコースです。日本医療大学・札幌保健医療大学・札幌愛全会グループの協力により、学力はもちろん、豊かな心の育成にも重点を置いた指導を行っています。

学校へ行こう！

生徒・保護者対象(事前申込制Web予約)

【第1回学校説明会】8/24(土)
【第2回学校説明会】10/5(土)
【第3回学校説明会】11/9(土)
【オープンスクール(部活動体験)】8/24(土)

※詳細はHP参照下さい。

POINT

【国際理解教育プログラム】台湾研修実施

7月下旬から1週間、嘉義市にある「台湾基督教協同高級中學」を訪問し、中国語と英語を学びます。参加した生徒からも充実した研修だったと高評価を得ました。学年やコースにかかわらず、参加可能です。

指定校推薦 (一部抜粋)

道内
日本医療大 ……………16名
札幌保健医療大 ……………4名
北海道科学大 ……………4名
北海道医療大 ……………10名
酪農学園大 ……………3名
北海道武蔵女子大 ……………1名
道外
立教大 ……………1名
学習院大 ……………1名
駒澤大 ……………1名
東京電機大 ……………4名
中京大 ……………2名
桜美林大 ……………2名

学費

■入学手続時 **252,000円**　■月額経費 **45,100円** (諸経費を含む) ※ただし4月は51,790円の予定。

申請により、所得に応じて就学支援金が支給されます。

(詳細P310参照)

中・高一貫校
私立高校(石狩)
高等専修学校・技能連携校
通信制・単位制
高等専門学校
公立高校(石狩)
公立(渡島・檜山・後志)
公立(空知・留萌)
公立(上川・宗谷)
公立(オホーツク)
公立(胆振・日高)
公立(十勝・釧路・根室)

募集要項（2025年度予定）

一般入試　　A日程

■募集定員
400名（特進コース・総進コース合計）
※推薦・専願入学者を含む

■試験内容
国語 数学 社会 理科 英語
（各50分・100点満点）

■合否判定
個人調査書・入試点を総合的に判定。
※過年度卒業生は面接あり

■受験料
15,000円

■その他
※特進コースの受験者が合格基準に達しない場合は、総進コースの基準で合否を判定。
※原則3年間の欠席合計30日以内。（3年次においては10日以内とする）

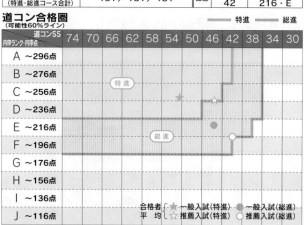

2024 入試 DATA
上段は一般入試・下段は推薦・専願を表しています。

	受験者数／合格者数／入学者数		合格者平均	
			道コンSS	内申点・ランク
一般入試 （特進・総進コース合計）	1436／1404／416	特進	52	260・C
			46	257・C
推薦専願入試 （特進・総進コース合計）	181／181／181	総進	46	229・E
			42	216・E

道コン合格圏（可能性60%ライン）
────特進　━━━総進

道コンSS 内申ランク・内申点	74	70	66	62	58	54	50	46	42	38	34	30
A ～296点												
B ～276点					特進							
C ～256点							★	☆				
D ～236点												
E ～216点								●				
F ～196点					総進				○			
G ～176点												
H ～156点												
I ～136点												
J ～116点												

合格者 ★一般入試（特進）　●一般入試（総進）
平　均 ☆推薦入試（特進）　○推薦入試（総進）

掲載の入試データ等は道コン事務局の推定です。

推薦・専願・クラブ　入学試験日　7年1月17日（金）実施

推薦入試

■出願資格
・本校を第一志望とし合格後は必ず入学する生徒及び中学校長が推薦する生徒である。

■合否判定
・面接試験・個人調査書・中学校長の推薦書を総合的に判定。

■試験内容
面接

専願入試

■出願資格
・公立の受験は認めるが、合格後は必ず入学する生徒。

■合否判定
・面接試験・個人調査書を総合的に判定。ただし、合格者は、入学後の参考資料とするため、一般入試を受験する。

■試験内容
面接

クラブ入試

■出願資格
・特定の分野に優れた以下のクラブ（野球・ゴルフ・スキー・サッカー・相撲・バドミントン・ホッケー・テニス・少林寺・吹奏楽・弁論など）を希望する生徒。

■合否判定
・中学校時の実績で本校顧問が優秀と判断した場合。入学後は総進コース。ただし、合格者は、入学後の参考資料とするため、一般入試を受験する。

■試験内容
面接

＊上記共通で原則3年間の欠席合計30日以内。（3年次においては10日以内とする）

■コース基準

	推薦	専願入試
特進コース	Dランク（245点）以上	Dランク（245点）以上
総進コース	Eランク（216点）以上	Fランク（196点）以上

北海学園札幌高等学校奨学金制度

■推薦・クラブ
専願入試合格者対象

A・Bランク	第Ⅱ種　一時金15万円
Cランク	第Ⅲ種　一時金 5万円

＊ただし、第Ⅱ種奨学金は「特進コース」選択者対象、「総進コース」選択の場合は、第Ⅲ種とする。

■奨学金トライアル

全体の100番以内	第Ⅲ種　一時金5万円

＊一般入試受験時の「5教科合計」による順位

■「グローバルコース」希望者対象

英語検定2級取得	第Ⅲ種　一時金5万円

＊2年次から「グローバルコース」を希望する生徒対象。

学校法人北海学園の奨学金制度

■北海学園奨学生
（1）第1種奨学金：月額5,000円　年間60,000円（各学年5名）
　　取得条件：学業成績を含めて極めて優秀と認められる者に経済事情を考慮して支給する。
（2）第4種奨学金：月額8,000円　年間96,000円（3名）
　　取得条件：学業成績及びスポーツ・文化活動の成績が特に優秀な者に支給する。

■学校法人北海学園特待制度
1年次・2年次学年末成績で最優秀生徒。次年度の授業料を全額免除する。

POINT

【留学制度の充実】
・アメリカ「ポートランド州立大学」3週間研修（グローバルコース）
・ニュージーランド「ウェリント高校」短期・中期留学（希望者）
・「台湾基督教協同高級中學」1週間研修（希望者）
さまざまな研修を通して国際感覚を身につけたグローバル・リーダーを育成します。

POINT

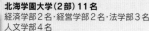

［併設校推薦制度］

北海学園大学（1部）59名
経済学部12名・経営学部12名・法学部14名・人文学部10名・工学部11名

北海学園大学（2部）11名
経済学部2名・経営学部2名・法学部3名・人文学部4名

北海商科大学 20名

札幌光星高等学校

普通科 ステラコース マリスコース

生徒数1060名　男子632名　女子428名

食 堂 購買部(売店) カウンセラー 寮・寄宿舎 海外研修(交流) 携帯電話持込 スキー授業 プール施設 資料請求

男子対象　〈希望者〉オーストラリア　構内OFF　巻末ページの二次元コードからアクセスできます

ACCESS GUIDE

〒065-0013
札幌市東区北13条東9丁目1-1
TEL011-711-7161(代表)
FAX011-711-7330
https://www.sapporokosei.ac.jp/

◎ 札幌市営地下鉄東豊線
「東区役所前駅」1番出口
徒歩1分

今春の主な進路

専門学校 2%
進学準備ほか 19%
道内国公立大学 21%
道外国公立大学 9%
道内私立大学 25%
道外私立大学 24%

※進路実績は全コースの合計です。
※人数は現浪合計です。

国公立道内
北海道大 …………………… 25名
旭川医科大 ………………… 3名
小樽商科大 ………………… 10名
北海道教育大 ……………… 22名
室蘭工業大 ………………… 19名
札幌市立大 ………………… 5名
千歳科学技術大 …………… 7名
はこだて未来大 …………… 2名
国公立道外
東京大 ……………………… 1名
大阪大 ……………………… 2名
東北大 ……………………… 3名
神戸大 ……………………… 2名
横浜市立大 ………………… 1名
弘前大 ……………………… 9名
千葉大 ……………………… 2名
金沢大 ……………………… 1名
東京都立大 ………………… 1名
広島大 ……………………… 1名
私立道内
北海学園大 ………………… 99名
北星学園大 ………………… 21名
北海道医療大 ……………… 79名
天使大 ……………………… 10名
私立道外
早稲田大 …………………… 5名
慶應義塾大 ………………… 3名
上智大 ……………………… 3名
東京理科大 ………………… 4名
明治大 ……………………… 6名
青山学院大 ………………… 2名
立教大 ……………………… 6名
中央大 ……………………… 29名
法政大 ……………………… 12名
日本大 ……………………… 6名
東洋大 ……………………… 23名
駒澤大 ……………………… 10名
専修大 ……………………… 12名
関西大 ……………………… 7名
関西学院大 ………………… 10名
同志社大 …………………… 3名
立命館大 …………………… 4名

教育目標　「カトリック精神を根幹とした教育」

札幌光星学園では、生徒一人ひとりが自立できる強い意志を養い、集団や社会全体の中でコミュニケーション能力を身につけ、思いやりの心を持って他者に奉仕できる人間に成長してくれることを望んでいます。

コース制

本校は、ステラコースとマリスコースの2コース制。1年次には英語と数学を最重点教科に、2年次からは文系・理系ごとに専門科目を充実させていくカリキュラムになっています。

ステラコース

東京大学や京都大学などの最難関大学、医学部医学科への進学を目指すコースです。1クラス編制で選抜コースとしての位置づけであるため、学習への意識や習慣のレベルを高く保ち、互いに切磋琢磨しながら目標へ進みます。1年次はあせらずに、英数を中心に基礎を固めます。週3回の必修講習があります。2年次からは学習進度を早く、難易度を高くし、特に理数科目は早い段階から最難関大学受験のための準備をし、3年次の受験勉強へつなげます。

マリスコース

北海道大学をはじめとした国公立大学や難関・有名私立大学への進学を目指すコースです。ステラコースと同じカリキュラムとなっており、1年次では英数の授業時数を多く設定し、高校生としての学習習慣と受験への土台を築きます。2年次からは文系と理系に分かれ、それぞれの目標に向かって学習内容を深めていき、難関大学への現役合格を目指します。部活動や学校行事などさまざまな活動に挑戦しながら、主体的に学ぶ生徒が多いことが特長。2年進級時にステラコースへの移行も可能です。

学校へ行こう!

【学校見学会】
6/15(土)午前・6/29(土)午前
8/24(土)午前・9/21(土)午前

【入試個別相談会】
11/9(土)午前
11/16(土)午前

【学校説明会】
10/14(月・祝)午前・午後
10/19(土)午前

学 費

■入学手続時 **300,000円**　■月額経費 **47,715円** ※12月～3月は、暖房費4,500円×4回が加わります。
申請により、所得に応じて就学支援金が支給されます。　(詳細P310参照)

POINT

光星進路アクティビティ

~主体性を養う「探究型」の進路サポート~

札幌光星の進路指導の目標は『なりたい自分』と『真の志望校の発見』です。そのために「今の自分」を見つめ、自分の興味・関心を「社会とのつながり」で考える取組を行っています。大学進学相談会では道内外の有名私立大学・国公立大学が本校の体育館に集まり、自由に説明を聞くことが可能です。また、「毎日どこかの大学説明会」と称し、放課後にさまざまな大学の説明会を定期的に開催。詳しい説明を通して、入学後のキャンパスライフをイメージすることができます。その後、自らオープンキャンパスに参加する生徒も増えています。このように、実際に目にして、耳にして得た情報をもとに将来の自分を思い描くことが、真の志望校の発見につながり、自己実現の道へと続いていきます。

大学進学相談会

指定校推薦

道内
北海学園大
北星学園大
藤女子大
北海道医療大
酪農学園大
北海道科学大
天使大
道外
早稲田大
青山学院大
立教大
中央大
日本大
東洋大
専修大
関西大
関西学院大
同志社大
獨協大
明治学院大
南山大　他多数

募集要項（2024年度実績）

※2025年度のものは募集要項をご覧ください。

一般入試　A日程

■募集定員（ステラコース40名／マリスコース320名）

※専願入試による入学者・内部進学者を含む

■試験内容

| 国語 | 数学 | 社会 | 理科 | 英語 |

（各50分100点／合計500点満点）

SNAP

■受験料

16,000円

■合否判定

・ステラコースは筆記試験の結果で判定
・マリスコースは筆記試験及び中学校の評定（学習点）を考慮し判定

2024 入試 DATA

ステラコースの専願入学者数はステラコース認定者です。上段は一般入試・下段は専願入試を表しています。

	受験者数／合格者数／入学者数	合格者平均	
		道コンSS	内申点・ランク
ステラコース	753／297／12	67	303・A
	21／4／4	—	—
マリスコース	941／1386／143	60	290・B
	95／112／112	54	266・C

※その他内部進学　57名入学

道コン合格圏
（可能性60%ライン）

━━ ステラ　━━ マリス

道コンSS 内申ランク・内申点	74	70	66	62	58	54	50	46	42	38	34	30
A ～296点			★	マリス								
B ～276点		ステラ				●						
C ～256点						○						
D ～236点												
E ～216点												
F ～196点												
G ～176点												
H ～156点												
I ～136点												
J ～116点												

合格者平均　★一般入試（ステラ）　●一般入試（マリス）　○推薦入試（マリス）

掲載の入試データ等は道コン事務局の推定です。

専願入試

専願1・専願2

■募集コース

マリスコース
※ステラコース希望の場合は合格者で①または②がステラコースへの入学認定の条件となる。
① 筆記試験の得点が認定基準に達していること
② ①で達しなかった場合は、一般入試の筆記試験を受験しその得点が認定基準に達していること

■出願条件

・中学校卒業見込みであること
・3年間で欠席が30日以内であること
・実用英語技能検定準2級以上を取得していること（専願1のみ）
・学習点が、専願1の場合は296点以上、専願2の場合は276点以上であること

■試験内容

| 筆記試験（国語・数学・英語） | 面接 |

（各50分100点／合計300点満点）

■受験料

16,000円

■合否判定

筆記試験、面接試験及び中学校の評定（学習点）を考慮し総合的に判定

専願3

■募集コース

マリスコース
※ステラコース希望の場合は合格者で①または②がステラコースへの入学認定の条件となる。
① 筆記試験の得点が認定基準に達していること
② ①で達しなかった場合は、一般入試の筆記試験を受験しその得点が認定基準に達していること

■出願条件

・中学校卒業見込みであること
・学習点が246点以上または、第3学年5教科5段階評定の合計が20以上であること

■試験内容

| 筆記試験（国語・数学・英語） |

（各50分100点／合計300点満点）

SNAP

■受験料

16,000円

■合否判定

筆記試験及び中学校の評定（学習点）を考慮し総合的に判定

特待生の認定

■特待の種類

A特待　入学金及び学費免除
　　　　※学費とは、授業料、施設設備資金、諸経費、及び暖房費のこと
B特待　入学金免除

■認定基準

専願1	A特待	合格者
専願2	A特待	合格者で、一般入試の筆記試験を受験しその得点が認定基準に達していること
	B特待	合格者
専願3		合格者で、一般入試の筆記試験を受験しその得点が認定基準に達していること
一般入試		合格者で、筆記試験を受験しその得点が認定基準に達していること

EVENT

国際教育プログラム（希望者対象）

オーストラリアに、3月約3週間のホームステイをする短期語学留学を準備しています。日本とは異なる文化や生活を理解し、人間として大きく成長することを目的としています。また、海外から日本の大学に留学中の学生と共に活動するGlobal Studies Programを毎年7月に実施しています。「自己をもち、いかなる場所においても自己の価値判断で行動できる人」の養成を目的としたプログラムです。語学力を磨くことはもちろん、国際的な視野を得る貴重な経験となることでしょう。

オーストラリア短期語学留学

CLUB

多彩な部活動

運動部が13団体、文化部が19団体あり、日々練習に励んでいます。野球部やサッカー部、吹奏楽部は部員数も多く、活発に活動中です。硬式テニス部やフェンシング部をはじめ、多くの部活動が全国大会に出場を果たしています。カトリック研究部やクラシックギター部、馬術部、ゴルフ部、ディベート同好会など多彩な部があるため、興味を持てる部活動を見つけられることでしょう。

馬術部

中・高一貫校　私立高校（石狩）　高等専修学校・技能連携校　通信制・単位制　高等専門学校　公立高校（石狩）　公立（渡島・檜山・後志）　公立（空知・留萌）　公立（上川・宗谷）　公立（オホーツク）　公立（胆振・日高）　公立（十勝・釧路・根室）

札幌大谷高等学校

※2025年度より「普通科　英数選抜コース」は、高校からの募集は停止予定です。（一貫コースとしては存続）

| 普通科 | 学力重点コース | 個性探求コース |
| 音楽科 | 美術科 |

生徒数864名　男子363名　女子501名

 食堂 購買部(売店) カウンセラー 寮・寄宿舎（男子寮・指定下宿あり） 海外研修(交流)（希望者・選択制） 携帯電話持込 スキー授業 プール施設 資料請求（巻末ページの二次元コードからアクセスできます）

ACCESS GUIDE

〒065-0016
札幌市東区北16条東9丁目
TEL 011-731-2451
FAX 011-741-4860
https://www.s-ohtani.ed.jp

◎[中央バス]東17北光線／大谷学園前下車、東19北光北口線／大谷学園前下車
◎[地下鉄]東豊線／東区役所前下車、②③出口、徒歩5分

今春の主な進路

進学準備ほか 6%
就職 2%
専門学校 16%
道外私立大学 15%
短大 1%
看護系専門学校 2%
道内国公立大学 5%
系列大学 19%
道内私立大学 32%
道外国公立大学 2%

※人数は現役のみです。

系列校
札幌大谷大 …………… 48名
国公立道内
北海道大 …………………… 1名
北海道教育大 …………… 9名
帯広畜産大 ……………… 1名
釧路公立大 ……………… 2名
札幌市立大 ……………… 1名
名寄市立大 ……………… 1名
国公立道外
金沢美術工芸大 ………… 1名
千葉大 …………………… 1名
東京学芸大 ……………… 1名
滋賀大 …………………… 1名
下関市立大 ……………… 1名
長崎県立大 ……………… 1名
私立道内
北星学園大 ……………… 16名
北海学園大 ……………… 14名
藤女子大 ………………… 13名
北海商科大 ……………… 7名
北海道医療大 …………… 12名
北海道科学大 …………… 12名
札幌大 …………………… 11名
日本医療大 ……………… 11名
札幌保健医療大 ………… 4名
酪農学園大 ……………… 3名
北海道文教大 …………… 2名
札幌学院大 ……………… 9名
北海道武蔵女子大 ……… 4名
私立道外
法政大 …………………… 3名
東洋大 …………………… 3名
駒澤大 …………………… 1名
同志社大 ………………… 1名
東海大 …………………… 8名
東北芸術工科大 ………… 5名
関西外国語大 …………… 3名
帝京大 …………………… 2名
関東学院大 ……………… 2名
成蹊大 …………………… 2名
神奈川大 ………………… 2名
桐朋学園大 ……………… 1名
東京音楽大 ……………… 1名

それぞれの個性の花を咲かせよう

学習、スポーツ、芸術など、ひとりひとりの個性を大切にした丁寧な学習、進路指導を行っています。

普通科・学力重点コース（Sコース）　普通科・個性探求コース（Gコース）

Sコースは、入学時の高い学力をさらに伸ばし、国公立大学や難関私大をめざす人が多く学ぶコース。スポーツと学習の文武両道も可能です。Gコースは、クラブなどの多彩な活動で個性と人間性を磨きつつ、大学をはじめとした進路達成をめざします。

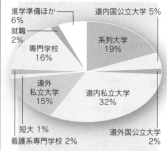

音楽科　美術科

道内で唯一、音楽科と美術科、両方がある高校として、音楽大学、美術大学への進学を希望する人が多く学んでいます。音楽科は音楽の基礎から実技までしっかり学べる専門性の高い授業を展開。美術科は実技制作を重視した密度の高い授業を展開します。芸術を通じて自分の夢をかなえ、まわりの人に夢を与えます。

学校へ行こう！
【学校公開】①9/7（土）②11/9（土）
※学校公開終了後、音楽実技点検会も実施
※他に芸術教室（音楽・美術）などを開催する予定です。
※日程は変更する場合があります。

学費（2025年度予定）
■入学手続時 **180,000**円　■月額経費 **41,700**円（授業料・諸会費）
■特別維持費 普通科・美術科 **3,000**円　音楽科 **9,000**円
申請により、所得に応じて就学支援金が支給されます。（詳細P310参照）

指定校推薦（一部）

道内
札幌大谷大
北海道医療大
北海道科学大
北海学園大
北星学園大
日本医療大
酪農学園大
藤女子大
北海道武蔵女子大
道外
大谷大
同志社大
駒澤大
成蹊大
成城大
武蔵大
東京音大
武蔵野音大
東北芸術工科大
東京造形大

POINT

独自の『講座制』と『大谷予備門』で圧倒的な実力をつける！

本校独自の『講座制』。授業とともに講座を活用することで、より深く学ぶことが可能です。さらに、『大谷予備門』では医学部や超難関大学志望者を鍛えます。すべて受講料は無料です。

【『講座制』の特徴】
●スタンダード、ハイレベルなど自分に合ったレベルの講座を受講できます。
●クラブ活動で「放課後講座」を受けられないアスリートSクラス（AS）の生徒のために、長期休業中に特別講座を開講します。
●土曜日には「英検対策講座」も開講しています。準2級〜準1級の取得を目指します。
●音楽科にはソルフェージュや、美術科は素描や表現研究などの専門講座も開講します。
●高2からは理科などの講座も開講し、3年間で大学進学に必要な実力を養成します。

『大谷予備門』の特徴
●学年の枠を超えた勉強部で、医学部や超難関大学志望者を本校の精鋭教師陣が手厚く指導します。
●医学部や超難関大学受験で大きな差のつきやすい英語、数学、理科を徹底的に鍛えます。
●1年生からの参加もできます（参加基準あり）。

〈2025年度・高校1年生〉

		火	水	木	金	土		
						土曜講座	13:40〜14:40	英検対策
放課後講座	16:50〜17:40	スタンダード古典 ハイレベル古典		スタンダード数ⅠA ハイレベル数ⅠA	スタンダード英語Ⅰ ハイレベル英語Ⅰ	大谷予備門	14:50〜16:10	数学
大谷予備門	18:00〜19:20	英語	数学	物理	英語		16:20〜17:40	化学

募集要項（2025年度予定）
※詳細については募集要項（7月中頃発表予定）に掲載

一般入試　A日程

■募集定員
320名（普通科学力重点コース／個性探求コース計250名　音楽科30名　美術科40名）
※推薦入学者・内部進学者を含む。

■試験内容
普通科学力重点コース（Sコース）・個性探求コース（Gコース）
| 国語 | 数学 | 英語 | 理科 | 社会 |（各50分）

音楽科
| 国語 | 数学 | 英語 |（各50分）　| 実技試験 |（専攻実技：1曲を暗譜で演奏）
※「芸術教室」の成績による実技試験免除制度があります。

美術科
| 国語 | 数学 | 英語 |（各50分）　| 実技試験 |（静物デッサン）
※「芸術教室」の成績による実技試験免除制度があります。

■受験料
15,000円

■合否判定
・個人調査書と学力検査及び実技試験（音楽科・美術科のみ）を総合的に判定

■その他
・一般入学試験で本校入学の手続き後、公立高校に合格し本校の入学辞退をする場合には、入学金を返金する「入学金返還制度」が確立しています。

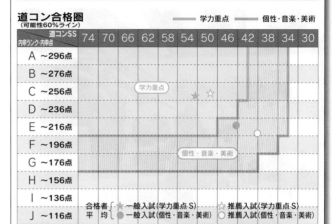

2024 入試 DATA

上段は一般入試（出願以外の学科・コースでの合格含む）
下段は単願、推薦の合計。

	受験者数／合格者数／入学者数	合格者平均 道コンSS	内申点・ランク
英数選抜コース	26／22／0 3／3／3	59 55	288・B 286・B
学力重点コース	101／97／8 33／33／34	52 49	261・C 264・C
個性探求コース	128／131／23 77／75／73		
音楽科	5／5／4 19／18／18	44 40	229・E 220・E
美術科	47／40／7 41／41／41		

道コン合格圏（可能性60%ライン）

━━ 学力重点　　‥‥ 個性・音楽・美術

内申ランク・内申点 道コンSS	74	70	66	62	58	54	50	46	42	38	34	30
A ～296点												
B ～276点												
C ～256点						学力重点 ★☆						
D ～236点												
E ～216点									●　○			
F ～196点						個性・音楽・美術						
G ～176点												
H ～156点												
I ～136点												
J ～116点												

合格者平均：★一般入試（学力重点S）　☆推薦入試（学力重点S）　●一般入試（個性・音楽・美術）　○推薦入試（個性・音楽・美術）

掲載の入試データ等は道コン事務局の推定です。

単願入試

単願入試

■出願資格
・本校のみを受験すること　　・合格の場合は本校へ入学すること

■試験内容
普通科学力重点コース（Sコース）・個性探求コース（Gコース）
| 面接 |

音楽科
| 実技試験 |（専攻実技：1曲を暗譜で演奏）　| 面接 |
※「芸術教室」の成績により実技試験免除制度があります。

美術科
| 実技試験 |（静物デッサン）　| 面接 |
※「芸術教室」の成績により実技試験免除制度があります。

■試験日
2025年1月25日（土）

■合否判定
・個人調査書と面接及び実技試験（音楽科・美術科のみ）を総合的に判定

■その他
・入学手続者には一般入試と同日に「学力点検」を実施します。

毎年秋Kitaraで行われる音楽科定期演奏会

特別奨学生
※2025年度については募集要項（7月中頃発表予定）に掲載

　入学時の成績等により学習、芸術、クラブそれぞれの優秀者に対する奨学生制度があります。さらに「兄弟姉妹在学生・卒業者入学金減免制度」や「札幌大谷大学附属幼稚園卒園奨学生制度」などがあります。また、入学後は活動実績などによる本校独自の奨学金があります。

POINT
学科別の修学旅行
普通科、音楽科、美術科はそれぞれ独自のコースになります。

CLUB
男女共に全国・全道で活躍。多彩なクラブ活動！！

〈強化指定クラブ〉
女子バレーボール・男子バレーボール・卓球・水泳・陸上競技・男子サッカー・女子サッカー・フェンシング・硬式野球・ソフトテニス・女子バスケットボール・吹奏楽

体育系、文化系合わせて37のクラブがあります。

私立共学

北海道科学大学高等学校

普通科 | 特別進学コース | 進学コース

生徒数968名　男子454名　女子514名

食堂　購買部(売店)　カウンセラー　寮・寄宿舎　海外研修(交流)　携帯電話持込　スキー授業　プール施設　資料請求

ACCESS GUIDE

▶札幌近郊からJRでのアクセス
近郊駅からJR手稲駅までの所要時間(快速)
・札幌駅〜　約10分
・小樽駅〜　約22分
▶JR手稲駅から
・バス　約9分(北口、JRバス)
　JRバス 科学大学線【循環手48】
　JRバス 明日風線【手85】
・車　約5分
・徒歩　約25分
▶地下鉄宮の沢駅から
・バス　約25分(JRバス)
　JRバス 新発寒線【宮79】

今春の主な進路

看護系専門学校 3%／就職・進学準備ほか 6%／系列大学 30%／道内私立大学 33%／道外私立大学 7%／短大 2%／国公立大学 5%／専門学校 14%
※人数は現浪合計です。

系列校
北海道科学大‥‥‥‥‥105名
国公立道内
北海道大‥‥‥‥‥‥‥1名
旭川医科大‥‥‥‥‥‥1名
小樽商科大‥‥‥‥‥‥3名
帯広畜産大‥‥‥‥‥‥1名
北海道教育大‥‥‥‥‥1名
室蘭工業大‥‥‥‥‥‥3名
北見工業大‥‥‥‥‥‥2名
はこだて未来大‥‥‥‥1名
札幌市立大‥‥‥‥‥‥1名
名寄市立大‥‥‥‥‥‥1名
釧路公立大‥‥‥‥‥‥1名
国公立道外
弘前大‥‥‥‥‥‥‥‥2名
山形大‥‥‥‥‥‥‥‥1名
静岡大‥‥‥‥‥‥‥‥1名
私立道内
北海学園大‥‥‥‥‥‥38名
北星学園大‥‥‥‥‥‥9名
天使大‥‥‥‥‥‥‥‥4名
藤女子大‥‥‥‥‥‥‥4名
札幌大‥‥‥‥‥‥‥‥23名
日本医療大‥‥‥‥‥‥18名
北海道医療大‥‥‥‥‥11名
北海道文教大‥‥‥‥‥4名
酪農学園大‥‥‥‥‥‥4名
札幌学院大‥‥‥‥‥‥24名
私立道外
早稲田大‥‥‥‥‥‥‥1名
上智大‥‥‥‥‥‥‥‥1名
東洋大‥‥‥‥‥‥‥‥4名
明治大‥‥‥‥‥‥‥‥3名
青山学院大‥‥‥‥‥‥3名
立教大‥‥‥‥‥‥‥‥2名
学習院大‥‥‥‥‥‥‥1名
法政大‥‥‥‥‥‥‥‥1名
関西大‥‥‥‥‥‥‥‥1名
京都産業大‥‥‥‥‥‥2名
文教大‥‥‥‥‥‥‥‥1名
神奈川大‥‥‥‥‥‥‥1名
日本体育大‥‥‥‥‥‥1名
立命館アジア太平洋大‥1名
他多数

生徒一人ひとりの思いに応える環境で、「夢実現」をサポート

本校に入学する生徒は、「国公立大学に進学したい」「将来、薬学や看護など医療関係の勉強がしたい」「系列大学の北海道科学大学に進学したい」など、いろいろな目標や夢を持っています。その生徒一人ひとりの個性を大切にし、夢の実現をサポートできる学校づくりを進めています。

徹底した受験対策で、3年後の高い目標を達成！

特別進学コース 3年間で確かな基礎と実践力を養い、国公立大学・難関私立大学への進学を目指します。

自らの可能性を広げ、希望の進路へ！

進学コース 進路に応じて科目を選択できるカリキュラムで、得意を伸ばし、希望の進路を目指します。

さらに充実！ **本校独自の高大接続プログラム** 本校では北海道科学大学とともに、将来の進路選択やミライの学びにつながるプログラムを推進しています。

3年次より系列大進学コースを設置。系列大学進学予定者には『早期単位取得制度(コンカレントプログラム)』の実施！

学校へ行こう！

【学校見学・説明会】
7/13(土)、10/12(土)、11/9(土)

【個別相談会】
11月以降 全4回

学費

■入学手続時 **213,000**円　■月額経費 **46,500**円
申請により、所得に応じて就学支援金が支給されます。　　(詳細P310参照)

POINT

1 本気の文武両道 〜勉強も部活も高いレベルで〜

北海道大学、小樽商科大、早稲田大学、上智大学など、国公立・難関私大合格者の多くは学業と部活動を両立し努力した生徒です。講習や勉強合宿など、進学のためのサポートはもちろん、多彩な学習スペースが整備されているため、自分に適した場所・方法で学習可能です。

2 HUS LINKS

・1年次から様々な高大接続プログラムを通し、北海道科学大学の多様な学部・学科の授業を体験。教授や大学生とも交流し、将来への視野を広げます。
・コンカレントプログラムで、大学の授業(単位取得も可)を先取り。3年生の後期(9月〜)は、多くの時間を大学生と一緒に大学の学びに取り組みます。

3 ミライを意識した多彩なプログラム

・プロフェッショナルと共に行う探究学習。2年次の探究では、外部のプロフェッショナルが1年間を通し関わる講座を14種類設定(2023年度)。将来に向けての自分の視野を広げます。
・多彩な国外＆国内研修
オーストラリア語学研修(10日間)、カナダ異文化研修(10日間)、台湾探究研修(5日間)などの国外研修とサンゴ礁サイエンスキャンプin喜界島(9日間)の国内研修の場を用意しています。

指定校推薦(一部)

系列大学
北海道科学大 … 各学部定員の15%程度
道内
北海学園大
北星学園大
北海道医療大
日本医療大
藤女子大
酪農学園大
札幌大谷大
札幌国際大
札幌学院大
北海商科大
北海道文教大
北翔大
函館大
札幌大
東海大
星槎道都大
北海道情報大
道外
東洋大
文教大
創価大
フェリス女学院大
関東学院大
千葉工業大
千葉科学大
横浜薬科大
神奈川工科大
名古屋商科大

募集要項（2024年度実績）

一般入試　A日程

■募集定員
300名
（普通科　特別進学コース/進学コース合計）※推薦・単願入学者を含む

■出願資格
・欠席日数が3年間合計30日以内
（3年間で30日を超えた者で入院もしくは入院相当の理由がある場合は、中学校長発行の理由書が必要）

■試験内容
普通科

国語　数学　社会　理科　英語（リスニングあり）　（各50分）

■合否判定
・学科試験、個人調査書等により総合的に判定

■受験料
16,000円

推薦・単願など

専願推薦入試

■出願資格
・人物が真面目で目的意識があり、出身中学校長の推薦を得た者
・本校を第一志望とし、合格後、必ず入学する者
・欠席日数が3年間合計20日以内の者
（3年間で20日を超えた者で入院もしくは入院相当の理由がある場合は、中学校長発行の理由書が必要）

■試験内容
面接（個人）

■合否判定
・個別面接と個人調査書等により総合的に判定

スポーツ推薦入試

■出願資格
・左記の専願推薦入試の受験条件を満たすこと
・本校部活動の顧問が推薦し、合格後、必ず入学し当該部活動に入部する者

■試験内容
面接（個人）

■合否判定
・個別面接と個人調査書等により総合的に判定

単願入試

■出願資格
・本校を第一志望とし、合格後、必ず入学する者
・欠席日数が3年間合計30日以内の者
（3年間で30日を超えた者で入院もしくは入院相当の理由がある場合は、中学校長発行の理由書が必要）

■試験内容
面接（個人）　作文

■合否判定
・個別面接、作文、個人調査書等により総合的に判定

2024 入試 DATA
上段は一般入試、下段は推薦・単願などを表しています。

	出願者数／合格者数／入学者数	合格者平均 道コンSS	合格者平均 内申点・ランク
特別進学コース	493／456／103	55	277・B
		51	276・B
進学コース	541／512／199	48	245・D
		45	235・E

※進学コースの合格者には、第2志望の人数を含みます。
※一般・推薦、単願の合計です。

道コン合格圏
（可能性60%ライン）　━━ 特別進学　━━ 進学

道コンSS 内申ランク・内申点	74	70	66	62	58	54	50	46	42	38	34	30
A 〜296点												
B 〜276点					特別進学				進学			
C 〜256点						★	☆					
D 〜236点								●	○			
E 〜216点												
F 〜196点												
G 〜176点												
H 〜156点												
I 〜136点												
J 〜116点												

合格者 ★ 一般入試（特別進学）　● 一般入試（進学）
平均 ☆ 推薦入試（特別進学）　○ 推薦入試（進学）

掲載の入試データ等は道コン事務局の推定です。

特待生制度・奨学金（2024年度実績）

■認定基準及び特典

特待生 学力特待生制度
出願時の中学校成績および入試得点が優秀な生徒に対して入学金と授業料自己負担相当額を下記のとおり免除します。

種別	区分	資格要件	内容
特待A	推薦 単願	中学校成績がBランク以上	入学金全額免除 ＋ 授業料自己負担相当額全額給付（3年間）
	一般	中学校成績がAランクまたは入試得点85%以上または上位20名	
特待B	推薦 単願		入学金半額免除 ＋ 授業料自己負担相当額半額給付（3年間）
	一般	中学校成績がBランクまたは入試得点80%以上または上位40名	
特待C	推薦 単願 一般	中学校成績がCランク	入学金半額免除

※中学校時の欠席日数が30日以内の生徒が対象となります。（欠席が30日を超えた受験生で入院もしくは入院相当の理由がある場合は欠席理由書〈様式不問〉をもとに別途審議します。）
※人数に制限はありません。　※特待A・Bについては、本校の規定により資格を失うことがあります。

特待生 スポーツ特待生制度
詳細については、本校の部活動顧問が推薦する生徒に対して、事前に中学校を通して案内します。

※人数に制限があります。

学校法人北海道科学大学入学金免除制度
学校法人北海道科学大学高等学校（旧校名含む）を卒業した同窓生の子女が入学する際の入学金全額が免除

※授業料自己負担相当額は、高等学校就学支援金を除いた金額となります。

採用発表　合格発表と同時に本人および出身中学校長へ通知します。

POINT

手稲前田に新校舎が完成（2023年4月）
大学施設も活用した充実の高校生活が実現

・2023年度から新校舎・新キャンパスでの生活がスタート。冷暖房完備の新校舎に様々な学習スペースを用意。図書館や学食、コンビニも大学生と同じように利用できます。

・生徒全員が一人一台iPadを使用。全教室にプロジェクターとスクリーンを完備。ICTを活用した授業を展開しています。

中・高一貫校
私立高校（石狩）
高等専修学校・技能連携校
通信制・単位制
高等専修学校
公立高校（石狩）
公立（渡島・檜山・後志）
公立（空知・留萌）
公立（上川・宗谷）
公立（オホーツク）
公立（胆振・日高）
公立（十勝・釧路・根室）

北星学園大学附属高等学校

普通科 [特別進学コース] [進学コース]

生徒数773名　男子406名　女子367名

食堂　購買部（売店）　カウンセラー　寮・寄宿舎　海外研修（交流）　携帯電話持込　スキー授業（1学年）　プール施設　資料請求（巻末ページの二次元コードからアクセスできます）

ACCESS GUIDE

〒004-0007
札幌市厚別区厚別町下野幌38番地
TEL011-897-2881
FAX011-897-0360
https://www.hokusei-s-h.ed.jp
◎ JRバス・中央バス「もみじ台北3丁目下車」徒歩5分
◎ 江別、福住、大曲方面から3系統のスクールバスがあります（2024年度現在）

今春の主な進路

就職 5%／進学準備ほか 5%
看護系専門学校 2%
専門学校 17%
系列大学 32%
短大 19%
道内私立大学 24%
道外私立大学 9%
道外国公立大学 1%
道内国公立大学 4%

※人数は全て現浪合計です。

系列校
北星学園大 ……… 70名
北星学園大短大 …… 4名
国公立道内
北海道教育大 …… 5名
小樽商科大 …… 1名
釧路公立大 …… 3名
札幌市立大 …… 1名
国公立道外
横浜国立大 …… 1名
高崎経済大 …… 1名
名桜大 …… 1名
私立道内
北海学園大 …… 9名
天使大 …… 2名
北海道文教大 …… 9名
札幌国際大 …… 7名
北海道科学大 …… 7名
札幌保健医療大 …… 2名
酪農学園大 …… 3名
日本医療大 …… 1名
札幌大 …… 1名
北翔大 …… 5名
北海道情報大 …… 2名
札幌学院大 …… 2名
私立道外
国際基督教大 …… 1名
日本大 …… 2名
中央大 …… 1名
東洋大 …… 1名
駒澤大 …… 1名
明治学院大 …… 2名
東北学院大 …… 1名
関東学院大 …… 1名
順天堂大 …… 1名
創価大 …… 1名
桜美林大 …… 1名
亜細亜大 …… 1名
帝京大 …… 1名

Shine Forward　～自分らしく輝け～

特別進学コース

国公立・難関私大を目指すコース。3年次には文系・理系受験に対応できるよう、少人数での選択授業を実施。個別の進路希望に沿った受験指導を行ないます。一人ひとりの進路を実現するために、万全の指導体制を整えています。

1. 7時間授業の実施。
2. 講習（土曜・長期休暇）などによる、基礎・基本にとどまらない応用力獲得のプログラムが整えられています。
3. 勉強合宿・学習ガイダンスなど多様なアプローチで「学び」を支援しています。

進学コース

北星学園大学への推薦入学を目指すコース。その他にも全国のキリスト教学校教育同盟の大学、私立大学、短大、看護・医療系大学、専門学校等の推薦受験にも幅広く対応しています。

1. 1・2年次は、大学進学のための「知識・技能」の定着を中心としています。
2. 3年次には、進路希望に応じた選択授業によって「学び」を深く掘り下げます。
3. 北星大入学前「探究プログラム」などのしっかりしたサポートで大学での学びにスムーズに接続します。

学校へ行こう！

【学校説明会】	【授業見学会】	【フィリア祭】（学校祭）
7/13(土)　9/14(土)　11/16(土)	10/19(土)	7/18(木)、19(金)

※日程や内容につきましては変更になる場合がございます。詳しくは本校HPをご覧ください。

学費　■入学手続時 **245,000円**　■月額経費 **40,500円**（教育充実費4,500円を含む）　■諸団体費（年額） **42,800円**
申請により、所得に応じて就学支援金が支給されます。（詳細P310参照）

POINT

「今、社会で求められる力」を育てる─「総合学習」

総合的な探究の時間は2年次、3年次に取り組みます。2年生の前半では、自分の興味・関心はどのようなことにあるのだろうということについて探究していきます。そして、プレゼンテーションスキルを高めていきます。2年生の後半では、総合・研修旅行（修学旅行）を通して、自分の仮説を元に訪れた地域で直に感じたこと、考えたことなどをまとめ発表します。3年生では、小論文を学び、論文作成に取り組みます。

この2年間の総合学習では「今、社会で求められる力」を育てます。物事を見る力を養い、自分が感じたことや関心をもったことを探り、それを表現できるプログラムとなっています。

指定校推薦（一部）

道内
北星学園大
天使大 …… 2名
酪農学園大 …… 4名
藤女子大 …… 2名
北海学園大 …… 10名
北海道科学大 …… 3名
札幌保健医療大 …… 2名
北翔大 …… 11名
日本医療大 …… 8名
札幌学院大 …… 10名
札幌大 …… 18名
札幌国際大 …… 15名
道外
国際基督教大 …… 1名
明治学院大 …… 2名
東北学院大 …… 10名
関東学院大 …… 15名
フェリス女学院大 …… 10名
神戸女学院大 …… 1名

募集要項（2025年度予定）

一般入試　B日程　WEB出願

■募集定員
255名
（特別進学コース35名・進学コース220名）
※推薦入学者を含む

■受験料
16,000円

■試験内容
国語　数学　社会　理科　英語
（各50分・100点）

■合否判定
・内申点と筆記試験の得点により判定

推薦・専願など　WEB出願

推薦入試

■出願資格
・中学校長の推薦があること
・本校のみを受験すること
・合格した場合は必ず本校に入学すること
・3年間の評定に1がないこと

■試験日
2025年1月18日（土）

■試験内容
面接

■合否判定
・内申点と面接試験の結果により判定

専願入試

■出願資格
・本校を第一志望とすること
・合格した場合は必ず本校に入学すること

■試験日
2025年1月18日（土）

■試験内容
国語　英語　数学　面接
（各40分・100点）筆記記述試験

■合否判定
・内申点と筆記・面接試験の結果により判定

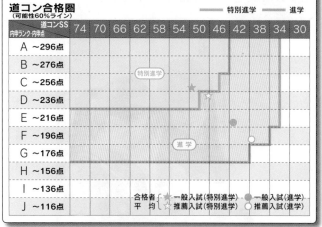

2024 入試 DATA

上段は一般入試・下段は推薦・専願などを表しています。

	受験者数／合格者数／入学者数	合格者平均	
		道コンSS	内申点・ランク
特別進学コース	137／121／9	52	260・C
	21／18／18	48	251・D
進学コース	519／516／55	43	221・F
	169／169／169	40	202・F

※特進から進学へのスライド合格を含んでいます。

道コン合格圏（可能性60%ライン）　━━ 特別進学　━━ 進学

内申ランク・内申点 ＼ 道コンSS	74	70	66	62	58	54	50	46	42	38	34	30
A ～296点												
B ～276点												
C ～256点												
D ～236点												
E ～216点												
F ～196点												
G ～176点												
H ～156点												
I ～136点												
J ～116点												

合格者平均 ☆ 一般入試（特別進学）　● 一般入試（進学）
☆ 推薦入試（特別進学）　○ 推薦入試（進学）

掲載の入試データ等は道コン事務局の推定です。

奨学金制度（2025年度予定）

入学一時金

入学金 240,000円
＋
諸団体入会金等 5,000円
＝
入学一時金
245,000円

●特別進学コース

全入学者対象

入学金免除制度　入学一時金のうち入学金200,000円を免除　入学一時金の負担金額 45,000円

更に推薦・専願入試で受験したCランク以上の合格者
年間100,000円を支給（初年度のみ・上限あり）

●進学コース

推薦・専願入試で受験したDランク以上の合格者

入学金免除制度　入学一時金のうち入学金200,000円を免除　入学一時金の負担金額 45,000円

出願時に英検※1 準2級以上の取得者

入学金免除制度　100,000円を免除（併用不可）　入学一時金の負担金額 145,000円

※1「英検」とは実用英語技能検定の略称です。

特別進学コース・進学コース共通

高校入学後の学習を応援するための奨学金制度

対象　入学後、学年成績上位10位以内の生徒に受給資格が与えられる　→　100,000円を支給
1年次、2年次修了後

対象　入学後、英検※1
2級合格者、準1級以上の合格者　→　5,000円の図書カード（2級）
10,000円の図書カード（準1級）

EVENT

総合・研修旅行で自分の視野を広げる

韓国、台湾、タイ、沖縄、北九州、中国・四国の6コースの中から選択する体験学習型の修学旅行です。「知る力」を養うための2年次のプログラムです。コース別事前学習、事後学習により、世界への理解を深め、視野を広げることを目標としています。

研修旅行

CLUB

野球部

一人ひとりが輝けるステージがある

互いに支え合い、励まし合いながら、一人ひとりが輝くクラブ活動。野球部、サッカー部、男女バスケットボール部、吹奏楽部は強化指定クラブとなっています。過去数年間、全道、全国大会に出場しているクラブもあります。

クラブ一覧

体育系
■野球部
■サッカー部
■バスケットボール部（男・女）
■バレーボール部（女子）
■剣道部
■陸上部
■卓球部
■バドミントン部（男・女）
■テニス部（男・女）
■ダンス同好会

文化系
■吹奏楽部
■美術部
■書道部
■情報処理部
■合唱部
■ホームメイキング部
■English Club

外局
北星局
放送局
図書局

中・高一貫校
私立高校（石狩）
高等専修学校・技能連携校
通信制・単位制
高等専門学校
公立高校（石狩）
公立（渡島・檜山・後志）
公立（空知・留萌）
公立（上川・宗谷）
公立（オホーツク）
公立（胆振・日高）
公立（十勝・釧路・根室）

札幌創成高等学校

| 普通科 | S選抜コース | A特進コース | 特進コース |

 食 堂 購買部(売店) カウンセラー 寮・寄宿舎 海外研修(交流) 携帯電話持込 希望者 スキー授業 校内OFF プール施設 資料請求 巻末ページの二次元コードからアクセスできます

生徒数1145名　男子563名　女子582名

ACCESS GUIDE

〒001-0029
札幌市北区北29条西2丁目1-1
TEL011-726-1578
FAX011-726-7542
https://www.sosei.jp/

◎ 地下鉄 「北34条」駅下車　徒歩6分
　　　　　「北24条」駅下車　徒歩8分
◎ 中央バス 「北30条西5丁目」下車　徒歩4分
　　　　　「運輸支局前」下車　徒歩2分

今春の主な進路

進学準備ほか 5%
就職 4%
道外国公立大学 1%
道内国公立大学 14%
専門学校 21%
道内私立大学 43%
短大 3%
看護系専門学校 2%
道外私立大学 7%

※人数は現浪合計です。

国公立道内
北海道大	3名
旭川医科大	1名
帯広畜産大	2名
北見工業大	4名
北海道教育大	9名
室蘭工業大	8名
旭川市立大	1名
釧路公立大	5名
千歳科学技術大	3名
はこだて未来大	4名
札幌市立大	3名
名寄市立大	1名

国公立道外
弘前大	1名
茨城大	1名
琉球大	1名
高知県立大	1名
福岡県立大	1名

私立道内
北海学園大	30名
北海道科学大	37名
札幌大	17名
札幌学院大	15名
藤女子大	12名
北星学園大	10名
北海道医療大	9名
日本医療大	7名
天使大	2名
北翔大	13名
北海道文教大	10名
北海商科大	10名

私立道外
法政大	1名
関西学院大	1名
成城大	2名
専修大	1名
近畿大	1名
京都産業大	1名
甲南大	1名

生徒一人ひとりの希望進路に対応する進化した3コース

全てのコースで学習と課外活動の両立が可能です。
コース選択は、受験時と2年進級時の2回。3年次は、進路に合わせた選択をします。

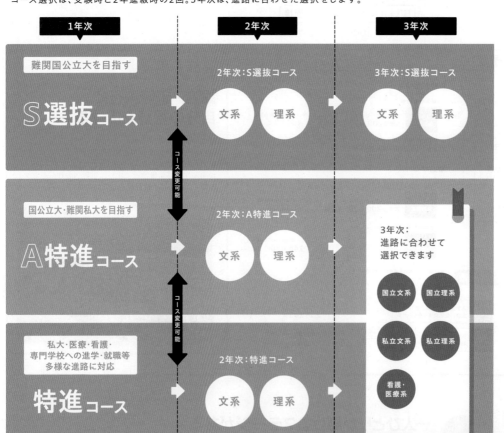

| 1年次 | 2年次 | 3年次 |

難関国公立大を目指す
S選抜コース
2年次:S選抜コース 文系 理系
3年次:S選抜コース 文系 理系

国公立大・難関私大を目指す
A特進コース
2年次:A特進コース 文系 理系
3年次:進路に合わせて選択できます 国立文系 国立理系 私立文系 私立理系 看護・医療系

私大・医療・看護・専門学校への進学・就職等多様な進路に対応
特進コース
2年次:特進コース 文系 理系

コース変更可能

「自分で考える」「みんなで学ぶ」「なんでもやる」
TRY!する力
を身に付けることで仲間とともに社会を支える人間を目指します!

学校へ行こう!
【学校見学会】 9/14(土) 10/26(土)
【入試相談会】 11/16(土)

| 学　費 | ■入学手続時 208,000円 | ■月額経費 39,000円 |
申請により、所得に応じて就学支援金等が支給されます。 （詳細P310参照）

中・高一貫校

私立高校（石狩）

高等専修学校・技能連携校

通信制・単位制

高等専門学校

公立高校（石狩）

公立（渡島・檜山・後志）

公立（空知・留萌）

公立（上川・宗谷）

公立（オホーツク）

公立（胆振・日高）

公立（十勝・釧路・根室）

募集要項（2025年度予定）

一般入試　A日程

■募集定員
305名（S選抜コース・A特進コース・特進コース 合計）
※推薦入学者を含む

■試験内容
S選抜コース・A特進コース・特進コース

国語　数学　英語　理科　社会　（各45分・100点）

※マークシート方式　※過年度生は面接あり

■受験料
16,000円

■合否判定
・S選抜コース・A特進コース・特進コース：
個人調査書と学力試験を総合的に審査して合否を判定

■その他
※S選抜コース受験者が合格基準に達しない場合、A特進コースまたは特進コースで合格となることがあります。
※A特進コース受験者が合格基準に達しない場合、特進コースで合格となることがあります。

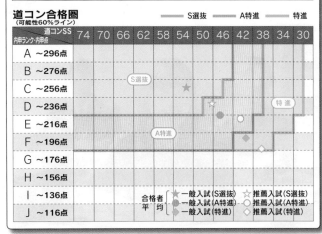

2024 入試DATA

上段は一般入試・下段は推薦・専願などを表しています。

	受験者数／合格者数／入学者数	合格者平均 道コンSS	合格者平均 内申点・ランク
S選抜コース	300／221／－	53	267・C
	25／25／25	48	249・D
A特進コース	649／687／－	47	236・D
	147／146／146	43	232・E
特進コース	348／319／－	41	210・F
	92／87／87	38	198・F

道コン合格圏（可能性60%ライン）

S選抜　A特進　特進

道コンSS 内申ランク・内申点	74	70	66	62	58	54	50	46	42	38	34	30
A ～296点												
B ～276点												
C ～256点					S選抜	★					特進	
D ～236点							☆	●	○			
E ～216点												
F ～196点			A特進						◆		◇	
G ～176点												
H ～156点												
I ～136点												
J ～116点												

合格者平均
★ 一般入試（S選抜）　☆ 推薦入試（S選抜）
● 一般入試（A特進）　○ 推薦入試（A特進）
◆ 一般入試（特進）　◇ 推薦入試（特進）

掲載の入試データ等は道コン事務局の推定です。

推薦・専願など

推薦入試

■出願資格
・中学校長の推薦があること
・本校を第一志望とし、合格後必ず入学すること

■試験内容
面接

■合否判定
・個人調査書と面接結果を総合的に審査して合否を判定

専願入試

■出願資格
・本校を第一志望とし、合格後必ず入学すること

■試験内容
面接

■合否判定
・個人調査書と面接結果を総合的に審査して合否を判定

SNAP

海外留学

特別奨学生制度変更

独自の奨学生制度（2025年度予定）
＊S選抜・A特進・特進コースのいずれかを希望し、4年制大学への進学を目指す生徒

	A型 A・Bランク	B型 Cランク	C型 Dランク
推薦 専願	入学金・毎月の授業料を全額支給	入学金・毎月の授業料を半額支給	入学金5万円支給 毎月の授業料を1/3支給
	GA型 A・Bランク	GB型 Cランク	HA型 入試点数上位10%以内（GA型を除く）
一般（併願可）	毎月の授業料を全額支給	毎月の授業料を1/3支給	毎月の授業料を全額支給

	強化指定クラブ奨学生（野球部・サッカー部・陸上部）	
選抜制度	専願入試	
対象	人物・生活態度・学習成績が良好で、本校クラブ顧問が必要な人材であると認めた生徒 また、本校のみを志願する生徒 ※野球部は高野連特待制度に則り選考（中学校長の推薦書が必要）	
奨学生	SA型	SB型
特典	入学金・毎月の授業料を全額支給	入学金・毎月の授業料を半額支給
手続き	事前に中学校を通して、本校のクラブ顧問まで相談のうえ、入学願書の特別奨学生希望欄に○をつけてください ※入学手続き時に「奨学金交付申請書兼請求書」の提出が必要です	

POINT

Point 01　生徒全員がそれぞれのワンランク上にTRY!する

Point 02　生徒全員が学習と課外活動を両立して進路を実現する

Point 03　生徒全員がタブレットを活用して対話的・主体的で深い学びを実現する

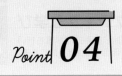
Point 04　生徒全員が「探究学習」や「SUT」に取り組み「なりたい自分」を見つける

中・高一貫校

私立高校（石狩）

高等専修校・技能連携校

通信制・単位制

高等専門学校

公立高校（石狩）

公立（渡島・檜山・後志）

公立（空知・留萌）

公立（上川・宗谷）

公立（オホーツク）

公立（胆振・日高）

公立（十勝・釧路・根室）

札幌北斗高等学校

普通科 特別進学コース 進学コース 総合コース

生徒数893名 男子359名 女子534名

食堂 購買部(売店) クーラー 個人ロッカー カウンセラー 寮・寄宿舎 海外研修(交流) 携帯電話持込 スキー授業 プール施設 資料請求

校内OFF

巻末ページの二次元コードからアクセスできます

きらぼし
君が煌星になるために

ACCESS GUIDE

〒065-0015
札幌市東区北15条東2丁目
TEL 011-711-6121
FAX 011-741-3545
https://www.sapporohokuto-h.ed.jp/

◎ 地下鉄／東豊線北13条東駅(徒歩約3分)
　南北線北18条駅(徒歩約10分)
　南北線北12条駅(徒歩約12分)
◎ 中央バス／停留所・北15東1(徒歩約2分)

今春の主な進路

就職・進学準備ほか 20%
大学・短大 42%
専門学校 38%

※人数は全て現役です。

国公立道内
北海道大 ………………… 1名
北海道教育大 …………… 3名
旭川市立大 ……………… 2名
釧路公立大 ……………… 2名
札幌市立大 ……………… 1名
室蘭工業大 ……………… 1名
北見工業大 ……………… 1名
私立道内
北海学園大 ……………… 15名
北星学園大 ……………… 9名
札幌大 …………………… 20名
日本医療大 ……………… 10名
北海道文教大 …………… 10名
北海道医療大 …………… 9名
北海道科学大 …………… 5名
札幌保健医療大 ………… 4名
札幌学院大 ……………… 12名
私立道外
中央大 …………………… 1名
大東文化大 ……………… 1名
桜美林大 ………………… 1名
短大道内
北海道武蔵女子短大 …… 4名
光塩学園女子短大 ……… 2名
専門学校
札幌リハビリテーション専門 … 3名
勤医協札幌看護専門 …… 2名
三草会札幌看護専門 …… 2名
北海道看護専門 ………… 2名
北海道リハビリテーション大学校 … 2名
就職先等
自衛隊 …………………… 6名
北海道警察 ……………… 2名
JAしずない農業協同組合 … 1名
宮の森病院 ……………… 1名
イオン北海道 …………… 1名

総合コース

資格取得を目指し、技術を備えた人材へ。学び直しを行う「Co-Bloom スタディ」を7時間目に展開。

進学コース

勉強と部活動を両立し、文武両道を目指す。私立大学・医療系専門学校進学、公務員試験受験などに対応。

特別進学コース

ハイレベルな授業で難関大学合格を目指す。自学自習時間や勉強合宿など、学力向上の仕組みが充実。

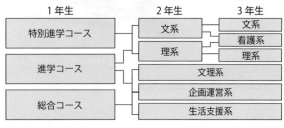

1年生	2年生	3年生
特別進学コース	文系	文系
		看護系
	理系	理系
進学コース	文理系	
総合コース	企画運営系	
	生活支援系	

コースフォーカシング制
2年生進級時に、希望進路にあった系列を選択し、明確な目標にフォーカスする。「なりたい自分像」を思い描きながら進路を絞り込んでいきます。

学校へ行こう！

【学校見学会】
第1回 9/7(土)
第2回 11/2(土)
第3回 11/30(土)

【夏の個別相談見学会】
7/30(火)・8/3(土)・8/7(水)
【個別相談会】
10/5(土)・10/19(土)・11/16(土)・12/7(土)

・令和6年度入試について
・入試相談
・Web申し込みが必要

学費

■入学手続時 254,000円　■月額経費 42,300円
申請により、所得に応じて就学支援金が支給されます。

(詳細P310参照)

POINT

看護・医療・福祉に強い

毎年多くの生徒が看護体験を行い、現役看護師や本校卒業生である看護学生を招いての講演などを通して、医療に関わる心を育成。
また、介護職員初任者研修が本校内の施設で受けられます。

小論文対策強化中！

総合型・学校推薦型入試に重要となる小論文対策を行っています。
また、希望者の多い公務員試験対策も行っています。

多様な入試に対応したアクティブな学び

iPadを利用し、ICT技術向上とともに、協働的・能動的な学習を行います。プレゼンテーション能力を育成し、自ら発信する生徒を育てます。

指定校推薦（一部）

道内
北海学園大
北海商科大
東海大
北海道文教大
北海道科学大
酪農学園大
藤女子大
札幌保健医療大
日本医療大
北海道医療大
札幌学院大
札幌大
札幌国際大
北翔大
北海道情報大
千歳リハビリテーション大
北海道武蔵女子短大
光塩学園女子短大
札幌国際大短大部
北翔大短大部

中・高一貫校

私立高校（石狩）

高等専修学校・技能連携校

通信制・単位制

高等専門学校

公立高校（石狩）

公立（渡島・檜山・後志）

公立（空知・留萌）

公立（上川・宗谷）

公立（オホーツク）

公立（胆振・日高）

公立（十勝・釧路・根室）

募集要項（2024年度実績）

※2025年度のものは募集要項をご覧ください。

一般（単願B・併願）入試　A日程

■募集定員
340名（普通科全コース合計）　※推薦・単願入学者を含む

■試験内容

総合コース
国語　数学　英語　（各50分・100点）

特別進学・進学コース
国語　数学　英語　社会　理科　（各50分・100点）

■受験料
16,000円

■合否判定
・筆記試験の結果と個人調査書により判定

■その他
・公立高校に追加合格し本校を辞退する場合には入学一時金を返金します。

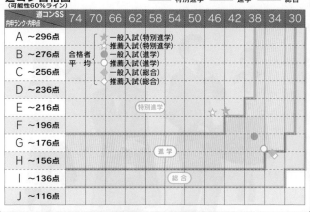

2024 入試 DATA

上段は一般入試・下段は推薦入試を表しています。

	出願者数／合格者数／入学者数	合格者平均 道コンSS	合格者平均 内申点・ランク
特別進学コース	1452／1400／314	44	222・E
	12／12／12	46	220・E
進学コース		38	193・G
		36	179・G
総合コース		34	174・H
		34	172・H

道コン合格圏
（可能性60％ライン）

━━━ 特別進学　　━━━ 進学　　━━━ 総合

道コンSS	74	70	66	62	58	54	50	46	42	38	34	30
内申ランク・内申点												
A ～296点												
B ～276点												
C ～256点												
D ～236点												
E ～216点												
F ～196点												
G ～176点												
H ～156点												
I ～136点												
J ～116点												

凡例：
★ 一般入試（特別進学）
☆ 推薦入試（特別進学）
● 一般入試（進学）
○ 推薦入試（進学）
◆ 一般入試（総合）
◇ 推薦入試（総合）

合格者平均

掲載の入試データ等は道コン事務局の推定です。

推薦・単願A入試

推薦入試

■出願資格
・中学校長の推薦があること
・本校入学を第一希望とすること
・合格後、必ず入学すること

■合否判定
・面接試験の結果と個人調査書により判定

■試験内容
面接（個人）

単願A入試

■出願資格
・本校のみを出願すること
・合格後、必ず入学すること

■合否判定
・面接試験の結果と個人調査書により判定

■試験内容
面接（個人）

■その他
・合格者は、入学後の参考資料とするため、筆記試験（一般入試日）を受けなければなりません。

特別奨学生制度　2024年度実績

2025年度については募集要項をご覧ください。

1. 成績奨学生（ランク特待）

対象	推薦・単願AB 特別進学・進学コース志願者				
評定条件	A、Bランク	Cランク	D、Eランク	Fランク	Gランク
特典	入学時奨学金23万円（入学金全額）学習活動奨学金各月1万2千円	入学時奨学金23万円（入学金全額）学習活動奨学金各月1万円	入学時奨学金11万5千円（入学金半額）学習活動奨学金各月8千円	入学時奨学金8万円	入学時奨学金4万円

対象	併願 特別進学・進学コース志願者				
評定条件	A、Bランク	Cランク	D、Eランク	Fランク	Gランク
特典	入学時奨学金23万円（入学金全額）学習活動奨学金各月1万2千円	入学時奨学金11万5千円（入学金半額）学習活動奨学金各月8千円	入学時奨学金8万円学習活動奨学金各月5千円	入学時奨学金4万円	入学時奨学金3万円

2. 成績奨学生（チャレンジ特待）

対象	推薦・単願AB・併願 全コース		
評定条件	入試得点8割以上	入試得点7割以上8割未満	入試得点6割以上7割未満
特典	入学時奨学金　23万円学習活動奨学金各月1万2千円	入学時奨学金 推薦単願AB　23万円 併願　11万5千円学習活動奨学金各月1万円	入学時奨学金　11万5千円学習活動奨学金各月5千円

3. 部活動奨学生（部活特待）

対象	推薦・単願AB 全コース
評定条件	Gランク以上
特典	入学時奨学金部活動奨学金毎月一定額給付

優遇制度

入学時に祖父母・父母・兄姉が本校卒業生の場合	入学時奨学金　8万円
兄姉が本校に在籍している場合	活動奨学金各月　3千円
双子がともに本校に入学する場合どちらか一方（原則弟妹）	

CLUB

生徒一人ひとりが成長する部活動

多くの運動部・文化部が全道・全国大会に出場しています。
部活動を通して、生徒たちの成長を促します。

POINT

札幌駅から一番近い全日制共学校

東豊線北13条東駅から徒歩3分
南北線北18条駅から徒歩10分
札幌駅から地下鉄一駅のため、
JR沿線からも通いやすい。

バス停から徒歩2分、札幌駅発着のバスが
豊富にあるため、バス通学も便利。

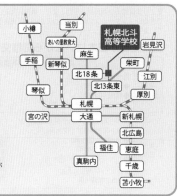

札幌静修高等学校

普通科 特進 総合　ユニバーサル科

生徒数876名　男子417名　女子459名

 食堂 購買部(売店) カウンセラー 週1度 寮・寄宿舎 海外研修(交流)〈希望者〉カナダ オーストラリア 韓国 台湾 携帯電話持込 スキー授業 プール施設 資料請求 巻末ページの二次元コードからアクセスできます

左余白縦書き：
中・高一貫校
私立高校〈石狩〉
高等専修学校・技能連携校
通信制・単位制
高等専門学校
公立高校〈石狩〉
公立〈渡島・檜山・後志〉
公立〈空知・留萌〉
公立〈上川・宗谷〉
公立〈オホーツク〉
公立〈胆振・日高〉
公立〈十勝・釧路・根室〉

ACCESS GUIDE

〒064-0916
札幌市中央区南16条西6丁目2-1
TEL 011-521-0234
FAX 011-511-9008
https://www.sapporoseishu.ed.jp

◎ 地下鉄南北線「幌平橋」下車　徒歩5分
◎ 市電・JRバス「静修学園前」下車　すぐ

今春の主な進路

- 就職 4%
- 進学準備ほか 12%
- 国公立大学 3%
- 道内私立大学 46%
- 専門学校 26%
- 短大 4%
- 道外私立大学 5%

※人数は現浪合計です。

国公立道内
小樽商科大 …………… 1名
北海道教育大 ………… 1名
室蘭工業大 …………… 3名
千歳科学技術大 ……… 2名
国公立道外
横浜市立大 …………… 1名
私立道内
北星学園大 ………… 10名
北海学園大 …………… 8名
北海商科大 …………… 8名
藤女子大 ……………… 3名
札幌大 ……………… 17名
北海道科学大 ……… 11名
日本医療大 …………… 6名
北海道医療大 ………… 4名
北海道文教大 ………… 4名
札幌学院大 …………… 9名
北翔大 ………………… 7名
北海道情報大 ………… 3名
私立道外
明治大 ………………… 1名
立命館大 ……………… 1名
拓殖大 ………………… 2名
桜美林大 ……………… 2名
立命館アジア太平洋大 … 1名
立正大 ………………… 1名
帝京大 ………………… 1名
北里大 ………………… 1名
淑徳大 ………………… 1名
仙台大 ………………… 1名
東海大 ………………… 1名
短大道内
北海道武蔵女子短大 …… 6名

"Switch of mind"一人ひとりの「ココロスイッチ」がきっと見つかる

ユニバーサル科

実践することで身につく思考力・判断力・表現力
英語でコミュニケーションする力を鍛えた後、「プレゼンテーションをする」「ディベートをする」という段階に発展させます。

普通科特進

国公立、難関私大合格に向けて学習と向き合う力を養う
国公立大学や難関私大合格を目指します。早期に志望校を絞り込み、進路に応じた科目選択を行います。

普通科総合

目標に応じて学習プログラムを展開
2年次から理系・文系・キャリア(キャリアデザイン、ビジネス・公務員、IT、保育、パティシエ)の3コースを選択し、可能性を広げます。

学校へ行こう！

「ココロスイッチ」とは？　静修の魅力をわかりやすく説明
【学校説明会】第1回 7/13(土)　第2回 9/28(土)　第3回 10/12(土)　第4回 11/23(土・祝)
静修の多彩なクラブをいち早く体験　一部のクラブは完成する新体育館を使用予定
【クラブ体験会】8/6(火)～8(木)
高校生活をイメージできる静修の熱血授業！　個別に相談も可能
【一般入試対策講座＆個別相談会】
12/7(土)・12/14(土)
※イベントの日時、内容は変更となる場合があります。

動画コンテンツやLINEで相談できる特設サイトもぜひご利用ください

学費
■入学手続時 **255,000円**　■月額経費 **44,700円**(授業料、諸費、諸経費他)
詳細は令和7年度の生徒募集要項をご覧ください
(詳細P310参照)

POINT

100周年を迎えた静修学園は未来への様々なプロジェクトが始動しています。

次の100年に向けて、校舎施設の刷新と教育活動機の向上を目指し、既存キャンパスの再整備を推進。2024年夏より体育館の使用開始を予定。また、新たに完成したブレザータイプの新制服は、性別に関係なく着ることができるジェンダーレスの制服となっており、伝統あるセーラー服とともにバリエーション豊かな組合わせとなっています。

全校生徒が日本にいながら国際交流を体験できる！

海外留学・海外派遣団		留学生・訪問団受け入れ	
海外派遣団	海外派遣プログラム ◆台湾(6日間) ◆韓国(6日間) ◆オーストラリア(9日間)	訪問団	◆静修女子高級中学訪問団(台湾) ◆全州権映女子高等学校訪問団(韓国) ◆セントピーターズカレッジ訪問団(オーストラリア) ◆ロベルト・ハーベマン・ギムナジウム訪問団(ドイツ)
海外留学	★オーストラリア・カナダ(6週間予定) ◆オーストラリア(12ヵ月) ◆アメリカ(8ヶ月) ◆ドイツ(8ヶ月) ◆ニュージーランド(5か月) ★はユニバーサル科のみ ★過去の実績一例	留学生	◆過去5年間で13ヵ国の留学生・訪問団80名以上が静修生と交流!

旅費支援制度で留学の夢を応援！
学業、人物ともに優れた生徒に対し、短期語学研修の旅費を支援し、個人の留学をサポート！

指定校推薦(一部)

道内
千歳科学技術大
北海学園大
北星学園大
北海道医療大
藤女子大
札幌保健医療大
日本医療大
北海道科学大
北海商科大
北海道情報大
酪農学園大
東海大札幌キャンパス
東京農業大オホーツクキャンパス
札幌大
北翔大
札幌学院大
星槎道都大
札幌大谷大
札幌国際大
北海道文教大
道外
東海大
帝京科学大
大東文化大
愛知工業大
女子栄養大
千葉科学大
千葉工業大

募集要項（2025年度予定）

一般入試　A日程

■募集定員

280名（普通科240名・ユニバーサル科40名）
※推薦入学者を含む

■試験内容

普通科特進

| 国語 | 数学 | 英語（リスニングテスト有） | 社会 | 理科 |（各100点）

普通科総合

| 国語 | 数学 | 英語（リスニングテスト有） | 社会 | 理科 |（各100点）

ユニバーサル科

| 国語 | 数学 | 英語（リスニングテスト有） | 社会 | 理科 |（各100点）

※過年度卒業生は面接があります。

■受験料

16,000円

■合否判定

・個人調査票および学力検査、面接などを総合して判定
（過年度卒業生は、面接を含めた総合判定）

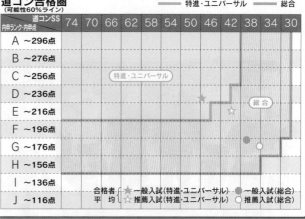

2024 入試DATA　上段は一般入試・下段は推薦・単願などを表しています。

	受験者数／合格者数／入学者数	合格者平均 道コンSS	合格者平均 内申点・ランク
特進	76／75／7	47	244・D
	17／17／17	41	235・E
総合	443／425／83	39	194・G
	191／187／182	36	187・G
ユニバーサル科	30／27／6	49	237・D
	25／25／29	43	222・E

道コン合格圏（可能性60%ライン）

━━ 特進・ユニバーサル　　━━ 総合

道コンSS 内申ランク・内申点	74	70	66	62	58	54	50	46	42	38	34	30
A ～296点												
B ～276点												
C ～256点					特進・ユニバーサル							
D ～236点								★		総合		
E ～216点									☆			
F ～196点												
G ～176点											●	
H ～156点											○	
I ～136点												
J ～116点												

合格者平均
★ 一般入試（特進・ユニバーサル）　● 一般入試（総合）
☆ 推薦入試（特進・ユニバーサル）　○ 推薦入試（総合）

掲載の入試データ等は道コン事務局の推定です。

推薦・単願

推薦入試

■出願資格

・中学校長の推薦があること
・学習成績等が本校で定める基準に達している
・本校を第一志望とすること
・合格後、必ず入学すること

■試験内容

| 面接 |

■合否判定

・個人調査票、面接、推薦書を総合して判定

単願入試

■出願資格

・学習成績等が本校で定める基準に達し、生活行動上問題がないこと
・本校のみを受験すること
・合格後、必ず入学すること

■試験内容

| 面接 |

■合否判定

・個人調査票、面接を総合して判定

静修独自の特待生制度　詳細は必ず令和7年度の生徒募集要項をご覧ください

■推薦入学試験・単願入学試験

●学業特待生

中学時代の成績が優れ、本校入学後も学業に励み、進学をめざす生徒に適用します。

区分	特典		基準
SA型	授業料を3年間月々給付	入学金全額給付	A・B・Cランク
SB型	授業料半額を3年間給付	入学金全額給付	Dランク
SC型		入学金全額給付	Eランク

●クラブ活動特待生

中学時代のクラブ活動において優れた実績を持ち、本校入学後もクラブ活動に励み、活躍をめざす生徒に適用します。事前に中学校と本校クラブ顧問との確認の上、申請してください。

区分	特典		基準
A特待	授業料を3年間月々給付	入学金全額給付	強化指定クラブ他（学習点Fランク以上）
B特待	授業料半額を3年間給付	入学金全額給付	
C特待		入学金全額給付	

■一般入学試験受験者

●学業特待生

区分	特典		基準
GA型	授業料を3年間月々給付	入学金半額給付	A・Bランク
GB型		入学金半額給付	C・Dランク

■本校独自の優遇制度

区分	特典	基準
同窓・在校	入学金半額給付	父母、兄姉が本校の卒業生（兄姉が在校生）

※優遇制度と本校独自の特待生制度の重複適用はできません

POINT

通学アクセスが抜群！
都心に位置する好環境

●各交通機関主要駅から本校までの時間
【地下鉄】さっぽろ駅から7分／大通駅から5分
【市電】静修学園前からすぐ

CLUB

スクールライフも充実！
30以上のクラブ・外局等。

体育系　バドミントン部、野球部、ハンドボール部、陸上部、剣道部、弓道部、男子バスケットボール部、女子バスケットボール部、サッカー部、バレーボール部、ダンス部、テニス部、ソフトテニス部、新体操部、水泳部

文化系　吹奏楽部、演劇部、写真部、合唱部、漫画部、文芸部、赤十字部、国際交流部、軽音楽部、理科部、クッキング部、書道部、美術部、パソコン同好会

【課外活動】茶道、書道

【外局】編集局、図書局、放送局

※下線は強化指定部

インターハイで輝きを増すバドミントン部

雑草魂で奮闘するサッカー部

野球部は全校応援を背に熱戦

男女共に躍動するハンドボール部

動画サイトでも大活躍！ダンス部

高校からはじめる生徒も多い弓道部

中・高一貫校
私立高校（石狩）
高等専修学校・技能連携校
通信制・単位制
高等専門学校
公立高校（石狩）
公立（渡島・檜山・後志）
公立（空知・留萌）
公立（上川・宗谷）
公立（オホーツク）
公立（胆振・日高）
公立（十勝・釧路・根室）

札幌山の手高等学校

普通科	アカデミックコース	プログレスコース	スポーツ健康コース	未来デザインコース

 食堂 購買部(売店) カウンセラー 寮・寄宿舎 海外研修(交流) 携帯電話持込 スキー授業 プール施設 資料請求

運動クラブの一部対象　〈希望者〉アメリカ・カナダ ニュージーランド等　登下校 放課後のみ　巻末ページの二次元コードからアクセスできます

生徒数737名　男子497名　女子240名

ACCESS GUIDE

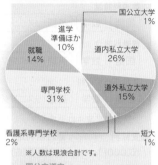

〒063-0002
札幌市西区山の手2条8丁目5-12
TEL011-611-7301
FAX011-641-3795
http://www.yamanote.ed.jp

～バス路線が充実しています～
◎地下鉄東西線「西28丁目駅」から6分
◎地下鉄東西線「琴似駅」から3分
◎地下鉄東西線「宮の沢駅」から11分
◎JR「琴似駅」から13分
◎地下鉄南北線「麻生駅」から27分
◎地下鉄東西線「琴似駅」下車徒歩15分

ジェイ・アール北海道バス「山の手高校前」下車

今春の主な進路

- 国公立大学 1%
- 進学準備ほか 10%
- 就職 14%
- 道内私立大学 26%
- 道外私立大学 15%
- 専門学校 31%
- 看護系専門学校 2%
- 短大 1%

※人数は現浪合計です。

国公立道内
北海道教育大 1名
旭川市立大 1名
国公立道外
弘前大 1名
私立道内
北海学園大 10名
藤女子大 3名
札幌国際大 11名
札幌大 9名
札幌大谷大 7名
北海道科学大 4名
北海道医療大 2名
日本医療大 1名
札幌保健医療大 1名
北海道文教大 1名
北海道情報大 10名
札幌学院大 6名
北翔大 5名
星槎道都大 4名
私立道外
早稲田大 1名
日本大 1名
青山学院大 1名
立教大 1名
流通経済大 3名
白鷗大 2名
大東文化大 2名
武蔵野音楽大 2名
明治学院大 1名
東海大 1名
順天堂大 1名
拓殖大 1名
立正大 1名
亜細亜大 1名
大阪体育大 1名
関東学院大 1名
京都産業大 1名
神戸親和大 1名
国士舘大 1名
仙台大 1名
日本女子体育大 1名
山梨学院大 1名
松陰大 1名
短大道内
光塩学園女子短大 2名
専門学校
横浜医療センター附属横浜看護専門 1名
三草会札幌看護専門 1名

「できっこない」が「できる」に変わる ～山の手で変わる。未来が変わる～ ＝you can make your own ways＝

アカデミックコース
難関国公立大学・難関私立大学合格を目指すコース
　一般受験で難関国公立大学・難関私立大学合格を目指すコースです。正規の授業と放課後の受験対策課外授業、夏期・冬期・春期講習によって現役合格を目指します。難関大学受験を意識した実践的な課外授業を実施し、定期的な模擬試験によって、自分の実力を伸ばしていきます。また、討論型の授業も展開し、自ら考え、自らの力で問題を解決する力を養う授業も行っています。

プログレスコース
国公立大学・私立大学合格を目指すコース
　国公立大学・有名私立大学、医療・看護系、情報・IT系分野の進学を目指し、公務員や民間企業の就職も目指せるコースです。正規の授業で実力を養成し、課外授業でさらなる実力アップを図り、定期的な模擬試験によって、自分の実力を伸ばしていきます。また、積極的に部活動もできるコースです。

スポーツ健康コース
運動部に所属しスポーツと学業の両立をはかり、進学及び就職を目指すコース
　強化指定の運動部に所属し、スポーツと学業の両立を図ります。文武両道を体現し、健康・スポーツに関連する分野への進学及び就職を目指すコースです。優れた能力を開花させ、全道大会、全国大会で活躍できる実力を養います。

未来デザインコース
大学・短大・専門学校への進学及び就職に対応できるコース
　得意な科目を伸長し、基礎学力の定着を図り、進学及び就職を目指すコースです。授業で身につけた知識や技能を資格取得の挑戦をとおして、学力の定着が実感できます。将来の自分の進路に備え、2年生からは進路に直結する授業を選択できます。また、課外授業や部活動にも積極的に参加できます。

学校へ行こう！

【～オープンスクール～】
第1回9/22(日) 9:15～13:00　第2回10/26(土) 9:15～13:00

【クラブ体験会】
8/17(土)　9/7(土)
8/18(日)　9/8(日)

【学校説明会】
8/3(土)
11/17(日)

【個別相談会】
7/28(日) 9:00～12:00
8/25(日) 9:00～12:00
9/14(土) 9:00～12:00
10/6(日) 9:00～12:00
11/3(日)・10(日)・24(日) 9:00～12:00
12/1(日)・8(日)・15(日) 9:00～12:00

※詳細はHPでご確認ください。
※イベントは全て本校で実施します。

学費
■入学手続時 **274,000**円　■月額経費 **48,800**円
本校独自の支援金制度や各種奨学制度(詳細は次頁)、公的支援金制度があります。
(詳細P310参照)

POINT

進路や適性などに配慮した特徴ある4つのコース
　将来の自分の進路や適性などに配慮した、特徴ある4つのコースを設置しています。アカデミックコースとプログレスコースは、指導に実績のある教員を迎え、いっそう、進学指導に磨きがかかり強化されました。スポーツ健康コースでは、経験豊富で実績のある指導者が指導しています。未来デザインコースでは、「学び直し」を実践して基礎学力の定着を図り、さらに学力向上を目指しています。学習指導では、塾と連携をして課外授業を本校で受講できます。また、一人一台タブレットを配布しています。主要教科にインターネット教材を導入し、学力定着、受験対策をサポートしています。平成30年度より、自動車学校とも連携した選択授業も開講しました。

指定校推薦（一部）

道内
北海道科学大
北海道情報大
星槎道都大
札幌大
北洋大
北翔大
東海大
札幌学院大
札幌国際大
北海道医療大
北海商科大
北海学園大
酪農学園大
藤女子大
道外
北陸大
多摩大
城西国際大
城西大
山梨学院大
太成学院大
静岡産業大
富士大
駿河台大
大阪学院大
奈良大
日本経済大
神奈川工科大
共栄大
他

募集要項（2025年度予定）

一般入試　A日程

■募集定員
320名予定（普通科全コース合計）
※推薦入学者を含む

■試験内容
未来デザインコース・スポーツ健康コース
国語　数学　英語　面接
アカデミック・プログレスコース
国語　数学　英語　社会
理科　面接
※学科試験は各教科100点（50分）

■受験料
16,000円

■合否判定
・コース毎に設定された内申ランクの基準と学科試験、面接によって合否を判定

■その他
・欠席日数が3年間で40日を超える場合は欠席理由書が必要

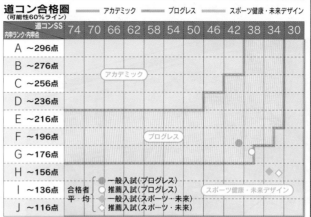

2024 入試DATA 上段は一般入試・下段は推薦入試などを表しています。

	受験者数／合格者数／入学者数	合格者平均 道コンSS	内申点・ランク
アカデミックコース	4／4／3	—	—
		—	—
プログレスコース	85／85／23	41	199・F
		38	189・G
スポーツ健康コース	147／145／112	35	168・H
未来デザインコース	424／421／132	33	166・H

道コン合格圏（可能性60%ライン）　アカデミック／プログレス／スポーツ健康・未来デザイン

道コンSS：74 70 66 62 58 54 50 46 42 38 34 30

内申ランク・内申点	
A ～296点	
B ～276点	アカデミック
C ～256点	
D ～236点	
E ～216点	
F ～196点	プログレス
G ～176点	
H ～156点	
I ～136点	スポーツ健康・未来デザイン
J ～116点	

合格者平均：
● 一般入試（プログレス）
● 推薦入試（プログレス）
◆ 一般入試（スポーツ・未来）
◇ 推薦入試（スポーツ・未来）

掲載の入試データ等は道コン事務局の推定です。

推薦・単願など

単願1入試

■出願資格
・本校のみを志望とすること
・3年間で40日を超える場合は欠席理由書が必要

■試験内容
面接

■合否判定
・コース毎に設定された内申ランクの基準と面接によって合否を判定

■その他
・単願1は推薦入試と同日に行われる

単願2入試（一般入試時）

■出願資格
・本校のみを志望とすること
・3年間で40日を超える場合は欠席理由書が必要

■試験内容
未来デザインコース・スポーツ健康コース：国語　数学　英語　面接
アカデミック・プログレスコース：国語　数学　英語　社会　理科　面接
※併願の受験生は面接なし

■合否判定
・コース毎に設定された内申ランクの基準と面接によって合否を判定

■その他
・単願2は一般入試と同日に行われる
・一般入試は面接なし

奨学生制度（2024年入試実績）　※詳細は本校へお問い合わせください。

(1) 学業成績奨学生制度
アカデミックコース

受験区分	申請区分	認定条件	特典
学業成績奨学生	単願 A1	学習評定 A・B・Cランク	(1) 入学金全額給付　(2) 授業料全額給付（3年間）(3) 学習費補助①本校が指定する模擬試験代（3年間）を給付
	A2	学習評定 Dランク	(1) 入学金全額給付　(2) 授業料全額給付（3年間）
	併願 AH1	学習評定 A・B・Cランク	(1) 入学金全額給付　(2) 授業料半額給付（3年間）
	AH2	学習評定 Dランク	(1) 入学金10万円給付　(2) 授業料半額給付（3年間）
入試点上位者特典		学科試験（国語・数学・英語）上位30位以内	(1) 入学金全額給付　(2) 授業料全額給付（3年間）
		学科試験（国語・数学・英語）上位70位以内	(1) 入学金半額給付　(2) 授業料半額給付（3年間）

プログレスコース・スポーツ健康コース・未来デザインコース

受験区分	申請区分	認定条件	特典
学業成績奨学生	単願 G1	学習評定 A・B・Cランク	(1) 入学金全額給付　(2) 授業料全額給付（3年間）
	G2	学習評定 D・Eランク	(1) 入学金半額給付　(2) 授業料全額給付（3年間）
	G3	学習評定 Fランク	(1) 入学金10万円給付　(2) 授業料全額給付（3年間）
	G4	学習評定 Gランク	入学金10万円給付
	併願 H1	学習評定 A・Bランク	(1) 入学金全額給付　(2) 授業料半額給付（3年間）
	H2	学習評定 C・Dランク	(1) 入学金10万円給付　(2) 授業料半額給付（3年間）
	H3	学習評定 E・Fランク	授業料半額給付（3年間）
入試点上位者特典		学科試験（国語・数学・英語）上位30位以内	(1) 入学金全額給付　(2) 授業料全額給付（3年間）
		学科試験（国語・数学・英語）上位70位以内	(1) 入学金半額給付　(2) 授業料半額給付（3年間）

留意点
1. 学業成績奨学生
　(1) 入学後にi-システム（放課後個別学習）を月10時間以上受講していただきます。
　(2) 入学後に模擬試験を年1回以上受験（費用は家庭負担）していただきます。
2. チャレンジ奨学生
　(1) 推薦・単願1は希望者のみ、単願2・併願は全受験生が対象です。
　　※S1・S2の受験生は、資格はありませんが学科試験を受けることは可能です。
　(2) 他の奨学生制度で申請している生徒は、給付内容がより良い特典として認めます。
　(3) 学業成績奨学生制度申請者が、チャレンジ奨学生となった場合でも、入学後の条件は変わりません。

(2) スポーツ・文化奨学生制度
プログレスコース・スポーツ健康コース・未来デザインコース

受験区分	申請区分	認定条件	特典
推薦単願	S1	(1) スポーツ・文化面で優れた技量を持ち対象クラブに入り活動する受験生	(1) 入学金15万円給付　(2) 授業料全額給付（3年間）
	S2	(2) 本校クラブ顧問と中学校との間で確認が取れている受験生	(1) 入学金10万円給付　(2) 授業料全額給付（3年間）　(3) 入学金9万円給付

対象クラブ：女子バスケットボール・女子バレーボール・ラグビー・柔道・陸上・野球・サッカー・合唱・吹奏楽・演劇

(3) 単願受験奨学生制度
プログレスコース・スポーツ健康コース・未来デザインコース

受験区分	申請区分	認定条件	特典
推薦単願	CS	入学後に対象クラブに入り活動する受験生	入学金8万円給付
	NS	他の奨学生制度に該当しない受験生	入学金7万円給付

対象クラブ：男子バスケットボール・女子バスケットボール・女子バレーボール・ラグビー・柔道・陸上・野球・サッカー・バドミントン・水泳・卓球・ソフトテニス・合唱・吹奏楽・演劇・美術・ボランティア・アニメーション・茶道・軽音楽・調理

(4) 弟妹・同窓生奨学生制度
アカデミックコース・プログレスコース・スポーツ健康コース・未来デザインコース

受験区分	申請区分	認定条件	特典
推薦単願併願	D1	兄姉が本校に在籍　※双子で在籍する場合は一人分の適用	在籍が重複期間のみ弟もしくは妹の授業料を半額給付
	D2	本校卒業生の孫・子・弟妹	入学金10万円給付

(5) 夢チャレンジ制度
本校で夢の実現にチャレンジしたい生徒に対する入試制度です。
面談により本校で何にチャレンジしたいのかを聞き課題を与えます。課題達成のプロセス確認と個人調査書を審査し合否判定をします。

特典　入学金半額給付

POINT

山の手の学びを支える2つの力

本校が力を入れている「学び直し」の取り組みを強く後押しする2つの力を紹介します。
①ティームティーチング（T・T）
授業という限られた時間で多くの子どもたちの学びをサポートするために、国語・数学・英語の3教科でティームティーチングを実施しています。落ち着いて授業が受けられる環境づくり、わからないことを気軽に聞くことができる環境づくりを目指し、教員一同積極的に授業に関わっています。
②ICT教育
山の手校では「すらら」というインターネット活用型学習ツールを導入し、授業内外で自分の能力に応じた学習を提供しています。義務教育段階のつまづきは個人個人異なっており、一斉授業ではフォローしきれなかったつまづきも把握できるようになってきました。

中・高一貫校
私立高校（石狩）
高等専修学校・技能連携校
通信制・単位制
高等専門学校
公立高校（石狩）
公立（渡島・檜山・後志）
公立（空知・留萌）
公立（上川・宗谷）
公立（オホーツク）
公立（胆振・日高）
公立（十勝・釧路・根室）

札幌龍谷学園高等学校

普通科　スーパー特進コース　特進コース　プログレス進学コース　未来創造コース

生徒数1025名　男子520名　女子505名

食堂｜カウンセラー 月・火・木・金 週4日間｜寮・寄宿舎｜海外研修(交流)〈希望者〉オーストラリア｜携帯電話持込｜スキー授業｜プール施設｜資料請求 巻末ページの二元元コードからアクセスできます

ACCESS GUIDE

〒060-0004
札幌市中央区北4西19
TEL 011-631-4386
FAX 011-614-4775
https://sapporo-ryukoku.ac.jp

◎ 地下鉄東西線
「西18丁目」駅下車　徒歩8分
◎ JR桑園駅より
スクールバスで5分

今春の主な進路

系列大学 3%
進学準備ほか 2%
就職 11%
専門学校 32%
看護系専門学校 2%
短大 4%
道外私立大学 6%
道内私立大学 35%
道外国公立大学 1%
道内国公立大学 4%

※人数は現浪合計です。

国公立道内
北海道教育大 …………… 1名
釧路公立大 ……………… 5名
千歳科学技術大 ………… 1名
国公立道外
九州歯科大 ……………… 1名
新潟大 …………………… 1名
宇都宮大 ………………… 1名
弘前大 …………………… 1名
高崎経済大 ……………… 1名
私立道内
北海学園大 ……………… 11名
北星学園大 ……………… 6名
北海商科大 ……………… 5名
藤女子大 ………………… 2名
天使大 …………………… 1名
北海道科学大 …………… 9名
札幌大 …………………… 9名
日本医療大 ……………… 7名
北海道文教大 …………… 5名
北海道医療大 …………… 3名
札幌学院大 ……………… 10名
北翔大 …………………… 7名
私立道外
日本大 …………………… 2名
東海大 …………………… 2名
桜美林大 ………………… 1名
杏林大 …………………… 1名
秀明大 …………………… 1名

札幌龍谷の5つの特色

1　浄土真宗の'み教え'を根本とした心の教育で、いじめのない学校づくりをしています。
2　ICT環境を整備し、生徒たちの学びを支えていきます。
3　ネイティブ教員による「英語」「中国語」の授業が受けられます!! さらに、ネイティブ教員による、レベルに応じた'聞く・話す・読む・書く'の「英語 四技能講習」を実施しています。
4　進路実現を支える様々な取り組み! 放課後&休業期間中の進学講習、総合探究の時間、ガイダンスや講演会などを通じて進路実現をサポートします。
5　「勉強」「部活」「行事」すべてにおいて全力投球! メリハリをつけられて、みんなで一生懸命頑張れる! それが龍谷の最大の魅力です!

スーパー特進コース：受験に特化したハイレベルな授業!
・高い志を持って難関国公立大学・難関私立大学合格を目指すコース

特進コース：自分のペースで実力を伸ばす!
・国公立大学・私立大学合格を目指すコース

プログレス進学コース：文武両道で難関大学に合格!
・部活動や課外活動での活躍と大学合格のどちらも目指すコース
・教員の受験指導が万全!

未来創造コース：大学進学から就職まで多様な進路に対応!
・自分の未来を自分の力で切り拓く力を養うコース
・2年生から希望進路・個性に応じて「総合進学」「生活福祉」「情報オフィス」の各クラスに編成

学校へ行こう!
【オープンハイスクール】
①7/27(土)　②9/14(土)　③10/19(土)
【入試ガイダンス&入試個別相談会】
11/2(土)

学費
■入学手続時　・併願による出願の場合 **220,000**円　・推薦・単願による出願の場合 **180,000**円
■月額経費 **36,000**円(授業料・施設費)、約 **8,100**円(月平均・諸経費等)
申請により、所得に応じて就学支援金が支給されます。
（詳細P310参照）

指定校推薦（一部）

道内
北海学園大
北星学園大
藤女子大
北海道科学大
日本医療大
北海道文教大
北海商科大
北翔大
札幌大
札幌学院大
東海大
北海道武蔵女子短期大
北海道情報大
道外
龍谷大
京都女子大
相愛大
岐阜聖徳学園大
兵庫大
武蔵野大
千葉商科大
関東学院大
千葉工業大
奈良大

POINT

大人気の制服

　AKB48グループの衣装を製作している㈱オサレカンパニーの学校制服ブランド「O.C.S.D.」による完全オーダーメイドデザインの制服です。北海道初上陸です!
　抗菌・抗ウイルスはもちろんのこと、ストレッチ性がバツグン! 洗濯機で丸洗いもOKですし、シャワーや水道水でも簡単な汚れは落とせます。シャツもノーアイロン・透け防止・吸汗速乾性で、あらゆる面でご家庭にやさしいものとなっています。

募集要項（2025年度予定）

一般入試　B日程

■募集定員
300名（全コース合計）　※推薦入学者を含む

■試験内容
スーパー特進コース・特進コース・プログレス進学コース
国語　英語　数学　理科　社会
（各100点）

未来創造コース
国語　英語　数学　（各100点）

■受験料
15,000円

■合否判定
・個人調査書と学力検査結果を総合的に審査して合否を判定

■その他
・スーパー特進コース志願者で入試点が基準に達していないときは、特進コースで合格となる場合があります。
・特進コース志願者で入試点が基準に達していないときは、プログレス進学コースで合格となる場合があります。
・プログレス進学コース志願者で入試点が基準に達しないときは、未来創造コースで合格となる場合があります。

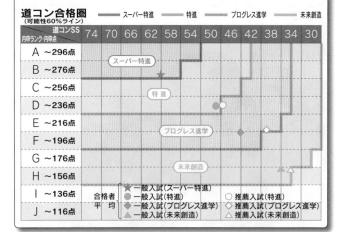

2024 入試 DATA　上段は一般入試・下段は推薦・単願を表しています。

	受験者数／合格者数／入学者数	合格者平均 道コンSS	合格者平均 内申点・ランク
スーパー特進コース		60 / —	280・B / —
特進コース	1101／1062／147	49 / 48	245・D / 246・D
プログレス進学コース	252／250／250	44 / 39	215・F / 218・E
未来創造コース		36 / 34	173・H / 172・H

道コン合格圏（可能性60%ライン）　スーパー特進　特進　プログレス進学　未来創造

推薦・単願

推薦入試

■出願資格
・中学校校長の推薦があること
・本校を第一志望とすること

■試験内容
作文（500字・50分）
※各コースの特待をチャレンジする生徒は一般入試日に学科試験を受験する。

■合否判定
・個人調査書と作文の結果を総合的に審査して合否を判定

単願入試

■出願資格
・本校のみを志願すること

■試験内容
作文（500字・50分）　面接
※各コースの特待をチャレンジする生徒は一般入試日に学科試験を受験する。

■合否判定
・個人調査書と作文、面接結果を総合的に審査して合否を判定

特待生制度（2025年度予定）※一部変更になる場合があります。

1. 推薦・単願

	スーパー特進特待	特進特待	プログレス進学特待A	プログレス進学特待B
対象	（難関国公立大学や難関私立大学を志望する生徒が対象）		（文武両道を目指し、国公立大学や私立大学を志望する生徒が対象）	
評定条件	中学3年生の国数英理社5教科の評定平均が4.5以上	Cランク以上	Cランク以上	Dランク
特典	入学金全額給付 授業料全額給付（3年間） 学習補助金 年間60,000円給付	入学金全額給付 授業料全額給付（3年間）	入学金全額給付 授業料全額給付（3年間）	入学金全額給付

2. 一般

	スーパー特進特待	特進特待	プログレス進学特待A	プログレス進学特待B	未来創造特待
対象	（難関国公立大学や難関私立大学を志望する生徒が対象）		（文武両道を目指し、国公立大学や私立大学を志望する生徒が対象）		（第一志望を叶えるために学業に励む生徒が対象）
評定条件	Bランク以上 または スーパー特進コースと特進コースの合格者を含む上位20%以内	Cランク以上 または スーパー特進コースと特進コースの合格者を含む上位30%以内	Cランク以上 または 入試点70%以上	Dランク または 入試点60%以上	入試点60%以上
特典	入学金全額給付 授業料全額給付（3年間） 学習補助金 年間60,000円給付	入学金全額給付 授業料全額給付（3年間）	入学金全額給付 授業料全額給付（3年間）	入学金全額給付	入学金全額給付

3. その他

	弟妹特待	同窓生特待	スポーツ特待A	スポーツ特待B
対象者	入学時に兄姉が在籍している生徒 双子の兄弟姉妹が同時に入学する場合	祖母、父母、兄姉が本校卒業生である生徒	本校のみを志願し、本校強化指定部でその貢献が期待できる者	
特典	入学金半額給付	入学金半額給付	入学金全額給付 授業料全額給付（3年間）	入学金全額給付

	認定条件	特典
英検特待	準1級以上を取得した生徒	・授業料全額給付
	2級を取得した生徒	・授業料半額給付

*英検特待以外の特待は中学校3年間の欠席日数の合計が30日以内であること
*また、各種奨学金の他、本校独自の奨学金もあります。是非、学校見学会等のイベントにご参加の上、ご相談ください。

POINT

進化を続ける ICT 教育

◇生徒一人1台iPad！
◇全ホームルーム教室にプロジェクター完備
◇学習アプリなどで学びを支援

▲授業支援クラウド「ロイロノート・スクール」を活用した授業

▲アプリの活用

中・高一貫校

私立高校（石狩）

高等専修学校・技能連携校

通信制・単位制

高等専門学校

公立高校（石狩）

公立（渡島・檜山・後志）

公立（空知・留萌）

公立（上川・宗谷）

公立（オホーツク）

公立（胆振・日高）

公立（十勝・釧路・根室）

札幌新陽高等学校

普通科

生徒数705名　男子409名　女子296名

 食堂
 購買部(売店)
 カウンセラー
 寮・寄宿舎　提携寮あり
 携帯電話持込　授業中あり
 スキー授業　スノーボードかスキー選択
 プール施設
資料請求　巻末ページの二次元コードからアクセスできます

ACCESS GUIDE

〒005-0005
札幌市南区澄川5条7丁目1-1
TEL011-821-6161
FAX011-813-4009
https://www.sapporoshinyo-h.ed.jp/

◎ 地下鉄南北線
自衛隊前駅東口から徒歩7分

新陽に来る人は、ワクワクしたい人。

【自分でつくるあなただけの時間割】

「やりたいこと」や「目指している道」は一人ひとり違うもの。新陽高校は「人物多様性」をビジョンに掲げ、2年次から生徒は自身の興味関心や進路希望に合わせて授業を選択し、自分だけの時間割で学びを深めます。教員のサポート体制も充実しているため、授業選択や時間割作成が初めてでも安心です。
やりたいことがある人には「できる!」、やりたいことがまだ無い人には「みつかる!」学校、それが新陽高校です。

【コンパス別授業】

新陽の「コンパス」とは、学ぶ力や学び方を表します。「コンパス」を使って進みたい方向を指し示すように、1年次は次の年次に向けてコンパス別に授業を受けます。2年次以降は、選択科目の中から興味のある科目を選び、指定科目とあわせて時間割を組み立てます。2年次でも3年次でも選択可能な科目もあり、異なる年次の生徒が一緒に授業を受けることもあります。
それぞれのコンパスが目標とする学び方は、以下の通りです。

コンパスの種類			
アカデミア	アドバンス	大学の授業や研究など、高度で専門性の高い学習に必要な力を身につけることを目標とする学び方（アドバンスではより高度な学習に取り組みます）	
	ジェネリック		
パイオニア		基礎学力の定着を目指すとともに、自分の得意分野を見つける体験重視の学び方	
クエスト		探究的な学習を通して新しい価値を創造する力を身につけることを目標とする学び方	

【新陽でしか体験できない授業】

1年次では、担当の先生（メンター）や各教科の先生などと相談しながら、2年次以降に履修する科目を選択します。自由に学べる授業の中には、あなたの「好きなこと」や「興味のあること」がきっとあるはず。「e-sports研究」「アウトドア探究」「Google演習」など、新陽高校が独自に設定する授業はその道のプロの先生が担当しています。自分の好きなことのスキルを磨いて、卒業に必要な単位を修得することができます。また、夏休み・冬休み期間を使って、「集中講座」を開講しています。まるで大学のようなシステムですが、「単位制高校」である新陽だからできる授業です。

 学校へ行こう!

【学校祭】
一般公開日7/13(土)

【オープンスクール】
8/31(土)、10/26(土)

【放課後ミニオープンスクール】
11/15(金)、11/19(火)

その他の日程・参加申し込み方法などについては札幌新陽高校HPをご覧ください。

学費

■入学手続時 **200,000**円　■月額経費 **41,500**円
申請により、所得に応じて就学支援金が支給されます。
また、入学金が半額または全額免除になる新陽高校独自の特待制度があります。
詳しくは本校HPまたはオープンスクールで。
（詳細P310参照）

今春の主な進路

道内国公立大学 1%
進学準備ほか 8%
道外私立大学 4%
就職 19%
道内私立大学 30%
専門学校 35%
看護系専門学校 1%
短大 2%

※人数は現浪合計です。

国公立道外
筑波大・・・・・・・・・・・・・・・・・・1名
私立道内
北海学園大・・・・・・・・・・・・・・2名
北星学園大・・・・・・・・・・・・・・3名
札幌大・・・・・・・・・・・・・・・・・・19名
日本医療大・・・・・・・・・・・・・・6名
札幌国際大・・・・・・・・・・・・・・6名
北海道文教大・・・・・・・・・・・・4名
北海道科学大・・・・・・・・・・・・3名
酪農学園大・・・・・・・・・・・・・・2名
北海道医療大・・・・・・・・・・・・1名
札幌保健医療大・・・・・・・・・・1名
札幌大谷大・・・・・・・・・・・・・・1名
北海道情報大・・・・・・・・・・・・7名
北翔大・・・・・・・・・・・・・・・・・・6名
星槎道都大・・・・・・・・・・・・・・2名
札幌学院大・・・・・・・・・・・・・・1名
私立道外
桃山学院大・・・・・・・・・・・・・・2名
富士大・・・・・・・・・・・・・・・・・・1名
新潟医療福祉大・・・・・・・・・・1名
秀明大・・・・・・・・・・・・・・・・・・1名
金沢工業大・・・・・・・・・・・・・・1名
多摩大・・・・・・・・・・・・・・・・・・1名
桜美林大・・・・・・・・・・・・・・・・1名
サイバー大・・・・・・・・・・・・・・1名
大学校
道職能力開発大学校・・・・・・・・1名
就職先等
自衛隊
北海道エネルギー
恵和会宮の森病院
札幌グランドホテル
コンサドーレ札幌
日産自動車
陸別町役場

指定校推薦（一部）

道内
北海学園大
北海道科学大
酪農学園大
日本医療大
札幌保健医療大
札幌大
道外
立命館アジア太平洋大
日本大
東洋大
大東文化大
亜細亜大
帝京大
国士舘大
桜美林大
産業能率大
城西国際大
金沢工業大
城西大
京都精華大
女子栄養大
東京電機大
桃山学院大
上智短大
大月短大

募集要項(2025年度予定)

一般入試　A日程

■募集定員
280名(普通科)

■試験内容
面接＋筆記課題

■受験料
15,000円

■合否判定
・個人調査書と面接試験等を総合して判定

単願入試

■試験日
2025年1月25日(土)

■出願資格
・本校のみを受験すること

■受験料
15,000円

■試験内容
面接
保護者同伴面接＋筆記課題

■合否判定
・個人調査書と面接試験等を総合して判定

特待制度について

■自己推薦特待
好きなこと・興味のあることに全力で取り組みたい人、本気で挑戦したいことがある人、夢の実現に向けて目標がある人を応援するための特待制度です。
・多様性認定：[入学金全額免除]となります。
・本気認定：[入学金全額免除]および入学後に[奨学金(20万円)を支給]します。
認定基準：書類審査および保護者同伴での面接結果を総合的に判定し、多様性・本気それぞれの認定者を決定します。

■新陽特待
2月の一般入試の結果で、入学金が減免となる特待制度です。
(出願者自身の申請は不要です。)

パスポート制度について

新陽パスポート制度で認定を受け、かつ1月の単願入試で合格した人は、[入学金半額(10万円)免除]とします。
自己推薦特待と新陽パスポート制度は併願可能です。
それぞれ認定となった場合は、より条件の良い減免制度の内容が適用されます。
新陽パスポート制度の詳細については、本校HP等でご確認ください。

2024 入試 DATA
上段は一般入試・下段は推薦・単願を表しています。

		受験者数／合格者数／入学者数	合格者平均 道コンSS	合格者平均 内申点・ランク
アカデミア	アドバンス	2／2／0 5／5／5	37 32	181・G 162・H
アカデミア	ジェネリック	10／10／2 9／9／9	37 32	181・G 162・H
パイオニア		87／87／22 169／165／164		
クエスト		20／18／2 39／37／37		

道コン合格圏
(可能性60%ライン)　　　━━全科集計

内申ランク・内申点 ＼ 道コンSS	74	70	66	62	58	54	50	46	42	38	34	30
A ～296点												
B ～276点												
C ～256点												
D ～236点												
E ～216点						全科集計						
F ～196点												
G ～176点											★	
H ～156点												★
I ～136点												
J ～116点												

合格者平均 ★ 一般入試(全科集計)
★ 推薦入試(全科集計)

掲載の入試データ等は道コン事務局の推定です。
※本校の入試では「ペーパーテスト」がありません。マークは参考値として示します。

新陽高校の入試の特徴

●入学試験のペーパーテスト廃止
入試でのペーパーテストなし！
面接や筆記課題であなたの個性と強みを見る道内初の入試です。

●新陽パスポート制度
「合格への近道」！！
パスポート制度に申請(エントリー)をしてセミナーに参加し、今のあなたのやる気と行動を合格に繋げましょう。

詳しくは、本校HPにて確認してください。

POINT

【出会いと原体験・多様な進路】
YOSAKOI演舞や授業内で行われるフィールドワーク、海外留学など、実社会で学ぶ機会が多数あります。行事では、出願時に選ぶコンパスの垣根を超えて、ハウスごとに活動します。新しい出会いと体験を自らの成長につなげます。

本校では「高校卒業時の進路＝ゴール」ではなく、10年後・20年後の自分をデザインできるような進路支援を行っています。生徒は、在学中の様々な出会いや経験を通して、進学・就職・海外留学・起業など、自身の進路の方向性を決めていきます。本校では、小論文や自己推薦書の全体講習、個別の添削支援、面接練習など、生徒が多様な進路を実現するためのサポート体制を整えています。中には、プロのスポーツ選手や俳優として活躍している卒業生もいます。

【アントレプレナーシップ教育】
総合的な探究の時間を中心に、全ての教科・科目・特別活動を横断して学び、『「好き」(個性)を仕事にする』という一歩を踏み出します。自身の知識や経験を深く掘り下げ、『自己啓発』『人物多様性』『社会的起業家精神』に関する実践的な学びを通して、社会人基礎力を育成します。

【部活動】
全国大会への出場経験のある男女ハンドボール部とeスポーツ研究部をはじめ、12の運動系部活動と、11の文化系部活動があります。生徒たちは多種多様な分野で、日々スキルに磨きをかけ、自身の可能性を広げています。部活動でもICTを活用し、生徒主体で活動しています。

北海道文教大学附属高等学校

普通科 | 食物科

生徒数431名　男子192名　女子239名

食堂 | 購買部(売店) 屋休みパン販売 お弁当注文販売 | カウンセラー | 寮・寄宿舎 | 海外研修(交流)〈希望者〉ニュージーランド | 携帯電話持込 校内OFF | スキー授業 | プール施設 | 資料請求 巻末ページの二次元コードからアクセスできます

ACCESS GUIDE

〒 061-1449
恵庭市黄金中央 5 丁目 207 番 11
TEL 0123-25-5570
FAX 0123-25-5571
https://www.bunkyo.ed.jp

◎ JR 札幌駅から JR 恵庭駅(快速エアポート約 24 分、普通列車約 33 分)下車　徒歩約 15 分
◎中央バス恵庭駅通下車　徒歩約 20 分

多彩なカリキュラムで進路実現をサポート！

普通科と食物科の2学科を設置し、少人数のクラス編成と多彩なカリキュラムできめ細かな指導を行ないます。

【普通科】

1年次は全員共通のカリキュラム(ベーシック)で基礎学力の定着を図ります。2年次からは一人一人が進路目標に応じて選択する2セレクト・5プログラムに分かれ、プログラム科目の学習を通して進路実現をサポートします。

アドヴァンスセレクト

①メインプログラム
　主要5教科のバランスがとれたカリキュラムで、国公立大学文系や難関私立大学への進学を目指します。

②メディカルサイエンスプログラム
　理数系科目に重点を置いたカリキュラムで、国公立大学理系や看護医療系大学への進学を目指します。

アクティブセレクト

①グローバルプログラム
　英会話の授業を多く設定し、グローバル社会に対応できる英語力の向上と私大文系への進学を目指します。

②ヒューマンプログラム
　保育士や幼稚園教諭を目指す上で必要な「ピアノレッスン」などの授業を展開し、保育・教育系大学への進学を目指します。

③アスリートプログラム
　アスリートや指導者として必要な理論や技能を学び、プロ選手や指導者(体育・教育系大学への進学)を目指します。

【食物科】

○クッキングクリエイタープログラム
　1 年次から「栄養」や「調理理論」などの専門科目を学び、食に関する知識・技術を身に付け、卒業と同時に「調理師」免許を取得できる学科です。毎週行われる調理実習では、料亭やホテルの料理長が和・洋・中の専門分野の講師として、プロの技術を伝授してくれます。また、希望者はダブルスクール制度により「製菓衛生師」の受験資格も取得でき、調理師と合わせて 2 つの国家資格を獲得することが可能です。

学校へ行こう！

【第1回学校見学・説明会】
9/7(土)

【第2回学校見学・説明会】
10/20(日)

【入試個別相談会】
11/9(土)・**11/16**(土)
※日程は予定です。詳細はホームページでご確認ください。

学費

■入学手続時 **105,200** 円　　■月額経費 普通科 **33,300** 円　食物科 **36,300** 円
申請により、所得に応じて就学支援金が支給されます。※別途、諸経費がかかります。
※金額は 2024 年度のものです。
(詳細P310 参照)

POINT

充実のICT教育環境

　Wi-Fi環境完備の校舎で、すべてのHR教室に電子黒板を設置しています。これによりパソコンやiPadに取り込んだ画像や動画、資料を投影し、視覚的にわかりやすい授業を展開します。また、生徒全員に貸与されるiPadを活用し、アプリを使った授業やWEBテスト、課題配信など充実した学習を進めます。

今春の主な進路

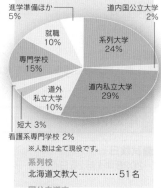

- 道内国公立大学 2%
- 系列大学 24%
- 道内私立大学 29%
- 道外私立大学 10%
- 看護系専門学校 2%
- 短大 3%
- 専門学校 15%
- 就職 10%
- 進学準備ほか 5%

※人数は全て現役です。

系列校
北海道文教大 …… 51名

国公立道内
北海道教育大 …… 2名
札幌市立大 …… 1名

私立道内
北海学園大 …… 13名
藤女子大 …… 7名
北星学園大 …… 4名
北海商科大 …… 4名
日本医療大 …… 5名
北海道医科学大 …… 4名
札幌大 …… 3名
酪農学園大 …… 2名
札幌国際大 …… 1名
札幌保健医療大 …… 11名
星槎道都大 …… 6名
北海道情報大 …… 5名
北翔大 …… 3名
北海道千歳リハビリ大 …… 1名
北海道武蔵女子大 …… 1名

私立道外
駒澤大 …… 1名
仙台大 …… 3名
中京大 …… 1名
国士舘大 …… 1名
山梨学院大 …… 1名
日本体育大 …… 1名
神奈川大 …… 1名
上武大 …… 1名
東北公益文科大 …… 1名
名古屋学院大 …… 1名
環太平洋大 …… 1名
神戸親和大 …… 1名

専門学校
札幌看護医療専門 …… 2名
勤医協札幌看護専門 …… 1名
札幌リハビリテーション専門 …… 1名
苫小牧看護専門 …… 1名

就職先等
札幌グランドホテル …… 1名
札幌プリンスホテル …… 1名
ANAクラウンプラザホテル …… 1名
湯の川プリンスホテル …… 1名
海の別邸ふる川 …… 1名
箱根小涌園 …… 1名

指定校推薦 (一部)

道内
北海道文教大
札幌学院大
札幌国際大
北海道科学大
札幌大
北海道医療大
東海大
北海道情報大
星槎道都大
北翔大

道外
日本福祉大
八戸工業大
愛知工業大
日本薬科大
山梨学院大
駒沢女子大
岩手医科大
　　　　　　　他

募集要項（2024年度実績）
※詳細は2025年度生徒募集要項をご覧ください。

一般入試　B日程

■**募集定員**
160名（普通科120名・食物科40名）
※推薦入学者を含む

■**試験内容**
| 国語 | 英語（リスニングあり） | 数学 | 理科 | 社会 |（各45分・60点）
| 面接 |

■**合否判定**
・学力検査、面接の結果と個人調査書により判定

■**受験料**
15,000円

■**その他**
・欠席日数が3年間で21日以上の場合は理由書が必要

推薦・単願など

推薦入試

学力推薦

■**出願資格**
中学校長の推薦があること
・本校入学を第一希望とすること

スポーツ推薦

■**出願資格**
・本校入学を第一希望とすること
・野球またはサッカーで優れた技量を持ち、本校部活動顧問が推薦する者

■**試験内容**
| 面接 |

■**合否判定**
・面接の結果と個人調査書により判定

■**その他**
・欠席日数が3年間で21日以上の場合は理由書が必要

単願入試

■**出願資格**
・本校入学を強く希望し、本校のみを受検する者

■**試験内容**
| 国語 | 英語（リスニングなし） |
| 数学 |（各30分・50点）| 面接 |

■**合否判定**
・学力検査、面接の結果と個人調査書により判定

■**その他**
・欠席日数が3年間で21日以上の場合は理由書が必要

専願入試

■**出願資格**
・本校入学を強く希望し、本校を第一希望で受検する者

■**試験内容**
| 国語 | 英語（リスニングあり） | 数学 |
| 理科 | 社会 |（各45分・60点）| 面接 |

■**合否判定**
・学力検査、面接の結果と個人調査書により判定

■**その他**
・欠席日数が3年間で21日以上の場合は理由書が必要

2024 入試 DATA
上段は一般入試・下段は推薦入試を表しています。

	受験者数／合格者数／入学者数	合格者平均	
		道コンSS	内申点・ランク
普通科	442／404／97	44	226・E
	17／17／17	40	209・F
食物科	39／37／21	36	204・F
	4／4／4	38	212・F

道コン合格圏
（可能性60%ライン）　━━ 普通・食物

道コンSS / 内申ランク・内申点	74	70	66	62	58	54	50	46	42	38	34	30
A ～296点												
B ～276点												
C ～256点												
D ～236点						普通・食物						
E ～216点									★			
F ～196点										☆		
G ～176点												
H ～156点												
I ～136点												
J ～116点												

合格者　★ 一般入試（普通・食物）
平　均　☆ 推薦入試（普通・食物）

掲載の入試データ等は道コン事務局の推定です。

特待生制度
※昨年度実績。今年度の詳細は2025年度生徒募集要項をご覧ください。

区分	対象学科	条件	特典
普通科第一志望優待	普通科	推薦・単願・専願で普通科を受検し合格した者	入学金半額

区分	対象学科	人数	選考基準		特典
			推薦・単願・専願	併願	
学力特待A	全学科	若干名	C256以上	C266以上	入学金免除、授業料全額支給
学力特待B		若干名	D246以上	C256以上	入学金免除、授業料半額支給
スポーツ特待A	普通科	若干名	生徒募集要項参照		入学金免除、授業料全額支給
スポーツ特待B		若干名			入学金免除、授業料半額支給

SNAP

POINT
食物科：最新の施設・設備と地域連携教育

食物科の調理実習室には調理と製菓の最新機器を完備しており、調理の基本からそれらを使った新しい調理技術の習得にも力を入れています。また、学年ごとに校外実習があり、3年生では飲食店等における5日間の現場実習を行うなど、食に関係する仕事や地域の人々との連携を深めています。

調理実習室

POINT
高大接続を強化！

恵庭キャンパス移転により、「看護師」「理学/作業療法士」「保育士」「幼稚園教諭」「小学校教諭」「管理栄養士」等の資格が取得できる北海道文教大学との高大接続が一層強化されます。
また、本校から北海道文教大学へ進学する場合、入学金の全額免除と教育充実費の半額が減免されます。（2024年度実績）

恵庭キャンパス

中・高一貫校
私立高校（石狩）
高等専修学校・技能連携校
通信制・単位制
高等専門学校
公立高校（石狩）
公立（渡島・檜山・後志）
公立（空知・留萌）
公立（上川・宗谷）
公立（オホーツク）
公立（胆振・日高）
公立（十勝・釧路・根室）

酪農学園大学附属とわの森三愛高等学校

中・高一貫校

私立高校（石狩）

高等専修学校・技能連携校

通信制・単位制

高等専門学校

公立高校（石狩）

公立（渡島・檜山・後志）

公立（空知・留萌）

公立（上川・宗谷）

公立（オホーツク）

公立（胆振・日高）

公立（十勝・釧路・根室）

普通科	特進GROW-UPコース(獣医理系専攻／文系専攻) フードクリエイトコース
	総合進学コース トップアスリート健康コース
アグリクリエイト科	機農コース（酪農専攻／作物園芸専攻） 生徒数822名

食堂 購買部(売店) カウンセラー 寮・寄宿舎 海外研修(交流) 携帯電話持込 スキー授業 プール施設 資料請求

一部のコースは国内研修
巻末ページの二次元コードからアクセスできます

ACCESS GUIDE

〒069-8533
江別市文京台緑町569番地
TEL 011-386-3111
FAX 011-386-1243
https://www.san-ai.ed.jp

◎ JR
「大麻駅」から徒歩7分(札幌駅から大麻駅まで15分)
◎ JRバス
「道立図書館前」から徒歩2分
◎ JRバス・夕鉄バス
「大麻駅南口」「とわの森三愛高校前」から徒歩5分

今春の主な進路

道内私立大学 43%
系列大学 24%
道外私立大学 13%
専門学校 9%
就職 6%
道内国公立大学 4%
道外国公立大学 1%

※人数は現役のみです。
系列校
酪農学園大 …………… 68名
国公立道内
北海道教育大 …………… 3名
小樽商科大 …………… 2名
札幌市立大 …………… 3名
北見工業大 …………… 1名
千歳科学技術大 …………… 1名
名寄市立大 …………… 1名

目指すものがある！特色ある5コースで、とわの森にしかない「学び」を！

酪農学園大学附属とわの森三愛高等学校は、
・目的や目標に合わせた5コース制。充実した学びができます！
・農、食、環境、生命分野に強い「酪農学園大学」の附属高校として特色を出しています！

特進GROW-UPコース（獣医理系専攻／文系専攻）
酪農学園大学獣医学類への学園内進学（3年次に一定の学力水準を満たすことが条件）並びに、理系国公立大学や難関理系私立大学を目指す今年度新設されたコースで、獣医理系専攻と、全国の国公立大学や道内・首都圏の難関私立大学を目指す文系専攻があります。

フードクリエイトコース
普通科カリキュラムの学習に加え、酪農学園の環境を存分に活かし、食糧生産・食品加工・食品流通・販売実習など「食」と「農」の分野をトータルに学び、栄養や健康、食育について考えるコースです。

総合進学コース
学力に適した授業、大学進学を目指す授業を展開します。社会性を育む授業であるキャリアガイダンスや、農と食を学ぶアグリトライなど、多種多様な科目で人間性豊かな学びを実現。また「探究」では、主体的に学び、行動・発信する力を伸ばします。多彩な教育内容で、新しい可能性や成長が図れます。

トップアスリート健康コース
本校が指定する運動部の生徒が対象のコースです。全国に通用する環境で競技力の向上を目指しつつ、将来の夢の実現のため、勉強にも全力投球できるコースです。

機農コース（アグリクリエイト科）
酪農の自営者育成はもとより、農業・酪農・食品・流通関連への就職、および農の現場を経験した上での大学進学など、幅広い進路を目指すコースです。実習中心に、酪農を基礎・基本から学ぶ酪農専攻（全寮制）に加え、通学も可能な作物園芸専攻もあります。

学校へ行こう！

【学校見学会】	【学校祭】(一般公開)
①9/8(日) ②10/6(日)	7/13(土)
③11/9(土)	

日程等については変更になる場合もございます。詳細は公式webでご確認下さい。

学費

■入学手続時 普通科 **260,000円** アグリクリエイト科 **320,000円**(入寮費含む)
■月額経費 普通科 **32,300円** アグリクリエイト科 **34,800円**
別途、学年諸経費等がかかります。
申請により、所得に応じて就学支援金が支給されます。 （詳細P311参照）

POINT

東京オリンピック出場！！
優秀な選手を輩出！！「TA健康コース」

東京オリンピックでは、本校出身の2名の選手が大会に出場しました。
全国レベルのアスリートを目指すと共に、競技生活後の人生まで見据えた生き方も考える、特色ある授業を展開しています。
8つの強化指定部は、女子ソフトボール部、女子バドミントン部、男女ソフトテニス部、男子バレー部、サッカー部、女子バスケットボール部、硬式野球部です。

男子バレーボール日本代表の山本智大さん
トップアスリート健康コース1期生

指定校推薦（一部）

道内
酪農学園大
北星学園大
北海学園大
北海商科大
北海道科学大
北海道医療大
北翔大
日本医療大
東海大
藤女子大
北海道武蔵女子短大
北星学園大短大

道外
東北学院大
青山学院大
国際基督教大
同志社大
明治大
明治学院大
城西大
城西国際大
帝京大
立正大

募集要項（2025年度予定）

一般入試　B日程

■ 募集定員

300名

- 普通科　総合進学コース　120名
- 特進GROW-UPコース獣医理系専攻／文系専攻　40名
- フードクリエイトコース30名
- トップアスリート健康コース70名
- アグリクリエイト科　機農コース酪農専攻／作物園芸専攻　合計40名

※推薦入学者を含む

■ 試験内容

国語　数学　英語（各50分）

■ 受験料

16,000円

■ 合否判定

・出願書類（願書・調査書）、面接、学力試験により判定

SNAP

機農コース・牛舎実習

2024 入試 DATA
上段は一般入試・下段は推薦・単願・専願入試を表しています。

	受験者数／合格者数／入学者数	合格者平均 道コンSS	内申点・ランク
特進GROW-UPコース		54	268・C
		49	255・D
総合進学コース	／／／		
トップアスリート健康コース	／／／	42	212・F
フードクリエイトコース		37	190・G
機農コース			

道コン合格圏（可能性60％ライン）

凡例：特進GROW-UP／総合進学・フードクリエイト

内申ランク・内申点 ＼ 道コンSS	74	70	66	62	58	54	50	46	42	38	34	30
A ～296点												
B ～276点		特進GROW-UP										
C ～256点						★						
D ～236点						☆						
E ～216点			総合進学・フードクリエイト									
F ～196点									●			
G ～176点										○		
H ～156点												
I ～136点												
J ～116点												

合格者平均
- ★ 一般入試（特進GROW-UP）
- ☆ 推薦入試（特進GROW-UP）
- ● 一般入試（総合進学・フードクリエイト）
- ○ 推薦入試（総合進学・フードクリエイト）

掲載の入試データ等は道コン事務局の推定です。

推薦・単願

推薦入試

■ 出願資格

・中学校長の推薦があること
・本校を第一志望としていること

■ 試験内容

作文　面接　※作文は800字以内・題は当日提示

■ 合否判定

・出願書類（願書・調査書・推薦書）、作文、面接を総合して判定

単願入試

■ 出願資格

・本校のみを志望していること

■ 試験内容

国語　数学　英語（各45分）　面接

■ 合否判定

・出願書類（願書・調査書）、学力試験、面接を総合して判定

特待生制度・奨学金制度
以下は昨年度のものです。今年度の特待生制度は本校募集要項を御覧ください。

■ 認定基準及び特典

特待生制度

対象コース		特進GROW-UP	総合進学	フードクリエイト	機農	トップアスリート特待 トップアスリート健康
資格・設定方法など	学習点	D（236点）以上	E（216点）以上	E（216点）以上	E（216点）以上	E（216点）以上
	その他					◆スポーツに優れた技能を持ち、人物・生活態度が良好で、本校の各クラブ顧問が必要な人材であると認める生徒 ◆3年間指定クラブに在籍する生徒
内容	入学金	Cランク以上全額免除	Cランク以上全額免除	Cランク以上全額免除	D以上全額免除 E以上半額減免	C以上全額免除 E以上半額減免
	奨学金給付（年額）	B以上12万円 D以上6万円	B以上12万円 E以上6万円	B以上12万円 E以上6万円	D以上15万円 E以上10万円	E以上12万円

奨学金制度

種類	貸与額	備考
北海道高等学校奨学会の入学資金貸付制度	20万円以内	生活保護世帯または保護者がともに市町村民税非課税の世帯（無利子）
北海道高等学校奨学会の奨学金貸付制度	月10,000円～35,000円（5,000円刻みで選択）	収入が一定の基準以下の世帯（無利子）
その他	各市町村、あしなが育英会	

※上記の他、専願特待、農家子弟特待（機農のみ）などがあります。

CLUB

部活動が盛んです！

部活動が盛んな「とわの森」。毎年多くの部が全道大会で上位に入賞し全国大会に出場しています。

〈2023年度全国大会出場クラブ〉5クラブ

バドミントン部
男子ソフトテニス部
体操競技部
ソフトボール部
女子ソフトテニス部

POINT

「食」をトータルに学ぶフードクリエイトコース

フードクリエイトコースは、栽培／流通／調理・加工／販売の4つの柱で「食」をトータルに学ぶことが出来るコースです。学園圃場で野菜を育て収穫し、食材の特徴を学んだうえで調理・加工をしています。また野菜の販売実習を通して、地域の方々と交流を深めています。酪農学園大学との学園内進学制度で管理栄養士コースや食に関する更なる学びの場に進学できるのも大きな魅力です。

日本航空高等学校 北海道

航空科 航空工学 国際

生徒数61名　男子16名　女子45名

 食堂 昼食は、全校生徒が食堂で喫食
 購買部(売店)
 カウンセラー 月2回希望者予約制
 寮・寄宿舎 通学も可
 海外研修(交流) 全員ハワイ(予定)
 携帯電話持込 休み時間、始業前放課後、登下校授業の妨げにならないようにする
 スキー授業
プール施設
資料請求 巻末ページの二次元コードからアクセスできます

ACCESS GUIDE

〒066-8622
千歳市泉沢1007-95
TEL 0123-28-1155
FAX 0123-28-1166
https://www.jaaw-hs.net/hokkaido

◎ JR「千歳駅」からスクールバスを運行
◎ 千歳相互観光バス「本社営業所」下車　徒歩約20分

真の航空教育とグローバル人材の育成で、世界の架け橋へ

航空工学コース

情報ステージ
未経験でも安心して基礎から学べる
勉強や仕事などがオンラインで行われるようになり、ITの知識や技術を持った人材がより必要となっています。
日本航空高等学校ではそのエキスパートを養成します。
プログラミング、デジタルコンテンツの丁寧な指導で共に幅広く活躍できるIT人材になろう!

航空整備士・グランドハンドリングステージ
航空機全般について学ぶ
航空機の機能・構造・性能について、豊富な教材を使い学びます。実際に本物の部品に触れ、基本技術を身につけます。グランドハンドリングでは実際に使われている教材を利用して実習を行います。

国際コース

総合ステージ
航空業界のキャリアを見据えた総合学習で難関大学進学を目指す!
近年多様化する生徒の進路希望に合わせる形で基礎学力の定着から大学進学や併設校進学に向けた航空系教科に加え、大学受験の際に必要な科目を中心に履修しています。

キャビンアテンダントステージ
語学力強化プログラム
航空業界では必須の英語を強化します。英語の授業は習熟度別クラスで実施。外国人教員による語学授業とTOEFLや英検などの資格対策に特化した授業により、効率的に語学を習得できます。

客室乗務員訓練施設での実習
エアバス、ボーイング社両方のモックアップを使用して実習を行うため、どのエアラインに就職しても役立つ専門知識が身につきます。

アスリート・芸術ステージ
スポーツや芸術活動を通して、世界で活躍できる人材を育成します
アスリート・芸術ステージでは、競技能力の更なる向上や芸術分野の才能を伸ばすことを目的としています。
地元自治体や企業の協力、ボランティアなどを企画運営することで地域貢献を目指します。

学校へ行こう!

【オープンキャンパス】
7/6(土)・**8/17**(土)・**9/8**(日)・**10/5**(土)
11/2(土)新千歳空港見学・**11/30**(土)　時間:10:00〜15:30

【道内空港でのオープンキャンパス】
7/27(土)11:45〜15:00[帯広空港]

お申し込み・詳細はQRコードよりご確認下さい。

POINT

充実の施設と設備
全てが本物で授業が受けられる環境はここだけ!!

広大なキャンパスでは飛行機の整備実習やグランドハンドリング系の車両実習がのびのびと行われています。特に飛行機のエンジンをかけて地上を滑走する「タキシング」をキャンパス内で行えるのは、全国の航空系学校の中でも本校だけです。

タキシング(飛行機の地上滑走)ができる

学費

■入学一時金… **150,000**円
■授業料(年間)… **396,000**円
■諸費(年間)… **408,000**円
■他諸経費(年間)
　　　　　… 約**275,000**円

(詳細P311参照)

日本航空高等学校 北海道

中・高一貫校
私立高校（石狩）
高等専修学校・技能連携校
通信制・単位制
高等専門学校
公立高校（石狩）
公立（渡島・檜山・後志）
公立（空知・留萌）
公立（上川・宗谷）
公立（オホーツク）
公立（胆振・日高）
公立（十勝・釧路・根室）

募集要項（2025年度予定）

一般入試　A日程

■出願期間
1月30日（木）～2月6日（木）

■試験日
2月13日（木）

■合格発表
2月20日（木）

■試験内容

国語 数学 英語 面接

推薦入試

■出願期間
12月9日（月）～1月14日（火）

■試験日
1月19日（日）

■合格発表
1月23日（木）

■試験内容

作文 面接　面接は、Web面接で実施
　　　　　　来校しての面接ではありません

出願に関しては、Webシステムより行います。 ホームページをご確認下さい。

特待生・奨学金など

スポーツ奨学生、学業奨学生の制度あり。詳細はオープンキャンパス時の個別面談でご確認下さい。

2024 入試 DATA　上段は一般入試・下段は推薦・単願・専願入試を表しています。

	受験者数／合格者数／入学者数	合格者平均	
		道コンSS	内申点・ランク
航空工学コース	6／0／0 11／11／11	56 —	267・C —
国際コース	2／1／0 30／30／30※	—	—

※留学生6名含む

道コン合格圏
（可能性60%ライン）　　　　　　　　━━ 航空工学・国際

道コンSS 内申ランク・内申点	74	70	66	62	58	54	50	46	42	38	34	30
A ～296点												
B ～276点				航空工学・国際								
C ～256点						★						
D ～236点												
E ～216点												
F ～196点												
G ～176点												
H ～156点												
I ～136点												
J ～116点												

合格者平均 { ★ 一般入試（航空工学・国際）

掲載の入試データ等は道コン事務局の推定です。

SNAP

POINT

「思考力」と「発信力」を身に付ける

PBL (Project Based Learning)
課題解決型学習

「総合的な探究の時間」の授業を中心に、「PBL（Project Based Learning）」の手法を取り入れています。生徒たちは与えられたテーマに対して自ら課題を見つけ、クラスメートたちと議論しながら自分たちの力で解決方法を導きます。その一連のプロセスの中で、ディスカッション、フィールドワーク、レポート、プレゼン、情報発信などのアウトプットを重ね、思考力と発信力を養います。

POINT

安心・安全の寮生活

生徒の約7割が生活している寮「リンドバーグホール（男子寮）」と「アメリアホール（女子寮）」。校舎まで歩いて数分という抜群の立地。同じ目標を持つ仲間と共に勉強したり遊んだりと充実したキャンパスライフが送れます。

 24時間サポート

 3食の食事付き！

Wi-Fi完備

中・高一貫校
私立高校（石狩）
高等専修学校・技能連携校
通信制・単位制
高等専門学校
公立高校（石狩）
公立（渡島・檜山・後志）
公立（空知・留萌）
公立（上川・宗谷）
公立（オホーツク）
公立（胆振・日高）
公立（十勝・釧路・根室）

私立女子

藤女子高等学校

※2025年度より、
高校3カ年コースを開設いたします。

普通科

生徒数588名　中学生279名　高校生309名

 食堂
 購買部（売店）
 カウンセラー 週2度
 寮・寄宿舎
 海外研修（交流）〈希望者〉高1 高2：イギリス 高1：カナダ 中3：オーストラリア
 携帯電話持込
 スキー授業
 プール施設
 資料請求 巻末ページの二次元コードからアクセスできます

ACCESS GUIDE

〒001-0016
札幌市北区北16条西2丁目
TEL011-707-5001
FAX011-746-7371
https://www.fuji-gjshs.jp/

◎ 地下鉄南北線
「北18条」下車　徒歩5分
◎ 地下鉄東豊線
「北13条東」下車　徒歩9分

今春の主な進路

看護系専門学校 4%
専門学校 4%
進学準備ほか 8%
道内国公立大学 7%
系列大学 17%
道外私立大学 25%
道内私立大学 30%
短大 1%
道外国公立大学 4%

※人数は現浪合計です。

系列校
藤女子大‥‥‥‥‥‥‥43名
国公立道内
北海道大‥‥‥‥‥‥‥5名
札幌医科大‥‥‥‥‥‥1名
小樽商科大‥‥‥‥‥‥1名
北海道教育大‥‥‥‥‥1名
室蘭工業大‥‥‥‥‥‥2名
千歳科学技術大‥‥‥‥1名
国公立道外
京都大‥‥‥‥‥‥‥‥1名
岩手大‥‥‥‥‥‥‥‥1名
金沢大‥‥‥‥‥‥‥‥1名
岡山大‥‥‥‥‥‥‥‥1名
島根大‥‥‥‥‥‥‥‥1名
福岡県立大‥‥‥‥‥‥1名
私立道内
北海学園大‥‥‥‥‥‥9名
北星学園大‥‥‥‥‥‥4名
天使大‥‥‥‥‥‥‥‥2名
北海道医療大‥‥‥‥‥17名
北海道科学大‥‥‥‥‥13名
酪農学園大‥‥‥‥‥‥3名
私立道外
上智大‥‥‥‥‥‥‥‥2名
慶應義塾大‥‥‥‥‥‥1名
中央大‥‥‥‥‥‥‥‥10名
立教大‥‥‥‥‥‥‥‥3名
津田塾大‥‥‥‥‥‥‥3名
関西学院大‥‥‥‥‥‥3名
法政大‥‥‥‥‥‥‥‥2名
学習院大‥‥‥‥‥‥‥1名
明治大‥‥‥‥‥‥‥‥1名
青山学院大‥‥‥‥‥‥1名
東京理科大‥‥‥‥‥‥1名
同志社大‥‥‥‥‥‥‥1名
立命館大‥‥‥‥‥‥‥1名
多摩美術大‥‥‥‥‥‥2名
北里大‥‥‥‥‥‥‥‥1名
武蔵野美術大‥‥‥‥‥1名
海外
バンガー大‥‥‥‥‥‥1名
他多数

2025年、高校3カ年コース開設

本校はカトリックの精神に基づき、1925年にキノルド司教によって創立され、豊かな教養と奉仕の精神を持つ優れた女性の育成を目指し、約2万人の卒業生を世に送り出しています。

2024年、カトリックの精神を理念として共有する天使学園と法人統合し、学校法人「藤天使学園」となりました。

創立から100年を迎える2025年、次の100年に向かって、高校3カ年コースを開設いたします。

知性を磨く65分授業

AI時代だからこそ真の教養が問われます。本校の1コマ65分×5時間の授業では、対話と思考を重視し、主体的な深い学びを得られます。授業において活用されているgoogle classroomは、授業以外でも、先生による動画配信や生徒による課題の提出などで活用されています。また、フジロクという本校オリジナルの学習手帳を通して、きめ細やかに家庭学習のサポートを行っています。

土曜日は、それぞれの力を伸ばすための日です。希望者には進学課外講座が行われています。自習のために図書館を利用する生徒や部活動や校外での習い事などで個性や実力を発揮する生徒も多くいます。

指定校推薦（一部）

道内
藤女子大
天使大
北海学園大
北星学園大
酪農学園大
北海道医療大
北海道科学大
道外
慶應義塾大
東京理科大
学習院大
明治大
立教大
中央大
法政大
成城大
成蹊大
津田塾大
東京女子大
日本女子大
南山大
同志社大
関西学院大
他多数

目標に合わせた2つのコース

特別進学コース

難関国公立大学や医学部医学科進学を目指すコースです。数学と理科の授業時数を増やし、より高度な内容、速い進度で学習し、難関大学合格へ向けた確かな学力を養成します。高い目標に向けて勉強に打ち込みたい人にぴったりです。

総合進学コース

道内外の国公立大学・私立大学など幅広い進学を目指すコースです。丁寧な指導で基礎学力を伸ばし、多様な授業を通して表現力、探究力を磨きます。部活動や課外活動、習い事や趣味活動と勉強の両立をはかりたい人にぴったりです。

 学校へ行こう！

【高等学校説明会】
第1回　6/22（土）
第2回　9/14（土）
第3回　10/12（土）

【個別相談会】
10/5（土）、10/26（土）、
11/16（土）、11/30（土）、
2/7（土）

学　費
■入学手続時 250,000円　■月額経費 41,850円　※特待生・奨学生の制度あり
申請により、所得に応じて就学支援金が支給されます。
（詳細P311参照）

中・高一貫校

私立高校(石狩)

高等専修学校・技能連携校

通信制・単位制

高等専門学校

公立高校(石狩)

公立(渡島・檜山・後志)

公立(空知・留萌)

公立(上川・宗谷)

公立(オホーツク)

公立(胆振・日高)

公立(十勝・釧路・根室)

募集要項(2025年度予定)

■募集定員
160名(内部進学者95名を含む)

■募集コース
特別進学コース、総合進学コース

一般入試　A日程

■募集コース
特別進学コース、総合進学コース

■出願条件
2025年3月中学校卒業見込みの女子

■受験料
16,000円

■試験科目
国語　数学　社会
理科　英語（リスニング含）
（各50分・100点）
寄宿舎志望者のみ保護者同伴面接
を行います。

■その他
特別進学コース志願者は、特別進学コース
の合格点に達しなかった場合、総合進
学コースでの合格判定を行います。

■合否判定
個人調査書と筆記試験得点により総合的に判定。

道コン合格圏（可能性60%ライン）

		道コンSS 内申ランク・内申点	74	70	66	62	58	54	50	46	42	38	34	30
A	~296点													
B	~276点					特別進学								
C	~256点													
D	~236点					総合進学								
E	~216点													
F	~196点													
G	~176点													
H	~156点													
I	~136点													
J	~116点													

—— 特別進学　—— 総合進学

2025年開設のため、合格圏は道コン事務局で推定した可能性60%ラインです。

専願入試

コース	特別進学コース		総合進学コース	
区分	専願A	専願B	専願C	専願D
出願資格	①2025年3月中学校卒業見込みの女子 ②中学校3年間の総欠席日数が30日以内の者 ③本校を第一志望とし、合格後必ず入学する者			
	④学習点が296点以上の者	④学習点が276点以上かつ中学3年時の主要5教科5段階評定合計が23以上の者	④学習点が256点以上の者	④学習点が236点以上かつ中学3年時の主要5教科5段階評定合計が20以上の者

■試験日
1月25日（土）

■受験料
16,000円

■試験科目
数学　英語（リスニング含）
（各50分・100点）
面接（本人）※寄宿舎希望者は
保護者同伴面接

■合否判定
個人調査書・筆記試験得点・
面接により総合的に判定。

特待生
一般入学試験の成績が極めて優秀な者に、入学金相当額を入学後に
給付します。
専願入試合格者で特待生を希望する場合は、一般入学試験を受験し
てください。その際に、新たに出願手続きをする必要はありません。

奨学生
道府県民税・市町村税所得割合額の合算額が非課税の者に、入学金
相当額を給付します。

POINT

自分の力を他者のために活かす

キリスト教の教えに基づき、他者のために
自分の力を活かすことを学びます。ボラン
ティア活動、SDGs活動にも積極的に取り組
んでいます。

ジェンダーバイアスから解放された環境

社会を取り巻く環
境は、この10年で
大きく転換しまし
た。生徒の探究心と
向上心を最大限に活
かし、性差に捉われ
ない一人の人間とし
ての成長を促します。

時代を担う精神を養う国際教育

英語によるコミュ
ニケーション力、欧
米型の思考力、異文
化への理解を育みま
す。海外研修、指定
校推薦による海外進
学も充実しています。

北星学園女子高等学校

※2025年度より
コースが再編されます。

普通科 Academicコース Pioneerコース Globalistコース Musicコース

 食堂 購買部（売店） カウンセラー 寮・寄宿舎 海外研修（交流） 携帯電話持込 スキー授業 プール施設 資料請求 巻末ページの二次元コードからアクセスできます

生徒数558名

中・高一貫校

私立高校（石狩）

高等専修学校・技能連携校

通信制・単位制

高等専門学校

公立高校（石狩）

公立（渡島・檜山・後志）

公立（空知・留萌）

公立（上川・宗谷）

公立（オホーツク）

公立（胆振・日高）

公立（十勝・釧路・根室）

Academicコース

国公立大学や難関私立大学進学を目指すため、主要教科に多くの時間を配分し、演習にも十分配慮したカリキュラムになっています。さらに講習・添削など学力向上に向けたサポートも充実しています。

POINT 1年生から土曜講習を実施。国・数・英の3教科で問題演習を行います。

Pioneerコース

高校2年生から「北星学園大学・私大」系と「看護医療」系の2系統を選択。高2の1年間で大学の出張講義を継続的に受講する他、進路実現に必要な科目を効率的に履修できます。

POINT 勉強と部活動を両立しながら、北星学園大学から看護医療系まで幅広い進路希望を実現できます。

Globalistコース

英語科は修学旅行の代わりに全員が7カ月間か3カ月間の短期留学か約1年間の長期留学をします。現地の高校に留学生として通うイマージョンプログラムです。また新しい大学入試に対応したケンブリッジ英語検定を全員が受検します。

POINT English LoungeやCall教室で実用的な英語を身につけます。

Musicコース

ピアノ・声楽の他、管弦楽器など様々な専攻に対応、個々の実力に応じた授業を実施しています。定期演奏会や、コンサートへの参加・ウィーン研修旅行など、恵まれた音楽教育環境で学べます。

POINT グランドピアノ完備の11室のレッスン室及び3つの音楽室など充実した設備。

学校を選ぶことは人生を選ぶこと。

ACCESS GUIDE

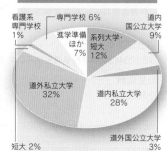

〒064-8523
札幌市中央区南4条西17丁目2－2
TEL011-561-7153
FAX011-561-7228
https://www.hokusei-ghs-jh.ed.jp/

◎ 地下鉄「西18丁目」駅
2番出口から徒歩8分

今春の主な進路

看護系専門学校 1%
専門学校 6%
進学準備ほか 7%
系列大学・短大 12%
道内国公立大学 9%
道外私立大学 32%
道内私立大学 28%
短大 2%
道外国公立大学 3%

※人数は現役のみです。

系列校	
北星学園大	16名
北星学園大短大	5名

国公立道内	
北海道大	1名
北海道教育大	9名
小樽商科大	4名
札幌市立大	1名
はこだて未来大	1名

国公立道外	
琉球大	1名

私立道内	
北海学園大	8名
天使大	4名
日本医療大	6名
北海道医療大	5名

私立道外	
国際基督教大	1名
立教大	2名
同志社大	2名
東京女子大	2名
青山学院大	1名
関西学院大	1名
法政大	1名
立命館大	1名
明治学院大	5名
学習院女子大	2名
同志社女子大	2名

指定校推薦 （一部）

道内	
天使大	2名
北海学園大	11名
北海道医療大	10名
藤女子大	6名
日本医療大	12名

道外	
関西学院大	5名
京都外国語大	3名
同志社大	3名
同志社女子大	2名
立命館大	1名
大妻女子大	2名
学習院女子大	2名
国際基督教大	1名
昭和女子大	3名
成蹊大	2名
東京女子大	6名
東京理科大	2名
法政大	2名
明治学院大	6名
立教大	1名
神戸女学院大	3名
獨協大	4名

学校へ行こう！

【学校説明会】
①6/22（土）13:00～16:00
②9/21（土）13:00～16:00
③10/12（土）13:00～16:00
④11/9（土）13:00～16:00

【個別相談会】
12/7（土）13:00～15:30

学費
■入学手続時 **250,000**円
■月額経費 普通科 **39,300**円 英語科 **42,800**円 音楽科 **48,800**円
申請により、所得に応じて就学支援金が支給されます。 （詳細P311参照）

POINT

★北星、天使、青山学院、同志社、ICU…充実の指定校推薦枠！

進学実績向上中の北星学園女子高校は、道内外の難関大学指定校推薦枠も充実！
高校生活を勉強だけでなく、部活動や生徒会活動で充実させたいあなたにチャンスが広がります。

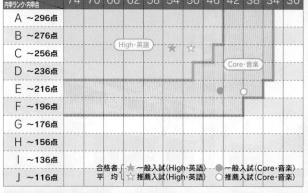

北星学園女子高等学校

中・高一貫校 | 私立高校（石狩） | 高等専修学校・技能連携校 | 通信制・単位制 | 高等専門学校 | 公立高校（石狩） | 公立（渡島・檜山・後志） | 公立（空知・留萌） | 公立（上川・宗谷） | 公立（オホーツク） | 公立（胆振・日高） | 公立（十勝・釧路・根室）

募集要項（2025年度予定）

一般入試　B日程

■募集定員

250名（Academicコース40名・Pioneerコース110名　Globalistコース70名　Music
コース30名）
※推薦・専願・内部進学者を含む

■試験内容

Academicコース・Pioneerコース

筆記試験

国語　数学　英語（リスニングテスト20点含む）　理科　社会　（各50分・100点）

Globalistコース

筆記試験

国語　数学　英語（リスニングテスト20点含む）　理科　社会　（各50分・100点）

※筆記試験の他にリスニングテスト（20分・20点）あり

Musicコース

筆記試験

国語　数学　英語（リスニングテスト20点含む）　理科　社会　（各50分・100点）

実技試験

新曲視唱　当日用意された旋律を階名で歌います。

専攻実技　専攻別に、課題曲を暗譜で演奏します。

※実技認定会で認定合格すると、入学試験当日の実技試験が免除されます。

■受験料
16,000円

■合否判定
・学力試験の得点および調査書による総合判定

■その他

・Academicコースまたは、Globalistコースで不合格となっても、普通科Pioneerコースの合格基準に達していれば、Pioneerコースでの合格となります。
・Musicコースの実技試験で不合格となっても、普通科Pioneerコースの合格基準に達していれば、Pioneerコースでの合格となります。

2024 入試DATA

Coreコースの合格者にはHighコース・英語コース受験での合格者を含みます。上段は一般入試・下段は推薦・専願などを表しています。

	出願者数／合格者数／入学者数	合格者平均 道コンSS	合格者平均 内申点・ランク
Highコース	－／53／10 25／25／25	54 49	269・C 283・B
Coreコース	－／61／19 59／59／59	45 40	224・E 223・E
英語科	－／37／11 27／27／27	55 51	279・B 271・C
音楽科	－／4／2 6／6／6	－ 39	－ 217・E

道コン合格圏（可能性60％ライン）　━ High・英語　━ Core・音楽

掲載の入試データ等は道コン事務局で推定した2024年度入試のものです。本校は、2025年度入試より、新コース名になります。

〈合格の目安（参考）〉

	入試得点
Academicコース	一般入試得点60％以上
Pioneerコース	一般入試得点50％以上
Globalistコース	一般入試得点60％以上（英語の正答率65％以上）
Musicコース	一般入試得点50％以上＋実技

推薦・専願など

推薦入試

■出願資格
・中学校長の推薦があること
・合格後、必ず入学すること

■試験内容
面接

■合否判定
・調査書、面接による総合判定

専願入試

■出願資格
・本校を第一希望とすること
・合格後、必ず入学すること

■試験内容
面接　作文　リスニングテスト（Globalistコースのみ）

■合否判定
・調査書、面接、作文およびリスニングテスト（Globalistコースのみ）による総合判定

■受験基準

	推薦入試	専願入試
Academicコース	Cランク以上	Dランク以上
Pioneerコース	Eランク以上	Fランク以上
Globalistコース	Cランク以上	Dランク以上
Musicコース	Eランク以上 （実技認定会合格者のみ）	Fランク以上 （実技認定会合格者のみ）

奨学金制度

入学試験の結果や出願時の学習点で、奨学金を支給。さまざまな制度で、みなさんの学業をサポートします。

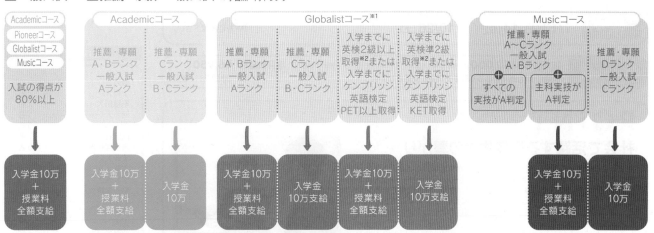

●奨学金は最大3年間ですが、入学後の生活態度や学業成績によって、年度の途中でも奨学金の権利を失う場合があります。
※1　Globalistコースは「学習点」か「英語に関わる検定」のどちらかの条件を満たせば、奨学金対象となります。
※2　「英検」は「日本英語検定協会主催実用英語技能検定」が対象です。

中・高一貫校

私立高校（渡島）

高等専修学校・技能連携校

通信制・単位制

高等専門学校

公立高校（石狩）

公立（渡島・檜山・後志）

公立（空知・留萌）

公立（上川・宗谷）

公立（オホーツク）

公立（胆振・日高）

公立（十勝・釧路・根室）

函館ラ・サール高等学校

普通科 特進コース 一般コース

 食堂 購買部（売店） カウンセラー 寮・寄宿舎 海外研修（交流）中学のみ（全員） 携帯電話持込 スキー授業 中学のみ（全員） プール施設 資料請求 巻末ページの二次元コードからアクセスできます

生徒数319名

ACCESS GUIDE

函館ラ・サール中学校
函館ラ・サール高等学校

〒041-8765
函館市日吉町1-12-1
TEL 0138-52-0365
FAX 0138-54-0365
https://www.h-lasalle.ed.jp/

◎ JR函館駅より
バス（95番）「学園前」下車
徒歩5分

人間教育と進学教育の高いレベルでの両立

学校の特色

　函館ラ・サール高校は世界約80か国に広がるラ・サール会の中の1つの学校です。
[ラ・サール会・第27代目総長からのメッセージ（抜粋）、2016年7月13日来校]
"We expect you to respect this inherent dignity of all persons, including those with whom you may not like or disagree with. … If you truly want to enjoy peace and harmony, you must be able to disagree, discuss and argue in a civil and courteous manner. … This is what we want you to contribute to our contradiction-filled world."
（自分が好まない人、もしくは意見の合わない人がいたとしても、彼らを尊重しましょう。…平和で落ち着いた生活をしたいと望むなら、意見の合わない人とも、ていねいなやり方で、議論を重ねていきましょう。…いまの大変な世の中に貢献できる人材に巣立ってほしいです。）
　ラ・サール会はたとえ国が異なっていても同じ理念を共有します。本校では、全ての人の尊厳を重んじること、人々の考え方のちがいや多様性を尊び、個々の考え方を受け入れていくということ、質の高い教育をし、生徒たちが広い視野をもって、より良い社会を作り上げていくための力を身に着けさせることを目指しています。

　本校の高3生の文理の割合は、例年およそ1：2から2：3で理系が多いです。理系は医歯薬系を志望する者が多く、文系は全国の国公立や関東関西の私大を目指す傾向があります。また、高1〜3年までを合わせた函館近郊の生徒と寮生の割合はおよそ45：55くらいで寮生の方が多い傾向にあります。

学校へ行こう！
【学園祭】
7/13（土）・14（日）
【学校説明会】
10/26（土）
HPをご確認下さい。

学費
■入学金 150,000円（施設設備充実費150,000円は入学時または入学後の分納）
申請により、所得に応じて就学支援金が支給されます。
■月額経費 46,950円
（詳細P311参照）

POINT

社会で活躍する卒業生との繋がり

　1960年の開校以来、医療・マスコミ・産業界や文学界などさまざまな分野で活躍する人材を輩出してきました。「ラ・サール・ファミリー・スピリット（生徒たちは学校を一つの家族のように考え、教師たちは信頼できる父や兄として生徒たちをときに厳しく、そして温かく包む）」の言葉に象徴されるミッションスクールとして、高い学力を身に着けるともに人間力を磨くことをめざしています。
　本校を巣立ったOBは、北海道内はもちろん、国内、ひいては世界各地で活躍しています。このようにラ・サールネットワークは限りなく広がっています。（右は産業界で活躍する49期生のOBによる講演会のようすです）

今春の主な進路

道内国公立大学 4%
道外国公立大学 13%
進学準備ほか 40%
道外私立大学 38%
道内私立大学 5%

※人数は現浪合計です。

国公立道内
北海道大 …………… 3名
札幌医科大 ………… 1名
国公立道外
東京大 ……………… 1名
東北大 ……………… 3名
東京工業大 ………… 2名
一橋大 ……………… 1名
福島県立医科大 …… 1名
筑波大 ……………… 1名
横浜国立大 ………… 1名
弘前大 ……………… 3名
岡山大 ……………… 2名
新潟大 ……………… 1名
大阪公立大 ………… 1名
私立道内
北海道医療大 ……… 10名
酪農学園大 ………… 2名
北海道科学大 ……… 1名
私立道外
早稲田大 …………… 5名
慶應義塾大 ………… 3名
東京理科大 ………… 9名
明治大 ……………… 6名
立教大 ……………… 5名
青山学院大 ………… 2名
学習院大 …………… 2名
中央大 ……………… 2名
法政大 ……………… 2名
同志社大 …………… 2名
立命館大 …………… 2名
関西学院大 ………… 2名
近畿大 ……………… 7名
東北学院大 ………… 1名
東北医科薬科大 …… 1名
ICU ………………… 2名

指定校推薦（一部）

道外
上智大 ……………… 2名
早稲田大 …………… 2名
明治大 ……………… 1名
中央大 ……………… 6名
同志社大 …………… 7名
東京理科大 ………… 6名
法政大 ……………… 1名
立教大 ……………… 4名
学習院大 …………… 5名
関西学院大 ………… 2名
北里大 ……………… 1名
ICU ………………… 1名
道内
北海道科学大 ……… 4名
酪農学園大 ………… 1名
北海道医療大 ……… 14名

募集要項(2025年度予定)

一般入試　A日程

■募集定員
160名(普通科)
※推薦入試・県外特別入試・帰国生入試および内部進学者を含む

■試験科目
国語　数学　社会　英語(リスニングあり)　理科
※国数英(各60分・100点)　※社理(各50分・100点)

■受験料
15,000円

■合否判定
・学科試験により判定　※評定は参考程度

昨年度から「特進コース」を新設しています。特進コースは東大、京大、医学部などの最難関大学の合格をめざすコースです。コース入りについては入試出願時に特進コース入学希望の有無を申告してもらい、可否は入試得点によって決定します。また英語、数学については本校の内部進学生に匹敵する進度で学習し、高2から内部進学生の成績上位者と合わせたクラスを編成していきます。なお、「一般コース」は北大などの難関大学合格をめざします。

推薦入試 (他校の推薦入試とは大きく異なる)

推薦入試

■募集定員
30名程度(普通科)

■出願資格
・中学校長の推薦があること
・他校推薦入試との併願は原則的不可
(推薦併願を認めている学校との併願のみ可能)
・他校一般入試との併願は可能

■試験内容
国語　数学　英語(リスニングあり)
(各60分・100点)
※面接なし

■受験基準

A推薦 B推薦 C推薦共通	学習成績が優秀で学習意欲が旺盛である者 行動・性格が健全である者
A推薦 右のいずれかに該当すること	・3ヶ年又は第3学年次の国数英理社の評定平均値が学年で上位10%以内である者 ・3ヶ年の国数英理社の評定合計が69以上の者 ・第3学年次の国数英理社の評定合計が23以上の者
B推薦 右のいずれかに該当すること	・3ヶ年又は第3学年次の国数英理社の評定平均値が学年で上位20%以内であるが、実力的には上位10%以内の者と同等である者 ・地域の統一テスト等で上位10%以内の実績がある者
C推薦 (寮生対象自己推薦制度)	・A推薦またはB推薦の条件のいずれかに該当すること ・入学に際して寮生となること

※評定の基準は北海道在住の場合です。評定の出し方が異なる地域在住者の基準については本校までお問い合わせ下さい。

■合否判定
・書類審査・筆記試験

■その他
・ボーダーラインにおいてはA推薦者を優先する。外国の中学校在学の場合は、事前にお問い合わせください。
・推薦入試・一般入試ともに不合格であっても、追加合格がある場合は、優先されます。

奨学金制度

■認定基準及び奨学金

入学金・授業料減免制度 (推薦入試・一般入試ともに学科試験の結果により認定)
＊上位10%以内合格者の入学金を全額免除する
＊上位25%以内合格者の入学金を半額免除する
＊上位25%以内合格者には、申請・審査によって、就学支援金と合わせて1年間授業料を無料とすることがある。(次年度以降も同様)

その他、ラ・サール会奨学金・同窓会奨学金 (ともに返還義務なし) などあり

2024 入試 DATA

	受験者数／合格者数／入学者数	合格者平均		
			道コンSS	内申点・ランク
普通科	一般…67／40／ー　27名 推薦…77／41／ー ※入学者数は一般・特進コースの合計です。	特進コース	59 66	300・A 301・A
		一般コース	59 61	280・B 290・B

※入学者数には内部進学者を含む

道コン合格圏
(可能性60%ライン)

━━━ 特進　　━━━ 一般

道コンSS 内申ランク／内申点	74	70	66	62	58	54	50	46	42	38	34	30
A ～296点			☆		★							
B ～276点					●							
C ～256点												
D ～236点												
E ～216点	特進			一般								
F ～196点												
G ～176点												
H ～156点												
I ～136点												
J ～116点												

合格者平均
★ 一般入試(特進)
☆ 推薦入試(特進)
● 一般入試(一般)
○ 推薦入試(一般)

掲載の入試データ等は道コン事務局の推定です。

札幌医科大学オンライン講演会のようす

POINT

函館ラ・サール高校寮

寮の目的
　本校では、遠隔地から入学する生徒のために、寮を設けています。寮はただ単に、寝食と勉学の場を提供するだけの施設ではありません。それよりはむしろ、個々の生徒が日常の生活経験を通して、自らの人間性を高めていくことができるような、人間共同体を目ざして寮を運営しています。物質的には十分すぎる程恵まれた生活環境の中にありながら、核家族化と過保護の中に育った現代の青少年には、精神的な脆弱さが見受けられます。
　このような時代にあって、あえて家庭を離れ、厳しい共同生活に身をおくには、それなりの勇気と決断が必要ですが、それによって得られる精神的成長は、はかりしれません。共同生活を通して学ぶ規律ある生活、自立・忍耐・協調の精神、また様々な葛藤を含む多様な友人関係を通して得られる信頼・相互理解等の経験は何ものにもかえがたいものです。

　寮では夜景見学会、ジンギスカンパーティーなどのイベントが実施されます。

中・高一貫校
私立高校（渡島）
高等専修学校・技能連携校
通信制・単位制
高等専門学校
公立高校（石狩）
公立（渡島・檜山・後志）
公立（空知・留萌）
公立（上川・宗谷）
公立（オホーツク）
公立（胆振・日高）
公立（十勝・釧路・根室）

函館白百合学園高等学校

普通科　特別進学（LB）コース　総合進学コース　看護医療系進学コース

生徒数250名

食堂 購買部（売店） カウンセラー 寮・寄宿舎 海外研修（交流）〈希望者〉ニュージーランド・フィリピン 携帯電話持込 スキー授業 プール施設 資料請求 巻末ページの二次元コードからアクセスできます

ACCESS GUIDE

〒041-8560　函館市山の手2-6-3
TEL 0138-55-6682
FAX 0138-53-0996
http://www.hakodate-shirayuri.ed.jp/

◎ バス　函館駅から約35分
　　　　五稜郭駅から約30分
　　　　函館空港から約20分
◎ 車　　函館駅から約30分
　　　　五稜郭駅から約25分
　　　　函館空港から約20分

今春の主な進路

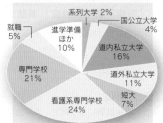

- 就職 5%
- 進学準備ほか 10%
- 系列大学 2%
- 国公立大学 4%
- 道内私立大学 16%
- 道外私立大学 11%
- 短大 7%
- 看護系専門学校 24%
- 専門学校 21%

※人数は現浪合計です。

系列校
白百合女子大 ……………2名
国公立道内
はこだて未来大 …………1名
国公立道外
新潟大 ……………………1名
岩手大 ……………………1名
福島大 ……………………1名
宇都宮大 …………………1名
私立道内
天使大 ……………………2名
北海学園大 ………………2名
北星学園大 ………………2名
藤女子大 …………………2名
北海道医療大 ……………4名
北海道科学大 ……………1名
北海道文教大 ……………1名
日本医療大 ………………1名
札幌学院大 ………………3名
函館大 ……………………1名
私立道外
上智大 ……………………1名
津田塾大 …………………5名
日本大 ……………………5名
立教大 ……………………2名
明治大 ……………………1名
東京理科大 ………………1名
東海大 ……………………4名
千葉工業大 ………………2名
東北医科薬科大 …………1名
大妻女子大 ………………1名
短大道内
北星学園大短大 …………1名
函館短大 …………………4名
函館大谷短大 ……………2名
専門学校
函館市医師会看護・リハビリテーション…13名
市立函館病院高等看護 …6名
函館厚生院看護 …………4名
函館看護専門 ……………4名
日本航空大学校 …………1名
国立音楽院 ………………1名
就職先等
日本郵便 …………………2名
センチュリーマリーナ函館…1名
他多数

ここから未来へ。

3つのコースであなたの夢をかなえます。

総合進学コース

○進学・就職、どちらにも手厚い進路指導で100%合格。
○教科指導に支えられた充実したキャリア学習「WillB プログラム」を実施します。

1年生；eラーニングの活用で基礎学力の定着をはかり、各種検定対策を実施します。学校・職場訪問で進路意識を向上させます。
2年生：地域・観光・幼児教育入門・ボランティア入門（以上から選択）、インターンシップ
3年生：生活実習・ピアノ/基礎・韓国語（以上から選択）、ビジネスマナー・エチケットマナー講座、国語表現

LBコース

○国公立大学・難関私立大学への現役進学を目指します。
○部活動と勉強が完全に両立できる「LB特講」（国英数）があります。

第1講　16：50～17：50　部活のない人はこの時間で
第2講　18：40～19：40　部活のある人はこの時間で（第1講と同内容）

看護医療系進学コース

○看護系大学・高等看護学校に100%の現役合格。
○多くの医療体験を通して、医療人の心を育てます。

やさしさ図書館ボランティア：函館市内の総合病院の院内移動図書館ボランティア活動
総合病院訪問：看護師・理学療法士・栄養士・薬剤師などの仕事を終日見学
他にも、介護施設訪問・介護体験・医療機関職員募集担当者の講演会など

それぞれに、主体的な学び、体験的な学びを大切にした3つのコース。白百合での学校生活にはかけがえのない体験がつまっています。

指定校推薦（一部）

道内
天使大
藤女子大
北星学園大
北海学園大
北海道医療大
北海道科学大
道外
白百合女子大
仙台白百合女子大
早稲田大
上智大
東京理科大
明治大
立教大
同志社大
立命館大
岩手医科大
日本歯科大
神奈川歯科大
津田塾大
聖心女子大
東京女子大
日本女子大
東海大
日本大
獨協大
南山大

学校へ行こう！
【オープンスクール】
9/1（日）9:30～
【入試問題説明会】
10/26（土）9:30～

学費　■入学手続時 130,000円　■月額経費 LB 42,600円　看護 42,600円　総合進学 40,600円
申請により、所得に応じて就学支援金が支給されます。　（詳細P311参照）

POINT

寮生活

キャンパス内には「暁の星ハウス」寮があります。寮生にとって寮は自宅同様落ち着ける場所であり、仲間との共同生活を学ぶ場でもあります。寮内には学習室、多目的室、乾燥室などがあり、5名の職員が寮生活をサポートしています。

募集要項（2025年度予定）

一般入試　A日程

■募集定員

140名
（特別進学(LB)コース 35名　看護医療系進学コース 35名　総合進学コース 70名）
※推薦入学者を含む

■試験内容

特別進学(LB)コース
国語 英語 数学 理科 社会 （各50分・各100点・計500点）

看護医療系進学コース
国語 英語 数学 理科 （各50分・各100点・計400点）

総合進学コース
国語 英語 数学 （各50分・各100点・計300点）

全コース英語にはリスニングがあります。

■受験料
15,000円

■合否判定
・総合進学コースは内申ランクと入試点で総合的に合否判定
・その他のコースは原則、入試点のみで合否を判定

■その他
・特別進学(LB)コースは、看護医療系進学コース、総合進学コースを第2志望、第3志望とすることができます。
・看護医療系進学コースは、総合進学コースを第2志望とすることができます。
・合格者のなかで総合成績が優秀な者はスカラーシップ（特別奨学生）として特典が与えられます。

2024 入試 DATA
上段は一般入試・下段は推薦入試などを表しています。

	受験者数／合格者数／入学者数	合格者平均	
		道コンSS	内申点・ランク
特別進学(LB)コース	25／23／4	52	277・B
	9／9／9	54	267・C
看護医療系進学コース	38／31／6	46	240・D
	23／23／23	41	228・E
総合進学コース	53／55／11	39	219・E
	23／23／23	39	194・G

道コン合格圏（可能性60%ライン）　―― LB　―― 看護医療　―― 総合進学

道コンSS / 内申ランク・内申点	74	70	66	62	58	54	50	46	42	38	34	30
A ～296点												
B ～276点							★		看護医療	総合進学		
C ～256点						☆						
D ～236点				LB				●				
E ～216点										○		
F ～196点											◇	
G ～176点												
H ～156点												
I ～136点				合格者平均	―●― 一般入試(LB)	☆ 推薦入試(LB)						
					―●― 一般入試(看護医療)	○ 推薦入試(看護医療)						
J ～116点					―●― 一般入試(総合進学)	◇ 推薦入試(総合進学)						

掲載の入試データ等は道コン事務局の推定です。

推薦入試など

一般推薦入試

■出願資格
・中学校長の推薦があること
・本校のみを志願すること

■試験内容
特別進学(LB)コース　スカラーシップ（特別奨学生）推薦と同じ
看護医療系進学コース・総合進学コース 面接

■合否判定
・個人調査書と面接結果を総合的に審査して判定

■その他
・特別進学(LB)コース受験者は、スカラーシップ（特別奨学生）と試験内容が同じ。

スカラーシップ（特別奨学生）推薦入試

■募集定員
・若干名

■出願資格
・中学校長の推薦があること
・本校のみを志願すること

■試験内容
国語 英語 数学 （各50分） 面接

■合否判定
・個人調査書と学科試験、面接結果を総合的に審査して判定

■その他
・合格者はスカラーシップとして特典（年額25万円支給）が与えられます。

特別推薦入試

■出願資格
・本校のみを志願すること
・芸術・体育分野で優秀な活動成績を修めた者

■試験内容
・各コースとも左記の一般推薦と同じ。

■合否判定
・各コースとも左記の一般推薦と同じ。
・能力・実績・学力状況については、個別に相談します。

■その他
・合格者はスカラーシップとして特典（下記参照）が与えられます。

スカラーシップ（特別奨学生）

■認定対象及び特典

認定対象	特典
一般入学者試験合格者の中で総合成績が優秀な者	年額25万円または10万円支給　※きわめて優秀な者は入学金も免除になります。
スカラーシップ（特別奨学生）推薦合格者	年額25万円支給
特別推薦合格者	1. 入学金全額免除　2. 年額10万円支給　3. 年額25万円支給

上記特典は変更の可能性があります。

受験基準1　一般推薦

特別進学(LB)コース	Cランク以上の者
看護医療系進学コース	Fランク以上の者
総合進学コース	学習態度良好な者

受験基準2　スカラーシップ（特別奨学生）推薦

全コース	Bランク以上の者

POINT
とことんうちこめる部活動があります

函館白百合学園には部活と学習を両立しながら輝ける場があります。

体育系　陸上部、剣道部、バレーボール部、バドミントン部、バスケットボール部、テニス部、ダンス部、サッカー部、卓球同好会

文化系　理科部、放送局、編集局、福祉局、美術部、白百合合、調理部、茶道部、吹奏楽団、国際交流部、音楽部、ストリングス部、アニメーション部、コンピュータ同好会

中・高一貫校
私立高校(渡島)
高等専修学校・技能連携校
通信制・単位制
高等専門学校
公立高校(石狩)
公立(渡島・檜山・後志)
公立(空知・留萌)
公立(上川・宗谷)
公立(オホーツク)
公立(胆振・日高)
公立(十勝・釧路・根室)

遺愛女子高等学校

普通科 一般コース 特別進学コース 英語科

生徒数744名

食堂 購買部(売店) カウンセラー 寮・寄宿舎 海外研修(交流) 携帯電話持込 スキー授業 プール施設 資料請求
〈希望者〉オーストラリア 学内使用禁止 巻末ページの二次元コードからアクセスできます

ACCESS GUIDE

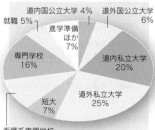

〒040-8543
函館市杉並町23-11
TEL0138-51-0418
FAX0138-51-7150
https://www.iaijoshi-h.ed.jp/

◎ JR函館駅より市電「杉並町電停」下車 徒歩1分

伝統が育む心、充実したカリキュラムと設備。夢を実現する学校…それが遺愛です

遺愛には多様な進路希望に対応できる科・コースがあり、一人一人の夢の実現をサポートしています。

普通科 特別進学コース

国公立への現役合格を目標としたコースです。主要5教科に関しては、標準単位数を上回る授業時数を確保し、2年次からは文系と理系に分かれて受験科目を集中して学習します。放課後の講習体制も充実しています。

普通科 一般コース

大学・短大・看護学校・各種専門学校への進学、また就職など個々の進路実現のために充実した選択科目、実習科目が設定されており、多様な進路に対応することができます。2年次より系統別に分かれて学びます。

英語科

もっとも伝統ある科で、難関文系私大への合格を目標としています。全体の3分の1が英語の授業です。受験に対応した科目の他に、2名のネイティブの専任教員から実用的な英語を学びながら、これからの国際人に必要な視野を身につけていきます。

また、日々の礼拝、朝読書、ボランティア活動、全校修養会、SDGs探究など心を育て、視野を広げるプログラムも多く、将来社会で役に立つ人物となるための基盤となっています。

年に数回行われる客船ボランティアでは、函館に寄港する外国客船の方々と交流することができます。

今春の主な進路

道内国公立大学 4%　道外国公立大学 6%
就職 5%　進学準備ほか 7%
専門学校 16%
看護系専門学校 10%
短大 7%
道内私立大学 20%
道外私立大学 25%

※人数は現浪合計です。

国公立道内
北海道大 ……………… 2名
札幌医科大 …………… 1名
北海道教育大 ………… 5名
札幌市立大 …………… 1名
北見工業大 …………… 1名
釧路公立大 …………… 1名
国公立道外
京都大 ………………… 1名
東京外国語大 ………… 1名
弘前大 ………………… 4名
青森県立保健大 ……… 1名
山形大 ………………… 1名
宮城大 ………………… 1名
埼玉大 ………………… 1名
大分大 ………………… 1名
愛媛県立医療技術大 … 1名
私立道内
北海学園大 …………… 8名
藤女子大 ……………… 6名
北星学園大 …………… 2名
天使大 ………………… 2名
北海道医療大 ……… 32名
北海道科学大 ……… 20名
私立道外
国際基督教大 ………… 1名
産業医科大 …………… 1名
上智大 ………………… 1名
中央大 ………………… 8名
青山学院大 …………… 4名
立命館大 ……………… 3名
東京女子大 …………… 3名
東京理科大 …………… 2名
関西学院大 …………… 2名
津田塾大 ……………… 2名
立教大 ………………… 1名
明治大 ………………… 1名
法政大 ………………… 1名
同志社大 ……………… 1名
東京女子医科大 ……… 1名
大阪歯科大 …………… 1名
昭和薬科大 …………… 3名
東京農業大 …………… 3名
東京薬科大 …………… 1名
大学校
防衛医科大学校 ……… 1名

(詳細P311参照)

学校へ行こう!

【学校見学会】
8/24(土)10:00～　9/14(土)10:00～
【入試ガイダンス】
10/19(土)14:00～

学費

■入学手続時 138,000円　■月額経費 43,600円
申請により、所得に応じて就学支援金が支給されます。

POINT

道内屈指の設備!!…アリーナ

体育館はアリーナと呼ばれ、バスケットコートが2面取れる広さと、充実した設備があります。体育の授業、クラブ活動はもちろん、学校行事や地域に開かれた催しにも用いられています。

指定校推薦(一部)

道内
公立はこだて未来大 ……… 1名
北海学園大 …………… 複数名
北星学園大 …………… 10名
天使大 ………………… 2名
藤女子大 ……………… 6名
道外
国際基督教大 ………… 1名
上智大 ………………… 1名
東京理科大 …………… 3名
明治大 ………………… 1名
青山学院大 ………… 複数名
立教大 ………………… 1名
中央大 ………………… 7名
津田塾大 ……………… 4名
東京女子大 …………… 5名
日本女子大 …………… 3名
東京薬科大 …………… 3名
昭和薬科大 …………… 1名
明治薬科大 …………… 2名
東海大 ………………… 1名
同志社大 ……………… 1名
立命館大 ……………… 1名
関西学院大 …………… 3名
南山大 ………………… 1名
神戸女学院大 ………… 1名
他

募集要項（2024年度実績）

一般入試　A日程

■募集定員
225名
- 普通科一般コース　　120名
- 　　　特別進学コース　70名
- 英語科　　　　　　　35名

※推薦入学者を含む

■受験料
16,000円

■試験内容（2024年度）

普通科　一般コース

| 国語 | 英語 | 数学 |

普通科　特別進学コース

| 国語 | 英語 | 数学 | 社会 | 理科 |

英語科

| 国語 | 英語 | 数学 | 社会 |

※ただし英語のみ倍点

■その他
- 普通科特別進学コースは第2志望に、英語科・普通科一般コースのいずれかを選択することができます。英語科は、普通科一般コースを第2志望にすることができます。
- 各教科100点満点とします。

2024 入試 DATA

上段は一般入試・下段は推薦入試を表しています。

	受験者数／合格者数／入学者数	合格者平均 道コンSS	合格者平均 内申点・ランク
一般コース	195／193／64	44	227・E
	51／51／51	42	215・E
特別進学コース	168／122／9	58	294・B
	42／42／42	55	293・B
英語科	55／40／24	50	261・C
	41／41／41	48	239・D

道コン合格圏（可能性60％ライン）

凡例： 特別進学　　英語　　一般

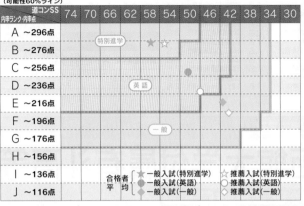

内申ランク・内申点＼道コンSS	74	70	66	62	58	54	50	46	42	38	34	30
A ～296点					特別進学							
B ～276点					★	☆						
C ～256点									●			
D ～236点					英語				○			
E ～216点										◆		
F ～196点										◇		
G ～176点					一般							
H ～156点												
I ～136点												
J ～116点												

合格者平均：
★ 一般入試（特別進学）　☆ 推薦入試（特別進学）
● 一般入試（英語）　○ 推薦入試（英語）
● 一般入試（一般）　◇ 推薦入試（一般）

掲載の入試データ等は道コン事務局の推定です。

推薦入試

推薦入試

■募集定員
- 普通科一般コース　　約70名
- 　　　特別進学コース　約35名
- 英語科　　　　　　　約15名
- 特待生推薦　　　　　若干名

■出願資格
- 本校のみを志望する者
- 中学校長が推薦する者

■試験内容

普通科　一般コース

| 面接 |

普通科　特別進学コース

| 国語 | 英語 | 数学 | 面接 |

英語科

| 国語 | 英語 |　英検3級以上は学科試験免除

| 面接 |

特待生推薦

| 国語 | 英語 | 数学 | 面接 |

各教科100点満点とします。

■受験基準

普通科	一般コース	(1)(2)のいずれか	(1)内申ランクE 以上				
			(2)内申ランクFかつ下の条件(A)〜(D)のいずれかを満たす者				
			(A)中体連全道大会正選手として出場	(B)全道大会以上の規模の大会の受賞者（書道・絵画・吹奏楽・作文など）	(C)英検3級以上	(D)3ヶ月欠席10日以内	
	特別進学コース		3ヵ年の評定平均3.8以上かつ国数英理社の3ヵ年評定平均4.3以上				
	英語科	(3)(4)のいずれか	(3)3ヵ年の評定平均3.8以上かつ英語の3ヵ年評定平均4.3以上				
			(4)英検準2級以上				
	特待生推薦		各コースとも上の受験基準を満たし、かつ国数英社理の3ヵ年の評定平均値4.5以上の者				

〈海外研修〉

2024年度はオーストラリアのシドニーでの海外研修に行きました。現地の学校訪問や企業訪問、ホームステイを体験することで異文化理解をより深めることができました。（希望者のみ）

特待生・奨学生

	特待生（推薦入試）	特待生（一般入試）	ハリス奨学生
認定基準	特待生推薦志願者のなかで総合成績が優秀な者	一般試験受験者のなかで総合成績が優秀な者	
特典	修学旅行費用、教材費、講習費用等免除　入学手続時費用、3年間授業料免除	入学手続時費用免除	

その他、部活動奨学生推薦入学あり

POINT
ICTを活用した学びの充実

オンライン学習

青山学院大学との教育協定により1、2年生は年15回のオンライン英会話を受けられるようになりました。さらに希望者はスタディサプリ、atama＋などオンライン学習を特別料金で受講することができます。放課後の情報教室だけでなく家庭でもスマホ、タブレット、パソコンで自分に合った学びを続けることができます。

EVENT
厳かで美しいクライマックス

クリスマス礼拝

キリスト教を基本とする遺愛の最も大切な行事のひとつがクリスマス礼拝です。キャンドルの光が美しく輝き、全校生徒によるハレルヤコーラスでクライマックスを迎えます。

中・高一貫校
私立高校（渡島）
高等専修学校・技能連携校
通信制・単位制
高等専門学校
公立高校（石狩）
公立（渡島・檜山・後志）
公立（空知・留萌）
公立（上川・宗谷）
公立（オホーツク）
公立（胆振・日高）
公立（十勝・釧路・根室）

私立・渡島　函館大学付属柏稜高等学校　A日程

普通科 総合進学コース　商業科 情報ビジネスコース

■〒042-0942 函館市柏木町1−34
■TEL0138-51-1481 FAX0138-32-5879
■https://www.kandai-hakuryo.ed.jp/

卒業後の主な進路〈人数は現役生のみです〉

系列校
函館大　6名
函館短大　9名
私立道内
北海学園大　2名
北星学園大　1名
札幌大　3名
札幌学院大　3名
北翔大　2名
北海道情報大　1名
北海道千歳リハビリ大　1名
星槎道都大　1名
私立道外
愛知工業大　1名

京都精華大　1名
短大道内
函館大谷短大　3名
専門学校
函館看護リハビリテーション専門　11名
大原公務員・医療事務・語学専門　8名
函館理容美容専門　7名
函館歯科衛生士専門　2名
函館看護専門　2名
日本工学院北海道専門　2名
北海道ハイテクノロジー専門　2名
北海道情報専門　2名
札幌医療秘書福祉専門　2名
札幌ビューティーアート専門　2名

北海道美容専門　2名
就職先等
イオン北海道　1名
新函館農協　1名
函館市消防　1名

函館トヨタ自動車　1名

掲載の入試データ等は道コン事務局の推定です。
上段は一般入試・下段は推薦を表しています。

2024入試DATA	受験者数／合格者数／入学者数	合格者平均	
		道コンSS	内申点・ランク
総合進学コース	251／250／76　22／22／22	39　38	200・F　187・G
情報ビジネスコース	66／66／14　3／3／3		

道コン合格圏（可能性60%ライン）　全科集計

内申ランク・内申点	道コンSS	74	70	66	62	58	54	50	46	42	38	34	30
A	〜296点												
B	〜276点												
C	〜256点												
D	〜236点												
E	〜216点						全科集計						
F	〜196点												
G	〜176点										★		
H	〜156点										☆		
I	〜136点												
J	〜116点												

合格者平均 ★一般入試（全科集計）　☆推薦入試（全科集計）

私立・渡島（男子）　函館大学付属有斗高等学校　A日程

普通科 特別進学コース　普通コース

■〒042-8588 函館市湯川町2丁目43−1
■TEL0138-57-1381 FAX0138-57-2174
■https://www.yuto.ed.jp/

今春の主な進路〈人数は現役生のみです〉

系列校
函館大　8名
函館短大　1名
国公立道内
北海道教育大　3名
国公立道外
会津大　1名
私立道内
北海学園大　4名
北海道医療大　4名
札幌大　3名
日本医療大　2名
北海道医療大　2名
酪農学園大　1名
札幌学院大　1名
北翔大　2名
北海道情報大　2名

私立道外
専修大　2名
中央大　1名
同志社大　1名
日本大　1名
明治大　1名
東海大　3名
名古屋外国語大　2名
京都産業大　1名
國學院大　1名
名城大　1名
短大道内
國學院大道短大　1名
専門学校
大原法律公務員専門　8名
函館理容美容専門　4名
市立函館病院高等看護専門　2名

北海道医薬専門　2名
北海道リハビリテーション大学校　2名
道立函館高等技術専門　2名
函館看護専門　1名
就職先等
自衛隊　3名

北海道警察　2名
北海道旅客鉄道　1名
北海道職員　1名
新函館農協　1名
木村組　1名
ベシェ・ミニオン　1名

アートエクステリア　1名
西武ライオンズ　1名
木古内町職員　1名

掲載の入試データ等は道コン事務局の推定です。
上段は一般入試・下段は推薦を表しています。

2024入試DATA	受験者数／合格者数／入学者数	合格者平均	
		道コンSS	内申点・ランク
特別進学コース	204／−／27	53　52	263・C　250・D
普通コース	282／−／105	41　40	206・F　193・G

道コン合格圏（可能性60%ライン）　特別進学　普通

内申ランク・内申点	道コンSS	74	70	66	62	58	54	50	46	42	38	34	30
A	〜296点												
B	〜276点												
C	〜256点			特別進学			★						
D	〜236点					☆							
E	〜216点												
F	〜196点									●			
G	〜176点			普通					○				
H	〜156点												
I	〜136点												
J	〜116点												

合格者平均　★一般入試（特別進学）　●一般入試（普通）　☆推薦入試（特別進学）　○推薦入試（普通）

私立・渡島　函館大谷高等学校　A日程

普通科 普通コース　体育コース

■〒041-0852 函館市鍛治1丁目2−3
■TEL0138-52-1834 FAX0138-52-1853
■https://www.hakodate-otani-h.ed.jp/

卒業後の主な進路〈人数は現役生のみです〉

系列校
函館大谷短大　25名
私立道内
日本医療大　3名
札幌国際大　2名
札幌大　2名
星槎道都大　3名
北海道情報大　2名
北翔大　1名
札幌学院大　1名
私立道外
大正大　1名
短大道内
函館短大　1名

専門学校
函館看護リハビリテーション専門　6名
函館理容美容専門　3名
日本工学院北海道専門　2名
札幌看護美容専門　2名
札幌スポーツ＆メディカル専門　1名
札幌ファッションデザイン専門　1名
札幌ハイテクノロジー専門　1名
札幌デザイン＆テクノロジー専門　1名
北海道エコ・動物自然専門　1名
札幌デザイナー学院　1名
経専北海道どうぶつ専門　1名

就職先等
トヨタカローラ函館　1名
トヨタ自動車　1名
イオン北海道　2名
川元建設　1名
センチュリーマリーナ函館　2名

ネッツトヨタ函館　1名
北海道乳業　1名
五稜郭タワー　1名

太平洋セメント　1名
キングベーク　1名
海外
Taylors University　1名

掲載の入試データ等は道コン事務局の推定です。
上段は一般入試・下段は推薦を表しています。

2024入試DATA	受験者数／合格者数／入学者数	合格者平均	
		道コンSS	内申点・ランク
普通コース	160／−／77	35	182・G
体育コース	70／70／70	39	197・F

道コン合格圏（可能性60%ライン）　全科集計

内申ランク・内申点	道コンSS	74	70	66	62	58	54	50	46	42	38	34	30
A	〜296点	合格者平均 ★一般入試（全科集計）											
B	〜276点	☆推薦入試（全科集計）											
C	〜256点												
D	〜236点												
E	〜216点												
F	〜196点							全科集計					
G	〜176点										☆		
H	〜156点										★		
I	〜136点												
J	〜116点												

私立・渡島　清尚学院高等学校　A日程

製菓衛生師科　調理科

■〒041-0813 函館市亀田本町5−17
■TEL0138-41-6584 FAX0138-41-8353
■https://www.seisho-h.ed.jp

卒業後の主な進路〈人数は現役生のみです〉

私立道内
北海道文教大　2名
北海道科学大　1名
札幌保健医療大　1名
私立道外
八洲学園大　1名
短大道内
函館短大　2名
専門学校
レコールバンタン　2名
函館看護専門　1名
函館理容美容専門　1名
道立函館技術専門　1名
札幌デザイナー学院　1名
札幌こども専門　1名
宮島学院北海道製菓専門　1名

日本工学院専門　1名
北海道工業自動車専門　1名
札幌ベルエポック美容専門　1名
北海道医薬専門　1名
東放学園音響専門　1名
北海道情報専門　1名
就職先等
山崎製パン　5名
ラピスタ函館ベイ　2名
日清医療食品　3名
湯の川プリンスホテル　2名
星野リゾートOMO5函館　2名
函館大沼プリンスホテル　2名
札幌グランドホテル　2名
焼肉坂井ホールディングス　2名

函館牛乳　2名
アックス 居酒屋 山の猿　2名
星野リゾートトマム　1名
三沢輸入雑貨光商発彩リゾート　1名
札幌パークホテル　1名
函館湯の川温泉 海と灯　1名
函館湯の川温泉 ホテル万惣　1名
知床プリンスホテル　1名
ベシェ・ミニオン　1名
竹田食品　1名

神田近江屋洋菓子店　1名
ハセガワストア　1名
古清商店　1名
北海道乳業　1名

掲載の入試データ等は道コン事務局の推定です。
上段は一般入試・下段は推薦を表しています。

2024入試DATA	受験者数／合格者数／入学者数	合格者平均	
		道コンSS	内申点・ランク
製菓衛生師科	25／25／11　4／4／4	38	194・G
調理科	89／87／54　6／6／6	34	177・G

道コン合格圏（可能性60%ライン）　全科集計

内申ランク・内申点	道コンSS	74	70	66	62	58	54	50	46	42	38	34	30
A	〜296点	合格者平均 ★一般入試（全科集計）											
B	〜276点	☆推薦入試（全科集計）											
C	〜256点												
D	〜236点												
E	〜216点							全科集計					
F	〜196点												
G	〜176点											★	
H	〜156点											☆	
I	〜136点												
J	〜116点												

私立・渡島(女子)　A日程

函館大妻高等学校

普通科 家政科 食物健康科 福祉科

■ 〒040-0002 函館市柳町14−23
■ TEL0138-52-1890 FAX0138-52-1892
■ http://www.hakodate-otsuma.ed.jp/

卒業後の主な進路〈人数は現役生のみです〉

私立道内		函館看護専門	2名	函館厚生院	2名	ウィズ	1名	トーホウリゾート	1名
藤女子大	2名	北海道ハイテクノロジー専門	2名	介護老人保健施設グランドサン函館	2名	函館どっく	1名	トヨタレンタリース函館	1名
札幌保健医療大	2名	吉田学園医療専門学院	2名	センチュリーマリーナ函館	2名	日本貨物鉄道	1名	日産カーレンタルリリーション	1名
日本医療大	1名	大原公務員・医療事務・進学専門	2名	布目	1名				
北海道医療大	1名	函館脳神経外科看護・リハビリテーション	1名	函館共愛会	1名				
函館大	1名	関西看護専門	1名						
星槎道都大	1名	函館厚生院看護専門	1名						
短大道内		札幌ファッションデザイン専門	1名						
函館大谷短大	7名	日本工業大学院専門	1名						
函館短大	4名	日本航空大学校	1名						
短大道外		経専北海道保育専門	1名						
八戸学院大短大	1名	札幌こども専門	1名						
専門学校		東京ベルエポック美容専門	1名						
日本工学院北海道専門	4名	札幌ブライダル&ホテル観光専門	1名						
辻調理師専門	3名	札幌マンガ・アニメ&声優専門	1名						
札幌看護医療専門	3名	就職先等							
函館理容美容専門	3名	航空自衛隊	1名						

掲載の入試データ等は道コン事務局の推定です。
上段は一般入試・下段は推薦を表しています。

2024入試DATA	受験者数／合格者数／入学者数	合格者平均	
		道コンSS	内申点・ランク
普通科	44／44／20 12／12／12	38 33	195・G 215・F
家政科	30／30／16 15／15／15		
食物健康科	19／19／10 20／20／20		
福祉科	16／13／8 12／12／12		

道コン合格圏 (可能性60%ライン)　全科集計

私立・後志　A日程

小樽明峰高等学校

普通科

卒業後の主な進路

資料等なし

掲載の入試データ等は道コン事務局の推定です。

2024入試DATA	受験者数／合格者数／入学者数	合格者平均	
		道コンSS	内申点・ランク
普通科	−／−／−	29 36	148・I 185・G

道コン合格圏 (可能性60%ライン)　普通

私立・後志　A日程

北照高等学校

普通科 普通コース スポーツコース

■ 〒047-8558 小樽市最上2丁目5−1
■ TEL0134-32-0331 FAX0134-32-5213
■ https://www.hokusho.ed.jp/

卒業後の主な進路〈人数は現役生のみです〉

国公立道内		私立道外		札幌こども専門	2名	吉田学園医療歯科専門	1名
小樽商科大	1名	大阪電気通信大	2名	札幌スポーツ&メディカル専門	1名	札幌医療秘書福祉専門	1名
私立道内		大阪経済法科大	1名	札幌ベルエポック美容専門	1名		
北海学園大	2名	帝京科学大	1名	北海道自動車整備大学校	1名		
北海道文教大	6名	白鷗大	1名	札幌青葉鍼灸柔整専門	1名		
札幌大谷大	5名	大阪学院大	1名				
東海大(札幌)	1名	四日市大	1名				
酪農学園大	1名	仙台大	1名				
北海道科学大	1名	短大道外					
日本医療大	1名	札幌国際大短大	1名				
北翔大	3名	専門学校					
星槎道都大	1名	札幌看護医療専門	2名				

掲載の入試データ等は道コン事務局の推定です。
一般入試・推薦含む

2024入試DATA	受験者数／合格者数／入学者数	合格者平均	
		道コンSS	内申点・ランク
普通コース	−／−／−	36	173・H
スポーツコース		33	188・G

道コン合格圏 (可能性60%ライン)　全科集計

私立・後志

北星学園余市高等学校

普通科

■ 〒046-0003 余市町黒川町19丁目2−1
■ TEL0135-22-6211 FAX0135-22-6097
■ https://www.hokusei-y-h.ed.jp/

今春の主な進路〈人数は現浪合計です〉

系列校		千葉科学大	1名
北星学園大	6名	京都精華大	1名
国公立道外		北京外国語大	1名
京都大	1名		
私立道内			
札幌大	2名		
札幌国際大	2名		
札幌学院大	1名		
私立道外			
慶應義塾大	1名		
同志社大	1名		
明治学院大	1名		

※予約面接入試

2024入試DATA	受験者数／合格者数／入学者数	合格者平均	
		道コンSS	内申点・ランク
普通科	66／65／63	−	−

道コン合格圏 (可能性60%ライン)　普通

小樽双葉高等学校

普通科 特別進学コース 総合進学コース

生徒数252名　男子103名　女子149名

食堂 　購買部(売店) 　カウンセラー 　寮・寄宿舎 　海外研修(交流)〈希望者〉アメリカ 　携帯電話持込 条件付 　スキー授業 　プール施設 　資料請求 巻末ページの二次元コードからアクセスできます

ACCESS GUIDE

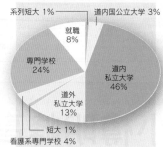

〒047-0014
小樽市住ノ江1-3-17
TEL0134-32-1828
FAX0134-22-3098
https://www.r-futaba.ed.jp

◎ JR南小樽駅から徒歩2分
「住吉神社前」バス停から徒歩3分（高速バスも停車します）
JR札幌駅から快速約30分
JR手稲駅から約20分
JR余市駅から約25分

今春の主な進路

系列短大 1%　道内国公立大学 3%
就職 8%
専門学校 24%
道内私立大学 46%
道外私立大学 13%
短大 1%
看護系専門学校 4%

※人数は現役のみです。
国公立道内
旭川市立大 …… 1名
私立道内
北海学園大 …… 9名
藤女子大 …… 4名
天使大 …… 2名
北星学園大 …… 2名
北海商科大 …… 1名
北海道文教大 …… 4名
北海道科学大 …… 2名
札幌国際大 …… 1名
北海道医療大 …… 1名
札幌学院大 …… 3名
北翔大 …… 2名
北海道情報大 …… 1名
私立道外
同志社大 …… 1名
東洋大 …… 1名
近畿大 …… 2名
駒沢女子大 …… 1名
国士舘大 …… 1名
東海大 …… 1名
東京工科大 …… 1名
立正大 …… 1名
龍谷大 …… 1名
短大道内
北星学園大短大 …… 1名
専門学校
小樽市立高等看護 …… 1名
就職先等
北海道警察 …… 1名
北海道開発局 …… 1名

あなたが大人になった時に「選んで良かった」と思う高校

特別進学コース
国公立大学、難関私立大学合格を目指すコースです。受験に対応できるよう大学入試共通テスト、二次試験突破を目指したハイレベルな授業を実施します。
また、放課後講習・土曜講習に加え、夏季・冬季の長期休業中に進学講習を実施し、志望校合格のための実力を養います。

総合進学コース
学習・部活動・課外活動にバランス良く取り組み、自己の進路実現を目指します。多様な進路希望に対応するため、2年次からは進路別にクラスを分け、習熟度別授業や少人数授業により、きめ細かな指導をします。国公立大や私大を目指す生徒には、進学講習、公務員や就職を目指す生徒には、公務員講習や面接指導等で合格する学力を養います。

学校へ行こう！

【オープンスクール】
5/18(土)、6/22(土)、8/6(火)、8/7(水)、8/24(土)、10/19(土)、10/26(土)

【学校説明会】
7/6(土)、10/5(土)

【個別相談会】
10/12(土)、10/26(土)、11/9(土)、11/30(土)

※詳細はホームページで確認してください。

学費
■入学手続時 180,000円　■月額授業料 35,000円
※他に制服、教科書、体育用品、入学後の諸費用等あり
（詳細P311参照）

POINT

・生徒一人ひとりに向き合った個別指導
個々のレベルにあった学習をサポート。1人1台使用するタブレットでは、学習支援コンテンツの利用が可能です。それぞれが学習していく中で、弱点を重点的に鍛えることができます。対応レベルは広く、「学び直し」「弱点克服」「大学入試対策」が可能です。

・豊富な推薦枠
本校は、龍谷大学、武蔵野大学、岐阜聖徳学園大学など7つの大学を筆頭に全国26校の高等学校、14の中学校を有する龍谷総合学園のグループ校であり、同グループの龍谷大学・京都女子大学等に独自の推薦制度があります。また、大学・短大など200名を超える指定校推薦枠があります。

指定校推薦（一部）

道内
北海学園大
北海道科学大
札幌大
札幌学院大
札幌大谷大
札幌国際大
北海道医療大
日本医療大
北海道情報大
北海道文教大
酪農学園大
北海道千歳リハビリ大
小樽市立高等看護
道外
同志社大
龍谷大
京都女子大
武蔵野大
岐阜聖徳学園大
相愛大
兵庫大
金沢工業大

小樽双葉高等学校

中・高一貫校 | 私立高校（後志） | 高等専修学校・技能連携校 | 通信制・単位制 | 高等専門学校 | 公立高校（石狩） | 公立（渡島・檜山・後志） | 公立（空知・留萌） | 公立（上川・宗谷） | 公立（オホーツク） | 公立（胆振・日高） | 公立（十勝・釧路・根室）

募集要項（2025年度予定）

一般入試　B日程

■募集定員
175名（普通科　特別進学コース・総合進学コース）
※推薦入学者を含む

■試験内容
国語　数学　英語　面接

■受験料
16,000円

■合否判定
・学力試験、面接の結果と個人調査書を総合的に審査して判定

推薦入試（2025年度予定）

専願入学試験（特別進学コース・総合進学コース）

■出願資格
・令和7年3月中学卒業見込みの者
・合格後、必ず入学すること

■試験内容
面接

■合否判定
・面接試験と個人調査書を総合的に審査

■受験基準
・特別進学コースはFランク以上。ただし第3学年の国社数理英の評定がすべて3以上であること
・総合進学コースはIランク以上（満たさない場合は中学を通じて相談）
※ステップアップ試験（学力試験）を受験し、成績により、奨学生の付与・ランクアップおよび、総合進学コースから特別進学コースへの変更が可能です。

奨学生制度（2025年度予定）

特待生・奨学生制度
（毎月の授業料に対する制度）
【学業、強化指定部、双葉ドリームの3種類】

学業…【特待生】入学一時金10万円、授業料全額に加え3年間で18万円の学業奨励金を給付
　　　【奨学生】入学一時金10万円、授業料全額に加え3年間で6万円の学業奨励金を給付
強化指定部…【特待生】入学一時金10万円、授業料全額に加え3年間で18万円の活動奨励金を給付
双葉ドリーム【奨学生】入学一時金10万円、授業料全額を給付

入学金に対する奨学金制度
【入試制度による奨学金を助成として給付】

専願入学奨学金…【特別進学コース】学習ランクA〜D 10万円、E・F 5万円を給付
　　　　　　　　【総合進学コース】学習ランクA〜F 5万円を給付
強化指定部推薦入学奨学金…入学一時金10万円を給付
入学支援奨学金(一般試を除く)…【生活保護世帯】入学一時金15万円を給付
　　　　　　　　　　　　　　　【非課税世帯】入学一時金13万円を給付

2024 入試 DATA
上段は一般入試・下段は推薦入試などを表しています。
※総合進学コース合格者は特別進学コースからの合格を含む

	受験者数 / 合格者数 / 入学者数	合格者平均 道コンSS	合格者平均 内申点・ランク
特別進学コース	183／152／2	53	270・C
	8／8／8	47	262・C
総合進学コース	242／268／8	40	211・F
	67／66／65	37	204・F

道コン合格圏（可能性60%ライン）　━━ 特別進学　━━ 総合進学

内申ランク・内申点 ＼ 道コンSS	74	70	66	62	58	54	50	46	42	38	34	30
A ～296点												
B ～276点												
C ～256点					特別進学	★		☆				
D ～236点												
E ～216点												
F ～196点									●	○		
G ～176点					総合進学							
H ～156点												
I ～136点												
J ～116点												

合格者平均　★一般入試（特別進学）　●一般入試（総合進学）　☆推薦入試（特別進学）　○推薦入試（総合進学）

掲載の入試データ等は道コン事務局の推定です。

強化指定部推薦入学試験（総合進学コース・※特別進学コース）

■出願資格
・令和7年3月中学卒業見込みの者
・本校強化指定部（スキー・野球・女子バレーボール・女子バスケットボール・吹奏楽）顧問の推薦を受けていること
・合格後、必ず入学すること
※野球は中学校長推薦が必要
　吹奏楽のみ特別進学コースも可
　（専願入試の基準を満たすこと）

■試験内容
面接

■合否判定
・面接試験と個人調査書を総合的に審査

SNAP
小樽双葉高等学校校舎

その他の奨学生制度

①海外留学奨学生制度…(1)「海外姉妹校派遣プログラム奨学金」と(2)「龍谷総合学園 PBA 留学奨学金」があります。英検準2級以上または同等の語学力を有すると判断され、進路実現に向け学習意欲の向上が期待される生徒
　◎(1)(2)の留学費用の一部を給付(外国為替相場等に応じ変動します。令和5年度の給付実績額は(1) 30万円(2) 90万円です)
②予備校派遣奨学金…国公立大、難関私大等へ進学を志望し、人物・学業ともに優れた向学心旺盛な生徒
　◎予備校の受講料を給付
③双葉プログレス奨学金(大学入学時納付型奨学金)…本校が指定する国公立難関大学、難関学部進学者
　◎入学手続き時納付金相当額(約55万円)を給付
④双葉チャレンジ奨学生…スポーツクラブや文化教室などで、学校の部活動では取り組みが難しい活動や専門的な指導を定期的に受けていて、本校の自己推薦入試制度により入学するもの(入学一時金10万円＋奨励金を給付)
　◎対象活動、適用条件については直接お問い合わせください。
⑤同窓生奨学金…保護者が本校の全日制課程を卒業した入学者(専願入試)
　入学一時金10万円給付

詳しくは、ホームページをご覧ください。　※授業料の給付金額については、公的支援制度等により減免等を行った後の金額が上限となります。

POINT
英語4技能と国際感覚が身につく

英語4技能を身につけるためのプログラムが用意されています。ネイティブスピーカーによる授業など、生の英語に触れる機会が多く、アメリカの姉妹校や関係校へ短期留学をすることも可能です。話す力・聞く力を身につけると共に、海外の文化や国際感覚を養うことができます。

CLUB

運動部は全国制覇のスキー部を筆頭に多くの部が全道大会に進出するなど輝かしい成果を上げています！！
文化部も吹奏楽部・書道部などが全道のステージで活躍、奉仕活動部も全国コンテスト受賞など大活躍しています！！

運動部／スキー部・硬式野球部・女子バレーボール・女子バスケットボール部（以上強化指定部）・弓道部・バドミントン部

文化部／吹奏楽部（強化指定部）・ボランティア部・美術部・書道部・華道部・茶道部・仏教研究部・マンガアニメ同好会・軽音同好会・写真同好会

旭川龍谷高等学校

普通科 | 特進コース | キャリアデザインコース

生徒数739名　男子450名　女子289名

食堂 | 購買部(売店) | カウンセラー 臨床心理士 | 寮・寄宿舎 | 海外研修(交流) 台湾 | 携帯電話持込 | スキー授業 | プール施設 | 資料請求 巻末ページの二次元コードからアクセスできます

ACCESS GUIDE

〒078-8340
旭川市東旭川町共栄15-2
TEL 0166-39-2700
FAX 0166-39-2705
http://www.ryukoku.info

バスでのアクセスについては、旭川電気軌道のホームページ「高校別 路線ご案内」をご覧ください。

今春の主な進路

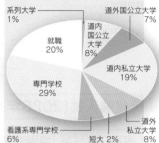

系列大学 1%
道外国公立大学 7%
道内国公立大学 8%
就職 20%
道内私立大学 19%
専門学校 29%
道外私立大学 8%
短大 2%
看護系専門学校 6%

※人数は全て現浪合計です。

国公立道内
北海道大 …………………… 3名
北海道教育大 ……………… 7名
小樽商科大 ………………… 2名
帯広畜産大 ………………… 1名
室蘭工業大 ………………… 2名
北見工業大 ………………… 1名
名寄市立大 ………………… 1名
千歳科学技術大 …………… 1名
国公立道外
弘前大 ……………………… 1名
秋田大 ……………………… 1名
信州大 ……………………… 1名
高崎経済大 ………………… 1名
都留文科大 ………………… 1名
会津大 ……………………… 1名
私立道内
北海学園大 ………………… 7名
札幌大 ……………………… 9名
日本医療大 ………………… 3名
北海道医療大 ……………… 3名
北海道科学大 ……………… 3名
星槎道都大 ………………… 5名
北翔大 ……………………… 4名
私立道外
駒澤大 ……………………… 2名
法政大 ……………………… 2名
専修大 ……………………… 1名
立教大 ……………………… 1名
立命館大 …………………… 1名
関西大 ……………………… 1名
大学校
防衛医科大学校 …………… 3名
防衛大学校 ………………… 2名
専門学校
旭川厚生看護専門 ………… 6名
北都保健福祉専門 ………… 6名
旭川調理師専門 …………… 4名
吉田学園公務員法科専門 … 4名
旭川高等看護学院 ………… 3名
旭川福祉専門 ……………… 2名
就職先等
自衛隊 ……………………… 6名
北海道職員 ………………… 3名
上川中央農協 ……………… 2名
東川町役場 ………………… 1名
美深消防署 ………………… 1名

高い次元の文武両道を目指し、夢が実現できる学校

特進コース

2クラス募集 定員80名

難関突破フィールド：国公立大医学部や東大、京大、北大など難関大学への合格を目指す
文武両道フィールド：部活動に取り組みながら国公立大や私立大学への進学を目指す

〔難関突破フィールド〕
■ 週6日制38時間授業
■ 東大、京大、難関私大に対応した個別指導
■ 総合型選抜、推薦入試に対応した弾力的指導
■ 現役合格を目指した計画的・系統的カリキュラム
■ 医学部、歯学部、薬学部への現役合格
■ 塾・予備校通い不要の学内完結型の指導体制
■ 進学講習やサテライン等の映像配信講習

〔文武両道フィールド〕
■ 週5日制34時間授業
■ 長期休業期間の短期集中講習
■ 受験二次対策に対応した小論文指導
■ 難関突破フィールドと連動した共通科目選択や映像配信講習
■ 充実したICT教育の推進
■ 文武両道を生かすカリキュラム
■ 総合型選抜、推薦入試に対応した弾力的指導

キャリアデザインコース

4クラス募集 定員160名

興味・関心のあるフィールドの中で科目選択をしながら個性や能力を伸長し、将来の夢の実現に向けた社会人としての素養を身につけるコース

〔多様な進路希望を実現する複数フィールド〕

■ 「IT・プログラミング」、「スポーツ・メディカル」、「看護・福祉」、「進学・公務員」といった複数フィールドの中での自由な科目選択
■ 週5日制30時間授業
■ 大学、短大、専門学校への進学をはじめ就職や公務員にも対応した各種講座
■ 英語検定、漢字検定、日本語検定、ペン字検定、数学検定、ビジネス実務検定、ニュース時事検定、情報系各種検定をはじめ、危険物取扱者など、豊富なバリエーションによる資格取得

指定校推薦(一部)

道内
北海学園大
北翔大
札幌大
札幌学院大
札幌国際大
東海大
星槎道都大
北海道医療大
北海道科学大
北海道情報大
北海道文教大
日本医療大
道外
龍谷大
京都女子大
武蔵野大
駒沢大
帝京平成大

学校へ行こう！

【中学生・保護者対象学校説明会】
6/15(土)・7/20(土)

【龍谷まるごと体験会】
7月〜8月

【オープンスクール】
9月下旬〜10月初旬

【龍谷祭】
7/6(土)
一般公開日

【コース説明会】
特進コース　9/7(土)
キャリアデザインコース　9/14(土)

学費

■入学金 **265,000円**　■月額経費 **46,100円**
申請により、所得に応じて就学支援金が支給されます。
(詳細P311参照)

中・高一貫校
私立高校(上川)
高等専修学校・技能連携校
通信制・単位制
高等専門学校
公立高校(石狩)
公立(渡島・檜山・後志)
公立(空知・留萌)
公立(上川・宗谷)
公立(オホーツク)
公立(胆振・日高)
公立(十勝・釧路・根室)

募集要項（2025年度予定）

一般入試　A日程

■募集定員
240名（特進コース80名　キャリアデザインコース160名）
※推薦入学者を含む

■試験内容
特進コース

| 国語 | 数学 | 社会 | 理科 | 英語 |

キャリアデザインコース

3教科試験型：| 国語 | 数学 | 英語 | 面接 |

■検定料
20,000円

■合否判定
・学力検査と中学校の調査書にて判定
・3教科受験者は面接も判定基準に含まれる

■その他
・5教科型・3教科型ともに学業特待生制度あり
・本校各コースを専願受験することにより奨学金の基準が優遇される
・一般の専願受験者には入学時に5万円を給付

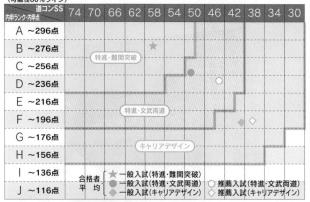

2024 入試 DATA
上段は一般入試・下段は推薦入試を表しています。

	受験者数 / 合格者数 / 入学者数		合格者平均	
			道コンSS	内申点・ランク
特進コース	−／−／50 −／−／−	難関突破	58 −	289・B −
		文武両道	51 45	259・C 250・D
キャリアデザインコース	−／−／152 −／−／−		41 38	203・F 205・F

道コン合格圏（可能性60%ライン）
――― 特進・難関突破　――― 特進・文武両道　――― キャリアデザイン

道コンSS 内申ランク・内申点	74	70	66	62	58	54	50	46	42	38	34	30
A ～296点												
B ～276点					★							
C ～256点					特進・難関突破		●		○			
D ～236点												
E ～216点												
F ～196点					特進・文武両道					◆ ◇		
G ～176点												
H ～156点					キャリアデザイン							
I ～136点												
J ～116点												

合格者平均
★ 一般入試（特進・難関突破）
● 一般入試（特進・文武両道）
◆ 一般入試（キャリアデザイン）
○ 推薦入試（特進・文武両道）
◇ 推薦入試（キャリアデザイン）

掲載の入試データ等は道コン事務局の推定です。

推薦入試

特待生推薦
（2025年度については募集要項をご覧ください。）

■試験内容
| 面接 | 作文 |

■合否判定
・個人調査書、面接結果、作文を総合して判定

■各特待生募集基準

名称	概要と基準			
	区分	奨学金給付内容		学習点基準
		入学金	授業料	ランク	学習点

名称		概要と基準			
学業 特待生 【専願】	区分	入学金	授業料	ランク	学習点
	1種	全額		A・B・C	256～315点
	2種	20万円	全額	D	236～255点
	3種	10万円		E	216～235点

名称	区分	奨学金給付内容		概要と基準
体育 文化 特待生 【専願】		入学金	授業料	〈体育系〉
	1種	全額		野球・柔道・陸上競技・女子バスケットボール・男子バスケットボール・女子バレーボール・男子サッカー・バドミントン・ラグビー・剣道など
	2種	20万円	全額	
	3種	10万円		〈文化系〉 吹奏楽・合唱・書道・郷土など

※学業特待生については学習点基準により判断しますので、推薦書の提出は不要です

※体育・文化特待生については本校から依頼します

3コースから選ぶ見学旅行（2023年度実施コース）

1 国内〈関西〉
日本の伝統文化と国際化を学ぶ
（4泊5日）

京都、奈良、大阪等の関西圏を中心とした我が国の伝統文化に触れつつ、国際化との融合を図りながら発展する姿を社会学習します。

2 国内〈沖縄〉
平和学習や異文化理解を深めよう
（4泊5日）

沖縄本島で戦争と平和について考えると共に異なる文化や価値観等を理解し、美しい自然も体験します。

3 台湾
日本とゆかりの深い歴史や文化に触れる
（4泊5日）

アジアのなかでも親日・知日派の多い台湾。個性的な文化を織りなす歴史を通して日本とのつながりを感じ取ります。

新しい時代に対応した教育体制

GIGAスクール構想の推進。校内にはWi-Fi環境を整備し、ICTの活用を積極的に推進していきます。

充実のサポート体制、学び直しの支援制度。スクールカウンセラー配置、教育相談室。

ネイティブスピーカーの先生から生きた英語を学ぶ英会話の授業があります。

中・高一貫校
私立高校（上川）
高等専修学校・技能連携校
通信制・単位制
高等専門学校
公立高校（石狩）
公立（渡島・檜山・後志）
公立（空知・留萌）
公立（上川・宗谷）
公立（オホーツク）
公立（胆振・日高）
公立（十勝・釧路・根室）

私立共学

※2023年度より改称。

旭川志峯高等学校

〔旧校名：旭川大学高等学校〕

普通科	特進エリア（選抜コース・グローバルコース）
	進学探究エリア（進学コース・ライセンスコース・スポーツ教育コース）

 購買部（売店） カウンセラー 寮・寄宿舎 海外研修（交流）希望者 携帯電話持込 指定場所のみ 休み時間 始業前・放課後 スキー授業 1・2学年 全コース プール施設 資料請求 巻末ページの二次元コードからアクセスできます

生徒数407名　男子253名　女子154名

走りだそう 君の未来へ

特進エリア

選抜コース

英語力を強化。充実したバックアップ体制と探究活動のもとで、受験を目指して学力を高め難関大学への進学を目指します。

グローバルコース

「志峯から世界へ」グローバルに活躍できる人材を育成するための新コース！ 常に世界と繋がりグローバルな学びを獲得できます。

進学探究エリア

進学コース

「探究」に力を入れた新コース！
「探究」により自身の進路を明確にしながら合格を目指します。

ライセンスコース

旧ライセンスコースを進化
「資格」と「探究」を活かして自身の目指す進路を開拓します。

スポーツ教育コース

旧スポーツ教育コースを進化
「探究」によって「スポーツ」を真に理解し多様な進路実現を目指します。

NEWSプラス　今年度エアコンを各クラス並びに特別教室に設置（予定）

学校へ行こう！

【オープンスクール】
9/14（土）・10/19（土）2回実施

【部活動体験・座談会】
7/13（土）・7/20（土）・8/24（土）・9/7（土）

学費

■入学手続時 **288,000**円　■月額経費 **44,000**円
申請により、所得に応じて就学支援金が支給されます。 （詳細P312参照）

POINT

志峯高校はICT教育先進校を目指します

現代は予測不可能な時代〈VUCAな時代〉と言われており、そうした社会を生き抜いていくために、基礎学力を伸ばし、課題設定能力、思考力、判断力、表現力を身につけていく必要があります。
志峯高校では、これまでの一斉型の授業だけではなく、ICTを積極的に活用することで、個別学習や協働学習を行い、今後の社会で生き抜いていく力を育成していきます。

ACCESS GUIDE

〒079-8505
旭川市永山7条16丁目
TEL0166-48-1221
FAX0166-48-0740
http://www.asahikawa-uhs.ed.jp/

◎旭川駅より宗谷本線（普通列車）・永山駅まで15分。永山駅から学校まで徒歩15分。

今春の主な進路

道内国公立大学 8%
系列大学 1%
道外国公立大学 2%
道内私立大学 17%
道外私立大学 5%
短大 4%
看護系専門学校 4%
専門学校 31%
就職・進学準備ほか 28%

※人数は現浪合計です。

国公立道内
北海道大 …………… 1名
北海道教育大 ……… 1名
旭川市立大 ………… 11名
名寄市立大 ………… 1名

国公立道外
信州大 ……………… 1名
秋田大 ……………… 1名
都留文科大 ………… 1名

私立道内
北海学園大 ………… 8名
札幌大 ……………… 7名
北海道文教大 ……… 3名
北海道医療大 ……… 1名
北海道科学大 ……… 1名
北翔大 ……………… 3名
星槎道都大 ………… 3名

私立道外
東洋大 ……………… 2名
神奈川大 …………… 3名
富士大 ……………… 3名
仙台大 ……………… 1名
白鴎大 ……………… 1名
国際武道大 ………… 1名
環太平洋大 ………… 1名
東京保健医療専門職大 … 1名

短大道内
旭川市立大短大 …… 6名
國學院大道短大 …… 1名

専門学校
北都保健福祉専門 …… 12名
旭川高等技術専門 …… 4名
旭川厚生看護専門 …… 2名
旭川情報ビジネス専門 … 1名
旭川高等看護学院 …… 1名
砂川市立病院附属看護専門 … 1名

就職先等
北海道警察 ………… 1名
北海道職員 ………… 1名
北海道旅客鉄道 …… 1名
陸上自衛隊 ………… 4名
旭川市消防本部 …… 1名
航空自衛隊 ………… 1名
あさひかわ農協 …… 1名
当麻農協 …………… 1名
当麻町森林組合 …… 1名
旭川トヨタ自動車 … 1名

指定校推薦

道内	道外
北海学園大	仙台大
北海道医療大	亜細亜大
北海道科学大	日本体育大
北海道文教大	共立女子大
北翔大	帝京大
東海大	帝京科学大
日本医療大	城西大
札幌大	城西国際大
札幌学院大	国士舘大
北海道情報大	駿河台大
星槎道都大	山梨学院大
札幌国際大	北陸大

募集要項（2025年度予定）

一般入試　A日程

■募集定員
普通科　男女共学　225名

■試験科目（予定）
特進エリア（選抜コース・グローバルコース）

国語　数学　英語　社会　理科　（面接なし）

進学探究エリア（進学コース・ライセンスコース・スポーツ教育コース）

国語　数学　英語　面接

■入学検定料
20,000円
※郵便局に払込み（窓口・自動振込のいずれも可）
　受領証を願書に貼付（ATM利用明細票も可）
　払込み料金は出願者負担

推薦入試

■推薦決定と内定通知
採用の決定は出願書類と面接で総合的に判断します。

■推薦制度の種類（専願）

種類	対象コース	出願資格	試験科目
志峯高校特別推薦A	選抜 グローバル 進学	アドミッションポリシー1つ以上に合致 英検準2級取得以上又は全学年末評定において英語の評価が4らである又は学習点216点（E）以上 ※S種奨学生を希望する場合は学科試験（5教科）を受ける	学科試験免除 （希望者は5教科受験可能） 面接・自己推薦書
志峯高校特別推薦B	進学 ライセンス スポーツ教育	学校長推薦 アドミッションポリシー1つ以上に合致 学習点基準点なし	学科試験免除 （希望者は3教科受験可能） 面接・自己推薦書

奨学生制度
旭川志峯高等学校は人物・学業ともに優秀で経済的支援を必要とする文武両道の生徒に対して奨学生を募集します。

■募集人員：若干名
■奨学生の特典及び種類

種類	特典内容
S種	入学金及び授業料の全額給付＋奨学金年間20万円（返還義務なし）
A種	入学金及び授業料の全額給付
B種	入学金の半額及び授業料の半額を給付
C種	入学金の1/3を給付

※奨学生は推薦入学試験・一般入学試験のどちらでも出願することが可能です。
※S種奨学生は一般入学試験後に決定します。
※奨学生については毎年、学年末に審査があります。
※体育・文化奨学生はS種奨学生を希望し、兼ねることができます。

特別奨学生
一種　学業奨学生以外の専願者で人物・学業ともに優秀な者に対して奨学金を給付
　　　（特別奨学生一種はA種〜C種の特典がある）
二種　本校が指定する大学に現役で入学した者に対して大学の入学金及び授業料相当分を給付

文化奨学生
①本校を専願で受験する者
②令和7年3月卒業見込みの者
③心身ともに健康で学業に精励し、部活動の成績が優れていること
④入学後3ヵ年、同一の部活動に所属し活動すること
⑤奨学生の種類は学業成績及び部活動の成績により、A種・B種・C種の3種とする
⑥中学校長の推薦があること
※本校より連絡が入った生徒が対象になります

体育奨学生
①本校を専願で受験する者
②令和7年3月卒業見込みの者
③心身ともに健康で学業に精励し、運動競技が優れていること
④入学後3ヵ年、同一の部活動に所属し活動すること
⑤奨学生の種類は学業成績及び運動競技の成績により、A種・B種・C種の3種とします
⑥硬式野球は5名以内（日本高野連の規定により）
⑦中学校長の推薦があること
※本校より連絡が入った生徒が対象になります

学業奨学生
①選抜コース・グローバルコース・進学コースに入学する者
②国公立大学・難関私立大学を目指す者
③心身ともに健康で学業に精励し、学業成績が、優秀な者
④令和7年3月卒業見込みの者
⑤中学校長の推薦があること
⑥S種は学習点や入試点等を総合して判断します（若干名）
⑦S種奨学生を希望する者は総合テストA〜Cの得点を提出すること
⑧審査によりS種奨学生に該当しなかった場合はA種奨学生の対象となります

種類	専願	併願
S種	285点以上	296点以上
A種	256点以上	276点以上
B種	236点以上	256点以上
C種	216点以上	236点以上

■奨学生の採用決定と内定通知
採用の決定は出願書類で総合的に判断します。

2024 入試DATA
全て一般入試を表しています

	受験者数／合格者数／入学者数	合格者平均 道コンSS	合格者平均 内申点・ランク
選抜コース	／／	53	268・C
グローバルコース	／／	40	237・D
進学コース	／／		
ライセンスコース	／／	45	230・E
スポーツ教育コース	／／	—	—

道コン合格圏
（可能性60%ライン）　━ 選抜・グローバル　━ 進学・ライセンス・スポーツ

内申ランク・内申点 / 道コンSS	74	70	66	62	58	54	50	46	42	38	34	30
A 〜296点												
B 〜276点												
C 〜256点						★						
D 〜236点												
E 〜216点								●				
F 〜196点												
G 〜176点												
H 〜156点												
I 〜136点												
J 〜116点												

選抜・グローバル
進学・ライセンス・スポーツ

合格者平均　★ 一般入試（選抜・グローバル）　● 一般入試（進学・ライセンス・スポーツ）

掲載の入試データ等は道コン事務局の推定です。

旭川志峯高等学校は下記（アドミッションポリシー）のような生徒を募集します。
①自らの可能性を信じ高い峯〈目標〉を志したい人
②将来を切り開くグローバルな活動で世界を舞台に活躍したい人
③リーダーシップを発揮し地域、社会全体に貢献、活躍したい人
④他者と協働して課題解決する意欲がある人
⑤知的好奇心にあふれ、新しいことに挑戦する勇気がある人
⑥今までの自分を変えたいと思っている人
⑦他者の言葉に耳を傾け、自己表現する意思がある人

POINT
修学旅行と姉妹校短期派遣制度
異文化との接触。その先に新たな自分を発見！

●修学旅行は国内コースと国外コースを希望選択して実施（R5年度は韓国と関西・関東コースです）。

●タイ チェンマイ ダーラアカデミー高校との交換派遣を実施。

POINT
○旭川志峯高等学校QRコード一覧

①ホームページ

②TikTok

③X（旧Twitter）

④Instagram

学校の取り組みや生徒の様子など、様々な情報を発信します！
是非ご覧ください！

中・高一貫校

私立高校（上川）

高等専修学校・技能連携校

通信制・単位制

高等専門学校

公立高校（石狩）

公立（渡島・檜山・後志）

公立（空知・留萌）

公立（上川・宗谷）

公立（オホーツク）

公立（胆振・日高）

公立（十勝・釧路・根室）

旭川明成高等学校

総合学科 | 普通系列 | 福祉系列 | 商業系列

生徒数613名　男子254名　女子359名

食堂	購買部(売店)	カウンセラー	寮・寄宿舎	海外研修(交流)	携帯電話持込	スキー授業	プール施設	資料請求
		週3回		〈希望者〉オーストラリア	放課後			巻末ページの二次元コードからアクセスできます

ACCESS GUIDE

〒070-0823
旭川市緑町14丁目
TEL0166-51-3220
FAX0166-52-2151
e-mail　meisei@takarada.ed.jp
URL　https://www.takarada.ed.jp/meisei/

◎旭川電気軌道バス「❸❸❸」
　※❸は平日朝のみ
◎道北バス❸」※平日朝のみ
　1条8丁目14番乗り場」より乗車、
　「緑町13丁目」下車
◎JR近文駅より徒歩約8分

総合学科とは？

様々な職業の方や人生経験をされた方との
出会いや対話（産業社会と人間）

自分の興味・関心・特性に応じて授業を選択
自分の時間割を自分で決める

グローカル探究系列	コミュニティ福祉系列	ビジネスデザイン系列

総合学科の3年間

1年次	2年次	3年次

共通 系列選択は1年間かけて取り組みます	グローカル探究系列（総合進学）
	コミュニティ福祉系列
	ビジネスデザイン系列

今春の主な進路

進学準備ほか 4%
就職 16%
国公立大学 9%
道内私立大学 12%
道外私立大学 16%
短大 8%
看護系専門学校 6%
専門学校 29%

※人数は現役のみです。

国公立道内
旭川医科大 ･･････････････ 1名
帯広畜産大 ･･････････････ 1名
小樽商科大 ･･････････････ 1名
北海道教育大 ･･･････････ 1名
旭川市立大 ･･････････････ 7名
北見工業大 ･･････････････ 2名
名寄市立大 ･･････････････ 1名
釧路公立大 ･･････････････ 1名
国公立道外
琉球大 ･･･････････････････ 1名
私立道内
北海学園大 ･･････････････ 4名
北星学園大 ･･････････････ 1名
北海道文教大 ･･･････････ 3名
北海道医療大 ･･･････････ 2名
日本医療大 ･･････････････ 1名
酪農学園大 ･･････････････ 1名
星槎道都大 ･･････････････ 3名
北海道情報大 ･･･････････ 2名
私立道外
専修大 ･･･････････････････ 2名
立教大 ･･･････････････････ 1名
青山学院大 ･･････････････ 1名
東洋大 ･･･････････････････ 1名
日本大 ･･･････････････････ 1名
関西大 ･･･････････････････ 1名
武蔵野音楽大 ･･･････････ 2名
國學院大 ･･･････････････ 1名
奈良大 ･･･････････････････ 1名
名古屋商科大 ･･･････････ 1名
創価大 ･･･････････････････ 1名
城西大 ･･･････････････････ 1名
仙台大 ･･･････････････････ 1名
国際武道大 ･･････････････ 1名
日本体育大 ･･････････････ 1名
城西国際大 ･･････････････ 1名
明治学院大 ･･････････････ 1名
横浜薬科大 ･･････････････ 1名
関東学院大 ･･････････････ 1名
昭和音楽大 ･･････････････ 1名
日本福祉大 ･･････････････ 1名
桃山学院大 ･･････････････ 1名
大学校
防衛大学校 ･･････････････ 1名

PR
地域の本物に出会う探究活動
旭川の自然、人、産業にチャレンジ
する学びと体験活動を行います。

指定校推薦（一部）

道内
北海学園大
北星学園大
東海大
日赤北海道看護大
北海道医療大
道外
立教大
東洋大
神奈川大
武蔵台
拓殖大
大東文化大
国士舘大
産業能率大
関東学院大
亜細亜大
桜美林大
女子栄養大
千葉工業大
金沢工業大
関西大
関西学院大
京都外国語大
立命館アジア太平洋大
大月短大

POINT　「進路の明成」の進路指導システム

　総合学科の利点を活かし、3年間を通じてきめ細かな進路指導システムを推進しています。生徒一人ひとりの興味関心に添って、地域における体験活動やボランティア活動を行う中で多くの人たちと出会い、自らの課題を探究する学びを進めます。
　総合型選抜・学校推薦型選抜・一般選抜に対応する進路指導によって、近年は国公立大学や難関私立大学進学者も増加しています。さらに道内でも屈指のICT教育先進校での学びの積み重ねは、進学先でもすぐに使える実践力を身に付けることができます。部活動と学習の両立に向けた支援システムも充実し、前向きに取り組もうとする生徒を学校全体でサポートします。

学校へ行こう！

【第1回オープンスクール】	【第2回オープンスクール】
8/31(土)	9/28(土)
【第3回オープンスクール】	【学校説明会・個別相談】
10/12(土)	10/26(土)

ホームページでご確認ください

学費	■入学手続時 **270,000**円 ■月額経費 **43,700**円

申請により、所得に応じて就学支援金が支給されます。　（詳細P312参照）

募集要項（2025年度予定）

一般入試　A日程

■定員
206名
※推薦・特別入学者を含む

■出願期間
令和7年1月6日(月)～1月24日(金)　Web出願

■検定料
21,000円（郵便局に振り込み、受領書を願書に貼付）

■試験内容
学力検査 国語 数学 英語 （各100点　各50分）
面接 （5分程度）

■試験日
令和7年2月13日(木)　学力検査　8:30より　面接試験　13:00より

推薦入試

■出願期間
令和7年12月5日(木)～12月23日(月)　Web出願

■試験内容
A　面接試験（15分程度）
B　自己アピール（実技等5分）
　　面接試験（10分程度）

■試験日
令和7年1月17日(金)9:30より（変更の可能性あります）

奨学生・優待生制度
入学金や授業料について、下記のような給付制度があります。

■奨学生

	種別	専願	併願
学習	A種	学習点がA～Cランク	学習点がAランク
	B種	学習点がDランク	学習点がBランク
	C種	学習点がEランク	学習点がCランク
	D種	学習点がFランク	学習点がDランク
部活動	A種・B種	入学後以下の部活動に所属する生徒 ① 野球部（5名） ② 女子バスケットボール部（若干名） ③ 女子バレーボール部（若干名） ④ スキー部（若干名） ⑤ 女子柔道部（若干名） ⑥ その他の部活動（若干名） 中学校校長の推薦が得られた生徒 ※出願条件を満たしている生徒を審査します 　（審査の内容は、中体連等の大会において部 　活動の能力が優秀であると認められた生徒）	※　併願は該当なし

Ⅰ　以下の奨学金を給付します
　A種：入学金のうち270,000円と学納金納付額の全額給付
　B種：入学金のうち半額給付と学納金納付額の半額給付
　C種：入学金のうち半額給付
　※学納金納付額とは、授業料と維持費より就学支援金等を差し引いた金額です
Ⅱ　学習・部活動奨学生は、推薦入学試験・一般入学試験のどちらでも出願可能です

■優待生

①同窓生優待 ②双子優待 ③兄妹 ④専願	いずれも本校を専願で受験した生徒であること。 ①保護者・兄妹等が本校を卒業した生徒であること。 ②双子がそろって入学すること。 ③兄妹等が本校に在学中であること ④専願であること。

Ⅰ　優待制度
　入学金のうち50,000円給付　　※優待制度・奨学制度は併用はできません。
Ⅱ　CS優待制度
　スポーツ・学習の両立により、大学進学を目指す生徒

2024 入試 DATA
上段は一般入試・下段は推薦入試を表しています。

	受験者数/合格者数/入学者数	合格者平均	
		道コンSS	内申点・ランク
総合学科	363／109／105	45	233・E
	152／148／146	43	237・D

道コン合格圏
（可能性60％ライン）　　───総合

道コンSS 内申ランク・内申点	74	70	66	62	58	54	50	46	42	38	34	30
A ～296点												
B ～276点												
C ～256点												
D ～236点					総合							
E ～216点								★ ☆				
F ～196点												
G ～176点												
H ～156点												
I ～136点												
J ～116点												

合格者　★一般入試（総合）
平　均　☆推薦入試（総合）

掲載の入試データ等は道コン事務局の推定です。

『進路の明成』の秘密

1：あなたの「好き」と「なりたい」を一緒に見つける！
あなたの好きや興味が将来の仕事につながります。今、「好き」や「なりたい」がなくても大丈夫！　明成高校では1年生の時から企業やNPOなど様々な分野で活躍する人と出会い、体験する場をたくさん作っています。先輩も1年生の時に「好き」と「なりたい」を見つけています。

2：自分でデザインする3年間
あなたの叶えたい夢のためにぴったりのカリキュラムを選べます。
決められた授業を受けるのではなく、あなたが受けたい授業を選ぶシステムです。
あなたの進路に向けた的確なアドバイスもします。自分でデザインする3年間で夢を実現できます。

3：特進コースを超える総合学科！
時代が求める人材は自ら「課題を発見」し、「解決に繋げる」ことができる人です。学力だけではなく、教養、人間力、全てのバランスが取れた優れた教育が必要とされています。明成高校はいち早くここに着目し、特進、進学などのコース別から【総合学科】へ変更しました。あなたの習熟度、夢に合わせたレベルの多様な教育が可能！　これが明成の教育カリキュラムです。

POINT
道内最先端を歩むICT教育推進校

ICT教育に取り組み11年間の実績があります。セルラー仕様のiPadは既に生徒にとっては毎日活用する教材となっています。全教室ホワイトボード・プロジェクターを完備。Classi・ロイロノートスクールを活用した学習システムにより個別最適な学びをあなたに提供します。

POINT
問いを立てる力を養う「未来タイム」

毎週木曜日の午後には、生徒一人ひとりが学習課題を設定して学ぶ「未来タイム」を設定しています。講習・SDGs・地域課題・ボランティア活動・語学学習・学び直し・野外活動など、未来に向かって多様な分野に渡って学びを深めます。

POINT　3年間のスクールライフの充実

1　体験型の研修旅行
　広島関西コース・東北関東コースの2コースの中から旅行先を選択します。
2　姉妹校オーストラリアのバララット高校と交換留学を行っています。短期だけでなく、中期の留学も用意し、英語力と国際感覚を身につけられます。
3　部活動や同好会活動・生徒会活動・学校の行事や様々な資格取得に向けたチャレンジの機会など、生徒一人ひとりのスクールライフをサポート。

旭川実業高等学校

普通科	難関選抜コース	特別進学コース	進学コース
自動車科	機械システム科	商業科	

 食堂
 購買部(売店)
 カウンセラー
 寮・寄宿舎
 海外研修(交流) 希望者
 携帯電話持込 校内電源OFF
 スキー授業 歩くスキー
 プール施設
 資料請求 巻末ページの二次元コードからアクセスできます

生徒数875名　男子568名　女子307名

中・高一貫校
私立高校(上川)
高等専修学校・技能連携校
通信制・単位制
高等専門学校
公立高校(石狩)
公立(渡島・檜山・後志)
公立(空知・留萌)
公立(上川・宗谷)
公立(オホーツク)
公立(胆振・日高)
公立(十勝・釧路・根室)

ACCESS GUIDE

〒071-8138　旭川市末広8条1丁目
TEL0166-51-1246
FAX0166-51-9515
https://www.asahikawa-jitsugyo.ed.jp/

旭川駅発
◎道北バス (3 番のりば)
　28 番・208 番・24 番
　25 番・26 番
◎旭川電気軌道 (4 番のりば)
　22 番・80 番・522 番
　5 番・6 番・35 番

今春の主な進路

進学準備ほか 5%
道外国公立大学 2%
道内国公立大学 11%
道内私立大学 22%
就職 26%
専門学校 22%
道外私立大学 5%
短大 4%
看護系専門学校 3%

※人数は現浪合計です。

国公立道内
北海道大…………3名
旭川医科大………1名
北海道教育大……14名
小樽商科大………2名
旭川市立大………10名
釧路公立大………4名
はこだて未来大…2名
千歳科学技術大…1名
北見工業大………1名
名寄市立大………1名

国公立道外
岩手大……………2名
信州大……………2名
高崎経済大………1名
東京都立大………1名
山梨大……………1名
山口東京理科大…1名

私立道内
北海学園大………16名
北星学園大………7名
藤女子大…………1名
北海道科学大……22名
北海道医療大……16名
日赤北海道看護大…3名

私立道外
法政大……………1名
関西大……………1名
埼玉医科大………1名
芝浦工業大………1名

大学校
防衛大学校………5名
防衛医科大学校…1名
海上保安大学校…1名

個性豊かな4学科!!「就職×進学」どちらも強い!!

普通科

詳しくはコチラ

【3コースで選べる進学目標】
自分の進学目標に合わせて難関選抜、特別進学、進学の3コースから選ぶことができます！　進学コースは2年生から更に4つのZoneに分かれます。少人数制の授業で理解度アップ！　放課後講習、個別指導も充実！

自動車科

詳しくはコチラ

【自動車科で自動車のスペシャリストを目指そう】
3年間、実車実習・専門教科を通じて自動車の知識と技術を身に付け、三級自動車整備士と豊富な進路に挑戦。放課後はトヨペット コロナのレストア作企画やグランツーリスモ、ミニ四駆などサークルも充実。自動車を通じて、あなたの夢を叶えましょう。

機械システム科

詳しくはコチラ

【人のために役立つものづくり】
様々な実習を通して、「ものづくり」の楽しさを学び、学んだ技術を使って学校祭のオブジェ作りやベンチの再生などを行っています。また、3DCADやプログラミング学習にも力を入れています。

商業科

詳しくはコチラ

【商品開発・販売実習で実践的な学びを実現】
2年生からのコース選択で専門性を高め、商品開発、プレゼン、広告デザイン、動画編集などの実践的な力を身に付けます！　また、多種多様な資格を取得でき、幅広い進路を実現！

 学校へ行こう！

【選特見学会】
①6/15(土)　②8/31(土)

【工商説明会】
8/31(土)

【体験入学】
午前　9/7(土)・10/5(土)

【部活動体験】
午後　9/7(土)・10/5(土)

学費	■入学手続時 274,500 円　■月額経費 45,000 円	
	所得に応じて就学支援金が支給されます。	(詳細P312参照)

PR
【就職・進学どちらも強い】
難関大学へ多数の進学実績!!
道内外問わず大手企業へ就職!!

募集要項（2025年度予定）

一般入試　A日程

■募集定員

325名

- 普通科　・難関選抜コース25名　・特別進学コース60名
　　　　　・進学コース120名
- 自動車科 30名　機械システム科 30名　商業科 60名

※推薦入学者含む

■試験内容

普通科　難関選抜コース　特別進学コース

国語　数学　理科　社会　英語（リスニングを含む）

普通科　進学コース

国語　数学　英語

自動車科・機械システム科・商業科

国語　数学　英語　　面接

■受験料

18,000円

■合否判定

・学力検査と中学校の調査書にて判定
・自動車科、機械システム科、商業科受験者は面接も判定基準に含まれる

推薦入試

推薦入試

■募集定員

162名

- 普通科　・難関選抜コース12名　・特別進学コース30名　・進学コース60名
- 自動車科:15名　機械システム科:15名　商業科:30名

■試験内容

書類審査　面接

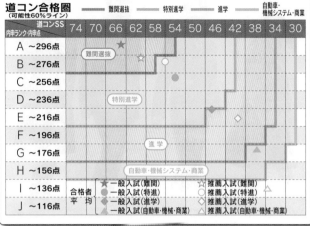

2024 入試 DATA

上段は一般入試・下段は推薦・専願などを表しています。

	受験者数 / 合格者数 / 入学者数	合格者平均 道コンSS	合格者平均 内申点・ランク
普通科難関選抜コース	85／－／9 0／0／0	65 61	308・A 293・B
普通科特別進学コース	283／－／42 2／2／2	54 56	271・C 289・B
普通科進学コース	159／－／101 9／9／9	47 42	235・E 225・E
自動車科	48／－／26 16／16／16		
機械システム科	78／－／24 11／11／11	38 36	190・G 218・E
商業科	88／－／23 17／17／17		

道コン合格圏（可能性60%ライン）　━━━ 難関選抜　━━━ 特別進学　━━━ 進学　━━━ 自動車・機械システム・商業

道コンSS 内申ランク・内申点	74	70	66	62	58	54	50	46	42	38	34	30
A ～296点			★									
B ～276点				難関選抜	☆	○						
C ～256点						●						
D ～236点				特別進学								
E ～216点									◆	◇		
F ～196点												
G ～176点					進学						▲	
H ～156点				自動車・機械システム・商業								
I ～136点	合格者平均											△
J ～116点												

合格者平均：★一般入試（難関）　☆推薦入試（難関）　●一般入試（特進）　○推薦入試（特進）　▲一般入試（進学）　△推薦入試（進学）　◆一般入試（自動車・機械・商業）　◇推薦入試（自動車・機械・商業）

掲載の入試データ等は道コン事務局の推定です。

奨学生制度

種　別	対象学科・コース名	基　準			
LF奨学生	難関選抜コース 特別進学コース	本校のみを志願し、学習点286点以上の生徒			
下宿学業奨学生	難関選抜コース 特別進学コース	本校のみを志願し、自宅が通学圏外で、下宿をしている 学習点296点以上の生徒（5名以内）			
学業奨学生	難関選抜コース 特別進学コース	併　願		専　願	
		特級	296点以上	LF	286点以上
		1級	286～296点	1級	276～285点
		2級	276～285点	2級	256～275点
		3級	256～275点	3級	236～255点
スポーツ文化奨学生	全学科（難関選抜コースは除く）	本校を志願し、スポーツ及び文化部門に意欲旺盛で、本校顧問が必要な人材であると認めた生徒（特種～3種）			
工業/商業特別推薦	自動車科 機械システム科 商業科	本校のみを志願し、学習点196点以上の生徒（入学金の1/2を給付）			
特別学業奨学生	難関選抜コース 特別進学コース	学力検査の結果、受験生の中で上位の成績をおさめ、本校に入学を希望する生徒（特級～2級）			

■給付内容

学業奨学生

特級	入学金、授業料
1級	入学金、授業料1/2
2級	入学金
3級	入学金1/2

スポーツ文化奨学生

特種	入学金、授業料
1種α	入学金1/2、授業料1/2
1種β	入学金
2種	入学金1/3、授業料1/3
3種	入学金10万円

CLUB
活躍する部活動

昨年はインターハイに男子サッカー・女子バレー・陸上・バドミントン、選手権に女子サッカー・女子バレーが出場、文化系では吹奏楽部が日本管楽合奏コンテスト全国大会最優秀賞、図書局も全国へ進むなど、運動系、文化系、両方大活躍です。

POINT
快適な学習環境

・各教室にエアコン完備！
・各教室にプロジェクター完備！
・1人1台のクロムブック！
暑い夏も快適環境！ICT教育も充実！

EVENT
【旭実フェスティバル】

「体育祭」と「学校祭」が一つになった真夏の一大イベント！
全校生徒が青春のエネルギーを完全燃焼！
今年のスペシャルゲストは？？

旭川藤星高等学校

普通科 特別進学コース 進学コース ULコース

生徒数412名 男子65名 女子347名

食堂 購買部(売店) カウンセラー 寮・寄宿舎 海外研修(交流) 携帯電話持込 スキー授業 プール施設 資料請求

ニュージーランド(ULコース全員) 校内電源OFF 巻末ページの二次元コードからアクセスできます

ACCESS GUIDE

〒070-0901
旭川市花咲町6丁目
TEL 0166-51-8125
FAX 0166-59-2268
https://asahikawa-tosei.jp

◎ JR函館本線
旭川駅よりバス約20分
「花咲6丁目藤星高校前」下車

今春の主な進路

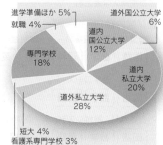

進学準備ほか 5%
就職 4%
道外国公立大学 6%
道内国公立大学 12%
道内私立大学 20%
道外私立大学 28%
看護系専門学校 3%
短大 4%
専門学校 18%

※人数は現浪合計です。

国公立道内
北海道教育大………6名
小樽商科大…………2名
帯広畜産大…………1名
旭川市立大…………4名
室蘭工業大…………3名
名寄市立大…………2名
北見工業大…………1名
札幌市立大…………1名
千歳科学技術大……1名
国公立道外
宮崎公立大…………2名
弘前大………………1名
岡山大………………1名
都留文科大…………1名
信州大………………1名
愛媛大………………1名
高知大………………1名
兵庫県立大…………1名
私立道内
北海学園大…………7名
北星学園大…………2名
天使大………………1名
私立道外
上智大………………8名
津田塾大……………4名
立教大………………3名
青山学院大…………2名
中央大………………2名
学習院大……………1名
獨協大………………4名
同志社女子大………3名
フェリス女学院大…2名
神田外語大…………1名
南山大………………1名
神戸女学院大………1名
短大道内
旭川市立大短大……2名
専門学校
道立旭川高等看護…1名
就職先等
北海道職員…………1名
国家公務員…………1名

ひとりじゃない。「いっしょに」なんだ。

旭川藤の伝統を受け継ぎ、自ら学ぶ授業、自らプロデュースする学校生活、そしてカトリックミッションスクールとして他者を思いやる心を育てる場が旭川藤星です!

【旭川藤星・「選べる!3つのコース」の紹介】

【特進(特別進学)コース】

北大などの難関国公立大学、国立大医学部、早慶・上智・東京理科大レベルの難関私立大学を目指します。つめこみ教育ではなく部活動や実行委員活動も積極的に! 自ら学び、他者と協働して問題解決にあたり、「気づく力」「発案する力」を身に着け、受け身ではなく自分で人生を切り開いていく人材を育成します。

【進学コース】

国公立を含む大学から短大・専門学校・留学・就職に対応。医療系・教育系・福祉系・語学系に工学系やIT系と多岐に渡って進学先の幅は広い。だからこそ、「藤星の学び」で土台をしっかりと育てます。また、目先の進学や職業選択だけではない、自分がどうありたいかなどの生き方を複眼的に考える力を養います。

【UL(ユニバーサル・ラーニング)コース】

難関私立大学、文系の国公立大学を目指します。語学系や国際系に限らず、法学・経済・経営など、グローバル社会で活躍できる真の国際人を目指します。藤星のULコースで身に着けるのは英語力だけではありません。様々なプログラムを通して「コミュニケーション能力」「自ら学ぶ力と協働して解決する力」を育てます。

学校へ行こう!

【オープンスクール】
7/20(土)、8/25(日)、9/28(土)、
10/19(土)、12/14(土)

【個別授業見学会】
10/5(土)、11/2(土)

【保護者説明会】
6/24(月)、29(土)

学費

■入学金 280,000円 ■月額経費 特別進学コース・進学コース 39,800円 ■ULコース 41,800円
申請により、所得に応じて学費等がかわります。
(詳細P312参照)

POINT

TOSEI LEARNING
～藤星体験、藤星習慣～

本校では、生活と学習それぞれのシーンで自立心の成長が相乗効果としてあらわれてきます。毎日の授業はもちろん、数々のコース企画、クラス企画等の行事の積み重ねが、藤星の生徒をつくりあげています。また、カトリック学校として、宗教授業やボランティア活動、実行委員活動を通し、人間として最も大切な「人とのかかわりを大切にする教育」に力を注いでいます。人間形成がベースにあれば「学び」の吸収力もぐんぐん高まります。このように藤星体験、藤星習慣で「カトリックの精神」「自主性の育成」という財産を身に付けていくのが藤星の学びです。

指定校推薦(一部)

道内
北海学園大
北星学園大
藤女子大
天使大
北海道医療大
北海道科学大
北海道情報大
札幌大
札幌学院大
星槎道都大
北翔大
道外
立教大
駒澤大
日本女子大
獨協大
洗足学園音楽大
フェリス女学院大
南山大

左側縦書きタブ：中・高一貫校／私立高校(上川)／高等専修学校・技能連携校／通信制・単位制／高等専修学校／公立高校(石狩)／公立(渡島・檜山・後志)／公立(空知・留萌)／公立(上川・宗谷)／公立(オホーツク)／公立(胆振・日高)／公立(十勝・釧路・根室)

募集要項（2025年度予定）

一般入試　A日程

■募集定員
140名
※推薦入学者を含む

■試験内容

| 国語 | 数学 | 英語 | 面接 |

■受験料
20,000円

■コース出願基準

一般入試のコース出願基準			
コース区分	志願区分	学習点ランクによる出願	チャレンジ制度　趣旨
特進コース ULコース	専願	Dランク以上	1 学習点ランクが左表の出願基準を満たしていなくとも、特進・ULコースで学ぶ学力を有するかは学科試験で判断する
	併願	Dランク以上	2 合格の目安となる学科試験の当日点は、170点以上/300点であるなお、合格点に達していなくても進学コースで学ぶ学力を有していると判断された場合は同コースに合格と判断する
進学コース	専願	Hランク以上	1 学習点ランクが左表の出願基準を満たしていなくとも、進学コースで学ぶ学力を有するかは、学科試験で判定する
	併願		2 合格の目安となる学科試験の当日点は110点以上/300点である

推薦入試

■試験内容

| 面接 |

■コース出願基準

推薦入試のコース出願基準		
コース区分	志願区分	学習点ランクによる出願
特進コース ULコース	専願	Dランク以上
進学コース	専願	Fランク以上

2024 入試 DATA

上段は一般入試・下段は特待生制度を表しています。

	受験者数／合格者数／入学者数	合格者平均 道コンSS	合格者平均 内申点・ランク
特別進学コース	204／198／20 17／17／17	55 51	285・B 268・C
進学コース	150／161／50 35／35／35	45 41	233・E 219・E
ULコース	45／45／3 15／15／15	52 47	273・C 258・C

道コン合格圏
（可能性60％ライン）　　━━ 特進・UL　　━━ 進学

内申ランク・内申点 ＼ 道コンSS	74	70	66	62	58	54	50	46	42	38	34	30
A ～296点												
B ～276点				特進・UL		★						
C ～256点							☆					
D ～236点												
E ～216点								●				
F ～196点					進学					○		
G ～176点												
H ～156点												
I ～136点												
J ～116点												

合格者平均
★ 一般入試（特進・UL）　● 一般入試（進学）
☆ 推薦入試（特進・UL）　○ 推薦入試（進学）

掲載の入試データ等は道コン事務局の推定です。

POINT
フィリピンスマイルプロジェクト

中古の鍵盤ハーモニカ集め、フィリピン・イロイロ市近郊の学校に寄付し、子供たちへの鍵盤ハーモニカ指導や交流を行います。また、子供たちに贈る古着、文房具、おもちゃ、ぬいぐるみ等の回収事業もスタートし、現地に届けています。さらに、フィリピンの人々の生活の現状を知るためゴ

ミ山やフェアートレード商品の作成現場の視察も行います。帰国後は、学校外でも報告会を実施し、活動の広がりを見せています。

奨学生制度

種別区分と給付内容			推薦入試			一般入試			奨学生適用要件
	優遇内容		クサベラレーメ奨学生	藤星奨学生	スポーツ奨学生（女子バスケットボール）	ハイランク奨学生	ハイスコア奨学生		①大学進学を志望 ②入学後、国の就学支援金及び道の授業料軽減制度の申請 ③中学校長の推薦を得られる者 ④本校からスポーツ奨学生（女子バスケットボール）として、指名を受けた者 ⑤3年間、部活動を継続する意思がある者
種別			専願	専願	専願	併願	専願	併願	
	入学金	授業料	特進コース ULコース	I種・II種 全コース III種は進学コース限定	進学コース	特進コース ULコース	特進コース ULコース		
I種	全額免除	全額免除	Aランク （306点以上）	A・Bランク	技能が特に優秀	Aランク	当日点210点以上	当日点220点以上	
II種	半額免除	半額免除	－	C・Dランク	技能が優秀	Bランク	当日点200点以上	当日点210点以上	
III種	10万円免除	－	－	E・Fランク （進学コース限定）	－	－	－	－	
摘要事項			特別奨学費 10万円給付	－	－	ハイスコア奨学生との併用可	－	ハイスコア奨学生との併用可	
奨学生適用要件			① ② ③	① ② ③ （進学コースは①を除く）	②③④⑤	① ② ③	① ② ③		

※上記の他にスーパーサポート優遇制度・専願者優遇・同窓生優遇・双子優遇があります。
※世帯年収目安 590万円未満程度の世帯は、国の就学支援金制度により授業料が無償「0円」となります。

中・高一貫校

私立高校(空知・オホーツク・胆振)

高等専修学校・技能連携校

通信制・単位制

高等専門学校

公立高校(石狩)

公立(渡島・檜山・後志)

公立(空知・留萌)

公立(上川・宗谷)

公立(オホーツク)

公立(胆振・日高)

公立(十勝・釧路・根室)

私立・宗谷　　A 日程

稚内大谷高等学校

普通科　文理専攻　地域探究専攻

文理専攻 少人数クラス編成で、進路実現に向け質の高い教育を展開し、豊かな人間性を育んでいます。

地域探究専攻 社会人基礎力の育成を目標に、変化の激しい社会を生き抜く力を養成します。

■ 〒097-0012　稚内市富岡1丁目1番1号
■ TEL0162-32-2660 FAX0162-73-1914
■ http://www.wakkanaiotani-h.jp/

卒業後の主な進路〈人数は現浪合計です〉

国公立道内
札幌市立大　1名

私立道内
北海学園大　4名
北星学園大　6名
天使大　1名
日本医療大　2名
北海道医療大　1名

私立道外
神奈川工科大　1名

就職先等
北海道銀行　1名
北洋銀行　1名
稚内信金　1名
稚内市役所(事務)2名
稚内市役所(消防)2名

掲載の入試データ等は道コン事務局の推定です。
上段は一般入試・下段は推薦を表しています。

2024入試DATA	受験者数／合格者数／入学者数	合格者平均	
		道コンSS	内申点・ランク
普通科	92／91／4	51	252・D
	49／49／46	38	239・D

道コン合格圏 (可能性60%ライン)　　普通

内申ランク・内申点	道コンSS 74	70	66	62	58	54	50	46	42	38	34	30
A ～296点												
B ～276点												
C ～256点												
D ～236点							普通					
E ～216点												
F ～196点												
G ～176点												
H ～156点												
I ～136点												
J ～116点												

私立・オホーツク　　A 日程

北見藤高等学校

普通科　総合コース

■ 〒090-8642 北見市三楽町213
■ TEL0157-23-3212 FAX0157-23-5406
■ http://www.kitamifuji.ed.jp/

卒業後の主な進路〈人数は現浪合計です〉

国公立道内
旭川医科大　2名
北海道教育大　1名
北見工業大　2名

国公立道外
弘前大　1名

私立道内
藤女子大　3名
北海学園大　3名
北海道医療大　7名
日本医療大　5名
日赤北海道看護大　2名
北海道科学大　2名
札幌国際大　1名
札幌大　1名
東京農業大(オホーツクキャンパス)　1名

北海道文教大　1名
酪農学園大　2名
星槎道都大　6名
北海道千歳リハビリ大　3名
北翔大　2名
北海道情報大　2名

私立道外
上智大　1名
関西外国語大　1名
神田外語大　1名
相模女子大　1名

短大道内
光塩学園女子短大　2名
北星学園大短大　2名
北海道武蔵女子短大　2名

専門学校
オホーツク社会福祉専門　7名
北海情報ビジネス専門　4名
北見医師会看護専門　3名
経専北海道保育専門　3名
北見美容専門　2名
札幌医療秘書福祉専門　2名

中村記念病院附属看護　1名

就職先等
自衛隊　6名
北海道警察　1名
北海道職員　1名
北見市職員　1名

小清水町役場　1名
河西建設　2名
西谷内科医院　1名
SOMPO ケア　1名
常呂町農業協同組合　1名
他多数

掲載の入試データ等は道コン事務局の推定です。
上段は一般入試・下段は推薦を表しています。

2024入試DATA	受験者数／合格者数／入学者数	合格者平均	
		道コンSS	内申点・ランク
総合コース	529／508／150	48	241・D
	61／61／61	37	179・G

道コン合格圏 (可能性60%ライン)　　総合

内申ランク・内申点	道コンSS 74	70	66	62	58	54	50	46	42	38	34	30
A ～296点												
B ～276点												
C ～256点												
D ～236点								総合				
E ～216点												
F ～196点												
G ～176点												☆
H ～156点												
I ～136点												
J ～116点												

合格者 ★ 一般入試(総合)
平　均 ☆ 推薦入試(総合)

私立・胆振　　A 日程

北海道栄高等学校

普通科　アルファコース　アドバンスコース　総合コース

■ 〒059-0998　北海道白老郡白老町緑丘4-676
■ TEL0144-82-2185　FAX0144-82-3214
■ http://www.hokkaidosakae.ed.jp

卒業後の主な進路〈人数は現役生のみです〉

国公立道内
北海道教育大　1名
釧路公立大　1名

国公立道外
筑波大　1名

私立道内
北海学園大　4名
北海商科大　1名
北星学園大　1名
札幌大　4名
日本医療大　2名
北海道文教大　4名
札幌国際大　2名
酪農学園大　1名
札幌保健医療大　1名
北海道科学大　1名

札幌学院大　4名
星槎道都大　2名
北海道情報大　2名
北翔大　1名

私立道外
同志社大　2名
関西学院大　2名
中央大　2名
東洋大　1名
立命館大　1名
東海大　10名
國學院大　2名
立正大　1名
流通経済大　1名
新潟医療福祉大　1名
富士大　1名
山梨学院大　1名
亜細亜大　1名
石巻専修大　1名
十文字学園女子大　1名
東京農業大　1名

神戸学院大　1名
清和大　1名
仙台大　1名
中央学院大　1名
平安女学院大　1名
平成国際大　1名
明海大　1名

明星大　1名
神戸医療未来大　2名
佐久大　1名
東京有明医療大　1名

短大道外
大垣女子短大　1名

上段は一般入試・下段は推薦・SC入試などを表しています。

2024入試DATA	受験者数／合格者数／入学者数	合格者平均	
		道コンSS	内申点・ランク
アルファコース	65／48／0	—	—
	4／4／4	—	—
アドバンスコース	37／37／1	50	265・C
	16／16／16	45	230・E
総合コース	59／70／6	39	194・G
	87／87／87	33	180・G

道コン合格圏 (可能性60%ライン)　　アルファ　アドバンス　総合

内申ランク・内申点	道コンSS 74	70	66	62	58	54	50	46	42	38	34	30
A ～296点			アルファ									
B ～276点												
C ～256点							●					
D ～236点						アドバンス						
E ～216点									○			
F ～196点												
G ～176点							総合		◆			◇
H ～156点												
I ～136点												
J ～116点												

合格者 ● 一般入試(アドバンス) ◆ 推薦入試(アドバンス)
平　均 ○ 一般入試(総合)　　 ◇ 推薦入試(総合)

中・高一貫校
私立高校（胆振）
高等専修学校・技能連携校
通信制・単位制
高等専門学校
公立高校（石狩）
公立（渡島・檜山・後志）
公立（空知・留萌）
公立（上川・宗谷）
公立（オホーツク）
公立（胆振・日高）
公立（十勝・釧路・根室）

私立・胆振　A日程

駒澤大学附属苫小牧高等学校

普通科　特別進学コース　総合進学コース

■〒053-8541 苫小牧市美園町1丁目9-3
■TEL0144-32-6291 FAX0144-32-6521
■https://www.komazawa-uth.ed.jp

卒業後の主な進路〈人数は現役のみです〉

系列校
駒澤大　41名
国公立道内
北海道教育大　3名
室蘭工業大　2名
千歳科学技術大　1名
名寄市立大　1名
旭川市立大　1名
私立道内
北海学園大　4名
北星学園大　2名
藤女子大　1名
天使大　1名
札幌大　13名

札幌国際大　10名
北海道文教大　9名
北海道医療大　6名
日本医療大　3名
酪農学園大　1名
札幌国際大　10名
北翔大　1名
星槎道都大　4名
私立道外
明治大　3名
法政大　1名
立教大　1名
東海大　4名
帝京平成大　2名
國學院大　1名

専門学校
札幌看護専門　8名
日本航空大学校　6名
札幌ベルエポック美容専門　6名
苫小牧看護専門　4名

札幌ベルエポック調理製菓専門　4名
就職先等
アイシン北海道　2名
日本郵便　2名
トヨタ自動車北海道　2名

シーヴィテック北海道　1名
苫小牧港開発　1名
苫小牧信金　1名
中部飼料　1名
トヨタ自動車　1名

掲載の入試データ等は道コン事務局の推定です。
上段は一般入試・下段は推薦を表しています。

2024入試DATA	受験者数／合格者数／入学者数	合格者平均	
		道コンSS	内申点・ランク
特別進学コース	284／276／2 27／27／27	51 47	264・C 243・D
総合進学コース	391／380／33 191／188／188	40 38	206・F 193・G

道コン合格圏（可能性60%ライン）　―特別進学　―総合進学

内申ランク・内申点　道コンSS	74	70	66	62	58	54	50	46	42	38	34	30
A ～296点												
B ～276点												
C ～256点					★							
D ～236点		特別進学					☆					
E ～216点												
F ～196点									●			
G ～176点									○			
H ～156点		総合進学										
I ～136点												
J ～116点												

合格者平均　★一般入試（特別進学）　●一般入試（総合進学）　☆推薦入試（特別進学）　○推薦入試（総合進学）

私立・胆振　A日程

苫小牧中央高等学校

普通科　特別進学コース　スポーツコース　総合コース

■〒053-0811 苫小牧市光洋町3丁目13-2
■TEL0144-74-4300 FAX0144-74-4320
■http://www.haragakuen.ac.jp

卒業後の主な進路〈人数は現役生のみです〉

私立道内
札幌国際大　2名
北海道科学大　1名
北海道医療大　1名
札幌学院大　3名
北海道千歳リハビリ大　2名
北海道情報大　1名
北翔大　1名
私立道外
早稲田大　1名
日本大　2名
関西学院大　1名
専修大　1名
東海大　2名

八戸学院大　2名
京都産業大　1名
陸大　1名
日本体育大　1名
専門学校
経専北海道どうぶつ専門　1名
札幌リゾート＆スポーツ専門　1名
北海道情報専門　1名
北海道エコ・動物自然専門　1名
愛犬美容看護専門　1名
北海道どうぶつ・医療専門　1名
経専北海道観光専門　1名
大原法律公務員専門　1名
大原簿記情報専門　1名

就職先等
トヨタ自動車　2名
アクティオ　1名
ダイナックス　2名
山崎製パン　1名
室蘭市消防本部　1名
京極町役場　1名
山九　1名
トッパンパッケージプロダクツ　1名
ネッツトヨタ苫小牧　1名
久世福商店　1名
新興電気　1名
三星　1名
陸上自衛隊　1名

掲載の入試データ等は道コン事務局の推定です。
上段は一般入試・下段は推薦を表しています。

2024入試DATA	出願者数／合格者数／入学者数	合格者平均	
		道コンSS	内申点・ランク
特別進学コース	122／－／－	39	188・G
スポーツコース	54／－／－	39	195・G
総合コース			

道コン合格圏（可能性60%ライン）　―特進　―スポーツ・総合

内申ランク・内申点　道コンSS	74	70	66	62	58	54	50	46	42	38	34	30
A ～296点												
B ～276点												
C ～256点			特進									
D ～236点												
E ～216点												
F ～196点										☆		
G ～176点		スポーツ・総合								★		
H ～156点												
I ～136点												
J ～116点												

合格者平均　★一般入試（全科集計）　☆推薦入試（全科集計）

私立・胆振　B日程

北海道大谷室蘭高等学校

普通科

■〒050-0061 室蘭市八丁平3丁目1-1
■TEL0143-44-5641 FAX0143-47-5788
■http://www.ohtani.muroran.iburi.ed.jp/

卒業後の主な進路〈人数は現浪合計です〉

系列校
函館大谷短大
国公立道外
弘前大
私立道内
北海商科大
北星学園大
東海大（札幌）
札幌国際大
北海道医療大
札幌大
札幌学院大
北翔大

星槎道都大
北海道千歳リハビリ大
私立道外
明治大
東洋大
東京農業大
仙台大
亜細亜大
京都光華女子大
国士舘大
東北芸術工科大
帝京大
千葉科学大

明治国際医療大
専門学校
北海道リハビリテーション大学校
吉田学園医療歯科専門

就職先等
日本製鉄北日本製鉄所
トヨタ自動車
日本製鋼所
パロマ北海道工場
他多数

掲載の入試データ等は道コン事務局の推定です。
上段は一般入試・下段は推薦を表しています。

2024入試DATA	受験者数／合格者数／入学者数	合格者平均	
		道コンSS	内申点・ランク
普通科	292／281／10 127／126／125	39 36	207・G 177・G

道コン合格圏（可能性60%ライン）　―普通

内申ランク・内申点　道コンSS	74	70	66	62	58	54	50	46	42	38	34	30
A ～296点												
B ～276点												
C ～256点												
D ～236点				普通								
E ～216点												
F ～196点										★		
G ～176点									☆			
H ～156点												
I ～136点												
J ～116点												

合格者平均　★一般入試（普通）　☆推薦入試（普通）

私立・胆振　A日程

海星学院高等学校

普通科

■〒050-0072 室蘭市高砂町3丁目7-7
■TEL0143-46-8888 FAX0143-46-7733
■https://kaisei-gakuin.ed.jp/

卒業後の主な進路〈人数は現役生のみです〉

国公立道内
室蘭工業大　1名
私立道内
北海学園大　2名
藤女子大　1名
北海道医療大　4名
札幌大　2名
日本医療大　1名
北海道文教大　1名
酪農学園大　1名
北翔大　1名
札幌学院大　2名
北海道千歳リハビリ大　1名

私立道外
南山大　2名
関西外国語大　1名
神田外語大　1名
京都ノートルダム女子大　1名
跡見学園女子大　1名
大阪人間科学大　1名
玉川大　1名
千葉商科大　1名
人間環境大　1名
短大道内
札幌国際大短大　1名

短大道外
岐阜市立女子短大　1名
専門学校
市立室蘭看護専門　2名

掲載の入試データ等は道コン事務局の推定です。
一般入試・推薦含む

2024入試DATA	出願者数／合格者数／入学者数	合格者平均	
		道コンSS	内申点・ランク
普通科	298／－／47	41 36	222・E 201・F

道コン合格圏（可能性60%ライン）　―普通

内申ランク・内申点　道コンSS	74	70	66	62	58	54	50	46	42	38	34	30
A ～296点												
B ～276点												
C ～256点												
D ～236点					普通							
E ～216点												
F ～196点										★		
G ～176点										☆		
H ～156点												
I ～136点												
J ～116点												

合格者平均　★一般入試（普通）　☆推薦入試（普通）

中・高一貫校

私立高校(十勝)

高等専修学校・技能連携校

通信制・単位制

高等専門学校

公立高校(石狩)

公立(渡島・檜山・後志)

公立(空知・留萌)

公立(上川・宗谷)

公立(オホーツク)

公立(胆振・日高)

公立(十勝・釧路・根室)

私立共学

帯広大谷高等学校

普通科 文理コース 普通コース

生徒数774名　男子363名　女子411名

 食堂 購買部(売店) カウンセラー 寮・寄宿舎 海外研修(交流) 〈全員〉ハワイ(オアフ島) 携帯電話持込 許可制 校内電源OFF スキー授業 宿泊 プール施設 資料請求 巻末ページの二次元コードからアクセスできます

ACCESS GUIDE

〒080-2469
帯広市西19条南4丁目35-1
TEL0155-33-5811
FAX0155-33-3703
https://www.obihiro-ohtani.ed.jp

◎JR帯広駅4km
◎十勝バス「大谷高校前」0分

今春の主な進路

- 進学準備ほか 5%
- 就職 6%
- 大学 49%
- 短大 7%
- 看護・専門学校 33%

※人数は現浪合計です。

国公立道内
北海道教育大	3名
帯広畜産大	2名
名寄市立大	3名
釧路公立大	3名
札幌市立大	1名
室蘭工業大	1名

国公立道外
宇都宮大	1名
神奈川県立保健福祉大	1名
静岡大	1名
信州大	1名
弘前大	1名
山形大	1名

私立道外
明治大	4名
法政大	4名
専修大	4名
関西大	2名
青山学院大	1名
中央大	1名
駒澤大	1名
東洋大	1名
國學院大	1名
神奈川大	1名
大東文化大	1名
帝京大	1名

大学校
防衛大学校	2名

個性が光る君が光る　帯広大谷高校

　本校は、昨年創立100周年を迎えました。1923年浄土真宗大谷派によって創立された普通科高等学校です。それまでの女子教育から1995年男女共学へ移行しました。「文理」・「普通」の2コース制を導入しています。
1. 学校目標として三つの柱を掲げています。
   ○ 思いやりと感謝の心を持ち、いのちの尊さを大切にする、情操豊かな人になろう。
   ○ 自己を正しく見つめ、個性と独立心に富み、目標に向かって努力する人になろう。
   ○ 真実を追求し、勇気と情熱を持った、次代を担う人になろう。
2. 建学の精神に則り、豊かな心を育んでいます。「宗教」の授業をはじめ「花まつり、報恩講・追弔法会、別院参詣」など宗教行事を通して「いのちの尊さ」と「感謝の心」を学んでいます。
3. 放課後に課外講座や大谷塾(学内自習室)を設け、それぞれの進路目標に沿った支援をしています。
4. 夏季・冬季休業には「特別講座」を開設し、自分の進路目標実現を目指しています。

文理コース

　国公立大学、難関私立大学進学を目標としています。大学入学共通テストや個別試験に対応した教育課程を編成しています。1学年で必履修教科・科目を中心に、発展的に学びます。2学年から志望校に合わせて教科・科目を選択します。3学年には実戦力育成を目指して演習科目が導入されています。

普通コース

　個性・適性を活かして、大学・短期大学・専門学校・就職など様々な進路希望に応じた教育課程を編成しています。1学年では学力の基礎となる必履修教科・科目を学び、2学年以降は目標に応じた教科・科目を選択し、目標の実現を目指します。

主な指定校推薦(一部)

道内
札幌大	18名
札幌学院大	14名
東海大	4名
北星学園大	3名
北海学園大	10名
北海道医療大	8名
北海道科学大	3名
文教大	14名
北海道千歳リハビリ大	3名

道外
法政大	2名
関西大	2名
日本大	2名
仙台大	3名
芝浦工業大	3名
東海大	1名
大阪体育大	3名
拓殖大	4名

学校へ行こう!
【学校見学会・部活動体験入部】
9/12(木)・13(金)、10/16(水)・22(火)　※事前申込が必要です

学費　■入学手続時 157,000円　■月額経費 40,350円
申請により、所得に応じて就学支援金が支給されます。　(詳細P312参照)

CLUB

個性を活かせる帯広大谷の多彩な部活動

【文化系】
- 新聞局
- 図書局
- 放送局
- イラスト部
- 演劇部
- 華道部
- 軽音楽部
- 茶道部
- 写真部
- 書道部
- 吹奏楽部
- 美術部
- ボランティア部
- 料理研究部

【体育系】
- 弓道部
- 硬式テニス部
- 女子サッカー部
- 男子サッカー部
- 山岳部
- 柔道部
- 水泳部
- 女子ソフトテニス部
- 男子ソフトテニス部
- ソフトボール部
- 卓球部
- 女子バスケットボール部
- 男子バスケットボール部
- 男子バドミントン部
- 女子バレーボール部
- 野球部
- 陸上競技部
- 女子バドミントン部

募集要項（2024年度実績）

一般入試　A日程

■募集定員
260名
（推薦入学100名を含む）

■検定料
15,000円

■試験内容
学力試験・個人調査書・面接による総合選抜

英語　数学　国語　（各50分）

面接（個人）

SNAP

2024 入試 DATA
上段は一般入試・下段は推薦・専願などを表しています。

	受験者数／合格者数／入学者数	合格者平均	
		道コンSS	内申点・ランク
文理コース	一／512／39	58	290・B
	16／16／16	50	268・C
普通コース	一／274／29	47	248・D
	108／108／108	44	243・D

道コン合格圏（可能性60%ライン）　――― 文理　＝＝＝ 普通

道コンSS / 内申ランク・内申点	74	70	66	62	58	54	50	46	42	38	34	30
A ～296点												
B ～276点					★							
C ～256点			文理				☆				
D ～236点								●	○			
E ～216点												
F ～196点			普通									
G ～176点												
H ～156点												
I ～136点												
J ～116点												

合格者 ┌ ★→ 一般入試（文理）　● 一般入試（普通）
平　均 └ ☆ 推薦入試（文理）　○ 推薦入試（普通）

掲載の入試データ等は道コン事務局の推定です。

推薦入試

推薦入試

■募集定員
100名

■出願資格
令和7年3月中学校卒業見込みの生徒（過年度卒業生は不可）
本校を第一志望とする生徒
心身ともに健康で、学習意欲があり向上心に富む生徒

■試験内容
個人調査書・面接による総合選抜

■検定料
15,000円

SNAP

奨学生・授業料軽減制度（2024年度実績）

■帯広大谷高等学校特別奨学生制度（給費）返還義務なし

種別		給費内容
SS	入学金	入学金全額に相当する額の給費
	授業料	授業料から就学支援金等（備考参照）を除いた額の給費
S	入学金	入学金から公立高校の入学金を差し引いた額の給費
	授業料	第一種の給費額から公立高校の授業料負担額（備考参照）を差し引いた額の給費
A	入学金	入学金の2分の1に相当する額の給費
	授業料	第一種の給費額の2分の1に相当する額の給費
B	入学金	入学金の3分の1に相当する額の給費
	授業料	第一種の給費額の3分の1に相当する額の給費
C		年間5万円の給費

備考：「高等学校等就学支援金」および「私立高等学校授業料軽減制度」について
公的な授業料支援制度により支援される額が違いますので、給費額が違います。

■菩提樹奨学金（給付）
返還義務なし
年額60,000円

■東本願寺奨学金（給付）
返還義務なし
年額　最大150,000円

SNAP

POINT

2024年　新校舎完成！
全教室エアコン・Wi-Fi完備になりました。快適でより一層過ごしやすい環境が整いました。

バドミントンコート8面分

快適な学習環境

中・高一貫校

私立高校（十勝・釧路）

高等専修学校・技能連携校

通信制・単位制

高等専門学校

公立高校（石狩）

公立（渡島・檜山・後志）

公立（空知・留萌）

公立（上川・宗谷）

公立（オホーツク）

公立（胆振・日高）

公立（十勝・釧路・根室）

私立・十勝　A日程

帯広北高等学校

普通科　特進コース　総合コース

■〒080-0833 帯広市稲田町基線8-2
■TEL0155-47-0121　FAX0155-48-0021
■https://www.obihirokita.ac.jp/

卒業後の主な進路〈人数は現役のみです〉

国公立道内		東京農業大(オホーツクキャンパス)	1名	大阪国際大	1名	帯広大谷短大	7名
小樽商科大	1名	札幌国際大	1名	名古屋外国語大	1名	専門学校	
北海道教育大	1名	日本医療大	1名	短大道内		帯広高等看護	1名
北見工業大	1名	北海道情報大	3名	北海道武蔵女子短大	1名	帯広看護専門	1名
私立道内		札幌学院大	2名				
北星学園大	4名	星槎道都大	1名				
北海学園大	3名	私立道外					
藤女子大	1名	日本大	1名				
北海道科学大	4名	東洋学園大	1名				
東海大(札幌)	2名	日本体育大	1名				
札幌大	2名	龍谷大	1名				
北海道文教大	1名	駿河台大	1名				

掲載の入試データ等は道コン事務局の推定です。
上段は一般入試・下段は推薦を表しています。

2024入試DATA	受験者数／合格者数／入学者数	合格者平均	
		道コンSS	内申点・ランク
特進コース	45／45／4 6／6／6	52 43	275・C 254・D
総合コース	368／356／40 120／120／120	40 34	213・F 185・G

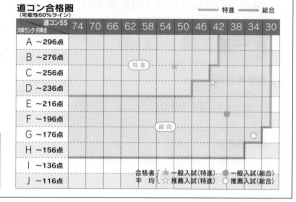

道コン合格圏（可能性60%ライン）　　　━ 特進　　━ 総合

私立・十勝　A日程

白樺学園高等学校

普通科　特進選抜コース　特進アスリートコース　総合コース(2年次より進学コース/公務員コース/ビジネス・マーケティングコース)　アスリートコース

■〒082-0082 芽室町北伏古東7線10番1
■TEL0155-62-7411　FAX0155-62-7412
■http://www.shirakaba.ac.jp

卒業後の主な進路〈人数は現役のみです〉

国公立道内		関西大	1名	足寄町役場	1名	藤森商会	1名
北海道教育大	2名	短大道内		とかち広域消防	1名		
私立道内		帯広大谷短大	4名				
北海学園大	2名	専門学校					
札幌大	16名	帯広コア専門	3名				
酪農学園大	3名	帯広高等技術専門	1名				
札幌国際大	2名	日本工学院北海道専門	1名				
日本医療大	1名	経専音楽放送芸術専門	1名				
北翔大	2名	札幌ベルエポック製菓調理専門	1名				
私立道外		道医療センター附属札幌看護	1名				
中央大	2名	就職先等					
明治大	2名	帯広信用金庫	2名				
法政大	2名	北海道警察	1名				
立教大	2名	六花亭製菓	1名				
東洋大	1名	柳月	2名				
関西学院大	1名	第一ホテル	2名				

掲載の入試データ等は道コン事務局の推定です。
上段は一般入試・下段は推薦を表しています。

2024入試DATA	受験者数／合格者数／入学者数	合格者平均	
		道コンSS	内申点・ランク
特進選抜コース	11／11／0		
特進アスリートコース	8／8／8		
総合コース	173／172／24 25／25／25	41 38	223・E 214・F
アスリートコース	29／27／7 82／82／82		

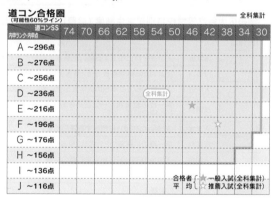

道コン合格圏（可能性60%ライン）　　　━ 全科集計

私立・釧路　A日程

武修館高等学校

普通科　普通コース　体育コース

■〒085-0806 釧路市武佐5-9-1
■TEL0154-47-3211　FAX0154-47-0911
■http://www.bushukan.jp/

卒業後の主な進路〈人数は現役生のみです〉

国公立道内		星槎道都大	1名	東京情報大	1名	城西国際大	1名	大学校	
釧路公立大	1名	私立道外		名古屋経済大	1名	医療創生大	1名	防衛大学校	1名
私立道内		法政大	3名	神奈川大	1名	びわこ成蹊スポーツ大学	1名		
藤女子大	2名	中央大	2名	東海大	1名				
北海学園大	1名	日本大	2名						
北星学園大	1名	関西大	1名						
札幌大	9名	関西学院大	1名						
北海道科学大	2名	東洋大	1名						
北海道医療大	2名	桜美林大	4名						
日赤北海道看護大	1名	名古屋女子大	2名						
北海道文教大	1名	名古屋文理大	2名						
札幌学院大	2名	第一薬科大	1名						
函館大	1名	名古屋商科大	1名						
北海道情報大	1名	石巻専修大	1名						
北海道千歳リハビリ大	1名	東京女子体育大	1名						

掲載の入試データ等は道コン事務局の推定です。
上段は一般入試・下段は推薦を表しています。

2024入試DATA	受験者数／合格者数／入学者数	合格者平均	
		道コンSS	内申点・ランク
普通コース	719／701／25 4／4／4	46 40	231・E 208・F
体育コース	20／18／1 17／17／17		

道コン合格圏（可能性60%ライン）　　　━ 全科集計

高等専修学校・技能連携校紹介

3校

CONTENTS

札幌科学技術専門学校 高等課程（科学技術学園高等学校技能連携校）

中・高一貫校
私立高校
高等専修学校・技能連携校
通信制・単位制
高等専門学校
公立高校(石狩)
公立(渡島・檜山・後志)
公立(空知・留萌)
公立(上川・宗谷)
公立(オホーツク)
公立(胆振・日高)
公立(十勝・釧路・根室)

総合技術科

生徒数86名　男子80名　女子6名

 食堂 購買部(売店) カウンセラー 常勤 寮・寄宿舎 海外研修(交流) 携帯電話持込 休み時間 スキー授業 プール施設 資料請求 巻末ページの二次元コードからアクセスできます

ACCESS GUIDE

〒065-0024
札幌市東区北24条東1丁目3番12号
TEL 011-748-3888
FAX 011-741-8823
https://koutou.s-kagisen.ac.jp/

◎ 地下鉄南北線
「北24条駅」下車　徒歩7分

今春の主な進路

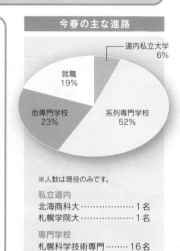

- 道内私立大学 6%
- 就職 19%
- 他専門学校 23%
- 系列専門学校 52%

※人数は現役のみです。

私立道内
北海商科大 …………… 1名
札幌学院大 …………… 1名

専門学校
札幌科学技術専門 …… 16名

「情報技術」「環境バイオ」「電気」「自動車」。
4つの専門分野を選択して学ぶ、北海道で唯一の全日制工業高等課程。

学校の特色

　札幌科学技術専門学校高等課程は、全日制スタイルの学校生活を送りながら3年間で高等学校卒業資格を取得することができます。専門学校であることの独自性・専門性を最大限に活かした教育課程を編成しており、自らの興味関心に合った専門分野を選択して学ぶことが出来ます。卒業後、社会に出ても活躍できるようにそれぞれの専門分野で国家資格、あるいは民間検定など多くの資格指導を行っています。在籍中に10種類以上の資格を取得して卒業し社会で活躍している生徒も珍しくありません。資格にチャレンジするには当然受験料が必要になりますが、本校高等課程では受験料の全額補助、あるいは半額補助等の制度を設け、生徒の資格取得を全面的にバックアップしています。

　学校生活は全日制なので、全日制高校と同じようにクラス全員が一致団結して活動する宿泊研修、見学旅行、文化祭、体育大会などの数々の行事もあります。入学時にはコミュニケーションが苦手だった生徒も、日々の学級活動や行事を通し、集団生活のルールを身につけ、たくましく立派に成長していく様子を感じることができます。

 学校へ行こう！

【説明会】
9/7(土) **10/5**(土) **11/9**(土) **12/7**(土)

いずれも10時～12時。要予約。
学校概要説明、授業体験(コンピュータプログラミング、エンジン分解組立てなど)、保護者個別相談などを行います。

POINT

情報技術分野

　情報技術分野の実技授業では「事務処理系」、「プログラマー系」、「Webデザイナー系」の3つの系統を学んでいきます。特にプログラマー系の授業では、実際にコンピューターゲームを自分達で作りながら楽しく学んでいきます。

環境バイオ分野

　環境バイオ分野では、「環境に関すること」、「生物工学に関すること」の2つのテーマで学習していきます。机の上の授業ばかりではなく、河川や森林に出かけ樹木や水質の調査をしたり、発酵などの食品加工技術を体験的に学んだりします。

電気分野

　電気分野では、国家資格「第二種電気工事士」の取得を最大目標として学習していきます。現代社会では、電気はありとあらゆるところに存在し、私たちの生活を支えるなくてはならない存在です。即戦力として期待される電気技術者を目指します。

自動車分野

　自動車分野では、工具や自動車部品に触れ体験的に学んでいきます。エンジンやシャシの構造、自動車に必要な数学や力学を勉強していきます。将来、専門課程へ進学し、そこで二級自動車整備士を取得するための足がかりを作ります。

募集要項（2025年度予定）

一般入試

■募集定員
50名（男・女）

■試験日
1/25（土）、2/8（土）、3/25（火）
※3/25（火）の入試については、定員に達していない場合のみの実施になります。

■選考方法
書類審査　面接　作文（題：「私の夢」）

■受験料
15,000円

■その他
高等学校と同様に申請により「就学支援金制度」の支給を受けることができます。

■学費

区分	本校	科学技術学園高等学校
授業料等	396,000円	102,000円
合計	498,000円	

学費は口座振替で毎月41,500円の引き落としになります。

（入学金）

区分	本校	科学技術学園高等学校
入学金	210,000円	9,000円
合計	219,000円	

期日までに一括納入となります。（入学金減免制度有り）
この他、指定制服・ジャージ・上靴等で60,000円ほど別途必要になります。

POINT

事務系から技術職系まで、多彩な資格指導

事務系	Word文書処理技能認定試験、Excel表計算処理技能認定試験、Accessビジネスデータベース技能認定試験、PowerPointプレゼンテーション技能認定試験、電卓技能検定
プログラマー系	C言語プログラミング技能認定試験、Javaプログラミング技能認定試験
Webデザイン系	Webクリエイター能力認定試験
情報リテラシー系	情報処理技術者能力認定試験、ITパスポート試験、AI検定
技術職系	丙種危険物取扱者、乙種第4類危険物取扱者、初級バイオ技術者、ディジタル技術検定、第二種電気工事士、トレース技能検定
一般教養系	日本漢字能力検定、ビジネス能力検定、実用英語技能検定、環境社会検定（eco検定）、食品表示検定、実用数学技能検定

■卒業生からのメッセージ

高等課程22期卒業　北海道情報大学入学（経営情報学部システム情報学科）
佐藤　悠起 君

　私は中学生の時に不登校の時期もありましたが、進学先に悩み進路を模索し始めた頃にこの学校の事を知りました。勉強は基本に戻り、繰り返し学習するので、躓くことなく取り組むことができました。さらに専門分野の科目は、他の普通高校では身につけられない知識も学ぶことができるので、意欲的に取り組んでいます。クラスメイトとは共通の話題で盛り上がり、年間を通して様々な行事があるので、親交を深められると思います。学校説明会が四回行われるので様子を見に来てください。学校の雰囲気を肌で感じることができると思います。

高等課程17期卒業　札幌科学技術専門学校二級自動車整備士コース卒
札幌日産自動車株式会社北海道北店勤務　有野　恭一 君

　私は中学校時代に不登校を経験しました。しかし「このままではいけない。」と思い、卒業後の進路について真剣に考えるようになりました。私の父は車好きで小さな頃から父の車の整備を手伝う機会が多くありました。そこで私は小さな頃から車に触れていたことを思い出し、そういった機会が多くある札幌科学技術専門学校高等課程への入学を決めました。入学後は、不安であった最初の気持ちは早々に消え去り、仲の良い友達も多くできました。また、先生方も基本的な勉強を優しく教えてくれて、とても学びやすい学校と感じながら高校生活を送ることができました。車の勉強についても、その知識が全く無くてもわかりやすく説明してくれ、私は車への興味をますます膨らませながら、日々学ぶことができたと感じています。高等課程卒業後に進んだ専門課程では、国家資格取得のため毎日勉強に励み、夢であった自動車整備士に今なることができています。今辛く大変なことも多くありますが、不登校を経験した私でも高校生活3年間で培った頑張りは、現在も私の中で生き、それを乗り越えることができています。

高等課程・専門課程の5年間で学習をサポート

　高等課程で学んだことをもとに、一人ひとりが自分にあった分野を選んで専門課程（札幌科学技術専門学校　全7学科・コース）に進学することが出来ます。入学金免除制度や各種授業料減免制度が整備されており、高等課程から特別優遇で進学が可能です。慣れた環境でさらに学習を積み重ね、専門性を高め、社会に羽ばたいていけるように計5年間の学習をサポートしています。

二級自動車整備士コース
二級自動車整備士国家資格の高い合格率と、圧倒的なディーラー就職実績が魅力のコースです。走行会イベント等への参加など校外活動も盛んです。

自然環境学科
北海道でも数少ない自然環境専門学科です。豊富な校外実習で環境調査に対する技術を、実験室で化学分析の技術を身につけます。

バイオテクノロジー学科
病気の治療に関わる研究、医薬品の開発、安全な機能食品の開発、食品の衛生管理などの様々な分野に貢献できる人材を育成します。

海洋生物学科
魚類飼育や海洋環境、水質分析など多くの知識と技術を学びます。水族館見学、フィッシング実習などユニークな実習が豊富です。

建築技術学科
即戦力として社会で活躍できる建築設計・施工管理のプロを養成します。多様な建築分野での就職を実現します。

電気技術学科
電気工事や電気設備の保守管理、家電製品の修理などの電気エンジニアを養成します。第一種電気工事士資格は高い合格実績を残しています。

情報システム学科
SE、プログラマ系エンジニアの育成に特化した専門コースです。少人数制で個人のレベルに応じた資格対策授業を展開します。

中・高一貫校

私立高校

高等専修学校・技能連校

通信制・単位制

高等専門学校

公立高校（石狩）

公立（渡島・檜山・後志）

公立（空知・留萌）

公立（上川・宗谷）

公立（オホーツク）

公立（胆振・日高）

公立（十勝・釧路・根室）

中・高一貫校

私立高校

高等専修学校・技能連携校

通信制・単位制

高等専門学校

公立高校(石狩)

公立(渡島・檜山・後志)

公立(空知・留萌)

公立(上川・宗谷)

公立(オホーツク)

公立(胆振・日高)

公立(十勝・釧路・根室)

高等専修学校・胆振

苫小牧高等商業学校

総合ビジネス科

■ 〒053-0021 苫小牧市若草町5丁目5−15
■ TEL0144-34-3135 FAX0144-34-3136
■ http://www.tomasho.ac.jp/

　本校の教育制度は、学校教育法（124条）に規定される専修学校である。これは、中学校卒業者に対し3年間の修業年限の中で専門教育を行う高等専修学校（高等課程）で、本校の教育内容、施設・設備等が一定水準以上に達していることが認められ、昭和60年より高等学校と同等と認める「大学入学資格付与校」として文部科学省より指定を受けている。

教育活動の特色

人材育成を目指したビジネス教育
・商業の専門教育を行う教育機関として、実社会で活用できる能力を高め、社会人として望ましい心構えや理念を育成するためのビジネス教育を推進している。
・技能・資格取得をビジネス教育の重点とし、学習指導の強化を図っている。

自立した人間形成を目指す進路指導を推進
・生徒の勤労観・職業観を育成するために行政・企業と連携をしたインターンシップの取り組みを推進している。
・校外学習や外部講師の活用による学習を積極的に取り入れている。

高等専修学校・オホーツク

北見商科高等専修学校

商業科

■ 〒090-0817 北見市常盤町3丁目14-18
■ TEL0157-23-4430 FAX0157-23-4435
■ http://www.kurihara.ac.jp

　本校は昭和30年創立以来、実践的な力の育成と人間力の育成に重点を置いています。少人数であることを生かして、一人ひとりの生徒を大切に習熟度別に少人数の班編成によるわかりやすい授業を取り入れています。商業科に関する資格（簿記・電卓・ワープロ・情報処理など）の取得に力を入れ、卒業生のほとんどが1級以上を取得しています。部活動にも特色があり、商業科ならではの「簿記部」と「電卓部」、全国的にもめずらしい「フライングディスク部」があります。

通信制・単位制学校紹介

4校

CONTENTS

北海道芸術高等学校 札幌サテライトキャンパス

広域通信制 ｜ 単位制

食堂 | 購買部(売店) | カウンセラー 週1回 | 寮・寄宿舎 | 海外研修(交流) | 携帯電話持込 授業中以外使用可 | スキー授業 | プール施設 | 資料請求 巻末ページの二次元コードからアクセスできます

「違い」は財産！「違い」は未来を変えられる！
「違い」を北芸で徹底的に磨いていこう！

「チガイはミライ」
はじまる！ミライストーリー。

ACCESS GUIDE

〒060-0042
札幌市中央区大通西19丁目1-27
TEL0120-154-550
FAX011-622-5013
https://www.hokugei.jp

◎ 地下鉄東西線「西18丁目駅」下車
　1番出口より徒歩1分
　JR札幌駅から10分
　地下鉄大通駅から7分

自分だけの「HOKUGEIストーリー」
はじめよう

マンガ・イラストコース
デジタルイラストを始め、様々なイラストの表現方法をプロの講師が指導。より豊かな実践力や想像力が身につくコースです。ゲーム業界で働く先輩や、漫画家・イラストレーターとして活躍する先輩も多く輩出しています。

声優コース
演技や発声について現役のプロがわかりやすく丁寧に指導します。アフレコやナレーション、洋画の吹き替えはもちろん、朗読や舞台稽古など声優になるために必要な技術と知識を習得するコースです。有名なアニメやCMに出演し、活躍している卒業生も。

ファッション・ビューティーコース
メイク、ネイル、ヘア、ファッション、人を魅力的に彩る各種表現方法を学びます。個性と感性を伸ばすとともに人とコミュニケーションする力を育みます。ネイルやパーソナルカラリスト、販売接遇など多くの資格を取得できるのも大きな魅力です。即戦力を期待される就職に強いコースです。

美容師コース　2023年4月美容師養成施設　開校
本校で3年間学ぶことで、高校卒業資格と美容師免許（国家資格）が取得できます。メイクやネイルも同時に学べるため業界の多様なニーズに対応できる能力を身に付けます。即戦力として活躍する人材を育成します。

ミュージックコース
バンドやDTMでの創作活動で、音楽の楽しさを追求！
幅広い視点で音楽を学ぶことで、表現力や想像力を育むとともに、時代に求められるスキルが身につくコースです。

ダンス＆ボーカルコース
ダンスと歌唱の表現力を身に付けるコース。
初心者でも基礎からていねいに学んでステップアップ！
両方のスキルを習得することで、将来の可能性が大いに広がるコースです。

今春の主な進路

進学準備ほか 3%
養成所 6%
大学・短大 17%
専門学校 28%
就職 46%

※人数は全て現役です。

国公立道内
北海道教育大 …………… 1名
私立道内
札幌大谷大 ……………… 2名
北海道科学大 …………… 1名
札幌大 …………………… 1名
北海道医療大 …………… 1名
日本医療大 ……………… 1名
北翔大 …………………… 2名
星槎道都大 ……………… 1名
北海道情報大 …………… 1名
私立道外
日本大 …………………… 1名
専門学校
札幌マンガ・アニメ＆声優専門 … 4名
札幌デザイナー学院 …… 3名
経専音楽放送芸術専門 … 3名
北海道芸術デザイン専門 … 2名
アトミックモンキー声優・演技研究所 … 2名
札幌ビジュアルアーツ …… 2名
81ACTORS STUDIO …… 1名
ステイラック付属声優・俳優養成所 … 1名
プロダクション・エース演技研究所 … 1名
就職先等
アレクト ………………… 2名
イオン北海道 …………… 2名
EZOLAB ………………… 1名
A｀Group/AUBE HAIR GROUP … 1名
TEATER/TEATER SAPXOXO … 1名
ライズプロジェクトAlmiy beauty salon … 1名
epic and y/hair make Be-COOL … 1名
MIYAUCHI/MIYA naik&eyelash … 1名
エーライツ ……………… 1名
深川硝子工芸 …………… 1名
大丸藤井セントラル …… 1名

指定校推薦

道内
札幌大 …………………… 各専攻2名
星槎道都大 ……………… 4名
北翔大 …………………… 5名
経専音楽放送芸術専門 … 若干名
専門学校札幌ビジュアルアーツ … 5名程度
札幌ミュージック＆ダンス・放送専門 … 3名
道外
尚美学園大 ……………… 各学科6名
東京工芸大 ……………… 2名
昭和音楽大 ……………… 若干名
横浜美術大 ……………… 1名
神戸芸術工科大 ………… 1名
名古屋音楽大 …………… 1名
名古屋芸術大 …………… 1名
宝塚大（東京新宿キャンパス） … 1名
専門学校デジタルアーツ東京 … 若干名
東京コミュニケーションアート専門 … 3名
東京スクールオブミュージック＆ダンス専門 … 3名
東放学園専門 …………… 若干名
専門学校日本デザイナー学院 … 1名
大坂アニメーションカレッジ専門 … 1名

学校へ行こう！
【体験入学・学校説明会】
6/22(土)　6/23(日)　7/21(日)　7/27(土)　7/28(日)
8/3(土)　8/4(日)　9/29(日)入試説明会
10/6(日)入試説明会　10/20(日)入試説明会　10/26(土)
11/9(土)入試説明会　11/16(土)　11/23(土)
12/5(木)芸術発表会

中・高一貫校 ｜ 私立高校 ｜ 高等専修学校・技能連携校 ｜ 通信制・単位制 ｜ 高等専門学校 ｜ 公立高校（石狩） ｜ 公立（渡島・檜山・後志） ｜ 公立（空知・留萌） ｜ 公立（上川・宗谷） ｜ 公立（オホーツク） ｜ 公立（胆振・日高） ｜ 公立（十勝・釧路・根室）

募集要項（2025年度予定）

入試区分

■エントリー期間
2024年11月5日（火）～2024年11月29日（金）必着

■面接日
2024年12月7日（土）、8日（日）

■選考日程　合格通知は、在籍校及び受検者へ郵便にて通知いたします。

日程	願書受付期間	受験日	合否発表日
A日程	2024年12月9日（月）～2025年1月17日（金）	2025年1月25日（土）	2025年1月31日（金）
B日程	2025年1月20日（月）～2025年2月7日（金）	2025年2月15日（土）	2025年2月21日（金）
C日程	2025年2月10日（月）～2025年2月28日（金）	2025年3月8日（土）	2025年3月14日（金）

※出願者数によって面接日を変更する場合があります。

POINT

芸術高校ならではの資格取得や大会実績

2023年度検定実績
○色彩検定　1級2名　2級4名　3級19名
○パーソナルカラリスト検定　1級3名　2級8名　3級13名
○ネイリスト技能検定　1級1名　2級2名　3級18名
○ジェルネイル検定　中級1名　初級10名
○ヘアケアマイスター　4名

2023年度大会実績
○第62回高文連　放送コンテスト全道大会
　アナウンス部門優勝（全国大会出場）・5位
　朗読部門　7位
　ラジオCM部門優勝

○第70回NHK杯　全国高校放送コンテスト
　アナウンス部門　入選2名

○全国高等学校軽音楽部対抗　バンドバトル2023冬の陣決勝大会
　全国優勝
　ベストプレイヤー賞　キーボード全国1位　ドラム1位

イラスト、演技、美容、音楽、ダンスの専門分野を高校から学べる!

多様な芸術科目を設定し、高校卒業資格に加えて、芸術分野の専門的な知識と技術を学べることが北芸の特徴です。自分の「スキ」、「興味」、「得意」を磨くことで、自信をつけ、自ら学ぶ姿勢や、コミュニケーション能力の向上にも役立てていきます。学んだ芸術分野を活かして、難関の芸大、美大、声優養成所などへ進学し、業界で活躍している先輩達も多くいます。

■卒業生からのメッセージ

声優コース卒業生　本間　健太　先輩
「Rocket Roid!!共同主宰」

私は北芸で役者の面白さを知りました。
今お芝居を仕事にしてやっぱり好きだと実感しています。
最近では、ミュージカル「刀剣乱舞」～江水散花雪～に出演しました。
きっかけをくれた北芸に感謝するとともに次は私がその魅力を誰かに伝えられるよう精進します。

私立共学

角川ドワンゴ学園　Ｎ高等学校・Ｓ高等学校

| 広域通信制 | 単位制 |

食堂　購買部(売店)　カウンセラー　寮・寄宿舎　海外研修(交流)　携帯電話持込　スキー授業　プール施設　資料請求

28,403名（2024年3月末時点・N/S高合計）

希望者　イギリス・マレーシア　フィリピン等

巻末ページの二次元コードからアクセスできます

ACCESS GUIDE

N高等学校
〒904-2421
沖縄県うるま市与那城伊計224
S高等学校
〒300-4204
茨城県つくば市作谷578番地2
TEL 0120-0252-15
https://nnn.ed.jp/
札幌大通キャンパス(旧:札幌キャンパス)
〒060-0061
札幌市中央区南1条西1-9
パークタワービル2階

◎市営地下鉄「大通」駅　徒歩1分

生徒数日本一！
KADOKAWA・ドワンゴが創る新しいネットの高校

「N高等学校(N高)」「S高等学校(S高)」はKADOKAWA・ドワンゴがインターネットと通信制高校の制度を活用して創る新しいネットの高校です。
生徒数は両校合わせて28,403名(2024年3月末時点)と日本一の高校になります。
PCやタブレット、VR機器など最新鋭のICTツールを使い、高校卒業資格に必要な学習から「IT×グローバル社会を生き抜く"総合力"を身につける多様なスキルと多様な体験」をすることができ、将来につながる様々な学びが可能です。
自分のライフスタイルに合わせて学べる5コースがあります。

ネットコース
全国どこからでも好きな時にネットで学習。
高校卒業資格取得に必要な必修授業が効率よく学べるため、自由になった時間で好きなことに好きなだけ打ち込めます。

通学コース
キャンパスに通学して対面式のプロジェクト学習を実施。
仲間と共に「答えのない問題」に取り組み、実社会で役立つ総合力を身につけます。
通学頻度は週5日、3日、1日から選択できます。

個別指導コース
一人一人の学習ニーズに合わせて1対1で学力強化を目指します。
授業は午後から開始。高校卒業のためのレポート学習から大学受験まで、生徒のレベルに合わせて強力サポート。
登校は週2日から、キャンパスに通う通学クラスと自宅で学べるオンラインクラスも選べ自由度の高い学習を行うことが可能です。

オンライン通学コース
居住地を問わず、ICTツールを活用しネットの学びの場に集い、少人数のグループワークで主体性と行動力、問題解決力を身につけます。
ライフスタイルに合わせて学習スタイルと学習の時間帯が選べます。

通学プログラミングコース
プログラミングを専門的に学びIT業界で活躍できる人材を目指すコースです。
新宿代々木・梅田いずれかのキャンパスに通い学びます。

 学校へ行こう！　オープンキャンパス・通学コース体験会・個別相談会など随時開催中
オンライン開催もございます。　詳細の日程はHPにて公開しています。

今春の主な進路

大学等進学 35%
専門学校ほか 25%
就職 9%
留学 1%
進学準備ほか 30%

※2024年4月30日時点
※母数は2024年3月31日付で卒業した生徒の人数(2023年度に在籍していたN/S高の4月生のみ)です。
※小数第一位を四捨五入、詳細はHPをご確認ください。
※人数は現浪合計です。

国公立道内
北海道大…………………3名
小樽商科大………………1名
北見工業大………………1名
公立はこだて未来大……2名
釧路公立大………………3名
名寄市立大………………1名
公立千歳科学技術大……1名
国公立道外
京都大……………………3名
東京大……………………1名
東京工業大………………3名
一橋大……………………2名
神戸大……………………1名
名古屋大…………………1名
九州大……………………1名
東京藝術大………………3名
私立道外
上智大……………………41名
早稲田大…………………44名
慶應義塾大………………37名
国際基督教大……………3名
日本大……………………118名
法政大……………………86名
立命館大…………………82名
東洋大……………………77名
中央大……………………73名
明治大……………………58名
立教大……………………56名
青山学院大………………51名
駒澤大……………………49名
関西大……………………46名
専修大……………………44名
関西学院大………………42名
同志社大…………………42名
東京理科大………………33名
学習院大…………………20名
近畿大……………………252名
龍谷大……………………152名
京都産業大………………55名
武蔵野美術大……………33名
甲南大……………………27名
多摩美術大………………19名
東京造形大………………16名
女子美術大………………6名
海外
メルボルン大……………2名
ジョンズ・ホプキンス大…1名
トロント大………………1名
エディンバラ大…………1名

指定校推薦（一部）

大学指定校推薦枠:全国300校以上
専門学校や短大などを含む1,000以上の推薦枠有

| 学費 | 3年間の実質負担額　**206,200**円〜　（ネットコースの場合） |

※就学支援金が支給された場合の実質負担額
※履修単位数や世帯年収等により異なる
　コースや学び方などによって異なりますので、詳しくはお問合せください。
（詳細P312参照）

募集要項（2025年度予定）

【新高1生】

■出願期間

2025年度の出願期間は決まり次第、公式サイトにて発表致します。

■通学コース・通学プログラミングコース希望の方

課題作文と面接の試験を行います。指定された日時に従って受験してください。
通学コース・通学プログラミングコース試験日：出願期ごとの指定日
通学コース・通学プログラミングコース試験会場：
札幌・盛岡・仙台・山形・郡山・東京・名古屋・大阪・広島・福岡ほか

【新高1生以外】

随時募集しています。詳細は公式サイトをご覧ください。

■出願方法

1　公式サイトよりWEB出願の登録をしてください。（出願はWEBでのみ受け付けます）
2　WEB出願時の案内に従い、入学検定料5,000円を納付してください。
　（オンライン通学コースを希望される方は別途5,000円の事務手数料、通学コース・通学プログラミングコースを希望される方は別途15,000円の受験料が必要です。）
3　学校作成書類を募集要項同封の専用封筒にて郵送してください。
※合格通知はメールで行いますので、メールアドレスに間違いのないようにしてください。また手続き中は受信メールのチェックを忘れないようにしてください。

POINT

ネットで仲間と楽しめる！ネット部活

インターネットの仕組みを活かして主にオンラインで活動を行う「ネット部活」。
部員数約3,000人の美術部、プロフェッショナルが顧問を務める起業部や政治部、全国大会のいずれかの部門で5年間優勝しているeスポーツ部など多種多様な部活が活動しています。
ネット上での交流だけでなく、イベントなどリアルの場で活動することもあります。

その他の部活：投資部、ダンス部、研究部、音楽部、クイズ研究会、人狼部、囲碁部、将棋部、プログラミング部、同好会多数

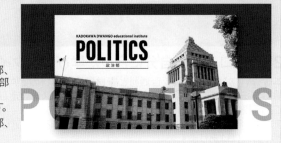

POINT

興味がある講座を自由に好きなだけ取り組める！

高卒資格の必修授業（映像学習・レポート）はオリジナル学習アプリを使っていつでも、どこからでもネットで学べます。
さらに「中学復習講座」や「大学受験対策」「プログラミング」「動画クリエイター」など10,000以上の教材から興味のあることを好きなだけ学習可能！
さらにN/S高生ならAdobeが提供しているPhotoshop、Illustratorなどの20以上のアプリやCLIP STUDIO PAINT DEBUTなどが無料で利用出来、想像の赴くままに多彩な創作が可能です。
やりたいことが決まっている人は思う存分好きなことに取り組め、探している人はたくさん試して自分の好きや得意を見つけられます。

POINT

大学進学もバックアップ！

国内外の有名大学をはじめとする合格実績が多数あり、大学入学を本気で目指す生徒向けの課外授業では、志望校別の3段階の授業で自分の学力に合わせ無理なく学習できます。
また、指導経験豊富で受験を知り尽くし大手予備校で生徒を合格に導いてきた精鋭講師陣によるライブ配信授業を実施。参加型の双方向授業でネットで受験仲間と切磋琢磨しながら志望校を目指すので、合格実績も向上中。

2023年→2024年 合格実績

	2023年		2024年
国公立大学	113名	↗	172名
早慶上理ICU	141名	↗	158名
GMARCH	268名	↗	344名
海外大学	52名	↗	143名

※2024年4月30日時点 ※N/S高生 合計
※当実績は生徒および卒業生からの申告に基づいて集計しています。
※一人で複数に合格した場合は、それぞれ計上

中・高一貫校

私立高校

高等専修学校・技能連携校

通信制・単位制

高等専門学校

公立高校（石狩）

公立（渡島・檜山・後志）

公立（空知・留萌）

公立（上川・宗谷）

公立（オホーツク）

公立（胆振・日高）

公立（十勝・釧路・根室）

酪農学園大学附属とわの森三愛高等学校通信制課程

広域通信制 | 単位制 | 普通科 | 農食環境科学科

生徒数249名　男子113名　女子136名

食堂 | 購買部(売店) | カウンセラー | 寮・寄宿舎 | 海外研修(交流) | 携帯電話持込 | スキー授業 | プール施設 | 資料請求

巻末ページの二次元コードからアクセスできます

ACCESS GUIDE

〒069-8533
江別市文京台緑町569番地
TEL 011-388-4831
FAX 011-388-4707
https://www.t3ih.ed.jp

◎ JR
「大麻駅」から徒歩7分(札幌駅から大麻駅まで最速15分)
◎ JRバス
「道立図書館前」から徒歩2分
◎ JRバス・夕鉄バス
「大麻駅南口」「とわの森三愛高校前」から徒歩5分

2学科2コースで自分に合った学びのスタイルを確立できます!

本校は、学びたい内容で普通科と農食環境科学科の2学科、スクーリングやレポート課題に取り組む方法で通学コースと通信コースの2つのコースを設定しています。自分に合った学びを選択して、高校生活を送れるのがとわの森の通信制です。

また、1年次に通学コースに所属し、一定の基準をクリアしたら全日制へ転籍することができる制度もとわの森にはあります。

内部進学制度で酪農学園大学へ推薦で進学が可能!

本校では、どの学科・どのコースからも酪農学園大学へ内部進学が可能です。毎年この制度を利用して多くの生徒が酪農学園大学へ進学をしています。(2023年度は、卒業生の5人に1人が進学)

今春の主な進路

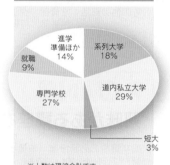

進学準備ほか 14%
就職 9%
専門学校 27%
系列大学 18%
道内私立大学 29%
短大 3%

※人数は現浪合計です。
※すべて普通科の実績です。

系列校
酪農学園大………………12名

私立道内
北海学園大………………4名
北星学園大………………1名
北海商科大………………1名
日本医療大………………2名
北海道科学大……………1名
札幌学院大………………3名
星槎道都大………………2名
北海道情報大……………2名
北翔大……………………1名
松本大……………………1名

私立道外
東京未来大………………1名
帝塚山学院大……………1名

普通科通学コース

週3日登校

週3日の登校でゆっくりと着実に学習を進めるコースです。週2日は普通科目を中心に主に座学の授業を展開。残りの1日は、「アグリトライ」(農業体験)、「食品加工」、「食の安心安全学」(高大連携授業)などの学校設定科目や「農」や「食」の体験型授業を中心に展開。

普通科通信コース

集中スクーリング型(1週間×2回)

年6回設定している集中スクーリング週*のうち、最低2回を選択して参加するのが通信コースです。このコースの「北海道研修」(特別活動)では、北海道にしかない自然を体験することができます。

最小限の登校で自分の時間を有効に活用できます。

*1週間を6回。2023年度は、5・6・9・10・11・12月に実施

農食環境科学科通学コース

週4日登校

週4日の登校の中で、通信制高校では全国初の農業を専門的に学ぶことができます。酪農学園の広大なキャンパスにある優れた施設(農場や農業の研究施設)を活用し、農産物の生産や加工、販売までの専門的な知識や技術を学ぶことができます。

農食環境科学科通信コース

集中スクーリング型(1週間×2回)

自宅学習を中心に農業の学びを体験を通してできるコースです。年6回から最低2回の集中スクーリング週を選択します。このコースの「北海道研修」(特別活動)では、北海道にしかない農業体験をすることもできます。

学校へ行こう!

【授業体験会(収穫体験)】
7/27(土)

【学校見学会①】
9/8(日)

【学校見学会②】
10/6(日)

【学校見学会③】
11/9(土)

【授業体験会(作文対策)】
12/14(土)

本校の入学には事前相談(保護者同伴)が必須です。見学と相談は随時実施していますので、お気軽にご連絡ください。

中・高一貫校
私立高校
高等専修学校・技能連携校
通信制・単位制
高等専門学校
公立高校(石狩)
公立(渡島・檜山・後志)
公立(空知・留萌)
公立(上川・宗谷)
公立(オホーツク)
公立(胆振・日高)
公立(十勝・釧路・根室)

中・高一貫校

私立高校

高等専修学校・技能連携校

通信制・単位制

高等専門学校

公立高校(石狩)

公立(渡島・檜山・後志)

公立(空知・留萌)

公立(上川・宗谷)

公立(オホーツク)

公立(胆振・日高)

公立(十勝・釧路・根室)

募集要項(2025年度)

出願資格

【新入学】・中学校を卒業見込みの方またはすでに卒業している方
【転入学】・現在高等学校等に在籍している方
【編入学】・高等学校をすでに中途退学した方

願書受付

【新入学】募集要項が出来次第、公式 WEB 等でご連絡いたします。
【転入学】および【編入学】について
　直接ご連絡いただき、ご相談ください。(11 月中旬まで実施)

選考方法

事前面談および書類選考 (作文)

とわの森通信制課程　4つのポイント

①酪農学園の広大な環境を生かした教育

とわの森の通信制は、「農」「食」「環境」「生命」への関心を高める学びを展開しています。

座学の教科は、校舎・教室を用いて学びを深めています。農業や体育といった実習系科目は、農場や体育館を完備しているので、しっかりと体験学習ができます。

②2学科2コースで
自分に合った学びのスタイルを確立

・本校では、学びたい内容で2学科(普通科と農食環境科学科)を選択し、スクーリング形態やレポートに取り組むスタイルで2コース(通学コースと通信コース)を選択することができます。自分の生活スタイルに合った学びを確立できるのがとわの森の通信制です。

●通学コース(週3日/週4日登校型)

普通科は週3日、農食環境科学科は週4日の授業プログラムを展開しています。各教科ごとに決められた出席回数(スクーリング回数)登校してクリアしていくコースです。苦手な科目も、授業形式の講義を受けながらレポート課題に取り組むことができるので安心です。

●通信コース(集中スクーリング型)

各教科ごとに決められた出席回数を1週間×2回で集中的に参加して満たしていくコースです。年間で6回設定している「集中スクーリング週」のうち、自由に最低2回を選択し、参加します。レポート課題は、基本的に自分で取り組み、最低限の登校で単位認定を目指します。

③卒業まで手厚く指導　卒業後の進路も安心!

とわの森の通信制では、担任教諭が高校生活をサポートするので、卒業まで手厚い指導が受けられます。2023年度は96%の生徒が卒業することができました。

卒業後の進路に関しても、手厚い指導を行っています。特に、酪農学園大学へ、内部進学制度を用いて進学することができ、入学金も免除になります。2023年度は卒業生の5人に1人が実際に進学を果たしています。また、酪農学園大学以外にも、ひとりひとりに合った進路指導を行っています。

④全日制への転籍制度が可能
(1年次から2年次に進級の際に限る)

本校では、年次に通学コースに在籍して、一定の基準(出席面・成績面)をクリアすれば、2年次より全日制課程へ転籍することが可能です。高校入学から全日制課程での生活をするのに不安を感じている人は、まずは本校の通学コースへの入学がおススメです。

1年次		2年次
[通信制課程] 普通科 通学コース	→	[全日制課程] 普通科 総合進学コース
[通信制課程] 農食環境科学科 通学コース	→	[全日制課程] アグリクリエイト科 機農コース

学校へ行こう!　学校見学、入学相談 **随時受付中!!**

本校の入学には事前相談(保護者同伴)が必須です。
見学と相談は随時実施していますので、お気軽にご連絡ください。

とわの森なら卒業まで安心!

とわの森の通信制は、様々な生徒がいる中で、自分のペースで無理なく通学する事ができるので、毎年95%以上の生徒が進級・卒業しています。

「高校に通いたいけど全日制は自信がない」
「自分のペースでゆっくり学びたい」
生徒たちの新たな環境としてとわの森通信制は選ばれています。

2023年度 3学年の生徒は、96%が卒業しました!

POINT

・北海道の自然や歴史、農業を体験!
=『北海道研修』=

通信コースの集中スクーリング週の後半に行う特別活動が『北海道研修』です。年6回の集中スクーリングで毎回様々なところに行き、その季節ごとの北海道や酪農学園ならではの体験ができます。※行き先は予定です。

(例) 酪農学園大学キャンパスツアー、ラフティング体験、果物狩り体験(小樽)、ハイジ牧場見学(栗山町)、陶芸体験(江別)、エスコンフィールドHOKKAIDO見学(北広島市)

札幌静修高等学校通信制課程

| 広域通信制 | 単位制 |

生徒数97名　男子33名　女子64名

食堂　購買部(売店)　カウンセラー　寮・寄宿舎　海外研修(交流)　携帯電話持込　スキー授業　プール施設　資料請求

週1回　　　　　　　　　　　　授業中以外　　　　　　　　　　巻末ページの二次元コードからアクセスできます

ACCESS GUIDE

〒064-0916
札幌市中央区南16条西6丁目2-1
TEL011-521-0234
FAX011-511-9008

◎ 地下鉄南北線
　「幌平橋」下車　徒歩5分
◎ 市電・JRバス
　「静修学園前」下車　すぐ

北海道札幌の地で全日制高校の教育実績を積み重ねている学校法人が運営

2022年創立100周年を迎えた札幌静修高等学校の新たな学びのスタイルとして「通信制課程」がスタートしました。全日制と通信制の卒業証書に形式等の違いはなく卒業資格も全日制と同じです。学びのスタイルは在宅での学びを基本とし、オプションで通学しながら学べるコースもあります。全日制高校母体の学校だからこそ、通信制課程はどこよりも学びやすく、保護者にも優しい学費設定となっています。

●選べる学習スタイル

自分の希望に合わせて学習スタイルを選択できます。自宅で自分のライフスタイルに合わせて無理なく確実に進めることができる「通信型」と、登校して教室や実習施設で学ぶ「通学型」があります。通学型では、登校する日数と3つのオプションコースから学びを選択します。

```
通信型
  │
通学型オプション
  │
  ├─ アグリコース      学習支援コース        ホームクラフトコース
  │  週1日のみ      週1日〜5日から選択      週1日のみ
```

※通学型オプションは組み合わせが自由
自分に合った時間割を追加することが可能

アグリコース

五感を刺激し、ワクワクと好奇心を磨く農をとおして、地球と社会と人のつながりを体感するアグリコース

　私たちの身体は食べもので支えられ、その食べものは土、つまり自然によって育まれています。自分の手で耕し、育て、食べる「自産自消」を実践し、人と自然の関係をもっと身近に、より豊かにすることを目指すコースです。人と農をつなぐことを使命としている㈱マイファームが、自然から得られる力を使ってひとりひとりにあった五感を研き、社会との関わり合いや社会を構成する一員としての成長を支援します。

◆アグリコースの特長

1. 「自産自消」＝自分たちでつくり、自分たちで食べてみる
2. 五感を刺激する新しい学びの環境を提供
3. 畑は小さな地球、人と自然が共存する世界

学習支援コース

全日制高校母体の強みを生かした学習支援コース生徒の個性を尊重し、個々の能力に合わせた生徒支援を実現

　週1〜5日から通学方法を選択し、生徒が主導となり自習スタイルで学習課題に取り組み、分からない課題があれば都度教員がしっかりとサポートしますので安心です。LHRや個人面談を通して、生徒支援・学習支援・進路支援が充実したコースです。

◆学習支援コースの特長

1. 全日制高校を経験した先生たちが学習を支援
2. ICTを活用した動画解説に加え、5教科の専門教員を配置
3. 全日制と連携した進学サポート、充実のスクールライフ

ホームクラフトコース

日本初のDCM㈱が提供するホームクラフトコース自分の「やってみたい」の発見、資格取得でプロの職人を目指せる

　DCM㈱専門スタッフによる講義にて座学や実際の商品を使用した実習などでしっかりと学習でき、3年間を通して資格の取得を目指します。日頃何気なく使っているもの、見ているものの知識、技術を学び楽しさの中から、しっかりとした技術を習得できます。

◆ホームクラフトコースの特長

1. DCM店舗設置のトレーニングルームでの実施
2. 資格取得に向けた教育の実施
3. 自信と将来像の発見

学校へ行こう！

【学校説明会(通信)】
8/3(土)、10(土)、9/14(土)、10/26(土)、11/9(土)
各日10:00〜11:00

【アグリコース農場見学会】
7/13(土)、8/10(土)、9/14(土)、10/12(土)、11/9(土)
各日13:30〜14:00

【業者主催進学相談会(札幌会場)】
6/2(日) サッポロファクトリーホール
7/20(土) 札幌コンベンションセンター
9/23(月・祝) 札幌コンベンションセンター
11/30(土) 札幌コンベンションセンター
各日12:00〜16:00

募集要項(変更する場合があります。詳しくは令和6年度入学用学校案内に掲載)

募集定員	募集地域	出願資格
360 名	北海道、東京都、神奈川県、埼玉県、千葉県、大阪府、京都府、兵庫県、石川県、福井県、福岡県、佐賀県	令和7年3月に中学校卒業見込みの者、中学校既卒者、その他学歴の者

選考方法	受験料	入学時納入金
書類選考・面接	5,000 円	70,000 円 (入学金 50,000 円、施設費 20,000 円)

授業料

1単位 9,000 円(卒業単位数は 74 単位以上の修得)

▼通信型のみの方は以下のコース費はかかりません。

オプションコース年間(選択制)

アグリコース:週1日 150,000 円　**学習支援コース**:週1日 50,000 円　**ホームクラフトコース**:週1日 100,000 円

担任:伊東先生

全力サポートします

　学習支援日や学習内容など、一人ひとりの特性に合わせて寄り添った指導をおこなっています。中学校までの内容の総復習や興味関心を持った分野の重点的な勉強など、心にゆとりを持って自分のペースで学習を進めることができる点が札幌静修高等学校通信制の魅力だと思います。また、勉強だけに限らず社会に出た後のことを視野に入れた指導もおこなっています。学力だけでなく、人として成長できるよう教員一同全力でサポートしていきます!

POINT　充実したスクールライフ

1 スクーリング

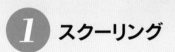

　札幌本校では夏季や冬季、大型連休といった時期に集中して行う「集中型スクーリング」ではなく、平日に行う「通学型スクーリング」を実施しています。年に6回提出するレポート課題の学習内容の定着を図る目的で約5日間1クール(1日2時間)のスクーリングを年間8回実施し、各教科の対面授業が受けられるように、時間割を設定しています。自宅での学習に不安がある生徒や大学受験を視野に学習に取り組みたい生徒には最適です。

2 新体育館完成

札幌静修学園体育館外観

　創立100周年事業として新体育館が完成します。生徒にとって学びやすい環境向上を第一に、次の100年に向けてキャンパス整備を行っています。

3 ジェンダーレス新制服の導入

　伝統の親子線が入ったセーラー服に加え、静修オリジナルチェック柄(スコットランドのキンロックアンダーソン社認定)のスカートとブレザースタイルが誕生します。スラックス、ネクタイも組み合わせ自由となっています。

中・高一貫校

私立高校

高等専修学校・技能連携校

通信制・単位制

高等専門学校

公立高校(石狩)

公立(渡島・檜山・後志)

公立(空知・留萌)

公立(上川・宗谷)

公立(オホーツク)

公立(胆振・日高)

公立(十勝・釧路・根室)

通信制高校のしくみを知ろう

通信制高校とは

　高等学校には「全日制課程」「定時制課程」「通信制課程」の３つの教育課程があり、「通信制課程」のおかれている高校が通信制高校です。ほとんどの全日制高校は「学年制」ですが、通信制高校では主に「単位制」を採用しています。「単位制」には学年の枠がなく、勉強して単位を１つずつ修得していくシステムで、授業を受けなければならない日数（回数）が非常に少なく、留年がないことが特徴です。また、制服もあって毎日通学するコースや週何日か通学するコースなど様々なコースが設定されており、色々な学び方が選べることが特徴です。そのため高校に毎日通学することに困難のある人や、プロスポーツなど何か目標を持った人たちに適しており注目されています。

単位

・「単位」というのは、学習指導要領で決められている各科目の「学習の分量」のことです。

通信制高校の学習の進め方

| STEP1 | スクーリング（面接指導） | 登校して教室で授業を受ける（日数など登校パターンはいろいろ） |

| STEP2 | レポート（報告課題） | 与えられた課題を主に自宅で学習し学校に提出 |

| STEP3 | テスト（単位認定試験） | 学習内容が身についているか判断するテスト |

➡ これらの達成度に応じて各学校の基準により単位が認定されます。

通信制高校の入学・卒業は

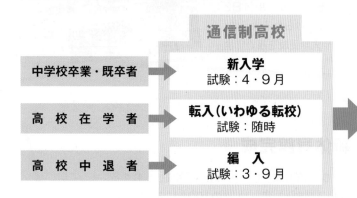

通信制高校

中学校卒業・既卒者	➡	**新入学** 試験：４・９月
高 校 在 学 者	➡	**転入（いわゆる転校）** 試験：随時
高 校 中 退 者	➡	**編 入** 試験：３・９月

卒業要件
- レポートやスクーリングにより74単位以上を修得※
- ３年間以上の修学※
- 特別活動（HRや入学式・卒業式など）30時間以上

※転編入の場合は前籍校の修得単位、修業年数も考慮

卒業

全日制と全く同じ高校卒業資格

上記は一般的な通信制高校の入試パターンです。試験時期などは各校によって異なりますので、詳しくは各校ホームページ等でご確認ください。

　通信制高校は全日制に比べ、時間の制約や学習の負担が少なく、それぞれの事情や、やりたいことに応じた柔軟な学習プランを立てることが可能で、余裕を持って学生生活を送ることができます。また、通信制高校には様々な特色や専門性を持った学校があります。学校説明会や体験入学などに積極的に参加して自分の状況や目的にマッチした学校選びができるといいですね。

通信制高校だから
輝くミライもある

主催イベント案内

中学校教員向け説明会

対面、オンライン形式での開催となります。例年
全道の中学校教員が100名以上参加しています。

7/26 [金]

札幌市男女共同参画
センター4階（エルプラザ内）

○ 地下鉄南北線
　「さっぽろ」駅から徒歩7分、
　「北12条」駅から徒歩6分
○ JR「札幌」駅北口から徒歩3分

通信制高校合同進路相談会

不登校や学力不振等の理由で通信制高校への進
学を検討している方はお気軽にお越しください。

10/27 [日]

札幌コンベンション
センター (107・108)

○ 地下鉄東西線
　「東札幌」駅から徒歩8分

北海道通信制高等学校連絡協議会

お問合せ先

北海道通信制高等学校連絡協議会2024年度事務局

事務局長　高橋 知宏

北海道芸術高等学校内　札幌市中央区大通西19丁目1-27

TEL : **011-622-5010**

FAX : 011-622-5013

詳しくはこちら

加盟校

NHK学園高等学校・クラーク記念国際高等学校・星槎国際高等学校・第一学院高等学校
ヒューマンキャンパスのぞみ高等学校・北海道教育学園三和高等学校・北海道芸術高等学校

道内国立高専 合同学校説明会

苫小牧高専　　函館高専

キミたちの夢は今ここから始まる

釧路高専　　旭川高専

令和6年9月7日(土) 13:30～16:10
13:00 受付開始

全体説明会	13:30～14:30

個別説明会	1回目／14:40～15:10 2回目／15:20～15:50 ・事前の申込は不要です。直接会場へお越しください。 ・各高専別に分かれて説明会を行います。 ・説明内容は1回目・2回目とも同じです。 ・それぞれ別の高専の説明会に参加することができます。

個別相談会	15:50～16:10

開催場所　北海道大学理学部5号館講義室
（札幌市北区北10条西8丁目）

アクセス
●JR「札幌」駅・地下鉄南北線「さっぽろ」駅より徒歩約15分
●地下鉄南北線「北12条」駅より徒歩約8分
※北海道大学構内への車での立ち入りはできません。

Google Map

オンラインでの参加を希望する場合は
苫小牧高専のHPで登録をお願いします▶▶
登録期間／令和6年8月5日(月)～8月26日(月)

函館工業高等専門学校
〒042-8501 函館市戸倉町14番1号
URL https://www.hakodate-ct.ac.jp/
学科 生産システム工学科, 物質環境工学科, 社会基盤工学科
【お問い合わせ先】
函館高専学生課／0138-59-6333
E-mail:kyomu@hakodate-ct.ac.jp

苫小牧工業高等専門学校
〒059-1275 苫小牧市錦岡443番地
URL https://www.tomakomai-ct.ac.jp/
学科 創造工学科
【お問い合わせ先】
苫小牧高専学生課／0144-67-8001
E-mail:kyomu@tomakomai-ct.ac.jp

釧路工業高等専門学校
〒084-0916 釧路市大楽毛西2丁目32番1号
URL https://www.kushiro-ct.ac.jp/
学科 創造工学科
【お問い合わせ先】
釧路高専学生課／0154-57-7222
E-mail:kyoumug@kushiro-ct.ac.jp

旭川工業高等専門学校
〒071-8142 旭川市春光台2条2丁目1番6号
URL https://www.asahikawa-nct.ac.jp/guide/
学科 機械システム工学科, 電気情報工学科, システム制御情報工学科, 物質化学工学科
【お問い合わせ先】
旭川高専学生課／0166-55-8178
E-mail:g_nyushi@asahikawa-nct.ac.jp

高等専門学校（高専）紹介

4校

CONTENTS

高専共学

中・高一貫校 / 私立高校 / 高等専修学校・技能連携校 / 通信制・単位制 / 高等専門学校 / 公立高校(石狩) / 公立(渡島・檜山・後志) / 公立(空知・留萌) / 公立(上川・宗谷) / 公立(オホーツク) / 公立(胆振・日高) / 公立(十勝・釧路・根室)

函館工業高等専門学校

生産システム工学科　物質環境工学科　社会基盤工学科

学生数952名　男子741名　女子211名
※1年生から5年生までの学生数

食堂　購買部(売店)　カウンセラー　寮・寄宿舎　海外研修(交流)　携帯電話持込　スキー授業　プール施設　資料請求

専門のカウンセラーと教員が交替で月〜金まで対応。　男子寮および女子寮がある。遠隔地からの入学者はほぼ入寮可能。　(希望者)フランス マレーシア ベルギーなど　授業時間電源OFF その他特に規制無　巻末ページの二次元コードからアクセスできます

ACCESS GUIDE

〒042-8501
函館市戸倉町14-1
TEL0138-59-6333
FAX0138-59-6330
https://www.hakodate-ct.ac.jp/

◎JR函館駅から
・函館バス82番に乗車し、「高専前」下車(約40分)。
・市電2番または5番に乗車し、終点「湯の川」で下車(約30分)後、徒歩約15分。
・タクシーで約20分。
◎函館空港から
・タクシーで約10分

今春の主な進路

- 就職 62%
- 道外国公立大学 14%
- 函館高専専攻科 9%
- 道内国公立大学 7%
- 進学準備ほか 6%
- 専門学校 1%
- 道外私立大学 1%

※人数は現役のみです。

高専専攻科
函館工業高専専攻科……17名
国公立道内
北海道大………………2名
室蘭工業大……………6名
はこだて未来大………6名
国公立道外
お茶の水女子大………1名
豊橋技術科学大………12名
長岡技術科学大………7名
弘前大…………………1名
宇都宮大………………1名
福井大…………………1名
香川大…………………1名
鹿児島大………………1名
私立道外
八戸工業大……………1名
工学院大………………1名
就職先等
北海道ガス……………1名
北海道開発局…………1名
北海道建設技術センター1名
三菱地所コミュニティ…1名
森永乳業………………1名
ドーピー建設工業……1名
雪印メグミルク………1名
北未来技研……………1名
東レ……………………1名
中外製薬工業…………1名
コスモ石油……………1名
ダイキン工業…………1名
エア・ウォーター北海道…1名
日本たばこ産業………1名
富士電機………………1名
ENEOS…………………1名
テコム…………………1名
NECフィールディング…1名

高専という選択。

本校は5年間の一貫教育で、高度な先端科学技術に対応できる創造的な技術者を養成するために、充実した施設設備と優れたスタッフを備えた道南地域唯一の総合的な技術系高等教育機関です。

高度な情報化、国際化が進み、一方で、エネルギーや食糧、少子高齢化、医療福祉、災害対策など、これまでの専門分野の枠組みを超え、国際的なフィールドで課題解決に挑戦できる技術者の育成が望まれています。本校では、このような社会のニーズに応えるため、「生産システム工学科」、「物質環境工学科」及び「社会基盤工学科」の3学科を設置しています。さらに、1年生の混合学級、2年進級時の学科選択制、キャリアデザイン教育の充実化など新たな教育体制を整え、入学者の興味や適性に合わせた確かなキャリア形成を強力にサポートします。

【学科の内容】

生産システム工学科
機械、電気電子、情報の知識を組み合わせて、人のために役立つものづくりを実践できる技術者を育てる学科です。

物質環境工学科
バイオテクノロジーや科学の知識を活用して環境問題に取り組んだり、環境との調和を考えながら、人類に役立つ物質を創造できる技術者を育てる学科です。

社会基盤工学科
IT技術を駆使したデザイン技術や設計技術、最先端の建設技術、環境保全技術を学び、地球環境に配慮して安全で快適な都市づくりを実践できる技術者を育てる学科です。

学校へ行こう!

【高専体験DAY】
8/3(土)、8/4(日)

【オープンキャンパス】
5/18(土)中学3年対象　12/14(土)中学1・2年対象

【ガールズオープンキャンパス】
11/9(土)

日程等に変更が生じた場合は函館高専HPでお知らせします。
上記イベント以外の日でも学校見学が可能です。ご遠慮なくお問い合わせください。
出前授業や公開講座など年間を通して行っています。詳細は函館高専HPをご覧ください。

学費

■入学手続時　約208,600円(入学料84,600円+諸納付金24,000円+PC等入学準備費100,000円)
※上記のほか、授業料など毎年納付が必要な経費があります。
※入学料・授業料の減免制度や奨学金制度が充実しています。
（詳細P313参照）

POINT

進学も就職も希望を実現!

函館高専では、さらに勉学を続けたい学生に、北海道大学、東北大学をはじめとする全国の国公立大学に編入学する道が開かれています。また、本校に設置されている専攻科に進学し、函館在住のままでより高度な教育を受け、学士の学位を得ることもできます。専攻科修了後に大学の大学院へ進むことも可能です。

令和5年度卒業生の進学希望者（59名、卒業生の約32%）はほぼ全員現役で合格しており、函館高専は今後さらに大学進学に対して、学校を挙げて手厚いサポートを行っていきます。

その一方で、就職についても、函館高専には毎年様々な企業から多数の求人が来ています。昨今は就職難と言われておりますが、令和5年度の就職希望者（114名）に対して、およそ1300社から求人が来ています。就職希望者の内定率はほぼ100%を達成しています。

学外実習（インターンシップ）

募集要項（2025年度予定）

一般入試

■募集定員
200名
（生産システム工学科120名
物質環境工学科40名
社会基盤工学科40名）
※推薦入学者を含みます。

■受験料
16,500円

■試験内容

理科　英語　数学　国語　社会　（各50分・各100点）

■合否判定
・学力検査・個人調査書で総合的に判定します。

学力検査の成績は以下のように計算します。

数・理・英	各100点×2
国・社	各100点

計800点

推薦入試

推薦入試

■募集定員
120名程度
（生産システム工学科72名程度、物質環境工学科24名程度、社会基盤工学科24名程度）

■出願資格
・詳細はお問い合わせ下さい。

■試験内容

面接　作文

■合否判定
・自己推薦書、個人調査書、作文、面接の結果を総合して判定

奨学制度

・高等学校等就学支援金
世帯所得要件（年収約910万円未満）を満たす1〜3年生を対象に、授業料に充てるための支援金（原則月額9,900円）を国が支給します。

・奨学金
申請に基づき毎月一定額の支給を受けることができる資金で、日本学生支援機構（JASSO）のほか、自治体や各種団体から本校あてに毎年公募があります。

・入学料及び授業料の減免
高専機構内の制度により、一定条件を満たす場合に適用となることがあります。

2024 入試DATA

一般入試の合格者は第2志望以下の学科での合格者を含みます
上段は一般入試・下段は推薦入試を表しております

	受験者数／合格者数／入学者数	合格者平均 道コンSS	合格者平均 内申点・ランク
生産システム工学科	134／91／−	53	256・C
	68／68／−	50	249・D
物質環境工学科	28／28／−	54	258・C
	28／28／−	50	260・C
社会基盤工学科	25／54／−	51	244・D
	20／20／−	52	264・C

※本校では学科選択制度をとっており、第1学年は仮配属学科となっております。データは仮配属学科で計上しております。配属学科は入学後の学業成績等により、第2学年進級時に決定します。

道コン合格圏
（可能性60％ライン）

━━ 全科集計

内申ランク・内申点＼道コンSS	74	70	66	62	58	54	50	46	42	38	34	30
A 〜296点												
B 〜276点												
C 〜256点					全科集計							
D 〜236点							★	☆				
E 〜216点												
F 〜196点												
G 〜176点												
H 〜156点												
I 〜136点												
J 〜116点												

合格者平均 ★ 一般入試（全科集計）／☆ 推薦入試（全科集計）

掲載の入試データ等は道コン事務局の推定です。

POINT
5年間の学生生活と進路の実現を全力で支援！

高専は中学校を卒業したばかりの1年生から20歳の5年生まで幅広い年齢層の学生が学ぶ自由な学校です。そこでは自主自律の学習姿勢が求められますが、低学年の学生にはサポートが必要です。

函館高専には入学した皆さんの学校生活をトータルに支えるための「総合学生支援センター」があります。センターはいくつかのパートに分かれています。

「学習支援室」では、学生の皆さんの学習に対する理解度や意欲などに応じて、相応しいレベルやペースによって自律した学習「自学」に向けた学習支援を提供しています。

「学生相談室」は、学生の皆さんが抱える悩みの相談に対応する部門です。相談室には専門のカウンセラーや担当教員が常駐し、日々寄せられる相談に対応します。希望があれば保護者の方が助言を受けることも出来ます。ここでは、明るい学生生活を送れるよう心のケアの面からサポートします。

「女子学生支援室」は、学生全体の約2割を占める女子学生をきめ細かくサポートします。女子学生の進学や就職情報を提供する講演会を開催したり、Robogalsを含む理系女子実験隊の出前講座の支援など、女子学生が活躍できる環境を提供しています。

CLUB
楽しい学校行事と活発な課外活動！

函館高専には、体育系と文化系合わせて約40のクラブ・愛好会があります。ラグビー、バレーボール、卓球、硬式野球、ハンドボール、バスケットボール、アーチェリーなどの体育系クラブは、充実した施設設備（2つの体育館、広いグラウンド、アーチェリー場、武道場など）をフルに活用し、各種体育大会に参加しています。3年生までは、高体連にも出場できますので、活躍の場も多く、充実した課外活動を行うことができます。

文化系クラブは、ロボット研究会、吹奏楽部、将棋部、e-sports愛好会などがあります。ロボット研究会は、高専ロボコンに出場し毎年活躍しています。新聞局は高文連の大会に出場しています。

高専祭や体育祭、学年末スポーツ大会など全校挙げての行事も毎年盛大に行われ、学科単位、クラス単位、クラブ単位での活動を通して、多くの先輩や友人達と出会い、触れ合うことができます。

POINT
寮生活について

遠方からの入学生のために学生寮があり、現在、男女合わせて約190名が居住しています。快適な寮生活をサポートする施設として補食室・談話室、洗濯室、浴室、食堂等が完備されています。また、昼夜問わず、常時2名以上の教職員によるサポート体制を取っており、安心して生活することができます。一年生には一斉学習時間を設けて、先輩寮生による学習指導も行われています。また、歓迎会や寮祭等の寮生会行事も充実しており、寮生活を通して多くの友人を作ることができるでしょう。女子寮は男子寮に併設されていますが、女子寮入口の指紋照合システムや防犯カメラの設置などの高度なセキュリティー管理のもと、日常生活のほとんどを女子寮内で過ごすことができます。なお、寮費〔食費（3食）、光熱費・水道料金等〕は月額56,000円（11ヶ月）程度です。

寮祭の様子

中・高一貫校　私立高校　高等専修学校・技能連携校　通信制・単位制　高等専門学校　公立高校（石狩）　公立（渡島・檜山・後志）　公立（空知・留萌）　公立（上川・宗谷）　公立（オホーツク）　公立（胆振・日高）　公立（十勝・釧路・根室）

苫小牧工業高等専門学校

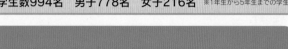

創造工学科 | 機械系 | 都市・環境系 | 応用化学・生物系 | 電気電子系 | 情報科学・工学系

食堂 | 購買部(売店) | カウンセラー | 寮・寄宿舎 | 海外研修(交流) 〈希望者〉ニュージーランド 中国(香港) タイ | 携帯電話持込 | 資料請求 巻末ページの二次元コードからアクセスできます

学生数994名　男子778名　女子216名　※1年生から5年生までの学生数

ACCESS GUIDE

〒059-1275
苫小牧市字錦岡443番地
TEL0144-67-8001
FAX0144-67-8031
https://www.tomakomai-ct.ac.jp/

◎苫小牧駅～高専前(学生便:約30分)
◎錦岡駅～高専前(学生便:約10分)
◎南千歳駅～高専前(高速通学バス:約30分)

ICTスキルをもち、柔軟で視野の広い次世代技術者を育てる学校です

　一般科目と工学系の専門科目を効果的に組み合わせて5年間一貫教育を行っています。4年制大学とほぼ同程度の専門的な知識、技術を身につけることができ、就職にも進学(大学3年次編入学)にも強いです。本校は、創造工学科1学科で、受験時に専門を決める必要がありません。
　特に1年生の「創造工学」の授業では、共通の専門基礎と5つの専門分野を体験でき、じっくり1年かけて自分の適性に合った専門分野を選ぶことができます。
　2年生から専門の「系」に配属され、それぞれ系の専門科目を学んでいきます。

創造工学科での授業風景

[創造工学科]

機械系
　機械工学の基礎となる力学は勿論のこと、設計、材料、そして工作法といった実践的な機械技術、今後も発展が予想される機械の制御・情報化に必要な技術、さらにはエネルギー・環境に関する技術などを学ぶことが出来ます。

都市・環境系
　道路、橋、鉄道、港、公園、ダム、上下水道、トンネルなど住みよい生活環境を作る上で大きな役割を果たしてきた土木工学を基礎として、環境の保全や自然との調和を図った街づくりのための幅広い専門科目を勉強します。

応用化学・生物系
　物質の成り立ち、作り方、性質等について学び、環境に配慮して有用な物質を創ることができる化学技術者を養成します。4年生から機能材料コース、食品・バイオコースに分かれて知識と技術を学びます。

電気電子系
　技術者として幅広い分野に対応できるように、基礎理論から勉強を始めます。そして、「エネルギー・制御」「エレクトロニクス」「情報・通信」のそれぞれの分野において、専門的な学習により知識を深めます。

情報科学・工学系
　コンピュータを実社会に役立てるための技術を基礎から応用まで総合的に学びます。低学年では工学基礎科目を学習し、高学年ではハードウェア、ソフトウェア、ネットワーク関連科目を学び、発想豊かな技術者を養成します。

今春の主な進路

進学準備・その他 2%
高専専攻科 14%
道内国公立大学 4%
道外国公立大学 14%
道外私立大学 1%
就職 65%

※人数は現浪合計です。

高専専攻科
苫小牧工業高専専攻科⋯26名

国公立道内
北海道大⋯⋯⋯⋯⋯2名
室蘭工業大⋯⋯⋯⋯3名
北見工業大⋯⋯⋯⋯2名

国公立道外
東京工業大⋯⋯⋯⋯1名
筑波大⋯⋯⋯⋯⋯⋯1名
長岡技術科学大⋯⋯11名
豊橋技術科学大⋯⋯6名
弘前大⋯⋯⋯⋯⋯⋯1名
茨城大⋯⋯⋯⋯⋯⋯1名
千葉大⋯⋯⋯⋯⋯⋯1名
金沢大⋯⋯⋯⋯⋯⋯1名
三重大⋯⋯⋯⋯⋯⋯1名
香川大⋯⋯⋯⋯⋯⋯1名
佐賀大等⋯⋯⋯⋯⋯1名

就職先等
札幌市職員⋯⋯⋯⋯1名
北海道職員⋯⋯⋯⋯1名
サントリープロダクツ⋯3名
東京ガス⋯⋯⋯⋯⋯2名
パナソニックATMS⋯⋯2名
北海道電力⋯⋯⋯⋯2名
雪印メグミルク⋯⋯2名
NTT東日本グループ⋯⋯1名
旭化成⋯⋯⋯⋯⋯⋯1名
アサヒビール⋯⋯⋯1名
アマゾンジャパン⋯⋯1名
キヤノンマーケティングジャパン⋯1名
京セラコミュニケーションシステム⋯1名
東芝三菱電機産業システム⋯1名
日産自動車⋯⋯⋯⋯1名
三井住友建設⋯⋯⋯1名
三菱電機ビルソリューションズ⋯1名
三菱電機プラントエンジニアリング⋯1名
JALエンジニアリング⋯⋯1名
大林組⋯⋯⋯⋯⋯⋯1名
ネクスコ・メンテナンス北海道⋯1名
出光興産⋯⋯⋯⋯⋯1名
東日本高速道路⋯⋯⋯1名
むかわ町職員⋯⋯⋯1名

他多数

学校へ行こう!

【オープンキャンパス】	【入学試験説明会】	【高専祭】
8/3(土)、8/4(日)	10月頃 苫小牧市、札幌市、千歳市他	10/19(土)、10/20(日)

学費

■入学手続時　約**200,000円**　(入学料84,600円+諸納金約70,000円+教材等経費約35,000円)
※授業料は年額234,600円を5月と10月に分納
申請により、所得に応じて就学支援金が支給されます。　(詳細P313参照)

POINT

南千歳からの高速通学バス

高速道路経由でJR南千歳駅前と本校とを結ぶ通学バス(有料)を運行しています。「快速エアポート」と組み合せることで、恵庭、北広島方面からも楽々通学できます。

ICT活用教育を推進

全教室でキャンパスWi-Fiを利用できます。Microsoft 365を全学生無料で利用できます。
北海道大学の教材を利用したプログラミング教育、AI・データサイエンス教育を1年生から実施しています。

中・高一貫校 / 私立高校 / 高等専修校・技能連携校 / 通信制・単位制 / 高等専門学校 / 公立高校(石狩) / 公立(渡島・檜山・後志) / 公立(空知・留萌) / 公立(上川・宗谷) / 公立(オホーツク) / 公立(胆振・日高) / 公立(十勝・釧路・根室)

募集要項（2025年度予定）

一般入試

■募集定員
創造工学科200名
※内、推薦入学者を含む

■受験料
16,500円

■試験内容
国語｜社会｜数学
理科｜英語

■合否判定
・学力検査の成績、調査書、志望種別の総合判定

学力検査の成績は以下のように計算する。

国・社	各100点	計800点
数・理・英	各100点×2	

個人調査票は以下のように計算する。

国・社・数・理・英	各教科5点×3か年×2	計210点
音・美・保・技	各教科5点×3か年	

高専祭　七夕茶会

SNAP

※北海道内4高専（函館・苫小牧・釧路・旭川）の複数校志望受験制度により、4校を併願することができます。詳細は学生募集要項を参照してください。

2024 入試 DATA
上段は一般入試・下段は推薦入試を表しています。

	受験者数／合格者数／入学者数	合格者平均 道コンSS	内申点・ランク
創造工学科	249／213／87	55	261・C
	112／112／112	55	271・C

道コン合格圏
（可能性60％ライン）　――― 創造

内申ランク・内申点	道コンSS	74	70	66	62	58	54	50	46	42	38	34	30
A	~296点												
B	~276点												
C	~256点						創造	☆					
D	~236点							★					
E	~216点												
F	~196点												
G	~176点												
H	~156点												
I	~136点												
J	~116点												

合格者 ★ 一般入試（創造）
平　均 ☆ 推薦入試（創造）

掲載の入試データ等は道コン事務局の推定です。

推薦入試

推薦入試

■募集定員
100名程度

■試験内容
面接

■合否判定
面接、自己推薦書及び調査書を総合して判定

■出願資格
次のすべての条件を満たす者とします。
(1) 令和7年3月に中学校もしくは義務教育学校卒業見込みの者または中等教育学校前期課程修了見込みの者、及び文部科学大臣が中学校の課程と同等課程を有するものとして認定した在外教育施設の当該課程を修了見込みの者
(2) 本校への入学意思が明確で、合格した時は必ず入学し、「推薦選抜」で合格内定とならなかったときは、必ず「学力選抜（専願）」を受験する者
(3) 本校を志望する動機、理由が適切であり、それを明確に説明できる者
(4) 第3学年の数学が4以上、かつ、学習点が「252以上」である者（学習点は、個人調査書の9教科5段階評定を1年生と2年生は2倍、3年生は3倍した数の合計）

SNAP　体育大会

奨学制度

・入学料免除・徴収猶予、授業料減免、就学支援金制度があります。
　① 1 ～ 3 年生までは「高等学校等就学支援金」の対象になります（所得による制限あり）。
　② 4 ～ 5 年生は「高等教育の修学支援新制度（授業料等減免と給付型奨学金）」があり、申請に基づき選考の上、認定された場合は授業料等の減免と奨学金の給付を受けることができます。
・奨学金
　日本学生支援機構から、申請に基づき選考の上、奨学金が貸与（1 ～ 5 年生対象）または給付（4・5 年生対象）される制度があります。

ロボコン

入学者選抜実施状況

学科	推薦		一般		一般選抜　合格者得点		
	合格者	入学者	合格者	入学者	最高点	最低点	平均点
創造工学科	112	112	213	87	900	582	724

※合格者得点は、学力選抜合格者のみの集計（推薦選抜合格者は含まない）
※学力検査は、学力点800点満点＋学習点210点満点＝総合点1010点満点です。

POINT

国際交流・海外遠隔授業

海外提携校（ニュージーランド）、中国（香港）への短期研修制度およびタイ・カセサート大学での低学年向け派遣事業（いずれも任意参加、有料）があります。研修に参加すると卒業に必要な選択科目の単位が認定される場合があります。

国公立大学への経済的な進学ルート

卒業後、国公立大学の3学年に編入学試験（推薦または学力）を経て進学することができます。高等学校から大学に進学する場合と比べて学費はかなり節約になります。また、編入学試験は大学ごとに実施されているため、受験日が重ならなければ複数の国公立大学を受験することも可能です。

安定した就職状況

高専の教育は産業界から高い評価を受けており、卒業生の就職状況は常に好調です。日本を代表する大企業から地方の企業まで、または公務員など、就職先の選択も多様です。令和6年3月卒業者の場合、就職希望者1人当たりの求人倍率は約23倍でした。

釧路工業高等専門学校

創造工学科	スマートメカニクスコース（情報工学分野・機械工学分野）
	エレクトロニクスコース（電気工学分野・電子工学分野）
	建築デザインコース（建築学分野）

食堂 / 購買部（売店） / カウンセラー / 寮・寄宿舎（遠方者のみ） / 海外研修（交流） / 携帯電話持込 / スキー授業 / プール施設 / 資料請求（巻末ページの二次元コードからアクセスできます）
※食堂 週5回

学生数683名　男子541名　女子142名　※1年生から5年生までの学生数

ACCESS GUIDE

〒084-0916　釧路市大楽毛西2丁目32-1
TEL0154-57-7203　FAX0154-57-5360
https://www.kushiro-ct.ac.jp/

◎ JR
【大楽毛】駅下車　徒歩約15分
◎ 阿寒バス
【30 阿寒線】高専前下車
◎ くしろバス
【28 新富士新野線】【36 白糠線】
大楽毛岐下車　徒歩約7分
◎ 阿寒バス・くしろバス共同運行
【38 大楽毛線】高専前下車
（バスの所要時間は、釧路駅から約30分）

今春の主な進路

- その他 5%
- 釧路高専専攻科 15%
- 国公私立大学 20%
- 就職 60%

※人数は全て現役です。

高専専攻科
釧路工業高専専攻科………19名

国公立道内
北海道大…………………3名
北海道教育大……………1名
北見工業大………………3名

国公立道外
東京大……………………1名
豊橋技術科学大…………15名
長岡技術科学大…………1名
信州大……………………1名
熊本大……………………1名
琉球大……………………1名
東京都立大………………1名
島根大……………………1名

私立道外
東京情報大………………1名

就職先等
北海道電力………………4名
北海道ガス………………1名
北海道電気保安協会……1名
大塚製薬工場……………1名
岩田地崎建設……………2名
Rapidus…………………2名
NICHIJO…………………1名
シンセメック……………1名
宮坂建設工業……………1名
砂子組……………………1名
日の出工芸………………1名
アートホーム……………1名
ドコモCS北海道…………1名
村井建設…………………1名
清水建設…………………1名
パナソニックスイッチングテクノロジーズ…1名
NTT東日本-北海道………1名
孝仁会……………………1名
インフィニットループ……1名
ウェルネット……………1名
北都システム……………1名
シーズ・ラボ……………1名
ポータス…………………1名

道東の自然に囲まれて人と技術を育てる
充実した教育環境と早期からの専門的教育が将来を約束

釧路高専は、入学後に分野を決めることができる第2学年分野選択制度を導入しています。5年間の一貫教育で学ぶ本校には、広い敷地に高度な先進技術にも対応できる充実した設備が整っています。豊かな環境の中で低学年から始まるきめ細かな進路指導と専門教育により、5年後には、国公立大学への進学や大手企業への就職を果たせます。

〈分野紹介〉

情報工学分野
情報工学分野では、情報化社会の「脳や神経」に当たるコンピュータや情報通信ネットワークの仕組み、コンピュータを賢く動かすプログラミング、大量のデータを効率よく処理するデータベース、人工知能等の技術を基礎から応用まで幅広く勉強します。

機械工学分野
機械工学分野では、21世紀を支える「エネルギー」・「情報」・「材料」をつくり出す"ものづくり"の技術者になるため、力学、メカトロニクス、熱・流体、デザイン、コンピュータなど、幅広い分野を学びます。

電気工学分野
電気工学分野では、私たちの社会を支える「電気」を中心に幅広い分野の勉強をします。電気の基本から始まり、電気エネルギーの作り方や送り方、コンピュータやプログラムの仕組み、放送などの通信や電波の仕組み、機械やロボットなどの制御の仕組みが学べます。

電子工学分野
電子工学分野では、コンピュータ・携帯電話・インターネットなどの情報通信分野、太陽電池・温度差発電・超伝導などのデバイス分野、さらにロボット・レーザー・ソーラーカーなどの計測制御分野を3本柱として学習します。

建築学分野
建築学分野では、「美しく」「快適で使いやすい」「地震に強い」建物を造るために、建物の設計の方法、安全で環境に配慮した建物のしくみ、建物をつくるための材料などについて学習します。

学校へ行こう！

【オープンキャンパス】
7/20（土）、7/21（日）、10/5（土）予定

【春の学校説明会・ミニ実習体験】
札幌 **6/1（土）**

学費
■入学手続時　**約310,000円**（入学料84,600円＋授業料117,300円（6ヵ月分）その他教科書・教材など）
※授業料は年額234,600円を4月と10月に分納
申請により、所得に応じて就学支援金が支給されます。　（詳細P313参照）

POINT

大学や企業から高い評価

毎年、卒業生の30～40%が専攻科や国公立大学に進学しますが、普通高校からの進学者よりも優秀であることから、多くの国公立大学で、高専からの編入生を受け入れたいという希望が高くなっております。また企業においても、大学卒よりも真面目で創造力豊かな高専卒の学生を是非採用したいとの会社が多くほぼ100%の就職率を維持しております。
釧路高専では、早い段階からの進路指導に力を注いでおり、教員の細やかな指導の上で、学生の将来を支援しています。

募集要項（2025年度予定）

一般入試

■募集定員

創造工学科　160名
※推薦入学者を含む
（学力選抜募集人数は64名）

■試験内容

[理科] [英語] [数学] [国語] [社会]

（各50分・各100点）

■検定料

16,500円

■合否判定

・学力検査の結果及び個人調査書を総合的に判定します。
学力検査の成績は以下の様に計算する

国・社	各100点	
数・理・英	各100点×2	計800点

個人調査書は以下の様に計算する

国・社・数・理・英	各教科5点×3か年×2	
音・美・保体・技家	各教科5点×3か年	計210点

・平成30年度から北海道内4高専（函館・苫小牧・釧路・旭川）の複数校志望受検制度により、4校を併願することができます。詳細は学生募集要項を参照してください。
・平成30年度から、帰国子女特別選抜を実施しています。

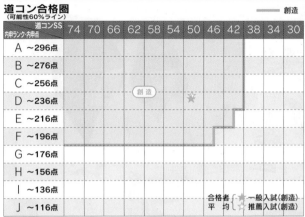

2024 入試 DATA
上段は一般入試・下段は推薦入試を表しています。

	分野	受験者数／合格者数／入学者数	合格者平均 道コンSS	合格者平均 内申点・ランク
創造工学科	情報工学分野			
	機械工学分野			
	電気工学分野	187／179／－	51	249・D
	電子工学分野	71／71／－	50	251・D
	建築学分野			

道コン合格圏（可能性60%ライン）　━━ 創造

道コンSS 内申ランク・内申点	74	70	66	62	58	54	50	46	42	38	34	30
A ～296点												
B ～276点												
C ～256点												
D ～236点						創造		☆				
E ～216点												
F ～196点												
G ～176点												
H ～156点												
I ～136点												
J ～116点												

合格者平均 ★一般入試（創造）　☆推薦入試（創造）

掲載の入試データ等は道コン事務局の推定です。

推薦入試　募集定員は全体（一般・特別・数学重視）で96名

自己推薦選抜（一般）

■出願資格

中学校第3学年の学業成績が5段階評定で全科目ともに「3以上」で、平均3.67以上（合計が33以上）であること。

■試験内容

[面接]

自己推薦選抜（特別）

■出願資格

中学校第3学年の学業成績が5段階評定で全科目ともに「3以上」で、スポーツ、文化・芸術等の活動や資格取得等で一定以上の成果を上げていること。

■試験内容

[面接]

自己推薦選抜（数学重視）

■出願資格

中学校第1学年から第3学年の数学の学業成績が5段階評定で全学年ともに「5」（合計が15）であること。

■試験内容

[面接]

奨学制度

・入学料・授業料免除、就学支援金
　1～3年生までは、「高等学校等就学支援金」の対象になります。
　特別な事情や、経済的理由などにより、入学金及び授業料の納付が困難な場合には、申請に基づき選考のうえ、全額、又は一部が免除される制度があります。（授業料免除は4～5年生のみ）
・奨学金
　日本学生支援機構から、申請の基づき選考のうえ、奨学金が貸与、又は給付される制度があります。

SNAP

見学旅行

体育大会

POINT

第2学年分野選択制度

入学後の第1学年は配属分野のない混合学級。一年間かけて「各分野の基礎」を体験的に学習しながら、自分に適した分野を選ぶ事が出来ます。また、学科にこだわらない交友関係が広がるので、キャンパスライフもより楽しくなります。

充実した学校生活

釧路高専では服装を自由に、ファッショナブルに着こなして通学OK。大学のような自由な校風の中でたくさんの友人と出会い、自分の個性を磨くことが出来ます。課外活動も活発で多くの大会にも参加出来ます。また海外語学研修制度もあり、良い経験になること間違いなし。充実した高専生活を送れます。

中・高一貫校
私立高校
高等専修学校・技能連携校
通信制・単位制
高等専門学校
公立高校（石狩）
公立（渡島・檜山・後志）
公立（空知・留萌）
公立（上川・宗谷）
公立（オホーツク）
公立（胆振・日高）
公立（十勝・釧路・根室）

旭川工業高等専門学校

中・高一貫校
私立高校
高等専修学校・技能連携校
通信制・単位制
高等専門学校
公立高校(石狩)
公立(渡島・檜山・後志)
公立(空知・留萌)
公立(上川・宗谷)
公立(オホーツク)
公立(胆振・日高)
公立(十勝・釧路・根室)

機械システム工学科　電気情報工学科
システム制御情報工学科　物質化学工学科

学生数705名　男子576名　女子129名　※1年生から5年生までの学生数

食堂　購買部(売店)　カウンセラー　寮・寄宿舎　海外研修(交流)　携帯電話持込　スキー授業　プール施設　資料請求

週3度

巻末ページの二次元コードからアクセスできます

ACCESS GUIDE

〒071-8142
旭川市春光台2条2丁目1-6
TEL 0166-55-8178
FAX 0166-55-8084
https://www.asahikawa-nct.ac.jp/guide/

◎ JR「旭川駅」から約7km
　・旭川駅前バスタッチ③のりばから、道北バス29番または30番に乗車し「高専前」下車。約25分。
　・自動車で約20分。
◎ 道央自動車道「旭川鷹栖IC」から約4km
　・自動車で約10分。
◎ 旭川空港から約25km・自動車で約40分。

今春の主な進路

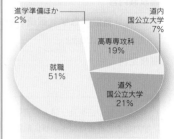

進学準備ほか 2%
道内 国公立大学 7%
高専専攻科 19%
就職 51%
道外 国公立大学 21%

※人数は全て現役です。

高専専攻科
旭川工業高専専攻科 …… 27名

国公立道内
北海道大 …… 3名
室蘭工業大 …… 3名
はこだて未来大 …… 2名
北見工業大 …… 1名

国公立道外
東京農工大 …… 1名
豊橋技術科学大 …… 13名
長岡技術科学大 …… 6名
宇都宮大 …… 2名
金沢大 …… 1名
群馬大 …… 1名
秋田大 …… 1名
岐阜大 …… 1名
島根大 …… 1名
弘前大 …… 1名
琉球大 …… 1名

就職先等
旭川市消防局 …… 1名
北海道電力 …… 1名
北海道旅客鉄道 …… 1名
雪印メグミルク …… 1名
JX金属 …… 3名
北海道LIXIL製作所 …… 3名
NTT東日本グループ …… 2名
三井化成工業 …… 1名
東レ …… 2名
旭イノベックス …… 1名
アネブル …… 1名
アズビル …… 1名
国策機工 …… 1名
出光興産 …… 1名
大塚製薬工場 …… 1名
アイ・エス・ビー …… 1名
エア・ウォーター北海道・産業ガス …… 1名
ジャパンマリンユナイテッド …… 1名
シンセメック …… 1名
ウォルテクノロジー …… 1名
関東化学 …… 1名
コンストラクションサポート …… 1名
olivier …… 1名
KDDIエンジニアリング …… 1名
DOWAサーモエンジニアリング …… 1名
J-TRIM …… 1名
札幌日信電子 …… 1名
日本飛行機 …… 1名
橋本汎島コーポレーション …… 1名
SCREEN SPE サービス …… 1名
SCREEN セミコンダクターソリューションズ …… 1名
ホクエイ …… 1名
竹中工務店 …… 1名
第一三共ケミカルファーマ …… 1名
第一三共プロファーマ …… 1名
住友電設 …… 1名
タジマモーターコーポレーション …… 1名
セイコーエプソン …… 1名
大日精化工業 …… 1名
東芝ホクト電子 …… 1名
牧野フライス製作所 …… 1名
中部電力 …… 1名
西日本旅客鉄道 …… 1名
日東電工 …… 1名
テコム …… 1名
NICHIJO …… 1名
日本オーチス・エレベータ …… 1名
日本ゼオン …… 1名
富士電機 …… 1名
日本血液製剤機構 …… 1名
浜松ホトニクス …… 1名
ホクサン …… 1名
バンダイナムコスタジオ …… 1名
ホクレン農業協同組合連合 …… 1名
ミライト・ワン …… 1名
富士フイルムビジネスイノベーションジャパン …… 1名
LIXIL …… 1名
北海道三井化学 …… 1名
まえざわ …… 1名
丸善石油化学 …… 1名
三浦工業 …… 1名
メンバーズ …… 1名
明治 …… 1名
矢崎総業 …… 1名
ラック …… 1名

半導体・AIを全学科で学べます！
卒業後の進路も安心です！

　高専は、科学技術に関する分野で広く社会に貢献できる人財を養成する、5年一貫の高等教育機関です。
　修業年限としては「高校＋短大」に相当しますが、一般科目・専門科目・実験・実習を体系的かつ効果的に配置したカリキュラムにより、理工系大学相当の充実した教育を提供しています。

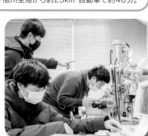

〈学科紹介〉

機械システム工学科　（キーワード：機械四力学、CAD/CAM/CAE、エネルギー）
　機械類やロボットの開発に欠かせない機械四力学をはじめ、材料・加工、設計、計測・制御、エネルギーなどを学びます。機械の設計・製作・運用や自動車、航空、エネルギーなど多彩な分野で活躍できるスキルを身につけることができます。

電気情報工学科　（キーワード：半導体デバイス、情報ネットワーク、サイバーセキュリティ）
　電気回路、電子回路といった電気・電子工学やサイバーセキュリティ等の情報工学を学びます。また、実験を通して、エネルギー・環境問題などに電気・電子・情報の知識とスキルを用いて対応できる力を身につけることができます。

システム制御情報工学科　（キーワード：ロボット、メカトロニクス、プログラミング）
　機械系、電気・電子系、情報系の3分野をバランスよく学びます。さらに、これらの分野を融合した科目や、実験・実習を通して得られた様々な知識やスキルを基に、社会課題の解決に対応できる力を身につけることができます。

物質化学工学科　（キーワード：新素材、環境、バイオテクノロジー）
　有機化学、無機化学、分析化学といった化学や生物の分野を学びます。多くの様々な化学実験を通して得られたスキルを基に、社会の課題に化学・生物分野の専門知識と技術を生かして対応できる力を身につけることができます。

学校へ行こう！

【オープンキャンパス（1日体験入学）】
7/27（土）、7/28（日）
進学説明会同時開催

【高専祭】（一般公開）
10/19（土）、10/20（日）

※各種イベントや学校紹介動画について、2次元バーコードから確認出来ます。

学費

■入学手続時 **約160,000**円（入学料84,600円＋教科書・諸経費）
※授業料は年額234,600円を5月と10月に分納
申請により、所得に応じて就学支援金が支給されます。
（詳細P313参照）

POINT

種々の教育プロジェクトによる授業の展開

　Society5.0と呼ばれる新たな社会に突入しようとしている今、旭川高専では半導体と数理・データサイエンス・AI教育の高度化を進めるプロジェクトが進行しています。
　また、農工業、医療・福祉を中心に、地域の産業における課題の解決を図ろうと実動する、プロジェクトベースの学科横断型授業も実施されております。特定の学科の枠にとらわれない、幅広い知識や技能が得られるだけでなく、外部の実務家からアントレプレナーシップ（起業家精神）や事業化のノウハウも学べます。
　このような授業に取り組むことで、一流企業も欲しがる優秀な人材へと成長できるばかりでなく、在学中に起業することも夢ではありません。

中・高一貫校

私立高校

高等専修学校・技能連携校

通信制・単位制

高等専門学校

公立高校(石狩)

公立(渡島・檜山・後志)

公立(空知・留萌)

公立(上川・宗谷)

公立(オホーツク)

公立(胆振・日高)

公立(十勝・釧路・根室)

募集要項(2025年度予定)

一般入試

■募集定員
160名
(機械システム工学科 40名　　　電気情報工学科 40名
システム制御情報工学科 40名　物質化学工学科 40名)
※推薦入学者を含む

■試験内容

| 理科 | 英語 | 数学 | 国語 | 社会 | (各50分・各100点) |

解答方法をマークシート方式にしています。

■検定料
16,500円

■合否判定
・学力検査の成績、個人調査書及び入学意志確認書の総合判定

学力検査の成績は以下の様に計算する

| 国・社 | 各100点 |
| 数・理・英 | 各100点×2 |

計800点

個人調査書は以下の様に計算する

| 国・社・数・理・英 | 各教科5点×3か年×2 |
| 音・美・保体・技家 | 各教科5点×3か年 |

計210点

※北海道内4高専(函館・苫小牧・釧路・旭川)の複数校志望受験制度により、4校を併願することができます。詳細は学生募集要項を参照してください。

推薦入試

推薦入試

■募集定員
96名(各学科とも入学定員の60%程度)

■出願資格
①次のいずれかの条件を満たすこと。
・学業成績が中学校3年間における9教科の5段階評定の合計が105以上であること及び主要5教科(国語・社会・数学・理科・英語)の5段階評定の合計が60以上であること。
・第3学年における9教科の5段階評定の合計が35以上であること及び主要5教科(国語・社会・数学・理科・英語)の5段階評定の合計が20以上であること。
・中学校3年間における数学の5段階評定が各学年で4以上であること及び第1学年、第2学年の5段階評定の合計をそれぞれ2倍、第3学年の5段階評定の合計を3倍した数の総和が236以上であること。
②本校への入学意志が特に固いこと。

■試験内容

| 面接 |

■合否判定
・面接及び個人調査書の総合判定

奨学制度

・就学支援金、授業料等減免
　①1〜3年生までは、「高等学校等就学支援金」の対象になります。
　②4年生以上は、高等教育の修学支援制度による給付奨学金と、授業料等減免制度があり、申請に基づき選考の上、認定された場合は奨学金の給付と授業料の減免が受けられます。
・奨学金
　①日本学生支援機構など、貸与型(返還必要)の奨学金があります。
　②道内4高専の学生のみ対象で、給付型(返還不要)の「道新ウェルネット奨学金」があります。

2024 入試 DATA
上段は一般入試・下段は推薦入試を表しています。

	受験者数/合格者数/入学者数	合格者平均	
		道コンSS	内申点・ランク
機械システム工学科	25/25/12	52	247・D
	16/16/16	47	258・C
電気情報工学科	32/30/15	52	257・C
	13/13/13	52	256・C
システム制御情報工学科	34/34/14	59	257・C
	26/26/26	53	265・C
物質化学工学科	50/50/12	55	273・C
	15/15/15	52	262・C

道コン合格圏
(可能性60%ライン)

━━ 全科集計

内申ランク・内申点　道コンSS	74	70	66	62	58	54	50	46	42	38	34	30
A ～296点												
B ～276点												
C ～256点					全科集計	★	☆					
D ～236点												
E ～216点												
F ～196点												
G ～176点												
H ～156点												
I ～136点												
J ～116点												

合格者平均 {★ 一般入試(全科集計)　☆ 推薦入試(全科集計)

掲載の入試データ等は道コン事務局の推定です。

SNAP

見学旅行

校内体育大会

POINT

「全国」で活躍する課外活動

　旭川高専には、体育系・文化系を含め、多くのクラブ・同好会が結成されています。
　体育系クラブには普通高校と同じように野球部、バスケットボール部、バレーボール部などがあり、1〜3年生は高体連の各種大会に参加することができます。高専のみの体育大会では、地区予選を争うのは道内4高専なので、毎年のようにいずれかのクラブが全国大会へ出場しています。
　文化系のクラブには、10年以上連続で全国大会出場の様子がテレビで放映される「高専ロボコン」でおなじみのロボット・ラボラトリのほか、パソコン部、発明研究会、数理研究会など、高専色の強いものがいくつもあり、それぞれ各種コンテスト、大会等に参加して受賞したり、知的財産権を出願・取得したりするなど、活発に活動しています。吹奏楽部、茶華道部、軽音部もハイレベルのパフォーマンスを内外に発信しています。

POINT

充実した学習環境

　夏場は連日30度を上回る旭川でも快適に授業が受けられるように、HR教室にエアコン(クーラー)を完備しているほか、学生寮に建設された新棟により、学生寮の収容人数・居住環境とも大幅にアップしました。
　教室には配信機能つき電子黒板が導入されたほか、グループワークなどアクティブラーニング用に整備された次世代教室もあります。
　実習工場や実験室には半導体デバイス作製用を含む高度な装置や機械が導入されており、大学と同レベルの研究が行えるほか、動画撮影スタジオや3Dプリンタ等を備えた起業家工房も整備されました。
　本校にはこのように充実した学習環境の下、研究者でもある多くの教員が熱のこもった授業を展開しています。学修意欲さえあれば、どんな学生にもわかるまで丁寧に教えてくれます。

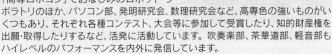

高等専門学校
高専
大調査！

「高専」は技術者（エンジニア）を育成する学校です

高専とは……中学校卒業後に入学する国立の高等教育機関で、制度上は大学や短大と同じグループになります。
その大きな特徴は5年一貫教育で、専門性の高い知識・技術を実習・実験を通して体験的に学べることでしょう。

普通の高校は3年制だけど、高専はどうして5年制なの？

高専では高度な専門知識を十分に習得するために、
工学の基礎から応用までを5年間でじっくり学んでいくからだよ。

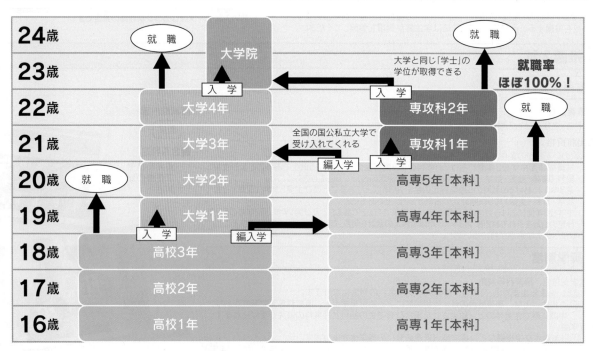

24歳	就職 大学院	就職
23歳	入学	大学と同じ「学士」の学位が取得できる 就職率 ほぼ100%！
22歳	大学4年	入学 専攻科2年 就職
21歳	大学3年	全国の国公私立大学で受け入れてくれる 専攻科1年
20歳	就職 大学2年	編入学 入学 高専5年［本科］
19歳	大学1年	高専4年［本科］
18歳	入学 高校3年	編入学 高専3年［本科］
17歳	高校2年	高専2年［本科］
16歳	高校1年	高専1年［本科］

本科の5年のあとに更に大卒と同じ「学士」の学位を取得できる2年間の専攻科があります。

高専といえばロボコン（ロボットコンテスト）が有名だけど、他には何を勉強するの？

機械のことだけでなく、いくつかの学科に分かれて、
理工系の様々な分野について勉強するよ。

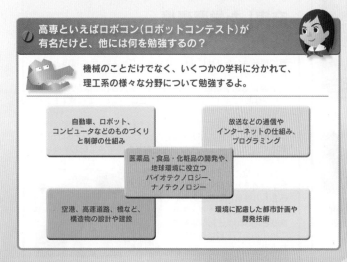

自動車、ロボット、コンピュータなどのものづくりと制御の仕組み

放送などの通信やインターネットの仕組み、プログラミング

医薬品・食品・化粧品の開発や、地球環境に役立つバイオテクノロジー、ナノテクノロジー

空港、高速道路、橋など、構造物の設計や建設

環境に配慮した都市計画や開発技術

高専を卒業したあとの進路はどうなっているのかな？

5年の本科を終えて就職する人が約半数、
更に専攻科で2年間学ぶ人や、大学に編入する人もいるよ。

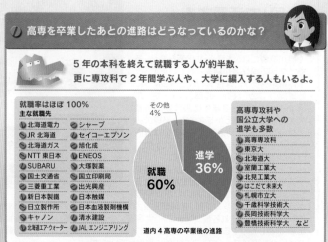

就職率ほぼ100%
主な就職先
・北海道電力 ・シャープ
・JR北海道 ・セイコーエプソン
・北海道ガス ・旭化成
・NTT東日本 ・ENEOS
・SUBARU ・大塚製薬
・国土交通省 ・国立印刷局
・三菱重工業 ・出光興産
・新日本製鐵 ・日本触媒
・日立製作所 ・日本血液製剤機構
・キヤノン ・清水建設
・北海道エア・ウォーター ・JALエンジニアリング

高専専攻科や国公立大学への進学も多数
・高専専攻科
・東京大
・北海道大
・室蘭工業大
・北見工業大
・はこだて未来大
・札幌市立大
・千歳科学技術大
・長岡技術科学大
・豊橋技術科学大 など

その他 4%
進学 36%
就職 60%

道内4高専の卒業後の進路

こんな人におすすめ

- モノづくりが好きで、やってみたい人
- コンピュータ本体や、コンピュータを利用したシステムに興味がある人
- 環境問題に感心があり、新しいエネルギーの開発に挑戦したい人
- 絵を描いたり、デザインをすることが得意な人
- 興味を持ったことに夢中になれる人

高専はこんな資格の取得に有利

- （社）日本機械設計工業会認定（2級）機械設計技術者
- 電気主任技術者
- 建築士
- 技術士
- 危険物取扱者
- 土地家屋調査士
- 施工管理技士
- 建築CAD検定・デザイナー
- 宅地建物取引主任者
- インテリアコーディネーター
- カラーコーディネーター
- 色彩検定
- 福祉環境コーディネーター

など

¥ お金のはなし

負担の少ない授業料 （右グラフ参照）

さらに「就学支援金制度」の対象になります。
その他にも奨学金制度もあります。

高専生の就学支援金制度

高等学校等就学支援金制度は、**入学時より36ヵ月間（1年～3年）について助成があります。**「道府県民税・市町村税所得割額の合算額」が25万7,500円（年収590万円程度）未満の世帯は年額23万4,600円（高専の授業料の全額）、50万7,000円（年収910万円程度）未満の世帯は年額118,800円が支給されます。
（私立高校に通学する場合の就学については、62ページをご覧ください。）
本科4年生から専攻科2年生までについては授業料免除制度があります。
授業料の詳細については各高専にお問い合わせください。

日本学生支援機構奨学金／地方自治体・財団法人等奨学金

日本学生支援機構や地方自治体・財団法人などが奨学金制度を設けており、意欲と能力のある学生に「教育を受ける機会」を保障し、自立した学生生活を送れるよう支援しています。詳細は最寄りの高専にお問い合わせください。

■卒業までの学費について（5年間）

①高専のみ 約600,000円

※高等学校等就学支援金制度で高専1年～3年の授業料全額が支給された場合の学費です。

②公立高→専門学校（情報処理分野の場合） 約2,300,000円

③公立高→専門学校（自動車整備分野の場合） 約2,390,000円

【参考】
社団法人　東京都専修学校各種学校協会資料（令和5年度　学生・生徒納付金調査）

入試について

◎推薦と学力検査の2つの方法

- ・推薦は書類審査と面接により行われます。
- ・学力検査は全国の国立高専が共通の試験問題で行われ、国数社理英の5科目があります。

　道内4高専では数・理・英の配点が高くなる傾斜配点で計算されます。

◎私立、公立とも併願できる

　入試は私立、公立とは異なる日程（2月下旬の日曜日）で行われますので、併願することができます。

◎複数の試験会場

　高専のある都市のほかに、札幌などでも受験できます。
　（会場は学校により異なります）。

さっそくホームページで調べてみてね！

国立高等専門学校機構ホームページ
https://www.kosen-k.go.jp/ 全国高専リンク集があります。

僕の、わたしの高校受験体験記！

　僕は中学校三年間で模試を受けた回数が少なく、模試を受けるたびに緊張し、前夜によく眠れないということがよくありました。また、自分の進路についての不安もあったため、勉強に対するモチベーションは低下していき模試の結果も回数を重ねる度に悪くなっていきました。一時期は20％を切る事も！　しかしそのような状況でも親は進路変更を強要してくることはなく、前向きな姿勢で応援しつづけてくれました。

　親の応援を背に合格率が90％〜80％ほどの私立高校を滑り止めとして受験しました。公立入試の二日前、届いた合格通知書を見ると、そこには私の目指したコースではなく、一つ下のコースが書かれていました。僕はショックと情けなさでメンタルが持ちそうにありませんでした。悪い雰囲気の中、僕は合格率の低い高校を受験しました。合格でした。泣いて喜びました。最後まで何があるか分からなかった入試でした。

（市立札幌旭丘高校受験）

　僕はとにかく過去問をきちんと理解して解く事に専念していました。それぞれ問題の根幹や解き方を理解する事ができれば、違う形式の問題が出ても乗り越える事ができると思い、ひたすら解いていました。またそれと並行してワークも解いて基礎固めもしていたので、比較的入試が解きやすい状況になっていたと思います。勉強法は十人十色だと思うので、個々に合った勉強法で勉強する事が大切だと思います。受験が近づいても焦らずに、今までの自分を信じて、落ち着いて受験に臨んで下さい。ぜひ頑張って下さい。

（小樽潮陵高校受験）

　私は塾の先生と学校の先生の言葉で自己推薦入試を受けることを決めました。決めたのは中3の11月頃で、それまでは一般受験のことしか考えていませんでした。推薦は面接練習が必要だし、受験勉強と両立しなければいけないという覚悟、そして、もし落ちたら一般受験の方に気持ちを切り替えられるのかという不安しかありませんでした。しかし、私はどうしてもその高校に行きたかったので、この熱い思いを高校の先生方にアピールできるチャンスだと思うと、自然と心は「推薦」の気持ちへと動いていました。

　しかし推薦とはいえども、受験勉強を怠ることはできません。一般受験を受けるかもしれないということを考えると、不安でしかありませんでしたが、そんな時「道コン」が私の支えになりました。試験慣れにもなるし、今の自分の実力が分かるからです。面接当日までいろいろな先生方とたくさん練習しながら、同時に道コンや道コンの過去問のおかげで両立することができました。推薦合格することができたのは、私の力だけではなく、周りの人たちの支えがあってこそだと強く感じました。

（札幌国際情報高等学校受験）

　私はミスノートを作って毎日勉強していました。その日のうちに疑問を解決し、次の日にもう一度解いてみることで吸収力に差がつきます。どんなに勉強しても忘れてしまってはもったいないので、絶対やってほしいです！

　苦手分野を徹底的に勉強することも必要です。1週間その分野しかやらなくてもいいです。苦手なことと向き合うのはつらいけど、だからこそ乗り越えたとき自信がつくし、点数もUPします。

　私はとにかく「できない」を大切にして勉強しました。丸つけするときも丸はかかずに、バツだけかいていたほどです。間違えたところがすぐにわかるし、インクも節約できます。みんなもやってみてください！

（札幌南高等学校受験）

　私は、高校受験を体験して、苦手な教科は特に基礎を固めないといけないと感じました。基礎ができていないと応用問題が解けないので、最初は基礎からやった方が良いと思います。私は特に英語が苦手なので、最初は中1から中3までの英文法の問題集を使いながら全て復習し、それから毎日簡単な長文を読んで問題を解くようにしました。簡単な長文が読めるようになったら、少し難しい長文にも挑戦してみました。そのおかげで前よりも長文を読む速さが速くなったり、少しずつ問題を解けるようにもなったので自信を持つことができました。このことから、最初は基礎を固めてそれから少しずつ難しい問題に挑戦していくという勉強法が良いと思いました。

（札幌北陵高校、札幌大谷高校受験）

公立高校(石狩)紹介

45校

CONTENTS

札幌南高等学校

普通科[普]

生徒数948名　男子500名　女子448名

食堂　購買部(売店)　カウンセラー　寮・寄宿舎　海外研修(交流)　携帯電話持込　スキー授業　プール施設

ACCESS GUIDE

〒064-8611
札幌市中央区南18条西6丁目1−1
TEL 011-521-2311
FAX 011-521-2316
http://www.sapporominami.hokkaido-c.ed.jp/

本校の特色

明治28年に「札幌尋常中学校」としてスタートし、北海道内でも長い歴史と伝統のある道立高校の1つです。

〇望んでいる生徒像について

学習面では、自ら考え学ぼうとする意欲があること、生活面では、自己の責任と義務の意味を理解し、行動できること。以上の2点が、南高生として望まれる基本的な資質と言えるでしょう。

「堅忍不抜」、「自主自律」の校風のもと快活で有意義な高校生活を送って欲しいと願っています。

今春の主な進路

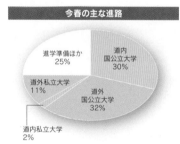

進学準備ほか 25%
道内国公立大学 30%
道外私立大学 11%
道外国公立大学 32%
道内私立大学 2%

※人数は現浪合計です。

国公立道内
北海道大………85名
札幌医科大……25名
旭川医科大………5名
小樽商科大………6名
北海道教育大……2名
帯広畜産大………1名
千歳科学技術大…4名
はこだて未来大…3名
室蘭工業大………2名
釧路公立大………1名
国公立道外
京都大…………19名
東京大…………11名
大阪大…………20名
東北大…………10名
神戸大……………4名

東京工業大………3名
名古屋大…………3名
九州大……………3名
一橋大……………2名
私立道外
早稲田大………18名
慶應義塾大……14名
上智大……………7名
法政大…………38名
明治大…………35名
中央大…………35名
東京理科大……27名
同志社大………23名
立教大…………21名
立命館大………12名
青山学院大………5名

指定校推薦

非公表

入試情報

2024年度の入試情報です。2025年度は変更になる場合があります。
掲載の入試データ等は道コン事務局の推定です。

以下は、2024年3月入試の情報です。2025年3月入試については北海道教育委員会の発表を確認して下さい。

24入試 DATA	定員	一般		推薦		合格者平均	
		推定平均点	倍率	出願者数	内定者数	道コンSS	内申点・ランク
普通科	320	406	1.2			68	306・A

一般入試

■**学力検査の成績を重視**
10：0

■**個人調査書等を重視**
6：4
内申点以外で参考にするポイント
特別活動の記録　総合所見等

■**傾斜配点の教科（倍率）**
なし

■**学力検査以外の試験**
なし

推薦入試

■**入学枠**
なし

入試点 道コンSS	454	422	390	359	327	295	263	231	200	168	136	104
内申ランク・内申点	74	70	66	62	58	54	50	46	42	38	34	30
A ～296点			★									
B ～276点												
C ～256点												
D ～236点												
E ～216点												
F ～196点												
G ～176点												
H ～156点												
I ～136点												
J ～116点												

道コン合格圏（可能性60%ライン）━━━ 普通
合格者平均 ★ 一般入試（普通）

公立×私立高校併願パターン

私立A日程（割合）			私立B日程（割合）		
札幌光星	ステラ	70%	札幌第一	文理選抜	71%
札幌光星	マリス	23%	札幌第一	文理北進	15%
札幌日大	プレミアS	7%	立命館慶祥	SP	8%
			その他		6%

中・高一貫校
私立高校
高等専修学校・技能連携校
通信制・単位制
高等専門学校
公立高校(石狩)
公立(渡島・檜山・後志)
公立(空知・留萌)
公立(上川・宗谷)
公立(オホーツク)
公立(胆振・日高)
公立(十勝・釧路・根室)

市立札幌旭丘高等学校

普通科［普］　数理データサイエンス科［他］

生徒数954名　男子408名　女子546名

食堂｜購買部（売店）｜カウンセラー｜寮・寄宿舎｜海外研修（交流）｜携帯電話持込｜スキー授業｜プール施設
〈希望者〉イギリス語学研修　アメリカ姉妹校　休み時間 始業前 放課後

ACCESS GUIDE

〒064-8535
札幌市中央区旭ケ丘6丁目5－18
TEL 011-561-1221
FAX 011-561-1061
http://www.asahigaoka-h.sapporo-c.ed.jp/

◎ バス
「旭丘高校前」「啓明ターミナル」
「界川」下車

創立67周年を迎えた単位制の市立高校。学校行事や部活動が盛んで全国大会で活躍する部も多い。2022年度からは数理データサイエンス科を2クラス設置し（普通科は6クラスに変更）、理数分野の幅広い教養と知識を備えた人材の育成を目指している。また、2023年度から文科省のスーパーサイエンスハイスクール（SSH）に指定された。

在校生の声

旭丘高校の生徒は本校の道しるべ「この坂越えん」という言葉を胸に、自主自立の精神を持って高校生活を過ごしています。この言葉には、生徒がこの急な坂を毎日上るように、大きな目標に向かい一歩一歩努力を積み重ねて欲しい、という思いが込められています。

本校の大きな特徴は単位制です。自分の興味・関心のある授業や進路に必要な科目を自分で選択し学ぶことができます。そして先生達も親身になって質問や相談に対応してくれるので、安心した高校生活を過ごすことができます。また勉強だけではなく部活動も盛んであり、「文武両道」も夢ではありません。

さらに本校には楽しい学校行事もたくさんあり、「自主自立」をモットーに、ほとんどの行事の企画・運営は生徒が中心となって実施しています。特に夏に行われる「ガオカ祭」は「文化祭」と「体育大会」が連続して行われるビッグイベントで、クラスの仲も一気に深まるなど、生徒はもちろん先生達も大盛り上がりです。

このように旭丘高校では、整った学習環境の中で自分の夢や目標に向かって学び、部活動と勉強を両立しながら、学校行事も存分に楽しむことができるという、充実した高校生活を送ることができます。校舎の窓から美しい札幌の景色を眺めながら毎日を過ごす坂の上での高校生活は、皆さんにとってかけがえのない財産になるでしょう。

皆さんと「この坂」の上でお会いできる日を心よりお待ちしております。

学校へ行こう！

【旭丘祭】
7/12（金）、7/13（土）、7/17（水）、7/18（木）
7/13（土）一般公開

【中学生のための学校説明会】
9/21（土）

今春の主な進路

- 進学準備ほか 14%
- 道内国公立大学 29%
- 道外国公立大学 22%
- 道内私立大学 19%
- 道外私立大学 12%
- 専門学校 3%
- 看護系専門学校 1%

※人数は現浪合計です。

国公立道内

北海道大	34名
札幌医科大	5名
北海道教育大	28名
小樽商科大	24名
帯広畜産大	5名
室蘭工業大	8名
千歳科学技術大	7名
釧路公立大	5名
旭川市立大	3名
札幌市立大	2名
北見工業大	1名
はこだて未来大	1名

国公立道外

東北大	5名
大阪大	4名
神戸大	1名
横浜市立大	3名
横浜国立大	2名
筑波大	1名
弘前大	9名
高崎経済大	8名

新潟大	7名
東京学芸大	3名
信州大	3名
東京都立大	3名
千葉大	2名

私立道内

北海学園大	114名
北星学園大	23名
天使大	12名
北海道医療大	41名

私立道外

慶應義塾大	2名
早稲田大	1名
上智大	1名
法政大	18名
中央大	15名
立教大	12名
東京理科大	12名
明治大	10名
同志社大	7名
立命館大	6名
青山学院大	2名

指定校推薦

非公表

入試情報

2024年度の入試情報です。2025年度は変更になる場合があります。
掲載の入試データ等は道コン事務局の推定です。

以下は、2024年3月入試の情報です。2025年3月入試については北海道教育委員会の発表を確認して下さい。

（ ）内は推薦を表しています。

24入試DATA	定員	一般		推薦		合格者平均	
		推定平均点	倍率	出願者数	内定者数	道コンSS	内申点・ランク
普通科	240	353	1.5	110	48	61（60）	296・A（303・A）
数理データサイエンス科	80	344	1.0	36	24	60（60）	287・B（292・B）

一般入試

■学力検査の成績を重視
9：1

■個人調査書等を重視
6：4

■傾斜配点の教科（倍率）
数理データサイエンス科　数学・理科（2.0）
英語（1.5）

■学力検査以外の試験
なし

推薦入試

■入学枠
普通科　20%程度
数理データサイエンス科　30%程度

■面接（個人）・自己推薦書の提出以外に実施する項目
英語聞取テスト　適性検査

入試点 道コンSS	454	422	390	359	327	295	263	231	200	168	136	104
内申ランク・内申点	74	70	66	62	58	54	50	46	42	38	34	30
A ～296点												
B ～276点				☆								
C ～256点												
D ～236点												
E ～216点												
F ～196点												
G ～176点												
H ～156点												
I ～136点												
J ～116点												

道コン合格圏（可能性60%ライン）━ 普通・数理DS
合格者平均　★一般入試（普通・数理DS）　☆推薦入試（普通・数理DS）

公立×私立高校併願パターン

私立A日程（割合）		私立B日程（割合）	
札幌光星　マリス	69%	札幌第一　文理北進	41%
札幌光星　ステラ	8%	北海　特進・特進クラス	20%
札幌日大　特進	5%	札幌第一　文理選抜	15%
その他	18%	その他	24%

札幌月寒高等学校

普通科[普]

生徒数942名　男子423名　女子519名

食堂（定時はあり）　購買部（売店）（全日のみ）　カウンセラー　寮・寄宿舎　海外研修（交流）　携帯電話持込（休み時間）　スキー授業　プール施設

ACCESS GUIDE

〒062-0051
札幌市豊平区月寒東1条3丁目
TEL 011-851-3111
FAX 011-851-3112
http://www.sapporotsukisamu.hokkaido-c.ed.jp/

◎地下鉄
　東豊線「月寒中央駅」下車　徒歩7分
　東西線「白石駅」下車　徒歩15分
◎中央バス
　「月寒中央通2丁目」下車　徒歩2分

月高は、「高い次元での文武両道」をテーマに、学力と基本的生活習慣の確立を柱として知性や社会性、集中力を高めるために、日々の授業や進学講習、部活動や諸行事の充実を図っています。そして、「文」と「武」の両輪をうまく駆動させることによって、生徒一人ひとりの目指す進路を確実に実現するとともに、心身ともに健康で逞しく社会を生き抜く力を育んでいきます。

部活動は、令和元年度　陸上競技部・男女ハンドボール部が全国大会に出場し、その他にも多くの部が全道大会に出場。「文」と「武」の両面で輝かしい結果を残しています。

卒業生の声　札幌月寒高校に学んで

月寒高校の生徒は「高い次元の文武両道」を目標に日々勉強と部活動に励んでいます。学習面では毎年多くの国公立大や難関私大への合格者を出しています。また、部活加入率が高く毎年多くの部が全道大会に出場し、そのうちいくつかの部が全国大会に出場しています。

月寒高校は素晴らしい学習のカリキュラムが設けられています。1年生の頃から講習が設けられており、学年が上がるにつれて自分の進路にあったカリキュラムを選択することはもちろん、大手予備校の先生を招いて話を聞くことや多くの道外・道内の大学の方から説明を受けることができ、進路実現に向けて努力することができます。

さらに月寒高校は学校行事も充実しています。特に月高祭やスポーツ大会は大いに盛り上がり一生忘れない思い出になります。

充実した高校3年間を月寒高校で過ごしませんか？

今春の主な進路

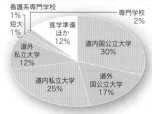

看護系専門学校 1%
短大 1%
専門学校 2%
進学準備ほか 12%
道内国公立大学 30%
道外国公立大学 17%
道内私立大学 25%
道外私立大学 12%

※人数は現浪合計です。

国公立道内
北海道大…………11名
札幌医科大…………2名
旭川医科大…………1名
小樽商科大…………34名
北海道教育大………17名
室蘭工業大…………9名
千歳科学技術大……7名
札幌市立大…………4名
北見工業大…………2名
はこだて未来大……2名
釧路公立大…………1名
国公立道外
東北大………………2名
大阪大………………1名
神戸大………………1名
九州大………………1名
横浜国立大…………3名
東京外国語大………2名
長岡造形大…………8名
千葉大………………4名
新潟大………………3名
弘前大………………2名

宇都宮大……………2名
東京都立大…………2名
広島大………………2名
京都教育大…………1名
私立道外
早稲田大……………4名
法政大………………17名
中央大………………9名
明治大………………5名
駒澤大………………5名
青山学院大…………4名
関西学院大…………3名
同志社大……………2名
立命館大……………1名
学習院大……………1名
東京理科大…………1名
立教大………………1名
明治学院大…………3名
成城大………………2名
大学校
防衛医科大学校……1名
他多数

指定校推薦（一部）

道内
北海学園大
北星学園大
北海道医療大
酪農学園大
道外
青山学院大

明治学院大
中央大
東京理科大
法政大
明治大
同志社大
関西学院大

入試情報

2024年度の入試情報です。2025年度は変更になる場合があります。
掲載の入試データ等は道コン事務局の推定です。

以下は、2024年3月入試の情報です。2025年3月入試については北海道教育委員会の発表を確認して下さい。

24入試DATA	定員	一般		推薦		合格者平均	
		推定平均点	倍率	出願者数	内定者数	道コンSS	内申点・ランク
普通科	320	330	1.5			59	289・B

一般入試

■学力検査の成績を重視
　9：1

■個人調査書等を重視
　6：4
　内申点以外で参考にするポイント
　[特別活動の記録]　[総合所見等]

■傾斜配点の教科（倍率）
　なし

■学力検査以外の試験
　なし

推薦入試

■入学枠
　なし

入試点道コンSS	454	422	390	359	327	295	263	231	200	168	136	104
内申ランク・内申点	74	70	66	62	58	54	50	46	42	38	34	30
A ～296点												
B ～276点					★							
C ～256点												
D ～236点												
E ～216点												
F ～196点												
G ～176点												
H ～156点												
I ～136点												
J ～116点												

道コン合格圏（可能性60%ライン）──── 普通
合格者平均　★一般入試（普通）

公立×私立高校併願パターン

私立A日程（割合）		私立B日程（割合）	
札幌光星　マリス	64%	札幌第一　文理北進	46%
札幌日大　特進	14%	北海　特進・特進クラス	25%
北海学園札幌　特進	12%	北海　進学	8%
その他	10%	その他	21%

市立札幌藻岩高等学校

普通科[普]

生徒数709名　男子349名　女子360名

食堂／購買部（売店）／カウンセラー／寮・寄宿舎／海外研修（交流）週1回／携帯電話持込 校内電源OFF／スキー授業／プール施設

ACCESS GUIDE

〒005-0803
札幌市南区川沿3条2丁目1－1
TEL 011-571-7811
FAX 011-571-7814
https://www.moiwa-h.sapporo-c.ed.jp/

◎ じょうてつバス
　「藻岩高校前」下車　徒歩3分
　「川沿1条1丁目」下車　徒歩5分

　令和3年度から単位制6クラスに生まれ変わった藻岩高校では、1年次に『学び方概論』と称して、「中学校と高校での学びの違い」を理解し、「学び＝楽しい」と感じてもらえるような機会を設けています。1年次で学んだ「学び方」を基に、3年間の学習を通じてMOIWA5B'S（「ことばの力」、「考える力」、「想い浮かべる力」、「試そうとする力」、「やり抜く力」）を身に付けることを目指します。特に『総合的な探究の時間』では、2年次に藻岩高校が所在する札幌市南区をフィールドに「自分のやりたいこと＝マイテーマ」×「地域の課題」について考えを深めて実際に行動する『南区探究MSP』という授業を行います。

在校生の声　高3生・生徒会長

　藻岩高校の特徴は、文武両道を重んじているところです。例えば日々の授業では、ただ暗記するのではなく、なぜその公式が成り立つのかを考える基礎的な授業に加え、応用的な内容も取り入れられています。個別の対応も手厚く、休み時間や放課後には職員室前のホワイトボードを使って先生たちに勉強を教えてもらう文化が根付いています。

　また、部活動も盛んです。全国・全道レベルで活躍する部活だけでなく、自分のペースで楽しめる部活もあり、どちらも充実した日々を送ることができます。

　藻岩高校のおすすめは、2年次に実施されるMSPをはじめとする探究活動です。将来について模索し、自分の進みたい道を見つける機会となっています。さまざまな人と交流し、新たな価値観に触れ、時には失敗しながら自分の目標に向かって努力することができる授業です。

　学校行事では、学校祭（藻高祭）が7月に実施されます。クラスごとに3つの部門に分かれ、2日間にわたって非日常的なお祭りを企画し、友人との絆を深めることができます。また、年2回の体育大会（秋・春藻戦）では、一般的な競技に加え、運動が苦手な人でも楽しめるように、フリスビーやモルックなどのユニバーサルスポーツが取り入れられています。

　藻岩高校ではたくさんのことを経験することができます！　私たちと一緒に充実した藻岩ハイスクールライフを過ごしませんか!?　皆さんの入学をお待ちしております。

学校へ行こう！

【市立高校プレゼンテーション・学校紹介】	【学校説明会】	【藻高祭】一般公開あり
未定	9/21(土)	7/6(土)

入試情報

2024年度の入試情報です。2025年度は変更になる場合があります。掲載の入試データ等は道コン事務局の推定です。

以下は、2024年3月入試の情報です。2025年3月入試については北海道教育委員会の発表を確認して下さい。

一般入試

■ 学力検査の成績を重視
6：4

■ 個人調査書等を重視
6：4

■ 傾斜配点の教科（倍率）
なし

■ 学力検査以外の試験
なし

推薦入試

■ 入学枠
30%程度

■ 面接（個人）・自己推薦書の提出以外に実施する項目
作文

（　）内は推薦を表しています。

24入試DATA	定員	一般 推定平均点	一般 倍率	推薦 出願者数	推薦 内定者数	合格者平均 道コンSS	合格者平均 内申点・ランク
普通科	240	295	1.3	94	72	54 (52)	260・C (270・C)

入試点 道コンSS	454 74	422 70	390 66	359 62	327 58	295 54	263 50	231 46	200 42	168 38	136 34	104 30
内申ランク・内申点												
A ～296点												
B ～276点												
C ～256点												
D ～236点												
E ～216点												
F ～196点												
G ～176点												
H ～156点												
I ～136点												
J ～116点												

道コン合格圏（可能性60％ライン）━━ 普通
合格者 ★ 一般入試（普通）
平均 ☆ 推薦入試（普通）

公立×私立高校併願パターン

私立A日程（割合）		私立B日程（割合）	
東海大札幌　特別進学	28%	北海　進学	47%
北海学園札幌　特進	24%	北海　特進・特進クラス	18%
札幌光星　マリス	13%	札幌第一　文理北進	16%
その他	35%	その他	19%

今春の主な進路

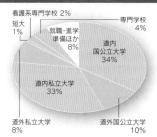

看護系専門学校 2%
専門学校 4%
短大 1%
就職・進学準備ほか 8%
道内国公立大学 34%
道内私立大学 33%
道外私立大学 8%
道外国公立大学 10%

※人数はすべて現浪合計です。

国公立道内
北海道大………… 9名
北海道教育大…… 23名
小樽商科大…… 14名
帯広畜産大……… 2名
千歳科学技術大…11名
室蘭工業大……… 8名
札幌市立大……… 8名
はこだて未来大…8名
旭川市立大……… 2名
釧路公立大……… 2名
北見工業大……… 1名
名寄市立大……… 1名

国公立道外
長野県立大……… 1名
横浜国立大……… 1名
弘前大…………… 7名
岩手大…………… 3名
高崎経済大……… 3名
琉球大…………… 2名
会津大…………… 1名
宇都宮大………… 1名

埼玉大…………… 1名
電気通信大……… 1名
東京学芸大……… 1名
山梨県立大……… 1名
新潟大…………… 1名
信州大…………… 1名
静岡大…………… 1名

私立道内
北海学園大……122名
北星学園大…… 32名

私立道外
早稲田大………… 1名
法政大…………… 7名
同志社大………… 5名
中央大…………… 4名
明治大…………… 3名
立命館大………… 2名
東京理科大……… 1名
立教大…………… 1名
近畿大…………… 3名
関西外国語大…… 2名

指定校推薦（一部）

道内
北海学園大
北星学園大
北海道医療大
北海道科学大
酪農学園大
藤女子大
北翔大
日本医療大
札幌大
札幌学院大
札幌国際大

札幌保健医療大
星槎道都大
北海道文教大

道外
青山学院大
中央大
明治大
同志社大
東海大
芝浦工業大
愛知工業大
千葉工大

中・高一貫校／私立高校／高等専修学校・技能連携校／通信制・単位制／高等専門学校／公立高校（石狩）／公立（渡島・檜山・後志）／公立（空知・留萌）／公立（上川・宗谷）／公立（オホーツク）／公立（胆振・日高）／公立（十勝・釧路・根室）

中・高一貫校

私立高校

高等専修学校・技能連携校

通信制・単位制

高等専門学校

公立高校（石狩）

公立（渡島・檜山・後志）

公立（空知・留萌）

公立（上川・宗谷）

公立（オホーツク）

公立（胆振・日高）

公立（十勝・釧路・根室）

市立札幌平岸高等学校

普通科普通コース［普］ 普通科デザインアートコース［普］

生徒数936名　男子432名　女子504名

食堂　購買部（売店）　カウンセラー　寮・寄宿舎　海外研修（交流）　携帯電話持込　スキー授業　プール施設　資料請求

希望者　三者会議を尊重しながら利用条件を決定　巻末ページの二次元コードからアクセスできます

●For The Best

　本校は、昭和55年に開校し、43年を迎えた札幌市立高校です。生徒は、本校の教育標語である「For The Best」のもと、学習を中心に学校行事や部活動に全力で取り組み、素晴らしい成果を上げています。普通科コース、デザインアートコースともに、高い専門性を持った教職員が熱意あふれる指導を展開しています。また、より魅力ある平岸高校を作るために生徒・保護者・教職員の三者が同じテーブルに着き、学校課題の解決を目的に「三者会議」を開催しています。このような平岸高校の3年間は、皆さんにとってかけがえのない高校生活になると思います。

　さあ、あなたの夢を平岸高校で実現させましょう。

在校生の声　高3生・生徒会長

　平岸高校の利点は2つあります。一つ目は「進学率が高い」ということです。およそ9割の生徒が大学・専門学校に進学している上、指定校推薦も様々な学校に多くの枠を保持しています。二つ目は「地下鉄駅が近い」ということです。地下鉄澄川駅から徒歩10分という好立地にある本校は、登校はもちろん、放課後に遊びに行くなど充実した高校生活を送れます。また、学校付近には緑が多いので、学校自体も過ごしやすい環境となっています。

　倍率こそ高いですが、入学すれば快適・充実した学校生活を送ることができます。

学校へ行こう！

【学校説明会】
9/28（土） 本校

ACCESS GUIDE

〒062-0935
札幌市豊平区平岸5条18丁目1－2
TEL 011-812-2010
FAX 011-812-2049
http://www.hiragishi-h.sapporo-c.ed.jp

◎ 地下鉄南北線
「澄川駅」下車　徒歩7分

今春の主な進路

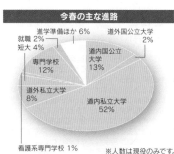

進学準備ほか 6%
就職 2%
短大 4%
専門学校 12%
道内私立大学 8%
道内私立大学 52%
道内国公立大学 13%
道外国公立大学 2%
看護系専門学校 1%

※人数は現役のみです。

国公立道内	
北海道教育大	10名
小樽商科大	8名
室蘭工業大	11名
千歳科学技術大	8名
札幌市立大	3名
旭川市立大	1名
釧路公立大	1名
北見工業大	1名
はこだて未来大	1名

国公立道外	
弘前大	2名
金沢美術工芸大	1名
埼玉大	1名
山形大	1名
前橋工科大	1名

私立道内	
北海学園大	105名
北星学園大	56名
藤女子大	18名
天使大	5名
北海道科学大	49名

北海道医療大	15名
札幌大	11名
酪農学園大	5名
札幌大谷大	1名
北翔大	7名
北海道情報大	4名
北海道武蔵女子大	5名

私立道外	
東洋大	4名
法政大	2名
日本大	2名
中央大	1名
立命館大	1名
関東学院大	2名
多摩美術大	1名
女子美術大	1名
大阪芸術大	1名
東京造形大	1名
東北芸術工科大	1名
日本体育大	1名
近畿大	1名
京都芸術大	1名

指定校推薦（一部）

道内	道外
北海学園大	東京理科大
酪農学園大	関東学院大
北海道科学大	拓殖大
北翔大	東京電機大
札幌大谷大	工学院大
札幌学院大	東京家政大
北海商科大	大阪芸術大
東海大	女子美術大
北星学園大	千葉工業大
日本医療大	
北海道医療大	
北海道武蔵女子短大	

入試情報

2024年度の入試情報です。2025年度は変更になる場合があります。掲載の入試データ等は道コン事務局の推定です。

以下は、2024年3月入試の情報です。2025年3月入試については北海道教育委員会の発表を確認して下さい。

一般入試

■**学力検査の成績を重視** … 8：2

■**個人調査書等を重視** … 6：4

■**傾斜配点の教科（倍率）** … なし

■**学力検査以外の試験** … デザインアートコース

実技（鉛筆デッサン・B4画用紙・90分）

推薦入試

■**入学枠**

普通コース　10%程度
デザインアートコース　50%程度

■**面接（個人）・自己推薦書の提出以外に実施する項目**

普通コース　作文
デザインアートコース

実技（鉛筆デッサン・B4画用紙・90分）

（ ）内は推薦を表しています。

24入試 DATA	定員	一般		推薦		合格者平均	
		推定平均点	倍率	出願者数	内定者数	道コンSS	内申点・ランク
普通科 普通コース	280	268	1.7	73	28	51（49）	247・D（263・C）
普通科 デザインアートコース	40	260	1.8	40	20	50（49）	254・D（262・C）

入試点 道コンSS	454	422	390	359	327	295	263	231	200	168	136	104
内申ランク・内申点	74	70	66	62	58	54	50	46	42	38	34	30
A ～296点												
B ～276点												
C ～256点							☆					
D ～236点						★						
E ～216点												
F ～196点												
G ～176点												
H ～156点												
I ～136点												
J ～116点												

道コン合格圏（可能性60%ライン）
ーーー 普通
＝＝＝ DA

合格者★一般入試（普通・DA）
平均☆推薦入試（普通・DA）

公立×私立高校併願パターン

私立A日程（割合）			私立B日程（割合）		
北海学園札幌　総進		26%	北海　進学		52%
北海学園札幌　特進		21%	札幌龍谷学園　プログレス進学		15%
札幌創成　A特進		12%	札幌龍谷学園　特進		8%
その他		41%	その他		25%

札幌南陵高等学校

普通科[普]

生徒数175名　男子93名　女子82名

「剛健」「自律」「創造」の校訓のもと、自然に恵まれた環境の中で、生徒たちは伸び伸びと学校生活を送っています。

また、本校では、生徒への命の大切さを伝えることを目的とした「南陵いのちの授業」を企画し、保護者や地域の方々も参加した地域連携型の講演を実施しています。

本校は大学進学から就職まで多様な進路希望の生徒がおり、それに合わせたコースや選択科目を置いて、きめ細やかな学習指導、進路指導をしています。本校入学後に学力が伸びる生徒も多数いて、進路実現をかなえて卒業しています。

在校生の声　高3生・生徒会長

　南陵高校は、木々に囲まれた自然豊かな環境の学校です。登校時は学生専用バスから生徒玄関の前で降車でき、とても便利で通いやすいです。勉強はもちろんのこと、部活動・生徒会活動、資格検定、ボランティア活動など様々なことにチャレンジが可能です。

　部活動では、好成績を挙げて全道・全国大会へ出場を果たしている部もあります。学校全体が明るく活気に満ちていて、優しい笑顔があふれています。先生たちは時には厳しく、時には優しく親身になって指導してくださいます。

　生徒会執行部では、行事の企画・運営に携わっています。中でも一番生徒の印象に残る行事は南陵祭です。行灯、ステージコンテストやクラスCMは、各クラスが一丸となって、とてもクオリティの高い作品を作り上げます。

　南陵高校は頑張る生徒が輝ける学校です。ぜひ南陵高校へ入学し、自分の希望の進路や夢を実現させてください。

ACCESS GUIDE

〒061-2292
札幌市南区藤野5条10丁目1－1
TEL 011-591-2101/2102
FAX 011-591-2107
http://www.sapporonanryou.hokkaido-c.ed.jp/

◎ じょうてつバス
「藤野3条8丁目」または「藤野3条11丁目」下車　徒歩約15分
「藤野4条11丁目」下車　徒歩約5分
（登校日には、じょうてつバスによる学生専用バスが校舎前に発着）

今春の主な進路

進学準備ほか 2%
道内私立大学 23%
就職 34%
専門学校 39%
看護系専門学校 2%

※人数は全て現役です。

私立道内
北海学園大 ………… 5名
北星学園大 ………… 2名
北海商科大 ………… 2名
札幌大 ……………… 3名
北海道科学大 ……… 2名
東海大（札幌）……… 1名
日本医療大 ………… 1名
札幌国際大 ………… 1名
北海道情報大 ……… 2名
星槎道都大 ………… 1名

専門学校
北海道理容美容専門 … 4名
北海道情報専門 …… 3名
札幌スポーツ＆メディカル専門 … 3名
札幌ビューティーアート専門 … 3名
経専北海道保育専門 … 3名
中村記念病院附属看護 … 2名
札幌医療秘書福祉専門 … 2名
北海道どうぶつ・医療専門 … 2名
北海道自動車整備大学校 … 1名

札幌医学技術福祉歯科専門 … 1名
札幌歯科学院専門 … 1名
北海道歯科衛生専門 … 1名
北海道ハイテクノロジー専門 … 1名
光塩学園調理製菓専門 … 1名
札幌ベルエポック製菓専門 … 1名
札幌ベルエポック美容専門 … 1名
札幌こども専門 …… 1名
経専北海道どうぶつ専門 … 1名
札幌商工会議所付属専門 … 1名
北海道エコ・動物自然専門 … 1名
札幌ミュージック＆ダンス放送専門 … 1名
吉田学園情報ビジネス専門 … 1名

就職先等
自衛隊 ……………… 5名
北海道警察 ………… 1名
柳月 ………………… 2名
デサントジャパン … 1名
常口アトム ………… 1名
トヨタカローラ札幌 … 1名
ぬくもりの宿ふる川 … 1名

指定校推薦（一部）

道内
札幌大谷大　　　　北海道医療大
札幌学院大　　　　北海道科学大
札幌国際大　　　　北海道情報大
札幌大　　　　　　北海道文教大
星槎道都大　　　　酪農学園大
東海大　　　　　　東京農業大
日本医療大　　　　育英館大
北翔大　　　　　　北洋大
北星学園大　　　　光塩学園女子短大
北海学園大　　　　札幌国際大短大
北海道科学大　　　北翔大短大
北海商科大　　　　北海道武蔵女子短大

入試情報

2024年度の入試情報です。2025年度は変更になる場合があります。掲載の入試データ等は道コン事務局の推定です。

以下は、2024年3月入試の情報です。2025年3月入試については北海道教育委員会の発表を確認して下さい。

24入試DATA	定員	一般		推薦		合格者平均	
		推定平均点	倍率	出願者数	内定者数	道コンSS	内申点・ランク
普通科	80	112	0.7			31	155・I

一般入試

■学力検査の成績を重視
6：4

■個人調査書等を重視
6：4
内申点以外で参考にするポイント
[特別活動の記録] [総合所見等]

■傾斜配点の教科（倍率）
なし

■学力検査以外の試験
[個人面接]

推薦入試

■入学枠
なし

入試点 道コンSS	454	422	390	359	327	295	263	231	200	168	136	104
内申ランク・内申点	74	70	66	62	58	54	50	46	42	38	34	30
A ～296点												
B ～276点												
C ～256点												
D ～236点												
E ～216点												
F ～196点												
G ～176点												
H ～156点												
I ～136点												★
J ～116点												

道コン合格圏（可能性60％ライン）——普通
合格者平均　★一般入試（普通）

公立×私立高校併願パターン

私立A日程（割合）			私立B日程（割合）
札幌静修　総合	50%		
札幌北斗　総合	25%		
東海大札幌　総合進学	25%		

札幌東高等学校

普通科[普]

食堂	購買部(売店)	カウンセラー	寮・寄宿舎	海外研修(交流)	携帯電話持込	スキー授業	プール施設

月1

創立117年。スクールミッションを「次代を担うリーダーとしての素養を身に付け、社会をイノベイトする有為な人材の育成」とし、己の欲望に打ち勝ち、自ら進んで努力することを意味する校訓「克己自彊」の精神のもと、あらゆる活動で、知識を活用する力、論理的に考える力、本質を探究する力、協働する力を身に付けるよう取り組んでいます。北海道大学をはじめ道内外の難関国立大学に多数の合格者を輩出するとともに、全道・全国大会に出場する部や局をいくつも有する、道内有数の歴史と伝統、実績を誇る公立普通科高校として、地域から期待されています。

ACCESS GUIDE

〒003-0809
札幌市白石区菊水9条3丁目
TEL 011-811-1919
FAX 011-811-3952
http://www.sapporohigashi.hokkaido-c.ed.jp/

◎JR
「苗穂駅」下車　徒歩17分
◎地下鉄東西線
「菊水駅」下車　徒歩15分
「東札幌駅」下車　徒歩12分
◎JRバス
「菊水9条3丁目」下車　徒歩2分

在校生の声　高2生徒

東高は、快適で楽しい高校生活を送れる上に、自主性を存分に伸ばせる学校です。

もちろん、勉強は中学校より段違いに難しくなります。東高には、定期テストの他に、休み明けの実力テストや模試などの力試しの機会がたくさんあるので、その時々でどれだけ努力を積んだかが目に見える形で明確に把握することができます。東高での学習は、講習や自習スペースの活用、課題などに自主的に取り組む習慣をつければ、確実に力がつく仕組みになっています。先生に質問に行ってみるのも一つの方法です。親身になって一緒に考えてくださいます。

ここまで学習面を強調しましたが、高校生活を「学問の三年間」と考える人は少ないのではないのでしょうか。一度きりの高校生活、全力で青春したいはずです。しかしこの東高、青春することにかけても抜かりはありません。部活動は、勉強と両立可能かつ種目も豊富！　新しいことにチャレンジするのに最適です。そして欠かせないのが学校行事。注目すべきはその熱気です。体育大会ではクラス対抗で普段の様子からは想像できないほどの熾烈な優勝争いが繰り広げられます。しかしそこは東高生、相手への礼儀は決して忘れません。そして通称「東高祭」では、趣向が凝らされたクラス発表や文化部の圧巻のパフォーマンス、キッチンカーの展開などがあり、先生も生徒も一緒に全力で楽しみます。その様子は東高ならではの光景です。

高校には中学校とは全く違う景色が待っています。東高で色々なことに挑戦し、あなたの世界をどんどん広げましょう！　お待ちしています！

今春の主な進路

資料等なし

学校へ行こう！

【学校説明会】
未定（本校ウェブページでお知らせします）

入試情報

2024年度の入試情報です。2025年度は変更になる場合があります。
掲載の入試データ等は道コン事務局の推定です。

以下は、2024年3月入試の情報です。2025年3月入試については北海道教育委員会の発表を確認して下さい。

24入試DATA	定員	一般		推薦		合格者平均	
		推定平均点	倍率	出願者数	内定者数	道コンSS	内申点・ランク
普通科	320	365	1.4			63	300・A

一般入試

■学力検査の成績を重視
8：2

■個人調査書等を重視
6：4

■傾斜配点の教科（倍率）
なし

■学力検査以外の試験
なし

推薦入試

■入学枠
なし

入試点道コンSS	454	422	390	359	327	295	263	231	200	168	136	104
内申ランク・内申点	74	70	66	62	58	54	50	46	42	38	34	30
A ～296点					★							
B ～276点												
C ～256点												
D ～236点												
E ～216点												
F ～196点												
G ～176点												
H ～156点												
I ～136点												
J ～116点												

道コン合格圏（可能性60％ライン）—— 普通
合格者平均 ★一般入試（普通）

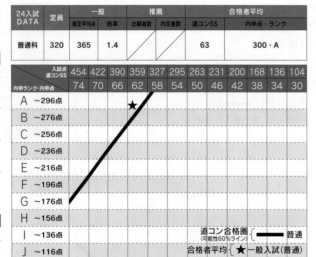

公立×私立高校併願パターン

私立A日程（割合）			私立B日程（割合）		
札幌光星	マリス	55%	札幌第一	文理北進	51%
札幌日大	特進	18%	札幌第一	文理選抜	29%
札幌日大	プレミアS	11%	北海　特進・特進クラス		7%
その他		16%	その他		13%

※人数は現浪合計です。

国公立道内
北海道大……………60名
札幌医科大…………11名
小樽商科大…………34名
北海道教育大………20名
帯広畜産大…………3名
千歳科学技術大……20名
室蘭工業大…………12名
北見工業大…………2名
札幌市立大…………2名
旭川市立大…………1名

国公立道外
東北大………………7名
大阪大………………4名
神戸大………………4名
名古屋大……………3名
一橋大………………1名
筑波大………………3名
弘前大………………11名
千葉大………………8名

山形大………………2名
岩手大………………1名

私立道外
上智大………………5名
慶應義塾大…………1名
法政大………………35名
中央大………………26名
東洋大………………23名
明治大………………22名
立命館大……………16名
関西学院大…………11名
日本大………………9名
専修大………………8名
同志社大……………7名
東京理科大…………4名
立教大………………3名
駒澤大………………3名
青山学院大…………1名
学習院大……………1名
関西大………………1名

指定校推薦

非公表

札幌啓成高等学校

普通科[普]　理数科[理]

生徒数931名　男子484名　女子447名

食堂　購買部(売店)　カウンセラー　寮・寄宿舎　海外研修(交流)　携帯電話持込　スキー授業　プール施設
月2回　　校内電源OFF

太陽光パネルや噴水のある美しい校舎

宇宙航空開発研究機構（JAXA）での
先端科学技術研修

現地大学訪問やホームステイを体験する
カナダ研修

隣接する野幌森林公園の自然環境と、JR森林公園駅から10分という通学環境に恵まれている。木のぬくもり溢れる校舎は、バリアフリーで開放感があり、生徒は学習と部活動に取り組んでいる。きめ細かな進路面談と講習により、個々の進路実現を強力にサポートするとともに、知る喜び、学ぶ楽しさを備えた探究活動「Future Vision」を実施するなど、生徒の創造性と独創性を育てる教育活動も充実している。スーパーサイエンスハイスクール（SSH）に指定され、大学等研究機関との連携による研修、マレーシア・オーストラリアへの海外研修などを高いレベルで実施。また、平成22年度から重点枠に指定され、国際共同研究アカデミーの企画・運営、インドとの共同研究を実践し、科学技術人材を育成している。

本校で実施された道内SSH研究指定校生徒および
インド・マレーシア留学生によるインターナショナル
サイエンスフェア

在校生の声　高3生・新聞局長

啓成高校はSSH指定校です。そのため、研究活動に力を入れています。理数科では、課題研究、道内研修、KSIなど、普通科ではFVという活動を行っていて、先生や、外部講師の方と一緒に、物事を理論的にまとめる力や、大人数の前で発表する力などを育むことができます。この力は、理系、文系に関わらず、社会において必ず役に立ちます。

学校祭や、体育祭も充実していて、啓成が一番盛り上がる季節です。さらに、先生方がとても親身になって話を聞いてくれるので、国公立大学の合格者は年々増えています。去年の3年生は、北大に13人も受かりました！

将来に向けてたくさんのチャンスを与えてくれる啓成高校で、一緒に自然に囲まれながら充実した最高に楽しい学校生活を過ごしましょう！

学校へ行こう！

【中学生学校説明会】
9/28（土）

【啓成祭】
7/13（土）

入試情報

2024年度の入試情報です。2025年度は変更になる場合があります。
掲載の入試データ等は道コン事務局の推定です。

以下は、2024年3月入試の情報です。2025年3月入試については北海道教育委員会の発表を確認して下さい。

一般入試

■学力検査の成績を重視
10：0

■個人調査書等を重視
6：4
内申点以外で参考にするポイント
[特別活動の記録]　[総合所見等]

■傾斜配点の教科（倍率）
理数科　数学・理科・英語（1.5）

■学力検査以外の試験
なし

推薦入試

■入学枠
普通科　10％程度
理数科　30％程度

■面接（個人）・自己推薦書の提出以外に実施する項目
[英語による問答]

（　）内は推薦を表しています。

24入試DATA	定員	一般		推薦		合格者平均	
		推定平均点	倍率	出願者数	内定者数	道コンSS	内申点・ランク
普通科	280	289	1.1	69	28	53（52）	266・C（289・B）
理数科	40	331	1.7	12	8	59（61）	272・C（309・A）

入試点 道コンSS	454	422	390	359	327	295	263	231	200	168	136	104
内申ランク・内申点	74	70	66	62	58	54	50	46	42	38	34	30
A ～296点				○								
B ～276点						☆						
C ～256点					●	★						
D ～236点												
E ～216点												
F ～196点												
G ～176点												
H ～156点												
I ～136点												
J ～116点												

道コン合格圏（可能性60%ライン）　- - - 理数　── 普通

合格者平均
★一般入試（普通）
☆推薦入試（普通）
●一般入試（理数）
○推薦入試（理数）

公立×私立高校併願パターン

私立A日程（割合）		私立B日程（割合）	
札幌日大　特進	51%	北海　特進・特進クラス	18%
札幌日大　総合進学	18%	北海　進学	17%
北海学園札幌　特進	11%	北星学園大附属　特別進学	15%
その他	20%	その他	50%

ACCESS GUIDE

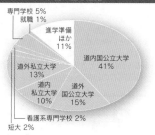

〒004-0004
札幌市厚別区厚別東4条8丁目6-1
TEL 011-898-2311
FAX 011-898-2313
http://www.sapporokeisei.hokkaido-c.ed.jp/

◎JR「森林公園駅」下車　徒歩10分（0.8km）
◎JRバス「厚別東小学校前」下車　徒歩4分
◎夕鉄バス「野幌森林公園入口」下車　徒歩4分

今春の主な進路

道内国公立大学 41%
道外国公立大学 15%
道内私立大学 10%
道外私立大学 13%
進学準備ほか 11%
専門学校 5%
就職
短大 2%
看護系専門学校 2%

※人数は現浪合計です。

国公立道内
北海道大	14名	横浜国立大	1名
札幌医大	4名	弘前大	26名
旭川医大	3名	埼玉大	3名
北海道教育大	29名	千葉大	2名
小樽商科大	12名	茨城大	2名
帯広畜産大	4名	琉球大	2名
室蘭工業大	22名	富山大	1名
千歳科学技術大	13名	金沢大	1名
釧路公立大	10名	宇都宮大	1名
札幌市立大	8名	秋田大	1名
旭川市立大	8名	岡山大	1名
北見工業大	4名	信州大	1名
名寄市立大	3名	静岡大	1名
		島根大	1名

国公立道外
東京大	1名	東京都立大	1名
大阪大	2名	山梨県立大	1名
横浜市立大	2名	前橋工科大	1名
		長崎県立大	1名

指定校推薦

非公表

中・高一貫校

私立高校

高等専修学校・技能連携校

通信制・単位制

高等専門学校

公立高校（石狩）

公立（渡島・檜山・後志）

公立（空知・留萌）

公立（上川・宗谷）

公立（オホーツク）

公立（胆振・日高）

公立（十勝・釧路・根室）

市立札幌清田高等学校

普通科普通コース［普］　普通科グローバルコース［普］

生徒数719名　男子304名　女子415名

食　堂　購買部(売店)　カウンセラー　寮・寄宿舎　海外研修(交流)　携帯電話持込　スキー授業　プール施設
週1回　（希望者）オーストラリア・シドニー語学研修　ベトナム・カンボジアボランティア実習　校内電源OFF（校内）

中・高一貫校　私立高校　高等専修学校・技能連携校　通信制・単位制　高等専門学校　公立高校(石狩)　公立(渡島・檜山・後志)　公立(空知・留萌)　公立(上川・宗谷)　公立(オホーツク)　公立(胆振・日高)　公立(十勝・釧路・根室)

2人1組でホームステイしながら語学学校に通いました　シドニーにて語学実習

ACCESS GUIDE

〒004-8503
札幌市清田区北野3条4丁目6−1
TEL 011-882-1811
FAX 011-882-2174
http://www.kiyota-h.sapporo-c.ed.jp/

学校目標にある「なおもっと」の精神が、本校の伝統・校風となっている。共に成長するリベラルな明るさのもと、学習にスポーツ・文化活動に熱心に取り組み、数多くの部が全道大会・全国大会で活躍している。豊かな国際感覚の育成と高度な英語技能の習得をめざすグローバルコースでは、英語による国際理解をテーマにした卒業論文発表や、また希望者を対象に海外語学研修や海外ボランティア研修を隔年ごとに実施しており、国際理解教育と語学教育を中心に特色ある授業や行事を展開している。明るい雰囲気で学校全体が活気にあふれている。

在校生の声　高3生・生徒会長

　私が思う清田高校の良さは「英語教育に力を入れていること」です。授業では英語でプレゼンテーションを行ったり、ALTの先生と簡単なゲームをしながら楽しく英語を学ぶことができます。さらに、本校はALTの先生が多いため、グローバルコースの生徒はもちろん普通コースの生徒も英語コミュニケーション能力を身につけることができます。

　本校は部活動も盛んで、全道・全国大会出場など様々な大会で優秀な成績を残しています。運動系から文化系まで幅広い部活動があるため、自分のやりたいことを見つけることができます。

　学校行事はとても盛り上がり楽しいです。特に「清田CUP」と呼ばれる体育大会が魅力的です。本校では夏と春の計2回行われるため、クラスの絆がさらに深まります。

　清田高校の日常は、生徒の活気と笑顔で溢れています。ぜひ、清田高校で明るい高校生活を送りませんか？

学校へ行こう！

【学校説明会】	【学校祭】
8/23(金)	7/5(金) 〜7/6(土)

今春の主な進路

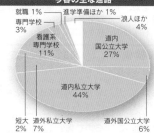

就職 1%　進学準備ほか 1%
専門学校 3%　浪人ほか 4%
看護系専門学校 11%
道内国公立大学 27%
道内私立大学 44%
短大 2%　道外私立大学 7%　道外国公立大学 6%

※人数は全て現役です。

国公立道内
北海道大…………5名
札幌医科大………1名
小樽商科大………14名
北海道教育大……12名
室蘭工業大………14名
千歳科学技術大…8名
北見工業大………5名
釧路公立大………5名
名寄市立大………4名
札幌市立大………3名
旭川市立大………3名
はこだて未来大…2名

国公立道外
横浜市立大………1名
都留文科大………4名
弘前大……………3名
金沢大……………1名
福井県立大………1名
愛知県立大………1名
高知県立大………1名
北九州市立大……1名

私立道内
北海学園大………94名
北星学園大………45名
藤女子大…………10名
北海商科大………5名
天使大……………3名
北海道科学大……81名
北海道医療大……13名
札幌大……………8名
北海道文教大……6名
東海大（札幌）…3名
酪農学園大………2名
札幌保健医療大…2名
札幌国際大………12名
北翔大……………7名
北海道情報大……1名
北海道武蔵女子大…1名

私立道外
法政大……………4名
青山学院大………3名
明治大……………1名

指定校推薦(一部)

道内
北海学園大　16＋複数名
北星学園大……16名
藤女子大…………2名
酪農学園大………4名
北海道文教大……13名
北海道科学大……4名
北翔大……………8名
札幌国際大………19名
札幌保健医療大…3名
東海大（札幌）…4名
北海道情報大……14名
日本赤十字北海道看護…1名

日本医療大……16名
北海道武蔵女子大…1名
札幌学院大………10名
北海商科大………2名
札幌大……………18名

道外
青山学院大………1名
法政大……………1名
東洋大……………1名
東洋大……………4名
明治学院大………2名
千葉工業大………2名
立命館アジア太平洋大…1名

入試情報

2024年度の入試情報です。2025年度は変更になる場合があります。
掲載の入試データ等は道コン事務局の推定です。

以下は、2024年3月入試の情報です。2025年3月入試については北海道教育委員会の発表を確認して下さい。

（）内は推薦を表しています。

24入試DATA	定員	一般		推薦		合格者平均	
		推定平均点	倍率	出願者数	内定者数	道コンSS	内申点・ランク
普通科 普通コース	200	285	1.3	102	40	53 (52)	266・C (276・B)
普通科 グローバルコース	40	282	1.6	27	20	52 (49)	259・C (258・C)

一般入試

■学力検査の成績を重視
8：2

■個人調査書等を重視
6：4

■傾斜配点の教科（倍率）
グローバルコース　英語(2.0)

■学力検査以外の試験
なし

推薦入試

■入学枠
普通コース　20%程度
グローバルコース　50%程度

■面接（個人）・自己推薦書の提出以外に実施する項目
普通コース　英語聞取テスト
グローバルコース　英語聞取テスト　英語による問答

入試得点 道コンSS	454	422	390	359	327	295	263	231	200	168	136	104
内申ランク・内申点	74	70	66	62	58	54	50	46	42	38	34	30
A 〜296点												
B 〜276点												
C 〜256点						★☆						
D 〜236点												
E 〜216点												
F 〜196点												
G 〜176点												
H 〜156点												
I 〜136点												
J 〜116点												

道コン合格圏（可能性が60%ライン）——— 普通・GL
合格者 ★ 一般入試（普通・GL）
平均 ☆ 推薦入試（普通・GL）

公立×私立高校併願パターン

私立A日程(割合)		私立B日程(割合)	
北海学園札幌　特進	31%	北海　進学	51%
北海学園札幌　総進	21%	北海　特進・特進クラス	15%
札幌日大　特進	18%	札幌第一　文理北進	9%
その他	30%	その他	25%

札幌白石高等学校

普通科［普］

生徒数821名　男子398名　女子423名

 食堂
 購買部(売店)
 カウンセラー
 寮・寄宿舎
海外研修(交流)
携帯電話持込
　登下校のみ
　校内電源
　OFF
スキー授業
　2020年度
　から廃止
プール施設

ACCESS GUIDE

〒003-0859
札幌市白石区川北2261
TEL 011-872-2071
FAX 011-872-2072
http://www.sapporoshiroishi.hokkaido-c.ed.jp/

◎ 地下鉄白石駅からバスで約20分
◎ 地下鉄新札幌駅からバスで約25分
◎ 札幌駅からバスで約30分
◎ JR白石駅からバスで約15分
◎ JR平和駅から徒歩で約25分

今春の主な進路

- 就職 3%
- 進学準備ほか 2%
- 道内国公立大学 2%
- 専門学校 1%
- 看護系専門学校 29%
- 道内私立大学 52%
- 短大 7%
- 道外私立大学 4%

指定校推薦（一部）

非公表

「高い志を持ち、グローバルで持続可能な社会を創造する人間の育成」

　本校は、「普通科単位制高校」として、個に応じたきめ細かな学習指導により夢の実現を全力で応援します。また、部活動も盛んで「文武両道の達成」に向けて、生徒と先生が一丸となって取り組んでいます。来たれ、白石へ！

 学校へ行こう！

【学校説明会】
9/29(日)

【学校祭】
7/5(金)・7/6(土)

入試情報

2024年度の入試情報です。2025年度は変更になる場合があります。
掲載の入試データ等は道コン事務局の推定です。

以下は、2024年3月入試の情報です。2025年3月入試については北海道教育委員会の発表を確認して下さい。

（　）内は推薦を表しています。

24入試DATA	定員	一般		推薦		合格者平均	
		推定平均点	倍率	出願者数	内定者数	道コンSS	内申点・ランク
普通科	280	233	1.5	132	56	46 (46)	238・D (254・D)

一般入試

■学力検査の成績を重視
9：1

■個人調査書等を重視
6：4
内申点以外で参考にするポイント
特別活動の記録　総合所見等

■傾斜配点の教科（倍率）
なし

■学力検査以外の試験
なし

推薦入試

■入学枠
20%程度

■面接(個人)・自己推薦書の提出以外に実施する項目
なし

入試点 道コンSS	454	422	390	359	327	295	263	231	200	168	136	104
内申ランク・内申点	74	70	66	62	58	54	50	46	42	38	34	30
A ～296点												
B ～276点												
C ～256点												
D ～236点								☆				
E ～216点								★				
F ～196点												
G ～176点												
H ～156点												
I ～136点												
J ～116点												

道コン合格圏 {（可能性60%ライン） ━━━ 普通

合格者 ★一般入試(普通)
平　均 ☆推薦入試(普通)

公立×私立高校併願パターン

私立A日程（割合）		私立B日程（割合）	
北海学園札幌　総進	40%	北星学園大附属　進学	50%
札幌創成　A特進	16%	北海　進学	10%
札幌日大　総合進学	10%	札幌龍谷学園　プログレス進学	10%
その他	34%	その他	30%

札幌平岡高等学校

札幌平岡高等学校

普通科［普］

生徒数716名　男子382名　女子334名

食堂｜購買部（売店）｜カウンセラー｜寮・寄宿舎｜海外研修（交流）｜携帯電話持込（始業前・放課後登下校）｜スキー授業｜プール施設

ACCESS GUIDE

〒004-0874
札幌市清田区平岡4条6丁目13－1
TEL 011-882-8122
FAX 011-882-8142
http://www.sapporohiraoka.hokkaido-c.ed.jp/

◎ 中央バス
「平岡高校」下車　徒歩3分
「イオン平岡店」下車　徒歩6分
「平岡4条3丁目」下車　徒歩10分
「日の丸団地」下車　徒歩20分

普通科に進学希望する生徒の多様なニーズに答えるために、「分かる授業」と「進路実現のための学習体制」のもと、あなたの夢や希望の実現を目指します。大変な世の中だからこそ未来への夢を持つことは大切です。平岡高校は、夢や希望を大切にして高校生活を送るあなたを精一杯応援します。
「気がついて！君の未来は無限大」

在校生の声

平岡高校は、きれいな校舎と明るくあいさつができる生徒がたくさんいる自慢の学校です。一人ひとりの進路に合った科目選択ができ、先生方の熱心な指導の下、より深く学ぶことができます。
また、生徒の7割以上が加入している部活動では、全道・全国大会へ出場する機会が増えて、盛んに活動しています。そして、勉強や部活動だけでなく、生徒が自ら作り上げる生徒会行事は本校最大の特徴です。全校生徒が一丸となって行事を成功させ、大切な思い出を作ることができます。
ぜひあなたも、私たちの平岡高校で有意義な高校生活を過ごしませんか。

学校へ行こう！

【平岡祭】
7/5(金)～7/6(土)一般公開は7/6(土)のみ
本校HPでご確認ください。

【オープンキャンパス会】
10/5(土)詳細は本校HPをご確認ください。

今春の主な進路

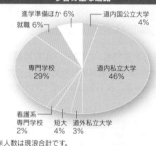

進学準備ほか 6%
就職 6%
道内国公立大学 4%
専門学校 29%
道内私立大学 46%
看護系専門学校 2%
短大 3%
道外私立大学

※人数は現浪合計です。

国公立道内		獨協大	2名
北海道大	1名	亜細亜大	1名
北海道教育大	1名	京都産業大	1名
室蘭工業大	6名	國學院大	1名
釧路公立大	4名	文教大	1名
札幌市立大	3名	**短大道内**	
北見工業大	1名	北星学園大短大	6名
私立道内		北海道武蔵女子短大	4名
北海学園大	50名	札幌国際大短大	4名
北星学園大	37名	光塩学園女子短大	2名
天使大	3名	**専門学校**	
札幌大	44名	札幌ビューティーアート専門	7名
北海道科学大	15名	札幌看護医療専門	4名
札幌国際大	13名	北海道リハビリテーション大学校	3名
日本医療大	11名	北海道芸術デザイン専門	3名
北海道医療大	4名	札幌こども専門	2名
酪農学園大	2名	勤医協札幌看護専門	2名
札幌学院大	68名	全国漁業協同組合学校	1名
北海道情報大	22名	**就職先等**	
私立道外		北海道警察	6名
立命館大	3名	国家公務員	1名
東洋大	2名	航空保安事業センター	1名
法政大	1名		

指定校推薦

非公表

入試情報

2024年度の入試情報です。2025年度は変更になる場合があります。
掲載の入試データ等は道コン事務局の推定です。

以下は、2024年3月入試の情報です。2025年3月入試については北海道教育委員会の発表を確認して下さい。

24入試DATA	定員	一般		推薦		合格者平均	
		推定平均点	倍率	出願者数	内定者数	道コンSS	内申点・ランク
普通科	240	225	1.4			45	226・E

入試点道コンSS	454	422	390	359	327	295	263	231	200	168	136	104
内申ランク・内申点	74	70	66	62	58	54	50	46	42	38	34	30
A ～296点												
B ～276点												
C ～256点												
D ～236点												
E ～216点								★				
F ～196点												
G ～176点												
H ～156点												
I ～136点												
J ～116点												

道コン合格圏（可能性60％ライン）—— 普通
合格者平均 ★ 一般入試（普通）

一般入試

■学力検査の成績を重視
9：1

■個人調査書等を重視
6：4
内申点以外で参考にするポイント
特別活動の記録｜総合所見等

■傾斜配点の教科（倍率）
なし

■学力検査以外の試験
過年度卒のみ個人面接

推薦入試

■入学枠
なし

公立×私立高校併願パターン

私立A日程（割合）			私立B日程（割合）		
北海学園札幌　総進		57%	北星学園大附属　進学		57%
札幌日大　総合進学		10%	北海　進学		16%
札幌静修　総合		5%	とわの森三愛　総合進学		9%
その他		28%	その他		18%

札幌厚別高等学校

総合学科［総］

生徒数823名　男子364名　女子459名

本校は昭和58年4月に開校し、「よく考え　まじめに　がんばる」の校訓のもと生徒と教師が一丸となって学習や特別活動に取り組んでいます。

平成25年4月から1年生7学級で総合学科がスタートしました。

本校の総合学科は、進学と芸術を柱とした4つの特色ある系列「人文系列」「数理系列」「音楽系列」「美術系列」を配置し、生徒一人ひとりの進路実現を支援します。また、学区は全道一区となり、道内のどこからでも同じ条件で入学することができます。

在校生の声

本校は「よく考え　まじめに　がんばる」という校訓のもと、生徒一人ひとりがよく考えて行動し、まじめに学習しています。

来校者の方々や先生、先輩など校内ですれ違うたびに挨拶が出来る生徒がたくさんいる、とても明るい学校です。

札幌市内唯一の総合学科である札幌厚別高校は、数多くの科目の中から自分の興味や進路希望に応じた選択をすることができます。また、先生の数も多く、メディア教室や音楽レッスン室など様々な施設もあり、充実した環境の下で内容の濃い授業を受けることが出来ます。道内では数少ない芸術科目の選択が可能で、たくさんの経験を積んだ先生方から高度な技術を学び、身につけることが出来ます。

部活動の加入率も高く、全道・全国大会への出場者や管内大会での入賞者も多数でています。高校に入学し部活動に打ち込むのもよいかと思います。

ただ、学習については悩みを抱えることも多くなるかもしれません。在校生も大学進学や就職などの進路について、早い時期に選択しなければならず、周囲からプレッシャーを感じることもあります。この重圧を乗り越えることはとても大変なことだと思います。それでもみんな自分の進路の実現のために頑張っています。

友達や先輩と悩みを共有して、自分一人ではないと実感することで自分自身が成長できると思います。皆さんも志望校の合格を目指して頑張ってください。

学校へ行こう！

【学校祭】　7/5（金）・6（土）

【オープンスクール】　7/20（土）

入試情報

2024年度の入試情報です。2025年度は変更になる場合があります。
掲載の入試データ等は道コン事務局の推定です。

以下は、2024年3月入試の情報です。2025年3月入試については北海道教育委員会の発表を確認して下さい。

一般入試

■学力検査の成績を重視
8：2

■個人調査書等を重視
6：4

■傾斜配点の教科（倍率）
なし

■学力検査以外の試験
集団面接

推薦入試

■入学枠
50％程度

■面接（個人）・自己推薦書の提出以外に実施する項目
なし

（　）内は推薦を表しています。

24入試DATA	定員	一般		推薦		合格者平均	
		推定平均点	倍率	出願者数	内定者数	道コンSS	内申点・ランク
総合学科	280	199	1.5	138	112	42 (41)	213・F (222・E)

入試点 道コンSS	454	422	390	359	327	295	263	231	200	168	136	104
内申ランク・内申点	74	70	66	62	58	54	50	46	42	38	34	30
A ～296点												
B ～276点												
C ～256点												
D ～236点												
E ～216点										☆		
F ～196点									★			
G ～176点												
H ～156点												
I ～136点												
J ～116点												

道コン合格圏（可能性60％ライン）　━━━総合
合格者平均　★一般入試（総合）　☆推薦入試（総合）

公立×私立高校併願パターン

私立A日程（割合）		私立B日程（割合）	
北海学園札幌　総進	31%	北星学園大附属　進学	67%
札幌北斗　進学	22%	とわの森三愛　総合進学	16%
札幌静修　総合	10%	道文教大附属　普通	4%
その他	37%	その他	13%

ACCESS GUIDE

〒004-0069
札幌市厚別区厚別町山本750-15
TEL 011-892-7661
FAX 011-892-7799
http://www.sapporoatsubetsu.hokkaido-c.ed.jp/

◎ 中央バス
山本線「厚別高校」下車　徒歩4分
厚別通線「厚別高校」下車　徒歩8分
北都線「厚別西2-2」下車　徒歩15分

◎ JR
「厚別駅」下車　徒歩18分

今春の主な進路

進学準備ほか 2%
就職 6%
道内国公立大学 4%
道内私立大学 47%
専門学校 33%
看護系専門学校 1%
短大 5%
道外私立大学 2%

※人数は現浪合計です。

国公立道内
北海道教育大………4名
小樽商科大………1名
室蘭工業大………2名
千歳科学技術大……2名
はこだて未来大……1名
札幌市立大………1名
名寄市立大………1名

私立道内
北星学園大………31名
北海学園大………13名
北海商科大………4名
天使大………2名
藤女子大………1名
札幌大………21名
北海道科学大……17名
札幌大谷大………7名
北海道文教大……6名
札幌国際大………6名
日本医療大………5名
北海道医療大……4名
酪農学園大………2名
札幌保健医療大……2名
東海大（札幌）……1名

札幌学院大………33名
北海道情報大……9名
北翔大………6名
北海道武蔵女子大……2名

私立道外
金沢学院大………1名
東北芸術工科大……1名
順天堂大………1名
大東文化大………1名
多摩美術大………1名
帝京平成大………1名
女子美術大………1名

大学校
道職業能力開発大学校……2名

短大道内
北海道武蔵女子短大……9名
北星学園大短大……5名
北翔大短大………3名
札幌国際大短大……2名
光塩学園女子短大……1名

短大道外
女子美術短大………1名

海外
テイラーズ大………1名

指定校推薦（一部）

道内
北海道情報大………8名
札幌大谷大…各学科複数名
北海学園大………14名
酪農学園大………4名
北海道科学大………3名
北翔大…………10名
札幌学院大………12名
北海商科大………2名
札幌保健医療大………1名
北海道医療大………18名
星槎道都大………4名
札幌国際大………17名

北海道文教大………15名
北星学園大………8名
北海道医療大………5名
日本医療大………8名
東海大…………4名
東京農業大………1名
北海道千歳リハビリ大……2名
東北芸術工科大………1名
北海道武蔵女子短大……6名
光塩学園女子短大………2名
札幌国際大短大………5名
北翔大短大………2名

札幌真栄高等学校

中・高一貫校

私立高校

高等専修学校・技能連携校

通信制・単位制

高等専修学校

公立高校（石狩）

公立（渡島・檜山・後志）

公立（空知・留萌）

公立（上川・宗谷）

公立（オホーツク）

公立（胆振・日高）

公立（十勝・釧路・根室）

普通科[普]

生徒数580名　男子348名　女子232名

食堂　購買部(売店)　カウンセラー　寮・寄宿舎　海外研修(交流)　携帯電話持込　スキー授業　プール施設
年15回　　　　　　　　　　　　　　　　　　休み時間始業前・放課後登下校

「優れた力　優しい心」の校訓のもと、厳しい躾と親身な学習・進路指導によって自ら学び鍛える生徒を育て、最後までサポートします。一人ひとりの進路希望に合わせて理系①（数・工）、理系②（医・看）、文系、教養の「進路別コース制」を設定。習熟度別学習や少人数指導など個性・長所を伸ばすきめ細かな学習指導を行います。部活動では、平成19年度から3年連続全国大会出場のハンドボールをはじめ全道大会に出場する部も増えるなど、体育・文化系部局ともに充実しています。

ACCESS GUIDE

〒004-0839
札幌市清田区真栄236-1
TEL 011-883-0465
FAX 011-883-1302
http://www.sapporoshinei.hokkaido-c.ed.jp/

在校生の声

真栄高校は、四季の変化を身近に感じられる豊かな自然に囲まれた環境にあります。他校より生徒数が少ないので友人とのつながりも強く、様々な活動に積極的に取り組んでいます。先生とも信頼関係をつくり、学習や進路についても相談しやすい雰囲気がある学校です。

始めに学習について紹介します。本校では毎朝SHR前の10分間に「朝学習」を行っています。新聞のコラムや社説などを読み、重要な一文を抜き出したり要約したりします。現在の社会情勢や、人々の関心を知るとともに、書く力や読む力を高めていきます。また、放課後には「進学講習」や「公務員講習」が行われ、自分の進路に合った講座を選択して受講できます。放課後には、図書室も開放されていて、静かな環境で集中して学習に取り組む環境があります。

次に部活動について紹介します。運動系部活動は、2つの体育館や柔剣道場、野球や陸上のグラウンド、テニスコートなど、恵まれた施設の中で、各種大会に向けて日々精進しています。文化系部活動や外局も、地道に活動し充実した活動を行っています。また、真栄高校では「全校応援」を実施し、選手の活躍を応援しています。硬式野球部やハンドボール部の大会を全校で応援することで一体感を持ち母校愛を育む活動になっています。

最後に、全校生徒で大いに盛り上がる学校行事ですが、真栄高祭（学校祭）と真栄カップ（体育祭）があります。生徒会が運営し、どのクラスも一致団結できる楽しい行事です。

ぜひ、真栄高校に入学して、充実した高校生活を送りましょう。

学校へ行こう！

【スクールガイダンス2025】
8/20(火) 本校HPでご確認ください。

入試情報

2024年度の入試情報です。2025年度は変更になる場合があります。掲載の入試データ等は道コン事務局の推定です。

以下は、2024年3月入試の情報です。2025年3月入試については北海道教育委員会の発表を確認して下さい。

一般入試

■**学力検査の成績を重視**
9:1

■**個人調査書等を重視**
6:4
内申点以外で参考にするポイント
[特別活動の記録] [総合所見等]

■**傾斜配点の教科（倍率）**
なし

■**学力検査以外の試験**
[集団面接]

推薦入試

■**入学枠**
20%程度

■**面接(個人)・自己推薦書の提出以外に実施する項目**
なし

（　）内は推薦を表しています。

24入試DATA	定員	一般		推薦		合格者平均	
		推定平均点	倍率	出願者数	内定者数	道コンSS	内申点・ランク
普通科	200	163	1.2	46	40	37 (36)	186・G (186・G)

入試点道コンSS	454	422	390	359	327	295	263	231	200	168	136	104
内申ランク・内申点	74	70	66	62	58	54	50	46	42	38	34	30
A ～296点												
B ～276点												
C ～256点												
D ～236点												
E ～216点												
F ～196点												
G ～176点											★☆	
H ～156点												
I ～136点												
J ～116点												

道コン合格圏（可能性60%ライン）━━━普通
合格者平均　★一般入試（普通）
　　　　　　☆推薦入試（普通）

公立×私立高校併願パターン

私立A日程（割合）			私立B日程（割合）		
札幌北斗　総合		31%	札幌龍谷学園　未来創造		79%
札幌北斗　進学		24%	北星学園大附属　進学		14%
札幌静修　総合		17%	とわの森三愛　アグリクリエイト機農		7%
その他		28%			

今春の主な進路

進学準備ほか 4%
道内国公立大学 1%
就職 5%
道内私立大学 37%
専門学校 46%
看護系専門学校 2%
短大 4%
道外私立大学 1%

※人数は現役のみです。

国公立道内
北見工業大………1名
私立道内
北星学園大………12名
北海学園大………3名
北海商科大………1名
日本医療大………7名
札幌国際大………6名
北海道科学大……6名
札幌大……………4名
北海道文教大……4名
札幌大谷大………1名
札幌学院大………11名
北翔大……………3名
星槎道都大………2名
北海道情報大……1名
私立道外
作新学院大………1名
短大道内
札幌国際大短大…2名
北星学園大短大…2名
北海道武蔵女子短大…2名

専門学校
北海道情報専門…13名
北海道理容美容専門…6名
札幌ビューティーアート専門…5名
経専北海道保育専門…4名
北海道芸術デザイン専門…4名
北海道エコ・動物自然専門…3名
大原法律公務員専門…3名
札幌看護医療専門…3名
札幌歯科学院専門…3名
札幌マンガ・アニメ&声優専門…2名
光塩学園調理製菓専門…2名
札幌こども専門…2名
札幌商工会議所付属専門…2名
北海道スポーツ専門…2名
札幌スポーツ&メディカル専門…2名
札幌ベルエポック製菓調理ウェディング専門…2名
宮島学園北海道フアッション専門…2名
日鋼記念看護………1名
三草会札幌看護専門…1名
就職先等
北海道職員………1名

指定校推薦

非公表

札幌白陵高等学校

普通科[普]

生徒数207名　男子125名　女子82名

食堂　購買部(売店)　カウンセラー　寮・寄宿舎　海外研修(交流)　携帯電話持込　スキー授業　プール施設　放課後

ACCESS GUIDE

〒003-0876
札幌市白石区東米里2062-10
TEL 011-871-5500
FAX 011-871-5522
http://www.hakuryo.jp/

平成23年度から、本校は北海道初の在り方生き方重視型の普通科単位制高校となり、単位制のメリットを活かして、「がんばる君に応える」学校になるべく、それぞれの得意・不得意にあわせた学習や多様な進路希望に応える選択科目の設定など、進化した学びのシステムを導入しました。

令和6年度入学生からは、普通科学年制となり、更なる学力向上を目指します。

また、キャリア教育の充実を図り、生徒それぞれの進路実現をうながすのに加え、仕事を通じた社会貢献・自己実現など、世の中で充実した人生を送るために何が必要かを考えさせる学習を行っています。

卒業生の声

私は白陵高校でたくさんの思い出や知識を得ることができました。特に部活動をやっていて良かったと思います。部活動に入っているとたくさんの人と交流ができ、礼儀や人との関わり方を学ぶことができました。最初は人見知りで他校の生徒とコミュニケーションをうまく取れませんでしたが、この3年間で人見知りが無くなり、後輩や先生方とうまく話せるようになったので、部活動をやっていて損はしないと思います。

進路活動での履歴書書きでは書き方もまともにわからず、先生方に何度も指導していただきました。下校時間を過ぎても嫌な顔もせず真摯に向き合ってくださいました。面接の練習でも臨機応変に答えられるようにたくさんのアドバイスや実践に使えることを教えてくれて無事就職先が決まり、先生方にはとても感謝しています。

白陵高校を卒業し就職をしたら今まで学校で学んだことを活かして精一杯頑張っていきたいと思います。白陵高校の先輩として、社会人らしくこれからも人一倍努力していきたいと思います。

学校へ行こう！

【学校説明会】
9/28（土）

入試情報

2024年度の入試情報です。2025年度は変更になる場合があります。
掲載の入試データ等は道コン事務局の推定です。

以下は、2024年3月入試の情報です。2025年3月入試については北海道教育委員会の発表を確認して下さい。

一般入試

■学力検査の成績を重視
6：4

■個人調査書等を重視
9：1
内申点以外で参考にするポイント
[特別活動の記録] [総合所見等]

■傾斜配点の教科（倍率）
なし

■学力検査以外の試験
[個人面接]

推薦入試

■入学枠
20％程度

■面接（個人）・自己推薦書の提出以外に実施する項目
なし

24入試 DATA	定員	一般		推薦		合格者平均	
		推定平均点	倍率	出願者数	内定者数	道コンSS	内申点・ランク
普通科	80	132	0.8	1	1	34	155・I

入試点 道コンSS	454	422	390	359	327	295	263	231	200	168	136	104
内申ランク・内申点	74	70	66	62	58	54	50	46	42	38	34	30
A ～296点												
B ～276点												
C ～256点												
D ～236点												
E ～216点												
F ～196点												
G ～176点												
H ～156点												
I ～136点										★		
J ～116点												

道コン合格圏（可能性60%ライン）—— 普通
合格者平均 ★ 一般入試（普通）

今春の主な進路

就職 26%
専門学校 53%
看護系専門学校 1%
道内私立大学 13%
道外私立大学 1%
短大 1%
進学準備ほか 5%

※人数は現役のみです。

私立道内
北海学園大………1名
札幌国際大………2名
札幌大…………2名
北海道科学大……1名
札幌学院大………3名
北翔大…………2名
北海道情報大……1名
北海道武蔵女子大…1名

私立道外
宮城学院女子大……1名

短大道内
北海道武蔵女子短大…1名

専門学校
札幌ビューティーアート専門…6名
北海道中央調理技術専門…6名
北海道自動車整備大学校…4名
大原法律公務員専門…3名
札幌ブライダル＆ホテル観光専門…3名
札幌マンガ・アニメ＆声優専門…3名
札幌ビジュアルアーツ…3名
北海道情報専門…3名
北海道理容美容専門…3名
吉田学園公務員法科専門…1名
札幌こども専門…2名
札幌商工会議所付属専門…2名
札幌情報未来専門…2名
札幌デザイン＆テクノロジー専門…2名
青山建築デザイン医療事務専門…1名
経専調理製菓専門…1名
北海道リハビリテーション大学校…1名
中村記念病院附属看護…1名
北海道スポーツ専門…1名
北海道どうぶつ医療専門…1名
吉田学園医療歯科専門…1名
札幌医療秘書福祉専門…1名

指定校推薦

非公表

札幌東陵高等学校

普通科[普]

生徒数802名　男子417名　女子385名

食堂　購買部(売店)　カウンセラー　寮・寄宿舎　海外研修(交流)　携帯電話持込　スキー授業　プール施設
年10回　　　　　　　　　　　　　　　　　　　校内電源OFF
登下校

本年度で普通科単位制高校として、12年目を迎えます。自ら目指すべき進路目標を達成するために、1年次から充実したガイダンス指導により、進路目標の明確化を図り、2年次から自分の進路希望に合わせた科目選択による学習ができます。さらに少人数授業や習熟度別授業を通して、生徒一人ひとりの夢や希望の実現に向けて、生徒の学力向上を支援する体制が整っています。また、難関大学に進学を希望する生徒による特別編成クラスを各年次毎に2クラス設置するとともに、課外講習体制の充実を図り、土曜講習、放課後講習、長期休業期間中（春・夏・冬）の進学講習を実施しています。指導する先生方も授業改善に取り組み、生徒一人ひとりの学力を伸ばす指導に力を入れています。

加えて本校生徒は基本的生活習慣が身に付いており、落ち着いた学校生活を送ることができるとともに、部活動や学校行事にも力を入れ、地域とのつながりも大切にしています。

通学には地下鉄東豊線「環状通東」駅からバスで20分で、スクール便が出ています。ぜひ、自らの進路希望を自身の手で切り拓いていく第一歩として、札幌東陵高校での高校生活を送ってみませんか。

在校生の声　高3生・生徒会長

私が東陵高校に入学して良かったと感じる点は、大学受験のための環境が充実していることです。先生方が総合型セミナーという大学の推薦入試に力を入れてくださり、先生方が親身になってアドバイスをくれます。また、大学の先生や、大学生を呼んでくださり、活動発表や、大学のいろいろなことを教えてくれたりします。2階の職員室前の進路指導室や自習室には共通テストの対策問題集や大学の赤本がたくさん並んでいます。勉強以外でも行事が中学生の頃より楽しいことが盛り沢山です！　友人との時間を大切にして楽しい高校生活を送ってください！

学校へ行こう！

【学校説明会】
① 9/28(土)　② 10/11(金)
（詳しくは本校HPをご覧ください。）

【学校祭】
7/12(金)・13(土)

入試情報
2024年度の入試情報です。2025年度は変更になる場合があります。
掲載の入試データ等は道コン事務局の推定です。

以下は、2024年3月入試の情報です。2025年3月入試については北海道教育委員会の発表を確認して下さい。

（　）内は推薦を表しています。

24入試DATA	定員	一般		推薦		合格者平均	
		推定平均点	倍率	出願者数	内定者数	道コンSS	内申点・ランク
普通科	280	179	1.1	32	28	40 (37)	196・F (199・F)

入試点道コンSS	454	422	390	359	327	295	263	231	200	168	136	104
内申ランク・内申点	74	70	66	62	58	54	50	46	42	38	34	30
A ～296点												
B ～276点												
C ～256点												
D ～236点												
E ～216点												
F ～196点												
G ～176点										★	☆	
H ～156点												
I ～136点												
J ～116点												

道コン合格圏 { ── 普通
合格者　★一般入試(普通)
平　均 { ☆推薦入試(普通)

一般入試

■学力検査の成績を重視
9：1

■個人調査書等を重視
6：4
内申点以外で参考にするポイント
[特別活動の記録]　[総合所見等]

■傾斜配点の教科（倍率）
なし

■学力検査以外の試験
[過年度卒のみ個人面接]

推薦入試

■入学枠
10％程度

■面接（個人）・自己推薦書の提出以外に実施する項目
なし

公立×私立高校併願パターン

私立A日程(割合)			私立B日程(割合)		
札幌北斗　進学		26%	札幌龍谷学園　未来創造		50%
札幌創成　特進		14%	札幌龍谷学園　プログレス進学		22%
札幌北斗　総合		13%	北海　進学		11%
その他		47%	その他		17%

中・高一貫校
私立高校
高等専修学校・技能連携校
通信制・単位制
高等専門学校
公立高校(石狩)
公立(渡島・檜山・後志)
公立(空知・留萌)
公立(上川・宗谷)
公立(オホーツク)
公立(胆振・日高)
公立(十勝・釧路・根室)

ACCESS GUIDE

〒007-8585
札幌市東区東苗穂10条1丁目2－21
TEL 011-791-5055
FAX 011-791-5095
http://www.sapporotoryo.hokkaido-c.ed.jp/

今春の主な進路

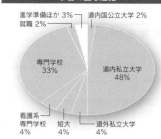

進学準備ほか 3%　道内国公立大学 2%
就職 2%
専門学校 33%
道内私立大学 48%
看護系専門学校 4%　短大 4%　道外私立大学 4%

※人数は全て現役です。

国公立道内
室蘭工業大………3名
名寄市立大………1名
私立道内
北海学園大………31名
北星学園大………18名
北海商科大………5名
藤女子大…………2名
天使大……………1名
北海道科学大……43名
札幌大谷大………7名
札幌国際大………6名
日本医療大………6名
酪農学園大………4名
北海道医療大……3名
札幌保健医療大…3名
札幌大…………1名
札幌学院大………13名
星槎道都大………4名
北海道情報大……4名
北海道武蔵女子大…2名

私立道外
東海大……………2名
千葉工業大………1名
国士館大…………1名
東京農業大………1名
関東学院大………1名
大学校
道職業能力開発校…4名
短大道内
北星学園大短大…4名
北海道武蔵女子短大…2名
札幌大谷大短大…1名
北翔大短大………1名
専門学校
勤医協札幌看護専門…3名
札幌看護医療専門…3名
三草会札幌看護専門…2名
道医療センター附属札幌看護…1名
日本航空大学校…1名
北海道看護専門…1名
北海道医薬専門…1名

指定校推薦（一部）

道内
北海学園大
北星学園大
北海商科大
札幌大
札幌学院大
酪農学園大
北海道科学大
北翔大
札幌国際大
星槎道都大
北海道情報大
東海大
札幌保健医療大
北海道医療大
札幌大谷大
北海道文教大
育英館大
北洋大

東京農業大（オホーツクキャンパス）
日本医療大
北海道千歳リハビリ大
藤女子大
北海道武蔵女子大
道外
城西大
日本工業大
文教大
千葉工業大
国立音楽大
拓殖大
東海大
東京電機大
関東学院大
松蔭大
関西国際大
創価大
実践女子大

札幌丘珠高等学校

普通科[普]

生徒数770名　男子454名　女子316名

食堂 / 購買部(売店) / カウンセラー / 寮・寄宿舎 / 海外研修(交流)《希望者》オーストラリア / 携帯電話持込 / スキー授業 / プール施設 / 資料請求 巻末ページの二次元コードからアクセスできます

勉学や部活動の指導に熱意をもって取り組み、確かな進学実績を築いている創立50年の伝統ある学校です。少人数授業や習熟度別授業に加え、きめ細かな進路支援体制で生徒を手厚くサポートしています。また、高大連携や国際交流事業などにも積極的に取り組むとともに、令和4年度からはこれまでのフィールド制を継承した「ブロック選択制」の教育課程を導入しています。今まで以上に生徒の多様な進路希望実現に対応していきます。陸上部、剣道部、ハンドボール部、放送局など全道大会の常連校として活躍しています。

在校生の声　高3生・生徒会長

丘珠高校には3つのブロックがあります。数理ブロックでは数理系教科を、人文ブロックでは地歴公民系の科目を、国際文化ブロックでは言語系の教科をそれぞれ重点的に学んでいきます。教科選択の幅が広く、様々な進路に対応しています。私が丘珠高校を受験した理由も自身の進路に合わせて必要な教科を学べるという点に惹かれたからです。実際に2年間丘珠高校で生活してみて自身の進路に合う教科を選ぶことができているので丘珠高校に進学してみて良かったと思っています。

放課後には、平日の平常講習、公務員講習、英検講習が用意されており、自身の進路に向けた勉強をとことんできる環境が整っています。

部活動も盛んで、全道大会、全国大会に出場している部活動が多くあります。

このように丘珠高校は文武両道な学校です。丘珠高校がどのような高校なのか、ぜひ夏に行われる学校説明会に参加して、実際に見てみてください。

最後になりますが、受験生の皆さん、今の努力は皆さんの未来の幸せに繋がります。頑張ってください。

 学校へ行こう！

【学校説明会】	【オープンスクール】
8/20(火) 午後(予定)	10/19(土) 午後(予定)

ACCESS GUIDE

〒007-0881
札幌市東区北丘珠1条2丁目589-1
TEL 011-782-2911
FAX 011-782-8370
http://www.sapporookadama.hokkaido-c.ed.jp/

令春の主な進路

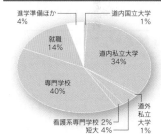

- 道内国立大学 1%
- 道内私立大学 34%
- 道外私立大学 1%
- 短大 4%
- 看護系専門学校 2%
- 専門学校 40%
- 就職 14%
- 進学準備ほか 4%

※人数は現浪合計です。

国公立道内
室蘭工業大 ……… 1名
私立道内
北海学園大 ……… 16名
北海商科大 ……… 11名
北星学園大 ……… 6名
藤女子大 ……… 1名
札幌大 ……… 28名
札幌国際大 ……… 10名
北海道科学大 ……… 9名
日本医療大 ……… 5名
札幌大谷大 ……… 4名
北海道医療大 ……… 2名
東海大(札幌) ……… 2名
頼鉱業大(オホーツクキャンパス) … 1名
札幌学院大 ……… 15名
北海道情報大 ……… 5名
北翔大 ……… 3名

星槎道都大 ……… 3名
私立道外
拓殖大 ……… 1名
短大道内
光塩学園女子短大 … 3名
札幌大谷大短大 … 3名
札幌国際大短大 … 2名
北海道武蔵女子短大 … 2名
北星学園大短大 … 1名
専門学校
札幌看護医療専門 … 3名
勤医協札幌看護専門 … 1名
三草会札幌看護専門 … 1名
就職先等
自衛隊 ……… 6名
北海道警察 ……… 5名
北海道職員 ……… 5名
千葉県警察 ……… 1名

指定校推薦(一部)

道内
北海学園大
北星学園大
北海商科大
北海道医療大
北海道科学大
酪農学園大
札幌大
札幌学院大
札幌保健医療大
北翔大
東海大
藤女子大

日本医療大
札幌国際大
星槎道都大
北海道情報大
北海道文教大
札幌大谷大
北海道千歳リハビリ大
北海道武蔵女子短大
光塩学園女子短大
北翔大短大
札幌国際大短大
札幌大谷大短大

入試情報

2024年度の入試情報です。2025年度は変更になる場合があります。
掲載の入試データ等は道コン事務局の推定です。

以下は、2024年3月入試の情報です。2025年3月入試については北海道教育委員会の発表を確認して下さい。

24入試DATA	定員	一般		推薦		合格者平均	
		推定平均点	倍率	出願者数	内定者数	道コンSS	内申点・ランク
普通科	280	131	1.0	46	45	33 (33)	166・H (190・G)

一般入試

■学力検査の成績を重視
8:2

■個人調査書等を重視
8:2
内申点以外で参考にするポイント
[特別活動の記録] [総合所見等]

■傾斜配点の教科(倍率)
なし

■学力検査以外の試験
[集団面接]

入試点道コンSS	454	422	390	359	327	295	263	231	200	168	136	104
	74	70	66	62	58	54	50	46	42	38	34	30
内申ランク・内申点												
A ~296点												
B ~276点												
C ~256点												
D ~236点												
E ~216点												
F ~196点												
G ~176点												☆
H ~156点												★
I ~136点												
J ~116点												

道コン合格圏(可能性60%ライン){ 普通
合格者平均{ ★一般入試(普通)　☆推薦入試(普通)

推薦入試

■入学枠
30%程度

■面接(個人)・自己推薦書の提出以外に実施する項目
なし

公立×私立高校併願パターン

私立A日程(割合)		私立B日程(割合)		
札幌北斗　総合	58%	札幌龍谷学園　未来創造	100%	
札幌北斗　進学	11%			
札幌静修　総合	8%			
その他	23%			

札幌東豊高等学校

普通科[普]

生徒数295名　男子154名　女子141名

流评拓道　第十回

　札幌東豊高校は、「豊かな心を持ち、活力に満ちた人間」を教育目標として教育活動に取り組んでいます。本校の教育課程は「基礎基本の定着」に重点を置いています。また、3年間で社会に通用する人材の育成を目標とした「とうほうタイム」の時間では、1年生でのキャリア学習、2年生でのインターンシップ、そして3年生ではその集大成として自己実現につなげていく手厚い進路指導を実施しています。その結果、近年では就職内定率100％など、市内でも目を見張る進路実績を実現しています。

在校生の声　高3生

　東豊高校は東区の東雁来にある高校です。自然が豊かだと思います。学習は、中学までの基礎から学び直せるところがよいです。先生方は親切に教えてくれます。復習しながら高校への学習と進むことができます。授業では、グループ学習やプリント、タブレットを使ったICTの授業も進んでいます。全クラスでワイファイが使える環境になっています。また、全学年が3クラスで市内の高校としては小さいですが、全員の先生から名前を覚えてもらったり個別指導が充実していると思います。有志による勉強会や夏季冬季の進学講習もあります。進路指導も丁寧で初歩からしっかり指導してくれるところは心強いです。進学実現100％を目指していて、進学説明会、企業説明会、面接練習など早い時期から取り組み、就職も進学も実績を上げています。
　部局活動は、部活と局を合わせて18あります。運動部では、レスリング、野球、サッカー、ソフトテニス、男女バドミントン、陸上など、文化は、図書、放送、茶道、イラストなどが充実しています。他にもまだまだあります。まとめとしては、社会で活躍できるいろいろなことを基本から学べる学校です。

学校へ行こう！

【学校見学会】
9/7(土) 詳しくは本校ホームページをご覧ください。

入試情報

2024年度の入試情報です。2025年度は変更になる場合があります。
掲載の入試データ等は道コン事務局の推定です。

以下は、2024年3月入試の情報です。2025年3月入試については北海道教育委員会の発表を確認して下さい。

一般入試

■学力検査の成績を重視
6：4

■個人調査書等を重視
9：1
内申点以外で参考にするポイント
[特別活動の記録]　[総合所見等]

■傾斜配点の教科（倍率）
なし

■学力検査以外の試験
[個人面接]

推薦入試

■入学枠
なし

24入試DATA	定員	一般		推薦		合格者平均	
		推定平均点	倍率	出願者数	内定者数	道コンSS	内申点・ランク
普通科	120	121	0.9			32	164・H

入試点 道コンSS	454	422	390	359	327	295	263	231	200	168	136	104
内申ランク・内申点	74	70	66	62	58	54	50	46	42	38	34	30
A　～296点	道コン合格圏（可能性60％ライン）			普通								
B　～276点	合格者平均		★ 一般入試（普通）									
C　～256点												
D　～236点												
E　～216点												
F　～196点												
G　～176点												
H　～156点										★		
I　～136点												
J　～116点												

公立×私立高校併願パターン

私立A日程（割合）			私立B日程（割合）
札幌北斗　総合		50%	
札幌北斗　進学		33%	
札幌山の手　未来デザイン		17%	

ACCESS GUIDE

〒007-0820
札幌市東区東雁来町376-1
TEL 011-791-4171
FAX 011-791-9116
http://www.sapporotouhou.hokkaido-c.ed.jp/

今春の主な進路

道内私立大学 15%
進学準備ほか 6%
就職 32%
専門学校 44%
看護系専門学校 3%

※人数は現役のみです。

私立道内
北海商科大
札幌大
札幌国際大
札幌学院大
星槎道都大
北翔大
北海道情報大

大学校
道職業能力開発大学校

専門学校
北海道歯科専門
浦河赤十字看護専門
大原簿記情報専門
札幌医療秘書福祉専門
札幌看護医療専門
札幌こども専門
札幌スポーツ＆メディカル専門
札幌ビューティーアート専門

札幌観光ブライダル製菓専門
札幌ベルエポック製菓調理専門
札幌ベルエポック美容専門
札幌マンガ・アニメ＆声優専門
札幌ミュージック＆ダンス放送専門
札幌リハビリテーション専門
せいとく介護こども福祉専門
北海道自動車整備大学校
札幌デザイナー学院
日本航空大学校
北海道医薬専門
北海道芸術デザイン専門
北海道美容専門
北海道理容美容専門
北海道情報専門
札幌商工会議所付属専門
大原法律公務員専門
札幌ブライダル＆ホテル観光専門
吉田学園情報ビジネス専門

指定校推薦

道内
札幌国際大
北海道情報大
北海道科学大
北海学園大
北海商科大
酪農学園大
札幌大
札幌学院大
北翔大
北海道医療大
星槎道都大
札幌保健医療大
北洋大
東海大
日本医療大
北海道武蔵女子短大

札幌北高等学校

普通科[普]

生徒数952名　男子442名　女子510名

北海道庁立札幌高等女学校に始まり、2022年に120周年を迎えた全国有数の進学校です。生徒と教員の信頼関係を基本に高い学力育成と進路実現がなされています。「寛容・進取・良識」の校訓のもと、「集中と切りかえ」をモットーに部活動や行事にも情熱を注いで豊かな人間性を養っています。学校祭の行灯行列は地域の風物詩になっています。多くの部活動が全道・全国レベルで活躍しており、全国大会常連の部も数多くあります。また、物理や地理の国際オリンピックに挑戦する生徒もいます。2016年度から1年生を対象に希望者による海外短期研修を行い、グローバルに活躍できる人材の育成を図っています。

ACCESS GUIDE

〒001-0025
札幌市北区北25条西11丁目
TEL 011-736-3191
FAX 011-736-3193
http://www.sapporokita.hokkaido-c.ed.jp/

◎ 地下鉄南北線
「北24条駅」下車　徒歩10分

在校生の声

　私が北高に入学した当初は『北高は勉強がすべて』といった、北高生に対する偏った考えがありました。本来ならばここで『ですが、そんなことはありません！』と否定すべきですが、実際、北高生の大半は勉強を愛しているので否定はしません。

　しかし、勉強がすべてというわけでは決してありません。北高生は皆さんが想像している以上に学校行事や部活動に熱心に取り組んでおり、生徒一人一人の眼が輝いています。

　学校行事の一つである北高祭にてクラスが一丸となって作り上げる『行灯』は、北高が積み上げてきた伝統の象徴でもあります。『北高は北高祭があってこそ』と考える生徒もいるほどです。

　また、部活動は全部で40あり、運動部・文化部ともに盛んに活動しています。自分の興味をひくものを探して、北高で挑戦してみませんか。

　北高での生活は決して楽ではありません。しかし、楽ではないからこそ、私たちは充実した学校生活をつかむことができています。一生に一度しかない特別な高校生活を共に創り上げましょう！

ほのぼの行事（全校綱引き大会）

ワールド・カフェ

今春の主な進路

道内国公立大学 46%
道外国公立大学 24%
進学準備ほか 22%
道外私立大学 5%
道内私立大学 3%

※人数は現浪合計です。

国公立道内
北海道大‥‥‥‥113名
札幌医科大‥‥‥‥12名
旭川医科大‥‥‥‥4名
小樽商科大‥‥‥‥22名
北海道教育大‥‥‥‥12名
帯広畜産大‥‥‥‥4名
千歳科学技術大‥‥14名
室蘭工業大‥‥‥‥6名
札幌市立大‥‥‥‥3名
はこだて未来大‥‥1名
国公立道外
京都大‥‥‥‥‥‥14名
東京大‥‥‥‥‥‥7名
東北大‥‥‥‥‥‥14名
大阪大‥‥‥‥‥‥11名
神戸大‥‥‥‥‥‥6名
九州大‥‥‥‥‥‥2名
名古屋大‥‥‥‥‥1名
一橋大‥‥‥‥‥‥1名
横浜国立大‥‥‥‥3名
東京外国語大‥‥‥2名
お茶の水女子大‥‥2名

横浜市立大‥‥‥‥1名
弘前大‥‥‥‥‥‥12名
都留文科大‥‥‥‥4名
千葉大‥‥‥‥‥‥4名
鳥取大‥‥‥‥‥‥2名
国際教養大‥‥‥‥2名
秋田大‥‥‥‥‥‥2名
岡山大‥‥‥‥‥‥1名
山口大‥‥‥‥‥‥1名
長崎大‥‥‥‥‥‥1名
高崎経済大‥‥‥‥1名
静岡県立大‥‥‥‥1名
私立道外
早稲田大‥‥‥‥‥11名
慶應義塾大‥‥‥‥4名
上智大‥‥‥‥‥‥2名
東京理科大‥‥‥‥34名
明治大‥‥‥‥‥‥24名
法政大‥‥‥‥‥‥23名
中央大‥‥‥‥‥‥22名
同志社大‥‥‥‥‥15名
立命館大‥‥‥‥‥11名
　　　　　　他多数

指定校推薦

非公表

学校へ行こう！

【学校祭】
7/5（金）、6（土）、7（日）

学校ホームページでご確認下さい。

入試情報
2024年度の入試情報です。2025年度は変更になる場合があります。
掲載の入試データ等は道コン事務局の推定です。

以下は、2024年3月入試の情報です。2025年3月入試については北海道教育委員会の発表を確認して下さい。

24入試 DATA	定員	一般		推薦		合格者平均	
		推定平均点	倍率	出願者数	内定者数	道コンSS	内申点・ランク
普通科	320	388	1.3			66	305・A

一般入試

■**学力検査の成績を重視**
9：1

■**個人調査書等を重視**
6：4

■**傾斜配点の教科（倍率）**
数学・英語（2.0）

■**学力検査以外の試験**
過年度卒のみ個人面接

推薦入試

■**入学枠**
なし

入試点 道コンSS	454	422	390	359	327	295	263	231	200	168	136	104
内申ランク・内申点	74	70	66	62	58	54	50	46	42	38	34	30
A ～296点			★									
B ～276点												
C ～256点												
D ～236点												
E ～216点												
F ～196点												
G ～176点												
H ～156点												
I ～136点												
J ～116点												

道コン合格圏（可能性60%ライン）━━ 普通
合格者平均 ★ 一般入試（普通）

公立×私立高校併願パターン

私立A日程（割合）			私立B日程（割合）		
札幌光星	マリス	48%	札幌第一	文理選抜	62%
札幌光星	ステラ	36%	札幌第一	文理北進	26%
札幌日大	プレミアS	8%	北海	特進・特進クラス	2%
その他		8%	その他		10%

札幌国際情報高等学校

普通科[普]	国際文化科[外]	理数工学科[工]

グローバルビジネス科[商]

生徒数940名　男子396名　女子545名

食堂　購買部（売店）　カウンセラー　寮・寄宿舎　海外研修（交流）　携帯電話持込　スキー授業　プール施設　資料請求

毎月3回程度カウンセラーが来校します。　〈希望者〉海外語学研修（国際文化科など）と姉妹校訪問があります。　校内電源OFF　参末ページの二次元コードからアクセスできます

本校の校名にある「国際」と「情報」の2語はその使命を明示したものであり、平成7年の設立から30年、本校は英語・国際理解教育や情報・コンピュータ教育等の分野に関して、本道のリーディング・ハイスクールとなっています。

平成28年4月、本校は学校教育目標を一新しました。

新しい目標は、「世界の人々から尊敬されるグローバルシチズン（地球市民）としての日本人の育成」です。

本校は、今後、グローバルシチズンの育成をめざし、教育活動の一層の充実・発展に努めます。

施設設備

450台を超えるパソコンや最新のCALL教室（コンピュータ語学教室）をはじめとする最新機器を駆使した授業を受けられる。また、広いグラウンドと校庭があり、さらに校舎を見渡せるスカイウェーと多目的スペースとして利用できるキャンティーンがあるのが特徴。広い空間ときれいな校舎で高校生活を楽しもう！

在校生の声　高1生・一般生徒

この高校には、3つの大きな魅力があると思います。

一つ目は、多様性という魅力。この高校には、4つの学科があります。国内でもトップレベルの勉強を進めている学科もあれば、専門的な知識、技術を扱っている学科もあります。それに加えて、30以上もの部、局、同好会があり、それぞれが、日々生き生きと活動しています。このような環境によって、生徒一人ひとりの見識が深められます。

二つ目は、関係性という魅力。生徒と生徒は、お互いの持つ、違った感性、才能を磨き合い、共に成長していく。生徒と教師という関係の中では、勉学の事だけではなく、お互いから学びとれるものを、学び合えるものを育んでいく。どちらも、他の高校では見られない、素晴らしいものであることに間違いありません。

三つ目は、両立性という魅力。この高校には、誠実・友愛・創造の3つの校訓があります。そして、僕たちは、勉学、部活動、SIT祭などの生徒会活動、これらを全て怠ることなく、こなしています。そこから生まれる、友情の熱さも、計り知れません。こういった、どんな事にも、とことん励み、打ち込むことができるのが、僕たち私たち、「国際情報生」です。

最後に、この国際情報高校で、あらゆるものに挑戦を重ね、最高の友人、先生、仲間に出会い、かけがえのない思い出、そして自分の成長の詰まった3年間を送りませんか。

学校へ行こう！

【オープンキャンパス】	【学校祭】
Ⅰ　9/15（日） Ⅱ　9/21（土）	7/5（金）・7/6（土）

入試情報

2024年度の入試情報です。2025年度は変更になる場合があります。
掲載の入試データ等は道コン事務局の推定です。

以下は、2024年3月入試の情報です。2025年3月入試については北海道教育委員会の発表を確認して下さい。

一般入試

■学力検査の成績を重視　9：1

■個人調査書等を重視　6：4

■傾斜配点の教科（倍率）
国際文化科　英語（2.0）

■学力検査以外の試験
集団面接

推薦入試

■入学枠
普通科　30%程度
普通科以外の学科　50%程度

■面接（個人）・自己推薦書の提出以外に実施する項目
国際文化科　英語による問答

（　）内は推薦を表しています。

24入試DATA	定員	一般		推薦		合格者平均	
		推定平均点	倍率	出願者数	内定者数	道コンSS	内申点・ランク
普通科	80	346	1.3	58	24	60（61）	294・B（306・A）
国際文化科	80	318	1.4	71	40	57（58）	286・B（298・A）
理数工学科	40	306	2.0	28	20	56（53）	259・C（265・C）
グローバルビジネス科	120	295	1.1	80	60	54（53）	270・C（281・B）

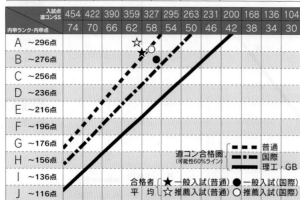

道コン合格圏（可能性60%ライン）
--- 普通
--- 国際
─ 理工・GB

合格者平均　★一般入試（普通）　●一般入試（国際）
☆推薦入試（普通）　○推薦入試（国際）

公立×私立高校併願パターン

私立A日程（割合）		私立B日程（割合）	
札幌光星　マリス	40%	札幌第一　文理北進	31%
北科大高　特別進学	16%	北海　特進・特進クラス	29%
北海学園札幌　特進	8%	北海　進学	19%
その他	36%	その他	21%

ACCESS GUIDE

〒001-0930
札幌市北区新川717－1
TEL 011-765-2021
FAX 011-765-2022
http://www.sit.ed.jp/

◎ 中央バス　新川営業所行
「国際情報高校前」下車

今春の主な進路

看護系専門学校 1%
短大 1%
専門学校 8%
道外私立大学 20%
道内私立大学 18%
進学準備ほか 4%　就職 1%
留学 2%
道内国公立大学 30%
道外国公立大学 15%

※人数は全て現役です。

国公立道内
北海道大………10名
札幌医科大………4名
北海道教育大……25名
小樽商科大………15名
帯広畜産大………1名
はこだて未来大……12名
千歳科学技術大……11名
札幌市立大………10名
室蘭工業大………8名
釧路公立大………2名
名寄市立大………1名
国公立道外
東北大…………2名
神戸大…………1名
一橋大…………1名
筑波大…………1名
横浜市立大………2名
東京外国語大……1名
岩手大…………4名
都留文科大………4名

弘前大…………3名
静岡大…………3名
高崎経済大………3名
信州大…………3名
埼玉大…………2名
神戸市外国語大……2名
琉球大…………2名
北九州市立大……2名
秋田大…………1名
山形大…………1名
香川大…………1名
愛媛大…………1名
電気通信大………1名
東京学芸大………1名
新潟大…………1名
金沢大…………1名
和歌山大………1名
広島大…………1名
私立道外
東京工芸大………1名

指定校推薦（一部）

道内
北海学園大
北星学園大
北海道医療大
北海道科学大
道外
早稲田大
津田塾大
青山学院大
立教大

中央大
法政大
関西学院大
同志社大
東洋大
駒澤大
国際基督教大
東京理科大
明治大
立命館大

左端縦書き：
中・高一貫校
私立高校
高等専修学校・技能連携校
通信制・単位制
高等専門学校
公立高校（石狩）
公立（渡島・檜山・後志）
公立（空知・留萌）
公立（上川・宗谷）
公立（オホーツク）
公立（胆振・日高）
公立（十勝・釧路・根室）

市立札幌新川高等学校

普通科［普］

生徒数950名　男子410名　女子540名

食堂　購買部（売店）　カウンセラー　寮・寄宿舎　海外研修（交流）　携帯電話持込　スキー授業　プール施設
週1回　　　　　　　　　　　　　　　　　　校内電源OFF

本校は、広大な敷地と充実した設備を持ち、校訓の「開拓者たれ」を合言葉に、勉強を中心として部活動も高いレベルで両立させていくという調和のとれた活気あふれる学校です。「フロンティア・エリア制」というカリキュラムを導入し、さらに近隣小中学校と連携した「学びのデザイン」プロジェクトをスタートしました。交流を通じて、課題発見、探究、発信・共有する力を伸ばしていきます。また「エリア講演会」「上級学校セミナー」などの進路選択のための様々な取り組みや、学校祭・球技大会等の生徒一丸となった行事も盛んな学校です。

高校生活を謳歌できることでしょう。

在校生の声

勉強に部活動に学校行事…どれも一生懸命に取り組みながら楽しんでいるのが、私たち新川生です。

新川高校は、フロンティア・エリア制というカリキュラムを導入しており、2年生で文・理系のエリアに、3年生ではさらに4つのエリアに分かれて学習をします。週に1度の「フロンティアタイム」では、進路について探究する時間があり、早いうちから自分の進路にしっかりと向き合うことができます。さらに各教室にプロジェクターが設置されており、先生方の工夫された授業を受けられます。

また9割近くの生徒が部活動に加入しており、全道大会や全国大会で活躍する部も多くあります。先輩・後輩ともに一丸となって、日々さらなる高みを目指し、校訓の「開拓者たれ」という精神のもと、生徒みんなが前向きな学校生活を送っています。

一大行事と言っても過言ではない学校祭では、クラスステージや模擬店の盛り上がりはもちろんのこと、広大なグラウンドの夜空を彩るフィナーレの花火は格別です。

こんな新川高校で、私たちと一緒に最高の思い出を作りませんか？　皆さんのご入学を楽しみにしています。

学校へ行こう！

【学校説明会】
10/26（土）予定

【学校祭】
7/5（金）〜 7/6（土）

入試情報

2024年度の入試情報です。2025年度は変更になる場合があります。
掲載の入試データ等は道コン事務局の推定です。

以下は、2024年3月入試の情報です。2025年3月入試については北海道教育委員会の発表を確認して下さい。

一般入試

■学力検査の成績を重視
8：2

■個人調査書等を重視
6：4

■傾斜配点の教科（倍率）
なし

■学力検査以外の試験
なし

推薦入試

■入学枠
20%程度

■面接（個人）・自己推薦書の提出以外に実施する項目
なし

ACCESS GUIDE

〒001-0925
札幌市北区新川5条14丁目1－1
TEL 011-761-6111
FAX 011-761-7911
http://www.shinkawa-h.sapporo-c.ed.jp/

◎ バス
「新川4-16」下車　徒歩5分
「新川高校前」下車　徒歩1分
「新琴似2-13」下車　徒歩5分
「新川6-16」下車　徒歩8分
「西陵橋」下車　徒歩5分

◎ スクールバス（冬期間運行）
「新川高校前」下車　徒歩1分

今春の主な進路

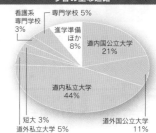

看護系専門学校 3%
専門学校 5%
進学準備ほか 8%
道内国公立大学 21%
道内私立大学 44%
短大 3%
道外私立大学 5%
道外国公立大学 11%

※人数は現浪合計です。

国公立道内
北海道大 ……………5名
札幌医科大 …………2名
北海道教育大 ………27名
小樽商科大 …………18名
帯広畜産大 …………2名
千歳科学技術大 ……7名
室蘭工業大 …………6名
はこだて未来大 ……4名
札幌市立大 …………2名
北見工業大 …………2名
釧路公立大 …………2名
旭川市立大 …………1名

国公立道外
東北大 ………………1名
横浜国立大 …………2名
横浜市立大 …………1名
弘前大 ………………16名
静岡大 ………………2名
秋田県立大 …………2名
大阪公立大 …………1名

宇都宮大 ……………1名
京都工芸繊維大 ……1名
高知大 ………………1名
茨城県立医療大 ……1名

私立道内
北海学園大 …………147名
藤女子大 ……………56名
北星学園大 …………41名
天使大 ………………11名
北海道科学大 ………86名
北海道医療大 ………44名
北海道武蔵女子大 …14名

私立道外
明治大 ………………3名
中央大 ………………3名
法政大 ………………3名
立命館大 ……………3名
同志社大 ……………2名
近畿大 ………………8名
明治学院大 …………5名

指定校推薦（一部）

道内
北海学園大
北星学園大
藤女子大
北海道医療大
北海道科学大
北海道武蔵女子大
北海道武蔵女子短大
東海大（札幌）
北翔大
札幌大
札幌学院大
日本医療大
酪農学園大

東京農業大（オホーツクキャンパス）
北海道文教大
札幌大谷大
札幌大谷大短大

道外
明治大
日本大
東京理科大
法政大
中央大
同志社大
南山大
実践女子大
千葉工大

入試データ

24入試DATA	定員	一般		推薦		合格者平均	
		指定平均点	倍率	出願者数	内定者数	道コンSS	内申点・ランク
普通科	320	310	1.3	115	64	56 (54)	275・C (291・B)

入試点道コンSS	454	422	390	359	327	295	263	231	200	168	136	104
内申ランク・内申点	74	70	66	62	58	54	50	46	42	38	34	30
A 〜296点												
B 〜276点					☆							
C 〜256点				★								
D 〜236点												
E 〜216点												
F 〜196点												
G 〜176点												
H 〜156点												
I 〜136点												
J 〜116点												

道コン合格圏（可能性60%ライン）━━ 普通
合格者平均 ★一般入試（普通）　☆推薦入試（普通）

公立×私立高校併願パターン

私立A日程（割合）		私立B日程（割合）	
北科大高　特別進学	27%	北海　特進・特進クラス	38%
札幌光星　マリス	21%	北海　進学	26%
札幌創成　S選抜	12%	札幌第一　文理北進	16%
その他	40%	その他	20%

札幌北陵高等学校

普通科[普]

生徒数948名　男子441名　女子507名

食堂／購買部（売店）／カウンセラー 月2回／寮・寄宿舎／海外研修（交流）／携帯電話持込 校内電源OFF／スキー授業／プール施設／資料請求 巻末ページの二次元コードからアクセスできます

ACCESS GUIDE

〒002-0857
札幌市北区屯田7条8丁目5−1
TEL 011-772-3051
FAX 011-772-3052
http://www.sapporohokuryou.hokkaido-c.ed.jp/

札幌北陵高校は「自立・敬愛・進取」の校訓のもと、学習はもとより学校行事、部活動等に一生懸命取り組む、活気あふれる学校です。「自分を、ひらけ。」をスローガンにかかげ、大学進学に対応できる確かな学力を身につけながら、人間的な成長を目指します。

学校へ行こう！

【学校公開】
8/24（土）

【学校祭】
7/4（木）〜7/6（土）

詳しくは本校ホームページをご覧ください。

今春の主な進路

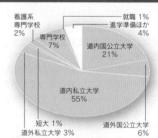

看護系専門学校 2%
専門学校 7%
就職 1%
進学準備ほか 4%
道内国公立大学 21%
道内私立大学 55%
短大 1%
道外私立大学 3%
道外国公立大学 6%

※人数は全て現役です。

国公立道内
北海道大…………2名
札幌医科大………2名
北海道教育大……16名
小樽商科大………12名
帯広畜産大………1名
室蘭工業大………9名
釧路公立大………9名
北見工業大………7名
旭川市立大………5名
千歳科学技術大…5名
札幌市立大………3名
はこだて未来大…3名
名寄市立大………1名
国公立道外
弘前大……………6名
岩手大……………2名
静岡県立大………2名
茨城大……………1名
埼玉大……………1名
和歌山大…………1名
香川大……………1名
青森公立大………1名
宮崎公立大………1名
名桜大……………1名

私立道内
北海学園大………152名
北星学園大………48名
藤女子大…………24名
北海商科大………15名
天使大……………5名
北海道科学大……110名
北海道医療大……26名
日本医療大………17名
札幌大……………14名
酪農学園大………5名
札幌保健医療大…5名
札幌学院大………28名
北翔大……………5名
北海道武蔵女子大…3名
私立道外
法政大……………1名
同志社大…………1名
関西学院大………1名
獨協大……………1名
北里大……………1名
就職先等
当別町役場………1名
他多数

指定校推薦（一部）

道外
法政大
東京電機大
東京家政大
東京農業大
工学院大
関西学院大
同志社大
その他　多数

短大道内
北海道武蔵女子短大
短大道外
実践女子短大
東京立正短大
その他　多数

入試情報

2024年度の入試情報です。2025年度は変更になる場合があります。
掲載の入試データ等は道コン事務局の推定です。

以下は、2024年3月入試の情報です。2025年3月入試については北海道教育委員会の発表を確認して下さい。

一般入試

■学力検査の成績を重視…
8：2

■個人調査書等を重視……
6：4

■傾斜配点の教科（倍率）
なし

■学力検査以外の試験……
過年度卒のみ個人面接

推薦入試

■入学枠
20%程度

■面接（個人）・自己推薦書の提出以外に実施する項目…
なし

（　）内は推薦を表しています。

24入試DATA	定員	一般		推薦		合格者平均	
		推定平均点	倍率	出願者数	内定者数	道コンSS	内申点・ランク
普通科	320	280	1.3	134	64	52（52）	260・C（276・B）

入試点道コンSS 内申ランク・内申点	454 74	422 70	390 66	359 62	327 58	295 54	263 50	231 46	200 42	168 38	136 34	104 30
A ～296点												
B ～276点												
C ～256点						☆						
D ～236点						★						
E ～216点												
F ～196点												
G ～176点												
H ～156点												
I ～136点												
J ～116点												

道コン合格圏（可能性60%ライン）―― 普通
合格者平均 ★一般入試（普通）　☆推薦入試（普通）

公立×私立高校併願パターン

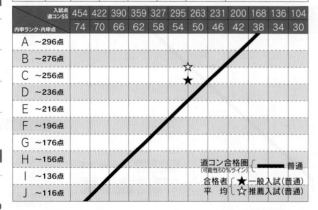

私立A日程（割合）		私立B日程（割合）	
札幌創成　S選抜	23%	北海　進学	60%
札幌創成　A特進	23%	北海　特進・特進クラス	20%
北海学園札幌　特進	15%	札幌龍谷学園　特進	4%
その他	39%	その他	16%

札幌英藍高等学校

普通科[普]

生徒数823名　男子421名　女子402名

食堂　購買部（売店）　カウンセラー　寮・寄宿舎　海外研修（交流）　携帯電話持込　スキー授業　プール施設

月1回程度　　　　　　　　　校舎内一部使用可

「未来の自分をデザインしよう」

　札幌英藍高校は、札幌篠路高校と札幌拓北高校を再編統合し、平成25年4月に開校した普通科単位制高校です。

　本校は、50科目以上の多様な選択科目を設置しており、進路希望や興味・関心に応じて、自分に合った最適な道を選ぶことができます。夢や目標がある生徒も、これから見つけていく生徒も、未来の自分をデザインしながら、学びを深めることができます。

　また、部局活動も盛んで、例年85％以上の生徒が部局に加入し、積極的に取り組んでいます。

　あなたも札幌英藍高校で、充実した高校生活を送りませんか。

在校生の声　高3生・生徒会長

　英藍高校では多くの生徒が、日々、忙しいながらも充実した高校生活を送っています！

　英藍高校は普通科単位制の高校です。そのため選択科目が多く、自分の進路に応じて、より専門的に学びを深めることができます。「染物と織物」や「服飾手芸」など本校独自の科目もあり、就職から進学まで幅広い進路に対応しています。

　部局活動においては、運動系と文化系を合わせて30以上の部局があります。どの部局も活発に活動していて放課後になると賑やかな生徒の声がたくさん聞こえてきます。校訓の「右文左武」を実践し、全国大会に出場している部局もあります！

　その他、生徒会活動においても、本気になれる学校祭（通称「藍高祭」）や体育大会、冬季レク、クリスマスイルミネーションなど英藍高校でしかできない取り組みに加え、ボランティア活動にも力を入れています。

　そして、新型コロナウイルスの制限が緩和されたことをきっかけに、今年度から新しい取り組みにも力を入れています。校舎内中庭（光庭）の、昼食時などの「飲食スペース」としての運用や、常設の「自習室」の設置など、学校をより良くしていくために生徒が中心となって、学校全体で取り組んでいます。

　そんな魅力たっぷりの英藍高校で、あなたも素敵な高校生活を送ってみませんかー！

学校へ行こう！

【学校見学会】	【学校祭】（一般公開）
9/21（土）	7/6（土）

入試情報

2024年度の入試情報です。2025年度は変更になる場合があります。掲載の入試データ等は道コン事務局の推定です。

以下は、2024年3月入試の情報です。2025年3月入試については北海道教育委員会の発表を確認して下さい。

一般入試

■学力検査の成績を重視……
8：2

■個人調査書等を重視……
6：4
内申点以外で参考にするポイント
特別活動の記録　総合所見等

■傾斜配点の教科（倍率）……
なし

■学力検査以外の試験……
集団面接

推薦入試

■入学枠……
20％程度

■面接（個人）・自己推薦書の提出以外に実施する項目……
なし

（　）内は推薦を表しています。

24入試DATA	定員	一般		推薦		合格者平均	
		推定平均点	倍率	出願者数	内定者数	道コンSS	内申点・ランク
普通科	280	207	1.1	59	54	43（41）	215・F（216・E）

入試点道コンSS	454	422	390	359	327	295	263	231	200	168	136	104
内申ランク・内申点	74	70	66	62	58	54	50	46	42	38	34	30
A ～296点												
B ～276点												
C ～256点												
D ～236点												
E ～216点												
F ～196点								★☆				
G ～176点												
H ～156点												
I ～136点												
J ～116点												

道コン合格圏（可能性60％ライン）——普通
合格者　★一般入試（普通）
平均　☆推薦入試（普通）

公立×私立高校併願パターン

私立A日程（割合）		私立B日程（割合）	
札幌創成　特進	34%	札幌龍谷学園　未来創造	37%
札幌創成　A特進	32%	札幌龍谷学園　プログレス進学	33%
北海学園札幌　総進	9%	北星学園大附属　進学	16%
その他	25%	その他	14%

中・高一貫校
私立高校
高等専修学校・技能連携校
通信制・単位制
高等専門学校
公立高校（石狩）
公立（渡島・檜山・後志）
公立（空知・留萌）
公立（上川・宗谷）
公立（オホーツク）
公立（胆振・日高）
公立（十勝・釧路・根室）

ACCESS GUIDE

〒002-8053
札幌市北区篠路町篠路 372－67
TEL 011-771-2004
FAX 011-771-2013
http://www.eiai.hokkaido-c.ed.jp/
◎中央バス
「英藍高校」下車　徒歩1分
◎JR
「拓北駅」下車　徒歩15分

今春の主な進路

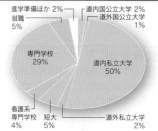

進学準備ほか 2%　道外国公立大学 1%
就職 5%　道内国公立大学 2%
専門学校 29%
道内私立大学 50%
看護系専門学校 4%　短大 5%　道外私立大学 2%

※人数は全て現役です。

国公立道内
小樽商科大………1名
北海道教育大……1名
室蘭工業大………3名
国公立道外
弘前大……………1名
青森公立大………1名
私立道内
北海学園大………36名
北星学園大………17名
北海商科大………6名
藤女子大…………4名
北海道科学大……12名
北海道医療大……8名
日本医療大………6名
北海道文教大……5名
札幌大……………4名
札幌保健医療大…4名
札幌国際大………3名

札幌大谷大………2名
札幌学院大………10名
北翔大……………5名
星槎道都大………1名
北海道情報大……1名
北海道武蔵女子大…4名
私立道外
専修大……………1名
大正大……………1名
東海大……………1名
日本体育大………1名
短大道内
北海道武蔵女子短大…9名
専門学校
北海道医薬専門…3名
岩見沢市立高等看護…2名
札幌看護医療専門…2名
勤医協札幌看護専門…2名

指定校推薦（一部）

道内
札幌学院大 ……13名
札幌大 …………18名
札幌保健医療大 …1名
北翔大 …………10名
北星学園大 ……10名
北海学園大 ……13名
北海商科大 ……2名
北海道医療大 ……7名

北海道科学大 ……5名
北海道情報大 ……8名
東海大 …………4名
日本医療大 ……16名
北海道文教大 ……13名
藤女子大 ………2名
北海道武蔵女子大 …1名
北海道武蔵女子短大 …11名

石狩南高等学校

普通科[普]

食堂	購買部（売店）	カウンセラー	寮・寄宿舎	海外研修（交流）	携帯電話持込	スキー授業	プール施設
	パン類・お弁当・ジュース（ジュース自販機有）	非常勤（予約制）		（希望者）カナダ・中国※石狩市在住の者	校内電源OFF校内利用不可持込のみOK		

校訓　博学篤志

～学校教育目標～
1　知性を磨き、未来を創造する力を培う
2　徳性を高め、思いやりのある豊かな心を育む
3　心身を鍛え、果敢に行動する人を育てる
4　自らと向き合い、在り方生き方を考える力を育む

本校は昭和58年に開校した、今年度で創立41年を迎える全日制課程普通科1学年280人の高校です。校訓「博学篤志」（はくがくとくし）（学問をするには、広く何事も学ぶよう心がけ、学んで得た道は、大事に心を納め、これを実行に移すようにしなければならない。）の下、生徒の皆さんの夢や希望を実現するとともに、魅力と活力に溢れ、地域から信頼される学校づくりに取り組んでいます。また、部活動や生徒会活動も盛んで充実した学校生活を送っています。

バスなど公共の交通機関とのアクセスもよく、札幌市内からの通学にも便利です。

石南高祭の風景

ACCESS GUIDE

〒061-3208
石狩市花川南8条5丁目1
TEL 0133-73-4181
FAX 0133-73-4184
http://www.ishikariminami.hokkaido-c.ed.jp/

今春の主な進路

資料等なし

※人数は現浪合計です。

国公立道内		私立道外	
札幌医科大	1名	駒澤大	2名
北海道教育大	7名	立教大	1名
小樽商科大	5名	中央大	1名
室蘭工業大	3名	法政大	1名
千歳科学技術大	1名		

指定校推薦

非公表

在校生の声

本校では「授業第一主義」を宣言しており、生徒は進学に向けて真剣に授業に取り組んでいます。先生方も進路に対して熱心に指導してくださり、進路室も充実しています。進学を希望する生徒が多いため、学年全体の雰囲気づくりを大切にしていて、勉強に集中しやすい環境だと思います。

部活動や生徒会活動にも、全力で取り組む生徒が多く、授業と両立をすることに心がけています。

本校の一大イベント「石南高祭」では、全校生徒が協力し合って、よりよい学校祭を創り上げています。石狩南高校の授業、部活動、生徒会活動など少しでも気になったことがあれば、学校説明会に足を運んでみてください。

入試情報

2024年度の入試情報です。2025年度は変更になる場合があります。
掲載の入試データ等は道コン事務局の推定です。

以下は、2024年3月入試の情報です。2025年3月入試については北海道教育委員会の発表を確認して下さい。

一般入試

■学力検査の成績を重視
9：1

■個人調査書等を重視
6：4

■傾斜配点の教科（倍率）
なし

■学力検査以外の試験
過年度卒のみ個人面接

推薦入試

■入学枠
なし

24入試DATA	定員	一般		推薦		合格者平均	
		推定平均点	倍率	出願者数	内定者数	道コンSS	内申点・ランク
普通科	280	245	1.3			48	240・D

入試点道コンSS	454	422	390	359	327	295	263	231	200	168	136	104
内申ランク・内申点	74	70	66	62	58	54	50	46	42	38	34	30
A ～296点												
B ～276点												
C ～256点												
D ～236点					★							
E ～216点												
F ～196点												
G ～176点												
H ～156点												
I ～136点												
J ～116点												

道コン合格圏（可能性60%ライン）──普通
合格者平均 ★ 一般入試（普通）

公立×私立高校併願パターン

私立A日程（割合）		私立B日程（割合）	
札幌創成　A特進	41%	札幌龍谷学園　プログレス進学	40%
北科大高　進学	20%	北海　進学	38%
北海学園札幌　総進	11%	札幌龍谷学園　特進	7%
その他	28%	その他	15%

石狩翔陽高等学校

総合学科[総]

生徒数896名　男子431名　女子465名

食堂　購買部(売店)　カウンセラー　寮・寄宿舎　海外研修(交流)　携帯電話持込　スキー授業　プール施設　資料請求

月2〜3回　《希望者》1名　休み時間　巻末ページの
カナダ(キャンベリバー市)　放課後　二次元コードから
アクセスできます

令和6年度から新制服を導入。新しく生まれ変わる翔陽で、一緒に未来にはばたこう！

本校は、石狩管内で最初に誕生した総合学科の高校です。

「はばたけ自分・はばたけ未来」をキャッチフレーズに、160以上の多彩な選択科目の中から、自分だけの時間割を創ります。

選択科目の中には、4つの系列（①人文・自然、②ビジネス・情報、③芸術・スポーツ、④生活・福祉）に応じて、「中国語」、「音楽リズム」、「保育実践」、「エアロビクス」、「手話言語」、「工芸」、「CG（コンピューターグラフィック）」など各分野の専門的な科目が用意されており、生徒一人ひとりが自分の興味・関心に応じた深い学びを実現することができます。合わせて、北海道介護職員初任者研修の指定校となっており、授業を通して資格を取得することができます。

また、「地域研究」活動や「課題研究」学習を通して、持続可能な未来の社会づくりについて、総合学科の専門性を生かしながら協働的な学びを深めていきます。

在校生の声　高3生・生徒会長

この石狩翔陽高校に入学して、あっという間に時間が過ぎました。苦手な勉強、部活動、学校生活に進路、最初は様々なことに不安を抱いていました。特に生徒会という学校を引っ張っていく組織に入り、「自分はここでやっていけるのだろうか」と思う時も少なくありませんでした。しかし、新しくできた友人や、同じ中学校から進学した友人、先生方のサポートにより、そんな不安も徐々に薄れていき、楽しく、そして充実した学校生活を送ることが出来るようになりました。

皆さんは高校生活に期待だけでなく、たくさんの不安を抱いていることと思います。しかし、安心してください。石狩翔陽高校に入学したら、新たな仲間や先生方がいつでも力になってくれます。また、特色である科目選択の豊富さを活用し、自分の興味のある科目を選んで進路実現につなげることができます。まだ進路目標が定まっていない人でも、入学当初には考えもしなかったような進路に出会えるはずです。先生方も相談すればいつでも面談、面接をしてくださるので、進路対策にも困りません。

皆さんの努力次第でどのような夢でも実現できる。石狩翔陽高校はそんな学校です。

学校へ行こう！

【学校説明会】
9/14(土) 第1回 ・ **10/19(土)** 第2回

入試情報

2024年度の入試情報です。2025年度は変更になる場合があります。
掲載の入試データ等は道コン事務局の推定です。

以下は、2024年3月入試の情報です。2025年3月入試については北海道教育委員会の発表を確認して下さい。

一般入試

■学力検査の成績を重視
6：4

■個人調査書等を重視
9：1
内申点以外で参考にするポイント
[特別活動の記録] [総合所見等]

■傾斜配点の教科（倍率）
なし

■学力検査以外の試験
[集団面接]

推薦入試

■入学枠
50%程度

■面接（個人）・自己推薦書の提出以外に実施する項目
なし

24入試 DATA	定員	一般		推薦		合格者平均	
		推定平均点	倍率	出願者数	内定者数	道コンSS	内申点・ランク
総合学科	320	157	1.3	117	97	37 (36)	191・G (203・F)

（ ）内は推薦を表しています。

入試点 道コンSS	454	422	390	359	327	295	263	231	200	168	136	104
内申ランク・内申点	74	70	66	62	58	54	50	46	42	38	34	30

A	〜296点	道コン合格圏 ┌──── 総合 （可能性60%ライン）└
B	〜276点	合格者 ★ 一般入試(総合)
C	〜256点	平均 ☆ 推薦入試(総合)
D	〜236点	
E	〜216点	
F	〜196点	
G	〜176点	☆★
H	〜156点	
I	〜136点	
J	〜116点	

公立×私立高校併願パターン

私立A日程（割合）			私立B日程（割合）		
札幌北斗	総合	28%	札幌龍谷学園	未来創造	70%
札幌創成	特進	23%	札幌龍谷学園 プログレス進学		17%
札幌北斗	進学	22%	札幌龍谷学園	特進	5%
その他		27%	その他		8%

ACCESS GUIDE

〒061-3248
石狩市花川東128−31
TEL 0133-74-5771
FAX 0133-74-8741
http://www.ishikarishoyo.hokkaido-c.ed.jp/

◎中央バス
地下鉄麻生駅−石狩翔陽高等学校前（所要時間20分）
花川南9条3丁目−石狩翔陽高等学校前（所要時間20分）

今春の主な進路

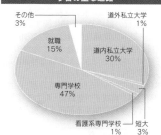

その他 3%
道外私立大学 1%
就職 15%
道内私立大学 30%
専門学校 47%
看護系専門学校 1%
短大 3%

※人数は全て現役です。

私立道内
北海学園大 …… 17名
北海商科大 …… 3名
藤女子大 …… 2名
札幌大 …… 13名
北海道医療大 …… 6名
北海道科学大 …… 6名
札幌国際大 …… 5名
札幌保健医療大 …… 6名
札幌大谷大 …… 3名
日本医療大 …… 2名
北海道情報大 …… 10名
北海道情報大 …… 4名
北海道武蔵女子大 …… 1名

大学校
通業能力開発大学校 …… 1名

短大道内
光塩学園女子短大 …… 5名
北海道武蔵女子短大 …… 4名
札幌大谷大短大 …… 1名

専門学校
北海道芸術デザイン専門 …… 11名
札幌青葉鍼灸柔専門 …… 6名

大原簿記情報専門 …… 6名
北海道リハビリテーション大学校 …… 5名
光塩学園調理製菓専門 …… 5名
札幌情報未来専門 …… 4名
青山建築デザイン医療事務専門 …… 4名
砂川市立病院附属看護専門 …… 1名

就職先等
陸上自衛隊 …… 2名
国家公務員 …… 2名
小樽市消防 …… 1名
北海道警察 …… 1名
トヨタカローラ札幌 …… 2名
マテック …… 2名
札幌シャトレーゼ …… 2名
日本ボデーパーツ工業 …… 1名
カネイシ冷蔵 …… 1名
ケイシイシイ …… 1名
テンコードー …… 1名
トヨタレンタリース新札幌 …… 1名
ミクロ札幌 …… 1名
新日本海フェリー …… 1名
日本郵便 …… 1名

指定校推薦（一部）

道内
札幌大谷大
札幌国際大
札幌大
札幌保健医療大
東京農業大
日本医療大
北翔大
北洋大
北海学園大
北海商科大
北海道医療大
北海道科学大
北海道情報大
北海道文教大
酪農学園大
札幌学院大
星槎道都大
東海大
育英館大
光塩学園女子短大
國學院大道短大
小樽海上技術短大
札幌国際大短大
拓殖大道短大
北翔大短大
北海道武蔵女子短大

中・高一貫校 / 私立高校 / 高等専修学校・技能連携校 / 通信制・単位制 / 高等専門学校 / 公立高校〈石狩〉 / 公立〈渡島・檜山・後志〉 / 公立〈空知・留萌〉 / 公立〈上川・宗谷〉 / 公立〈オホーツク〉 / 公立〈胆振・日高〉 / 公立〈十勝・釧路・根室〉

当別高等学校

中・高一貫校 | 私立高校 | 高等専修学校・技能連携校 | 通信制・単位制 | 高等専門学校 | 公立高校（石狩） | 公立（渡島・檜山・後志） | 公立（空知・留萌） | 公立（上川・宗谷） | 公立（オホーツク） | 公立（胆振・日高） | 公立（十勝・釧路・根室）

| 普通科［普］ | 園芸デザイン科［農］ | 家政科［家］ |

生徒数180名　男子104名　女子76名

食堂 | 購買部（売店） | カウンセラー | 寮・寄宿舎 | 海外研修（交流） | 携帯電話所持 | スキー授業 | プール施設 | 資料請求

校内電源 OFF

巻末ページの二次元コードからアクセスできます

★本校の特色

　本校は6つの「当高力」（尊敬心・創造力・積極性・探究力・協調性・課題解決力）を設定し、バランスよく育成することで、「社会人基礎力」を目指す教育活動を展開しています。石狩管内の高校ではコミュニティ・スクールをいち早く設置し、生徒自身が主体的に取り組んで当別町の豊かな人的・物的資源を活用した「地学協働探究学習」を軸に、普通科・園芸デザイン科・家政科の3科の多様な科目設定等、生徒が主語の特色のある教育活動を推進しています。

（1）スクールポリシー
①育成を目指す資質・能力に関する方針
・多様な人々の立場を理解し、よりよい社会をつくる創造力のある人
・新たな課題に挑戦し、乗り越えるために深い学びを継続できる人
・コミュニケーション能力を身につけ、課題解決できる人間性豊かな人
②教育課程の編成及び実施に関する方針
・基礎・基本の定着を目指し、生徒の個性・可能性等に応じた学習活動を実施する
・生徒の主体的な活動を推進し、地域の人的・物的教育資源を積極的に活用する
・三学科の特色を活かした多様な科目設定等、教育課程の弾力的な編成に努める
③入学の受け入れに関する方針
・本校のスクール・ミッションを理解し、主体的な学習活動を継続できる人
・教育目標、育成すべき資質・能力を理解し、自己実現に挑戦できる人
・希望する学科に関する興味を持ち、多様な人々と協働して学ぶ意欲を持っている人

 学校へ行こう！

【学校説明会（中学生一日体験入学）】
9/6（金）

入試情報

2024年度の入試情報です。2025年度は変更になる場合があります。
掲載の入試データ等は道コン事務局の推定です。

以下は、2024年3月入試の情報です。2025年3月入試については北海道教育委員会の発表を確認して下さい。

一般入試

■学力検査の成績を重視
9：1

■個人調査書等を重視
6：4

■傾斜配点の教科（倍率）
なし

■学力検査以外の試験
個人面接

推薦入試

■入学枠
普通科　40％程度
園芸デザイン科　90％程度
家政科　50％程度

■面接（個人）・自己推薦書の提出以外に実施する項目
なし

24入試DATA	定員	一般		推薦		合格者平均	
		推定平均点	倍率	出願者数	内定者数	道コンSS	内申点・ランク
普通科	40	105	1.0	2	2	30	157・H
園芸デザイン科	40		0.3	2	2		
家政科	40		0.6	5	5		

入試点 道コンSS	454 74	422 70	390 66	359 62	327 58	295 54	263 50	231 46	200 42	168 38	136 34	104 30
内申ランク・内申点												
A　～296点					道コン合格圏（可能性60%ライン）	━━ 全科集計						
B　～276点					合格者平均★	一般入試（全科集計）						
C　～256点												
D　～236点												
E　～216点												
F　～196点												
G　～176点												
H　～156点											★	
I　～136点												
J　～116点												

公立×私立高校併願パターン

私立A日程（割合）		私立B日程（割合）	
札幌北斗　総合	28%		
札幌山の手　未来デザイン	28%		
札幌北斗　進学	28%		
その他	16%		

ACCESS GUIDE

〒061-0296
当別町春日町84－4
TEL 0133-23-2444
FAX 0133-23-2380
http://www.toubetsu.hokkaido-c.ed.jp/

今春の主な進路

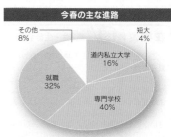

その他 8%
短大 4%
道内私立大学 16%
就職 32%
専門学校 40%

※人数は全て現役です。

指定校推薦

私立道内
藤女子大 …………… 1名
札幌大 ……………… 2名
札幌国際大 ………… 1名
北翔大 ……………… 2名

北海道情報大 ……… 1名
札幌学院大 ………… 1名
短大道内
光塩学園女子短大 ・2名

生徒の声

当別高校の良いところ

　私が入学してちょうど1年が経ちました。そこで感じた当別高校の良いところを紹介したいと思います。

　まず一つ目、生徒がフレンドリーなところです。私は生徒会長を努めていますが、生徒会が学校説明や行事の説明を行ったときも生徒は明るく楽しい雰囲気にしてくれます。いろいろな行事を盛り上げてくれます。入学生に対しても昼休みにも色々な先輩から部局の勧誘があり、明るく説明してくれて、会話が弾みます。

　そして二つ目は総合探究の授業に力を入れているところです。生徒が自らやりたいことを考え、地元の企業の皆さんに協力してもらいながら進めています。先生からもアドバイスを頂きますが、出来るだけ自分で行動し色々な大人と関わって進めます。この授業は自分の苦手なところを克服して自分のやりたいことを実現させ、成長できる時間となります。私たちは毎日、一歩一歩進んでいます。

196

札幌西高等学校

普通科[普]

生徒数949名　男子498名　女子451名

食堂｜購買部（売店）｜カウンセラー｜寮・寄宿舎｜海外研修（交流）｜携帯電話持込｜スキー授業｜プール施設

定時制　　　　　　　　　　　　　　　　　　　許可制

ACCESS GUIDE

〒064-8624
札幌市中央区宮の森4条8丁目1
TEL 011-611-4401
FAX 011-611-4403
http://www.sapporonishi.hokkaido-c.ed.jp/

◎ 地下鉄東西線
　「西28丁目駅」下車　徒歩15分
◎ JRバス（西21・循環西21）
　「西高校前」下車　徒歩2分

本校は、1013年に札幌第一中学校（男子校）として開校。その後、北海道札幌西高等学校と改称して今日に至る、112年の歴史を誇る伝統校です。平成24年度より、「スーパーサイエンスハイスクール（SSH）」の指定を受け（平成28年度終了）、理数教育の充実を図るほか、グローバル化に対応できる国際的な視野と語学力を持ち、世界を舞台に活躍する人材の育成など次のような人材育成を柱に取り組んでいます

《西高プログレス》　ポストSSH事業を生かした課題研究（北大と連携）、サイエンスキャンプやセミナー（京大・阪大等の訪問）の実施などを通じて科学技術系の人材の育成をめざします。

《西高グローバル・エデュケーション》　様々な国際交流事業や海外研修、外国人研究者による英語の講演等を活用して英語によるコミュニケーション能力の育成を図っています。**ホームステイや学校訪問など短期の海外研修を行っており、令和5年は約30名の生徒を派遣しました。**

《芸術》　本校は著名な多くの芸術家を輩出しており、オーケストラ、美術・書道、邦楽、文芸などに代表される芸術系部活動が活発です。教育課程の芸術系選択科目も充実しており、少人数指導による芸術系人材の育成にも力を入れています。

学校へ行こう！
【学校説明会】
8/6（火）　詳細は学校ウェブページをご覧ください

今春の主な進路

- 専門学校 1%
- 進学準備ほか 28%
- 道内国公立大学 33%
- 道外国公立大学 19%
- 道内私立大学 6%
- 道外私立大学 13%

※人数は現浪合計です。

国公立道内

北海道大	70名
札幌医科大	7名
旭川医科大	3名
小樽商科大	28名
北海道教育大	9名
帯広畜産大	5名
室蘭工業大	4名
千歳科学技術大	4名
札幌市立大	3名
はこだて未来大	1名

国公立道外

京都大	6名
東京大	2名
大阪大	8名
東北大	7名
九州大	3名
一橋大	2名
横浜国立大	2名
東京外国語大	1名
静岡大	7名
埼玉大	3名

金沢大	3名

私立道内

北海学園大	61名
天使大	12名
北星学園大	7名
藤女子大	4名
北海道医療大	41名
北海道科学大	24名
酪農学園大	7名

私立道外

早稲田大	9名
慶應義塾大	6名
上智大	6名
法政大	31名
中央大	24名
立教大	15名
東京理科大	13名
明治大	12名
同志社大	12名
関西学院大	10名
青山学院大	7名
立命館大	5名

指定校推薦

非公表

入試情報

2024年度の入試情報です。2025年度は変更になる場合があります。
掲載の入試データ等は道コン事務局の推定です。

以下は、2024年3月入試の情報です。2025年3月入試については北海道教育委員会の発表を確認して下さい。

24入試DATA	定員	一般		推薦		合格者平均	
		推定平均点	倍率	出願者数	内定者数	道コンSS	内申点・ランク
普通科	320	376	1.5			64	299・A

一般入試

■学力検査の成績を重視
10：0

■個人調査書等を重視
6：4
内申点以外で参考にするポイント
[特別活動の記録] [総合所見等]

■傾斜配点の教科（倍率）
なし

■学力検査以外の試験
なし

推薦入試

■入学枠
なし

入試点道コンSS	454	422	390	359	327	295	263	231	200	168	136	104
内申ランク・内申点	74	70	66	62	58	54	50	46	42	38	34	30
A ～296点				★								
B ～276点												
C ～256点												
D ～236点												
E ～216点												
F ～196点												
G ～176点												
H ～156点												
I ～136点												
J ～116点												

道コン合格圏（可能性60％ライン）──── 普通
合格者平均 ★一般入試（普通）

公立×私立高校併願パターン

私立A日程（割合）			私立B日程（割合）		
札幌光星	マリス	54%	札幌第一	文理選抜	46%
札幌光星	ステラ	28%	札幌第一	文理北進	35%
北科大高	特別進学	7%	北海	特進・特進クラス	7%
その他		11%	その他		12%

札幌手稲高等学校

普通科[普]

生徒数944名　男子482名　女子462名

食堂　購買部(売店)　カウンセラー　寮・寄宿舎　海外研修(交流)　携帯電話持込　スキー授業　プール施設　資料請求

巻末ページの二次元コードからアクセスできます

校訓：「継続は力なり」
学校目標：「愛と力と夢よ　あふれよ」

　人生の大事な分岐点にあたる高校時代を、「無為に送ることなく、ひたむきに自己を伸ばして欲しい！」それが私たちの願いです。常に生徒の無限の可能性を引き出すための教育実践を、真剣に、そして情熱をもって考えています。本校は、平成17年度の単位制移行以来、多くの選択科目を設定して教育内容を充実させてきました。また、部活動も盛んで、32の部・局・同好会に8割以上の生徒が加入しています。◇「自ら学ぶ意欲を高め、確かな学力を育む」、◇「豊かな心と健康な体を持つ生徒を育む」、◇「グローバル社会におけるリーダーを育む」、◇「北海道で一番生徒が伸びる学校」で、「かなえたい夢」「なりたい自分」をぜひとも実現してください。

在校生の声　高3生・生徒会長

　手稲高校は校訓である「継続は力なり」の信条のもと、勉強、部活動、生徒会活動など、様々な取り組みを両立している学校です。
　勉強面においては、大学進学という大きな目標に向けて、授業だけでなく講習も定期的に行うことで日々の定着を図ります。進路実現のために努力する生徒がとても多く、先生方も手厚くサポートしてくださるので、勉強する雰囲気や環境はかなり整っていると思います。
　また部局同好会は種類が豊富で、全校生徒の加入率も高いです。全国・全道大会に出場する部活動も多数あり、放課後の校内は活発に活動している様子が毎日多く見受けられます。
　学校祭や球技大会などの学校行事も盛んです。準備の段階から自主的に取り組む生徒がほとんどで、当日は大いに盛り上がるため、仲間と協力しながら和気あいあいと楽しむことができます。
　手稲高校は、生徒の自主性を育てる環境が整っている学校だと私は思っています。同じ志を持つ生徒や将来をサポートしてくださる先生方とともに過ごす日々は、絶対に自分の中でかけがえのない財産になるはずです。ぜひ手稲高校に入学して、充実した高校生活を送りませんか？

学校へ行こう！

【学校説明会】	【学校祭】
7/20(土)	7/5(金)・6(土)

入試情報

2024年度の入試情報です。2025年度は変更になる場合があります。
掲載の入試データ等は道コン事務局の推定です。

以下は、2024年3月入試の情報です。2025年3月入試については北海道教育委員会の発表を確認して下さい。

一般入試

■学力検査の成績を重視
8：2

■個人調査書等を重視
6：4
内申点以外で参考にするポイント
特別活動の記録　総合所見等

■傾斜配点の教科（倍率）
なし

■学力検査以外の試験
過年度卒のみ個人面接

推薦入試

■入学枠
20%程度

■面接（個人）・自己推薦書の提出以外に実施する項目
なし

（　）内は推薦を表しています。

24入試DATA	定員	一般		推薦		合格者平均	
		推定平均点	倍率	出願者数	内定者数	道コンSS	内申点・ランク
普通科	320	297	1.2	91	64	54 (53)	267・C (283・B)

入試点 道コンSS	454	422	390	359	327	295	263	231	200	168	136	104
内申ランク・内申点	74	70	66	62	58	54	50	46	42	38	34	30
A ～296点												
B ～276点						☆						
C ～256点					★							
D ～236点												
E ～216点												
F ～196点												
G ～176点												
H ～156点												
I ～136点												
J ～116点												

道コン合格圏（可能性60%ライン）　—— 普通
合格者平均 ★一般入試（普通）　☆推薦入試（普通）

公立×私立高校併願パターン

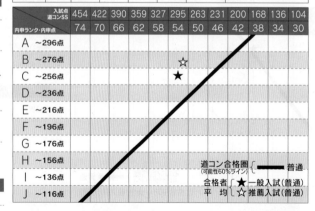

私立A日程（割合）		私立B日程（割合）	
北科大高　特別進学	38%	北海　進学	31%
北科大高　進学	17%	北海　特進・特進クラス	22%
札幌光星　マリス	16%	札幌第一　文理北進	21%
その他	29%	その他	26%

ACCESS GUIDE

〒006-0829
札幌市手稲区手稲前田497-2
TEL 011-683-3311
FAX 011-683-8606
http://www.teine-h.hokkaido-c.ed.jp/

◎地下鉄北24条駅、JR手稲駅北口から　手稲高校行きバス
◎地下鉄宮の沢駅から手稲駅北口経由花畔行　手稲高校下車
◎地下鉄麻生駅から手稲駅北口行　手稲高校下車
◎花畔から手稲駅北口経由地下鉄宮の沢駅行　手稲高校下車
　いずれもバス停より1分

今春の主な進路

道内国公立大学 37%
道外国公立大学 20%
道外私立大学 4%
看護系専門学校 1%
道内私立大学 30%
専門学校 2%
進学準備ほか 5%
就職 1%

※人数は現浪合計です。

国公立道内
北海道大 ……… 14名
札幌医科大 ……4名
北海道教育大 …34名
小樽商科大 ……15名
帯広畜産大 ……2名
室蘭工業大 ……16名
千歳科学技術大 …8名
はこだて未来大 …7名
釧路公立大 ……6名
名寄市立大 ……6名
北見工業大 ……5名
旭川市立大 ……4名
札幌市立大 ……1名

国公立道外
東北大 …………1名
弘前大 ………12名
茨城大 …………6名
山形大 …………4名
岩手大 …………3名
新潟大 …………3名
信州大 …………3名
金沢大 …………2名
静岡大 …………2名
秋田大 …………1名
福島大 …………1名
電気通信大 ……1名
奈良女子大 ……1名

私立道内
北海学園大 ……159名
北星学園大 ……40名
北海道科学大 …258名
北海道医療大 …50名

私立道外
慶應義塾大 ……1名
中央大 …………7名
同志社大 ………4名
関西大 …………3名
青山学院大 ……1名
立教大 …………1名
近畿大 …………6名

指定校推薦

非公表

中・高一貫校 / 私立高校 / 高等専修学校・技能連携校 / 通信制・単位制 / 高等専門学校 / 公立高校(石狩) / 公立(渡島・檜山・後志) / 公立(空知・留萌) / 公立(上川・宗谷) / 公立(オホーツク) / 公立(胆振・日高) / 公立(十勝・釧路・根室)

札幌稲雲高等学校

普通科[普]

生徒数804名　男子451名　女子353名

食堂　購買部（売店）　カウンセラー　寮・寄宿舎　海外研修（交流）　携帯電話持込　スキー授業　プール施設

ACCESS GUIDE

〒006-0026
札幌市手稲区手稲本町6条4丁目1-1
TEL 011-684-0034
FAX 011-684-0040
http://www.s-touun-h.hokkaido-c.ed.jp/

◎ JR
「手稲駅」下車　徒歩20分
◎ JRバス
「手稲本町」下車　徒歩15分

生徒達の進路希望実現を目標に、45分×7時間授業をはじめ国公立大学志望者に対応したカリキュラムの工夫などさまざまな取り組みを重ね、その成果も徐々に現れています。勉強はもとより、学校行事・部活動・地域ボランティア活動など何に対しても、真面目にこつこつと取り組むことができるのが稲雲生です。

今春の主な進路

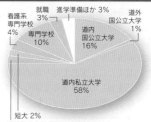

看護系専門学校 4%
就職 3%
進学準備ほか 3%
道外国公立大学 1%
道内国公立大学 16%
専門学校 10%
道内私立大学 58%
短大 2%
道外私立大学 3%

※人数は現浪合計です。

国公立道内
北海道大…………1名
札幌医科大………1名
北海道教育大……10名
小樽商科大………3名
釧路公立大………9名
室蘭工業大………3名
はこだて未来大……3名
旭川市立大………3名
北見工業大………1名
札幌市立大………1名
名寄市立大………1名
千歳科学技術大……1名
国公立道外
上越教育大………1名
金沢大……………1名
名桜大……………1名

北星学園大………30名
藤女子大…………14名
北海道科学大……75名
北海道医療大……14名
私立道外
早稲田大…………1名
中央大……………1名
日本大……………1名
近畿大……………3名
東北学院大………2名
桜美林大…………1名
創価大……………1名
帝京大……………1名
東海大……………1名
京都産業大………1名
関西外国語大……1名
明治学院大………1名
私立道内
北海学園大………72名
他多数

指定校推薦（一部）

道内
北海学園大
北星学園大
北海道医療大
北海道科学大
日本医科大
札幌保健医療大

道外
早稲田大
中央大
工学院大
千葉工業大
他多数

学校へ行こう！

【オープンスクールⅠ】
9/14（土）

【オープンスクールⅡ】
10/26（土）

入試情報

2024年度の入試情報です。2025年度は変更になる場合があります。
掲載の入試データ等は道コン事務局の推定です。

以下は、2024年3月入試の情報です。2025年3月入試については北海道教育委員会の発表を確認して下さい。

24入試DATA	定員	一般		推薦		合格者平均	
		推定平均点	倍率	出願者数	内定者数	道コンSS	内申点・ランク
普通科	280	220	1.0			45	225・E

一般入試

■学力検査の成績を重視
9：1

■個人調査書等を重視
6：4
内申点以外で参考にするポイント
特別活動の記録　総合所見等

■傾斜配点の教科（倍率）
なし

■学力検査以外の試験
集団面接

推薦入試

■入学枠
なし

入試点 道コンSS	454	422	390	359	327	295	263	231	200	168	136	104
内申ランク・内申点	74	70	66	62	58	54	50	46	42	38	34	30
A ～296点	道コン合格圏（可能性60%ライン）━━普通											
B ～276点	合格者平均 ★一般入試（普通）											
C ～256点												
D ～236点												
E ～216点								★				
F ～196点												
G ～176点												
H ～156点												
I ～136点												
J ～116点												

公立×私立高校併願パターン

私立A日程（割合）		私立B日程（割合）	
北科大高　進学	36%	札幌龍谷学園　プログレス進学	59%
北海学園札幌　総進	22%	北星学園大附属　進学	13%
札幌創成　A特進	16%	北海　進学	10%
その他	26%	その他	18%

中・高一貫校
私立高校
高等専修学校・技能連携校
通信制・単位制
高等専門学校
公立高校（石狩）
公立（渡島・檜山・後志）
公立（空知・留萌）
公立（上川・宗谷）
公立（オホーツク）
公立（胆振・日高）
公立（十勝・釧路・根室）

札幌西陵高等学校

札幌西陵高等学校

普通科[普]

生徒数724名　男子381名　女子343名

食堂 / 購買部(売店) / カウンセラー / 寮・寄宿舎 / 海外研修(交流) / 携帯電話持込 / スキー授業 / プール施設

校内電源OFF

豊かな自然の中で学業と部活動に専念できる西区唯一の公立普通科高校です。学習面では、熱意にあふれ、授業力に長けた教師陣が授業を軸に皆さんの進路実現を目指し、学力アップをサポートします。多くの生徒が進学を目指し、英語・数学の少人数授業や進学講習・添削指導などにより個々の生徒に対応した学習指導にも力を入れています。また、部活動もとても盛んで、近年では陸上・書道・美術・囲碁将棋では全国大会へ、バドミントン・バスケットボール・バレーボール・硬式テニス・卓球・柔道・吹奏楽・演劇は全道大会に進出し、活躍しています。文武両道を目指す学校、それが西陵高校です。

在校生の声　高3生・生徒会長

西陵高校は山の近くに位置しているため、教室から見える緑溢れる景色がとても美しい学校です。私達は「One up」をスローガンとして掲げており、西陵生は何事も1つ上の段階を目指して取り組んでいます。昨年度はコロナの影響もありましたが、先生方と試行錯誤を繰り返し西陵祭、西陵大会を実施しました。様々な制限もありましたが、生徒全員の協力のおかげで最高の行事になりました。どんなことにも全力で取り組めるのが西陵生の強みだと思います。また、部局活動も盛んで生徒は良い汗を流しながら青春を創りあげています。私たち西陵生と共に明るい未来へと駆け出しましょう。皆さんの合格を心よりお祈りいたします。

学校へ行こう！

【学校説明会（授業見学・部活動見学）】
8/22(木) 予定

入試情報

2024年度の入試情報です。2025年度は変更になる場合があります。
掲載の入試データ等は道コン事務局の推定です。

以下は、2024年3月入試の情報です。2025年3月入試については北海道教育委員会の発表を確認して下さい。

24入試 DATA	定員	一般 推定平均点	一般 倍率	推薦 出願者数	推薦 内定者数	合格者平均 道コンSS	合格者平均 内申点・ランク
普通科	280	160	0.9	7	3	37	186・G

一般入試

■学力検査の成績を重視
8：2

■個人調査書等を重視
6：4
内申点以外で参考にするポイント
[特別活動の記録] [総合所見等]

■傾斜配点の教科（倍率）
なし

■学力検査以外の試験
[過年度卒のみ個人面接]

推薦入試

■入学枠
20%程度

■面接（個人）・自己推薦書の提出以外に実施する項目
なし

入試点 道コンSS	454	422	390	359	327	295	263	231	200	168	136	104
内申ランク・内申点	74	70	66	62	58	54	50	46	42	38	34	30
A ～296点												
B ～276点												
C ～256点												
D ～236点												
E ～216点												
F ～196点												
G ～176点										★		
H ～156点												
I ～136点												
J ～116点												

道コン合格圏（可能性60%ライン）── 普通
合格者平均 ★一般入試（普通）

公立×私立高校併願パターン

私立A日程（割合）		私立B日程（割合）	
札幌山の手　未来デザイン	31%	札幌龍谷学園　未来創造	65%
札幌山の手　プログレス	14%	札幌龍谷学園　プログレス進学	21%
北海学園札幌　総進	12%	北海　進学	5%
その他	43%	その他	9%

ACCESS GUIDE

〒063-0023
札幌市西区平和3条4丁目2－1
TEL 011-663-7121
FAX 011-663-7122
http://www.sapporoseiryou.hokkaido-c.ed.jp/

◎地下鉄東西線
「発寒南駅」よりバス及び徒歩20分
「宮の沢駅」よりバス及び徒歩25分
◎JR
「琴似駅」よりバス及び徒歩30分

今春の主な進路

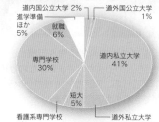

道内私立大学 41%
道内国公立大学 2%
道外国公立大学 1%
進学準備ほか 5%
就職 6%
専門学校 30%
短大 5%
看護系専門学校 4%
道外私立大学 6%

※人数は全て現役です。

国公立道内
千歳科学技術大‥‥‥3名
名寄市立大‥‥‥‥3名
札幌市立大‥‥‥‥1名
国公立道外
弘前大‥‥‥‥‥‥1名
私立道内
北海学園大‥‥‥‥20名
北星学園大‥‥‥‥17名
藤女子大‥‥‥‥‥6名
北海商科大‥‥‥‥3名
北海道科学大‥‥‥24名
日本医療大‥‥‥‥7名
酪農学園大‥‥‥‥7名
札幌大谷大‥‥‥‥6名
札幌大‥‥‥‥‥‥6名
札幌国際大‥‥‥‥3名
東海大（札幌）‥‥‥3名
札幌保健医療大‥‥2名
北海道文教大‥‥‥2名
北翔大‥‥‥‥‥‥3名
北海道情報大‥‥‥2名
星槎道都大‥‥‥‥1名
北海道武蔵女子大‥1名

私立道外
東洋大‥‥‥‥‥‥1名
獨協大‥‥‥‥‥‥3名
國學院大‥‥‥‥‥1名
帝京大‥‥‥‥‥‥1名
東京経済大‥‥‥‥1名
日本体育大‥‥‥‥1名
短大道内
北海道武蔵女子短大‥6名
光塩学園女子短大‥5名
札幌大谷大短大‥‥1名
札幌国際大短大‥‥1名
専門学校
北海道看護専門‥‥3名
札幌看護医療専門‥2名
道医療センター附属札幌看‥2名
北海道医薬専門‥‥2名
小樽市立高等看護‥1名
中村記念病院付属看‥1名
就職先等
野口観光‥‥‥‥‥1名
北海道マツダ販売‥1名
日本郵便北海道支社‥1名

指定校推薦（一部）

道内
北海学園大
北星学園大
北海商科大
札幌大学
札幌学院大
北翔大
北海道医療大
酪農学園大
星槎道都大
札幌国際大
北海道科学大
札幌大谷大

北洋大
東海大
札幌保健医療大
北海道文教大
道外
拓殖大
東京電機大
実践女子大
東北学院大
工学院大
関東学院大
城西大
上智大短大

札幌あすかぜ高等学校

普通科[普]

生徒数287名　男子144名　女子143名

食堂　購買部(売店)　カウンセラー　寮・寄宿舎　海外研修(交流)　携帯電話持込　スキー授業　プール施設
校内電源OFF　1～2月に各クラス3回

明日の風がきっと見つかる。

ACCESS GUIDE

〒006-0860
札幌市手稲区手稲山口254
TEL 011-694-5033
FAX 011-694-5074
http://www.asukaze.hokkaido-c.ed.jp/

◎ JR手稲駅北口より
　スクールバスで10分
　定期便バスで10分
　(あすかぜ高校前)

　札幌あすかぜ高校となり14年目になりました。普通科フィールド制から令和7年度入学生からは、より進化した形での普通科学年制に移行します。長年培った普通科フィールド制の財産を生かしながら、生徒一人ひとりが積極的に学習、進路、部活動、生徒会活動等に取り組む学校です。本校の生徒は、授業規律や生活規律を大切にし、落ち着いた学校生活を送っています。

　学習面では少人数指導や習熟度別学習など、基礎基本を重視した授業を行っています。また、インターンシップ、高大連携教育、大学・専門学校への見学会などキャリア教育とガイダンス機能の充実により、進路決定率は95%の実績があります。

　札幌あすかぜ高校は入学からの3年間で、着実に力を伸ばせる高校です。

　自分の未来（あす）を見つけてみませんか。

今春の主な進路

- 進学準備ほか 4%
- 看護系専門学校 1%
- 短大 2%
- 道内私立大学 15%
- 就職 35%
- 専門学校 43%

※人数は全て現浪合計です。

私立道内
- 北星学園大………2名
- 札幌大…………6名
- 日本医療大………2名
- 北海道科学大………2名
- 札幌大谷大………1名
- 北海道文教大………1名
- 星槎道都大………2名
- 札幌学院大………1名

私立道外
- 日本体育大………1名

大学校
- 道職業能力開発大学校………2名

短大道内
- 光塩学園女子短大………1名
- 北海道武蔵女子短大………1名

専門学校
- 札幌こども専門………5名
- 札幌ビューティーアート専門………5名
- 札幌スポーツ&メディカル専門………4名
- 北海道情報専門………4名
- 札幌歯科学院歯科衛生士専門………3名
- 札幌医療秘書福祉専門………3名
- 札幌看護医療専門………3名
- 北海道どうぶつ・医療専門………3名
- 大原法律公務員専門………2名
- 経専調理製菓専門………2名
- 札幌どうぶつ専門………2名
- 札幌ファッションデザイン専門DOREME………2名
- 札幌ベルエポック美容専門………2名
- 勤医協札幌看護専門………1名
- 札幌青葉鍼灸柔整専門………1名
- 札幌医薬専門………1名
- 札幌医療リハビリ専門………1名
- 札幌デザイン&テクノロジー専門………1名
- 日本航空大学校………1名
- 北海道医薬専門………1名
- 北海道歯科衛生士専門………1名
- 北海道美容専門………1名

就職先等
- 北海道旅客鉄道
- 自衛隊
- イオン北海道
- 石屋製菓
- 札幌トヨタ自動車
- 北海道キリンビバレッジサービス

指定校推薦（一部）

道内
- 札幌大
- 札幌学院大
- 札幌保健医療大
- 東海大
- 北翔大
- 北星学園大
- 北海学園大
- 北海商科大
- 北海道医療大
- 北海道科学大
- 北海道情報大
- 北海道文教大
- 酪農学園大
- 日本医療大
- 光塩学園女子短大
- 北海道武蔵女子短大

学校へ行こう！

【学校祭】
7/4(木)・7/5(金)

【学校説明会】
9月上旬

入試情報

2024年度の入試情報です。2025年度は変更になる場合があります。
掲載の入試データ等は道コン事務局の推定です。

以下は、2024年3月入試の情報です。2025年3月入試については北海道教育委員会の発表を確認して下さい。

24入試 DATA	定員	一般		推薦		合格者平均	
		推定平均点	倍率	出願者数	内定者数	道コンSS	内申点・ランク
普通科	120	125	0.7			33	159・H

一般入試

■学力検査の成績を重視
6:4

■個人調査書等を重視
9:1
内申点以外で参考にするポイント
[特別活動の記録] [総合所見等]

■傾斜配点の教科（倍率）
なし

■学力検査以外の試験
[集団面接]

推薦入試

■入学枠
なし

入試点 道コンSS	454	422	390	359	327	295	263	231	200	168	136	104
内申ランク・内申点	74	70	66	62	58	54	50	46	42	38	34	30
A ~296点												
B ~276点												
C ~256点												
D ~236点												
E ~216点												
F ~196点												
G ~176点												
H ~156点											★	
I ~136点												
J ~116点												

道コン合格圏（可能性60%ライン）━━ 普通
合格者平均 ★ 一般入試（普通）

公立×私立高校併願パターン

私立A日程（割合）		私立B日程（割合）	
北照　普通	30%	札幌龍谷学園　未来創造	100%
札幌北斗　総合	20%		
札幌北斗　進学	20%		
その他	30%		

中・高一貫校
私立高校
高等専修学校・技能連携校
通信制・単位制
高等専門学校
公立高校(石狩)
公立(渡島・檜山・後志)
公立(空知・留萌)
公立(上川・宗谷)
公立(オホーツク)
公立(胆振・日高)
公立(十勝・釧路・根室)

大麻高等学校

普通科［普］

生徒数817名　男子475名　女子342名

北海道 大麻高等学校

ACCESS GUIDE

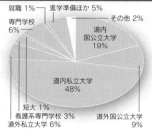

〒069-0847
江別市大麻ひかり町2
TEL 011-387-1661
FAX 011-387-1662
http://www.ooasa-h.hokkaido-c.ed.jp/

◎ JR
「森林公園駅」下車　徒歩15分

　大麻高校は、令和6年に創立41周年を迎えます。昭和59年（1984年）に、『有名大学に入れるような進学校を』という地域住民の強い願いのもとに開校され、その大きな期待に応えるべく、教職員、生徒が一丸となって日々頑張っている学校です。「文武不岐」の精神に基づき「進学」と「部活動」を両立し、社会の中で活躍できる人材の育成を目指して質の高い教育活動を展開しています。平成24年度から、進学重視型単位制高校となり、多様な選択科目の設置、少人数授業や習熟度別授業の実施など、よりさめ細かな手厚い指導を行っています。

在校生の声　高3生・生徒会長

　大麻高校は進学重視型の単位制で自分の進路に応じて科目選択を行います。年次を問わず長期休みや模試前の休日には講習があり、3年次では朝や放課後の講習も受けることができます。また総合的な探究の時間を通して、自分の目指したい姿について考え、深めることができ、進路実現に向け手厚いサポートを受けることができます。

　また、部活動には多くの生徒が加入しており、毎年運動部、文化系部ともに全道・全国大会にも多く出場しています。勉強と部活動の両立は大変ですが、時間をうまく使い、どちらも手を抜かずに努力している人が多いです。

　そして大麻高校の大きなイベントの1つである、麻校祭は7月に2日間日程で開催され、一般公開も行われます。模擬店やクラス展示、ステージ発表を行う「クラ♪コレ」などさまざまな部門があり、中夜祭には大きな花火が打ち上がります。また、夏休み明けには体育大会が2日間行われ、麻校祭と体育大会を通してクラスの絆が深まり、忘れられない思い出になること間違いなしです！！

　スマホの利用や校則の改訂なども行われ、よりよい学校になるよう、生徒主体で動いています。最後に、大学進学もしたい！！部活動も頑張りたい！！青春もしたい！！そう思っている皆さん、ぜひ大麻高校へ！！待ってます！！

学校へ行こう！

【学校説明会】
7/27（土）（予定）

入試情報

2024年度の入試情報です。2025年度は変更になる場合があります。
掲載の入試データ等は道コン事務局の推定です。

今春の主な進路

就職 1%　進学準備ほか 5%　その他 2%
専門学校 6%
道内国公立大学 19%
道内私立大学 48%
短大 1%
看護系専門学校 3%
道外私立大学 6%
道外国公立大学 9%

※人数は現浪合計です。

国公立道内

北海道大	3名
北海道教育大	11名
小樽商科大	5名
釧路公立大	15名
室蘭工業大	11名
北見工業大	5名
千歳科学技術大	4名
札幌市立大	4名
はこだて未来大	3名
名寄市立大	2名

国公立道外

弘前大	7名
名桜大	4名
琉球大	3名
山梨大	2名
岩手大	1名
秋田公立美術大	1名
秋田県立大	1名
宇都宮大	1名
茨城大	1名
富山大	1名

私立道内

北海学園大	119名
北星学園大	32名
藤女子大	14名
天使大	2名
北海道科学大	134名
北海道医療大	18名

私立道外

東洋大	6名
中央大	5名
立命館大	4名
法政大	3名
日本大	2名
明治大	1名
立教大	1名
同志社大	1名
関西大	1名
東海大	7名
獨協大	2名
芝浦工業大	1名
フェリス女学院大	1名

指定校推薦（一部）

非公表

以下は、2024年3月入試の情報です。2025年3月入試については北海道教育委員会の発表を確認して下さい。

（ ）内は推薦を表しています。

24入試DATA	定員	一般		推薦		合格者平均	
		推定平均点	倍率	出願者数	内定者数	道コンSS	内申点・ランク
普通科	280	241	1.0	104	84	47 (47)	238・D (253・D)

一般入試

■学力検査の成績を重視
9：1

■個人調査書等を重視
6：4
内申点以外で参考にするポイント
特別活動の記録　総合所見等

■傾斜配点の教科（倍率）
なし

■学力検査以外の試験
なし

入試点 道コンSS	454	422	390	359	327	295	263	231	200	168	136	104
内申ランク・内申点	74	70	66	62	58	54	50	46	42	38	34	30
A ～296点												
B ～276点												
C ～256点												
D ～236点							☆					
E ～216点							★					
F ～196点												
G ～176点												
H ～156点												
I ～136点												
J ～116点												

道コン合格圏（可能性60%ライン）━━━ 普通
合格者 ★一般入試（普通）
平均 ☆推薦入試（普通）

推薦入試

■入学枠
30%程度

■面接（個人）・自己推薦書の提出以外に実施する項目
なし

公立×私立高校併願パターン

私立A日程（割合）		私立B日程（割合）	
札幌日大　総合進学	38%	北星学園大附属　進学	32%
札幌日大　特進	16%	とわの森三愛　総合進学	25%
北海学園札幌　総進	14%	北海　進学	7%
その他	32%	その他	36%

江別高等学校

普通科[普]　事務情報科[商]　生活デザイン科[家]

生徒数767名　男子386名　女子381名

食堂（定時制のみあり）／購買部（売店）／カウンセラー／寮・寄宿舎／海外研修（交流）／携帯電話持込（休み時間）／スキー授業／プール施設／資料請求（巻末ページの二次元コードからアクセスできます）

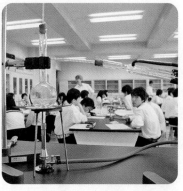

ACCESS GUIDE

JR函館本線　高砂駅

マックスバリュ／ツルハドラッグ／TSUTAYA／マクドナルド／ケーズデンキ／瑞玄寺／江別高等学校

〒067-8564
江別市上江別444－1
TEL011-382-2173
FAX011-382-2770
http://www.ebetsu.hokkaido-c.ed.jp

◎ JR「高砂駅」下車　徒歩8分

　90年を超える歴史と伝統の江別高等学校は「確かな学力」を身につけ、「豊かな心」を育み、個性や能力を生かしたキャリヤ教育を実践し、生徒の夢を叶えるためにサポート体制の確立を目指しています。今日制課程には、普通科5クラス、事務情報科1クラス、生活デザイン科1クラスの3学科7クラスがあります。

　普通科では2年生より、①文系大学、専門学校、②国公立文系大学、看護学校、公務員、③国公立、私立の理系大学、と多くの生徒の進路に対応したカリキュラムを組んでいます。

　事務情報科では事務、情報に関する分野について複合的な知識と技術を習得し、パソコン等の情報機器を活用できる知識、能力を身に付けることができます。

　また、本校でしか学べない科目を多く設定されている生活デザイン科では、興味関心によって染織・インテリア、服飾コースに分かれて、専門的な知識を習得します。

　本校は文武両道のもと、恒例の朝読書から始まり、放課後は体育系14、文化系15の部活動に多くの生徒が活動しています。江別高等学校は皆さんの進路実現を応援する学校です。夢の実現に向けチャレンジ精神溢れる人を待っています。

学校へ行こう！

【学校説明会】
1回目　9/7（土）　2回目　11/8（金）全日制・定時制
詳しくは高校ホームページをご覧ください。

入試情報

2024年度の入試情報です。2025年度は変更になる場合があります。掲載の入試データ等は道コン事務局の推定です。

以下は、2024年3月入試の情報です。2025年3月入試については北海道教育委員会の発表を確認して下さい。

24入試DATA	定員	一般		推薦		合格者平均	
		推定平均点	倍率	出願者数	内定者数	道コンSS	内申点・ランク
普通科	200		1.0				
事務情報科	40	161	0.8	14	9	37	191・G
生活デザイン科	40		0.8	19	12		

一般入試

■学力検査の成績を重視
8：2

■個人調査書等を重視
6：4
内申点以外で参考にするポイント
特別活動の記録　総合所見等

■傾斜配点の教科（倍率）
なし

■学力検査以外の試験
個人面接

推薦入試

■入学枠
事務情報科・生活デザイン科　50%程度

■面接（個人）・自己推薦書の提出以外に実施する項目
なし

入試点道コンSS	454	422	390	359	327	295	263	231	200	168	136	104
内申ランク・内申点	74	70	66	62	58	54	50	46	42	38	34	30
A ～296点												
B ～276点												
C ～256点												
D ～236点												
E ～216点												
F ～196点												
G ～176点										★		
H ～156点												
I ～136点												
J ～116点												

道コン合格圏（可能性60%ライン）--- 普通　― その他
合格者平均 ★ 一般入試（全科集計）

公立×私立高校併願パターン

私立A日程（割合）		私立B日程（割合）	
札幌北斗　総合	32%	とわの森三愛　総合進学	58%
札幌北斗　進学	24%	北星学園大附属　進学	20%
札幌静修　総合	20%	札幌龍谷学園　未来創造	17%
その他	24%	その他	5%

今春の主な進路

- 道内国公立大学 2%
- 道内私立大学 36%
- 道外私立大学 2%
- 短大 6%
- 看護系専門学校 1%
- 専門学校 36%
- 就職 13%
- 進学準備ほか 4%

※人数は全て現役です。

国公立道内
小樽商科大 …………2名
北海道教育大 ………1名
帯広畜産大 …………1名
室蘭工業大 …………1名
北星学園大 …………6名
札幌大 ………………11名
北海道科学大 ………7名
北海道情報大 ………16名
札幌学院大 …………16名
北翔大 ………………4名

私立道内
北海学園大 …………17名

指定校推薦（一部）

道内
札幌大 ………………20名
札幌学院大 …………11名
札幌国際大 …………15名
北翔大 ………………10名
北星学園大 …………8名
北海学園大 …………11名
北海商科大 …………2名
北海道科学大 ………4名
北海道情報大 ………8名
酪農学園大 …………4名
東海大 ………………4名
星槎道都大 …………4名
北海道文教大 ………9名
他多数

中・高一貫校／私立高校／高等専修学校・技能連携校／通信制・単位制／高等専門学校／公立高校（石狩）／公立（渡島・檜山・後志）／公立（空知・留萌）／公立（上川・宗谷）／公立（オホーツク）／公立（胆振・日高）／公立（十勝・釧路・根室）

野幌高等学校

普通科[普]

生徒数258名　男子155名　女子103名

食堂　購買部（売店）　カウンセラー　寮・寄宿舎　海外研修（交流）　携帯電話持込　スキー授業　プール施設　登下校

○自ら学び、自ら考え、目標を持って挑戦する力
○自分を肯定し、他者との違いを認め、共生する力
○自己を律し、よりよい社会のために行動する力
の育成を目標としています。また、大学との連携により、情報科目を大学で受講して本校の単位として修得するとともに、連携大学に進学した際には、大学の単位としても認定されます。大学や専門学校から講師を招いたり、職業体験学習などにより進路選択を考える学習を積極的に行っています。各種検定も充実しています。

ACCESS GUIDE

〒069-0805
江別市元野幌740
TEL 011-382-2477
FAX 011-382-3526
http://www.nopporo.hokkaido-c.ed.jp/

◎ JR
「野幌駅」下車　徒歩35分
◎バス
「野幌高校」下車　徒歩5分
「3番通9丁目」下車　徒歩10分
「野幌10丁目」下車　徒歩15分

今春の主な進路

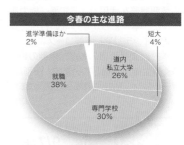

進学準備ほか 2%
短大 4%
道内私立大学 26%
就職 38%
専門学校 30%

※人数は全て現役です。

私立道内
札幌国際大 ………… 1名
札幌大 …………… 1名
日本医療大 ………… 1名
札幌学院大 ………… 7名
北翔大 …………… 5名

北海道情報大 ……… 4名
短大道内
北海道武蔵女子短大 … 1名
光塩学園女子短大 … 1名
北翔大短大 ……… 1名

指定校推薦

非公表

学校へ行こう！

【学校説明会】
10/5（土）

入試情報

2024年度の入試情報です。2025年度は変更になる場合があります。
掲載の入試データ等は道コン事務局の推定です。

以下は、2024年3月入試の情報です。2025年3月入試については北海道教育委員会の発表を確認して下さい。

一般入試

■学力検査の成績を重視 …
6：4

■個人調査書等を重視 ……
8：2

■傾斜配点の教科（倍率）…
なし

■学力検査以外の試験 ……
個人面接

推薦入試

■入学枠 ………………
20%程度

■面接（個人）・自己推薦書の提出以外に実施する項目 …
なし

24入試DATA	定員	一般		推薦		合格者平均	
		推定平均点	倍率	出願者数	内定者数	道コンSS	内申点・ランク
普通科	120	108	0.7	8	8	31	145・I

入試点道コンSS	454	422	390	359	327	295	263	231	200	168	136	104
内申ランク・内申点	74	70	66	62	58	54	50	46	42	38	34	30
A ~296点	道コン合格圏（可能性60%ライン） ── 普通											
B ~276点	合格者平均 ★ 一般入試（普通）											
C ~256点												
D ~236点												
E ~216点												
F ~196点												
G ~176点												
H ~156点												
I ~136点											★	
J ~116点												

サイドバー：中・高一貫校／私立高校／高等専修学校・技能連携校／通信制・単位制／高等専門学校／公立高校（石狩）／公立（渡島・檜山・後志）／公立（空知・留萌）／公立（上川・宗谷）／公立（オホーツク）／公立（胆振・日高）／公立（十勝・釧路・根室）

北広島高等学校

普通科[普]

生徒数831名　男子411名　女子420名

食堂／購買部（売店）／カウンセラー／寮・寄宿舎／海外研修（交流）／携帯電話持込 月2回／スキー授業／プール施設／資料請求 校内電源OFF 登下校／巻末ページの二次元コードからアクセスできます

ACCESS GUIDE

〒061-1112
北広島市共栄305－3
TEL 011-372-2281
FAX 011-372-2185
http://www.kitahiro.ed.jp/

◎ JR
「北広島駅」下車　徒歩15分

「自主創造・誠実信頼・刻苦試練」を校訓に、社会の各方面で活躍しうる人材の輩出を目指す活気溢れる学校。日々の学習や部活動、学校行事に明るくひたむきに取り組む生徒が多い。また、進路学習や英数の習熟度別学習など生徒個々の個性や能力を伸ばす指導を重視。部活動にも力を注ぎ毎年全道、全国大会へ駒を進め、「文武両道」を見事に実践している。

平成23年度から単位制高校として、推薦入試も導入している。教員の数も12名ほど多くなり、幅広く選択科目を設置したり、少人数での授業展開をしている。生徒は、自分の責任で進路や興味・関心に応じて科目を選択できる。

在校生の声　高3生・生徒会長

「真面目」「お堅い」「超静か」そんな印象を持ってこのページを見ている人、多いのではありませんか？勉強を頑張りたいけど高校生活もエンジョイしたい。迷う必要はありません。実は本校、真面目なのに賑やかなんです。勉強はもちろん闘争心を燃え上がらせながら切磋琢磨し、その闘争心がイベントに向くと、はち切れんばかりの盛り上がりを見せてくれます。そして何より、ボールパークが隣にあるのも他にはないポイントで、近年様々な関わりを持ち、全校観戦等も行いました。他にはない、唯一無二の学校生活を送りたいと思っている君！北広島高校を選んでみてはいかがですか？

学校へ行こう！

【学校説明会】
9/21（土）

【学校祭】
7/12（金）〜13（土）（予定）

今春の主な進路

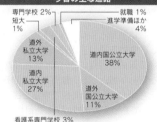

- 道内国公立大学 38%
- 道外国公立大学 11%
- 道内私立大学 27%
- 道外私立大学 13%
- 看護系専門学校 3%
- 短大 1%
- 専門学校 2%
- 就職 1%
- 進学準備等 4%

※人数は現役のみです。

国公立道内
北海道大……13名
札幌医大……6名
旭川医科大……2名
北海道教育大……27名
小樽商科大……13名
室蘭工業大……15名
千歳科学技術大……10名
釧路公立大……5名
はこだて未来大……3名
札幌市立大……2名
旭川市立大……1名
国公立道外
東北大……1名
弘前大……16名
埼玉大……5名
金沢大……4名
宇都宮大……2名
新潟大……2名
信州大……2名
高崎経済大……2名
秋田大……1名
山形大……1名
千葉大……1名
静岡大……1名
琉球大……1名
私立道内
北海学園大……113名
北星学園大……31名
天使大……11名
藤女子大……11名
北海道科学大……49名
北海道医療大……37名
私立道外
慶應義塾大……2名
法政大……10名
中央大……6名
東洋大……6名
専修大……4名
青山学院大……3名
立教大……2名
東京理科大……1名
同志社大……1名
立命館大……1名

指定校推薦
道内
北海学園大／法政大
北星学園大／東京理科大
北海道医療大／東海大
北海道科学大／芝浦工業大
道外　　東京農業大
中央大／同志社大／関西学院大

入試情報

2024年度の入試情報です。2025年度は変更になる場合があります。
掲載の入試データ等は道コン事務局の推定です。

以下は、2024年3月入試の情報です。2025年3月入試については北海道教育委員会の発表を確認して下さい。

（　）内は推薦を表しています。

24入試DATA	定員	一般 推定平均点	一般 倍率	推薦 出願者数	推薦 内定者数	合格者平均 道コンSS	合格者平均 内申点・ランク
普通科	280	314	1.2	125	84	56（57）	279・B（297・A）

一般入試

■学力検査の成績を重視
10：0

■個人調査書等を重視
6：4

■傾斜配点の教科（倍率）
なし

■学力検査以外の試験
なし

推薦入試

■入学枠
30％程度

■面接（個人）・自己推薦書の提出以外に実施する項目
なし

入試点 道コンSS	454	422	390	359	327	295	263	231	200	168	136	104
内申ランク・内申点	74	70	66	62	58	54	50	46	42	38	34	30

| | A ～296点 | B ～276点 | C ～256点 | D ～236点 | E ～216点 | F ～196点 | G ～176点 | H ～156点 | I ～136点 | J ～116点 |

☆ B ～276点
★

道コン合格圏（可能性60％ライン）━━ 普通
合格者 平均 ★一般入試（普通） ☆推薦入試（普通）

公立×私立高校併願パターン

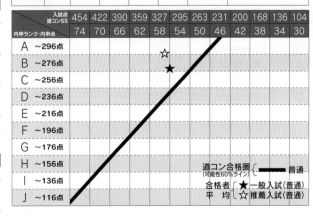

私立A日程（割合）		私立B日程（割合）	
札幌日大　特進	77%	札幌第一　文理北進	31%
札幌光星　マリス	8%	北海　特進・特進クラス	16%
札幌日大　プレミアS	4%	北海　進学	12%
その他	11%	その他	41%

北広島西高等学校

普通科［普］

生徒数420名　男子243名　女子177名

| 食堂 | 購買部(売店) | カウンセラー | 寮・寄宿舎 | 海外研修(交流) | 携帯電話持込 | スキー授業 | プール施設 |

ACCESS GUIDE

〒061-1105
北広島市西の里東3丁目3−3
TEL 011-375-2771
FAX 011-375-2661
http://www.kitahiroshimanishi.hokkaido-c.ed.jp/

◎ JR
「上野幌駅」より2km
◎ JRバス
「西の里学校通」より300m

本校は教師と生徒が人間的なふれあいを大切にしながら、一人ひとりの持つ個性を最大限に伸ばし、失敗を恐れず困難に挑戦し、その経験から学び自らを高め、夢や希望を持つことのできる生徒の育成を目指しています。生徒が自立した一人の人間として力強く生きていくための総合的な力を育む学校として、教職員の共通理解のもと、教育活動に全力を注いでいます。本校で学ぶ生徒たちが「北広島西高校で学んで良かった」、保護者の方々が「北広島西高校で学ばせて良かった」と思ってもらえる学校づくりを目指しています。

今春の主な進路

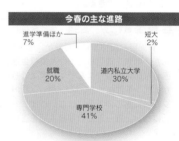

- 進学準備ほか 7%
- 短大 2%
- 道内私立大学 30%
- 専門学校 41%
- 就職 20%

※人数は全て現役です。

私立道内

北海学園大	4名	北海道科学大	3名
北星学園大	2名	北海道文教大	1名
札幌大	12名	北海道情報大	8名
酪農学園大	4名	北翔大	5名
日本医療大	4名	札幌学院大	4名
札幌国際大	3名	**私立道外**	
		國學院大	1名

学校へ行こう！

【学校説明会（全体説明・授業公開・部活動見学等）】
9/7（土）

入試情報

2024年度の入試情報です。2025年度は変更になる場合があります。
掲載の入試データ等は道コン事務局の推定です。

以下は、2024年3月入試の情報です。2025年3月入試については北海道教育委員会の発表を確認して下さい。

24入試DATA	定員	一般		推薦		合格者平均	
		推定平均点	倍率	出願者数	内定者数	道コンSS	内申点・ランク
普通科	160	125	0.8	/	/	33	174・H

一般入試

■学力検査の成績を重視
6：4

■個人調査書等を重視
8：2

■傾斜配点の教科（倍率）
なし

■学力検査以外の試験
集団面接

推薦入試

■入学枠
なし

入試点道コンSS	454	422	390	359	327	295	263	231	200	168	136	104
内申ランク・内申点	74	70	66	62	58	54	50	46	42	38	34	30
A ～296点												
B ～276点												
C ～256点												
D ～236点												
E ～216点												
F ～196点												
G ～176点												
H ～156点											★	
I ～136点												
J ～116点												

道コン合格圏（可能性60%ライン）── 普通
合格者平均 ★ 一般入試（普通）

指定校推薦（一部）

道内

北海道医療大	東海大
北海学園大	星槎道都大
北海商科大	育英館
北星学園大	日本医療大
札幌大	北海道千歳リハビリ大
札幌学院大	北海道文教大
札幌国際大	**道外**
北海道科学大	城西大
酪農学園大	秀明大
北海道情報大	名古屋商科大
	多摩大

公立×私立高校併願パターン

私立A日程（割合）		私立B日程（割合）	
札幌北斗　進学	50%	北星学園大附属　進学	50%
札幌北斗　総合	16%	札幌龍谷学園　未来創造	50%
札幌山の手　未来デザイン	16%		
その他	18%		

左側縦ナビ：中・高一貫校／私立高校／高等専修学校・技能連携校／通信制・単位制／高等専門学校／公立高校（石狩）／公立（渡島・檜山・後志）／公立（空知・留萌）／公立（上川・宗谷）／公立（オホーツク）／公立（胆振・日高）／公立（十勝・釧路・根室）

千歳高等学校

普通科[普] 国際教養科[外] 国際流通科[商]

生徒数947名　男子430名　女子517名

食堂／購買部(売店)／カウンセラー／寮・寄宿舎／海外研修(交流)／携帯電話持込／スキー授業／プール施設／資料請求

本校は、地域の役割や社会的なニーズを真摯に受け止め、3学科の特色を生かし、発展の道を歩んできました。また、斬新なデザインと近代的な設備の整った校舎は、高校生の溌剌とした姿であふれています。その環境の中で、勉強(学問)の探求、進路達成において、1ステップ高い目標に向かってがんばることのできる学校を目指して、生徒も教師も一丸となって"前へ"進んでいます。

在校生の声

・高3生　国際流通科
国際流通科は簿記やマーケティング、ビジネスマナーにプログラミングなど、商業に関する様々なことを学べる学科です。さらに、観光ビジネスという授業では1年間、観光に関することを学び、その知識を活かし、旅行プランを自分で作成します。校内の設備も充実しており、3年生では「総合実践室」という会社のオフィスを模した特別教室で「課題研究」を行います。「課題研究」はこれまで勉強していたことを活用し、商品開発などの取り組みをします。自分のアイディアが形になることは大変やりがいがあります。進学・就職どちらも選択可能な国際流通科で、充実した3年間を過ごしましょう。

・高3生　普通科
千歳高校の魅力は第一に、"学習環境が整っているところ"です。広い校内には沢山の教室があり、進路指導室や図書室などは充実した資料や書籍が揃っています。また、職員室前にも多くの自習スペースがあり、わからない問題があればすぐに先生に聞きに行くことができます。部活動の数も豊富で沢山の中から自分に合った部活を選べたり、夏の「千高祭」など楽しい学校行事が沢山あります。自分に合った進路を目指し、行事や部活を通してクラスメイトとの絆が深められる千歳高校で、私たちと一緒に充実した学校生活送りませんか?

卒業生の声

・令和5年度卒業生　国際教養科
国際教養科の強みはなんといっても3年間クラス替えがないことです。苦楽を共にする仲間との団結力はピカ☆イチ!そのため学校祭や修学旅行、日常生活においても他のクラスよりも100倍楽しむことができます。教養科の仲間達と過ごした時間は一生の思い出です!
また、国際的な視野を広げることができるのも魅力の一つです。国際理解の集いやカナダへの約2週間の語学研修、ALTや留学生との対話など英語力向上はもちろん、世界が抱えている問題について考えを深めることができます。世界に羽ばたく教養科生の仲間になりませんか?　You can do it!

学校へ行こう!

【学校説明会】
9/14(土)

入試情報

2024年度の入試情報です。2025年度は変更になる場合があります。掲載の入試データ等は道コン事務局の推定です。

以下は、2024年3月入試の情報です。2025年3月入試については北海道教育委員会の発表を確認して下さい。

一般入試

■学力検査の成績を重視
8:2

■個人調査書等を重視
6:4
内申点以外で参考にするポイント
[特別活動の記録] [総合所見等]

■傾斜配点の教科(倍率)
国際教養科　英語(1.5)

■学力検査以外の試験
[集団面接]

推薦入試

■入学枠
普通科　20%程度
国際教養科・国際流通科　50%程度

■面接(個人)・自己推薦書の提出以外に実施する項目
国際教養科 [英語による問答]

( )内は推薦を表しています。

24入試DATA	定員	一般 指定平均点	一般 倍率	推薦 出願者数	推薦 内定者数	合格者平均 道コンSS	合格者平均 内申点・ランク
普通科	200	247	1.2	62	36	48 (48)	240・D (264・C)
国際教養科	40	232	1.4	26	20	46 (44)	222・E (231・E)
国際流通科	80	213	1.6	64	36	44 (43)	218・E (240・D)

入試点 道コンSS →	454	422	390	359	327	295	263	231	200	168	136	104
内申ランク・内申点 ↓	74	70	66	62	58	54	50	46	42	38	34	30
A ～296点												
B ～276点												
C ～256点							☆					
D ～236点							★					
E ～216点												
F ～196点												
G ～176点												
H ～156点												
I ～136点												
J ～116点												

道コン合格圏(可能性60%ライン) ━━ 普通
合格者平均 {★一般入試(普通) ☆推薦入試(普通)}

公立×私立高校併願パターン

私立A日程(割合)		私立B日程(割合)	
札幌日大　総合進学	40%	道文教大附属　普通	79%
札幌日大　特進	32%	北星学園大附属　進学	10%
北海学園札幌　総進	5%	北星学園大附属　特別進学	2%
その他	23%	その他	9%

ACCESS GUIDE

〒066-8501
千歳市北栄1丁目4-1
TEL 0123-23-9145
FAX 0123-23-2742
http://www.chitose.hokkaido-c.ed.jp/

◎JR
「千歳駅」下車　徒歩8分

今春の主な進路

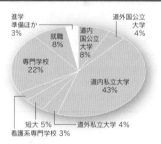

- 道外国公立大学　4%
- 道内国公立大学　8%
- 道内私立大学　43%
- 道外私立大学　4%
- 短大　5%
- 看護系専門学校　3%
- 専門学校　22%
- 就職　8%
- 進学準備ほか　3%

※人数は現浪合計です。

国公立道内
北海道大…………1名
札幌医科大………1名
小樽商科大………6名
北海道教育大……4名
室蘭工業大………6名
千歳科学技術大…5名
釧路公立大………4名
北見工業大………1名
札幌市立大………1名

国公立道外
弘前大……………2名
青森公立大………1名
愛知県立芸術大…1名
鳥取環境大………1名

私立道内
北海学園大………88名
北星学園大………60名
藤女子大…………13名
北海商科大………10名
天使大……………4名
北海道医療大……41名
札幌大……………17名
日本医療大………9名

私立道外
早稲田大…………3名
立命館大…………4名
明治大……………3名
東京理科大………1名
青山学院大………1名
法政大……………1名
立教大……………1名
阪南大……………10名
関西外国語大……10名
近畿大……………7名

短大道内
北海道武蔵女子短大…8名
札幌大谷大短大……4名

専門学校
大原簿記情報専門…7名
札幌ビューティーアート専門…6名
道医療センター附属札幌看護…3名

就職先等
柳月………………1名
ANA新千歳空港…1名
JALスカイ札幌…1名
他多数

指定校推薦(一部)

道内
札幌大
札幌学院大
東海大
北翔大
北星学園大
北海学園大
北海商科大
北海道医療大
北海道科学大
北海道千歳リハビリ大
酪農学園大
日本医療大

道内
北海道文教大
東京農業大
藤女子大
北海道武蔵女子大

道外
関東学院大
東洋英和女学院大
奈良大
立命館アジア太平洋大(APU)
関西外国語大
京都外国語大
他多数

中・高一貫校／私立高校／高等専修学校・技能連携校／通信制・単位制／高等専門学校／公立高校(石狩)／公立(渡島・檜山・後志)／公立(空知・留萌)／公立(上川・宗谷)／公立(オホーツク)／公立(胆振・日高)／公立(十勝・釧路・根室)

千歳北陽高等学校

総合学科[総]

生徒数366名　男子200名　女子166名

食堂 購買部(売店) カウンセラー 寮・寄宿舎 海外研修(交流) 携帯電話持込 スキー授業 プール施設 資料請求

朝預かり 放課後返却

巻末ページの二次元コードからアクセスできます

千歳北陽高校は、総合学科への転換から3年目を迎え、この4月、1年次から3年次まで総合学科の生徒がそろいました。校訓「誠実・進取・自立」のもと、社会の発展に積極的に貢献できる人材の育成を目指しています。

また、「アンビシャススクール」の指定を受けている本校では、基礎的・基本的な知識・技能の確実な定着や社会的・職業的自立に必要な能力や態度の育成を目指し、生徒の「学び直し」を支援しているほか、専門教科も幅広く学習できるようになっています。

総合学科4期生として、本校への入学をお待ちしています。

ACCESS GUIDE

〒066-8611
千歳市北陽2丁目10-53
TEL 0123-24-2818
FAX 0123-24-2840
http://www.chitosehokuyou.hokkaido-c.ed.jp

在校生の声

高3　女子生徒（令和6年度在学）

本校は、令和4年度から総合学科がスタートし、今年度学科の完成を迎えました。本校の特色は、「地域との連携」というキーワードで表すことができると思います。

例えば、「産業社会と人間」という授業では、地元の産業や職業分野を知るため、千歳市内の企業へ見学に行きます。また、「工業デュアル」という授業では、学校の座学だけでは習得できない技術や技能を身につけるため、「千歳工業クラブ」に所属している企業での実習を行っています。これは、「地域」とりわけ地元企業との連携と言えると思います。

本校が連携しているのは、企業だけではありません。恵庭市にある「北海道ハイテクノロジー専門学校」と提携し、救命救急やスポーツメディカルといった専門分野の座学・実習授業があります。これは、「高校と専門学校の連携」です。

このように、学校の授業だけでは、学ぶことや身に付けることができない力を、地域の皆さまの力をお借りして、身に付けていくことができるのが、本校の特色です。

今春の主な進路

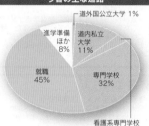

道外国公立大学 1%
進学準備ほか 8%
道内私立大学 11%
就職 45%
専門学校 32%
看護系専門学校 3%

※人数は全て現役です。

国公立道外
弘前大‥‥‥‥‥‥1名
私立道内
北海学園大‥‥‥‥1名
北海道文教大‥‥‥3名
札幌国際大‥‥‥‥1名
星槎道都大‥‥‥‥4名
北海道情報大‥‥‥1名
札幌学院大‥‥‥‥1名
専門学校
札幌ビューティーアート専門‥5名
大原医療福祉専門‥3名
札幌医療秘書福祉専門‥2名
札幌商工会議所付属専門‥2名
札幌スポーツ&メディカル専門‥2名
札幌デザイン&テクノロジー専門‥2名
北海道自動車整備大学校‥2名
北海道福祉・保育大学校‥2名
北海道美容専門‥‥2名
北海道介護福祉学校‥1名
大原法律公務員専門‥1名

経専調理製菓専門‥‥1名
札幌科学技術専門‥‥1名
札幌看護医療専門‥‥1名
日鋼記念看護‥‥‥‥1名
ロシア極東連邦総合大函館校‥1名
北海道農業共同組合学校‥1名
就職先等
自衛隊‥‥‥‥‥‥‥9名
北海道警察‥‥‥‥‥‥
ケイシイシイ‥‥‥‥2名
北潤ボウリング‥‥‥2名
フジッコ‥‥‥‥‥‥2名
JALグランドサービス札幌‥1名
JALUXエアポート‥‥1名
恵和会恵の森病院‥‥1名
セコム‥‥‥‥‥‥‥1名
デンソー北海道‥‥‥1名
北海道キリンビバレッジサービス‥1名
北海道空港事業部‥‥1名
他多数

学校へ行こう！

【学校祭（北陽祭）】
7/11（木）・7/12（金）

【学校説明会】
7/26（金）

入試情報

2024年度の入試情報です。2025年度は変更になる場合があります。
掲載の入試データ等は道コン事務局の推定です。

以下は、2024年3月入試の情報です。2025年3月入試については北海道教育委員会の発表を確認して下さい。

24入試DATA	定員	一般		推薦		合格者平均	
		推定平均点	倍率	出願者数	内定者数	道コンSS	内申点・ランク
総合学科	160	110	0.7	7	7	31	155・I

一般入試

■学力検査の成績を重視
6：4

■個人調査書等を重視
9：1
内申点以外で参考にするポイント
[特別活動の記録] [総合所見等]

■傾斜配点の教科（倍率）
なし

■学力検査以外の試験
[個人面接]

推薦入試

■入学枠
50%程度

■面接（個人）・自己推薦書の提出以外に実施する項目
なし

入試点 道コンSS	454 74	422 70	390 66	359 62	327 58	295 54	263 50	231 46	200 42	168 38	136 34	104 30
内申ランク・内申点												
A ～296点	道コン合格圏{（可能性60%ライン）} ━━ 総合											
B ～276点	合格者平均 ★ 一般入試（総合）											
C ～256点												
D ～236点												
E ～216点												
F ～196点												
G ～176点												
H ～156点												
I ～136点											★	
J ～116点												

公立×私立高校併願パターン

私立A日程（割合）			私立B日程（割合）	
札幌北斗	総合	75%		
札幌山の手	未来デザイン	25%		

指定校推薦（一部）

北翔大
札幌大谷大
札幌学院大
札幌国際大
札幌大
星槎道都大
日本医療大
北洋大
北海道医療大
北海道情報大
北海道千歳リハビリ大
北海道文教大
酪農学園大
北翔大短大
國學院大北海道短大
札幌国際大短大
拓殖大北海道短大
光塩学園女子短大
北海道武蔵女子短大

青山建築デザイン・医療事務専門
大原医療福祉専門（札幌）
大原法律公務員専門（札幌）
大原簿記情報専門（札幌）
経専医療事務薬業専門
経専音楽放送芸術専門
経専調理製菓専門
経専北海道観光専門
経専北海道どうぶつ専門
経専北海道保育専門
公務員法科専門
札幌医療秘書福祉専門
札幌医学技術福祉歯科専門
札幌医療秘書福祉専門
札幌医療リハビリ専門

札幌看護医療専門
札幌観光ブライダル・製菓専門
札幌工科専門
札幌こども専門
札幌商工会議所付属専門
札幌情報未来専門
札幌心療福祉専門
札幌スイーツ&カフェ専門
札幌スポーツ&メディカル専門
札幌デザイナー学院
札幌ビジュアルアーツ
札幌ビューティーアート専門
札幌ファッションデザイン専門学校DOREME
札幌ベルエポック製菓
調理ウエディング専門
札幌ベルエポック美容専門
札幌マンガ・アニメ&声優専門
情報ビジネス専門
せいとく介護こども福祉専門
調理製菓専門
動物看護専門
日本航空大学校北海道
北海道エコ・動物自然専門
北海道歯科衛生士専門
北海道歯科技術専門
北海道自動車整備大学校
北海道情報専門
北海道スポーツ専門
北海道調理師専門
北海道ハイテクノロジー専門
北海道ファッション専門
北海道福祉・保育大学校
北海道製菓専門
他多数

恵庭北高等学校

普通科[普]

生徒数631名　男子319名　女子312名

食堂　購買部(売店)　カウンセラー　寮・寄宿舎　海外研修(交流)　携帯電話持込　スキー授業　プール施設
休み時間　始業前・放課後　登下校

ACCESS GUIDE

●ラルズマート
島松駅
市立図書館分館
●島松郵便局
恵庭北高等学校
北島体育館

〒061-1375
恵庭市南島松359－1
TEL 0123-36-8111
FAX 0123-36-8158
http://www.eniwakita.hokkaido-c.ed.jp/

◎ JR
「島松駅」下車　徒歩10分

　校訓「拓学」（心豊かに、真理を求めて）のもと、「人生の生き方を自ら決定できる人間」を教育目標に、学習活動や部活動などを通して、心身ともに豊かな生徒の育成を目指しています。一人ひとりを大切にし、個々さまざまな進路希望に対応した講習・三者懇談・インターンシップなど、きめ細かい進路指導をしています。また、恵まれた環境の中で、生徒たちは部活動にも熱心に取り組んでいます。

学校へ行こう!

【学校説明会】
9/14（土） 13:30～15:30（予定）

入試情報

2024年度の入試情報です。2025年度は変更になる場合があります。
掲載の入試データ等は道コン事務局の推定です。

以下は、2024年3月入試の情報です。2025年3月入試については北海道教育委員会の発表を確認して下さい。

一般入試

■学力検査の成績を重視
8:2

■個人調査書等を重視
6:4

■傾斜配点の教科（倍率）
なし

■学力検査以外の試験
集団面接

推薦入試

■入学枠
10%程度

■面接(個人)・自己推薦書の提出以外に実施する項目
なし

（　）内は推薦を表しています。

24入試DATA	定員	一般		推薦		合格者平均	
		推定平均点	倍率	出願者数	内定者数	道コンSS	内申点・ランク
普通科	240	164	1.0	19	15	38 (37)	196・F (210・F)

入試点 道コンSS	454	422	390	359	327	295	263	231	200	168	136	104
内申ランク・内申点	74	70	66	62	58	54	50	46	42	38	34	30
A ～296点												
B ～276点												
C ～256点												
D ～236点												
E ～216点												
F ～196点										☆		
G ～176点										★		
H ～156点												
I ～136点												
J ～116点												

道コン合格圏（可能性60%ライン）━━ 普通
合格者平均 ★一般入試(普通)　☆推薦入試(普通)

公立×私立高校併願パターン

私立A日程（割合）			私立B日程（割合）		
札幌北斗	総合	61%	道文教大附属　普通		72%
札幌北斗	進学	16%	北星学園大附属　進学		13%
北科大高	進学	5%	とわの森三愛　総合進学		9%
その他		18%	その他		6%

今春の主な進路

進学準備ほか 4%
就職 16%
専門学校 31%
看護系専門学校 2%
短大 3%
道外私立大学 1%
道内私立大学 39%
道内国公立大学 4%

※人数は現浪合計です。

国公立道内
北海道教育大・・・・・・1名
北見工業大・・・・・・・1名
室蘭工業大・・・・・・・1名
札幌市立大・・・・・・・1名
小樽商科大短大・・・・2名
私立道内
北星学園大・・・・・・10名
北海学園大・・・・・・・8名
北海道文教大・・・・・16名
北海道科学大・・・・・・7名
札幌大・・・・・・・・・2名
札幌国際大・・・・・・・2名
酪農学園大・・・・・・・2名
東海大（札幌）・・・・・2名
北海道情報大・・・・・・7名
札幌学院大・・・・・・・6名
北翔大・・・・・・・・・2名
星槎道都大・・・・・・・2名
北海道千歳リハビリ大・・2名
私立道外
聖徳大・・・・・・・・・1名
大学校
道職業能力開発大学校・・2名

短大道内
北海道武蔵女子短大・・・3名
北星学園大短大・・・・・2名
札幌国際大短大・・・・・1名
専門学校
札幌看護医療専門・・・・6名
大原法律公務員専門・・・4名
北海道エコ・動物自然専門・・4名
北海道情報専門・・・・・4名
北海道ハイテクノロジー専門・・4名
札幌ビューティーアート専門・・3名
札幌スポーツ&メディカル専門・・3名
北海道理容美容専門・・・3名
苫小牧看護専門・・・・・2名
札幌医療秘書福祉専門・・2名
札幌こども専門・・・・・2名
就職先等
公務員・・・・・・・・・7名
自衛隊・・・・・・・・・4名
北海道空港・・・・・・・3名
日本血液製剤機構・・・・1名
ホンダレンタリース札幌・・1名
日本郵便北海道支社・・・1名
他多数

指定校推薦

非公表

サイドタブ：中・高一貫校／私立高校／高等専修学校・技能連携校／通信制・単位制／高等専門学校／公立高校(石狩)／公立(渡島・檜山・後志)／公立(空知・留萌)／公立(上川・宗谷)／公立(オホーツク)／公立(胆振・日高)／公立(十勝・釧路・根室)

恵庭南高等学校

普通科[普]　体育科[体]

生徒数733名　男子459名　女子274名

食堂（定時制課程のみ）／購買部（売店）／カウンセラー／寮・寄宿舎（体育科のみ）／海外研修（交流）（希望者）／敷地内使用不可／スキー授業（体育科）／プール施設（温水プール 体育科）／資料請求（巻末ページの二次元コードからアクセスできます）

本校は普通科（定員200名）と道内唯一の体育科（定員80名）を併設した公立高校です。普通科及び体育科の特色を生かした教育活動を行い、基礎学力の定着を図り、社会人として必要な基礎基本を身につけさせるとともに、生徒の進路希望に応じた学習指導を行っています。就職においても公務員や民間企業の厳しい求人状況の中で実績を上げています。また、道内の高等学校としては恵まれた施設・設備を有しており、全国学校体育研究最優秀校として文部科学大臣賞を受賞するなど、北海道の保健体育教育の牽引的な役割も果たしています。

在校生の声

普通科　Tさん

私は、姉が恵庭南高校の卒業生で、中学生の時に高校の話を聞いて、学力的に自分に合った学校だと思い、恵庭南高校に進学を決めました。

恵庭南高校はスポーツが盛んで文武両道というイメージを持っていました。しかし、入学後は文武両道に加え、担任の先生だけでなく様々な先生が生徒一人ひとりを気にかけてくれるという印象を私は持ちました。

コロナの影響が続いているということもあり、多くのことが制限された学校生活ではありましたが、自分のクラスはもちろんのこと、他のクラスとの交流もあり、和気あいあいとしていました。また、学校祭や球技大会、遠足などの行事も縮小されてはしまいましたが、一つ一つの行事はどれも楽しく、充実していました。

高校卒業後の進路についてはすごく悩み、決めるまで何度も先生に相談をしました。苦しい、辛いと感じる時もありましたが、親身になって考えてくださった先生には感謝をしており、自分自身も成長できたと思っています。

恵庭南高校のいいところは、生徒同士の仲が良く、先生方もしっかり指導をしてくれるところです。悩みなどがあれば1人で抱え込まず、先生や友達に気軽に相談をしたり、休み時間と授業とのメリハリをつけることで、充実した楽しい学校生活を送ることができると思います。

体育科　Hさん

「高校生活を経て」

私が恵庭南高校の体育科に進学した理由は2つあります。まず、姉が通っていた学校であり、身近な存在だったこと。次に部活動に集中して取り組める環境があったからです。私は小学生の時に競技を始めました。高校進学を考えたときに、部活動見学や姉からの学校の話を聞き、「ここで過ごせば、もっと自分が成長できる」と考え、恵庭南高校の体育科を選びました。

実際に部活動では、キャプテンという役割を任され、競技力向上だけではなく、精神的な成長もできたという実感があります。それまでは専攻している競技以外の何でもできる訳ではないということがわかり、安心しました。入学後に印象が一番変わったのが、この部分です。体育の授業で苦手な種目であっても、意欲や向上心を持ちながら取り組み、体育実技が全般的に上達しました。

当たり前かもしれませんが、高校生活で意識して取り組んだことは、学業と部活動の両立を継続することでした。部活動に力を注ぎながら、大学進学するために成績を維持し、学校推薦（一般推薦）で合格を決めました。そして、体育科で学んだことや経験を生かせるように将来は、保健体育教員を目指そうと考えています。本校の体育科に興味を持っている中学生の皆さん、学習・部活動をやり切る覚悟を持って入学し、3年間成長を感じながら楽しんで欲しいと思います。

学校へ行こう！

【学校祭】7/11（木）・7/12（金）　【普通科学校説明会】7/30（火）　【体育科学校説明会】9/21（土）

入試情報

2024年度の入試情報です。2025年度は変更になる場合があります。掲載の入試データ等は道コン事務局の推定です。

以下は、2024年3月入試の情報です。2025年3月入試については北海道教育委員会の発表を確認して下さい。

一般入試

■学力検査の成績を重視
普通科　9:1
体育科　10:0

■個人調査書等を重視
普通科　9:1
体育科　10:0

内申点以外で参考にするポイント
特別活動の記録　総合所見等

■傾斜配点の教科（倍率）
なし

■学力検査以外の試験
普通科　個人面接
体育科　個人面接　実技

推薦入試

■入学枠
普通科　20%程度
体育科　50%程度

■面接（個人）・自己推薦書の提出以外に実施する項目
体育科　実技

（　）内は推薦を表しています。

24入試DATA	定員	一般		推薦		合格者平均	
		推定平均点	倍率	出願数	内定数	道コンSS	内申点・ランク
普通科	200	131	0.8	13	13	33 (36)	174・H (218・E)
体育科	80		1.6	78	40		

入試点合計道コンSS	454	422	390	359	327	295	263	231	200	168	136	104
内申ランク・内申点	74	70	66	62	58	54	50	46	42	38	34	30
A　~296点												
B　~276点												
C　~256点												
D　~236点												
E　~216点										☆		
F　~196点												
G　~176点												
H　~156点											★	
I　~136点												
J　~116点												

道コン合格圏（可能性60%ライン）━ 全科集計
合格者平均 ★一般入試（全科集計）　☆推薦入試（全科集計）

公立×私立高校併願パターン

私立A日程（割合）		私立B日程（割合）	
札幌北斗　進学	35%	道文教大附属　普通	33%
札幌北斗　総合	21%	札幌龍谷学園　未来創造	33%
札幌創成　特進	14%	とわの森三愛　総合進学	16%
その他	30%	その他	18%

ACCESS GUIDE

〒061-1412
恵庭市白樺町4丁目1-1
TEL 0123-32-2391
FAX 0123-32-5500
http://www.eniwaminami.hokkaido-c.ed.jp/

◎ えにわコミュニティバス（ecoバス）
「恵庭南高校前」下車　徒歩1分

今春の主な進路

進学準備ほか 4%／道外国公立大学 1%／道外私立大学 2%／道内私立大学 22%／就職 30%／専門学校 37%／看護系専門学校 2%／短大 2%

※人数は現浪合計です。

国公立道内
小樽商科大………1名
国公立道外
名桜大…………1名
青森大…………1名
東北福祉大………1名
国際武道大………1名
仙台大…………1名

私立道内
北海学園大………4名
北星学園大………3名
藤女子大………1名
札幌大…………9名
札幌国際大………2名
札幌保健医療大………2名
北海道文教大………2名
札幌大谷大………1名
東京農業大（オホーツクキャンパス）………1名
北海道医療大………1名
北海道科学大………1名
酪農学園大………1名
札幌学院大………5名
北海道千歳リハビリ大………5名
北海道情報大………4名
北翔大…………3名
星槎道都大………1名

光塩学園女子大………1名
札幌国際大短大………1名
北海道武蔵女子短大………1名
北翔大短大………1名
専門学校
北海道医薬専門………3名
札幌看護医療専門………1名
吉田学園医療歯科専門………2名
大阪医専………1名
北海道看護医療専門………1名
北海道ハビリテーション大学校………1名

就職先等
北海道警察………3名
北海道空港………2名
北海道開発局………1名
デンソー北海道………1名
パナソニックインダストリー千歳………1名
河村電器産業………1名

私立道外
城西大…………1名

指定校推薦（一部）

道内
札幌大
札幌学院大
北星学園大
北海学園大
北海商科大
北海道医療大
北海道科学大
北翔大
北海道情報大
北海道千歳リハビリ大

日本医療大
酪農学園大
北海道ハイテクノロジー専門
日本航空大学校
札幌看護医療専門
札幌商工会議所附属専門
札幌ベルエポック美容専門
札幌ベルエポック製菓
調理ウェディング専門
北海道スポーツ専門
北海道自動車整備大学校

市立札幌啓北商業高等学校

未来商学科［商］

生徒数710名　男子300名　女子410名

食堂　購買部(売店)　カウンセラー　寮・寄宿舎　海外研修(交流)　携帯電話持込　スキー授業　プール施設
週1回　　　　　　　　　　　　　　　　　　休み時間

ACCESS GUIDE

〒005-0841
札幌市南区石山1条2丁目15－1
TEL 011-591-2021
FAX 011-591-2023
http://www.keihoku-ch.sapporo-c.ed.jp/

「啓北でよかった」。本校は明るい雰囲気の中、部活動も熱心に活動しており、全校生徒の9割近くが、学校生活に満足していると答えています。

自らの希望によるコース選択制（2年生より）や社会における多様なニーズに即した最新の学びを導入し、一人一人が自ら学びを考える学習環境を整えています。

進路決定においても、進学希望者へは個々に応じた指導をしており、多様化する選抜方法を活用するなど、現在は進学者が7割超の状況です。就職希望者へは開校以来の伝統を生かした進路指導により、近年の就職内定率は100％が続いています。

あなたも啓北で高校生活を送ってみませんか？

在校生の声

市立札幌啓北商業高等学校は札幌市立高校唯一の商業高校です。

授業では普通科目に加えて、様々な商業科目を学びます。1年生では商業の基礎となる簿記・情報処理・ビジネス基礎を全員が学びます。2年生からは会計・情報・国際の3つのコースに分かれ、より高度な内容を学んで、各分野のプロフェッショナルを目指します。

商業高校の魅力の一つである資格取得では、専門の先生の手厚い指導のもと、進学や就職にも有利になるITパスポートなどの国家資格の取得や日商簿記検定の合格も目指すことができます。

先生方との距離が近いことで質問や相談がしやすいため、自分の進路について、深く考えていくことができる環境があります。生徒一人一人が進路に一生懸命取り組み、先生方が応援してくれる学校です。

啓北商業のスクールポリシーには、3Cと呼ばれる目指す生徒像があります。課題探究のアプローチの方法を想像する力「Creation（クリエーション）」、目標に向けて協働する力「Collaboration（コラボレーション）」、困難な問題に対しても粘り強く挑戦する力「Challenge（チャレンジ）」。これら3つの目指す生徒像を意識した取組によって学業だけではなく部活動においても、全道・全国大会出場などを果たすなど、様々な素晴らしい成績を残しています。商業高校ならではの授業や全校生徒が一丸となって取り組む行事などを通して、多くの経験を重ね、成長につなげていくことができます。

皆さんも啓北商業高校に入学し、学びと経験を深め、よりよい未来を啓（ひら）いていきましょう。

学校へ行こう！

【体験入学】
8/21(水)・8/22(木)予定

今春の主な進路

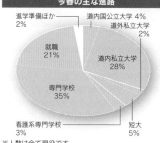

進学準備ほか 2%／道内国公立大学 4%／道外私立大学 2%／道内私立大学 28%／短大 5%／専門学校 35%／看護系専門学校 3%／就職 21%

※人数は全て現役です。

国公立道内	
小樽商科大	4名
旭川市立大	2名
室蘭工業大	2名
釧路公立大	1名
私立道内	
北海学園大	12名
北星学園大	9名
北海商科大	6名
藤女子大	1名
札幌大	26名
北海道医療大	3名
日本医療大	3名
北海道科学大	2名
札幌保健医療大	1名
札幌学院大	5名
北海道情報大	4名
北海道武蔵女子大	4名
私立道外	
千葉商科大	2名
目白大	1名
千葉工業大	1名
短大道内	
北海道武蔵女子短大	4名
光塩学園女子短大	2名

就職先等
陸上自衛隊 … 11名
北海道警察 … 5名
北海道職員 … 1名
北海道電力
東芝コンシューママーケティング
TOPPANエッジ
道信用漁業協同組合連合会
札幌中央信用組合
日本郵便
国分北海道
ヤマチコーポレーション
キムラ
光成会計事務所
柳月
六花亭
ケイシイシイ
イオン北海道
デンコードー
日産プリンス札幌販売
ニプロ再生医療研究開発センター

指定校推薦

非公表

入試情報

2024年度の入試情報です。2025年度は変更になる場合があります。
掲載の入試データ等は道コン事務局の推定です。

以下は、2024年3月入試の情報です。2025年3月入試については北海道教育委員会の発表を確認して下さい。

（ ）内は推薦を表しています。

24入試DATA	定員	一般		推薦		合格者平均	
		推定平均点	倍率	出願者数	内定者数	道コンSS	内申点・ランク
未来商学科	240	200	1.5	185	120	42 (42)	210・F (222・E)

一般入試

■学力検査の成績を重視
9:1

■個人調査書等を重視
6:4

■傾斜配点の教科（倍率）
なし

■学力検査以外の試験
なし

推薦入試

■入学枠
50%程度

■面接(個人)・自己推薦書の提出以外に実施する項目
なし

入試点道コンSS	454	422	390	359	327	295	263	231	200	168	136	104
内申ランク・内申点	74	70	66	62	58	54	50	46	42	38	34	30
A ～296点												
B ～276点												
C ～256点												
D ～236点												
E ～216点									☆			
F ～196点									★			
G ～176点												
H ～156点												
I ～136点												
J ～116点												

道コン合格圏｛（可能性60%ライン）── 未来
合格者 ★一般入試(未来)
平均 ☆推薦入試(未来)

公立×私立高校併願パターン

私立A日程（割合）		私立B日程（割合）	
東海大札幌　総合進学	37%	札幌龍谷学園　未来創造	56%
北海学園札幌　総進	27%	札幌龍谷学園　プログレス進学	25%
札幌静修　総合	18%	北海　進学	6%
その他	18%	その他	13%

札幌東商業高等学校

流通経済科[商]　国際経済科[商]　会計ビジネス科[商]　情報処理科[商]

生徒数911名　男子133名　女子778名

資料請求
巻末ページの二次元コードからアクセスできます

ACCESS GUIDE

〒004-0053
札幌市厚別区厚別中央3条5丁目6-10
TEL 011-891-2311
FAX 011-891-2390
http://www.sattosho.ed.jp/

札幌東商業高校は、昭和39年に開校した商業に関する学科を設置する市内唯一の道立学校で、広く「東商」の名で親しまれています。

札幌副都心である新札幌に立地し、通学に便利であることはもちろん、様々なビジネスシーンに対応する実践的な学習を展開しています。また、高大連携・デュアルシステムなどの特色ある教育活動や、将来のスペシャリストとなるための基礎・基本的な知識と技術を持つ人材の育成を目指しています。4つの学科を設置しており、専門科目を体系的に、より深く学習できるシステムを用意しています。

【学校説明会】
7/27（土）
【体験入学】
9/7（土）
※中学2年生にも対応します。

今春の主な進路

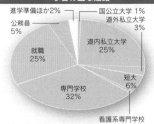

- 進学準備ほか 2%
- 国立大学 1%
- 道外私立大学 3%
- 公務員 5%
- 道内私立大学 25%
- 就職 25%
- 短大 6%
- 専門学校 32%
- 看護系専門学校 1%

※人数は全て現役です。

国公立道内
小樽商科大 ………… 1名
国公立道外
富山大 …………… 1名
私立道内
北海学園大 ……… 12名
北星学園大 ……… 9名
北海商科大 ……… 5名
藤女子大 ………… 1名
札幌国際大 ……… 6名
北海道科学大 …… 4名
日本医療大 ……… 4名
北海道文教大 …… 3名
札幌大 …………… 2名
北海道医療大 …… 2名
札幌大谷大 ……… 1名
札幌学院大 ……… 5名

北海道情報大 …… 5名
北翔大 …………… 3名
星槎道都大 ……… 1名
北海道武蔵女子大 … 3名
私立道外
中央大 …………… 1名
同志社大 ………… 1名
千葉商科大 ……… 2名
明治学院大 ……… 1名
湘南医療大 ……… 1名
京都外国語大 …… 1名
短大道内
北海道武蔵女子短大 … 7名
北星学園大短大 … 3名
北翔大短大 ……… 2名
光塩学園女子短大 … 2名
札幌国際大短大 … 1名

指定校推薦

非公表

入試情報

2024年度の入試情報です。2025年度は変更になる場合があります。
掲載の入試データ等は道コン事務局の推定です。

以下は、2024年3月入試の情報です。2025年3月入試については北海道教育委員会の発表を確認して下さい。

( )内は推薦を表しています。

24入試 DATA	定員	一般		推薦		合格者平均	
		推定平均点	倍率	出願者数	内定者数	道コンSS	内申点・ランク
流通経済科	80	202	1.4	73	40	42 (41)	217・E (232・E)
国際経済科	80		1.6	72	40		
会計ビジネス科	80		1.3	45	40		
情報処理科	80		1.5	43	41		

一般入試

■学力検査の成績を重視
8：2

■個人調査書等を重視
6：4
内申点以外で参考にするポイント
特別活動の記録　総合所見等

■傾斜配点の教科（倍率）
なし

■学力検査以外の試験
集団面接

推薦入試

■入学枠
50%程度

■面接（個人）・自己推薦書の提出以外に実施する項目
なし

入試点 道コンSS	454	422	390	359	327	295	263	231	200	168	136	104
	74	70	66	62	58	54	50	46	42	38	34	30
内申ランク・内申点												

ランク	点
A	～296点
B	～276点
C	～256点
D	～236点
E	～216点
F	～196点
G	～176点
H	～156点
I	～136点
J	～116点

道コン合格圏（可能性60%ライン）━━ 全科集計
合格者平均　★一般入試（全科集計）　☆推薦入試（全科集計）

公立×私立高校併願パターン

私立A日程（割合）		私立B日程（割合）	
北海学園札幌　総進	22%	北星学園大附属　進学	41%
札幌北斗　進学	21%	札幌龍谷学園　プログレス進学	20%
札幌静修　総合	13%	道文教大附属　普通	17%
その他	44%	その他	22%

札幌琴似工業高等学校

電子機械科[工] 電気科[工] 情報技術科[工] 環境化学科[工]

生徒数782名　男子662名　女子120名

食堂／購買部(売店)／カウンセラー／寮・寄宿舎／海外研修(交流)／携帯電話持込／スキー授業／プール施設／校内電源OFF

教訓　報恩効誠　錬心清志　実践躬行

ACCESS GUIDE

〒063-0833
札幌市西区発寒13条11丁目3－1
TEL 011-661-3251
FAX 011-661-3252
http://www.sapporokotonikougyou.hokkaido-c.ed.jp/

本校では、校訓「報恩効誠・錬心清志・実践躬行」のもと、専門分野に関する基礎的・基本的な知識・技術・技能の定着を図り、ものづくりなどの体験的な学習を通して、社会で活きる実践的な力を育成し、日本の産業界から信頼される技術者を輩出しており、就職内定率はほぼ100%です。進学希望者は全校生徒の40%を占め、生徒と教師との日々のふれあいを大切にし、部活動、資格取得、進学指導にも力を入れ、生徒一人ひとりが自己実現できる、地域から信頼される学校を目指しています。

在校生の声　高3生・生徒会執行部生徒

札幌琴似工業高校の特色は、
・普通科目の他に『専科』と呼ばれる工業高校で学ぶ専門的な「科目」がある。
・「専科」で学んだことを活かし、週に一回の実習がある。
・「専科」の授業は4つの学科毎に異なっている。
・資格取得、就職、進学に強い。
・学校祭「琴工祭」で、科展示と呼ばれる科毎に実習で制作したものを展示・販売を行っている。
などです。
一緒に楽しく専門的な知識を学びませんか？

学校へ行こう！

【学校見学説明会】9/7(土)
【学校祭】一般公開(ありの予定)7/5(金)・7/6(土)
詳しくは本校ホームページをご覧ください。

入試情報

2024年度の入試情報です。2025年度は変更になる場合があります。掲載の入試データ等は道コン事務局の推定です。

以下は、2024年3月入試の情報です。2025年3月入試については北海道教育委員会の発表を確認して下さい。

一般入試

■学力検査の成績を重視…8:2

■個人調査書等を重視…6:4
内申点以外で参考にするポイント
特別活動の記録　総合所見等

■傾斜配点の教科(倍率)…なし

■学力検査以外の試験
集団面接

推薦入試

■入学枠…50%程度

■面接(個人)・自己推薦書の提出以外に実施する項目…なし

今春のキな進路

進学準備ほか 4%
道内国公立大学 1%
道内私立大学 1%
道内私立大学 13%
就職 51%
専門学校 28%
短大 1%
看護系専門学校 1%

※人数は全て現役です。

国公立道内
室蘭工業大………2名
私立道内
北海学園大………4名
北海道科学大……14名
札幌国際大………3名
札幌大…………1名
星槎道都大………2名
北海道情報大……2名
札幌学院大………1名

北翔大……………1名
私立道外
日本大……………1名
千葉工業大………2名
愛知工業大………1名
大阪国際工科専門職大…1名
短大道内
光塩学園女子短大…1名
北翔大短大………1名
國學院大道短大……1名

指定校推薦 (一部)

道内
星槎道都大
北海道科学大
酪農学園大
北海学園大
札幌学院大
北翔大
東海大
札幌国際大
札幌大
北海道医療大
北海道情報大
北海道文教大

日本医療大
道外
東北学院大
日本大
千葉工業大
東京電機大
日本工業大
愛知工業大
関東学院大
埼玉工業大
神奈川工科大
城西大
八戸工業大

入試 DATA (24入試)

( )内は推薦を表しています。

24入試DATA	定員	一般 推定平均点	一般 倍率	推薦 出願者数	推薦 内定者数	合格者平均 道コンSS	合格者平均 内申点・ランク
電子機械科	80	153	0.8	16	16	36 (34)	177・G (169・H)
電気科	80		1.0	17	15		
情報技術科	80		0.9	14	13		
環境化学科	80		0.7	10	6		

入試点 道コンSS	454	422	390	359	327	295	263	231	200	168	136	104
内申ランク・内申点	74	70	66	62	58	54	50	46	42	38	34	30
A ～296点												
B ～276点												
C ～256点												
D ～236点												
E ～216点												
F ～196点												
G ～176点												
H ～156点									★	☆		
I ～136点												
J ～116点												

道コン合格圏(可能性60%ライン)
── 全科集計
合格者平均 ★ 一般入試(全科集計)
☆ 推薦入試(全科集計)

公立×私立高校併願パターン

私立A日程	(割合)	私立B日程	(割合)
札幌山の手　未来デザイン	37%	札幌龍谷学園　未来創造	69%
札幌北斗　総合	25%	札幌龍谷学園　プログレス進学	26%
北科大高　進学	10%	とわの森三愛　総合進学	5%
その他	28%		

札幌工業高等学校

機械科[工]　電気科[工]　建築科[工]　土木科[工]

生徒数822名　男子749名　女子73名

食堂 / 購買部(売店) / カウンセラー / 寮・寄宿舎 / 海外研修(交流) / 携帯電話持込 / スキー授業 / プール施設
1年生時2月 宿泊研修(スキー&スノーボード)のみ

ACCESS GUIDE

〒060-0820
札幌市北区北20条西13丁目
TEL 011-727-3341
FAX 011-727-3344
http://www.sakko.hokkaido-c.ed.jp/

◎ 北海道中央バス、JRバス
「北21条西15丁目」下車　徒歩1分
◎ 地下鉄南北線
「北18条駅」下車　徒歩15分
◎ JR
「桑園駅」下車　徒歩20分

　本校は大正5年(1916年)に開校し、100年の歴史と伝統を持つ工業高校です。校舎は北海道大学の西北に位置し、工業学科の生命である実験・実習設備が整備されています。

　生徒たちの学習意欲は高く、様々な資格を取得し、就職、進学共に希望者全員が進路を決めて卒業します。卒業生は約3万名となり、工業分野ばかりでなく産業の各界で活躍しています。また、さらに高度な知識と技術の取得のために四年制大学などへ進学する者が卒業生の半数近くを占めています。

　本校の学校教育目標は、「①確かな倫理観・規範意識を身に付けさせ、協働的に取り組む心豊かな人間を育成する。②主体的に学びに向かう力を身に付けさせ、社会の変化に対応できる人間を育成する。③望ましい勤労観・職業観を身に付けさせ、地域や社会の発展を担う職業人を育成する。」であり、こういった生徒の育成を目指しています。

今春の主な進路

就職 57%
専門学校 22%
道内私立大学 18%
進学準備ほか 1%
道内国公立大学 1%
道外私立大学 1%

※人数は全て現役です。

国公立道内
室蘭工業大 ………1名
北見工業大 ………1名
私立道内
北海学園大 ………7名
北海商科大 ………1名
北海道科学大 ………15名
札幌国際大 ………4名
札幌大 ………3名
東海大(札幌) ………1名
北海道文教大 ………1名
札幌学院大 ………5名

国公立道内
星槎道都大 ………4名
北翔大 ………4名
北海道情報大 ………3名
私立道外
駒澤大 ………1名
金沢工業大 ………2名
拓殖大 ………1名

指定校推薦

非公表

学校へ行こう！

【学校見学説明会】
7/20(土)

【学校祭】
7/6(土)

入試情報

2024年度の入試情報です。2025年度は変更になる場合があります。
掲載の入試データ等は道コン事務局の推定です。

以下は、2024年3月入試の情報です。2025年3月入試については北海道教育委員会の発表を確認して下さい。

一般入試

■学力検査の成績を重視
8:2

■個人調査書等を重視
6:4
内申点以外で参考にするポイント
特別活動の記録　総合所見等

■傾斜配点の教科(倍率)
なし

■学力検査以外の試験
個人面接

推薦入試

■入学枠
50%程度

■面接(個人)・自己推薦書の提出以外に実施する項目
なし

( )内は推薦を表しています。

24入試DATA	定員	一般		推薦		合格者平均		
		推定平均点	倍率	出願者数	内定者数	道コンSS	内申点・ランク	
機械科	80	151	1.1	29	16	36 (40)	172・H (201・F)	
電気科	80		1.0	25	19			
建築科	80		0.9	26	20			
土木科	80		0.7	12	5			

入試点 道コンSS	454	422	390	359	327	295	263	231	200	168	136	104
内申ランク・内申点	74	70	66	62	58	54	50	46	42	38	34	30
A ～296点												
B ～276点												
C ～256点												
D ～236点												
E ～216点												
F ～196点									☆			
G ～176点												
H ～156点										★		
I ～136点												
J ～116点												

道コン合格圏(可能性60%ライン)　━━ 全科集計
合格者平均 ★一般入試(全科集計)　☆推薦入試(全科集計)

公立×私立高校併願パターン

私立A日程(割合)		私立B日程(割合)	
札幌山の手　未来デザイン	18%	札幌龍谷学園　未来創造	63%
札幌静修　総合	15%	札幌龍谷学園　プログレス進学	15%
札幌北斗　総合	12%	とわの森三愛　総合進学	10%
その他	55%	その他	12%

市立札幌大通高等学校

普通科[普]

生徒数1148名　男子481名　女子667名

食堂　購買部(売店)　カウンセラー　寮・寄宿舎　海外研修(交流)　携帯電話持込　スキー授業　プール施設
スクールカウンセラー及びキャリアカウンセラー

プレゼンテーション大会

ACCESS GUIDE

〒060-0002
札幌市中央区北2条西11丁目
TEL 011-251-0229
FAX 011-261-1449
https://www.odori-h.sapporo-c.ed.jp/

《本校の特色》
- 単位制・三部制（午前部・午後部・夜間部）の定時制高校です。
- 札幌市のほぼ中央に位置し、通学に便利です。
- 前期・後期の二学期制で学期ごとに単位認定をします。
- 基礎・基本を大切にします。
- 幅広い分野にわたり約100科目開講します。
- 1日4時間授業の4年間の学校生活で74単位以上修得すると卒業出来ます。
- 自分の所属する部以外の授業を受けて3年で卒業することもできます。
- 少人数のクラス編成で、きめ細やかな指導をします。
- 生徒一人ひとりを大切にし、「ありたい自分」と「なりたい自分」を支援します。
- 渡日帰国生徒を含め様々な背景をもつ生徒が学びを共にしています。
- プレゼンテーション大会、ミツバチプロジェクト、学社融合講座（市民と共に学ぶ）など、多様な学びができます。

学校へ行こう！
【学校説明会（個別相談他）】
10/12(土) 本校

入試情報
2024年度の入試情報です。2025年度は変更になる場合があります。
掲載の入試データ等は道コン事務局の推定です。

以下は、2024年入試の情報です。2025年入試については北海道教育委員会の発表を確認して下さい。

前期一般入試
■入学枠
午前部　80名程度
午後部　60名程度
夜間部　40名程度

■学力検査の成績を重視
入試当日点のみ考慮

■個人調査書等を重視
内申点考慮なし

■傾斜配点の教科（倍率）
なし

■学力検査以外の試験
個人面接

推薦入試
■入学枠
午前部　30名程度
午後部　30名程度
夜間部　50名程度

■面接（個人）・自己推薦書の提出以外に実施する項目
作文

後期一般入試・転編入学試験（8月末〜9月頃）
■入学枠
15名程度
■選抜方法等
学力検査（国語・数学・英語）　作文　個人面接

※推薦入試と、後期一般入試には海外帰国生徒枠があります。
※3月下旬頃に転入学者・編入学者選抜があります。

（　）内は推薦を表しています。

24入試DATA	定員	一般		推薦		合格者平均	
		推定平均点	倍率	出願者数	内定者数	道コンSS	内申点・ランク
普通科	290	181	1.5	271	110	40 (36)	158・H (180・G)

入試点道コンSS	454	422	390	359	327	295	263	231	200	168	136	104
内申ランク・内申点	74	70	66	62	58	54	50	46	42	38	34	30
A ～296点												
B ～276点												
C ～256点												
D ～236点												
E ～216点												
F ～196点												
G ～176点										☆		
H ～156点									★			
I ～136点												
J ～116点												

道コン合格圏（可能性60％ライン）━━━ 普通
合格者平均 ★一般入試（普通）　☆推薦入試（普通）

公立×私立高校併願パターン

私立A日程（割合）		私立B日程（割合）	
札幌静修　総合	27%	札幌龍谷学園　未来創造	70%
札幌山の手　未来デザイン	22%	とわの森三愛　総合進学	20%
札幌北斗　総合	16%	とわの森三愛　アグリクリエイト機農	10%
その他	35%		

今春の主な進路

大学 32%
専門学校 30%
就職 17%
進学準備ほか 20%
短大 1%

※人数は現役のみです。

国公立道内
北海道大…………1名
小樽商科大………1名
北海道教育大……1名
私立道内
北海学園大………21名
北星学園大………3名
札幌大……………8名
北海道科学大……8名
北海道情報大……4名
北翔大……………4名
短大道内
札幌国際大短大…2名
専門学校

北海道情報専門……7名
札幌ビューティーアート専門…5名
北海道芸術デザイン専門…4名
札幌こども専門……3名
北海道どうぶつ医療専門…3名
札幌ブライダル&ホテル観光専門…3名
札幌商工会議所附属専門…3名
就職先等
北海道職員
イオン北海道
アート引越センター
どんぐり
トヨタカローラ札幌
他多数

指定校推薦（一部）

非公開

中・高一貫校
私立高校
高等専修学校・技能連携校
通信制・単位制
高等専門学校
公立高校（石狩）
公立（渡島・檜山・後志）
公立（空知・留萌）
公立（上川・宗谷）
公立（オホーツク）
公立（胆振・日高）
公立（十勝・釧路・根室）

有朋高等学校（単位制課程）

普通科［普］　事務情報科［商］

生徒数302名　男子129名　女子173名

食堂　購買部（売店）　カウンセラー　寮・寄宿舎　海外研修（交流）　携帯電話持込　スキー授業　プール施設

水曜日　月2回程度　　　　　　　　　　休み時間　放課後

ACCESS GUIDE

〒002-8504
札幌市北区屯田9条7丁目
TEL 011-773-8200
FAX 011-773-8300
http://www.yuho.hokkaido-c.ed.jp/

今春の主な進路

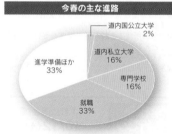

- 道内国公立大学 2%
- 道内私立大学 16%
- 専門学校 16%
- 就職 33%
- 進学準備ほか 33%

※人数は現浪合計です。

国公立道内
室蘭工業大‥‥‥‥1名
私立道内
北海学園大‥‥‥‥4名
札幌大‥‥‥‥‥‥1名
北海道科学大‥‥‥1名
札幌学院大‥‥‥‥1名
北海道情報大‥‥‥1名

指定校推薦（一部）

道内
北海学園大‥‥‥‥7名
北海道情報大‥‥‥7名
札幌学院大‥‥‥‥4名
北翔大‥‥‥‥‥‥6名
札幌大‥‥‥‥‥20名
札幌国際大‥‥‥‥11名
東海大‥‥‥‥‥‥4名
北海道医療大‥‥‥3名
星槎道都大‥‥‥‥4名

札幌保健医療大‥‥‥2名
北翔大短大‥‥‥‥‥2名
札幌国際大短大‥‥‥4名
大原学園 各専門学校‥9名
日本工学院北海道専門‥若干名
北海道情報専門‥‥‥1名
札幌情報未来専門‥‥2名
せいとく介護こども福祉専門‥3名
日本航空大学校‥‥‥若干名
札幌商工会議所付属専門‥2名

有朋高校単位制課程の特色

○12教科302講座の中から、生徒各自が自分の興味関心や卒業後の進路、将来までを見越したONLY ONEの時間割を作成。
○3部制（午前・午後・夜間）の授業展開により90分授業を週5日間開講、個々の学習スタイルに合わせて、どの部の授業でも選択可能！
○後期入学（10月）や前期卒業（9月）も可能（2学期制、学期ごとに単位認定）。
○スクールカウンセラー、スクールソーシャルワーカーによる相談・支援体制を整備。
○有朋高校ボランティアバンクを中心に地域と連携したボランティア活動（防犯活動・除雪活動・奉仕活動・交通安全推進など）を実施。

学校へ行こう！

【学校説明会】
10/5（土）（予定）**13:00～15:00** 本校

【就学相談】
5月～翌年2月の授業日に実施（土日・祝日除く）
電話にて受付（広報相談部で対応）9:00～20:00

入試情報　2024年度の入試情報です。2025年度は変更になる場合があります。

以下は、2024年入試の情報です。2025年入試については北海道教育委員会の発表を確認して下さい。

一般入試

■募集人員
・普通科120名　事務情報科80名
※普通科の募集人員120名のうち、80名は新入学の募集人員とし、40名は転入学及び編入学の募集人員とする。
・募集は前期（3月）と後期（8月末～9月頃）に行う。
後期募集は前期に欠員が生じた場合の当該人員に限る。

■入学者の選抜など

作文　面接　学力検査（国語・数学・英語）※後期のみ

※前期には学力検査はありません。
※個人調査書・作文・面接、及び学力検査（後期のみ）の成績を総合的に判定

推薦入試

■入学枠
一般募集人員　普通科80名のうち30%程度　事務情報科80名のうち30%程度

■入学者の選抜など
個人調査書・自己推薦書及び面接の結果を資料として総合的に判定

※前期のみ実施。

公立高校（渡島・檜山・後志）紹介

14校

CONTENTS

函館中部高等学校

普通科[普] 理数科[理]

生徒数593名 男子321名 女子272名

食堂 購買部(売店) カウンセラー 月1回 寮・寄宿舎 海外研修(交流) 携帯電話持込 休み時間 放課後 登下校 スキー授業 宿泊研修でスキー プール施設

今年で創立129年目を迎える伝統校。函中スピリット「白楊魂」を胸に文武両道の高校生活を目指す校風で、幾多の有為な人材を輩出してきた。平成20年度から道教委の「医進類型指定校」となり、理数の教員が増えて少人数授業を実施している。また平成21年には、文科省の「英語授業改善のための調査研究事業の指定校」となるなど、生徒の学力伸長と進路実現に力を入れている。部活動では、陸上競技部・卓球部・放送局・ESS部・書道部などが全国大会で活躍している。令和2年度よりSSH指定校、令和4年度より理数科が新設されている。

ACCESS GUIDE

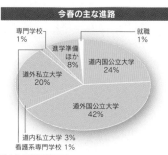

〒040-0012
函館市時任町11-3
TEL 0138-52-0303
FAX 0138-52-0305
http://www.kanchu.hokkaido-c.ed.jp

学校へ行こう!
【学校説明会】
9/7(土) 予定

入試情報

2024年度の入試情報です。2025年度は変更になる場合があります。
掲載の入試データ等は道コン事務局の推定です。

以下は、2024年3月入試の情報です。2025年3月入試については北海道教育委員会の発表を確認して下さい。

今春の主な進路

専門学校 1%
進学準備ほか 8%
就職 1%
道内国公立大学 24%
道外私立大学 20%
道外国公立大学 42%
道内私立大学 3%
看護系専門学校 1%

※人数は現浪合計です。

国公立道内
北海道大‥‥‥‥14名
旭川医科大‥‥‥‥3名
札幌医科大‥‥‥‥1名
北海道教育大‥‥‥16名
小樽商科大‥‥‥‥2名
帯広畜産大‥‥‥‥1名
はこだて未来大‥‥6名
室蘭工業大‥‥‥‥5名
千歳科学技術大‥‥2名
札幌市立大‥‥‥‥1名

国公立道外
東京大‥‥‥‥‥‥1名
京都大‥‥‥‥‥‥1名
東北大‥‥‥‥‥‥5名
大阪大‥‥‥‥‥‥2名
筑波大‥‥‥‥‥‥3名
横浜国立大‥‥‥‥2名
弘前大‥‥‥‥‥25名
千葉大‥‥‥‥‥‥3名
新潟大‥‥‥‥‥‥3名
金沢大‥‥‥‥‥‥3名

岩手大‥‥‥‥‥‥2名
信州大‥‥‥‥‥‥2名
東京農工大‥‥‥‥2名
電気通信大‥‥‥‥1名
東京学芸大‥‥‥‥1名

私立道内
藤女子大‥‥‥‥‥1名
北海道医療大‥‥‥3名
北海道科学大‥‥‥3名

私立道外
慶應義塾大‥‥‥‥3名
早稲田大‥‥‥‥‥1名
中央大‥‥‥‥‥‥4名
明治大‥‥‥‥‥‥4名
法政大‥‥‥‥‥‥2名
立教大‥‥‥‥‥‥1名
東海大‥‥‥‥‥‥3名
日本赤十字看護大‥1名
芝浦工業大‥‥‥‥1名
東京薬科大‥‥‥‥1名

海外
英国バンガー大‥‥1名

指定校推薦

非公表

一般入試

■学力検査の成績を重視
9:1

■個人調査書等を重視
6:4
内申点以外で参考にするポイント
特別活動の記録 総合所見等

■傾斜配点の教科(倍率)
理数科 数学・理科(2.0)

■学力検査以外の試験
なし

推薦入試

■入学枠
理数科 50%程度

■面接(個人)・自己推薦書の提出以外に実施する項目
理数科 作文

( )内は推薦を表しています。

24入試DATA	定員	一般 推定平均点	一般 倍率	推薦 出願者数	推薦 内定者数	合格者平均 道コンSS	合格者平均 内申点・ランク
普通科	160	332	1.2			59	292・B
理数科	40	360	0.9	28	20	62 (64)	293・B (302・A)

入試点 道コンSS	454	422	390	359	327	295	263	231	200	168	136	104
内申ランク・内申点	74	70	66	62	58	54	50	46	42	38	34	30
A ~296点				☆								
B ~276点					★							
C ~256点												
D ~236点												
E ~216点												
F ~196点												
G ~176点												
H ~156点												
I ~136点												
J ~116点												

道コン合格圏(可能性60%ライン) ━━ 普通・理数
合格者 ★ 一般入試(普通・理数)
平均 ☆ 推薦入試(普通・理数)

公立×私立・高専併願パターン

私立高校(割合)		高専(割合)	
遺愛女子 特別進学	40%	函館高専 生産システム	75%
函館大有斗 特別進学	24%	函館高専 物質環境	20%
函館ラ・サール 一般	18%	函館高専 社会基盤	5%
その他	18%		

縦書き見出し: 中・高一貫校 / 私立高校 / 高等専修学校・技能連携校 / 通信制・単位制 / 高等専門学校 / 公立高校(石狩) / 公立(渡島・檜山・後志) / 公立(空知・留萌) / 公立(上川・宗谷) / 公立(オホーツク) / 公立(胆振・日高) / 公立(十勝・釧路・根室)

市立函館高等学校

普通科[普]

生徒数627名　男子287名　女子340名

食堂　購買部(売店)　カウンセラー　寮・寄宿舎　海外研修(交流)　携帯電話持込(希望者)　スキー授業(始業前放課後)　プール施設

本校は、平成19年4月に函館東高校と函館北高校が統合して開校した函館市唯一の市立高等学校です。

本校の最大の特徴である単位制は、学年制とは異なり幅広い選択科目の設定と少人数指導により、一人一人の進路目標の実現に向けたきめ細かな対応が可能となります。また、講座「函館学」を設置し安政年間から国際都市としての歴史を持つ函館の伝統と文化を学び、グローバルな視点を備えるコミュニケーション能力を持った地域に貢献できる人材の育成を目指しています。

本校は、五稜郭公園と一体化した敷地内に東北・北海道最大の校地を有する緑豊かな場所に建っています。ここは、榎本武揚率いる旧幕府反乱軍が蝦夷共和国樹立を目指した函館戦争が繰り広げられた所です。今でも明治維新の熱き志士たちの思いが漂っているように感じられます。このように自然ばかりではなく歴史的にも恵まれた環境の中で多感な高校時代を過ごすことは、その人間の人格形成に大きなメリットをもたらすことになるでしょう。

本校の校歌は、「夢ここにあり」という題名を持っています。その一節にあるように、本校が皆さんの「夢を抱いて集う園」となるよう、教職員が一丸となって一時間一時間の授業を中心に真剣に取り組んでいます。また、母体となっている函館東高・函館北高時代から、文武両道を目指し部活動にも力を入れ、毎年、多くの部が、全道大会・全国大会へと駒を進めています。本校の歴史はまだ浅いものですが、函館東と函館北両校の歴史と伝統を継承しつつ、これからも、皆さんの力で大きく発展させて行くことを願っています。

ACCESS GUIDE

〒040-0002
函館市柳町11－5
TEL 0138-52-0099
FAX 0138-52-9955
http://ichihako.ed.jp

在校生の声　高3生・生徒会長

市立函館高等学校（いちはこ）は「単位制」の学校で2,3年生になると自分の希望する大学にあった理科系科目、社会系科目などの選択授業を受けることができます。全生徒が受ける「函館学」という教科もあり、地域のことを楽しく、詳しく知ることができる科目です。校訓は「何を求める」です。この校訓のもと私たちは日々、自分が挑戦したいことや将来なりたいもののために自分が今するべきことなどを探求し続けています。いちはこは生徒が主体となって活動する機会が多くある学校です。自分の将来なりたいもののために自分がやっておきたいことを主体となって行うチャンスとなる学校です。みんなで楽しく充実した学校生活を過ごしましょう。

学校へ行こう！

【学校説明会】
8/24(土)予定

【学校祭(柳星祭)】
7/6(土)～7(日)予定

今春の主な進路

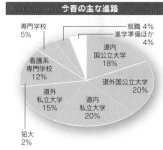

専門学校 5%
就職 4%
進学準備ほか 4%
道内国公立大学 18%
道外国公立大学 20%
看護系専門学校 12%
道外私立大学 15%
道内私立大学 20%
短大 2%

※人数は現浪合計です。

国公立道内
北海道大 ……… 2名
旭川医科大 ……… 1名
北海道教育大 …… 24名
小樽商科大 ……… 4名
はこだて未来大 … 6名
旭川市立大 ……… 3名
北見工業大 ……… 2名
千歳科学技術大 … 2名
釧路公立大 ……… 2名
名寄市立大 ……… 2名

国公立道外
福島県立医科大 … 1名
筑波大 ……… 1名
横浜市立大 ……… 1名
弘前大 ……… 11名
岩手大 ……… 4名
青森県立保健大 … 4名
秋田大 ……… 3名
静岡大 ……… 2名
福島大 ……… 1名
宮城教育大 ……… 1名

私立道内
北海学園大 …… 32名
北星学園大 …… 10名
藤女子大 ……… 8名
北海道医療大 … 21名
北海道科学大 … 18名
札幌学院大 …… 11名
函館大 ……… 4名

私立道外
早稲田大 ……… 1名
東洋大 ……… 8名
日本大 ……… 8名
明治大 ……… 3名
法政大 ……… 1名
多摩美術大 …… 7名
関西外国語大 … 6名
東北学院大 …… 5名
東京造形大 …… 3名
北里大 ……… 2名
京都産業大 …… 2名

海外
クイーンズランド工科大 … 1名

他多数

指定校推薦

道内
北海学園大
北星学園大
北海道医療大
北海道科学大
藤女子大
北翔大

道外
青山学院大
獨協大
國學院大
法政大
南山大
同志社大
中央大

入試情報

2024年度の入試情報です。2025年度は変更になる場合があります。掲載の入試データ等は道コン事務局の推定です。

以下は、2024年3月入試の情報です。2025年3月入試については北海道教育委員会の発表を確認して下さい。

一般入試

■学力検査の成績を重視
9：1

■個人調査書等を重視
6：4
内申点以外で参考にするポイント
[特別活動の記録] [総合所見等]

■傾斜配点の教科(倍率)
なし

■学力検査以外の試験
なし

推薦入試

■入学枠
20%程度

■面接(個人)・自己推薦書の提出以外に実施する項目
[英語聞取テスト]

（ ）内は推薦を表しています。

24入試 DATA	定員	一般		推薦		合格者平均	
		推定平均点	倍率	出願者数	内定者数	道コンSS	内申点・ランク
普通科	200	290	1.8	111	40	53 (54)	269・C (291・B)

入試点 道コンSS	454	422	390	359	327	295	263	231	200	168	136	104
内申ランク・内申点	74	70	66	62	58	54	50	46	42	38	34	30
A　～296点												
B　～276点						☆						
C　～256点						★						
D　～236点												
E　～216点												
F　～196点												
G　～176点												
H　～156点												
I　～136点												
J　～116点												

道コン合格圏(可能性60%ライン) ━━ 普通
合格者平均 ★一般入試(普通)　☆推薦入試(普通)

公立×私立・高専併願パターン

私立高校(割合)			高専(割合)	
函館大有斗　特別進学	34%		函館高専　生産システム	56%
遺愛女子　特別進学	17%		函館高専　社会基盤	31%
遺愛女子　一般	14%		函館高専　物質環境	13%
その他	35%			

函館西高等学校

普通科[普]

生徒数706名　男子302名　女子404名

食　堂　購買部(売店)　カウンセラー　寮・寄宿舎　海外研修(交流)　携帯電話持込　スキー授業　プール施設　休み時間

志高く

ACCESS GUIDE

〒040-0054
函館市元町7-17
TEL 0138-23-8415
FAX 0138-22-3235
http://www.hakodatenishi.hokkaido-c.ed.jp/

　2019年4月から北海道函館稜北高等学校と再編統合されるとともに、単位制が導入され、新しいスタートを切りました。制服も一新され、校章、校歌も新しくなりました。

　校訓「志高く未来を創る」のもと、函館稜北高校が推進していた「主体的・対話的で深い学び（いわゆるアクティブ・ラーニング）」の取組と、函館西高校が推進してきた「キャリア教育」の利点を合わせて、探究的な学習を進めています。

　4年制大学から看護学校、専門学校、就職（公務員を含む）まで幅広い進路希望を叶えるために、単位制の利点を生かした多様な科目が設定されています。統合によって生徒数も増え、学校行事や部活動もますます活発になっています。

　函館の街が一望できるこの恵まれた環境の中で、自分の可能性を大きく伸ばしましょう。

在校生の声 / 高3生・生徒会長

　函館西高校は、2019年度より単位制の学校となりました。
　単位制のよいところは、選択科目の幅広さです。
　自分の進路実現に向け、必要な科目で選択できます。
　本校は「探究活動」に力を入れている学校で、自分から課題を設定し調べ、発表するのが特徴です。
　また、学校行事にも力を入れており、学校祭であるつつじが丘祭をはじめ、体育祭など行事が充実しているのも特色の一つです。
　本校は、観光名所である八幡坂の頂上にあり、函館市を一望できます。
　そのような環境のもと、校訓である「志高く未来を創る」を日々実践することができます。
　みなさんもぜひ、最高のロケーションで高校生活を青春謳歌しましょう！！

学校へ行こう！

【学校説明会】
9/14(土) 日程変更の場合があります。詳しくはお問い合わせください。

入試情報

2024年度の入試情報です。2025年度は変更になる場合があります。
掲載の入試データ等は道コン事務局の推定です。

以下は、2024年3月入試の情報です。2025年3月入試については北海道教育委員会の発表を確認して下さい。

一般入試

■**学力検査の成績を重視**
9：1

■**個人調査書等を重視**
6：4
内申点以外で参考にするポイント
[特別活動の記録] [総合所見等]

■**傾斜配点の教科（倍率）**
なし

■**学力検査以外の試験**
[過年度卒のみ個人面接]

推薦入試

■**入学枠**
20％程度

■**面接（個人）・自己推薦書の提出以外に実施する項目**
なし

( )内は推薦を表しています。

24入試 DATA	定員	一般		推薦		合格者平均	
		推定平均点	倍率	出願者数	内定者数	道コンSS	内申点・ランク
普通科	240	215	1.4	85	48	44 (45)	223・E (243・D)

入試点 道コンSS	454	422	390	359	327	295	263	231	200	168	136	104
内申ランク・内申点	74	70	66	62	58	54	50	46	42	38	34	30
A ~296点	道コン合格圏 (可能性60%ライン) ──普通											
B ~276点	合格者 ★一般入試(普通)											
C ~256点	平均 ☆推薦入試(普通)											
D ~236点								☆				
E ~216点								★				
F ~196点												
G ~176点												
H ~156点												
I ~136点												
J ~116点												

公立×私立・高専併願パターン

私立高校(割合)			高専(割合)		
遺愛女子　一般		32%	函館高専　生産システム		75%
函館大有斗　普通		24%	函館高専　社会基盤		25%
函館大柏稜　総合進学		13%			
その他		31%			

今春の主な進路

道内国公立大学 10%
道外国公立大学 2%
進学準備ほか 2%
就職 7%
専門学校 22%
道内私立大学 28%
看護系専門学校 12%
短大 9%
道外私立大学 8%

※人数は現浪合計です。

国公立道内
北海道大 ………… 1名
北海道教育大 …… 7名
はこだて未来大 …6名
室蘭工業大 ……… 4名
釧路公立大 ……… 3名
北見工業大 ……… 2名
名寄市立大 ……… 2名
旭川市立大 ……… 1名
千歳科学技術大 … 1名
国公立道外
弘前大 …………… 1名
秋田大 …………… 1名
静岡大 …………… 1名
青森公立大 ……… 1名
私立道内
北海学園大 …… 17名
北星学園大 …… 11名
日本医療大 …… 16名
札幌大 ………… 10名
札幌学院大 …… 20名
北海道情報大 … 10名
函館大 ………… 8名
私立道外
東北学院大 ……… 8名

大東文化大 ……… 3名
獨協大 …………… 2名
国士舘大 ………… 1名
短大道内
札幌国際大短大 … 2名
北星学園大短大 … 1名
函館短大 ………… 7名
函館大谷短大 …… 5名
専門学校
函館医師会看護･ﾘﾊﾋﾞﾘﾃｰｼｮﾝ校 …16名
市立函館病院高等看護 … 11名
函館厚生院看護専門 … 11名
函館栄養理容専門 … 10名
函館理容美容専門 …4名
北海道エコ動物自然専門 …3名
就職先等
自衛隊 …………… 3名
北海道旅客鉄道 … 1名
北海道警察 ……… 1名
公務員 …………… 9名
日本郵便 ………… 1名
海外
Taylors University … 1名
他多数

指定校推薦（一部）

道内
函館大
北海学園大
北星学園大
北海道医療大
日本医療大
札幌保健医療大
北海道科学大
北翔大
市立函館病院高等看護
函館歯科衛生士専門
札幌学院大
北海道情報大

公立はこだて未来大
北海道文教大
日本北海道看護大
函館厚生院看護専門
函館医師会看護・リハビリテーション学院
函館短大
函館大谷短大
北海道武蔵女子短大
道外
東北学院大
東洋大
日本大
千葉工業大

中・高一貫校
私立高校
高等専修学校・技能連携校
通信制・単位制
高等専門学校
公立高校(石狩)
公立(渡島・檜山・後志)
公立(空知・留萌)
公立(上川・宗谷)
公立(オホーツク)
公立(胆振・日高)
公立(十勝・釧路・根室)

函館商業高等学校

流通ビジネス科[商]　国際経済科[商]　会計ビジネス科[商]
情報処理科[商]

生徒数472名　男子155名　女子317名

食堂　購買部(売店)　カウンセラー　寮・寄宿舎　海外研修(交流)　携帯電話持込　スキー授業　プール施設　資料請求
休み時間　始業前・放課後　登下校　巻末ページの二次元コードからアクセスできます。

ACCESS GUIDE

〒041-0812
函館市昭和1丁目17-1
TEL 0138-41-4248
FAX 0138-41-4250
http://www.hakodateshougyou.hokkaido-c.ed.jp/

本校は、今年創立138年を迎え、道内公立高校では、最古の歴史と伝統を誇る商業に関する専門高校です。校是「士魂商才」を掲げ、近代的な校舎と最新の設備に恵まれた環境の下、専門性の深化・ビジネスマナーの修得など実学を重視した教育活動を展開しています。生徒一人ひとりの自己実現に向け、全力で指導にあたります。

在校生の声　高3生・生徒会長

みなさんこんにちは！　みなさんは函館商業高校、通称「函商」(はこしょう)がどのような学校かご存じですか？　函商は4つの学科があり、それぞれに特化した検定を受けることができます。卒業までに各種検定で1級3種目以上取得を目標として皆熱心に日々の勉強に励んでおり、進学にも就職にも有利な学校です。卒業時に「全商1級3種目以上」資格を持っている人全員で写真撮影が行われることが函商の伝統となっています。

そして函商は「北辰祭」と呼ばれる学校祭や「函商大会」という体育大会などの生徒会行事、遠足や宿泊研修、見学旅行やインターンシップなどの学校行事もたくさんあり、とても楽しい学校です。北辰祭は各クラスごとで演劇をしたりダンスをしたりして順位を競うパフォーマンスや、クラスの普段の様子などを紹介するプレゼンテーションなど、クラス間の仲が深まり団結力をあげることができる行事となっています。函商大会ではクラス間はもちろんのこと、学科対抗の競技もあるので、学科間の仲も深まると思います。

さらに私たち生徒に親身になって優しく接してくださり、相談にのってくださる先生方がたくさんいて、頼れる先輩方もいっぱいいます。そして検定本番を想定した機材や設備の揃っている特別教室がたくさんあり、常に本番と同じように練習することができるので、とても学習のしやすい環境となっています。少しでも興味を持ってくれているそこのあなた、ぜひ函商へ入学してください！

学校へ行こう！

【部活動体験入学】	【学校見学説明会】	詳しくは各学校に
夏休みを予定	9/7(土)を予定	ご案内を出します。

入試情報

2024年度の入試情報です。2025年度は変更になる場合があります。
掲載の入試データ等は道コン事務局の推定です。

以下は、2024年3月入試の情報です。2025年3月入試については北海道教育委員会の発表を確認して下さい。

一般入試

■学力検査の成績を重視
9:1

■個人調査書等を重視
9:1
内申点以外で参考にするポイント
特別活動の記録　総合所見等

■傾斜配点の教科(倍率)
国際経済科　英語(1.5)

■学力検査以外の試験
過年度卒のみ個人面接

推薦入試

■入学枠
50%程度

■面接(個人)・自己推薦書の提出以外に実施する項目
なし

今春の主な進路

進学準備ほか 1%
道内国公立大学 1%
道外私立大学 2%
道内私立大学 12%
短大 6%
就職 42%
専門学校 30%
看護系専門学校 6%

※人数は全て現役です。

国公立道内
小樽商科大………1名
はこだて未来大……1名
私立道内
北星学園大………2名
北海学園大………1名
東海大(札幌)……1名
北海道文教大……1名
函館大…………7名
札幌学院大………5名
北翔大…………1名
私立道外
日本大…………1名
千葉商科大………1名
高崎商科大………1名
短大道内
北星学園大短大……1名
函館短大………1名
函館大谷短大……3名
短大道外
山崎学園短大……1名
専門学校
函館市医師会看護・リハビリテーション学院……6名
市立函館病院高等看護……3名

就職先等
柳月…………1名
国家公務員………3名
エスイーシー……2名
渡島檜山管内町職員……2名
ホクレン農協……1名
ハイソフテック……1名
北海道電力………1名
北洋銀行………1名
北海道銀行………1名
南渡島消防事務組合……1名
北海道信用漁協……1名
東芝ITサービス……1名
北海道ガス………1名
ケイシイシイ……1名
トヨタ自動車……1名
日本郵便………1名
日立製作所………1名
函館商工信組……1名
TOKAI…………1名

指定校推薦(一部)

道内
はこだて未来大……1名
札幌大………各専攻2名
札幌学院大………5名
函館大………全体で40名
北海学園大………1名
北海商科大………2名
北海道科学大……3学部で1名
北海道情報大……7名
札幌国際大………9名
北海道文教大……3名
函館短大………6名
函館大谷短大……4名
北海道武蔵女子短大……2名
函館厚生院看護専門……2名
函館市医師会看護・リハビリテーション学院……4名
道外
高崎商科大………1名
千葉商科大………4名
日本大…………1名
中央大…………1名

24入試DATA	定員	一般		推薦		合格者平均	
		推定平均点	倍率	出願者数	内定者数	道コンSS	内申点・ランク
流通ビジネス科	40	178	2.0	18	17	39 (41)	199・F (227・E)
国際経済科	40		1.3	16	13		
会計ビジネス科	40		1.6	13	12		
情報処理科	40		1.9	16	13		

( )内は推薦を表しています。

入試点 道コンSS	454	422	390	359	327	295	263	231	200	168	136	104
内申ランク・内申点	74	70	66	62	58	54	50	46	42	38	34	30
A ~296点												
B ~276点												
C ~256点												
D ~236点												
E ~216点									☆			
F ~196点									★			
G ~176点												
H ~156点												
I ~136点												
J ~116点												

道コン合格圏(可能性60%ライン) —— 全科集計
合格者平均 ★一般入試(全科集計)　☆推薦入試(全科集計)

公立×私立・高専併願パターン

私立高校(割合)		高専(割合)
函館大柏稜　総合進学	25%	
遺愛女子　一般	23%	
函館大有斗　普通	16%	
その他	36%	

函館工業高等学校

電子機械科[工] 電気情報工学科[工]
建築科[工] 環境土木科[工] 工業化学科[工]

生徒数590名 男子461名 女子129名

食 堂 購買部(売店) カウンセラー 寮・寄宿舎 海外研修(交流) 携帯電話持込 スキー授業 プール施設

休み時間
始業前・放課後
登下校

中・高一貫校

私立高校

高等専修学校・技能連携校

通信制・単位制

高等専門学校

公立高校(石狩)

公立(渡島・檜山・後志)

公立(空知・留萌)

公立(上川・宗谷)

公立(オホーツク)

公立(胆振・日高)

公立(十勝・釧路・根室)

本校は100年以上の歴史と伝統を誇り「KANKO」の愛称で地域はもちろん全道全国に広く知られる学校です。長い歴史の中で、道南唯一の工業高校として地域の産業を支える多くの卒業生を多方面に輩出しています。

本校生は「自主創造」の校訓のもと、勉学はもちろん各種活動にも意欲的に取り組んでいます。運動部はほとんどが全道大会に出場し、この自信が「函工生」の力の源となっています。また、難関の国家資格をはじめとする資格取得に力を入れており、「ものづくりコンテスト」においても毎年複数の部門で全国出場、全国優勝も出ています。「ものづくり」の学びをとおして、自ら考え、判断し、課題を解決できる能力など、これからの時代に求められる力を育てています。

ACCESS GUIDE

〒041-0844
函館市川原町5-13
TEL 0138-51-2271
FAX 0138-51-2273
http://www.kanko.hokkaido-c.ed.jp/

今春の主な進路

- 道内国公立大学 1%
- 道外私立大学 3%
- 進学準備ほか 1%
- 短大 1%
- 道内私立大学 10%
- 就職 61%
- 専門学校 17%
- 看護系専門学校 6%

※人数は現役のみです。

国公立道内
北見工業大 1名
星槎道都大 2名
函館大 1名
私立道内
北海学園大 3名
北海道科学大 6名
日本医療大 3名
札幌大 2名
北海道文教大 1名
私立道外
日本大 1名
八戸学院大 1名
東北工業大 1名
多摩大 1名

指定校推薦

非公表

在校生の声 電子機械科3年・生徒会長

皆さん、こんにちは、函工は創立113年目となる歴史ある道南で唯一の工業高校です。私たち生徒は「自主創造」という校訓をもとに、勉強に、部活に、学校行事にと毎日が充実した楽しい高校生活を過ごしています。例えば勉強面では資格取得に対する意欲が非常に高く、危険物取扱者や計算技術検定、情報技術検定などを多くの生徒が取得しています。また専門科目では、各科の特徴を生かした実習や課題研究などがあり、より専門的な知識を身に付けることができます。このような事から就職率はほぼ100%です。更に大学への進学を希望する生徒も少なくありません。

これらに加え本校には数多くの部活動があり、全道大会や全国大会に出場しています。各々が輝ける場所が必ず見つかると思います。

既に目標を持っていて自分の夢を実現させたい人、やりたいことを探している人は是非、函工を受験してみてください。きっと、一生に残る充実した青春を送れると思います。

学校へ行こう！

【学校見学会】
8/24(土)

入試情報
2024年度の入試情報です。2025年度は変更になる場合があります。
掲載の入試データ等は道コン事務局の推定です。

以下は、2024年3月入試の情報です。2025年3月入試については北海道教育委員会の発表を確認して下さい。

一般入試

■学力検査の成績を重視
8:2

■個人調査書等を重視
7:3
内申点以外で参考にするポイント
特別活動の記録 総合所見等

■傾斜配点の教科(倍率)
なし

■学力検査以外の試験
個人面接

推薦入試

■入学枠
50%程度

■面接(個人)・自己推薦書の提出以外に実施する項目
なし

( )内は推薦を表しています。

24入試DATA	定員	一般		推薦		合格者平均	
		推定平均点	倍率	出願者数	内定者数	道コンSS	内申点・ランク
電子機械科	40	170	2.4	23	19	38 (40)	195・G (212・F)
電気情報工学科	40		2.1	24	19		
建築科	40		0.8	15	14		
環境土木科	40		1.3	21	13		
工業化学科	40		1.1	6	5		

入試点道コンSS	454	422	390	359	327	295	263	231	200	168	136	104
内申ランク・内申点	74	70	66	62	58	54	50	46	42	38	34	30
A ～296点												
B ～276点												
C ～256点												
D ～236点												
E ～216点												
F ～196点									☆			
G ～176点									★			
H ～156点												
I ～136点												
J ～116点												

道コン合格圏(可能性60%ライン) ━━━ 全科集計
合格者平均 ★一般入試(全科集計) ☆推薦入試(全科集計)

公立×私立・高専併願パターン

私立高校(割合)		高専(割合)
函館大有斗 普通	50%	
函館大柏稜 総合進学	27%	
遺愛女子 一般	4%	
その他	19%	

函館水産高等学校

| 海洋技術科[水] | 水産食品科[水] | 品質管理流通科[水] | 機関工学科[水] |

生徒数300名　男子257名　女子43名

資料請求
巻末ページの二次元コードからアクセスできます

函水の伝統

一　堅忍不抜
一　進取力行
一　礼譲親和
一　勤労愛好

ACCESS GUIDE

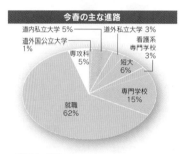

〒049-0111
北斗市七重浜2丁目15-3
TEL 0138-49-2412
FAX 0138-49-0168
http://www.hakodatesuisan.hokkaido-c.ed.jp/

函館水産高校は、函館市に隣接する北斗市七重浜に、それまで56年間存立していた函館商船学校の閉校の後を受け、同校の校地校舎を引き継ぎ、昭和10年に開校しました。創立89年の海洋・水産教育の伝統校であり、これまでに10,000名を越える卒業生が、全国各地で活躍し、固い絆を誇っています。

校舎は平成16年にバイオ実習棟が完成し、令和6年には大規模改造工事が終了して、新しくなった校舎で、全校生徒が日々座学や実習に励んでいます。

海洋技術科海技コース、機関工学科機関コースの生徒は2年次に北海道が所有する実習船に乗り、47日間の航海を体験します。海外の寄港地での研修もあり、生徒にとっては一生に一度の貴重な体験であり、人間的に大きく成長し、たくましくなって函館に帰ってきます。

在校生の声 高3生・新聞部部長

私が在籍する北海道函館水産高等学校（函水）は海洋技術科、水産食品科、品質管理流通科、機関工学科の4学科があります。函水は普通科の学校とは違い、専門的なことを多く学ぶことができます。

また、免許や資格を取得することにも力を入れており、学科によって異なりますが、さまざまな資格を取得することができます。専門的な学校ということもあるため、多くの求人票が来て管内はもちろんのこと関東方面にも先輩方は就職しています。函水は7割近くの生徒が就職を希望しますが、就職率は100%です。3割近くの生徒は進学を希望し、そこもまた100%の進学率です。

皆さんは学校で何と挨拶しますか？　普通なら『おはようございます』や『こんにちは』と言いますよね。ですが函水では『オス』といいます。これは私が函水に入学したときに一番びっくりしたことです。

函館市内の中部高校、市立函館高校、函水の3校で共通点があります。私服の学校なのです。少し制服を着たかったなという思いもありますが、夏の暑い日などは軽装で過ごすことができるので、私服でよかったなあと私は思います。

行事もたくさんあります。学校祭や体育大会などは他の高校にもありますが、函水ならではの行事である伝統のある綱引き大会があります。クラス対抗で学年の垣根を越えて綱引き最強のクラスを決めます。毎年白熱した綱引き大会になります。

最後に、興味を惹かれる科目も多くやりがいもあります。実習科目も多く、専門の勉強ができます。学校生活だけでなく社会に出てから必要になることを高校生活のうちに学ぶことができます。

学校へ行こう！

【一日体験入学】	【一日体験入学】
7/29(月)	10/5(土)

今春の主な進路

道内私立大学 5%
道外私立大学 3%
道内国公立大学 1%
看護系専門学校 3%
専攻科 5%
短大 6%
専門学校 15%
就職 62%

※人数は全て現役です。

私立道内
北海学園大・・・・・・・・1名
北海道科学大・・・・・・・1名
北海道情報大・・・・・・・2名
函館大・・・・・・・・・・1名

私立道外
福山大・・・・・・・・・・2名
東京経済大・・・・・・・・1名

大学校
水産大学校・・・・・・・・1名

その他国公立
函館水産高校専攻科・・・5名
小樽水産高校専攻科・・・2名

短大道内
函館大谷短大・・・・・・・2名
函館短大・・・・・・・・・1名
國學院大道短大・・・・・・1名
小樽海上技術短大・・・・・1名

短大道外
清水海上技術短大・・・1名

入試情報
2024年度の入試情報です。2025年度は変更になる場合があります。
掲載の入試データ等は道コン事務局の推定です。

以下は、2024年3月入試の情報です。2025年3月入試については北海道教育委員会の発表を確認して下さい。

一般入試

■学力検査の成績を重視
9:1

■個人調査書等を重視
6:4
内申点以外で参考にするポイント
| 特別活動の記録 | 総合所見等 |

■傾斜配点の教科（倍率）
なし

■学力検査以外の試験
| 個人面接 |

推薦入試

■入学枠
90%程度

■面接（個人）・自己推薦書の提出以外に実施する項目
| 作文 |

24入試DATA	定員	一般		推薦		合格者平均	
		推定平均点	倍率	出願者数	内定者数	道コンSS	内申点・ランク
海洋技術科	40	117	0.8	11	11	32	156・H
水産食品科	40		0.9	2	2		
品質管理流通科	40		0.5	5	5		
機関工学科	40		1.4	12	12		

入試点道コンSS	454	422	390	359	327	295	263	231	200	168	136	104
内申ランク・内申点	74	70	66	62	58	54	50	46	42	38	34	30
A ～296点					全科集計							
B ～276点	合格者平均 ★一般入試（全科集計）											
C ～256点												
D ～236点												
E ～216点												
F ～196点												
G ～176点												
H ～156点												
I ～136点											★	
J ～116点												

道コン合格圏（可能性60%ライン）

指定校推薦（一部）

道内
函館大
北海道情報大
北海道科学大
北翔大
札幌学院大
北海道医療大
北洋大
札幌国際大
東海大
星槎道都大
育英館大
函館短大
北翔大短大

函館大谷短大
札幌国際大短大
國學院大短大
函館市医師会看護・リハビリテーション学院
北海道情報専門
日本工学院北海道専門
北海道ハイテクノロジー専門
北海道エコ・動物自然専門
北海道歯科衛生士専門
札幌心療福祉専門

道外
国立海上技術短大

公立×私立・高専併願パターン

私立高校（割合）		高専（割合）	
函館大柏稜　総合進学	40%		
函館大谷　普通	33%		
函館大有斗　普通	13%		
その他	14%		

大野農業高等学校

資料請求
巻末ページの
二次元コードから
アクセスできます

農業科学科[農] 園芸福祉科[農] 食品科学科[農]

生徒数166名 男子101名 女子65名

大地・汗・青春

昭和16年、道南の米どころ大野平野に地域の期待を担って設立されて以来、道南農業教育の拠点として農業の振興、発展に寄与してきました。
校地内には樹齢100年を越える杉並木や黒松並木がそびえ、道内でも類例を見ない優れた教育環境を誇っています。

校訓

正義・剛健・明誠

本校は、道南の函館市の中心から車で約30分北西に走った北斗市（旧上磯町と旧大野町が平成18年2月1日に新設合併し誕生）の大野地区に位置しています。大野地区は、北海道の水田発祥の地として知られている農業を基幹産業とする緑豊かな地域として発展してきました。本校は、昭和16年に旧大野町に開校して80年余りの歴史を刻み、これまで多くの有為な人材を世に輩出してきました。卒業生は約8000名で、北斗市はもとより、道南地域や北海道内外で先進的な農業経営者、各界のリーダーとして活躍しています。

長い歴史の中で幾多の変遷を経て、現在は「農業科学科」「園芸福祉科」「食品科学科」の3学科各1クラスが設置され、農業の課題と言われる「スマート農業」「六次産業化」「農福連携」をキーワードとし、新しい時代に対応できる教育内容の開発を進めています。

各学科の特色は、3学科共通して作物・野菜・果樹・畜産等の生産について学習します。それを原材料とし加工についても学習します。
○「農業科学科」は、作物・野菜・畜産について科学的な視点で技術と経営を学びます。
○「園芸福祉科」は、園芸実習（草花・果樹栽培）、農業交流を通して福祉分野での活用方法を学びます。
○「食品科学科」は、農産・肉・乳製品に関して科学的な視点で製造と流通を学びます。
「3つの学科」が力を合わせ、時代の変化に対応できるよう教育力向上を目指しています。

また、専門教育を支える普通教科においても、習熟度別のクラス編成、就職戦線を勝ち抜くために必要な力を段階的に高める取り組みを行っています。更にこれらにプラスした教職員の様々な働きかけが功を奏し、ここ数年進路決定率100%という結果を生み出しています。学習活動以外にも、文化系体育系あわせて18の部活動、ボランティア活動、農業クラブ活動、生徒会活動が活発に行われています。

学校へ行こう！

【一日体験入学】
9/14(土) 日程変更の場合があります。詳しくはお問い合わせください。

入試情報
2024年度の入試情報です。2025年度は変更になる場合があります。
掲載の入試データ等は道コン事務局の推定です。

以下は、2024年3月入試の情報です。2025年入試については北海道教育委員会の発表を確認して下さい。

24入試DATA	定員	一般		推薦		合格者平均	
		推定平均点	倍率	出願者数	内定者数	道コンSS	内申点・ランク
農業科学科	40		0.7	7	6		
園芸福祉科	40	128	0.4	3	3	33	145・I
食品科学科	40		0.7	2	2		

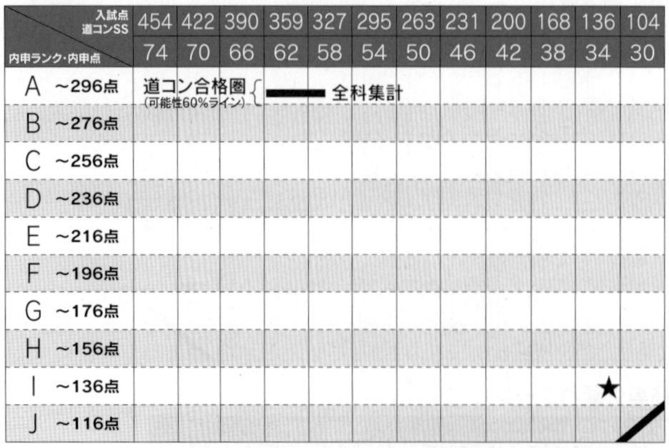

一般入試

■学力検査の成績を重視
8：2

■個人調査書等を重視
8：2
内申点以外で参考にするポイント
特別活動の記録 総合所見等

■傾斜配点の教科（倍率）
なし

■学力検査以外の試験
個人面接

推薦入試

■入学枠
90%程度

■面接（個人）・自己推薦書の提出以外に実施する項目
なし

入試点 道コンSS	454	422	390	359	327	295	263	231	200	168	136	104
内申ランク・内申点	74	70	66	62	58	54	50	46	42	38	34	30
A ～296点	道コン合格圏（可能性60%ライン）			全科集計								
B ～276点												
C ～256点												
D ～236点												
E ～216点												
F ～196点												
G ～176点												
H ～156点												
I ～136点											★	
J ～116点												

ACCESS GUIDE

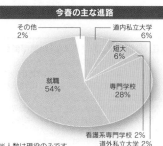

〒041-1231
北斗市向野2丁目26-1
TEL 0138-77-8800
FAX 0138-77-8133
http://www.oononougyou.hokkaido-c.ed.jp/

今春の主な進路

就職 54%
専門学校 28%
道内私立大学 6%
短大 6%
その他 2%
看護系専門学校 2%
道外私立大学 2%

※人数は現役のみです。

私立道内
酪農学園大‥‥‥‥4名
私立道外
拓殖大‥‥‥‥‥‥1名
大学校
道立農業大学校‥‥1名
短大道内
函館短大‥‥‥‥‥2名
函館大谷短大‥‥‥2名
専門学校
函館理容美容専門‥4名
札幌医療秘書福祉専門‥3名
函館高等技術専門‥2名
函館看護専門‥‥‥1名
大原公務員・医療事務・語学専門‥1名
北海道どうぶつ医療専門‥1名
北海道ハイテクノロジー専門‥1名
函館歯科衛生士専門‥1名
札幌ビジュアルアーツ‥1名
北海道ファッション専門‥1名
札幌スポーツ＆メディカル専門‥1名

就職先等
自衛隊‥‥‥‥‥‥2名
厚沢部町役場‥‥‥1名
ライフデザイン‥‥2名
北海道乳業‥‥‥‥2名
北海道興農社‥‥‥1名
エンドレス・テック‥1名
千秋庵総本家‥‥‥1名
東ハト‥‥‥‥‥‥1名
昭和製菓‥‥‥‥‥1名
北海道サンシャイン・マン‥1名
北海道新進アグリフーズ‥1名
メイホク‥‥‥‥‥1名
日清医療食品‥‥‥1名
JR貨物‥‥‥‥‥‥1名
ブリヂストンリテールジャパン‥1名
石嶋農園‥‥‥‥‥1名
寿フーズ‥‥‥‥‥1名
ノーザンファーム‥1名
ベルクラシック‥‥1名
乙部町給食センター‥1名
グランドサン亀田‥1名
MXモバイリング‥‥1名
柴田畜産‥‥‥‥‥1名

指定校推薦

非公表

左端縦書き見出し：
中・高一貫校 / 私立高校 / 高等専修学校・技能連携校 / 通信制・単位制 / 高等専門学校 / 公立高校(石狩) / 公立(渡島・檜山・後志) / 公立(空知・留萌) / 公立(上川・宗谷) / 公立(オホーツク) / 公立(胆振・日高) / 公立(十勝・釧路・根室)

八雲高等学校

普通科[普] ｜ 総合ビジネス科[商]

生徒数192名　男子104名　女子88名

食堂	購買部(売店)	カウンセラー	寮・寄宿舎	海外研修(交流)	携帯電話持込	スキー授業	プール施設

校内電源OFF

ACCESS GUIDE

〒049-3111
二海郡八雲町住初町88番地
TEL 0137-63-2105
FAX 0137-63-2106
http://www.yakumo.hokkaido-c.ed.jp/

八雲高校は、創立以来101年の長きにわたる歴史と伝統を受け継ぎながら、社会の激しい変化や時代の要請に対応する新しい試みにも、常に挑戦し続けています。

普通科では、大学への進学をはじめ多様な進路希望の実現を目指し、習熟度別指導やコース制のカリキュラムを展開するほか、各教科が連携を強化して進学講習を充実させるなど、きめ細かな学習環境を整えています。

総合ビジネス科では、地域密着型のビジネス教育や体験学習を実施したり、資格取得指導を充実させることによって、将来のスペシャリストの育成に力を注いでいます。

渡島管内北部の中心校である八雲高校が、皆さんの入学を心から歓迎します。

在校生の声

私たちが通う北海道八雲高等学校は、活発な生徒が多くとても明るい校風です。学科は普通科と総合ビジネス科があり、普通科に於いては1年次から習熟度別授業、2年次から選択科目を置いて、それぞれの進路や個々のレベルに最適な科目を選ぶことができるようになっています。

また、部活動も活発で多くの生徒が日々練習を重ね、自分達の目標を達成するために努力をしています。行事においては、本校最大のイベントである遊楽部祭や体育大会といった楽しい催し物があります。

そしてボランティア活動や町内の商業施設を活用した販売実習なども実施されており、八雲町のために還元できるような活動を考えたり、コミュニケーション能力の向上にも全校生徒で取り組んでいます。

これらのことを活かして、伝統ある北海道八雲高等学校で自分達の進路実現に向けて有意義な時間を過ごしましょう。

学校へ行こう！

【学校説明会及び部活動見学会】	【学校祭】
7/30(火) 予定	7/13(土)～14(日) 予定

入試情報

2024年度の入試情報です。2025年度は変更になる場合があります。
掲載の入試データ等は道コン事務局の推定です。

以下は、2024年3月入試の情報です。2025年3月入試については北海道教育委員会の発表を確認して下さい。

一般入試

■学力検査の成績を重視…
10：0

■個人調査書等を重視………
10：0
内申点以外で参考にするポイント
特別活動の記録　総合所見等

■傾斜配点の教科（倍率）…
なし

■学力検査以外の試験………
個人面接

推薦入試

■入学枠……
普通科　30％程度
総合ビジネス科　50％程度

■面接（個人）・自己推薦書の提出以外に実施する項目…
作文

今春の主な進路

道内国公立大学 4%
道外国公立大学 1%
道内私立大学 16%
専門学校 39%
看護系専門学校 3%
短大 4%
就職 31%
その他 2%

※人数は現浪合計です。

国公立道内
札幌医科大………1名
小樽商科大………2名
国公立道外
弘前大
私立道内
北海学園大
札幌大
札幌保健医療大
日本医療大
札幌学院大
北海道千歳リハビリ大
北翔大
短大道内
函館大谷短大
函館短大
専門学校
函館臨床会看護・リハビリテーション学院
函館看護専門
経専北海道どうぶつ専門
札幌医学技術福祉歯科専門

札幌医療リハビリ専門
札幌看護医療専門
札幌こども専門
札幌スポーツ＆メディカル専門
札幌どうぶつ専門
札幌ビューティーアート専門
札幌ブライダル＆ホテル観光専門
札幌ベルエポック美容専門
札幌デザイナー学院
北海道自動車整備大学校
北海道リハビリテーション大学校
日本工学院北海道専門
北海道医薬専門
北海道エコ・動物自然専門
北海道美容専門
北海道理容美容専門
吉田学園医療歯科専門
仙台デザイン
北海道北の森づくり専門
函館高等技術専門

指定校推薦

非公表

24入試DATA	定員	一般		推薦		合格者平均	
		推定平均点	倍率	出願者数	内定者数	道コンSS	内申点・ランク
普通科	80	157	0.7	1	1	37	185・G
総合ビジネス科	40		0.3	0	0		

入試点 道コンSS	454	422	390	359	327	295	263	231	200	168	136	104
内申ランク・内申点	74	70	66	62	58	54	50	46	42	38	34	30
A ～296点												
B ～276点												
C ～256点												
D ～236点												
E ～216点												
F ～196点												
G ～176点									★			
H ～156点												
I ～136点												
J ～116点												

道コン合格圏（可能性60％ライン）━━ 全科集計
合格者平均 ★ 一般入試（全科集計）

七飯高等学校

中・高一貫校

私立高校

高等専修学校・技能連携校

通信制・単位制

高等専門学校

公立高校(石狩)

公立(渡島・檜山・後志)

公立(空知・留萌)

公立(上川・宗谷)

公立(オホーツク)

公立(胆振・日高)

公立(十勝・釧路・根室)

普通科[普]

生徒数284名　男子161名　女子123名

食堂　購買部(売店)　カウンセラー　寮・寄宿舎　海外研修(交流)　携帯電話持込　スキー授業　プール施設
(希望者)アメリカ　マナー指導

ACCESS GUIDE

〒041-1112
七飯町鳴川5丁目13-1
TEL 0138-65-5093
FAX 0138-65-7026
http://www.nanae.hokkaido-c.ed.jp/

◎ JR
「七飯駅」下車　徒歩10分

校訓「学・鍛・敬」のもとに、「広い視野に立ち自ら学ぶ意欲と実践力の育成」、「心身の錬磨に努め、豊かな個性と情操の育成」、「人間や自然を思いやる心豊かな人間の育成」を教育目標に掲げ、保護者や地域の方々と連携して教育に取り組んでいます。また、日常的には、生活規律と授業を大切にし、社会に役立つマナーと基礎・基本の習得を目標にしています。

勤労体験学習やボランティア活動、更には、国際理解教育に力を入れ、七飯町の姉妹都市であるアメリカ・コンコードへの海外研修なども行っています。

在校生の声　高3生・生徒会長

私たちの学び舎である七飯高校は豊かな自然あふれる七飯町内に造設されており、素晴らしい環境の中で生徒が和気藹々と学業に励む場となっています。天気のいい日には、昼夜を問わず函館山を背景にした美しい景色を眺めることができます。

七飯高校の生徒はそれぞれATMと称した挨拶・時間・身嗜みの三要素に力を入れており、特に挨拶の面では毎日の挨拶運動に加え校内では来訪者、先生への礼儀を大切にしています。また七飯町の特色としては国際理解協力という取り組みがあり、本校は七飯町の姉妹都市であるアメリカ・マサチューセッツ州に位置するコンコードカーライル高校と姉妹校提携を結んでいます。

昨年は、新型コロナウィルスの影響により中止となっていた海外交流事業が復活し、七飯町主催のもと2週間のコンコードへの海外派遣を行いました。また七飯町を訪れた留学生との交流を通して、お互いの文化に対しての興味・関心を深めることによって、さらに加速する社会の「国際化」に順応する能力を身につけることができます。

3年間という貴重な時間の中で、一生の糧となるような経験とかけがえのない思い出をつくると共に、これからの七飯高校を一緒に盛り上げていきましょう。生徒一同、皆さんとお会いできる日を心よりお待ちしています。

学校へ行こう!

【学校祭】	【学校説明会】
7/7(日)	9/8(日)

詳しくは本校ホームページをご覧ください。

今春の主な進路

進学準備ほか 8%
道内国公立大学 2%
短大 3%
道内私立大学 16%
専門学校 24%
看護系専門学校 10%
就職 37%

※人数は現役のみです。

国公立道内
北海道教育大……1名
はこだて未来大…1名
私立道内
北海学園大………1名
藤女子大…………1名
北星学園大………1名
天使大……………1名
札幌大……………3名
北海道科学大……1名
北海道文教大……1名
星槎道都大………2名
函館大……………2名
札幌学院大………1名

北翔大……………1名
短大道内
北翔大短大………1名
函館短大…………1名
函館大谷短大……1名
専門学校
函館市医師会看護リハビリテーション学院……6名
函館看護専門……4名
市立函館病院高等看護……4名
函館厚生院看護専門……3名
就職先等
日本郵便…………3名

指定校推薦(一部)

道内
札幌大
札幌学院大
北海道医療大
酪農学園大
北海道情報大
札幌国際大
星槎道都大
北翔大
北海学園大
北海科学大
藤女子大

北海道文教大
函館大
北洋大
北海道千歳リハビリ大
日本医療大
育英館大
函館短大
函館大谷短大
函館市医師会看護・リハビリテーション学院
函館厚生院看護専門
市立函館病院高等看護

入試情報

2024年度の入試情報です。2025年度は変更になる場合があります。掲載の入試データ等は道コン事務局の推定です。

以下は、2024年3月入試の情報です。2025年3月入試については北海道教育委員会の発表を確認して下さい。

一般入試

■学力検査の成績を重視
9:1

■個人調査書等を重視
7:3
内申点以外で参考にするポイント
[特別活動の記録] [総合所見等]

■傾斜配点の教科(倍率)
なし

■学力検査以外の試験
[集団面接]

推薦入試

■入学枠
30%程度

■面接(個人)・自己推薦書の提出以外に実施する項目
なし

24入試DATA	定員	一般		推薦		合格者平均	
		推定平均点	倍率	出願者数	内定者数	道コンSS	内申点・ランク
普通科	120	163	1.0	21	21	37	190・G

入試点道コンSS	454	422	390	359	327	295	263	231	200	168	136	104
内申ランク・内申点	74	70	66	62	58	54	50	46	42	38	34	30
A ～296点												
B ～276点												
C ～256点												
D ～236点												
E ～216点												
F ～196点												
G ～176点											★	
H ～156点												
I ～136点												
J ～116点												

道コン合格圏(可能性60%ライン) —— 普通
合格者平均 ★一般入試(普通)

公立×私立・高専併願パターン

私立高校(割合)		高専(割合)
函館大柏稜　総合進学	36%	
函館大有斗　普通	27%	
函館大谷　普通	18%	
その他	19%	

檜山北高等学校

総合学科[総]

生徒数163名　男子80名　女子83名

| 食堂 | 購買部(売店) | カウンセラー | 寮・寄宿舎 | 海外研修(交流) | 携帯電話持込 | スキー授業 | プール施設 |

（申請するとできます／休み時間・放課後）

ACCESS GUIDE

〒049-4433
せたな町北檜山区丹羽360番地1
TEL 0137-84-5331
FAX 0137-84-5333
http://www.hiyamakita.hokkaido-c.ed.jp/

檜山北高校は総合学科の高校で、普通科と専門学科の両方の特徴を兼ね備えており、生徒は自分の興味や関心、進路希望に合わせて科目を選択できます。科目は国公立・難関私立大学受験に対応したものから、各種検定取得に向けたものまで揃え、生徒の多様なニーズに応えられるよう設定されています。また、キャリア教育の充実にも力を入れています。自分自身や社会を知り、自己の将来の生き方を主体的に考えることができる生徒の育成を目標としています。

卒業生の声
北海道大学　工学部情報エレクトロニクス学科　現役合格

檜山北高校の強みはやはり先生と生徒の距離の近さだと思います。これだけは他の進学校には負けていません。先生も生徒の理解度を把握しやすく、生徒も納得のいくまで説明を受けることができます。
また、同じ進学組の仲間同士、仲が良く、辛い受験をなんとか乗り切れたのはそのおかげだと思いました。受験は個人で戦います。ですが、一人ではありません。周りに人がいるからこそ、個人で戦うことができるのです。

在校生の声
高3生・生徒会長

「檜山北高校の特徴」
①日々のキャリア学習の中で、進路についての視野を広げ、実現に向けて実践していく力を身に付けることができる。
②進学や就職、公務員志望の生徒を講習などの様々な形でサポートしてくれる。
③農業科、家庭科、そして商業科などの特色ある科目の中から自分の進路に合わせた科目選択をすることができる。

「中学3年生へのメッセージ」
檜山北高校では将来何をしたいのかまだわからない人でも、総合学科のいろいろな体験の中で自分について考えていくことができるので、充実した高校生活を送ることができます。

入試情報
2024年度の入試情報です。2025年度は変更になる場合があります。
掲載の入試データ等は道コン事務局の推定です。

以下は、2024年3月入試の情報です。2025年3月入試については北海道教育委員会の発表を確認して下さい。

今春の主な進路

道内国公立大学 4%　道外国公立大学 2%
就職 20%
道内私立大学 22%
専門学校 42%
看護系専門学校 6%　短大 4%

※人数は全て現役です。

国公立道内
札幌市立大………1名
はこだて未来大…1名
国公立道外
都留文科大………1名
私立道内
北海学園大………2名
北星学園大………1名
日本医療大………3名
北海道文教大……2名
札幌大谷大………1名
北海道医療大……1名
北海道科学大……1名
札幌学院大………1名
北翔大……………1名
北海道千歳リハビリ大…1名
短大道内
北海道武蔵女子短大…1名
函館大谷短大……1名
専門学校
日本工学院北海道専門…4名
函館厚生院看護専門…2名
札幌こども専門…2名
札幌マンガ・アニメ&声優専門…2名

北海道理容美容専門…2名
北海道芸術デザイン専門…2名
室蘭看護専門……1名
日鋼記念看護……1名
江差高等看護学院…1名
函館歯科衛生士専門…1名
北海道介護福祉専門…1名
札幌看護医療専門…1名
北海道情報専門…1名
函館病院高等看護…1名
就職先等
陸上自衛隊………2名
渡島檜山管内町職員…2名
北海道職員………1名
ザ・ニドム………1名
どんぐり…………1名
函館国際ホテル…1名
ロパパン…………1名
ヨシオカ商事……1名
和工建設…………1名
海上保安庁………1名
国家公務員………1名
他多数

24入試DATA

24入試DATA	定員	一般		推薦		合格者平均			
		推定平均点	倍率	出願者数	内定者数	道コンSS		内申点・ランク	
総合学科	80		0.6	0	0				

一般入試

■学力検査の成績を重視…
8:2

■個人調査書等を重視…
8:2

■傾斜配点の教科(倍率)
なし

■学力検査以外の試験…
個人面接

推薦入試

■入学枠
50%程度

■面接(個人)・自己推薦書の提出以外に実施する項目…
なし

入試点道コンSS	454	422	390	359	327	295	263	231	200	168	136	104
内申ランク・内申点	74	70	66	62	58	54	50	46	42	38	34	30
A ~296点												
B ~276点												
C ~256点												
D ~236点												
E ~216点												
F ~196点												
G ~176点												
H ~156点												
I ~136点												
J ~116点												

道コン合格圏（可能性60%ライン）　━━ 総合

指定校推薦

道内
育英館大
札幌大
札幌学院大
札幌国際大
星槎道都大
日本医療大
函館大
北翔大

北星学園大
北洋大
北海道学園大
北海道医療大
北海道科学大
北海道情報大
北海道千歳リハビリ大
北海道文教大
酪農学園大

中・高一貫校　私立高校　高等専修学校・技能連携校　通信制・単位制　高等専門学校　公立高校(石狩)　公立(渡島・檜山・後志)　公立(空知・留萌)　公立(上川・宗谷)　公立(オホーツク)　公立(胆振・日高)　公立(十勝・釧路・根室)

小樽潮陵高等学校

普通科[普]

生徒数612名　男子307名　女子305名

食堂 購買部(売店) カウンセラー 寮・寄宿舎 海外研修(交流) 携帯電話持込 スキー授業 プール施設

創立122周年を迎える伝統校である。生徒たちは自由と進取の精神を受け継ぎ、いきいきと生活している。部活動への加入率も90%をこえ約40の部局が活動している。また進路指導部・学年を中心としてきめ細かいサポート体制で、北大15名、樽商大27名など国公立大118名、私大227名(令和5年度生実績)など、生徒の進路実現を支援している。道の地域医療を支える人材の育成校に指定され医進類型コースを設定して数理英の3教科で少人数教育をおこなっている。

ACCESS GUIDE

〒047-0002
小樽市潮見台2丁目1−1
TEL 0134-22-0754
FAX 0134-22-5954
http://www.otaruchouryou.hokkaido-c.ed.jp/

◎ JR
「南小樽駅」「築港駅」下車　ともに車で5分
◎ バス
「龍徳寺前」下車　徒歩5分

学校へ行こう!

【学校説明会】
8/30(金)

【学校祭】(一般公開はしません)
7/4(木)、**7/6**(土)、**7/7**(日)

詳しくは本校ホームページをご覧ください。

今春の主な進路

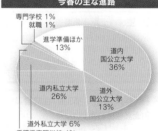

専門学校 1%
就職 1%
進学準備ほか 13%
道内国公立大学 36%
道外国公立大学 13%
道内私立大学 26%
道外私立大学 6%
看護系専門学校 4%

※人数は現浪合計です。

国公立道内
北海道大‥‥‥‥22名
札幌医大‥‥‥‥5名
旭川医大‥‥‥‥1名
小樽商大‥‥‥‥29名
北海道教育大‥‥23名
帯広畜産大‥‥‥1名
室蘭工業大‥‥‥7名
旭川市立大‥‥‥4名
はこだて未来大‥3名
北見工業大‥‥‥2名
札幌市立大‥‥‥1名
釧路公立大‥‥‥1名
名寄市立大‥‥‥1名
千歳科学技術大‥1名
国公立道外
京都大‥‥‥‥‥1名
大阪大‥‥‥‥‥1名
九州大‥‥‥‥‥1名
横浜市立大‥‥‥1名
弘前大‥‥‥‥‥4名
高崎経済大‥‥‥4名
山形大‥‥‥‥‥2名

東京学芸大‥‥‥2名
九州工業大‥‥‥2名
都留文科大‥‥‥3名
岩手大‥‥‥‥‥1名
宮城教育大‥‥‥1名
秋田大‥‥‥‥‥1名
新潟大‥‥‥‥‥1名
金沢大‥‥‥‥‥1名
徳島大‥‥‥‥‥1名
宮崎大‥‥‥‥‥1名
琉球大‥‥‥‥‥1名
青森県立保健大‥1名
私立道内
北海学園大‥‥‥73名
私立道外
中央大‥‥‥‥‥6名
東京理科大‥‥‥2名
法政大‥‥‥‥‥2名
明治大‥‥‥‥‥2名
立教大‥‥‥‥‥1名
大学校
防衛大学校‥‥‥2名

入試情報

2024年度の入試情報です。2025年度は変更になる場合があります。
掲載の入試データ等は道コン事務局の推定です。

以下は、2024年3月入試の情報です。2025年3月入試については北海道教育委員会の発表を確認して下さい。

一般入試

■学力検査の成績を重視‥‥
9：1

■個人調査書等を重視‥‥‥
6：4

■傾斜配点の教科(倍率)‥‥
なし

■学力検査以外の試験‥‥‥
過年度卒のみ個人面接

推薦入試

■入学枠‥‥‥‥‥
なし

24入試DATA	定員	一般		推薦		合格者平均	
		推定平均点	倍率	出願者数	内定者数	道コンSS	内申点・ランク
普通科	200	295	0.9			54	276・B

入試点道コンSS	454	422	390	359	327	295	263	231	200	168	136	104
内申ランク・内申点	74	70	66	62	58	54	50	46	42	38	34	30
A ～296点												
B ～276点					★							
C ～256点												
D ～236点												
E ～216点												
F ～196点												
G ～176点												
H ～156点												
I ～136点												
J ～116点												

道コン合格圏(可能性60%ライン) ━━━ 普通
合格者平均 ★ 一般入試(普通)

公立×私立高校併願パターン

私立A日程(割合)			私立B日程(割合)		
北科大高	進学	27%	小樽双葉 特別進学		83%
札幌光星	マリス	27%	小樽双葉 総合進学		6%
北科大高	特別進学	24%	北海 進学		3%
その他		22%	その他		8%

指定校推薦(一部)

道内
北海学園大
北星学園大
藤女子大
北海道医療大
北海道科学大
酪農学園大
東海大(札幌)
北翔大
札幌学院大
札幌大
札幌大谷大
札幌国際大

北海道情報大
北海道文教大
北海道千歳リハビリ大
日本医療大
北海道武蔵女子大
北海道武蔵女子短大
北海道医療センター付属札幌看護
小樽市立高等看護
道外
東京理科大
法政大
中央大

小樽桜陽高等学校

普通科[普]

生徒数556名　男子264名　女子292名

食堂　購買部(売店)　カウンセラー　寮・寄宿舎　海外研修(交流)　携帯電話持込　スキー授業　プール施設
休み時間

ACCESS GUIDE

〒047-0036
小樽市長橋3丁目19−1
TEL 0134-23-0671
FAX 0134-33-0898
http://www.otaruouyou.hokkaido-c.ed.jp/

小樽桜陽高等学校は、平成23年度入学生から普通科単位制高校に転換しました。

創立110年を超える歴史と伝統を継承しつつ、新たな時代に対応しうる、可能性に溢れた人材を育てる学校として、新たな歴史を開きます。

(1) 夢の実現を支援する学校

95%以上が進学を目指す本校では、「夢の実現」の第一歩である進学に通用する学力を身につけます。

・興味関心や進路に対応する多様な選択科目を設けた教育課程

・進路実現に向けた充実した進学講習(講座)の実施

・個々の進路希望に応じたきめ細かな進路指導

(2) 切磋琢磨しながら高めあう学校

「文武両道」を合言葉に、部活動等を通して自己を見つめるとともに相互に鍛え高めあうことを目指します。

(3) 地域に根ざした「こころ」を育てる学校

地域の祭典等への協力をはじめボランティア活動などで地域の期待に応え、地域に貢献します。

学校へ行こう!

【学校説明会】
9/13(金)

入試情報

2024年度の入試情報です。2025年度は変更になる場合があります。
掲載の入試データ等は道コン事務局の推定です。

以下は、2024年3月入試の情報です。2025年3月入試については北海道教育委員会の発表を確認して下さい。

一般入試

■学力検査の成績を重視
10：0

■個人調査書等を重視
6：4
内申点以外で参考にするポイント

特別活動の記録　総合所見等

■傾斜配点の教科(倍率)
なし

■学力検査以外の試験

過年度卒のみ個人面接

推薦入試

■入学枠
20%程度

■面接(集団)・自己推薦書の提出以外に実施する項目

作文

( )内は推薦を表しています。

24入試DATA	定員	一般		推薦		合格者平均	
		推定平均点	倍率	出願者数	内定者数	道コンSS	内申点・ランク
普通科	200	195	0.9	49	35	42 (45)	221・E (251・D)

入試点道コンSS	454	422	390	359	327	295	263	231	200	168	136	104
内申ランク・内申点	74	70	66	62	58	54	50	46	42	38	34	30
A ～296点												
B ～276点												
C ～256点												
D ～236点								☆				
E ～216点								★				
F ～196点												
G ～176点												
H ～156点												
I ～136点												
J ～116点												

道コン合格圏(可能性60%ライン) ── 普通

合格者平均 ★ 一般入試(普通)　☆ 推薦入試(普通)

公立×私立高校併願パターン

私立A日程(割合)		私立B日程(割合)	
北科大高　進学	33%	小樽双葉　総合進学	79%
北照　普通	22%	小樽双葉　特別進学	21%
北科大高　特別進学	11%		
その他	34%		

今春の主な進路

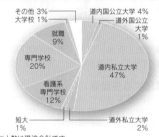

道内国公立大学 4%
道内外国公立大学 1%
道内私立大学 47%
道外私立大学 2%
短大 1%
看護系専門学校 12%
専門学校 20%
就職 9%
大学校 1%
その他 3%

※人数は現浪合計です。

国公立道内
室蘭工業大………5名
釧路公立大………2名
はこだて未来大…1名

国公立道外
弘前大……………1名
新潟大……………1名

私立道内
北海学園大……37名
北星学園大……20名
藤女子大………11名
天使大……………5名
北海商科大………2名
札幌大…………36名
北海科学大……23名
北海道文教大……7名
北海道医療大……6名
日本医療大………4名
札幌国際大………4名
札幌保健医療大…1名
札幌大谷大………1名
酪農学園大………1名
札幌学院大……20名
北海道情報大……3名
北海道千歳リハビリ大…3名

星槎道都大………3名
北翔大……………1名
北海道武蔵女子大…1名

私立道外
奈良大……………3名
近畿大……………1名

短大道内
北海道武蔵女子短大…3名

専門学校
小樽市立高等看護…15名
岩見沢市立高等看護…8名
札幌看護医療専門…7名
札幌ベルエポック美容専門…2名
吉田学園医療歯科専門…5名
北海道医療センター附属札幌看護…4名
三草会札幌看護専門…2名

就職先等
北海道警察………4名
自衛隊……………3名
北海道職員………2名
日本郵便…………2名
フェリーサービス…2名
洞爺湖町職員……1名
他多数

指定校推薦

非公表

中・高一貫校
私立高校
高等専修学校・技能連携校
通信制・単位制
高等専門学校
公立高校(石狩)
公立(渡島・檜山・後志)
公立(空知・留萌)
公立(上川・宗谷)
公立(オホーツク)
公立(胆振・日高)
公立(十勝・釧路・根室)

小樽未来創造高等学校

機械電気システム科[工]　建設システム科[工]　流通マネジメント科[商]　情報会計マネジメント科[商]

生徒数403名　男子228名　女子175名

ACCESS GUIDE

〒047-8540
小樽市最上1丁目29−1
TEL 0134-23-6105
FAX 0134-23-6388
http://www.miraisouzou.hokkaido-c.ed.jp

今春の主な進路

- 就職 36%
- 専門学校 41%
- 道内私立大学 15%
- 進学準備ほか 2%
- 道内国公立大学 1%
- 道外私立大学 1%
- 短大 2%
- 看護系専門学校 2%

※人数は現役のみです。

国公立道内
小樽商科大………1名

私立道内
北海商科大………1名
藤女子大…………1名
天使大……………1名
北海道科学大……4名
札幌大……………4名
札幌保健医療大…1名
北海道医療大……1名
札幌学院大………5名
星槎道都大………1名
北海道武蔵女子大…1名

短大道内
北海道武蔵女子短大…1名
札幌大谷大短大…1名
北翔大短大………1名

専門学校
北海道情報専門…4名
札幌医療秘書福祉専門…4名
北海道自動車整備大学校…3名
大原簿記情報専門…3名

吉田学園医療歯科専門…2名
小樽歯科衛生士専門…2名
北海道芸術デザイン専門…1名
北海道ハイテクノロジー専門…1名
北海道リハビリテーション大学校…1名
北日本自動車大学校…1名
江差高等看護学院…1名
三草会札幌看護専門…1名

就職先等
札幌市役所………2名
北海道警察………1名
北海道職員………1名
柳月………………2名
六花亭製菓………1名
関電工……………1名
北海道電気保安協会…1名
北海道電力………1名
北海道パワーエンジニアリング…1名
日立ビルシステム東日本社…1名
東芝エレベータ…1名
北央信用組合……1名

指定校推薦

非公表

【校　訓】
自立・敬愛・創造

学校教育目標
- ●自立心、倫理観、規範意識、社会性の涵養
- ●健康・安全、協働・敬愛の精神の醸成
- ●専門的な知識や技術、実践力、創造力の育成

育成する生徒像
- ●専門性を生かし、職業人として社会に貢献する生徒
- ●協働・敬愛の精神を持ち、誠実に取り組む生徒
- ●夢と希望に満ちあふれ、新しい価値を創造し未来を切り拓く生徒

 学校へ行こう！

【学校説明会】
8/31（土）

入試情報

2024年度の入試情報です。2025年度は変更になる場合があります。
掲載の入試データ等は道コン事務局の推定です。

以下は、2024年3月入試の情報です。2025年3月入試については北海道教育委員会の発表を確認して下さい。

一般入試

■**学力検査の成績を重視**
8：2

■**個人調査書等を重視**
6：4
内申点以外で参考にするポイント
[特別活動の記録] [総合所見等]

■**傾斜配点の教科（倍率）**
なし

■**学力検査以外の試験**
[個人面接]

推薦入試

■**入学枠**
30%程度

■**面接（個人）・自己推薦書の提出以外に実施する項目**
[作文]

（　）内は推薦を表しています。

24入試 DATA	定員	一般		推薦		合格者平均	
		推定平均点	倍率	出願者数	内定者数	道コンSS	内申点・ランク
機械電気システム科	40		0.8	9	7		
建設システム科	40	142	0.9	8	5	35 (37)	190・G (225・E)
流通マネジメント科	40		0.9	9	8		
情報会計マネジメント科	40		1.1	10	9		

入試点 道コンSS	454	422	390	359	327	295	263	231	200	168	136	104
内申ランク・内申点	74	70	66	62	58	54	50	46	42	38	34	30
A ～296点	道コン合格圏（可能性60%ライン）　——全科集計											
B ～276点	合格者 ★一般入試（全科集計）											
C ～256点	平　均 ☆推薦入試（全科集計）											
D ～236点												
E ～216点										☆		
F ～196点												
G ～176点									★			
H ～156点												
I ～136点												
J ～116点												

公立×私立高校併願パターン

私立A日程（割合）			私立B日程（割合）		
小樽明峰　普通		75%	小樽双葉　総合進学		93%
北照　普通		25%	小樽双葉　特別進学		7%

中・高一貫校　私立高校　高等専修学校・技能連携校　通信制・単位制　高等専門学校　公立高校（石狩）　公立（渡島・檜山・後志）　公立（空知・留萌）　公立（上川・宗谷）　公立（オホーツク）　公立（胆振・日高）　公立（十勝・釧路・根室）

小樽水産高等学校

海洋漁業科[水]	水産食品科[水]	栽培漁業科[水]	情報通信科[水]

食堂　購買部(売店)　カウンセラー　寮・寄宿舎　海外研修(交流)　携帯電話持込　スキー授業　プール施設

生徒数401名　男子267名　女子134名

ACCESS GUIDE

〒047-0001
小樽市若竹町9-1
TEL 0134-23-0670
FAX 0134-23-4553
http://www.otarusuisan.hokkaido-c.ed.jp/

〔学校教育目標〕
　実学を重んじ、基礎的・基本的な知識・技術の習得及びそれらを活用できる力、規範意識 倫理観 命を大切にする心、健やかな体など「知・徳・体」の調和のとれた発達を図り、我が国の水産業・海運業・通信業を双肩に担う人格・識見・力量を身に付けた人を育てる。

海洋漁業科
　海洋に関わる知識と技術を習得させ、水産業に従事する人材を育成する。
　(海洋コース)漁業や海洋などに関する知識と技術を修得させ、海洋を核とした産業に従事する技術者を育成する。
　(漁業コース)船舶の運航や漁業生産を核とした産業に従事する技術者を養成する。

水産食品科
　水産物を中心とする食品の製造や流通・販売等に関する知識と技術を習得させ、将来これら業務に従事する人材を育成する。

栽培漁業科
　栽培漁業における種苗生産及び資源管理に関する知識と技術を習得させ、これらの業務に従事する人材を育成する。

情報通信科
　電気通信及び情報通信に関する基礎的な知識・技術を習得させ、水産業を含む広範な電気通信関連産業に従事する人材を育成する。

本校教育ノ目標

今春の主な進路

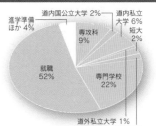

進学準備ほか 4%／道内国公立大学 2%／道内私立大学 6%／短大 2%／専攻科 9%／就職 52%／専門学校 22%／道外私立大学 1%／看護系専門学校 2%

※人数は全て現役です。

私立道内
北海道文教大‥‥‥‥1名
札幌国際大‥‥‥‥‥1名
北海道科学大‥‥‥‥1名
札幌大‥‥‥‥‥‥‥1名
札幌学院大‥‥‥‥‥2名
私立道外
日本大‥‥‥‥‥‥‥1名
大学校
道職業能力開発大学校‥2名
短大道内
札幌国際大短大‥‥‥1名
小樽海上技術短大‥‥3名
専門学校
札幌ビューティーアート専門‥5名
札幌科学技術専門‥‥3名
札幌ベルエポック製菓調理専門‥2名

札幌ベルエポック美容専門‥2名
札幌商工会議所付属専門‥2名
札幌観光ブライダル・製菓専門‥2名
吉田学園情報ビジネス専門‥2名
三草会札幌看護専門‥2名
小樽歯科衛生士専門‥1名
就職先等
自衛隊‥‥‥‥‥‥‥3名
東洋水産‥‥‥‥‥‥7名
新日本海フェリー‥‥4名
札幌トヨタ自動車‥‥4名
つうけんアクティブ‥1名
西南水産‥‥‥‥‥‥1名
かま栄‥‥‥‥‥‥‥1名
温泉宏楽園‥‥‥‥‥1名
USEN-NEXT HOLDINGS‥1名
昭和日タンマリタイム‥1名

指定校推薦

非公表

入試情報

2024年度の入試情報です。2025年度は変更になる場合があります。
掲載の入試データ等は道コン事務局の推定です。

以下は、2024年3月入試の情報です。2025年3月入試については北海道教育委員会の発表を確認して下さい。

( )内は推薦を表しています。

24入試DATA	定員	一般		推薦		合格者平均	
		推定平均点	倍率	出願者数	内定者数	道コンSS	内申点・ランク
海洋漁業科	40	106	0.5	18	18	30 (34)	143・I (183・G)
水産食品科	40		0.7	8	8		
栽培漁業科	40		0.9	8	8		
情報通信科	40		0.5	5	5		

一般入試

■学力検査の成績を重視
8:2

■個人調査書等を重視
8:2
内申点以外で参考にするポイント
[特別活動の記録] [総合所見等]

■傾斜配点の教科(倍率)
なし

■学力検査以外の試験
[個人面接]

推薦入試

■入学枠
50%程度

■面接(個人)・自己推薦書の提出以外に実施する項目
[作文]

入試点 道コンSS	454 74	422 70	390 66	359 62	327 58	295 54	263 50	231 46	200 42	168 38	136 34	104 30
内申ランク・内申点												
A ～296点												
B ～276点												
C ～256点												
D ～236点												
E ～216点												
F ～196点												
G ～176点											☆	
H ～156点												
I ～136点												★
J ～116点												

道コン合格圏(可能性60%ライン) — 全科集計
合格者平均 ★一般入試(全科集計) / ☆推薦入試(全科集計)

公立×私立高校併願パターン

私立A日程(割合)			私立B日程(割合)		
小樽明峰	普通	50%	小樽双葉 総合進学		100%
北科大高	進学	16%			
札幌北斗	進学	16%			
その他		18%			

僕の、わたしの高校受験体験記！

私は北広島高校の物事に真剣取り組む姿と、楽しむときは楽しむというメリハリをつけている校風に魅力を感じ、北広島高校を受験したいと考えました。ですが、私は内申は高くても得点力が低く、最後まで一つ下のSSの高校に下げるべきか悩みました。

悩んで勉強に手を付けられずにいた私を見て、両親と担任の先生が「覚悟を決めて頑張るなら応援する」と背中を押してくれました。

どんな結果になったとしても「努力しきった」と言い切れる自分でありたくて、その言葉をきっかけに最後まで走り抜けることができました。

苦手科目は得意科目とのサンドイッチにしてたくさん問題の解説見て何度も繰り返してやりましたよ！

行きたい「高校」とかももちろん大事！！　だけど、なりたい「自分」になれるように頑張ってね！

（北広島高校受験）

高校受験を体験して、僕は基礎知識の理解が改めて大事だと思った。高校受験の問題の半分ぐらいはだいたいの流れをつかめば解けるような問題でそこを確実にとることが高得点につながると考えたからだ。また、基礎知識が初見の応用問題の解法にも生きてくると思ったのも理由の一つだ。次の受験生には今までの基礎知識を全てつめこんで本番で力を発揮できるようにがんばってもらいたい。

ここ数年で入試の傾向も変わってきているのでしっかりと対策もした方がいいだろう。

（岩見沢東高校受験）

私は、道コンを受けて良かったと思っています。自分の苦手な教科や、教科だけでなく分野まで、みつけることができました。そのおかげで、今自分がやるべき勉強はどこなのかをはっきりさせることができ、とても効率よく勉強することができました。

また、合格率がだんだん上がっていき、モチベーションアップにもつながりました。

（旭川東高校受験）

私は理科が苦手で、8月の道コンでそれを思い知りました。なので、秋からは理科を中心に勉強しようと思い、実践しました。やってみると、意外と基礎ができていなかったことが分かったので基本問題を繰り返し解いてみたら道コンの点数が上がっていって、自分でも理科ができるようになってきたと実感することができました。理科は、結局最後の道コンと入試は納得がいく点数を取ることができなかったけど1番頑張って勉強した教科だと思えました。

また、受験勉強は中3の4月から少しずつでもいいので始めることをオススメします。私は夏休みですらたまにしか本気で勉強せず、本格的に勉強し始めたのが2学期の始めだったので、数学や理科の応用問題までできなくて後悔しました。後輩たちにはこうなってほしくありません。原因がスマホなら電源を切るのが1番良いです。これから受験勉強をする皆さん、応援しています。

（札幌月寒高校受験）

僕は高校受験を通して、受験やテストの時に大切だなと思ったことが3つあります。

1つ目は、いろいろな問題をやって自分の弱点をあぶり出すことです。例えば入試の過去問や道コンを何回かやって、間違った所を調べるだけでも自分の弱点を見つけ出すことができます。弱点を見つけてそこをピンポイントに勉強することで、効率的に点数を上げていけると思いました。

2つ目は色々な物を使って勉強することです。参考書はもちろん、今の時代はネットで様々な事を調べられる時代なので、わからない事があったらとにかく何でもいいので調べてみることが大切だと感じました。

3つ目は自信を持つこと。僕は受験前、「自分は大丈夫！」と自分に言い聞かせました。そのおかげで、受験では良い点をとって合格できました。あたり前のことだと思いますが、自信をもつことは大事なことなんだなと改めて思いました。今回学んだことを高校生活、そして大学受験に生かしていきたいです。

（滝川高校受験）

公立高校（空知・留萌）紹介

11校

CONTENTS

岩見沢東高等学校

令和7年度春 岩見沢東高校と岩見沢西高校が統合します。
（校名未定）

普通科[普]

生徒数463名　男子247名　女子216名

食堂｜購買部(売店)｜カウンセラー｜寮・寄宿舎｜海外研修(交流)｜携帯電話持込｜スキー授業｜プール施設

（携帯電話持込）昼休み 始業前・放課後 登下校

ACCESS GUIDE

〒068-0820
岩見沢市東山8丁目1－1
TEL 0126-22-0175
FAX 0126-22-6883
http://www.iwamizawahigashi.hokkaido-c.ed.jp/

◎ 中央バス
「岩見沢ターミナル」発「東高前」下車

●難関大学を目指し、90％の生徒が国公立大学に合格することを目標にします
　そのため、高度な学力を身につけます
●部活動では、体力・知力を鍛え、行事では、職業人としての礎を作ります
●学業や部活動において、文武両道に秀でた人材を育成します
●「特進クラス」の導入
　令和4年度入学生より「特進クラス」を1クラス導入しました。難関大学受験・合格を目指して学習していきます。
●医進類型指定校として
　2年生から医進類型コースを設け、特別指導を行います
●これからの日本をリードするグローバルな視野に立つ人材を養成します

在校生の声　高3生・生徒会長

　私が岩見東で過ごし、アピールしたいと感じた良さは、生徒の多くが将来の目標を持っていることです。空知の伝統校である我が校には空知やその周辺地域から多くの生徒が通学しており、自分たちの目標を共有しながら切磋琢磨しています。少しの空き時間でも自習をする雰囲気や、先生方が丁寧に面談をしてくださる体制は生徒の目標を実現するためのよい環境です。実際に通学した中でそれを強く感じ、本当にこの学校を選んでよかったと思いました。

　また、進路実現のための環境が充実していることに加えて、1年間の生徒会行事も活発です。それらの一つ一つを生徒自らが企画・運営していくことも岩東の特徴の一つです。勉強との気持ちの切り替えをしっかりして、メリハリのある生活を送っています。

　来年度から岩見沢西高等学校と統合になるので、どのような学校になるか分かりませんが、是非自分自身の目で確かめてみてください。

学校へ行こう！

【学校祭】
7/5(金)～7/7(日)

入試情報

2024年度の入試情報です。2025年度は変更になる場合があります。
掲載の入試データ等は道コン事務局の推定です。

以下は、2024年3月入試の情報です。2025年3月入試については北海道教育委員会の発表を確認して下さい。

一般入試

■学力検査の成績を重視
10：0

■個人調査書等を重視
6：4

■傾斜配点の教科（倍率）
なし

■学力検査以外の試験
過年度卒のみ個人面接

推薦入試

■入学枠
なし

今春の主な進路

進学準備ほか 7%
看護系専門学校 2%
道外私立大学 11%
道内私立大学 32%
短大 1%
専門学校 3%
就職 1%
道内国公立大学 25%
道外国公立大学 18%

※人数は現役のみです。

国公立道内
北海道大…………9名
札幌医科大………2名
北海道教育大……14名
小樽商科大………6名
室蘭工業大………8名
千歳科学技術大…4名
旭川市立大………2名
釧路公立大………2名
北見工業大………1名
名寄市立大………1名
国公立道外
京都大……………1名
神戸大……………1名
弘前大……………6名
信州大……………3名
愛媛大……………2名
岩手大……………1名
秋田大……………1名
福島大……………1名
東京海洋大………1名

福井大……………1名
富山大……………1名
鹿屋体育大………1名
私立道内
北海学園大………83名
北星学園大………27名
北海道科学大……35名
北海道医療大……24名
私立道外
東京理科大………2名
立命館大…………2名
青山学院大………1名
明治大……………1名
関西学院大………1名
近畿大……………2名
芝浦工業大………1名
順天堂大…………1名
明治学院大………1名
大学校
防衛大学校………1名

指定校推薦

非公表

24入試DATA	定員	一般		推薦		合格者平均	
		推定平均点	倍率	出願者数	内定者数	道コンSS	内申点・ランク
普通科	200	295	0.7			54	265・C

入試点 道コンSS	454	422	390	359	327	295	263	231	200	168	136	104
内申ランク・内申点	74	70	66	62	58	54	50	46	42	38	34	30
A ～296点												
B ～276点												
C ～256点						★						
D ～236点												
E ～216点												
F ～196点												
G ～176点												
H ～156点												
I ～136点												
J ～116点												

道コン合格圏（可能性60％ライン）── 普通
合格者平均 ★一般入試（普通）

公立×私立高校併願パターン

私立A日程（割合）		私立B日程（割合）	
札幌光星　マリス	100%	とわの森三愛　総合進学	28%
		札幌第一　総合進学	19%
		札幌第一　文理北進	19%
		その他	34%

中・高一貫校／私立高校／高等専修学校・技能連携校／通信制・単位制／高等専門学校／公立高校(石狩)／公立(渡島・檜山・後志)／公立(空知・留萌)／公立(上川・宗谷)／公立(オホーツク)／公立(胆振・日高)／公立(十勝・釧路・根室)

岩見沢西高等学校

令和7年度春 岩見沢東高校と岩見沢西高校が統合します。（校名未定）

普通科[普]

生徒数256名　男子109名　女子147名

食堂　購買部(売店)　カウンセラー　寮・寄宿舎　海外研修(交流)　携帯電話持込　スキー授業　プール施設（休み時間 始業前・放課後 登下校）

ACCESS GUIDE

〒068-0818
岩見沢市並木町30
TEL 0126-22-0071
FAX 0126-22-0071
http://www.gansai.hokkaido-c.ed.jp/

大正13年創立の伝統校です。今年度創立100周年を迎えます。「創造」「自立」の校訓の下、文武両道を目指した教育活動を行っており、平成22年からは普通科単位制を導入しております。多様な科目を開設し、国公立大学などの進路希望に対応した科目を選択して学習できるようにしております。部活動では、陸上競技部、書道部、水泳などが全国大会で活躍しており、その他多くの部が全道大会に出場しておりました。そのような岩見沢西高等学校ですが、令和7年度に、岩見沢東高等学校と再編統合することになっています。新設校は、難関大学等への進学を叶える「進学校」としての位置づけを持ち、すべての生徒が3年間の学びを通して将来の目標を見出せる学校を目指しています。普通科新学科(名称未定)において「総合的な探究の時間」の他に学校設定科目「探究基礎」(1年次1単位)「探究応用」(2年次2単位)を置くなど、探究活動を充実させ、全ての学科で強化横断型等、教育課程全てで探究活動を行う学校となる予定です。

 学校へ行こう！

【西高説明会】	【学校祭(西高祭)】
7/20(土)・10/26(土)	**7/12(金)・7/13(土)**

詳しくは本校ホームページをご覧ください。

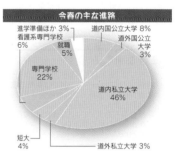

令春の主な進路

進学準備ほか 3%
看護系専門学校 6%
就職 5%
道内国公立大学 8%
道外国公立大学 3%
道内私立大学 46%
専門学校 22%
短大 4%
道外私立大学 3%

※人数は全て現役です。

国公立道内
北海道教育大………2名
北見工業大………2名
室蘭工業大………1名
千歳科学技術大………1名
名寄市立大………1名
釧路公立大………1名
旭川市立大………1名
国公立道外
東京藝術大………2名
岩手県立大………1名
私立道内
北海学園大………13名
藤女子大………7名
北星学園大………2名
日本医療大………25名
北海道科学大………21名
北海道医療大………11名
酪農学園大………7名
東海大（札幌）………4名
札幌大………3名
札幌国際大………3名
北海道文教大………2名
札幌保健医療大………1名
札幌学院大………6名

北翔大………6名
星槎道都大………2名
北海道千歳リハビリ大………2名
北海道情報大………1名
私立道外
福山大………1名
創価大………1名
神奈川大………1名
昭和音楽大………1名
関西国外国語大………1名
大学校
道職業能力開発大学校………1名
短大道内
北海道武蔵女子短大………2名
北星学園大短大………1名
札幌大谷大短大………1名
北翔大短大………1名
専門学校
岩見沢市立看護高等看護………6名
就職先等
自衛隊………4名
北海道職員………2名
萬世閣………1名
コープさっぽろ………1名
他多数

指定校推薦

非公表

入試情報

2024年度の入試情報です。2025年度は変更になる場合があります。掲載の入試データ等は道コン事務局の推定です。

以下は、2024年3月入試の情報です。2025年3月入試については北海道教育委員会の発表を確認して下さい。

24入試DATA	定員	一般		推薦		合格者平均	
		推定平均点	倍率	出願者数	内定者数	道コンSS	内申点・ランク
普通科	120	208	0.5	16	16	43	209・F

一般入試

■学力検査の成績を重視
9：1

■個人調査書等を重視
6：4

■傾斜配点の教科(倍率)
なし

■学力検査以外の試験
なし

推薦入試

■入学枠
30%程度

■面接(個人)・自己推薦書の提出以外に実施する項目
なし

入試点 道コンSS	454	422	390	359	327	295	263	231	200	168	136	104
内申ランク・内申点	74	70	66	62	58	54	50	46	42	38	34	30
A ～296点	道コン合格圏(可能性60%ライン) 普通											
B ～276点	合格者平均 ★一般入試(普通)											
C ～256点												
D ～236点												
E ～216点												
F ～196点									★			
G ～176点												
H ～156点												
I ～136点												
J ～116点												

中・高一貫校
私立高校
高等専修学校・技能連携校
通信制・単位制
高等専門学校
公立高校(石狩)
公立(渡島・檜山・後志)
公立(空知・留萌)
公立(上川・宗谷)
公立(オホーツク)
公立(胆振・日高)
公立(十勝・釧路・根室)

岩見沢緑陵高等学校

| 普通科[普] | 情報コミュニケーション科[商] |

生徒数553名　男子255名　女子298名

食堂　購買部(売店)　カウンセラー　寮・寄宿舎　海外研修(交流)　携帯電話持込　スキー授業　プール施設
月2回　〈希望者〉オーストラリア　休み時間 始業前・放課後 登下校　年間3日

ACCESS GUIDE

〒068-0835
岩見沢市緑が丘74−2
TEL 0126-22-1851
FAX 0126-24-9750
https://sites.google.com/iwamizawa-ryokuryo.ed.jp/web/

勉強も部活動も、そして生徒会行事にも力を入れている市立高校。また、英語実習助手が常駐し英語にも力を入れている学校である。普通科は大学、専門学校、公務員等幅広い進路に対応している。情報コミュニケーション科は最新の機器を備え情報化・国際化に対応する生徒の育成を目指している。

在校生の声

本校には「普通科」「情報コミュニケーション科」があり、個性や進路に合わせた学びを選ぶことができます。
情報コミュニケーション科では最新の機器を取り揃えており、実践的な情報技術を学ぶことができます。
普通科でも、情報モラルや情報活用など、現代社会に必要な情報に関する科目を学ぶことができます。
部活動も盛んで、運動系・文科系など、バラエティ豊かな部活動が揃っています。
学校行事も充実しており、特に緑陵祭は3日間にわたって開催され、フォークダンスや花火など、最高の思い出を作ることができます。
岩見沢緑陵高校で輝く未来を一緒に築いていきましょう！

今春の主な進路

資料等なし

※人数は現浪合計です。

国公立道内
小樽商科大 ………… 2名
北海道教育大 ……… 1名
室蘭工業大 ………… 2名
旭川市立大 ………… 1名
はこだて未来大 …… 1名
札幌市立大 ………… 1名

指定校推薦(一部)

道内
北海学園大
北星学園大
北海道科学大
北海道医療大
北海道情報大
札幌大
札幌学院大

北海商科大
酪農学園大
北翔大
札幌国際大
星槎道都大
岩見沢高等看護
砂川高等看護

学校へ行こう！

【学校祭】	【体験入学】
7/19(金)〜21(日)	9/14(土)

入試情報

2024年度の入試情報です。2025年度は変更になる場合があります。
掲載の入試データ等は道コン事務局の推定です。

以下は、2024年3月入試の情報です。2025年3月入試については北海道教育委員会の発表を確認して下さい。

一般入試

■学力検査の成績を重視
9：1

■個人調査書等を重視
6：4
内申点以外で参考にするポイント
[特別活動の記録] [総合所見等]

■傾斜配点の教科(倍率)
なし

■学力検査以外の試験
[個人面接]

推薦入試

■入学枠
普通科　40%程度
情報コミュニケーション科　50%程度

■面接(個人)・自己推薦書の提出以外に実施する項目
なし

( )内は推薦を表しています。

24入試DATA	定員	一般		推薦		合格者平均	
		推定平均点	倍率	出願者数	内定者数	道コンSS	内申点・ランク
普通科	120	196	0.9	66	48	42 (44)	213・F (240・D)
情報コミュニケーション科	80		0.8	39	26		

入試点 道コンSS	454	422	390	359	327	295	263	231	200	168	136	104
内申ランク・内申点	74	70	66	62	58	54	50	46	42	38	34	30
A ～296点				道コン合格圏 (可能性60%ライン) {　━━全科集計								
B ～276点				合格者 ★一般入試(全科集計)								
C ～256点				平　均 ☆推薦入試(全科集計)								
D ～236点									☆			
E ～216点												
F ～196点									★			
G ～176点												
H ～156点												
I ～136点												
J ～116点												

公立×私立高校併願パターン

私立A日程(割合)	私立B日程(割合)	
	とわの森三愛　総合進学	84%
	道文教大附属　普通	16%

三笠高等学校

食物調理科 調理師コース[家]　　食物調理科 製菓コース[家]

食堂　購買部(売店)　カウンセラー　寮・寄宿舎　海外研修(交流)　携帯電話持込　スキー授業　プール施設　資料請求

収容120名　　校内電源OFF　　巻末ページの二元コードからアクセスできます

本校は平成24年4月から北海道初の食物調理科単科の高校としてスタートしました。1年生から調理・製菓とコース制になっています。調理師コースでは調理師免許が取得できるよう、調理の基礎から応用までの知識・技術を学ぶことができます。三笠という食材の豊富な地の利を生かし、地域に根付いた授業実践を行います。製菓コースでは、製菓衛生師国家試験受験資格を取得できるよう、専門学校と連携してスクーリングを行い、製菓の基礎から応用までの知識・技術を学ぶことができます。

平成30年度に完成した食の研修体験学習施設内に高校生が運営するレストランやカフェがオープンし、実践的な学びを通してプロフェッショナルを目指します。

在校生の声

三笠高校の生徒は「食のプロフェッショナル」になるために、日々技術の向上に努めています。三笠高校では整った環境で学ぶことができ、卒業時調理師免許又は、製菓衛生師免許を取得することが可能です。現場で働いている方から教えていただく機会も多くあり、より専門的な技術や現場のことについて学べます。

本校は、調理部、製菓部、地域連携部の3つの部活動があります。

それぞれの部活が食の研修体験学習施設内のお店で実際に営業を行い、調理や接客などについて学んでいます。また、様々な企業との共同商品開発や、各種コンクールへの出場にも積極的に取り組んでいます。

自分の将来の夢に1番近い所で調理や製菓の知識・技術を学びたい方、食のプロフェッショナルになりたいと思っている方、一緒に頑張りましょう。

学校へ行こう！
【学校説明会】
9/14(土)　詳しくは後日学校ホームページに掲載いたします。

入試情報
2024年度の入試情報です。2025年度は変更になる場合があります。
掲載の入試データ等は道コン事務局の推定です。

以下は、2024年3月入試の情報です。2025年3月入試については北海道教育委員会の発表を確認して下さい。

一般入試

■学力検査の成績を重視
8:2

■個人調査書等を重視
8:2
内申点以外で参考にするポイント
[特別活動の記録] [総合所見等]

■傾斜配点の教科(倍率)
なし

■学力検査以外の試験
[個人面接]

推薦入試

■入学枠
50%程度

■面接(個人)・自己推薦書の提出以外に実施する項目
なし

ACCESS GUIDE

〒068-2107
三笠市若草町397番地
TEL 01267-4-2200
FAX 01267-2-6365
◎JR岩見沢駅より
中央バスで「三笠高校前」(約30分)

今春の主な進路

道内私立大学 6%
短大 6%
専門学校 21%
就職 67%

※人数は現役のみです。

私立道内
札幌大‥‥‥‥‥1名
札幌保健医療大‥‥1名

短大道内
光塩学園女子短大‥2名

指定校推薦

大学
札幌大
札幌学院大
藤女子大
札幌保健医療大
北海道文教大
酪農学園大
北海道情報大
北翔大

北海道武蔵女子短大
北翔大短大
國學院大北海道短大
函館大

短大
光塩学園女子短大

専門学校
札幌ベルエポック製菓調理専門
札幌スイーツ＆カフェ専門
光塩学園調理製菓専門
札幌観光ブライダル・製菓専門
辻調理師専門
辻調理師専門東京

24入試 DATA	定員	一般		推薦		合格者平均	
		推定平均点	倍率	出願者数	内定者数	道コンSS	内申点・ランク
食物調理科 調理師コース	20	194	1.3	20	10	41	209・F
食物調理科 製菓コース	20		1.0	18	10		

入試点 道コンSS	454	422	390	359	327	295	263	231	200	168	136	104
内申ランク・内申点	74	70	66	62	58	54	50	46	42	38	34	30
A ～296点												
B ～276点												
C ～256点												
D ～236点												
E ～216点												
F ～196点									★			
G ～176点												
H ～156点												
I ～136点												
J ～116点												

道コン合格圏(可能性60%ライン) ── 全科集計
合格者平均 ★ 一般入試(全科集計)

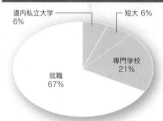

中・高一貫校
私立高校
高等専修学校・技能連携校
通信制・単位制
高等専門学校
公立高校(石狩)
公立(鹿島・檜山・後志)
公立(空知・留萌)
公立(上川・宗谷)
公立(オホーツク)
公立(胆振・日高)
公立(十勝・釧路・根室)

中・高一貫校

私立高校

高等専修学校・技能連携校

通信制・単位制

高等専門学校

公立高校（石狩）

公立（渡島・檜山・後志）

公立（空知・留萌）

公立（上川・宗谷）

公立（オホーツク）

公立（胆振・日高）

公立（十勝・釧路・根室）

美唄聖華高等学校

衛生看護科［看］

生徒数144名　男子13名　女子131名

食堂　購買部(売店)　カウンセラー　寮・寄宿舎　海外研修(交流)　携帯電話持込　スキー授業　プール施設
校内電源 OFF

思いやりある言葉と笑顔の校訓のもと、高等学校衛生看護科3年間と専攻科看護科2年間の合計5年間で、看護師国家資格の取得をめざします。全道一円の延べ百数十校の中学校から同じ志を持つ生徒が集まり頑張っています。

校　訓

思いやりある
言葉と笑顔

ACCESS GUIDE

〒072-0007
美唄市東6条北2丁目1−1
TEL 0126-64-2386
FAX 0126-64-2385
http://www.bibaiseika.hokkaido-c.ed.jp/

◎ JR
「美唄駅」下車　徒歩約20分

今春の主な進路

看護系専門学校 5%
専門学校 95%

指定校推薦

非公表

学校へ行こう！

【学校説明会】
7/20（土）札幌　6/22（土）苫小牧　8/24（土）帯広　8/31（土）旭川

【学校見学会】　【体験入学】
7/29（月）　　10/12（土）

入試情報
2024年度の入試情報です。2025年度は変更になる場合があります。
掲載の入試データ等は道コン事務局の推定です。

以下は、2024年3月入試の情報です。2025年3月入試については北海道教育委員会の発表を確認して下さい。

一般入試

■学力検査の成績を重視
8：2

■個人調査書等を重視
7：3
内申点以外で参考にするポイント
[特別活動の記録]

■傾斜配点の教科（倍率）
なし

■学力検査以外の試験
[個人面接]

推薦入試

■入学枠
50％程度

■面接（個人）・自己推薦書の提出以外に実施する項目
[作文]

（　）内は推薦を表しています。

24入試DATA	定員	一般		推薦		合格者平均	
		推定平均点	倍率	出願者数	内定者数	道コンSS	内申点・ランク
衛生看護科	80	185	0.2	37	37	40 (42)	216・E (238・D)

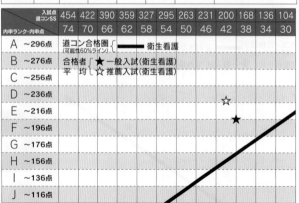

入試点道コンSS	454	422	390	359	327	295	263	231	200	168	136	104
内申ランク・内申点	74	70	66	62	58	54	50	46	42	38	34	30
A ～296点												
B ～276点												
C ～256点												
D ～236点												
E ～216点									☆			
F ～196点									★			
G ～176点												
H ～156点												
I ～136点												
J ～116点												

道コン合格圏（可能性60%ライン） ── 衛生看護
合格者平均 ★ 一般入試（衛生看護） ☆ 推薦入試（衛生看護）

公立×私立高校併願パターン

私立A日程（割合）		私立B日程（割合）
札幌創成　A特進	37%	
北海学園札幌　総進	25%	
北科大高　進学	12%	
その他	26%	

滝川高等学校

普通科[普]　理数科[理]

生徒数561名　男子297名　女子264名

滝川高校は、次代のリーダー育成の使命を担う北空知地区の中核的存在の伝統校です。普通科と理数科で構成されており、高い志の実現に向け、ほとんどの生徒が進学します。理数科では、理数科目を重視したカリキュラムの下、難関国公立大学進学に対応した授業を展開しており、課題研究、校外研修などを通して、科学的、数学的に考察し表現する能力を高めています。また、滝川高校は、生徒会活動、部活動等も活発です。平成25年度から、文部科学省のSSH（スーパーサイエンスハイスクール）の指定校になっています。

ACCESS GUIDE

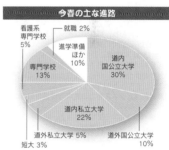

〒073-0023
滝川市緑町4丁目5-77
TEL 0125-23-1114
FAX 0125-23-1115
http://www.takikawa.hokkaido-c.ed.jp/

昨春の主な進路

- 道内国公立大学 30%
- 道内私立大学 22%
- 短大 3%
- 道外私立大学 5%
- 道外国公立大学 10%
- 専門学校 13%
- 看護系専門学校 5%
- 進学準備ほか 10%
- 就職 2%

※人数は全て現役です。

国公立道内
北海道大‥‥‥‥‥4名
旭川医科大‥‥‥‥2名
札幌医科大‥‥‥‥1名
北海道教育大‥‥‥11名
小樽商科大‥‥‥‥3名
室蘭工業大‥‥‥‥9名
旭川市立大‥‥‥‥7名
名寄市立大‥‥‥‥6名
はこだて未来大‥‥5名
釧路公立大‥‥‥‥5名
北見工業大‥‥‥‥3名
札幌市立大‥‥‥‥2名
千歳科学技術大‥‥1名

国公立道外
横浜国立大‥‥‥‥1名
弘前大‥‥‥‥‥‥7名
静岡大‥‥‥‥‥‥1名
京都教育大‥‥‥‥1名
埼玉大‥‥‥‥‥‥1名
信州大‥‥‥‥‥‥1名
富山大‥‥‥‥‥‥1名
宮崎大‥‥‥‥‥‥1名
長岡造形大‥‥‥‥5名
茨城県立医療大‥‥1名
高崎経済大‥‥‥‥1名
神奈川県立保健福祉大‥1名

大学校
防衛大学校‥‥‥‥1名
防衛医科大学校‥‥1名

指定校推薦（一部）

道内
北海学園大‥‥‥‥9名
北星学園大‥‥‥‥8名
北海道医療大‥‥‥13名
北海道科学大‥‥‥6名
札幌学院大‥‥‥‥7名
道外
東京理科大‥‥‥‥1名
関西学院大‥‥‥‥1名

東北学院大‥‥‥‥1名
東洋大‥‥‥‥‥‥1名
法政大‥‥‥‥‥‥1名
東海大‥‥‥‥‥‥6名
工学院大‥‥‥‥‥10名
芝浦工業大‥‥‥‥6名
神奈川大‥‥‥‥‥1名
東京農大‥‥‥‥‥8名
女子栄養大‥‥‥‥3名

学校へ行こう！

【体験入学会】	【学校祭】
9/21（土）	7/4（木）～7/6（土）

入試情報

2024年度の入試情報です。2025年度は変更になる場合があります。掲載の入試データ等は道コン事務局の推定です。

以下は、2024年3月入試の情報です。2025年3月入試については北海道教育委員会の発表を確認して下さい。

（　）内は推薦を表しています。

24入試DATA	定員	一般		推薦		合格者平均	
		推定平均点	倍率	出願者数	内定者数	道コンSS	内申点・ランク
普通科	160	255	0.9	11	9	49	246・D
理数科	40	310	0.7	9	7	56（59）	270・C（301・A）

一般入試

■学力検査の成績を重視
10：0

■個人調査書等を重視
6：4

■傾斜配点の教科（倍率）
理数科　国語・数学・英語（1.5）

■学力検査以外の試験
なし

推薦入試

■入学枠
普通科　10%程度
理数科　30%程度

■面接（個人）・自己推薦書の提出以外に実施する項目
英語による問答

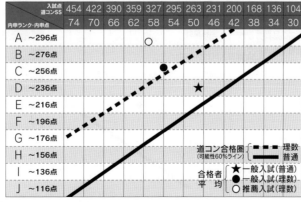

入試点道コンSS	454	422	390	359	327	295	263	231	200	168	136	104
内申ランク・内申点	74	70	66	62	58	54	50	46	42	38	34	30

A ～296点
B ～276点
C ～256点
D ～236点
E ～216点
F ～196点
G ～176点
H ～156点
I ～136点
J ～116点

道コン合格圏（可能性60%ライン）
‥‥‥理数
―――普通

合格者平均
★一般入試（普通）
●一般入試（理数）
○推薦入試（理数）

公立×私立高校併願パターン

私立A日程（割合）		私立B日程（割合）
札幌日大　総合進学	16%	
札幌日大　特進	16%	
北科大高　特別進学	16%	
その他	52%	

滝川西高等学校

普通科[普] 情報マネジメント科[商]

生徒数635名　男子339名　女子296名

食堂　購買部(売店)　カウンセラー　寮・寄宿舎　海外研修(交流)　携帯電話持込　スキー授業　プール施設　資料請求
週2回
巻末ページの二次元コードからアクセスできます

ACCESS GUIDE

〒073-0044
滝川市西町6丁目3-1
TEL 0125-24-7341
FAX 0125-24-7342
http://www.takinishi.ed.jp/

特色ある教育活動
○英語教育に力を注いでいます。

英語の授業は、普通科、商業科ともに、基本的にはすべて英語で行われ、実践的な英語力と大学進学等に必要な英語力の両面での英語力の向上を図っています。

○「学び力」の育成に力を注いでいます。

各教科の基礎的・基本的な知識・技能の習得やその活用力の育成のほか、特に、生徒が主体的に学習に取り組むことができるよう「学び力」の育成に力を注いでいます。

○実践的なビジネス能力の育成や資格の取得に力を注いでいます。(商業科)

商業・ビジネスに関する基礎的・基本的な知識・技術の習得はもとより、実践的なビジネス能力の育成やビジネス社会において役立つ資格の取得に力を注いでいます。

○部活動に力を注いでいます。

「文武両道」のより高いレベルでの実現を図るため、道内有数の大規模校のサイズ・メリットを生かして、部活動の一層の活性化・充実に力を注いでいます。

在校生の声　高3生

滝川西高校では、「志ある者は事ついに成る」の校訓とともに「文武両道」を目標に掲げ、生徒全員が西校生としての自覚を持ち学校生活を送っております。

「文武両道」を目指すこととは、学生の本分である学業を疎かにすることなく、部活動においても結果を残すということです。就職、進学率ともに高く、公務員への就職や国公立大学への進学者も毎年出ています。部活動でも全道大会や全国大会出場する部が多くあります。これこそが「文武両道」なのです。

学校行事にも力を入れており、合唱コンクールや2日間かけて行う滝西祭、体育祭など様々な行事があります。

滝川西高校には、他にもまだまだたくさんの魅力がありますので、少しでも興味がありましたら、学校HPをご覧下さい。

今春の主な進路

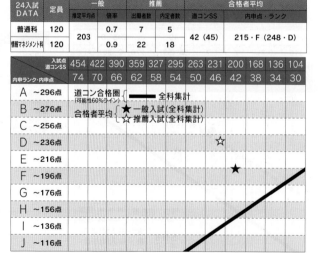

- 進学準備ほか 1%
- 道内国公立大学 3%
- 道外国公立大学 1%
- 道内私立大学 23%
- 短大 14%
- 道外私立大学 3%
- 看護系専門学校 12%
- 専門学校 24%
- 就職 19%

※人数は全て現役です。

国公立道内
北海道教育大……1名
室蘭工業大……2名
はこだて未来大……1名
札幌市立大……1名
名寄市立大……1名
国公立道外
弘前大……1名
北九州市立大……1名
私立道内
北星学園大……5名
藤女子大……4名
北海学園大……3名
北海商科大……2名
天使大……1名
北海道医療大……22名
日本医療大……8名
札幌大……6名
北海道科学大……6名
酪農学園大……2名
北海道文教大……1名
北翔大……9名
札幌学院大……8名

北海道情報大……3名
星槎道都大……1名
私立道外
文教大……2名
創価大……2名
大阪商業大……1名
大谷大……1名
日本赤十字看護大……1名
青森大……1名
共立女子大……1名
大東文化大……1名
短大道内
北星学園大短大……4名
北海道武蔵女子大短大……4名
北翔大短大……2名
札幌国際大短大……1名
國學院大道短大……18名
拓殖大道短大……4名
専門学校
岩見沢市立高等看護……12名
砂川市立病院附属看護専門……12名
滝川市立高等看護……8名
旭川厚生看護専門……3名

指定校推薦(一部)
道内
北海学園大
北星学園大
藤女子大
北海道科学大
札幌大
札幌学院大
北翔大
北海道医療大
滝川市立高等看護

砂川市立病院附属看護
深川市立高等看護
道外
学習院大
東洋大
城西大
創価大
中京大
山梨学院大
大阪商業大

学校へ行こう！

【1日体験入学・学校説明会】
滝西オープンスクール
8/20(火)(予定)

【学校祭】
7/5(金)・6(土)

入試情報

2024年度の入試情報です。2025年度は変更になる場合があります。
掲載の入試データ等は道コン事務局の推定です。

以下は、2024年3月入試の情報です。2025年3月入試については北海道教育委員会の発表を確認して下さい。

()内は推薦を表しています。

24入試DATA	定員	一般		推薦		合格者平均	
		推定平均点	倍率	出願者数	内定者数	道コンSS	内申点・ランク
普通科	120	203	0.7	7	5	42 (45)	215・F (248・D)
情報マネジメント科	120		0.9	22	18		

一般入試

■学力検査の成績を重視…
9:1

■個人調査書等を重視……
6:4

■傾斜配点の教科(倍率)
なし

■学力検査以外の試験
過年度卒のみ個人面接

推薦入試

■入学枠
普通科　30%程度
情報マネジメント科　50%程度

■面接(個人)・自己推薦書の提出以外に実施する項目…
なし

入試点道コンSS	454	422	390	359	327	295	263	231	200	168	136	104
内申ランク・内申点	74	70	66	62	58	54	50	46	42	38	34	30
A ~296点												
B ~276点												
C ~256点												
D ~236点								☆				
E ~216点												
F ~196点								★				
G ~176点												
H ~156点												
I ~136点												
J ~116点												

道コン合格圏(可能性60%ライン)　━━全科集計
合格者平均　★一般入試(全科集計)　☆推薦入試(全科集計)

中・高一貫校
私立高校
高等専修学校・技能連携校
通信制・単位制
高等専門学校
公立高校(石狩)
公立(渡島・檜山・後志)
公立(空知・留萌)
公立(上川・宗谷)
公立(オホーツク)
公立(胆振・日高)
公立(十勝・釧路・根室)

深川西高等学校

普通科[普]

生徒数241名　男子100名　女子141名

食堂 / カウンセラー / 寮・寄宿舎 / 海外研修（交流）カナダ,アボッツフォード市 / 携帯電話持込　朝のHRで預け,帰りに返却 / スキー授業 / プール施設

北海道深川西高等学校　第64回コーラス大会

ACCESS GUIDE

〒074-0012
深川市西町7-31
TEL 0164-23-2263
FAX 0164-23-2264
http://www.hukagawanishi.hokkaido-c.ed.jp/

自ら考え行動する力　それが深西のチカラなんだ！

教育目標　きり拓き　創りあげる人に
本校を育てた地域社会の歴史や本校の伝統から
強じんな開拓精神を受けつぎ
現在から未来を担う人として科学的探求心を養い
文化を愛する心を育み国際的視野に立って
民主社会に生きる人間性豊かな主体性のある公民をめざす。

考える力を　基礎的学習に精励し、現実に応用できる思考力を養い高い知性を求める自己確立をめざす。
豊かな心を　毎日の生活を自省し、豊かな情操を養い人間尊重を基として行動できる自己確立をめざす。
強い身体を　健康で安全な日常生活を営む態度を養い勤労を尊びたくましく活動する自己確立をめざす。

在校生の声　高3生

　私たちの学校、深川西高校は開校86年の歴史のある学校です。学習面では、進路別に科目選択ができ、長期休業中や平日の講習はもちろんのこと、小論文対策や面接指導など私たちの目標達成に向けきめ細かなサポートをしていただけます。一人ひとりが理解できるまで徹底して指導してもらえるのが深川西高校です。
　部活動では全校生徒の7割がいずれかの部局に加入しており、とても活発に行われています。特に、陸上競技部は毎年全国大会に出場しています。また、卒業されていった諸先輩方も多方面で活躍されており、私たち深西生の大きな誇りとなっています。
　本校の一大イベントである学校祭では、全校生徒が学年の垣根を越えて団結し、よりよい学校祭づくりに取り組んでいます。特に目玉の行灯行列では、クラスごとに工夫された行灯がつくられ、毎年多くの市民の方々が見に来て下さいます。
　まだまだ、紹介したいことはたくさんありますが、皆さんもこの歴史と伝統のある深川西高校に入学し、「夢」を叶えてほしいと思います。

学校へ行こう！

【学校祭】7/6（土）〜7（日）
【体験入学】9/25（水）

学春の主な進路

道内国公立大学 6%
就職 14%
道内私立大学 20%
短大 8%
看護系専門学校 14%
専門学校 38%

※人数は全て現役です。

国公立道内
北海道教育大‥‥‥‥2名
旭川市立大‥‥‥‥‥1名
名寄市立大‥‥‥‥‥1名
藤女子大‥‥‥‥‥‥1名
札幌大‥‥‥‥‥‥‥3名
北海道医療大‥‥‥‥1名
酪農学園大‥‥‥‥‥1名
私立道内
北海学園大‥‥‥‥‥4名
札幌学院大‥‥‥‥‥2名
北海道千歳リハビリ大‥1名

指定校推薦（一部）

道内
北海学園大
北星学園大
北海道文教大
札幌大
札幌学院大
北海道医療大
藤女子大
日本医療大
北翔大
北海道千歳リハビリ大
酪農学園大
東京農業大
拓殖大道短大
北海道武蔵女子短大
國學院大道短大
深川市立高等看護
滝川市立高等看護
砂川市立高等看護

入試情報

2024年度の入試情報です。2025年度は変更になる場合があります。
掲載の入試データ等は道コン事務局の推定です。

以下は、2024年3月入試の情報です。2025年3月入試については北海道教育委員会の発表を確認して下さい。

24入試DATA	定員	一般		推薦		合格者平均	
		推定平均点	倍率	出願者数	内定者数	道コンSS	内申点・ランク
普通科	120	171	0.6			39	212・F

一般入試

■学力検査の成績を重視
9：1

■個人調査書等を重視
8：2
内申点以外で参考にするポイント
［特別活動の記録］

■傾斜配点の教科（倍率）
なし

■学力検査以外の試験
［個人面接］

推薦入試

■入学枠
なし

入試点道コンSS	454	422	390	359	327	295	263	231	200	168	136	104
内申ランク・内申点	74	70	66	62	58	54	50	46	42	38	34	30
A ～296点					道コン合格圏（可能性60％ライン）━ 普通							
B ～276点					合格者平均 ★一般入試（普通）							
C ～256点												
D ～236点												
E ～216点												
F ～196点									★			
G ～176点												
H ～156点												
I ～136点												
J ～116点												

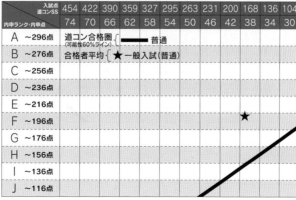

中・高一貫校 / 私立高校 / 高等専修学校・技能連携校 / 通信制・単位制 / 高等専門学校 / 公立高校（石狩） / 公立（渡島・檜山・後志） / 公立（空知・留萌） / 公立（上川・宗谷） / 公立（オホーツク） / 公立（胆振・日高） / 公立（十勝・釧路・根室）

深川東高等学校

生産科学科[農]　総合ビジネス科[商]

生徒数79名　男子45名　女子34名

食堂　購買部(売店)　カウンセラー　寮・寄宿舎　海外研修(交流)　携帯電話持込（授業中OFF 指定場所のみ）　スキー授業　プール施設

「誠実勤勉」を校訓とし、生産科学科、総合ビジネス科の2学科を設置している専門高校です。授業では実習を多く取り入れ、インターンシップや資格取得に積極的に取り組んでいます。また、生産物販売会、地域花壇造成や商店街と連携した商品開発など、地域と密着した教育活動の展開に力を入れています。

ACCESS GUIDE

〒074-0008
深川市8条5−10
TEL 0164-23-3561
FAX 0164-23-3562
http://www.fukatoko.hokkaido-c.ed.jp/

今春の主な進路

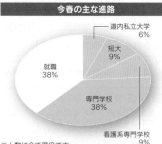

- 道内私立大学 6%
- 短大 9%
- 就職 38%
- 専門学校 38%
- 看護系専門学校 9%

※人数は全て現役です。

私立道内
札幌学院大‥‥‥‥1名
北海道情報大‥‥‥1名

短大道内
拓殖大道短大‥‥‥2名

専門学校
経専調理製菓専門‥‥3名
旭川歯科学院専門‥‥2名
北日本自動車大学校‥1名
吉田学園医療歯科専門‥1名
吉田学園情報ビジネス専門‥1名

深川医師会付属准看護‥1名
北海道情報専門‥‥1名

就職先等
陸上自衛隊‥‥‥‥2名
きたそらち農業協同組合‥1名
シェフグランノール‥1名
深川油脂工業‥‥‥1名
立蔵農園‥‥‥‥‥1名
森山病院‥‥‥‥‥1名
藤岡建設‥‥‥‥‥1名

学校へ行こう！

【学校祭】
7/13(土)

【体験入学】
7/20(土)

入試情報

2024年度の入試情報です。2025年度は変更になる場合があります。
掲載の入試データ等は道コン事務局の推定です。

以下は、2024年3月入試の情報です。2025年3月入試については北海道教育委員会の発表を確認して下さい。

24入試 DATA	定員	一般 推定平均点	倍率	推薦 出願者数	内定数	合格者平均 道コンSS	内申点・ランク
生産科学科	40		0.3	0	0	32	
総合ビジネス科	40		0.4	0	0		

一般入試

■学力検査の成績を重視‥‥ 8:2

■個人調査書等を重視 8:2
内申点以外で参考にするポイント
[特別活動の記録] [総合所見等]

■傾斜配点の教科（倍率）‥‥ なし

■学力検査以外の試験‥‥‥ [個人面接]

入試点 道コンSS	454	422	390	359	327	295	263	231	200	168	136	104
内申ランク・内申点	74	70	66	62	58	54	50	46	42	38	34	30
A ~296点		道コン合格圏（可能性60%ライン）			全科集計							
B ~276点												
C ~256点												
D ~236点												
E ~216点												
F ~196点												
G ~176点												
H ~156点												
I ~136点												
J ~116点												

推薦入試

■入学枠‥‥‥‥‥‥
生産科学科　90%程度
総合ビジネス科　50%程度

■面接（個人）・自己推薦書の提出以外に実施する項目‥‥
なし

指定校推薦（一部）

道内
札幌保健医療大
札幌国際大
札幌学院大
北翔大
北海学園大
北海道情報大
日本医療大
酪農学園大
函館大

札幌大
星槎道都大
北海道医療大
國學院大道短大
札幌国際大短大
北翔大短大
北海道武蔵女子短大
函館大谷短大
拓殖大道短大
帯広大谷短大

左側縦タブ：中・高一貫校／私立高校／高等専修学校・技能連携校／通信制・単位制／高等専門学校／公立高校(石狩)／公立(渡島・檜山・後志)／公立(空知・留萌)／公立(上川・宗谷)／公立(オホーツク)／公立(胆振・日高)／公立(十勝・釧路・根室)

芦別高等学校

普通科[普]

生徒数119名　男子62名　女子57名

食堂 購買部(売店) カウンセラー 寮・寄宿舎 海外研修(交流) 携帯電話持込 スキー授業 プール施設
希望者
オーストラリア

ACCESS GUIDE

〒075-0041
芦別市本町40-13
TEL 0124-22-2164
FAX 0124-22-2164
http://www.ashibetsu.hokkaido-c.ed.jp/

◎JR芦別駅から徒歩約20分
　（国道38号線一南大通り経由が最
　　短距離です）

北海道芦別高等学校は、昭和16年に誕生した前身の芦別実科高等女学校を母体として昭和23年に現在の形となった伝統校です。平成25年度からは普通科単置校となりました。

一人一人の進路実現のため、少人数指導や習熟度別授業などきめ細やかな学習指導と生徒のやる気を刺激する学習支援に力を入れています。

また、グローバル社会に対応した人材育成のため、平成27年度からは海外短期留学が始まり、令和5年度は5名をマレーシアに派遣しました。

例年数はあまり多くありませんが、北海道内の国公立大学への進学者を出しています。高校入試の時点ではあまり成績の高くない生徒でも高校3年間で実力を伸ばし、有名大学へ合格しています。また、就職希望者は地元企業を中心にほぼ100%の就職率を誇っています。

今春の主な進路

道内国公立大学 2%
短大 2%
道内私立大学 27%
就職 39%
専門学校 24%
看護系専門学校 6%

※人数は全て現役です。

国公立道内
釧路公立大 ………… 1名
私立道内
北海学園大 ………… 3名
札幌大 ………………… 2名
酪農学園大 ………… 2名
北海道文教大 ……… 1名
北翔大 ………………… 2名
札幌学院大 ………… 2名
北海道情報大 ……… 1名
星槎道都大 ………… 1名
短大道内
北海道武蔵女子短大 … 1名
専門学校
吉田学園情報ビジネス専門 … 2名
札幌ベルエポック美容専門 … 2名
北海道中央理工専門 … 2名
砂川市立病院附属看護専門 … 1名
滝川市立高等看護 … 1名
富良野看護専門 … 1名

吉田学園公務員法科専門 … 1名
旭川福祉専門 …… 1名
北海道福祉保育専門学校 … 1名
北海道介護福祉 …… 1名
北海道ハイテクノロジー専門 … 1名
札幌ミュージック&ダンス放送専門 … 1名
就職先等
自衛隊 …………… 5名
北海道旅客鉄道 … 1名
芦別市役所 ……… 3名
たきかわ農協 …… 2名
芦別スターライトホテル … 1名
滝澤ベニヤ …… 1名
ベルコ …………… 1名
GYOROGYORO … 1名
空知単板 ………… 1名
空知中央バス …… 1名
エースラゲージ赤平工場 … 1名
菓子司新谷 ……… 1名

学校へ行こう！

【体験入学】	【学校祭】
10/8(火)	7/5(金)・6(土)

入試情報

2024年度の入試情報です。2025年度は変更になる場合があります。
掲載の入試データ等は道コン事務局の推定です。

以下は、2024年3月入試の情報です。2025年3月入試については北海道教育委員会の発表を確認して下さい。

24入試DATA	定員	一般		推薦		合格者平均	
		推定平均点	倍率	出願者数	内定者数	道コンSS	内申点・ランク
普通科	80		0.3				

一般入試

■学力検査の成績を重視
8:2

■個人調査書等を重視
8:2
内申点以外で参考にするポイント
特別活動の記録　総合所見等

■傾斜配点の教科（倍率）
なし

■学力検査以外の試験
個人面接

推薦入試

■入学枠
なし

入試点 道コンSS	454	422	390	359	327	295	263	231	200	168	136	104
内申ランク・内申点	74	70	66	62	58	54	50	46	42	38	34	30
A ～296点	道コン合格圏（可能性60%ライン）			普通								
B ～276点												
C ～256点												
D ～236点												
E ～216点												
F ～196点												
G ～176点												
H ～156点												
I ～136点												
J ～116点												

指定校推薦（一部）

道内
北海学園大 ……… 8名
札幌大 …………… 20名
札幌学院大 ……… 3名
北翔大 …………… 6名
北海道科学大 …… 2名
北海道情報大 …… 5名
北海道医療大 …… 2名
酪農学園大 ……… 1名
北星学園大 ……… 3名
日本医療大 ……… 2名
育英館大 ………… 1名
北海道千歳リハビリ大 … 1名

北海道文教大 …… 1名
札幌国際大 …… 10名
星槎道都大 ……… 4名
砂川市立病院附属看護専門 … 1名
滝川市立高看護 … 1名
富良野看護専門 … 2名
浦河赤十字看護専門 … 1名
北海道看護専門 … 1名
北海道武蔵女子短大 … 5名
光塩学園女子短大 … 2名
拓殖大北海道短大 … 2名
國學院大道短大 … 制限なし

中・高一貫校
私立高校
高等専修学校・技能連携校
通信制・単位制
高等専門学校
公立高校(石狩)
公立(渡島・檜山・後志)
公立(空知・留萌)
公立(上川・宗谷)
公立(オホーツク)
公立(胆振・日高)
公立(十勝・釧路・根室)

留萌高等学校

普通科[普]　電気・建築科[工]　情報ビジネス科[商]

生徒数438名　男子234名　女子204名

食堂　購買部(売店)　カウンセラー　寮・寄宿舎　海外研修(交流)　携帯電話持込　スキー授業　プール施設
休み時間 放課後

　本校は、昨年に創立百年を迎えた伝統校で、多くの卒業生が留萌地域の発展に貢献しています。平成30年からは、普通科、電気・建築科、情報ビジネス科の3学科併置校として、校訓「心も高く身も健やかに」を掲げ、未来に羽ばたく人材育成に取り組んでいます。

【普通科】
普通科は単位制で、幅広い学力層、多種多様な進路希望に対応するため、英数国において習熟度別の授業展開をしています。また、週末課題、小テスト、講習など、数多くの学力を身につけるための機会を提供しています。

【電気・建築科】
1年生は、電気と建築に関する基礎知識を学びます。自らの適性や興味を見極め、2年生より電気コースと建築コースに分かれ、より深く知識と技術を習得します。留萌地域はもとより、全道全国で活躍できるスペシャリストの育成に努めています。就職のみならず進学にも対応しています。

【情報ビジネス科】
情報ビジネス科は、地域の産業と経済社会の発展を担う人材育成を目指しています。生徒一人一人の可能性を高めるため、地域と連携した実践的な学習に重点をおいたカリキュラムを編成し実践しています。その成果は、生徒自らが企画運営するイベントや商品開発にみられます。

学校へ行こう！
【学校祭】7/5(金)〜7/6(土)　【学校説明会】9月中旬　詳しくはホームページをご覧ください。

ACCESS GUIDE

〒077-0024
留萌市千鳥町4丁目91番地
TEL 0164-42-2474
FAX 0164-42-1417
http://www.rumoi.hokkaido-c.ed.jp/

今春の主な進路

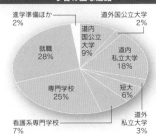

進学準備ほか 2%
道外国公立大学 2%
道内国公立大学 9%
道内私立大学 18%
短大 6%
道外私立大学 3%
看護系専門学校 7%
専門学校 25%
就職 28%

※人数は現浪合計です。

国公立道内	
北海道大	1名
小樽商科大	3名
北海道教育大	3名
室蘭工業大	2名
札幌市立大	2名
旭川市立大	2名
名寄市立大	2名
北見工業大	1名

国公立道外
弘前大 2名
岩手大 1名
高崎経済大 1名

私立道内
北海学園大 11名
北星学園大 5名
藤女子大 2名
北海道科学大 11名
札幌大 4名
日本医療大 4名
北海道医療大 3名
札幌保健医療大 2名
北翔大 3名
札幌学院大 2名
北海道情報大 2名
北海道武蔵女子大 2名

私立道外
早稲田大 1名
同志社大 1名
埼玉工業大 3名
学習院女子大 1名

短大道内
北星学園大短大 2名
光塩学園女子短大 1名
國學院大道短大 1名

専門学校
吉田学園医療歯科専門 4名
経専医療事務薬業専門 2名
札幌こども専門 2名
札幌ビューティーアート専門 2名
北海道理容美容専門 1名
札幌科学技術専門 1名

就職先等
自衛隊 11名
堀松建設工業 4名
北海道電力ネットワーク 3名
層雲閣 1名
北洋銀行 1名
留萌新聞社 1名
新星マリン漁協 1名
留萌観光協会 1名
日本郵便 1名
つうけんアクティブ 1名
ハチロ 1名
増毛漁協 1名
留萌信用金庫 1名
北海道電気工事 1名
北建コンサルタント 1名
加藤水産 1名
留萌市職員 1名
増毛職員 1名
他多数

指定校推薦(一部)

非公表

入試情報

2024年度の入試情報です。2025年度は変更になる場合があります。
掲載の入試データ等は道コン事務局の推定です。

以下は、2024年3月入試の情報です。2025年3月入試については北海道教育委員会の発表を確認して下さい。

一般入試

■学力検査の成績を重視…
8:2

■個人調査書等を重視…
8:2
内申点以外で参考にするポイント
[特別活動の記録] [総合所見等]

■傾斜配点の教科(倍率)…
なし

■学力検査以外の試験…
[個人面接]

推薦入試

■入学枠…
普通科 20%程度
電気・建築科・情報ビジネス科 50%程度

■面接(個人)・自己推薦書の提出以外に実施する項目…
なし

24入試DATA	定員	一般		推薦		合格者平均	
		推定平均点	倍率	出願者数	内定者数	道コンSS	内申点・ランク
普通科	160		0.7	0	0		
電気・建築科	40	306	0.5	0	0	56	240・D
情報ビジネス科	40		0.3	0	0		

入試点 道コンSS	454	422	390	359	327	295	263	231	200	168	136	104
内申ランク・内申点	74	70	66	62	58	54	50	46	42	38	34	30

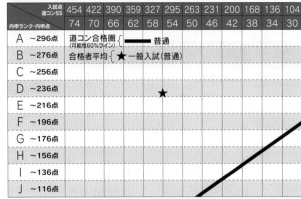

A	〜296点	道コン合格圏{ (可能性60%ライン) ── 普通											
B	〜276点	合格者平均{ ★ 一般入試(普通)											
C	〜256点												
D	〜236点					★							
E	〜216点												
F	〜196点												
G	〜176点												
H	〜156点												
I	〜136点												
J	〜116点												

公立高校（上川・宗谷）紹介

15校

CONTENTS

旭川東高等学校

普通科[普]

生徒数714名　男子384名　女子330名

食堂 | 購買部(売店) | カウンセラー | 寮・寄宿舎 | 海外研修(交流) | 携帯電話持込 | スキー授業 | プール施設

定時制には食堂有 | | 週1回

1903年創立。121年目の伝統校として、文武両道の校風のもと活気あふれる学校である。部活動加入率は8割を超える。今年度も各部活動等が全国大会に出場。合唱コンクール・学校祭・球技大会等で完全燃焼。学校標語「シマレガンバレ」のもと何事にも真剣に積極的に取り組んでいる。

ACCESS GUIDE

〒070-0036
旭川市6条通11丁目
TEL 0166-23-2855
FAX 0166-23-2623
http://www.ah.hokkaido-c.ed.jp

◎ JR
「旭川駅」下車　徒歩15分

今春の主な進路

- 看護系専門学校 1%
- 海外大学 1%
- 進学準備ほか 14%
- 道内国公立大学 39%
- 道外国公立大学 29%
- 道内私立大学 4%
- 道外私立大学 12%

※人数は現浪合計です。

国公立道内
北海道大 ………… 39名
旭川医大 ………… 24名
札幌医科大 ………… 1名
北海道教育大 ……… 20名
小樽商科大 ………… 7名
帯広畜産大 ………… 4名
北見工業大 ………… 4名
室蘭工業大 ………… 3名
旭川市立大 ………… 1名
はこだて未来大 …… 1名

国公立道外
東京大 …………… 3名
京都大 …………… 3名
神戸大 …………… 3名
東北大 …………… 3名
大阪大 …………… 2名
横浜国立大 ……… 2名
弘前大 …………… 16名
静岡大 …………… 6名

千葉大 …………… 5名
東京学芸大 ……… 4名
信州大 …………… 4名
宇都宮大 ………… 3名
茨城大 …………… 2名
埼玉大 …………… 2名
金沢大 …………… 2名

私立道外
早稲田大 ………… 9名
慶應義塾大 ……… 3名
上智大 …………… 2名
国際基督教大 …… 1名
法政大 …………… 19名
中央大 …………… 17名
東洋大 …………… 14名
東京理科大 ……… 14名
明治大 …………… 13名
立命館大 ………… 12名
日本大 …………… 11名
同志社大 ………… 7名

指定校推薦

非公表

学校へ行こう！
【学校説明会】
8月(予定)

入試情報
2024年度の入試情報です。2025年度は変更になる場合があります。
掲載の入試データ等は道コン事務局の推定です。

以下は、2024年3月入試の情報です。2025年3月入試については北海道教育委員会の発表を確認して下さい。

一般入試

■学力検査の成績を重視
9：1

■個人調査書等を重視
6：4

■傾斜配点の教科(倍率)
なし

■学力検査以外の試験
過年度卒のみ個人面接

推薦入試

■入学枠
なし

24入試DATA	定員	一般		推薦		合格者平均	
		推定平均点	倍率	出願者数	内定者数	道コンSS	内申点・ランク
普通科	240	363	1.1			63	304・A

入試点 道コンSS	454	422	390	359	327	295	263	231	200	168	136	104
内申ランク・内申点	74	70	66	62	58	54	50	46	42	38	34	30
A ~296点				★								
B ~276点												
C ~256点												
D ~236点												
E ~216点												
F ~196点												
G ~176点												
H ~156点												
I ~136点												
J ~116点												

道コン合格圏(可能性60%ライン) ─── 普通
合格者平均 ★一般入試(普通)

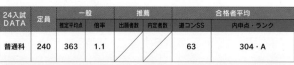
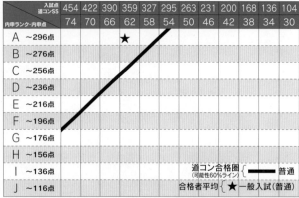

公立×私立・高専併願パターン

私立高校(割合)		高専(割合)	
旭川実業　難関選抜	26%	旭川高専　物質化学	66%
旭川藤星　特進	18%	旭川高専　機械システム	11%
旭川実業　特別進学	16%	旭川高専　電気情報	11%
その他	40%	その他	12%

旭川北高等学校

普通科[普]

生徒数631名　男子296名　女子335名

食堂 / 購買部(売店) 弁当販売 / カウンセラー 週1回 / 寮・寄宿舎 / 海外研修(交流) / 携帯電話持込 / スキー授業 / プール施設

ACCESS GUIDE

〒070-0901
旭川市花咲町3丁目
TEL 0166-51-4620
FAX 0166-51-2818
http://www.asahikawakita.hokkaido-c.ed.jp/

◎ JR「旭川駅」より道北バス／旭川電気軌道バス　乗車
所要時間約10分「スタルヒン球場前」下車

本校は進学重視型単位制により、多様な進路希望に対応し、高いレベルの進路目標実現を可能にしています。また、補充講習などの土曜開放や一人一人に応じたきめ細やかな学習指導・進路指導を通して、国公立大学への高い現役合格率（約50％）を達成しています。しかし、本校は進学一辺倒ではなく、「学習・行事・部活動のバランスがとれた生徒」「主体的にものを考えることのできる生徒」といった伝統的に本校生徒が持つ良さにも磨きをかけていきます。

在校生の声　高3生

私の通う旭川北高校は道内でも数少ない「進学重視型単位制」というシステムを取り入れていて、各自で自分の進路に合った授業を選べます。そのため一人ひとりが責任を持って真剣に学習に取り組むことができます。また、文武両道を掲げている北高は部活に入っている生徒が9割以上、部の数も30種類と勉強だけでなく部活動にも熱心な生徒が多く、充実しています。さらに北高は生徒の自主性を重んじているため、行事などはほとんど生徒主体で行っています。だから、学校祭や体育大会などはたいへん盛り上がり、やりきったという充実感、達成感を持つことができます。「勉強頑張りたい！」「高校生活を充実した3年間にしたい！」という人は旭川北高校がおすすめです！！　ぜひ、北高へ！

学校へ行こう！

【学校説明会】(OPEN DAY)
10/26(土)

今春の主な進路

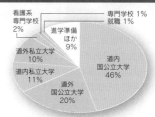

看護系専門学校 2%
専門学校 1%
就職 1%
進学準備ほか 9%
道外私立大学 10%
道内私立大学 11%
道外国公立大学 20%
道内国公立大学 46%

※人数は現浪合計です。

入試情報

2024年度の入試情報です。2025年度は変更になる場合があります。掲載の入試データ等は道コン事務局の推定です。

以下は、2024年3月入試の情報です。2025年3月入試については北海道教育委員会の発表を確認して下さい。

一般入試

■学力検査の成績を重視
9：1

■個人調査書等を重視
6：4

■傾斜配点の教科(倍率)
なし

■学力検査以外の試験
過年度卒のみ個人面接

推薦入試

■入学枠
20％程度

■面接(個人)・自己推薦書の提出以外に実施する項目
なし

（　）内は推薦を表しています。

24入試DATA	定員	一般 推定平均点	一般 倍率	推薦 出願者数	推薦 内定者数	合格者平均 道コンSS	合格者平均 内申点・ランク
普通科	200	324	1.1	66	40	58 (59)	285・B (308・A)

| 入試点 道コンSS | 454 | 422 | 390 | 359 | 327 | 295 | 263 | 231 | 200 | 168 | 136 | 104 |
内申ランク・内申点	74	70	66	62	58	54	50	46	42	38	34	30
A ~296点				☆								
B ~276点					★							
C ~256点												
D ~236点												
E ~216点												
F ~196点												
G ~176点												
H ~156点												
I ~136点												
J ~116点												

道コン合格圏(可能性60%ライン) ━━ 普通
合格者平均 ★一般入試(普通) ☆推薦入試(普通)

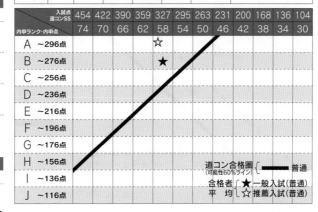

公立×私立・高専併願パターン

私立高校(割合)		高専(割合)	
旭川藤星　特進	38%	旭川高専　物質化学	60%
旭川実業　特別進学	21%	旭川高専　機械システム	20%
旭川龍谷　特進・難関突破	14%	旭川高専　システム制御情報	20%
その他	27%		

今春の主な進路（合格実績）

国公立道内

北海道大	12名
北海道大(医学部医学科)	1名
旭川医科大	10名
札幌医科大	4名
北海道教育大	44名
小樽商科大	11名
帯広畜産大	1名
室蘭工業大	9名
名寄市立大	7名
旭川市立大	6名
釧路公立大	6名
北見工業大	5名
千歳科学技術大	3名
札幌市立大	2名

国公立道外

東北大	1名
大阪大	1名
浜松医科大	1名
弘前大	8名
静岡大	5名
金沢大	4名
秋田大	3名
埼玉大	3名
新潟大	3名
広島大	2名
秋田県立大	2名
高崎経済大	2名
岩手大	1名
山形大	1名
茨城大	1名
群馬大	1名
奈良女子大	1名
九州工業大	1名
青森県立保健大	1名

私立道内

北海学園大	33名
北星学園大	14名

私立道外

中央大	7名
法政大	6名
立命館大	5名
青山学院大	4名
明治大	3名
立教大	3名
関西学院大	3名
同志社大	2名
	他多数

指定校推薦

非公表

旭川西高等学校

普通科[普] 理数科[理]

生徒数594名 男子269名 女子325名

食堂 購買部(売店) カウンセラー 寮・寄宿舎 海外研修(交流) 携帯電話持込 スキー授業 プール施設
月2回 授業中OFF

ACCESS GUIDE

〒070-0815
旭川市川端町5条9丁目1−8
TEL 0166-52-1215
FAX 0166-52-2974
http://www.asahikawanishi.hokkaido-c.ed.jp

創立117周年。校訓「研学・高邁・撥剌」。文武両道を目指し、明るく爽やかな雰囲気で学校全体がとても活気にあふれています。国公立大学進学を始めとする、個々の進路実現を目指すことを第一に、部活動は8〜9割の加入率で、全道・全国大会の出場を目指し、各部活動とも日々意欲的に活動しています。また、令和3年度より文部科学省「スーパーサイエンスハイスクール（SSH）」3期目（1期5年）の指定を受け、これまで培ってきた全校で進める探究学習をさらに発展させ、地域と共に実践し、新しい価値を創造する科学技術人材の育成に取り組んでいます。

 学校へ行こう！

【オープンスクール】
10/3（木）・10/4（金）予定

入試情報
2024年度の入試情報です。2025年度は変更になる場合があります。
掲載の入試データ等は道コン事務局の推定です。

今春の主な進路

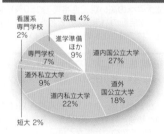

看護系専門学校 2%
進学準備ほか 9%
就職 4%
専門学校 7%
道外私立大学 9%
道内私立大学 22%
短大 2%
道外国公立大学 18%
道内国公立大学 27%

※人数は現役のみです。

国公立道内
北海道大…………1名
旭川医科大………4名
北海道教育大……12名
小樽商科大………2名
帯広畜産大………1名
旭川市立大………10名
名寄市立大………8名
札幌市立大………5名
室蘭工業大………3名
釧路公立大………3名
千歳科学技術大…3名
はこだて未来大…3名
北見工業大………2名
国公立道外
横浜市立大………2名
弘前大……………5名
金沢大……………2名
島根大……………2名
宮城大……………2名
岩手大……………1名
秋田大……………1名
信州大……………1名
琉球大……………1名
埼玉大……………1名
香川大……………1名
鹿児島大…………1名
青森県立保健大…1名
秋田県立大………1名
群馬県立女子大…1名
高崎経済大………1名
前橋工科大………1名
東京都立大………1名
私立道内
北海学園大………10名
北星学園大………5名
天使大……………2名
北海道科学大……5名
札幌大……………3名
日本医療大………3名
北海道医療大……2名
北翔大……………1名
私立道外
法政大……………2名
立教大……………1名
明治大……………1名
立命館大…………1名
亜細亜大…………1名
桜美林大…………1名
短大道内
旭川市立大短大…2名
北星学園大短大…1名
専門学校
旭川高等看護……3名
北都保健福祉専門…1名
北海どうぶつ・医療専門…1名
中部楽器技術専門…1名

指定校推薦

非公表

入試データ表

以下は、2024年3月入試の情報です。2025年3月入試については北海道教育委員会の発表を確認して下さい。

( )内は推薦を表しています。

24入試DATA	定員	一般		推薦		合格者平均	
		推定平均点	倍率	出願者数	内定者数	道コンSS	内申点・ランク
普通科	160	295	1.5	69	32	54 (56)	279・B (298・A)
理数科	40	271	2.0	27	20	51 (50)	248・D (277・B)

一般入試

■学力検査の成績を重視…
8:2

■個人調査書等を重視…
6:4
内申点以外で参考にするポイント
特別活動の記録 総合所見等

■傾斜配点の教科（倍率）…
理数科 数学・理科(2.0)、英語(1.5)

■学力検査以外の試験…
過年度卒のみ個人面接

推薦入試

■入学枠
普通科 20%程度
理数科 50%程度

■面接（個人）・自己推薦書の提出以外に実施する項目
なし

入試点 道コンSS	454	422	390	359	327	295	263	231	200	168	136	104
内申ランク・内申点	74	70	66	62	58	54	50	46	42	38	34	30
A ～296点					☆							
B ～276点					★	○						
C ～256点												
D ～236点							●					
E ～216点												
F ～196点												
G ～176点												
H ～156点												
I ～136点												
J ～116点												

道コン合格圏（可能性60%ライン） --- 普通 / 理数
合格者平均 ★一般入試（普通） ☆推薦入試（普通） ●一般入試（理数） ○推薦入試（理数）

公立×私立・高専併願パターン

私立高校（割合）		高専（割合）	
旭川藤星 特進	24%	旭川高専 物質化学	42%
旭川実業 特別進学	22%	旭川高専 機械システム	28%
旭川明成 総合	11%	旭川高専 電気情報	14%
その他	43%	その他	16%

旭川永嶺高等学校

普通科[普]

生徒数631名　男子298名　女子333名

食堂　購買部(売店)　カウンセラー　寮・寄宿舎　海外研修(交流)　携帯電話持込　スキー授業　プール施設
校内電源OFF 登下校

ACCESS GUIDE

〒079-8508
旭川市永山町3丁目102
TEL 0166-47-6006
FAX 0166-47-6109

「智・仁・礼」の校訓のもと、自己実現を目指し、勉強に、部活動に、生徒会活動に励む単位制高校。国公立大、私立大ともに多数合格。部活動加入率も80%以上にも及び、多くの部が全道大会、さらには全国大会に出場している。また、国際交流やキャリア教育を推進する、活気あふれる学校である。

在校生の声

　旭川永嶺高校は2016年に開校し、一人ひとりが「進路実現」と「部活動」に一生懸命とりくむ活気ある学校です。部活動加入率は8割を超えており、放送局、写真部、吹奏楽局は全国大会に連続出場するなど文化部の活動も活発に行われています。さらに剣道部、弓道部、テニス部が支部大会で団体戦優勝、野球部は支部大会を勝ち抜き北・北海道大会に出場するなど多くの運動部も活躍をしています。授業は設定科目が豊富で自分の進路に合わせて選択することができます。各大学の受験対策に合わせて、一人ひとりを個別に指導する小論文指導、面接指導、教科指導によって推薦入試や総合選抜入試でも高い合格率となり、全員が進路目標実現をめざしています。クラスが団結してとりくむ永嶺祭、体育大会はもちろん、クリスマスイベントや中庭コンサートなど日常の学校生活を楽しむイベントがあり、ボランティア活動にも積極的に参加しています。「部活動を全力でやりたい」も、「進路目標を実現したい」も、永嶺なら絶対できます。ぜひ、永嶺高校に来てください。

入試情報
2024年度の入試情報です。2025年度は変更になる場合があります。
掲載の入試データ等は道コン事務局の推定です。

以下は、2024年3月入試の情報です。2025年3月入試については北海道教育委員会の発表を確認して下さい。

一般入試

■学力検査の成績を重視
9：1

■個人調査書等を重視
6：4

■傾斜配点の教科（倍率）
なし

■学力検査以外の試験
過年度卒のみ個人面接

推薦入試

■入学枠
30%程度

■面接（個人）・自己推薦書の提出以外に実施する項目
なし

（　）内は推薦を表しています。

24入試DATA	定員	一般		推薦		合格者平均	
		推定平均点	倍率	出願者数	内定者数	道コンSS	内申点・ランク
普通科	200	245	1.6	127	60	48 (47)	244・D (258・C)

入試点 道コンSS	454 74	422 70	390 66	359 62	327 58	295 54	263 50	231 46	200 42	168 38	136 34	104 30
内申ランク・内申点												
A ～296点												
B ～276点												
C ～256点								☆				
D ～236点								★				
E ～216点												
F ～196点												
G ～176点												
H ～156点												
I ～136点												
J ～116点												

道コン合格圏（可能性60%ライン） ━━ 普通
合格者平均　★一般入試（普通）　☆推薦入試（普通）

公立×私立・高専併願パターン

私立高校（割合）			高専（割合）		
旭川藤星　進学		19%	旭川高専　物質化学		50%
旭川明成　総合		17%	旭川高専　機械システム		25%
旭川龍谷　特進・文武両道		10%	旭川高専　電気情報		25%
その他		54%			

今春の主な進路

- 進学準備ほか 3%
- 就職 4%
- 道外国公立大学 1%
- 道内国公立大学 21%
- 専門学校 14%
- 看護系専門学校 13%
- 短大 11%
- 道内私立大学 30%
- 道外私立大学 3%

※人数は全て現役です。

国公立道内
旭川医科大………3名
北海道教育大……10名
小樽商科大………1名
帯広畜産大………1名
旭川市立大………18名
室蘭工業大………6名
名寄市立大………4名
釧路公立大………4名
北見工業大………2名
札幌市立大………1名
千歳科学技術大…1名
国公立道外
高崎経済大………1名
私立道内
北海学園大………24名
北星学園大………8名

藤女子大…………2名
札幌大……………19名
北海道科学大……9名
日赤北海道看護大…9名
日本医療大………9名
北海道文教大……7名
北海道医療大……7名
酪農学園大………4名
札幌保健医療大…2名
札幌学院大………15名
北海道情報大……9名
北翔大……………4名
北海道千歳リハビリ大…1名
私立道外
立命館大…………1名
関西外国語大……1名
近畿大……………1名

指定校推薦

非公表

中・高一貫校
私立高校
高等専修学校・技能連携校
通信制・単位制
高等専門学校
公立高校（石狩）
公立（渡島・檜山・後志）
公立（空知・留萌）
公立（上川・宗谷）
公立（オホーツク）
公立（胆振・日高）
公立（十勝・釧路・根室）

旭川南高等学校

総合学科［総］

生徒数621名　男子275名　女子346名

食堂／購買部(売店)／カウンセラー／寮・寄宿舎／海外研修(交流)／携帯電話持込 月1回／スキー授業 校内電源OFF／プール施設 クロスカントリー／資料請求 巻末ページの二次元コードからアクセスできます

国公立大学、私立大学、看護学校、各種専門学校、公務員・就職などすべ
ての進路に対応できる都市型の「進学を重視」した総合学科として、道北で
初めて誕生した高等学校です。普通教科の発展・研究科目(発展現代文、数
学研究I、英語研究Aなど)の他、旭川市内の大学と連携し、看護や情報、
外国語などの専門科目も幅広く開設しています。人間文化、社会科学、自然
科学、看護・医療、情報・ビジネス、国際コミュニケーションの6系列にまと
めた科目群の中から、生徒自身が自分の興味・関心や進路希望に応じて科目
を選択し学ぶことができる、新しいタイプの学校です。

在校生の声　3年　生徒会長

　私たちの学校の魅力は、旭川で唯一の公立の総合学科であることです。自分の進路に合った時間割を自分たちで作
ることができるので、伸ばしたい勉強の分野を集中して学ぶことができます。進路指導も手厚く、朝学習やお昼・放課
後の講習、模試対策講習など普段の授業以外でも、私たちの進路実現に向けての手助けやアドバイスをしていただけま
す。
　学校行事では、連合制度という形で行っています。各年次、縦割りで赤連合、橙連合、黄色連合、緑連合、青連合、
紫連合の6連合に分かれて総合優勝を目指します。クラスTシャツも各連合の色になります。本校の学祭の伝統行事で
ある万灯行列は、生徒や先生だけでなく地域の人たちも楽しみにしていて、毎年たくさんの人たちが見に来てくれます。
今では、本校のある緑ヶ丘地区の夏の名物行事になっています。学校祭だけでなく、球技大会や体育大会も連合制度
で行っているので、年次の壁を越え、より団結することができます。
　また、本校にはたくさんの部活動があり、全道や全国に進出してる部活動もたくさんあります。
　本校に入学すれば、自分の進路実現ができるのはもちろん、部活動や行事にも全力で取り組むことができます。私た
ちと一緒に一生に一度の高校生活を楽しみましょう!

学校へ行こう!

【学校祭(一般公開)】	【部活動体験会】	【一日体験入学】	【学校見学会】	【進学相談会】
7/7(日)	8/24(土)、10/12(土)	9/21(土)	10/2(水)	11/9(土)

※これらの日程は変更になる可能性があります。

入試情報

2024年度の入試情報です。2025年度は変更になる場合があります。
掲載の入試データ等は道コン事務局の推定です。

以下は、2024年3月入試の情報
です。2025年3月入試について
は北海道教育委員会の発表を
確認して下さい。

( )内は推薦を表しています。

24入試DATA	定員	一般		推薦		合格者平均	
		推定平均点	倍率	出願者数	内定者数	道コンSS	内申点・ランク
総合学科	200	240	1.5	143	100	47 (46)	230・E (247・D)

一般入試

■学力検査の成績を重視……
9:1

■個人調査書等を重視……
6:4
内申点以外で参考にするポイント
[特別活動の記録] [総合所見等]

■傾斜配点の教科(倍率)……
なし

■学力検査以外の試験……
[過年度卒のみ個人面接]

推薦入試

■入学枠……
50%程度

■面接(個人)・自己推薦書の
提出以外に実施する項目……
なし

入試点 道コンSS	454	422	390	359	327	295	263	231	200	168	136	104
内申ランク・内申点	74	70	66	62	58	54	50	46	42	38	34	30
A ～296点												
B ～276点												
C ～256点												
D ～236点								☆				
E ～216点							★					
F ～196点												
G ～176点												
H ～156点												
I ～136点												
J ～116点												

道コン合格圏(可能性60%ライン) ──総合
合格者平均 ★一般入試(総合)
☆推薦入試(総合)

公立×私立・高専併願パターン

私立高校(割合)		高専(割合)
旭川明成　総合	25%	
旭川藤星　進学	22%	
旭川龍谷　特進・文武両道	16%	
その他	37%	

ACCESS GUIDE

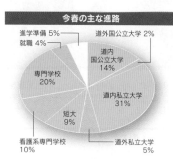

〒078-8803
旭川市緑が丘東3条3丁目1－1
TEL 0166-65-8770
FAX 0166-65-8772
http://www.asahikawaminami.hokkaido-c.ed.jp/

今春の主な進路

- 進学準備 5%
- 就職 4%
- 専門学校 20%
- 看護系専門学校 10%
- 短大 9%
- 道外私立大学 5%
- 道内私立大学 31%
- 道内国公立大学 14%
- 道外国公立大学 2%

※人数は現浪合計です。

国公立道内
北海道教育大	11名	酪農学園大	6名
小樽商科大	1名	札幌学院大	5名
旭川市立大	12名	**私立道外**	
名寄市立大	6名	同志社大	4名
北見工業大	3名	立命館大	3名
室蘭工業大	1名	駒澤大	1名
千歳科学技術大	1名	専修大	1名
釧路公立大	1名	近畿大	3名

国公立道外
日本赤十字広島看護大	6名	関西外国語大	2名
名桜大	2名	工学院大	2名
岩手大	1名	国士舘大	2名
滋賀大	1名	武庫川女子大	1名

私立道内
		拓殖大	1名
北海学園大	29名	武蔵野大	1名
北星学園大	11名	創価大	1名
北海道科大	8名	東京経済大	1名
札幌大	24名	**専門学校**	
日本医療大	16名	旭川厚生看護専門	19名
北海道文教大	9名	深川市立高等看護	7名
北海道医療大	8名	**就職先等**	
北海道科学大	8名	北海道警察	2名
札幌国際大	6名	自衛隊	2名
		公務員	4名
			他多数

指定校推薦

非公表

中・高一貫校／私立高校／高等専修学校・技能連携校／通信制・単位制／高等専門学校／公立高校(石狩)／公立(渡島・檜山・後志)／公立(空知・留萌)／公立(上川・宗谷)／公立(オホーツク)／公立(胆振・日高)／公立(十勝・釧路・根室)

旭川商業高等学校

流通ビジネス科[商]　国際ビジネス科[商]
会計科[商]　情報処理科[商]

生徒数581名　男子177名　女子404名

食堂　購買部(売店)　カウンセラー　寮・寄宿舎　海外研修(交流)　携帯電話持込　スキー授業　プール施設

希望者

旭川商業高校は、令和4年に開校100周年を迎えました。在校生・卒業生の活躍により、就職先の企業や進学先の学校からはもちろん、伝統に恥じない商業高校として、全国から高い評価を得ています。4つの学科では専門科目を体系的に学ぶことができ、より高度な資格取得を目指します。取得した検定を生かして、進学する道も開かれています。
「就職するなら旭商」のことばどおりに高い就職率を誇れるのは、勉強だけでなく、部活動にも行事にも一丸となってエネルギッシュに取り組む伝統の力です。地域の人も楽しみにしてくれる生徒実習販売会、専門家が舌を巻くほどの出来映えを競う合唱コンクール、そして童心に返って張り切る運動会。多くの部活動が毎年、全道大会・全国大会にコマを進めるなど、何事にも全力を出し切る学校、それが旭商です。

ACCESS GUIDE

〒070-0063
旭川市曙3条3丁目1-1
TEL 0166-22-3556
FAX 0166-22-1064
http://www.kyokusyo.hokkaido-c.ed.jp

在校生の声

旭川商業高校は、道北の商業教育の拠点校として、地域の皆様方から愛されている学校です。特に自信をもってアピールできるポイントは、挨拶をはじめとした礼儀の面です。授業の開始終了時や廊下での挨拶、人の話を聞く時の態度、時間を守る。できて当たり前だと感じるかもしれませんが、当たり前のことほど簡単ではなく、これができることは立派で誇れることだと思っています。人として大きく成長できる学校、それが旭商です。
　もちろん学業面は他校と違う唯一無二の魅力がある学校です。4つの科があり、それぞれ専門知識や技術が身に付きます。流通ビジネス科は、チャレンジモールという実習があり、企業様の商品を生徒たちの手で直接売ることで、マーケティング知識やコミュニケーション能力を養うことが出来ます。国際ビジネス科は1年次に行われるイングリッシュキャンプを始めとした体験学習で、実践的な語学力と国際感覚を養うことが出来ます。会計科は、高度な会計の検定試験に合格することを目標に、簿記をはじめとした会計の授業を多く学ぶことができます。情報処理科は、コンピュータに関する知識や技術を学び、IT技術に対応した高度な情報活用能力を身に付けることができます。どの学科でも検定試験に力を入れており、取得した資格は進路活動で大きな武器となります。ビジネス教育でしか学べない専門性やコミュニケーション能力を高め、上級学校へ進学しさらに学習を深化させることもできます。また就職先で即戦力として地域社会に貢献するも可能です。ぜひ旭商で一緒に学びませんか、皆さんお待ちしています。

学校へ行こう！

【学校説明会】
9/26(木)・9/27(金)

今春の主な進路

留学 1%　道内国公立大学 3%
道内私立大学 2%
私立大学 11%
短大 8%
就職 52%
専門学校 19%
看護系専門学校 4%

※人数は現浪合計です。

国公立道内
旭川市立大‥‥‥‥5名
私立道内
北海学園大‥‥‥‥3名
北星学園大‥‥‥‥1名
札幌大‥‥‥‥‥‥2名
北海道文教大‥‥‥2名
札幌国際大‥‥‥‥1名
札幌大谷大‥‥‥‥1名
札幌学院大‥‥‥‥4名
北海道情報大‥‥‥3名
北海道千歳リハビリ大‥1名
星槎大‥‥‥‥‥‥2名

日本赤十字北海道看護大‥‥1名
北海道武蔵女子大‥‥‥‥1名
私立道外
明治大‥‥‥‥‥‥1名
関西学院大‥‥‥‥1名
駿河台大‥‥‥‥‥1名
短大道内
旭川市立大短大‥‥10名
光塩学園女子短大‥‥1名
北翔大短大‥‥‥‥1名
北海道武蔵女子短大‥1名
拓殖大道短大‥‥‥1名

指定校推薦(一部)

道内
北海学園大
北星学園大
北海道医療大
北海道科学大
酪農学園大
道外
関西学院大
日本大
大阪商業大

入試情報

2024年度の入試情報です。2025年度は変更になる場合があります。
掲載の入試データ等は道コン事務局の推定です。

以下は、2024年3月入試の情報です。2025年3月入試については北海道教育委員会の発表を確認して下さい。

( )内は推薦を表しています。

24入試DATA	定員	一般		推薦		合格者平均	
		推定平均点	倍率	出願者数	内定者数	道コンSS	内申点・ランク
流通ビジネス科	80		1.0	53	40		
国際ビジネス科	40	183	1.3	22	20	40 (42)	201・F (223・E)
会計科	40		1.1	17	19		
情報処理科	40		1.0	19	20		

入試点道コンSS	454	422	390	359	327	295	263	231	200	168	136	104
内申ランク・内申点	74	70	66	62	58	54	50	46	42	38	34	30
A ～296点	道コン合格圏(可能性60%ライン) ━ 全科集計											
B ～276点	合格者平均 ★ 一般入試(全科集計)											
C ～256点	☆ 推薦入試(全科集計)											
D ～236点												
E ～216点										☆		
F ～196点										★		
G ～176点												
H ～156点												
I ～136点												
J ～116点												

一般入試

■**学力検査の成績を重視**
8:2

■**個人調査書等を重視**
6:4
内申点以外で参考にするポイント
特別活動の記録　総合所見等

■**傾斜配点の教科(倍率)**
なし

■**学力検査以外の試験**
過年度卒のみ個人面接

推薦入試

■**入学枠**
50%程度

■**面接(個人)・自己推薦書の提出以外に実施する項目**
なし

公立×私立・高専併願パターン

私立高校(割合)		高専(割合)
旭川明成　総合	28%	
旭川龍谷　キャリアデザイン	23%	
旭川藤星　進学	23%	
その他	26%	

旭川工業高等学校

電子機械科[工]　電気科[工]　情報技術科[工]
建築科[工]　土木科[工]　工業化学科[工]

食堂　購買部(売店)　カウンセラー　寮・寄宿舎　海外研修(交流)　携帯電話持込　スキー授業　プール施設
（休み時間 始業前・放課後 登下校）

生徒数635名　男子580名　女子55名

ACCESS GUIDE

〒078-8804
旭川市緑が丘東4条1丁目1-1
TEL 0166-65-4115
FAX 0166-65-4127
http://www.kyokko.hokkaido-c.ed.jp

校訓：信頼される人になれ
学校教育目標：豊かな人間性と広い視野をもち、進んで社会貢献する心身ともに健全な工業人を育成する。

本校は、高等学校の普通教育と工業関係の専門教育を学習する専門高校。今日までに2万人以上の卒業生が道内をはじめ全国のいろいろな職場に工業技術者として活躍し、日本の工業社会に貢献しています。

本校には、電子機械、電気、情報技術、建築、土木、工業化学、の6学科があり、それぞれの分野においての必要な技術・技能者としての基礎知識を学び、習得技術をもとに社会へ出て活躍します。また、国立大学をはじめ専門学校などへ進学することも可能です。

部活動も盛んで、運動系・文化系・工業系いずれも全道・全国大会で優秀な成績を収め、心身ともに成長させることができる学校です。

望ましい生活習慣を身に付け、望ましい勤労観を持った、社会に貢献できる人材育成に取り組んでいます。

在校生の声 高3生・生徒会長

北海道旭川工業高等学校は、地域から"旭工(キョッコウ)"の愛称で親しまれています。教職員の人数も含め訳800人もの人が通う歴史と伝統のある学校です。私たち旭工生は、「信頼される人になれ」という校訓のもと、先生方の厳しくも愛のある指導もあり、社会に出ても活躍できる人になれるよう、日々努力しています。旭工は工業化学、建築、土木、電気、情報技術、電子機械の6科があり、「実習」や「工業技術 基礎」「製図」などの専門学科ならではの授業があり、「毒物劇物取り扱い責任者」や「電気工事士」、「二級ボイラー技士」などの特殊な資格の取得も可能です。その実習で培った知識や能力を活かし、3年生では「課題研究」というものを一年間行い、その結果、成果を各科の1、2年生に発表します。また、部活動では、運動系の部活動だけではなく、文科系や工業クラブなども全道大会、全国大会へ数多く出場しています。その他にも生徒会が主催する「工高祭」や「旭工オリンピック」「体育文化大会」や「全校スキー」など、様々な学校・生徒会行事があります。私たち旭工生は高い向上心を持ち、こうした授業や部活動・行事を通して仲間達と創造、工夫、協力し合い、これまで以上に素晴らしいものを創ろうと努力することとを学んでいます。人柄もとても良く、来校される方からの評価もとても高いです。みなさんもぜひ旭工に来て「ものづくり」の楽しさ、素晴らしさを体験してみませんか。私たち旭工生は、多くの先輩方から代々受け継いで来た"旭工魂"を胸に、これからも良い学校にしていきたいと思います。

今春の主な進路

道内国公立大学 3%
道内私立大学 5%
その他 1%
短大 2%
専門学校 20%
就職 68%
看護系専門学校 1%

※人数は全て現役です。

国公立道内
北海道教育大……2名
北見工業大……2名
旭川市立大……2名
室蘭工業大……1名
私立道内
北海道科学大……2名
札幌国際大……1名
札幌大……1名
酪農学園大……1名
北海道情報大……2名
北翔大……2名
星槎道都大……2名
私立道外
愛知学院大……1名
短大道内
拓殖大道短大……3名
専門学校
日本航空大学校……4名

札幌工科専門……3名
日本工学院北海道専門……3名
北海道医学技術専門……2名
北海道情報専門……2名
青山建築デザイン・医療事務専門……2名
旭川医師会看護専門……1名
就職先等
北海道電力……6名
ドーピー建設工業……1名
北海道開発局……2名
関電工……2名
三井化学……1名
トヨタ自動車……1名
AGC……1名
東日本旅客鉄道……1名
日立製作所……1名
YKK AP……1名
キャノン……1名
旭川市役所……2名

指定校推薦(一部)

非公表

入試情報

2024年度の入試情報です。2025年度は変更になる場合があります。
掲載の入試データ等は道コン事務局の推定です。

以下は、2024年3月入試の情報です。2025年3月入試については北海道教育委員会の発表を確認して下さい。

一般入試

■学力検査の成績を重視
8:2

■個人調査書等を重視
6:4
内申点以外で参考にするポイント
[特別活動の記録] [総合所見等]

■傾斜配点の教科(倍率)
なし

■学力検査以外の試験
[個人面接]

推薦入試

■入学枠
50%程度

■面接(個人)・自己推薦書の提出以外に実施する項目
なし

( )内は推薦を表しています。

24入試DATA	定員	一般		推薦		合格者平均	
		推定平均点	倍率	出願者数	内定者数	道コンSS	内申点・ランク
電子機械科	40		0.8	22	20		
電気科	40		0.6	15	15		
情報技術科	40	168	1.4	19	19	38 (40)	194・G (207・F)
建築科	40		0.9	16	18		
土木科	40		1.0	32	20		
工業化学科	40		0.5	14	16		

入試点 道コンSS	454	422	390	359	327	295	263	231	200	168	136	104
内申ランク・内申点	74	70	66	62	58	54	50	46	42	38	34	30
A ～296点	道コン合格圏(可能性60%ライン)			全科集計								
B ～276点	合格者平均		★ 一般入試(全科集計)									
C ～256点			☆ 推薦入試(全科集計)									
D ～236点												
E ～216点												
F ～196点									☆			
G ～176点									★			
H ～156点												
I ～136点												
J ～116点												

公立×私立・高専併願パターン

私立高校(割合)		高専(割合)
旭川龍谷　キャリアデザイン	42%	
旭川明成　総合	21%	
旭川実業　機械システム	14%	
その他	23%	

鷹栖高等学校

普通科[普]

生徒数83名　男子47名　女子36名

食堂　鷹購部(売店)　カウンセラー　寮・寄宿舎　海外研修(交流)　携帯電話持込　スキー授業　プール施設
非常勤　　　　　町の交流に参加可能

ACCESS GUIDE

〒071-1201
上川郡鷹栖町南1条1丁目2-1
TEL 0166-87-2440
FAX 0166-87-2440
http://www.takasu.hokkaido-c.ed.jp/

◎ JR旭川駅より道北バスで35分、「10線10号」下車　徒歩2分

校訓　継続は力なり

○小規模校の特色を生かし、生徒一人ひとりが主役になれる教育活動を展開。
　定期的に全教員による教育相談(全員面談)を実施
○わかる喜びや達成感が味わえる授業展開
　選択授業の実施
○豊富なボランティア活動
　養護学校・保育園交流・花壇整備など
　ボランティア部(3L's部)による地域協力
○鷹栖町より補助(入学準備金・資格・検定・模試、オーストラリア友好訪問費用一部補助)
○検定資格指導の充実
　介護職員初任者研修が2年次希望者で取得可能
　漢検・数検の他、商業系検定の充実

○進学・就職に対応した進路指導
　スタディサプリを活用した学習指導の実施
　高大連携(旭川大学)による大学進学指導

在校生の声　高3生・生徒会長

　鷹栖高等学校は、生徒数が少ないため、他学年との交流が多く、学校全体の仲が良い学校だと思います。また、先生方も生徒一人一人のことをよく知ってくれていて、進路のことなど気軽に相談できるのも良い点です。
　介護職員初任者研修など取得可能な資格や検定なども豊富なので、興味のある方は体験入学に参加してみて下さい。

 学校へ行こう!
【体験入学】
9/3(火)　(日程は予定のため、詳しくは、本校HPをご覧下さい)

入試情報

2024年度の入試情報です。2025年度は変更になる場合があります。
掲載の入試データ等は道コン事務局の推定です。

以下は、2024年3月入試の情報です。2025年3月入試については北海道教育委員会の発表を確認して下さい。

一般入試

■学力検査の成績を重視…
8:2

■個人調査書等を重視…
8:2
内申点以外で参考にするポイント
特別活動の記録　総合所見等

■傾斜配点の教科(倍率)…
なし

■学力検査以外の試験…
個人面接

推薦入試

■入学枠
30%程度

■面接(個人)・自己推薦書の提出以外に実施する項目…
なし

今春の主な進路

道内国公立大学 13%
短大 4%
就職 21%
専門学校 54%
看護系専門学校 8%

※人数は全て現役です。

国公立道内		私立道内	
北海道教育大	1名	藤女子大	2名
北見工業大	1名	短大道内	
旭川市立大	1名	旭川市立大短大	1名

指定校推薦(一部)

非公表

入試DATA

24入試DATA	定員	一般		推薦		合格者平均	
		推定平均点	倍率	出願者数	内定者数	道コンSS	内申点・ランク
普通科	40		0.3	10	10		

入試点 道コンSS	454	422	390	359	327	295	263	231	200	168	136	104
	74	70	66	62	58	54	50	46	42	38	34	30

道コン合格圏(可能性60%ライン) ━━ 普通

内申ランク・内申点												
A ～296点												
B ～276点												
C ～256点												
D ～236点												
E ～216点												
F ～196点												
G ～176点												
H ～156点												
I ～136点												
J ～116点												

富良野高等学校

令和7年度春 富良野高校と富良野緑峰高校が統合します。
母体校：富良野緑峰高校（校名未定）

普通科[普]

生徒数369名　男子171名　女子198名

食堂　購買部(売店)　カウンセラー　寮・寄宿舎　海外研修(交流)　携帯電話持込　スキー授業　プール施設
月1回　　　　　　　　　　　　　　校内電源OFF

ラベンダーの小径から見た校舎

新制服
富良野高校の歴史と伝統、彩り鮮やかな富良野の自然など5つのコンセプトを盛り込んだスーツタイプの制服

ACCESS GUIDE

〒076-0011
富良野市末広町1−1
TEL 0167-22-2174
FAX 0167-22-2175
http://www.furano.hokkaido-c.ed.jp/

富良野高校は、今、大きく変わりつつあります。

1　平成24年度入学者選抜から、推薦入学を導入しました。推薦入学枠は、募集人員（160名）の2割（32名）程度です。
　推薦の要件（令和2年度入学者選抜のもの）

> 次のいずれかに該当する生徒
> 1　学業に優れ、大学進学等、将来に向けた高い進路目標を持ち、真摯な態度で学習に取り組む生徒
> 2　部活動等において、学習との両立を図りながら活躍し、入学後も自己の能力を積極的に伸ばそうとする生徒

2　平成25年度から、普通科単位制の高校に移行しました。

普通科単位制の高校について（特色等）

普通科単位制は、総合学科や普通科フィールド制の高校と並ぶ新しいタイプの高校の一つで、学年制の高校とは異なる次のような特色があります。

①必履修科目（必ず学ばなければならない科目）の他に、学校が開設した多くの選択科目の中から、興味・関心や進路希望等に応じて、生徒が科目を選択して学ぶことができます。
②学年制の高校より多く教員が配属されるため、少人数授業や習熟度別学習等、生徒の実態や進路希望等に応じたきめ細かな学習指導を行うことができます。
③学年による教育課程の区分を設けず、3年間で決められた単位数を修得することができれば卒業が認定されます。

在校生の声　高3生・生徒会長

私の通う富良野高校は「普通科単位制」が特色の学校です。そのため、大学や専門学校への進学や就職に向けて自分の進路に合った授業を選択できます。先生方のサポートも徹底的で、進路や学校生活について相談しやすい環境も整っています。また、多くの生徒が部活と勉強を両立し、目標に向かって努力しています。富良野高ならではの授業も実施されていて新たなことを学ぶこともできます。そして部活動の種類も多く、様々な部活が好成績を残しています。学校祭や球技大会などの行事では生徒が協力し自主的に取り組むため、充実感を持つことができます。新しいことに挑戦したいという人は富良野高校がおすすめです！　ぜひ、富良野高校へ！！

学校へ行こう！

【中学生体験入学】
8月下旬　富良野緑峰高校にて

入試情報
2024年度の入試情報です。2025年度は変更になる場合があります。
掲載の入試データ等は道コン事務局の推定です。

以下は、2024年3月入試の情報です。2025年3月入試については北海道教育委員会の発表を確認して下さい。

一般入試

■学力検査の成績を重視
8：2

■個人調査書等を重視
6：4
内申点以外で参考にするポイント
[特別活動の記録] [総合所見等]

■傾斜配点の教科（倍率）
なし

■学力検査以外の試験
[個人面接]

推薦入試

■入学枠
30%程度

■面接（個人）・自己推薦書の提出以外に実施する項目
なし

今春の主な進路

道外国公立大学 2%
進学準備ほか 4%
道内国公立大学 18%
就職 15%
道内私立大学 21%
専門学校 24%
道外私立大学 3%
看護系専門学校 10%
道外短大 3%
短大 3%

※人数は現浪合計です。

国公立道内
旭川医科大………1名
北海道教育大……6名
小樽商科大………2名
室蘭工業大………4名
旭川市立大………4名
北見工業大………2名
札幌市立大………1名
名寄市立大………1名

国公立道外
東京医科歯科大…1名
奈良女子大………1名
愛媛大……………1名

私立道内
北海学園大………3名
北星学園大………1名
北海道科学大……3名
札幌大……………2名
札幌大谷大………1名
東京農業大（オホーツクキャンパス）…1名
北海道医療大……1名
北海道文教大……1名
酪農学園大………1名
北翔大……………5名

札幌学院大………3名
星槎道都大………2名

私立道外
立教大……………1名
日本赤十字看護大…1名
金沢工業大………1名
國學院大…………1名

短大道内
旭川市立大短大…4名

専門学校
富良野看護専門…6名
札幌スポーツ&メディカル専門…5名
札幌ブライダル&ホテル観光専門…3名
旭川厚生看護専門…2名
北海道美容専門…2名
辻調理師専門……2名

就職先等
公務員……………6名
自衛隊……………4名
北海道警察………2名
消防職員…………2名
エムデジ…………1名
グランツ…………1名
他多数

指定校推薦

非公表

24入試 DATA	定員	一般		推薦		合格者平均	
		指定平均点	倍率	出願者数	内定者数	道コンSS	内申点・ランク
普通科	160	199	0.8	16	16	42	222・E

入試点 道コンSS	454	422	390	359	327	295	263	231	200	168	136	104
内申ランク・内申点	74	70	66	62	58	54	50	46	42	38	34	30
A ～296点	道コン合格圏（可能性60%ライン）		普通									
B ～276点	合格者平均 ★一般入試（普通）											
C ～256点												
D ～236点												
E ～216点										★		
F ～196点												
G ～176点												
H ～156点												
I ～136点												
J ～116点												

中・高一貫校
私立高校
高等専修学校・技能連携校
通信制・単位制
高等専門学校
公立高校（石狩）
公立（渡島・檜山・後志）
公立（空知・留萌）
公立（上川・宗谷）
公立（オホーツク）
公立（胆振・日高）
公立（十勝・釧路・根室）

富良野緑峰高等学校

令和7年度春 富良野高校と富良野緑峰高校が統合します。
母体校：富良野緑峰高校（校名未定）

園芸科学科[農]　電気システム科[工]　総合ビジネス科[商]

生徒数136名

食堂　購買部(売店)　カウンセラー　寮・寄宿舎　海外研修(交流)　携帯電話持込　スキー授業　プール施設

休み時間　始業前　放課後

ACCESS GUIDE

〒076-0037
富良野市西町1-1
TEL 0167-22-2594
FAX 0167-22-2594
http://www.furanoryokuho.hokkaido-c.ed.jp/

　平成11年に開校した、農業、工業、商業の3つの産業系学科を持つ学科集合型の高等学校です。専門機器の完備された食品加工室や工作工事実習室、80名収容可能で企業のオフィスを感じさせる総合実践室などの他、道内で1、2位を争う広さの温室など充実した学習環境を整えています。資格取得に積極的に取り組むとともに農業クラブや商業クラブ、工業クラブの活動にも力を入れています。地産地消に貢献しているカレンジャーは地域の方から高く評価され、部活動も体育系、文化系ともに活発に活動しています。進路状況は、進路内定率ほぼ100％という実績があります。

在校生の声　高3生・生徒会長

富良野緑峰高校は、農業・工業・商業の3つの学科がある学校です。
それぞれの科では、科ごとに異なる専門知識を学ぶことが出来ると同時に、社会に出てから役に立つたくさんの資格を取ることが出来ます。
また、それぞれの学科がふらのカレンジャー娘（農業）・高校生ものづくり大会（工業）・電卓競技大会（商業）などで良い結果を出し活動しています。進路に関しても、先生方の厚いサポートや地域の方からの信頼もあり就職内定率はほぼ100％と素晴らしい実績を残せています。
「自分の将来がざっくりとしか決まっていない」という人は是非、この富良野緑峰高校で社会に役に立つ技術を学び、自分のやりたいことを見つけてみませんか！！
困ったことがあっても、頼りになる先生方や優しい先輩たちがいます。
是非、富良野緑峰高校への進学を検討してみてください！！

学校へ行こう！

【緑峰祭】
7/12（金）・13（土）　一般公開　13（土）10:00～14:30
※学校ホームページでご確認下さい。

今春の主な進路

- 道内私立大学 4%
- 看護系専門学校 1%
- 短大 8%
- 専門学校 37%
- 就職 50%

※人数は現浪合計です。

私立道内
札幌国際大 ………1名
札幌大 ……………1名
函館大 ……………1名
短大道内
拓殖大道短大 ……3名
専門学校
旭川理容美容専門 …3名
札幌ミュージック&ダンス放送専門 …2名
経専北海道どうぶつ専門 …2名
経専北海道保育専門 …2名

旭川高等技術専門 …2名
経専音楽放送芸術専門 …1名
日本航空大学校 …1名
北海道情報専門 …1名
北海道スポーツ専門 …1名
旭中央病院付属看護専門 …1名
経専調理製菓専門 …1名
吉田学園情報ビジネス専門 …1名
札幌医療秘書福祉専門 …1名
北都保健福祉専門 …1名
北海道製菓専門 …1名

指定校推薦

非公表

入試情報

2024年度の入試情報です。2025年度は変更になる場合があります。
掲載の入試データ等は道コン事務局の推定です。

以下は、2024年3月入試の情報です。2025年3月入試については北海道教育委員会の発表を確認して下さい。

24入試DATA	定員	一般		推薦		合格者平均	
		推定平均点	倍率	出願者数	内定者数	道コンSS	内申点・ランク
園芸科学科	40		0.4	11	11		
電気システム科	40	131	0.3	1	0	33	178・G
総合ビジネス科	40		0.2	2	2		

一般入試

■学力検査の成績を重視 … 8：2

■個人調査書等を重視 … 6：4
内申点以外で参考にするポイント
　特別活動の記録　総合所見等

■傾斜配点の教科（倍率） … なし

■学力検査以外の試験
　個人面接

入試点 道コンSS	454	422	390	359	327	295	263	231	200	168	136	104
内申ランク・内申点	74	70	66	62	58	54	50	46	42	38	34	30
A ～296点												
B ～276点												
C ～256点												
D ～236点												
E ～216点												
F ～196点												
G ～176点											★	
H ～156点												
I ～136点												
J ～116点												

道コン合格圏（可能性60％ライン）　━━ 全科集計
合格者平均 ★ 一般入試（全科集計）

推薦入試

■入学枠
　園芸科学科　90％程度
　電気システム科　50％程度
　総合ビジネス科　50％程度

■面接（個人）・自己推薦書の提出以外に実施する項目 … なし

東川高等学校

普通科[普]

生徒数184名　男子67名　女子117名

食堂　購買部(売店)　カウンセラー　寮・寄宿舎　海外研修(交流)　携帯電話持込　スキー授業　プール施設

休み時間
始業前・放課後
登下校

本校は1年生でガイドヘルパーの資格を取得するための講座を全員が受講することができます。総合的な探究の時間（東川学）では、地域を知り、地域社会の未来を創造する視点や方策を学び、福祉の資格も取得可能です。2年生ではインターンシップを2日間経験します。学校行事も特色豊かです。学校祭では各学級がねぷたを作り東川町内を練り歩きます。1月には全校生徒が体育館に集まりカルタ大会を行います。1学年2学級の小規模校であるため先生と生徒の距離が近く、きめの細かい学習指導・進路指導を行っています。

在校生の声

東川高校は、大雪山旭岳の麓の自然豊かな東川町にあります。私たち生徒は、四季折々の美しい風景と静かな環境の中で、日々の学習とさまざまな活動に一生懸命に取り組み、充実した生活を送っています。

学習面では、日々の授業を大切にする傍ら、ガイドヘルパーなどの福祉関連の資格取得や各種検定試験にも取り組んでいます。学校行事は、学校祭での「ねぷた」制作や、マラソン大会、カルタ大会などがあります。これらの行事を通じて、諦めない心や、人と協力して成し遂げる大変さと大切さ、感謝の気持ちなどを学ぶことができます。

東川高校は、生徒ひとりひとりが卒業後の夢に向かって努力していて、私たちの主体的な活動を大切にしてくれる学校です。

学校へ行こう！

【中学生体験入学】
9月（未定）

入試情報

2024年度の入試情報です。2025年度は変更になる場合があります。
掲載の入試データ等は道コン事務局の推定です。

以下は、2024年3月入試の情報です。2025年3月入試については北海道教育委員会の発表を確認して下さい。

一般入試

■学力検査の成績を重視…
6：4

■個人調査書等を重視……
8：2
内申点以外で参考にするポイント
[特別活動の記録]　[総合所見等]

■傾斜配点の教科（倍率）…
なし

■学力検査以外の試験……
[個人面接]

推薦入試

■入学枠……
30％程度

■面接（個人）・自己推薦書の提出以外に実施する項目
なし

〒071-1426
東川町北町2丁目12－1
TEL 0166-82-2534
FAX 0166-82-2534
http://www.higashikawa.hokkaido-c.ed.jp/

ACCESS GUIDE

今春の主な進路

- 道内私立大学 5%
- 道外私立大学 2%
- 短大 4%
- 進学準備ほか 10%
- 就職 20%
- 専門学校 52%
- 看護系専門学校 7%

※人数は全て現役です。

私立道内
札幌大……………2名
星槎道都大………1名

私立道外
京都産業大………1名

短大道内
札幌国際大短大……1名

短大道外
自由が丘産能短大……1名

専門学校
旭川厚生看護専門…3名

指定校推薦（一部）

道内
札幌大
札幌学院大
北翔大
北海道科学大
星槎道都大
北海道医療大
日本医療大
北海道情報大
北翔大短大
北海道武蔵女子短大

國學院大道短大
拓殖大道短大
旭川福祉専門
北都保健福祉専門
旭川歯科学院専門
旭川医療秘書専門
旭川情報ビジネス専門
札幌リハビリテーション専門
札幌こども専門
北海道エコ・動物自然専門

24入試DATA	定員	一般		推薦		合格者平均	
		推定平均点	倍率	出願者数	内定者数	道コンSS	内申点・ランク
普通科	80	139	0.9	22	14	34	155・I

入試点	454	422	390	359	327	295	263	231	200	168	136	104
道コンSS	74	70	66	62	58	54	50	46	42	38	34	30
内申ランク・内申点												
A ～296点	道コン合格圏（可能性60％ライン）━━ 普通											
B ～276点	合格者平均 ★ 一般入試（普通）											
C ～256点												
D ～236点												
E ～216点												
F ～196点												
G ～176点												
H ～156点												
I ～136点												★
J ～116点												

公立×私立・高専併願パターン

私立高校（割合）		高専（割合）
旭川龍谷　キャリアデザイン	60%	
旭川実業　商業	20%	
旭川明成　総合	20%	
その他	23%	

名寄高等学校

普通科[普]　情報技術科[工]

生徒数366名　男子177名　女子189名

教育目標の「自分を大切にし、自ら考え、学び続ける（じぶん）」「多様性を尊重し、責任ある行動をとる（みんな）」「郷土から新たな価値を創造する（つくる）」を基本に、校訓で掲げる『集中之行』を重視しながら、文武両道の学校生活を目標としています。卒業生の進路状況は多種多様ですが、国公立大学への進学率は今年度は40％前後となっています。部活動も盛んで、毎年多くの部が全道大会に進出し活躍しています。行事も充実しており、学校祭の行灯行列が市民からも人気のある行事となっています。

在校生の声 高3生

　受験を通じて、私が感じたこと、学んだことは大きく3つある。1つは、たくさん悩むことの大切さ。高校2年生から現在にかけて、どんな職につきたいか、大学で何をしたいか、どこの大学に行きたいか、何回も自分の意志が変わったり、その度に親や先生、自分と相談して考えた。少し前の私が何回も自分の意志が変わってたのは、考えがまだ浅かったり、不安からコロコロ変えてたのかもしれない。たくさん考えて、時間はかかったけれど周りに相談していくなかで物事を見る視野が広がったり、多角的に見れるようになったんじゃないかなと思う。そして何よりたくさん時間をかけたぶん、私は今、これから揺らがないであろう強い目標を持っている。その目標があるから、今もこれからもきっと私はがんばれると思う。

　2つめは、名寄高校の先生はすごいし、いつだって味方だということ。

　1つめに述べたように目標を決めるまでに何度も先生に進路相談をした。それは担任の先生だけではなくて、他の先生にも相談した。私が相談していくなかで自分の考えを否定されることは1度も無かったし、色んな助言をくれるというかたちでいつも味方をしてくれた。更に味方だな、すごいなと感じたのはセンタ試験当日だった。朝早くから学年団以外の先生方がホテルに来て、差し入れや応援の言葉をくれたこと、会場に向かうタクシーまで見送ってくれたこと、試験本番で先生がしつこく教えてたところが的を射て出題されたこと。センター試験を終えて、当たり前に感じたこと、しつこいなぁと感じてたこと、今はたくさん先生に感謝したい。

　3つめは受験生の一体感。名高生だけじゃなく、全受験生の一体感に圧倒された。会場に着くと現役生や浪人生たくさんの人がいた。はじめは、この人たちと戦う、周りは敵！と思っていたけれど、皆、同じような緊張感を持って、目指すところは違えど、合格したい気持ちは同じなんだ、と考えたら、敵というより同志なのかなと思えてきて、緊張が少しほぐれた。一緒にがんばろうと思えた。

　あの緊張感と一体感は人生できっと一度きりだし、味わうことができて良かったな、と思う。

　年が明けたとき、受験に対してとてもネガティブだった。遊ぶこともできない毎日勉強ばっかりなんだろう。そう考えてた。私はまだ受験は終えていないけれどセンター試験を終えた節目に思うのは、受験で得られるのは知識と合否だけじゃないこと。人とのつながりだったり、物事の考え方、たくさんのものを最後には得られる。そう信じて、これからの受験も頑張りたいし、これから受験生になる後輩にも頑張ってほしい。

学校へ行こう!

【学校祭】	【オープンスクール】
7/5(金)～7/7(日)	9/25(水)

ACCESS GUIDE

〒096-0071
名寄市字徳田204
TEL01654-3-6841
FAX01654-3-6841
http://www.nayoro.hokkaido-c.ed.jp/

今春の主な進路

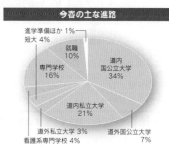

進学準備ほか 1%
短大 4%
就職 10%
道内国公立大学 34%
専門学校 16%
道内私立大学 21%
道外国公立大学 7%
看護系専門学校 4%
道外私立大学 3%

※人数は現浪合計です。

国公立道内
北海道大…………2名
北海道教育大……4名
名寄市立大………7名
釧路公立大………6名
室蘭工業大………2名
北見工業大………2名
千歳科学技術大…2名
旭川市立大………1名
札幌市立大………1名
国公立道外
高知工科大………1名
宇都宮大…………1名

高知大……………1名
新潟大……………1名
岩手大……………1名
私立道内
北海学園大………9名
北星学園大………2名
藤女子大…………1名
日本医療大………2名
北海道医療大……1名
私立道外
中央大……………1名
大東文化大………1名

指定校推薦

非公表

入試情報

2024年度の入試情報です。2025年度は変更になる場合があります。
掲載の入試データ等は道コン事務局の推定です。

以下は、2024年3月入試の情報です。2025年3月入試については北海道教育委員会の発表を確認して下さい。

24入試DATA	定員	一般		推薦		合格者平均	
		推定平均点	倍率	出願者数	内定者数	道コンSS	内申点・ランク
普通科	160	190	0.7	23	23	41	226・E
情報技術科	40		0.3	2	2		

入試点 道コンSS	454	422	390	359	327	295	263	231	200	168	136	104
内申ランク・内申点	74	70	66	62	58	54	50	46	42	38	34	30
A ～296点												
B ～276点												
C ～256点												
D ～236点												
E ～216点									★			
F ～196点												
G ～176点												
H ～156点												
I ～136点												
J ～116点												

道コン合格圏（可能性60%ライン）――普通
合格者平均 ★一般入試(普通)

一般入試

■**学力検査の成績を重視**
9：1

■**個人調査書等を重視**
6：4

■**傾斜配点の教科（倍率）**
なし

■**学力検査以外の試験**
個人面接

推薦入試

■**入学枠**
普通科　20％程度
情報技術科　50％程度

■**面接（個人）・自己推薦書の提出以外に実施する項目**
なし

士別翔雲高等学校

普通科[普] 総合ビジネス科[商]

生徒数301名　男子172名　女子129名

食堂｜購買部(売店)｜カウンセラー｜寮・寄宿舎｜海外研修(交流)｜携帯電話持込｜スキー授業｜プール施設
昼休み パン販売 あり
指定場所のみ 休み時間・始業前 放課後・登下校

本校は平成19年度に開校した、普通科3学級、商業科（総合ビジネス科）1学級の高校です。現在、全校生徒数は301名。「一歩前へ」の校訓の下、文武両道に励み、部活動加入率も90％に迫るなど、非常に活気のある学校です。市内唯一の全日制高校として、また、上川北学区の中心校として、生徒一人ひとりに寄り添った、より充実した教育活動を目指しています。前身である士別高校、士別商業高校の良き伝統を引き継ぎつつ、普通科・総合ビジネス科併置の特色を最大限に生かし、地域に根ざし、地域とともにある高校を目指して、日々教育活動に邁進しています。

在校生の声　高3生・生徒会長

　士別翔雲高校は、普通科とビジネス科に分かれており、生徒全員が校訓「一歩前へ」のもと、夢の実現に向けて日々努力を重ねています。

　本校は、勉強、部活動、行事を充実させることができる学校です。学習面では、毎日の勉強に親身に対応して下さる先生や、多種多様な目標を持った仲間たちに囲まれ、自分の進路を確立させることができ、目標の学校や就職先に進むことができた先輩がたくさんいます。さらに、部活動では、多くの部局が全道大会や全国大会で活躍し、将来にもつながる実績を残しています。

　そして、伝統的な行事である学校祭や、冬に行うクラスマッチなどは、本校独自の「雲隊制」によって、学年関係なく絆を深め、楽しむことができます。先生との距離が近いので、毎日の授業も、行事も、先生とも思い出がつくられて楽しさ数倍です！

　皆さんも、私たちと一緒に充実した学校生活を送りましょう！

学校へ行こう！

【保護者対象学校説明会】8/27（火）（予定）　【中3生対象体験入学】10/12（土）（予定）　【学校祭】7/6（土）（予定）

入試情報
2024年度の入試情報です。2025年度は変更になる場合があります。掲載の入試データ等は道コン事務局の推定です。

以下は、2024年3月入試の情報です。2025年3月入試については北海道教育委員会の発表を確認して下さい。

一般入試

■学力検査の成績を重視
8：2

■個人調査書等を重視
8：2

■傾斜配点の教科（倍率）
なし

■学力検査以外の試験
個人面接

推薦入試

■入学枠
普通科　30％程度
総合ビジネス科　50％程度

■面接（個人）・自己推薦書の提出以外に実施する項目
作文

ACCESS GUIDE

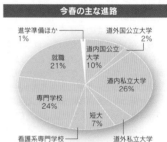

〒095-0006
士別市東6条北6丁目24番地
TEL 0165-23-2908
FAX 0165-23-2911
http://www.s-shoun.hokkaido-c.ed.jp/

◎ JR「士別駅」下車
◎ バス「翔雲高校前」下車

今春の主な進路

- 進学準備ほか 1%
- 道外国公立大学 2%
- 道内国公立大学 10%
- 就職 21%
- 道内私立大学 26%
- 専門学校 24%
- 短大 7%
- 看護系専門学校 4%
- 道外私立大学 5%

※人数は全て現役です。

国公立道内
北海道教育大……3名
小樽商科大………1名
名寄市立大………5名
室蘭工業大………2名

国公立道外
弘前大……………1名
都留文科大………1名

私立道内
北海学園大………9名
札幌大……………5名
日本医療大………4名
札幌保健医療大…2名
北海道医療大……2名
東京農業大（オホーツクキャンパス）…1名
北海道科学大……1名
札幌国際大………1名

私立道内（右列）
札幌学院大………2名
北翔大……………1名

私立道外
東洋大……………1名
東京国際大………1名
東海大……………1名
神奈川大…………1名
城西大……………1名

短大道内
旭川市立大短大…5名
北翔大短大………1名
國學院大道短大…1名

専門学校
旭川厚生看護専門…1名
北都保健福祉専門…1名
富良野看護専門…1名
深川市立高等看護…1名

指定校推薦（一部）

道内
札幌大……………
各専攻・学群へ2名最大18名
札幌学院大………5名
札幌国際大………12名
東京農業大………1名
北翔大……………6名
北星学園大………2名
北海学園大……10名＋工学部
生命工学科は複数名
北海商科大………2名
北海道医療大……4名
北海道科学大……2名

北海道情報大……8名
北海道千歳リハビリ大…2名
北海道文教大……7名
育英館大…………1名
日本医療大………4名
星槎道都大………4名
藤女子大…………2名

道外
城西大……………7名
芝浦工業大………3名
神奈川工科大……3名
愛知工業大………3名
名古屋商科大……5名

24入試 DATA	定員	一般		推薦		合格者平均	
		推定平均点	倍率	出願者数	内定者数	道コンSS	内申点・ランク
普通科	120	201	0.6	4	4	42	213・F
総合ビジネス科	40		0.4	0	0		

入試点 道コンSS	454	422	390	359	327	295	263	231	200	168	136	104
内申ランク・内申点	74	70	66	62	58	54	50	46	42	38	34	30
A ～296点	道コン合格圏（可能性60％ライン）──全科集計											
B ～276点	合格者平均★一般入試（全科集計）											
C ～256点												
D ～236点												
E ～216点												
F ～196点									★			
G ～176点												
H ～156点												
I ～136点												
J ～116点												

おといねっぷ美術工芸高等学校

工芸科[工]
生徒数110名　男子31名　女子79名

食堂／購買部(売店)／カウンセラー／寮・寄宿舎／海外研修(交流)／携帯電話持込／スキー授業／プール施設／資料請求

※巻末ページの二次元コードからアクセスできます

本校は、全道唯一の工芸科です。音威子府の恵まれた自然の中で、村立高校として地域と一体になって、生徒・保護者・村民・教職員がともに「夢を語り感動があふれる学校づくり」を推進しています。高大連携教育や地域連携教育を推進しながら、質の高い美術工芸教育を実践し、創造力と豊かな感性を育成しています。北海道で一番小さな村にある小さな学校の中で、生徒一人ひとりを主人公として、限りない可能性を伸ばし、感動に満ちた教育を実践しています。

ACCESS GUIDE

〒098-2501
音威子府村音威子府181-1
TEL 01656-5-3044
FAX 01656-5-3838
http://www.otoineppu-h.ed.jp
◎ JR
「音威子府駅」より徒歩10分

在校生の声 高3生・一般生徒

北海道おといねっぷ美術工芸高等学校では、工芸作品や絵画作品の制作授業をほぼ毎日行っています。高校3年間を通し、自分の個性を活かした作品を作ることができるのが特徴です。
一方、実習が多い分、一般教科の授業が少なくなります。したがって進路は早めに考える事が大切です。進路に必要な勉強、対策は先生方が講習や、個別指導により全力でサポートしてくれるので、努力しだいで希望の進路を実現させられます。
学校がある音威子府村は、とてつもなく豊かな自然に囲まれており、四季の変化を感じられます。そのため、静かに勉強や制作を行えます。
そのような環境の中で、現在、全校生徒が同じ寮で生活をしています。寮では友達と共に勉強や談笑をすることで絆を深め合いながら楽しい日々を送っています。
最後になりますが、本校に興味のある方は是非作品を見に来て下さい。

学校へ行こう！

【木の手づくり展(旭川)】
6/29(土)〜6/30(日)
旭川市民文化会館

【木の手づくり展(札幌)】
7/26(金)〜7/28(日)
かでる2・7

【一日体験入学】
9/7(土) 11:30〜15:15 ※詳細は学校HPにて。
(札幌と旭川から無料送迎バス有) 本校

今春の主な進路

- 道外国公立大学 8%
- 道内私立大学 6%
- 道外私立大学 25%
- 短大 3%
- 専門学校 36%
- 就職 14%
- 進学準備ほか 8%

※人数は全て現役です。

国公立道外
東京藝術大 ……… 1名
愛知県立芸術大 … 1名
富山大 ………… 1名
京都市立芸術大 … 1名
私立道内
東海大(札幌)…… 2名
私立道外
大阪芸術大 …… 3名
東北芸術工科大 … 2名
京都精華大 …… 1名
和光大 ………… 1名
聖徳大 ………… 1名
短大道内
拓殖大道短大 …… 1名

専門学校
北海道芸術デザイン専門 … 4名
京都伝統工芸大学校 … 2名
道立北の森専門 … 1名
青山建築デザイン医療専門 … 1名
北海道文化服飾専門 … 1名
国立障害者リハビリテーション学院 … 1名
伝統文化と環境福祉の専門 … 1名
岐阜県木工芸術スクール … 1名
関東職業能力開発大学校 … 1名
就職先等
カンディハウス …… 1名
匠工芸 …………… 1名
インテリア北匠工房 … 1名
道の駅おといねっぷ … 1名
10am …………… 1名

入試情報

2024年度の入試情報です。2025年度は変更になる場合があります。
掲載の入試データ等は道コン事務局の推定です。

以下は、2024年3月入試の情報です。2025年3月入試については北海道教育委員会の発表を確認して下さい。

( )内は推薦を表しています。

24入試DATA	定員	一般		推薦		合格者平均	
		推定平均点	倍率	出願者数	内定者数	道コンSS	内申点・ランク
工芸科	40	195	0.9	41	20	42 (45)	225・E (241・D)

入試点 道コンSS	454	422	390	359	327	295	263	231	200	168	136	104
内申ランク・内申点	74	70	66	62	58	54	50	46	42	38	34	30
A ～296点	道コン合格圏(可能性60%ライン)			━━ 工芸								
B ～276点	合格者平均			★一般入試(工芸)								
C ～256点				☆推薦入試(工芸)								
D ～236点												
E ～216点									☆			
F ～196点								★				
G ～176点												
H ～156点												
I ～136点												
J ～116点												

一般入試

■学力検査の成績を重視
7：3

■個人調査書等を重視
7：3
内申点以外で参考にするポイント
[特別活動の記録] [総合所見等]

■傾斜配点の教科(倍率)
なし

■学力検査以外の試験
[個人面接]

推薦入試

■入学枠
50%程度

■面接(個人)・自己推薦書の提出以外に実施する項目
なし

指定校推薦(一部)

道内
北翔大
札幌大谷大
東海大
北海道文教大
北海学園大
札幌国際大

道外
大阪芸術大
女子美術大
名古屋芸術大
東京造形大
東北芸術工科大
神戸芸術工科大
成安造形大
その他多数

稚内高等学校

| 普通科[普] | 商業科[商] | 衛生看護科[看] |

生徒数425名　男子191名　女子234名

食堂　購買部(売店)　カウンセラー　寮・寄宿舎　海外研修(交流)　携帯電話持込　カーリング授業　プール施設
指定場所のみ　授業時は禁止

100年の伝統を誇る本校は、校訓「誠実・勤勉・和協」を柱に、文武両道の教育を実践し、地元はもとより全道・全国各地に人材を輩出し続けてきました。

23年度より商業科も新たに設置し、普通科、衛生看護科とあわせて多学科集合型の学校として新たにスタートを切りました。各学科の特色をいかした教育活動がおこなわれ、生徒の進路実現を目指しています。

(3つの学科の特色・目指す姿)

○普　通　科…「地元の高校から第一志望へ」をめざし、国公立大学をはじめとする進学に対応できる学習が中心です。

○商　業　科…「企業で役立つ実践力」を身につけるため、商業(ビジネス)に関する知識と技能を学び、地域を支える人材として就職や進学を目指します。

○衛生看護科…5年一貫教育のなかで、看護に関する様々な専門教育を学び、看護師国家試験合格を目指し、「地域医療に貢献する看護師」を育てます。

ACCESS GUIDE

〒097-0017
稚内市栄1丁目4－1
TEL 0162-33-4154
FAX 0162-33-4155
http://www.wakkanai.hokkaido-c.ed.jp/

◎ JR
「南稚内駅」下車　徒歩15分

今春の主な進路

- 道外国公立大学 1%
- 道内国公立大学 16%
- 道内私立大学 20%
- 道外私立大学 6%
- 看護系専門学校 2%
- 短大・専門学校 26%
- 就職 12%
- 専攻科進学 16%
- 進学準備ほか 1%

※人数は全て現役です。

国公立道内
旭川医科大………1名
札幌医科大………1名
小樽商科大………3名
北海道教育大……3名
釧路公立大………5名
名寄市立大………4名
室蘭工業大………3名
千歳科学技術大…3名
北見工業大………2名
旭川市立大………2名
はこだて未来大…1名
国公立道外
弘前大……………1名
滋賀大……………1名
私立道内
北海学園大……26名
藤女子大…………3名
北星学園大………2名

北海商科大………1名
札幌大……………3名
札幌国際大………1名
札幌学院大………5名
星槎道都大………4名
私立道外
立命館大…………2名
京都外国語大……2名
立正大……………1名
専門学校
旭川厚生看護専門…1名
道立紋別高等看護専門…1名
函館病院高等看護…1名
就職先等
稚内市役所………1名
稚内信用金庫……2名
日本郵便北海道支社…2名
ハスコムモバイル…1名

指定校推薦

非公表

入試情報

2024年度の入試情報です。2025年度は変更になる場合があります。
掲載の入試データ等は道コン事務局の推定です。

以下は、2024年3月入試の情報です。2025年3月入試については北海道教育委員会の発表を確認して下さい。

24入試DATA	定員	一般		推薦		合格者平均	
		推定平均点	倍率	出願者数	内定者数	道コンSS	内申点・ランク
普通科	120	203	0.9	12	12	42	223・E
商業科	40		0.7	6	6		
衛生看護科	40		0.1	10	10		

入試点 道コンSS	454	422	390	359	327	295	263	231	200	168	136	104
内申ランク・内申点	74	70	66	62	58	54	50	46	42	38	34	30
A ~296点												
B ~276点												
C ~256点												
D ~236点												
E ~216点									★			
F ~196点												
G ~176点												
H ~156点												
I ~136点												
J ~116点												

道コン合格圏(可能性60%ライン)━━普通
合格者平均★一般入試(普通)

一般入試

■学力検査の成績を重視
普通科・商業科　9：1
衛生看護科　10：0

■個人調査書等を重視
6：4

■傾斜配点の教科(倍率)
なし

■学力検査以外の試験
商業科・衛生看護科　[個人面接]

推薦入試

■入学枠
普通科　30%程度
商業科・衛生看護科　50%程度

■面接(個人)・自己推薦書の提出以外に実施する項目
普通科　[英語による問答]

中・高一貫校 / 私立高校 / 高等専修学校・技能連携校 / 通信制・単位制 / 高等専門学校 / 公立高校(石狩) / 公立(渡島・檜山・後志) / 公立(空知・留萌) / 公立(上川・宗谷) / 公立(オホーツク) / 公立(胆振・日高) / 公立(十勝・釧路・根室)

公立高校（オホーツク）紹介

10校

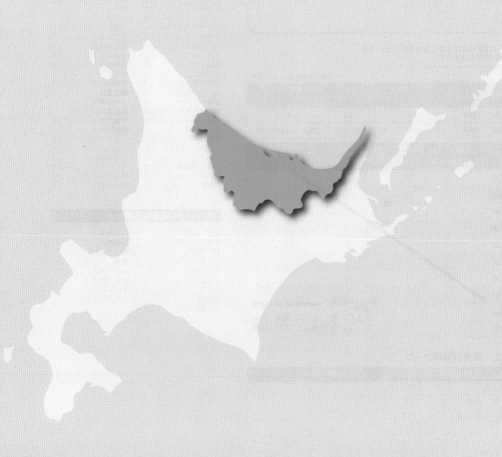

CONTENTS

北見北斗高等学校

普通科[普]　理数科[理]

生徒数675名　男子359名　女子316名

食堂　購買部(売店)　カウンセラー　寮・寄宿舎　海外研修(交流)　携帯電話持込　スキー授業　プール施設
月1回　　校内電源OFF

ACCESS GUIDE

〒090-0035
北見市北斗町1丁目1-11
TEL 0157-24-3195
FAX 0157-24-3197
http://www.kitamihokuto.hokkaido-c.ed.jp/

◎ JR
「北見駅」下車　徒歩10分

創立102年。「文武両道、質実剛健」を建学の精神とし、生徒は学習と部活動の両立を目指して、積極的に高校生活を送る。伝統行事の"強行遠足"の走行距離は全国有数であり、今年で92回目を迎える。生徒のほぼ全員が進学を目指す中、部活動も盛んで、近年では陸上部、男子テニス部、弓道部、棋道部、吹奏楽局(ソロ・アンサンブル)などの部活動が全国大会へ出場を果たしている。平成20年度からは道より医進類型の指定校とされ、地域医療を支える医師の育成を目指し、医学部進学に向けての学力向上、人間形成に努めている。また、平成29年度から文部科学省のSSH(スーパーサイエンスハイスクール)の指定を受け令和4年度よりⅡ期目に入り、持続可能な国際社会の創造に貢献する科学技術人材育成に取り組んでいる。

在校生の声　高3生・一般生徒

　北見北斗高校は、多くの生徒が自分の目標に向けて努力できるような環境が整っている学校です。例えば、本校で行っているSSHの活動では、仲間とともに課題研究に取り組む中で発想力や想像力が培われ、日々充実した活動が出来ます。また、本校は整った学習環境も魅力的です。先生方の手厚いサポートや学習室での勉強はとても捗ります。受験期には先生方と生徒がともに励ましあい、大学受験を乗り越えるところがなんといっても本校のいいところです。
　部活動にも全力で取り組んでおり、毎年数々の部活が全道、全国大会へ出場するなど好成績を収めています。また、文化祭や体育祭などの学校行事でのみんなが全力で盛り上がる姿は高校生活で最も青春を感じる瞬間です。
　伝統行事である強行遠足ではとても長い距離をゴール目指して走ります。この行事では根気強さや忍耐力が培われ、自分自身の大きな成長を感じられます。ここで培った力は今後いろいろな場面で役に立つと思います。
　北斗生はこうして文武両道を掲げ、日々勉強や部活動や行事などを両立しそれぞれが夢に向かって頑張っています。
　ぜひ、魅力あふれる北見北斗高校に入学して充実した高校生活を送ってください。

学校へ行こう！

【学校説明会】
9/14(土)(予定)

入試情報

2024年度の入試情報です。2025年度は変更になる場合があります。掲載の入試データ等は道コン事務局の推定です。

以下は、2024年3月入試の情報です。2025年3月入試については北海道教育委員会の発表を確認して下さい。

一般入試

■学力検査の成績を重視
普通科　9：1
理数科　10：0

■個人調査書等を重視
6：4
内申点以外で参考にするポイント
[特別活動の記録] [総合所見等]

■傾斜配点の教科(倍率)
理数科　数学(2.0)、英語(1.5)

■学力検査以外の試験
なし

推薦入試

■入学枠
理数科　50%程度

■面接(個人)・自己推薦書の提出以外に実施する項目
理数科 [作文]

( )内は推薦を表しています。

24入試DATA	定員	一般		推薦		合格者平均	
		推定平均点	倍率	出願者数	内定者数	道コンSS	内申点・ランク
普通科	200	298	1.0			54	275・C
理数科	40	364	1.1	36	20	63 (62)	292・B (295・B)

入試点 道コンSS	454	422	390	359	327	295	263	231	200	168	136	104
内申ランク・内申点	74	70	66	62	58	54	50	46	42	38	34	30
A ~296点												
B ~276点				☆								
C ~256点					★							
D ~236点												
E ~216点												
F ~196点												
G ~176点												
H ~156点												
I ~136点												
J ~116点												

道コン合格圏
(可能性60%ライン)　━━ 普通・理数
合格者 ★ 一般入試(普通・理数)
平均 ☆ 推薦入試(普通・理数)

公立×私立・高専併願パターン

私立高校(割合)		高専(割合)
北見藤　総合	63%	
立命館慶祥　普通	11%	
札幌第一　文理北進	7%	
その他	19%	

今春の主な進路

専門学校 3%　　就職 1%
進学準備ほか 9%
道内国公立大学 33%
道外私立大学 15%
道外国公立大学 16%
道内私立大学 20%
道内国公立大学 33%
短大 2%
看護系専門学校 1%

※人数は現浪合計です。

国公立道内
北海道大………16名
札幌医科大………7名
旭川医科大………2名
北海道教育大……19名
小樽商科大………2名
帯広畜産大………1名
北見工業大………10名
室蘭工業大………5名
旭川市立大………5名
千歳科学技術大……4名
はこだて未来大……3名
札幌市立大………3名
釧路公立大………3名
名寄市立大………3名

国公立道外
東北大…………2名
神戸大…………2名
一橋大…………1名
東京外国語大……1名
横浜国立大………1名
弘前大…………2名

宇都宮大…………2名
埼玉大…………2名
秋田大…………1名
山形大…………1名
千葉大…………1名
東京海洋大………1名
電気通信大………1名
金沢大…………1名
信州大…………1名
静岡大…………1名
東京都立大………1名

私立道内
北海学園大………38名

私立道外
早稲田大…………2名
慶應義塾大………2名
上智大…………1名
明治大…………6名
立命館大…………4名
同志社大…………3名
東京理科大………1名
青山学院大………1名

指定校推薦(一部)

道外
早稲田大
東京理科大
明治大
青山学院大
中央大
法政大
成蹊大
明治学院大

同志社大
立命館大
関西学院大
道内
北海学園大
北星学園大
北海道医療大
北海道科学大

北見柏陽高等学校

普通科[普]

生徒数589名　男子262名　女子327名

食堂　購買部(売店)　カウンセラー　寮・寄宿舎　海外研修(交流)　携帯電話持込　スキー授業　プール施設

ACCESS GUIDE

〒090-8533
北見市柏陽町567
TEL 0157-24-5107
FAX 0157-24-5163
http://www.kitamihakuyou.hokkaido-c.ed.jp/

◎ JR石北線
「柏陽駅」下車　徒歩約5分
◎ 北海道北見バス三輪小泉線
「柏陽高校」下車

北見柏陽高校は,「熱強も,学校行事も部活動も一所懸命頑張る」という地域の伝統校です。
平成21年度から、この良き伝統の上に、更に質の高い確かな知力を育むとともに、みなさんの持つ様々な可能性を伸ばし、進路の第一希望を実現してもらうため、「進学重視型単位制」を導入しました。
本校では、二人担任制や手厚い面談指導をとおして、早い段階からみなさんが主体的に進路や人生を描き、見通しを持って計画的に取り組めるよう支援します。そのために、進路希望や興味・関心に応じた選択科目を設定するとともに、少人数教育や習熟度別授業を取り入れ、より深い学びを目指しています。更に、進路選択の幅を広げるため、苦手科目にも積極的に取り組む、学習者としての謙虚さを強く求めています。

在校生の声　高3生・生徒会長

私からは柏陽高校の魅力をお伝えします。
柏陽高校の制服は男女ともに青色を基調としたブレザーで、落ち着きのある印象を与えます。正装の他、セーターやポロシャツがあります。さらに女子のスラックス着用が認められていて、バリエーション豊かです。
柏陽高校は文武両道のもと学習と部活動のどちらにも力を入れており、学習面では選択科目が多く、自分に合った内容を学ぶことができます。部活動の面では、運動部と文化部あわせて27部局同好会があります。また、校内の他、東綾運動公園や市内外のトレーニングセンターでの練習もしており、練習場所がなくて困ることはありません。
柏陽高校の魅力は環境にもあります。年に4回の個人面談週間が設けられていたり、スクールカウンセラーの方が来校してくださることで、進路や学校生活のことについてなど様々な相談がしやすくなっています。また、廊下や校内図書館には学習スペースが設けられており、学習に専念できるようになっています。
そして、柏陽高校最大の魅力である柏陽祭では、コロナウィルス収束に伴い、昨年度から、日本赤十字病院、北見駅を通る通常コースに戻り、多くの方々に見てもらうことができました。
本校では生徒会の活動も活発で、生徒全員で柏陽高校を創りあげています。この文章を読んでくださっている皆さんも是非、柏陽高校に入学し、私たちと一緒に新たな伝統を築いていきましょう！
皆さんとお会いできる日を心よりお待ちしております。

学校へ行こう！

【学校説明会】
9/28(土)

【学校祭】
7/1(月)〜7/3(水)

入試情報

2024年度の入試情報です。2025年度は変更になる場合があります。
掲載の入試データ等は道コン事務局の推定です。

以下は、2024年3月入試の情報です。2025年3月入試については北海道教育委員会の発表を確認して下さい。

（ ）内は推薦を表しています。

24入試DATA	定員	一般		推薦		合格者平均	
		推定平均点	倍率	出願者数	内定者数	道コンSS	内申点・ランク
普通科	200	240	1.1	65	40	47 (50)	240・D (268・C)

一般入試

■学力検査の成績を重視
10:0

■個人調査書等を重視
6:4
内申点以外で参考にするポイント
[特別活動の記録] [総合所見等]

■傾斜配点の教科(倍率)
なし

■学力検査以外の試験
[過年度卒のみ個人面接]

推薦入試

■入学枠
20%程度

■面接(個人)・自己推薦書の提出以外に実施する項目
[作文]

入試点 道コンSS	454	422	390	359	327	295	263	231	200	168	136	104
内申ランク・内申点	74	70	66	62	58	54	50	46	42	38	34	30
A ～296点												
B ～276点												
C ～256点							☆					
D ～236点								★				
E ～216点												
F ～196点												
G ～176点												
H ～156点												
I ～136点												
J ～116点												

道コン合格圏
(可能性60%ライン)　━━普通
合格者 ★一般入試(普通)
平均 ☆推薦入試(普通)

公立×私立・高専併願パターン

私立高校(割合)		高専(割合)	
北見藤　総合	98%		
旭川実業　進学	2%		

今春の主な進路

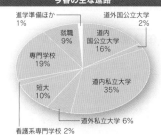

進学準備ほか 1%
道外国公立大学 2%
道内国公立大学 16%
就職 9%
道内私立大学 35%
専門学校 19%
短大 10%
道外私立大学 6%
看護系専門学校 2%

※人数は全て現役です。

国公立道内
北海道教育大……7名
小樽商科大………1名
北見工業大………12名
釧路公立大………5名
名寄市立大………4名
室蘭工業大………1名
はこだて未来大…1名

国公立道外
山形大……………1名
新潟大……………1名
都留文科大………1名
名桜大……………1名

私立道内
北海学園大………21名
北星学園大………12名
藤女子大…………2名
天使大……………1名
北海道医療大……10名
札幌大……………8名
北海道科学大……7名
北海道文教大……6名

日本医療大………5名
酪農学園大………5名
北翔大……………10名
札幌学院大………3名
北海道千歳リハビリ大…3名

私立道外
専修大……………1名
日本赤十字看護大…15名
東海大……………6名
東京農業大………3名
金沢工業大………2名
京都産業大………2名
亜細亜大…………1名
北里大……………1名
創価大……………1名
帝京大……………1名
日本体育大………1名
南山大……………1名

短大道内
旭川市立大短大…2名
北海道武蔵女子短大…8名

指定校推薦

非公表

中・高一貫校　私立高校　高等専修学校・技能連携校　通信制・単位制　高等専門学校　公立高校(石狩)　公立(渡島・檜山・後志)　公立(空知・留萌)　公立(上川・宗谷)　公立(オホーツク)　公立(胆振・日高)　公立(十勝・釧路・根室)

中・高一貫校
私立高校
高等専修校・技能連携校
通信制・単位制
高等専門学校
公立高校（石狩）
公立（渡島・檜山・後志）
公立（空知・留萌）
公立（上川・宗谷）
公立（オホーツク）
公立（胆振・日高）
公立（十勝・釧路・根室）

北見緑陵高等学校

普通科［普］

生徒数348名　男子166名　女子182名

・校内電源OFF
・緊急時のみ
・放課後、登下校

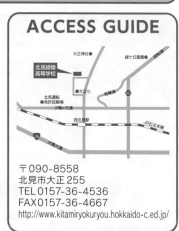

ACCESS GUIDE

〒090-8558
北見市大正 255
TEL0157-36-4536
FAX0157-36-4667
http://www.kitamiryokuryou.hokkaido-c.ed.jp/

北見緑陵高校は、学力と人間性を高め、進路目標の実現をめざす学校です。そのため、令和3年度の入学生から単位制が始まりました。

単位制を簡単に言うと「学びを選ぶ」ということです。進学や就職などの目先の進路はもちろん、十年後の自分の姿を思い描いて、それを目標に進んでいく生徒を強力にサポートします。

人の一生の中で、心と体が総合して最も成長するのが「高校の三年間」です。幅広いニーズに応える「単位制の北見緑陵高校」で、人生の基礎づくりをしてください。

在校生の声　生徒会長

私たちの通う北見緑陵高等学校は山に囲まれた自然豊かな環境に囲まれています。「地域の方々に愛される学校」を目指し生徒と先生方が一丸となり日々の活動を行っています。「立志開道」を校訓に、自ら学び高い知性と豊かな情操を持つ人物、進んで規範を守り良識ある行動をとることが出来る人物、健康でたくましい心身を備え実践力を持つ人物、この3つの人物像を目標にしています。

我が校の自慢は部活動がとても盛んであることです。ほとんどの全校生徒が部活動に参加して毎日の練習に励んでおり、その結果数多くの部活動が全国大会出場を果たすなど輝かしい成績を残しています。学習面では、生徒一人一人が自分の将来の進路に合わせて時間割を組めるという特色を持っています。

このように「文武両道」を日々実践しているのが私たち北見緑陵高等学校です。

学校へ行こう！

【学校説明会】
9/21（土） 詳しくは本校ホームページをご覧ください。

入試情報

2024年度の入試情報です。2025年度は変更になる場合があります。
掲載の入試データ等は道コン事務局の推定です。

以下は、2024年3月入試の情報です。2025年3月入試については北海道教育委員会の発表を確認して下さい。

一般入試

■学力検査の成績を重視
8：2

■個人調査書等を重視
6：4
内申点以外で参考にするポイント
特別活動の記録　総合所見等

■傾斜配点の教科（倍率）
なし

■学力検査以外の試験
個人面接

推薦入試

■入学枠
10%程度

■面接（個人）・自己推薦書の提出以外に実施する項目
なし

（　）内は推薦を表しています。

24入試DATA	定員	一般		推薦		合格者平均	
		推定平均点	倍率	出願者数	内定者数	道コンSS	内申点・ランク
普通科	120	183	1.1	28	12	40 (41)	205・F (227・E)

入試点道コンSS	454	422	390	359	327	295	263	231	200	168	136	104
内申ランク・内申点	74	70	66	62	58	54	50	46	42	38	34	30
A ～296点	道コン合格圏（可能性60%ライン）　—— 普通											
B ～276点	合格者平均 ★一般入試（普通）											
C ～256点	☆推薦入試（普通）											
D ～236点												
E ～216点									☆			
F ～196点									★			
G ～176点												
H ～156点												
I ～136点												
J ～116点												

公立×私立・高専併願パターン

私立高校（割合）		高専（割合）
北見藤　総合	100%	

今春の主な進路

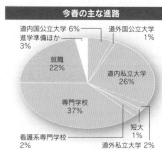

道内国公立大学 6%
進学準備ほか 3%
就職 22%
専門学校 37%
看護系専門学校 2%
道外国公立大学 1%
道内私立大学 26%
短大 1%
道外私立大学 2%

※人数は全て現役です。

国公立道内
小樽商科大………1名
北見工業大………5名
旭川市立大………1名
釧路公立大………1名
私立道内
北海学園大………4名
北星学園大………2名
藤女子大………1名
札幌大………3名
北海道科学大………2名
札幌国際大………1名
日本医療大………1名

日赤北海道看護大…1名
北海道文教大………1名
酪農学園大………1名
北海道千歳リハビリ大…5名
札幌学院大………4名
星槎道都大………2名
北翔大………1名
北海道情報大………1名
私立道外
東北学院大………1名
龍谷大………1名
短大道内
札幌国際大短大…1名

指定校推薦

道内
北海道千歳リハビリ大…2名
酪農学園大………3名
北海道情報大………8名
北海学園大…12名以上
日本医療大………14名
北海道科学大………3名
東京農業大………3名
北海商科大………2名
北洋大………3名
札幌大谷大…制限なし
北翔大………9名

札幌学院大………11名
札幌国際大………14名
北海道文教大………10名
東海大………2名
札幌大………20名
北星学園大………3名
星槎道都大………4名
北海道医療大………3名
道外
東洋大………1名
城西国際大………7名

北見商業高等学校

商業科[商] 流通経済科[商] 情報処理科[商]

生徒数290名 男子131名 女子159名

購買部（売店） カウンセラー 携帯電話持込 スキー授業
指定場所のみ

ACCESS GUIDE

〒099-2198
北見市端野町3区583-1
TEL 0157-56-3566
FAX 0157-56-3564
http://www.kitamishogyo.hokkaido-c.ed.jp/

本校は、昭和54年に創立され、現在管内で唯一の全日制商業科単置校です。

北見市内での就職に強いという評価をいただいていますが、進学においても幅広い分野に渡り力を発揮してきています。また、本校の校訓である「進取創造」の精神により、21世紀の社会を担う創造力豊かな職業人の育成をめざし全力をあげて取り組んでいます。特に、学科の専門性を出した授業形態、個人指導を重視した実技教育、そして全般的な生徒のマナーの良さなど地域・保護者からの高い評価もいただいています。

今春のキな進路

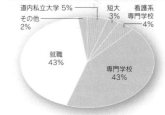

道内私立大学 5%
その他 2%
短大 3%
看護系専門学校 4%
就職 43%
専門学校 43%

※人数は全て現役です。

私立道内
札幌国際大・・・・・・・・・1名
北海道情報大・・・・・・・2名
札幌学院大・・・・・・・・・1名
大学校
道立農業大学校・・・1名
短大道内
北海道武蔵女子短大・・1名
釧路短大・・・・・・・・・1名
専門学内
オホーツク社会福祉専門・・・5名
北見情報ビジネス専門・・・4名
北見美容専門・・・・・・・4名
北見医師会看護専門・・・2名
札幌ミュージック&ダンス放送専門・・・2名
北海道美容デザイン専門・・・2名
札幌ベルエポック美容専門・・・2名
愛犬美容看護専門・・・1名
青山建築デザイン専門事務専門・・・1名
経専北海道観光専門・・・1名
札幌青葉調理&栄養専門・・・1名
札幌ブライダル&ホテル観光専門・・・1名
札幌スポーツ&メディカル専門・・・1名

北海道エコ・動物自然専門・・・1名
未来ビジネスカレッジ・・・1名
北見高等技術専門・・・1名
吉田学園医療歯科専門・・・1名
北海道情報専門・・・1名
北海道理容美容専門・・・1名
就職先等
北海道旅客鉄道・・・1名
北海道警察・・・・・・・・1名
北海道電気保安協会・・・2名
津別町農協・・・・・・・・2名
伊藤隆志税理士事務所・・・1名
遠軽信用金庫・・・・・・・1名
北見信用金庫・・・・・・・1名
日本甜菜製糖・・・・・・・1名
ナカジマ薬局・・・・・・・1名
コープさっぽろ・・・・・・1名
京セラ・・・・・・・・・・・1名
トヨタカローラ北見・・・1名
ホクレン農協・・・・・・・1名
日本郵便・・・・・・・・・・1名
紋別市役所・・・・・・・・1名

学校へ行こう！
【一日体験入学】
9/25（水） 詳しくは本校ウェブページをご覧ください。

入試情報
2024年度の入試情報です。2025年度は変更になる場合があります。
掲載の入試データ等は道コン事務局の推定です。

以下は、2024年3月入試の情報です。2025年3月入試については北海道教育委員会の発表を確認して下さい。

一般入試

■学力検査の成績を重視
6：4

■個人調査書等を重視
6：4
内申点以外で参考にするポイント
特別活動の記録 総合所見等

■傾斜配点の教科（倍率）
なし

■学力検査以外の試験
集団面接

推薦入試

■入学枠
50%程度

■面接（個人）・自己推薦書の提出以外に実施する項目
なし

（ ）内は推薦を表しています。

24入試 DATA	定員	一般		推薦		合格者平均	
		推定平均点	倍率	出願者数	内定者数	道コンSS	内申点・ランク
商業科	40		1.2	8	8		
流通経済科	40	138	1.4	16	15	34（36）	174・H（184・G）
情報処理科	40		1.2	7	5		

入試点 道コンSS	454	422	390	359	327	295	263	231	200	168	136	104
内申ランク・内申点	74	70	66	62	58	54	50	46	42	38	34	30
A ~296点	道コン合格圏（可能性60%ライン）		全科集計									
B ~276点	合格者平均		★一般入試（全科集計）									
C ~256点			☆推薦入試（全科集計）									
D ~236点												
E ~216点												
F ~196点												
G ~176点										☆		
H ~156点										★		
I ~136点												
J ~116点												

公立×私立・高専併願パターン

私立高校（割合）			高専（割合）
北見藤 総合		100%	

指定校推薦

非公表

右側縦タブ：中・高一貫校／私立高校／高等専修学校・技能連携校／通信制・単位制／高等専門学校／公立高校（石狩）／公立（渡島・檜山・後志）／公立（空知・留萌）／公立（上川・宗谷）／公立（オホーツク）／公立（胆振・日高）／公立（十勝・釧路・根室）

北見工業高等学校

電子機械科[工]　電気科[工]　建設科[工]

生徒数228名　男子218名　女子10名

食堂　購買部(売店)　スクールカウンセラー　寮・寄宿舎　海外研修(交流)　携帯電話持込　スキー授業　プール施設
指定場所のみ
休み時間・始業前
放課後・登下校　1・2年

昭和39年に管内唯一の工業高校として設立され、全道・全国各地に卒業生を輩出してきました。

校訓「自主友愛」のもと、生徒は学習・実習・部活動などを通した教育活動を中心に取り組んでいます。また、資格取得や職業選択のため各企業と連携を図って、就業体験(インターンシップ)にも意欲的に取り組んでいます。

電子機械科・電気科・建設科の3学科があり、それぞれの分野において必要な基礎知識やものづくりなどの体験的な学習を通して実践的な力を学び社会に出ていきます。その一方で、大学や専門学校に進学する生徒もいます。放課後の部活動や資格取得講習も盛んにおこなわれ、生徒一人ひとりの自己実現に向けた生徒の育成を目指しています。

(1) アドミッションポリシー(この様な生徒を求めています)
　○高校生活に目標や目的意識を持ち、積極的に学習に取り組む意欲のある生徒
　○工業に興味・関心があり、積極的に工業の技術や知識を身につけようとする生徒
　○自分自身を大切にすると共に、他者を尊重する生徒

(2) 情報教育の推進
　最新設備のコンピュータを活用した教育。(制御実習・CAD等)

(3) 選択履修と少人数学習を実施
　数学、理科、英語、家庭、専門科目での選択履修
　工業技術基礎、実習における7〜10人の班学習
　建設科の土木コースと建築コースの選択制(2年次から)

(4) 現場実習・就業体験・施設見学の実施
　勤労観の育成、進路選択の意識向上のための地域企業での就業体験
　地元企業と連携した産業現場等における実習・見学

(5) 資格指導の推進
　各種検定、資格取得への挑戦

(6) 特色ある工業高校ならではの活動
　「ロボット競技大会」「ものづくりコンテスト」への参加

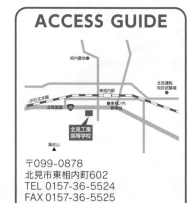

ACCESS GUIDE

〒099-0878
北見市東相内町602
TEL 0157-36-5524
FAX 0157-36-5525
http://www.kitamikougyou.hokkaido-c.ed.jp/

◎ JR
　「東相内駅」下車　徒歩10分(100m)
◎ 北見バス
　「工業高校前」下車　徒歩1分

今春の主な進路

道内国公立大学 4%　道内私立大学 7%
短大 1%
専門学校 25%
就職 63%

※人数は現浪合計です。

国公立道内		北海道開発局………1名
北見工業大………4名		陸上自衛隊………4名
私立道内		電気保安協会………2名
北海道医療大……1名		岩田地崎建設………2名
北海道科学大……1名		北成建設………2名
北翔大…………2名		第一防災………2名
星槎道都大……2名		東京エネシス………1名
北海道情報大……1名		北海道電気工事……1名
大学校		北見信用金庫………1名
道職業能力開発大学校…2名		北海道電力ネットワーク…1名
短大道内		北辰土建………1名
國學院大道短大…1名		北海道クボタ………1名
専門学校		河西建設………1名
北見高等技術専門…5名		日本製鉄………1名
北海道ハイテクノロジー専門…3名		早水組………1名
オホーツク社会福祉専門…3名		稲村電設工事………1名
北海道情報専門……2名		地崎道路………1名
日本工学院北海道専門…1名		北東電機………1名
北海道芸術デザイン専門…1名		ヤマナカ商会………1名
就職先等		倉本鉄工所………1名
北海道ガス………1名		SUMCO千歳工場…1名
北海道電力………1名		ミツミ電機………1名
北見市職員………1名		道東アークス………1名

指定校推薦

非公表

学校へ行こう！

【体験・見学会】
9/13(金)

入試情報

2024年度の入試情報です。2025年度は変更になる場合があります。掲載の入試データ等は道コン事務局の推定です。

以下は、2024年3月入試の情報です。2025年3月入試については北海道教育委員会の発表を確認して下さい。

24試 DATA	定員	一般		推薦		合格者平均	
		推定平均点	倍率	出願者数	内定者数	道コンSS	内申点・ランク
電子機械科	40		0.7	2	2		
電気科	40	101	0.6	2	2	30	155・I
建設科	40		0.3	4	3		

入試点 道コンSS	454	422	390	359	327	295	263	231	200	168	136	104
内申ランク・内申点	74	70	66	62	58	54	50	46	42	38	34	30

A	~296点	道コン合格圏{	━━━ 全科集計
B	~276点	(可能性60%ライン)	
		合格者平均 {	★ 一般入試(全科集計)
C	~256点		
D	~236点		
E	~216点		
F	~196点		
G	~176点		
H	~156点		
I	~136点	★
J	~116点		

一般入試

■学力検査の成績を重視
8:2

■個人調査書等を重視
6:4
内申点以外で参考にするポイント
特別活動の記録　総合所見等

■傾斜配点の教科(倍率)
なし

■学力検査以外の試験
個人面接

推薦入試

■入学枠
50%程度

■面接(個人)・自己推薦書の提出以外に実施する項目
なし

中・高一貫校
私立高校
高等専修校・技能連携校
通信制・単位制
高等専門学校
公立高校(石狩)
公立(渡島・檜山・後志)
公立(空知・留萌)
公立(上川・宗谷)
公立(オホーツク)
公立(胆振・日高)
公立(十勝・釧路・根室)

美幌高等学校

普通科[普] 未来農業科[農]

生徒数180名 男子117名 女子63名

食堂 | 購買部(売店) | カウンセラー | 寮・寄宿舎 | 海外研修(交流) | 携帯電話持込 | スキー授業 | プール施設 | 資料請求

昼休み パン販売 / 遠隔地より本校に通学困難及び入寮を希望する者 / 始業前・放課後の指定場所のみ / 1・2年生のみ 3回 / 春末ページの二次元コードからアクセスできます

いいっしょ!美高

美幌高校は普通科と農業科の2学科を有し、それぞれの特徴を活かした取り組みが行われています。令和5年度からは、新しい学科「未来農業科」が誕生し、さらなる進化を続けています。

自然に囲まれた見晴らしのいい高台に校舎があり、のびのびとした環境で学校生活を送ることができます。また、部活動や生徒会活動、研究班の活動も盛んに行われています。

【普通科】

進学から就職まで幅広い進路に対応しています。2年次に進路希望に応じて2つのコースに分かれます。

「商業一般」:就職や専門学校への進学を視野に入れたコースで、5教科の基礎・基本を中心に学びます。また、簿記や情報処理などの商業に関する資格取得に向けた取り組みも行います。

「特別進学」:大学や看護学校への進学を視野に入れたコースです。講習などで個別の進路実現に向けた手厚いサポートを行っています。

【未来農業科】

持続的な農畜産物の生産、農畜産物の加工・流通・販売及び農業経済に関する知識と技術を習得させ、農業経営者及び関連する産業に従事する者として必要な能力と態度を育てます。また、2年次に2つのコースに分かれます。

「生産」:主に作物・農業機械・畜産について学びます。

「食品」:主に肉加工・乳加工・農産加工について学びます。

ACCESS GUIDE

〒092-0017
美幌町字報徳94
TEL 0152-73-4136
FAX 0152-73-4137
http://www.bihoro-high.hokkaido-c.ed.jp/

今春の主な進路

道内国公立大学 2% / 道外国公立大学 2%
道内私立大学 15%
専門学校 25%
看護系専門学校 4%
就職 52%

※人数は全て現役です。

国公立道内
名寄市立大 ………… 1名
国公立道外
岩手大 ……………… 1名
私立道内
東京農大(オホーツクキャンパス)… 2名
日赤北海道看護大 … 2名
酪農学園大 ………… 1名
札幌学院大 ………… 2名
北海道情報大 ……… 2名
大学校
道立農業大学校 …… 2名

専門学校
紋別看護専門 ……… 2名
オホーツク社会福祉専門 … 2名
札幌医学技術福祉歯科専門 … 2名
北見高等技術専門 … 2名
北見美容専門 ……… 2名
吉田学園医療看護専門 … 1名
吉田学園動物看護専門 … 1名
札幌ビューティーアート専門 … 1名
ヒューマンアカデミー札幌校 … 1名
北海道美容専門 …… 1名

指定校推薦

非公表

学校へ行こう!

【オープンスクール】
7/19(金) 学校見学等希望の場合は、遠慮なくお問い合わせ下さい。

入試情報

2024年度の入試情報です。2025年度は変更になる場合があります。
掲載の入試データ等は道コン事務局の推定です。

以下は、2024年3月入試の情報です。2025年3月入試については北海道教育委員会の発表を確認して下さい。

一般入試

■学力検査の成績を重視 …
8:2

■個人調査書等を重視 ……
8:2
内申点以外で参考にするポイント
[特別活動の記録] [総合所見等]

■傾斜配点の教科(倍率) …
なし

■学力検査以外の試験 ……
[個人面接]

推薦入試

■入学枠 ………………
普通科 30%程度
未来農業科 90%程度

■面接(個人)・自己推薦書の提出以外に実施する項目 …
なし

24入試DATA	定員	一般		推薦		合格者平均	
		推定平均点	倍率	出願者数	内定者数	道コンSS	内申点・ランク
普通科	80	83	0.6	9	9	27	158・H
未来農業科	40		0.5	14	14		

入試点 道コンSS	454	422	390	359	327	295	263	231	200	168	136	104
内申ランク・内申点	74	70	66	62	58	54	50	46	42	38	34	30
A ~296点	道コン合格圏 (可能性60%ライン)		全科集計									
B ~276点												
C ~256点												
D ~236点												
E ~216点												
F ~196点												
G ~176点												
H ~156点												
I ~136点												
J ~116点												

中・高一貫校

私立高校

高等専修学校・技能連携校

通信制・単位制

高等専門学校

公立高校(石狩)

公立(渡島・檜山・後志)

公立(空知・留萌)

公立(上川・宗谷)

公立(オホーツク)

公立(胆振・日高)

公立(十勝・釧路・根室)

網走南ケ丘高等学校

普通科[普]

生徒数460名　男子240名　女子220名

食堂　購買部(売店)　カウンセラー　寮・寄宿舎　海外研修(交流)　携帯電話持込　スキー授業　プール施設　校内電源OFF

単位制による幅広い選択科目を用意

進学重視型の単位制高校として、一人ひとりの進路や適性に合わせた幅広い選択科目を設定し、あなたの将来の夢を叶えるサポートをしていきます。

1年次には国・数・英を重点に

南ケ丘では「単位制」の導入により2年次、3年次での科目選択の幅が大きく拡がりました。そのため1年次では、いかなる進路志望においても学習の柱となる国・数・英を重点的に学習します。数学の授業では習熟度別授業を行い、生徒の学力に合わせた指導をしています。

英単語・古典単語は小テストで定着

英語や古文の読解には、文法などの知識とともに、英単語・古典単語の力が不可欠。これらは自らの努力で身につけていくべきものですが、南ケ丘では定期的に小テストを実施し、確実な定着をサポートします。

課題等による問題演習量の確保

進路目標の実現のためには、家庭学習は欠かせません。南ケ丘では授業の課題や定期的な確認テストによって問題演習量を確保し、家庭学習習慣の確立をサポートします。

在校生の声　高3生・生徒会長

網走南ケ丘高校は、校舎の窓から壮大なオホーツク海・遠く霞む斜里岳が一望でき、校舎周辺の木々が季節の移ろいを感じさせる自然豊かな学校です。生徒数460人、教員数37人と網走を代表する規模の進学校であり、生徒一人ひとりが明るく笑顔あふれる学校生活を送っています。令和2年に女子の制服が新しくなり、令和4年に創立100周年を迎えました。

日々の授業では先生方によるプリントやプロジェクターを用いた分かりやすく丁寧な解説、グループワークなどによって、積極的に授業に取り組みやすい学習環境が整っています。生徒は地元である網走市だけでなく、広い地域から集まってきます。勉強や部活動の面では各々が目標を持ち、仲間と協力し合いながら夢の実現の喜びを分かち合っています。

20以上ある部局活動には、ほとんどの生徒が加入しており、文化系・運動系問わず多くの部局が全道大会、全国大会に出場するなど華々しい功績を打ち立てています。また、壮行会を行うことでお互いの活動を尊重し、応援し合っています。

生徒会活動も活発で、学校行事にも熱心に取り組んでいます。特に南高祭は地域全体が盛り上がるイベントです。また、今年度からは新型コロナウィルス感染症の影響も薄れ、次第に元の形の網走南ケ丘高校に戻りつつあります。

新しく生まれ変わる南ケ丘高校で最高の三年間を送りませんか?

ACCESS GUIDE

〒093-0031
網走市台町2丁目13-1
TEL 0152-43-2353
FAX 0152-43-4451
http://www.abanan.hokkaido-c.ed.jp/

今春の主な進路

- 道外国公立大学 3%
- 道内国公立大学 15%
- 道内私立大学 34%
- 道外私立大学 13%
- 道外 私立大学
- 看護系専門学校 1%
- 短大 7%
- 専門学校 19%
- 就職 7%
- 進学準備ほか 1%

※人数は現浪合計です。

国公立道内
北海道大…………1名
北海道教育大………5名
小樽商科大………1名
室蘭工業大………9名
千歳科学技術大……4名
名寄市立大………4名
釧路公立大………3名
はこだて未来大……1名
国公立道外
弘前大……………2名
茨城大……………1名
埼玉大……………1名
信州大……………1名
福岡女子大………1名
私立道内
北海学園大………24名
北星学園大………7名
天使大……………2名
藤女子大…………2名
北海道医療大……15名
北海道科学大……9名

北翔大……………8名
私立道外
中央大……………2名
法政大……………2名
日本大……………2名
同志社大…………2名
青山学院大………1名
駒澤大……………1名
学習院大…………1名
東洋大……………1名
大東文化大………5名
日本赤十字看護大…2名
順天堂大…………1名
帝京大……………1名
文教大……………1名
実践女子大………1名
近畿大……………1名
岡山理科大………1名
短大道内
旭川市立大短大…4名
北海道武蔵女子短大…4名

指定校推薦(一部)

道内
北海学園大
北星学園大
北海道医療大
日赤北海道看護大
北海道科学大
等

道外
青山学院大
同志社大
法政大
獨協大
京都産業大
中京大
東北学院大
等

入試情報

2024年度の入試情報です。2025年度は変更になる場合があります。
掲載の入試データ等は道コン事務局の推定です。

以下は、2024年3月入試の情報です。2025年3月入試については北海道教育委員会の発表を確認して下さい。

( )内は推薦を表しています。

24入試DATA	定員	一般		推薦		合格者平均	
		推定平均点	倍率	出願者数	内定者数	道コンSS	内申点・ランク
普通科	160	202	1.1	62	32	42 (44)	222・E (248・D)

入試点 道コンSS	454	422	390	359	327	295	263	231	200	168	136	104
内申ランク・内申点	74	70	66	62	58	54	50	46	42	38	34	30
A ～296点	道コン合格圏 (可能性60%ライン)		— 普通									
B ～276点	合格者 ★一般入試(普通)											
C ～256点	平均 ☆推薦入試(普通)											
D ～236点									☆			
E ～216点								★				
F ～196点												
G ～176点												
H ～156点												
I ～136点												
J ～116点												

一般入試

■学力検査の成績を重視
10:0

■個人調査書等を重視
6:4

■傾斜配点の教科(倍率)
なし

■学力検査以外の試験
個人面接

推薦入試

■入学枠
20%程度

■面接(個人)・自己推薦書の提出以外に実施する項目
なし

公立×私立・高専併願パターン

私立高校(割合)			高専(割合)
北見藤　総合		92%	
札幌第一　文理選抜		8%	

網走桂陽高等学校

普通科[普]　商業科[商]　事務情報科[商]

食堂　購買部(売店)　カウンセラー　寮・寄宿舎　海外研修(交流)　携帯電話持込　スキー授業　プール施設
（月1回）（始業前放課後登下校）

ACCESS GUIDE

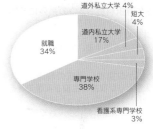

〒093-0084
網走市向陽ケ丘6−2−1
TEL 0152-43-2930
FAX 0152-43-3087
http://www.abashirikeiyo.hokkaido-c.ed.jp/

◎ JR
「網走駅」下車　1.9km
◎ バス
同陽団地行「向陽団地中央」下車

本校は、北海道網走向陽高等学校と網走高等学校の再編・統合により、平成20年4月に開校しました。普通科では幅広い教養を身に付けさせ、進路目標の実現を目指し、商業科・事務情報科ではオホーツク東学区唯一の商業科として、ビジネスに関する専門知識と技能を身に付けさせ、地域経済に貢献できる人材の育成を目指しています。

【普通科の魅力】

2年生から文系コース、理系コースで学ぶ科目が異なり自分の進路にあった授業の履修ができます。そのため、4年生大学・短大・専門学校・看護・公務員など多様な進路の実現が可能となり、数多くの先輩方が成果をあげています。

「英語」「数学」の2教科では、2クラス3展開、1クラス2展開等、生徒の授業に対する興味関心を高め理解を深めることを目的に、少人数展開授業や習熟度別展開授業を実施しています。これにより、一人ひとりに手厚いサポートをしています。

【商業科・事務情報科の魅力】

商業では、学習成果を資格取得で示すことができるため、多くの生徒が全国商業高等学校協会の主催する検定試験にチャレンジしています。また、日本商工会議所主催の検定や、国が法令に基づき実施する国家資格、企業が行う民間資格に受検し、就職や進学で多くの先輩方が進路を実現しています。

地域の皆さんの協力のもと商品開発などの実践的・体験的な学習活動に取り組むことで、プレゼンテーション能力等の社会で活用できる力を培っています。卒業生の多くは、オホーツク管内の様々な企業や組合、金融機関等で活躍し、地域を支えています。

今春の主な進路

就職 34%
専門学校 38%
看護系専門学校 3%
道内私立大学 17%
道内私立大学 4%
短大 4%
道外私立大学 4%

※人数は全て現役です。

私立道内
北海学園大 ……… 3名
札幌国際大 ……… 3名
札幌大 ……… 2名
日赤北海道看護大 … 2名
北海道文教大 ……… 1名
北海道科学大 ……… 1名
北海道医療大 ……… 1名
札幌保健医療大 …… 1名
札幌学院大 ……… 3名

北翔大 ……… 1名
星槎道都大 ……… 1名
北海道武蔵女子大 … 1名
私立道外
法政大 ……… 1名
龍谷大 ……… 2名
短大道内
北海道武蔵女子短大 … 2名
北星学園大短大 …… 1名
帯広大谷短大 ……… 1名

指定校推薦（一部）

私立道内
北海学園大 ……… 3名
札幌国際大 ……… 3名
札幌大 ……… 2名
日赤北海道看護大 … 2名
北海道文教大 ……… 1名
北海道科学大 ……… 1名
北海道医療大 ……… 1名
札幌保健医療大 …… 1名
札幌学院大 ……… 3名

北翔大 ……… 1名
星槎道都大 ……… 1名
北海道武蔵女子大 … 1名
私立道外
法政大 ……… 1名
龍谷大 ……… 2名
短大道内
北海道武蔵女子短大 … 2名
北星学園大短大 …… 1名
帯広大谷短大 ……… 1名

入試情報

2024年度の入試情報です。2025年度は変更になる場合があります。
掲載の入試データ等は道コン事務局の推定です。

以下は、2024年3月入試の情報です。2025年3月入試については北海道教育委員会の発表を確認して下さい。

24入試DATA	定員	一般		推薦		合格者平均	
		推定平均点	倍率	出願者数	内定者数	道コンSS	内申点・ランク
普通科	80		0.9	9	9		
商業科	40	123	0.4	3	2	32	177・G
事務情報科	40		0.3	2	2		

一般入試

■学力検査の成績を重視
10：0

■個人調査書等を重視
6：4
内申点以外で参考にするポイント
特別活動の記録　総合所見等

■傾斜配点の教科（倍率）
なし

■学力検査以外の試験
個人面接

推薦入試

■入学枠
普通科　10%程度
事務情報科・商業科　30%程度

■面接（個人）・自己推薦書の提出以外に実施する項目
なし

入試点 道コンSS	454	422	390	359	327	295	263	231	200	168	136	104
内申ランク・内申点	74	70	66	62	58	54	50	46	42	38	34	30
A ～296点	道コン合格圏（可能性60%ライン） ── 全科集計											
B ～276点	合格者平均 ★ 一般入試（全科集計）											
C ～256点												
D ～236点												
E ～216点												
F ～196点												
G ～176点												★
H ～156点												
I ～136点												
J ～116点												

斜里高等学校

総合学科[総]

生徒数88名　男子36名　女子52名（留学生3名含む）

食堂　購買部(売店)　カウンセラー　寮・寄宿舎　海外研修(交流)　携帯電話持込　スキー授業　プール施設
（指定場所のみ　放課後）

ACCESS GUIDE

〒099-4116
斜里町文光町5-1
TEL 0152-23-2145
FAX 0152-23-2146
http://www.shari.hokkaido-c.ed.jp/

◎ JR
「知床斜里駅」下車　徒歩5分

多彩な選択科目　3つの系列に多彩な選択科目を設置
〜自分だけの時間割をつくります〜

　2年次からの選択必履修科目と総合選択科目、自由選択科目を合わせて、約50の科目の中から自分の能力・適性、進路希望、興味・関心に合わせて科目を選び、自分だけの時間割を作ります。
　大学進学、就職のどちらにも対応した時間割を作ることができます。

きめ細かな指導　選択の利点は少人数での授業
〜1人ひとりが授業の主役を実感できる〜

　それぞれの目的にあった授業で、確かな学力を身につけます。
　選択科目は基本的に少人数で展開されるので、主体的で、きめ細やかな授業を受けることができます。

学校へ行こう！

【学校祭】	【学校説明会】
7/5(金)、6(土)	9月中旬〜下旬

入試情報
2024年度の入試情報です。2025年度は変更になる場合があります。
掲載の入試データ等は道コン事務局の推定です。

以下は、2024年3月入試の情報です。2025年3月入試については北海道教育委員会の発表を確認して下さい。

一般入試

■学力検査の成績を重視…
7：3

■個人調査書等を重視……
7：3
内申点以外で参考にするポイント
[特別活動の記録] [総合所見等]

■傾斜配点の教科（倍率）…
なし

■学力検査以外の試験……
[個人面接]

推薦入試

■入学枠…
50%程度

■面接（個人）・自己推薦書の提出以外に実施する項目…
[作文]

今春の主な進路

道内国公立大学 7%
道内私立大学 7%
就職 37%
専門学校 49%

※人数は全て現役です。

国公立道内	
北見工業大	1名
名寄市立大	1名

私立道内
北翔大……………1名
札幌学院大………1名

専門学校
北海道理容美容専門…2名
帯広調理師専門…1名
北海道どうぶつ・医療専門…1名
北海道ハイテクノロジー専門…1名
オホーツク社会福祉専門…1名
北海道医薬専門…1名
吉田学園公務員法科専門…1名
旭川福祉専門……1名
札幌医療秘書福祉専門…1名
札幌ベルエポック美容専門…1名
名古屋モード学園…1名

就職先等
相川商店…………1名
河面組……………1名
古径コスモ………1名
ナカジマ薬局……1名
斜里第一漁業協同組合…1名
丸米産商…………1名
羅臼漁業協同組合…1名
北海道立漁業研修所…1名
しれとこ斜里農業協同組合…1名
丸あ野尻正武商店…1名
アウンモイ漁業…1名

24入試DATA	定員	一般		推薦		合格者平均	
		推定平均点	倍率	出願者数	内定者数	道コンSS	内申点・ランク
総合学科	40	121	0.8	2	2	32	105・K

入試点 道コンSS	454	422	390	359	327	295	263	231	200	168	136	104
内申ランク・内申点	74	70	66	62	58	54	50	46	42	38	34	30
A 〜296点	道コン合格圏（可能性60%ライン）			総合								
B 〜276点												
C 〜256点												
D 〜236点												
E 〜216点												
F 〜196点												
G 〜176点												
H 〜156点												
I 〜136点												
J 〜116点												

指定校推薦（一部）

道内
北海学園大
札幌大
北海道商科大
北海道医療大
北海道情報大
星槎道都大
北海道文教大
酪農学園大
北洋大
育英館大

北海道科学大
札幌学院大
札幌国際大
北翔大
東京農業大

道外
城西大
松蔭大
日本福祉大
山梨学院大
武蔵野大

遠軽高等学校

普通科[普]

生徒数489名　男子262名　女子227名

本校は令和2年度に創立80周年を迎えた伝統校です。「文武両道」を校訓として、学習活動と部活動、生徒会活動に生徒と教員が一丸となって取り組み、歴史を積み重ねてきています。

平成23年度から普通科単位制として、多様な教科・科目を配置し一人一人の生徒にあった時間割を編成することで、学力の向上と進路目標の実現を目指して生徒と教員が二人三脚で日々学びあっています。部活動では、体育系・文化系ともに多くの部が全道大会に出場しました。なかでも吹奏楽局・山岳部・陸上競技部は、毎年のように全国大会に出場しています。

※令和3年度より遠軽高校の制服が変わりました。

ACCESS GUIDE

〒099-0414
遠軽町南町1丁目
TEL 0158-42-2675
FAX 0158-42-2676
http://www.engaru.hokkaido-c.ed.jp

今春の主な進路

道外国公立大学 1%
道外私立大学 6%
道内国公立大学 10%
道内私立大学 19%
短大 3%
専門学校 27%
看護系専門学校 2%
就職 27%
進学準備ほか 5%

※人数は現役のみです。

学校へ行こう！

【学校祭】7/13(土)〜7/14(日)
【体験入学】9/19(木)

詳しくは本校ホームページをご覧ください。

入試情報

2024年度の入試情報です。2025年度は変更になる場合があります。掲載の入試データ等は道コン事務局の推定です。

以下は、2024年3月入試の情報です。2025年3月入試については北海道教育委員会の発表を確認して下さい。

国公立道内
北海道大………1名
旭川医科大………1名
北海道教育大………5名
小樽商科大………1名
名寄市立大………5名
旭川市立大………2名
札幌市立大………1名
国公立道外
都留文科大………2名
私立道内
北海学園大………4名
北海道科学大………6名
東海大（札幌）………3名
北海道医療大………3名
北海道文教大………3名
札幌国際大………3名
札幌大………1名

札幌大谷大………1名
日本医療大………1名
札幌学院大………2名
北翔大………2名
星槎道都大………1名
北海道情報大………1名
私立道外
明治大………1名
江戸川大………1名
四国大………1名
昭和音楽大………1名
神奈川大………1名
大阪体育大………1名
大東文化大………1名
朝日大………1名
東北福祉大………1名
流通経済大………1名

指定校推薦

非公表

24入試DATA	定員	一般		推薦		合格者平均	
		推定平均点	倍率	出願者数	内定者数	道コンSS	内申点・ランク
普通科	200	168	0.8	5	5	38	220・E

一般入試

■学力検査の成績を重視…9:1

■個人調査書等を重視…7:3
内申点以外で参考にするポイント
[特別活動の記録] [総合所見等]

■傾斜配点の教科（倍率）…なし

■学力検査以外の試験…[個人面接]

推薦入試

■入学枠…20%程度

■面接（個人）・自己推薦書の提出以外に実施する項目…なし

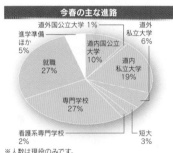

入試点/道コンSS	454	422	390	359	327	295	263	231	200	168	136	104
	74	70	66	62	58	54	50	46	42	38	34	30
A ~296点												
B ~276点												
C ~256点												
D ~236点												
E ~216点										★		
F ~196点												
G ~176点												
H ~156点												
I ~136点												
J ~116点												

道コン合格圏（可能性60%ライン）── 普通
合格者平均 ★ 一般入試（普通）

入試1ヵ月前の過ごし方は？

Life style は？

- ●カウントダウンカレンダーを作った
- ●スマホやテレビ、ゲームを断つ
- ●夕食後に少しの休憩を兼ねて家族と会話した
- ●面接のために敬語を使うよう心掛けた
- ●帰宅後、塾の自習室を利用
- ●普段と変わらない規則正しい生活を送る
- ●当日早起きができるように朝勉強するようにした
- ●週末も生活リズムを変えない

どんな気持ちで勉強した？

- ●遊んでいる周りに流されず、スマホを隠した
- ●もう十分と思わない
- ●苦手なところを見直して全力でやりきったと言える状態にした
- ●ソワソワしてなかなかやる気がおきない時も、毎日何かに手を付けるよう心がけた
- ●私立受験後気を抜かない
- ●暗記を一つするたびに入試点が一点増えたと思い込んだ
- ●もしダメだったら…ではなく合格したら何をしたいかを考えた
- ●たった一ヶ月我慢するだけで未来は変わると思い、勉強以外の欲をなくした
- ●何のために勉強しているのか自分で納得すると「勉強しよう」と思える

勉強のコツは？

- ●苦手な教科は資料を使いながら解くようにした
- ●冬休み中に私立の過去問に取り組み、入試前はほぼ復習と確認に時間を費やした
- ●入試当日にパッと見れるまとめノートを作っておいた
- ●学校の休み時間を活用する
- ●理解するという心構えを大切にし、新しい教材は買わず間違えた問題に全部丸がつくようにやり直した
- ●図書館など環境を変えて勉強してみる
- ●計画表で見通しをたてて落ち着いて勉強できた
- ●暗記は最後まで粘る
- ●直前の道コンで自分が今何をやらないといけないかを明らかにし、弱点を重点的に取り組む

学校や塾での過ごし方は？

- ●自習室など自分が勉強に集中できる場所で勉強した
- ●学校では友達と関わってストレスを解消した
- ●同級生の志望校の話は気に留めない
- ●中休み、昼休みのちょっとした時間も利用して努力する
- ●過去3〜6年分を解いて自由英作文を先生に添削してもらう

健康管理は？

- ●風邪をひかないように手洗いうがいを徹底した
- ●栄養バランスを考えた食事をとるよう心掛けた
- ●夜更かしをせずしっかり寝た
- ●精神状態を安定させるために趣味や息抜きもある程度は必要
- ●塾・学校以外は外出しない 人の多いところに行かない

公立高校（胆振・日高）紹介

14校

CONTENTS

室蘭栄高等学校

普通科[普] **理数科[理]**

生徒数633名　男子334名　女子299名

食堂（定時制のみ）／購買部(売店)／カウンセラー／寮・寄宿舎／海外研修(交流)／携帯電話持込(休み時間 始業前・放課後 登下校)／スキー授業／プール施設

本校の概要

　室蘭栄高校は、大正6年（1917年）に開校した道内屈指の伝統ある進学校です。少人数指導、進学講習などを通して生徒は学力を十分に伸長させ、例年、半数以上が国公立大学に現役合格しています。生徒の持つ能力を高め、個々の進路実現を目指して学校全体で取り組むエネルギッシュな学校です。本校には理数科（2クラス）が設置されており、理科や数学を探究的に学んだり、表現力や判断力を身につけさせる学習を行っています。

　また高度で体験的な教育に取り組み、大学や研究機関等と連携して、生徒の個性と能力を伸ばしています。さらに、平成20年度より北海道教育委員会「医進類型研究指定校」にも指定されており、将来の医療を支える人材を育成するため、医育大学や地域の病院と連携し、進路希望の実現に向けた効果的な学習支援を行っています。加えて、本校は学習だけではなく、部活動等も非常に盛んであり（部活加入率80％以上）、文武両道を実現している、充実した高校生活を送ることができる学校です。

在校生の声　高3生・生徒会執行委員長

　室蘭栄高校は、西胆振地区で随一の進学校です。

　室蘭を始めとし、苫小牧、伊達、果ては黒松内まで様々な地域から有望な学生が集まります。遠路はるばる通学できるのは、ひとえに学校の魅力のおかげであります。

　集まる学生は大学進学に向けた勉学への士気が総じて高く、自ずと栄高にいると勉強がしたくなります。

　また、そんな高い勉強への士気に応える教師陣のサポートも手厚いです。長年の経験に裏付けされた効率的な受験指導、それぞれの志望校に合わせたアドバイスと栄高には信頼の教師陣がそろっています。

　もちろん栄高は勉強だけではありません。「文武両道」を校是とし、部活動にも打ち込んでいます。普通科、理数科に関わらず入部している生徒は多く、同級生や先生方の力を借りながら、勉強と部活の両立もできています。

　「栄高祭」や「球技大会」といった高校らしい行事もたくさんあり、一般的な高校生活も十分満喫できることでしょう。

　高い志とクリエイティビティを持った皆さんの入学を心待ちにしています。

学校へ行こう！

【オープンハイスクール】
9/9（月）

入試情報

2024年度の入試情報です。2025年度は変更になる場合があります。
掲載の入試データ等は道コン事務局の推定です。

以下は、2024年3月入試の情報です。2025年3月入試については北海道教育委員会の発表を確認して下さい。

一般入試

■学力検査の成績を重視
10：0

■個人調査書等を重視
6：4

■傾斜配点の教科（倍率）
なし

■学力検査以外の試験
過年度卒のみ個人面接

推薦入試

■入学枠
理数科　40％程度

■面接（個人）・自己推薦書の提出以外に実施する項目
理数科　作文

（ ）内は推薦を表しています。

24入試 DATA	定員	一般		推薦		合格者平均	
		指定平均点	倍率	出願者数	内定者数	道コンSS	内申点・ランク
普通科	120	285	1.0			53	277・B
理数科	80	337	1.0	40	32	59 (63)	287・B (309・A)

入試点 道コンSS	454	422	390	359	327	295	263	231	200	168	136	104
内申ランク・内申点	74	70	66	62	58	54	50	46	42	38	34	30
A ～296点				○								
B ～276点					●							
C ～256点						★						
D ～236点												
E ～216点												
F ～196点												
G ～176点												
H ～156点												
I ～136点												
J ～116点												

道コン合格圏（可能性60％ライン）　- - - 理数　—— 普通

合格者平均　★一般入試(普通)　●一般入試(理数)　○推薦入試(理数)

公立×私立・高専併願パターン

私立高校（割合）			高専（割合）		
大谷室蘭	普通	22%	苫小牧高専	創造	100%
海星学院	普通	22%			
北海道栄	アルファ	22%			
その他		34%			

ACCESS GUIDE

〒050-0083
室蘭市東町3丁目29−5
TEL 0143-44-3128
FAX 0143-44-3129
http://www.muroransakae.hokkaido-c.ed.jp/

◎ JR
「東室蘭駅」下車　徒歩10分
◎ バス
「東町バスターミナル」下車　徒歩1分

今春の主な進路

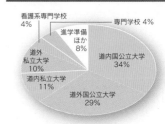

看護系専門学校 4%
専門学校 4%
進学準備ほか 8%
道内国公立大学 34%
道外私立大学 10%
道内私立大学 11%
道外国公立大学 29%

※人数は全て現役です。

国公立道内
北海道大 …… 16名
札幌医科大 …… 7名
旭川医科大 …… 3名
北海道教育大 …… 20名
小樽商科大 …… 5名
帯広畜産大 …… 1名
室蘭工業大 …… 16名
名寄市立大 …… 3名
旭川市立大 …… 3名
北見工業大 …… 3名
はこだて未来大 …… 3名
釧路公立大 …… 2名
千歳科学技術大 …… 1名
国公立道外
東京大 …… 1名
東京工業大 …… 2名
東北大 …… 1名
名古屋大 …… 1名
九州大 …… 1名
弘前大 …… 15名
信州大 …… 5名
埼玉大 …… 3名
広島大 …… 3名
電気通信大 …… 2名
静岡大 …… 1名
私立道内
北海学園大 …… 33名
北星学園大 …… 6名
私立道外
早稲田大 …… 5名
慶應義塾大 …… 1名
上智大 …… 1名
法政大 …… 5名
明治大 …… 4名
東京理科大 …… 3名
青山学院大 …… 3名
中央大 …… 3名
関西大 …… 1名
関西学院大 …… 1名
立教大 …… 1名
立命館大 …… 1名

指定校推薦（一部）

道外
早稲田大
東京理科大
明治大
中央大
法政大
関西学院大
芝浦工業大

昭和薬科大
道内
北海学園大
北星学園大
北海道医療大
北海道科学大
藤女子大
日本医療大

室蘭清水丘高等学校

普通科[普]

生徒数425名　男子205名　女子220名

食堂｜購買部(売店)｜カウンセラー｜寮・寄宿舎｜海外研修(交流)｜携帯電話持込｜スキー授業｜プール施設

弁当、パン、ジュース、学用品など｜月1～2回｜アメリカアラスカ州アウントエッジカム高校(姉妹校)(希望者)｜授業中、休み時間の利用不可　放課後、登下校｜1年次宿泊研修でスキー研修実施

ACCESS GUIDE

〒051-0034
室蘭市増市町2丁目6－16
TEL 0143-23-1221
FAX 0143-23-1746
http://www.muroranshimizugaoka.hokkaido-c.ed.jp/

　100年を超える歴史と伝統を持ち、地域や全国で同窓生が活躍している伝統校です。進学重視型の単位制普通科高校として今年で17年目を迎えます。単位制の特徴を生かし、自分の興味・関心や進路希望に応じて、たくさんの選択科目の中から必要な科目を選ぶことができます。進学率は、90%以上で、地元の室蘭工業大学をはじめとした大学や、看護医療系の学校へ進む生徒が多く、校訓「清風萬里」(清い風となって世界を駆けよう)の合い言葉のもと、生徒は意欲的に勉学・部活動に励み、先生方も生徒の夢の実現のために力を惜しみません。

在校生の声　生徒会副会長

　室蘭清水丘高校では生徒一人一人が自主的に学習する習慣を身につけられるような取り組みが行われています。
　自習室の常設や朝学習、単語テストなど、少しずつでも学習できるきっかけが催されています。先生方が一団となって生徒の学習意欲に寄り添ってくれています。
　また、校内行事も盛んで室蘭清水丘高校独自の学校祭や年に2回行われる競技大会などがあり勉強する時は勉強する、楽しむ時は楽しむというように伝統を慮る学校です。
　生徒のほとんどがバス通学ということでどうしても帰る時間が遅くなってしまいますが、友人とバスの中で談笑する時間は毎日の楽しみです。全体を通して学校生活は満足のいくものとなっています。

今春の主な進路

進学準備ほか 4%
就職 3%
専門学校 12%
看護系専門学校 14%
短大 2%
道外私立大学 6%
道内私立大学 31%
道内国公立大学 24%
道外国公立大学 4%

※人数は現浪合計です。

国公立道内
北海道教育大………4名
小樽商科大…………2名
室蘭工業大…………14名
名寄市立大…………4名
北見工業大…………2名
千歳科学技術大……2名
はこだて未来大……2名
釧路公立大…………2名
旭川市立大…………1名

国公立道外
弘前大………………1名
岩手大………………1名
秋田大………………1名
愛媛大………………1名
岩手県立大…………1名
長崎県立大…………1名

私立道内
北海学園大…………17名
北星学園大…………12名
天使大………………2名
日本医療大…………10名
北海道文教大………7名

北海道科学大………5名
北海道医療大………3名
札幌保健医療大……2名
北海道千歳リハビリ大…3名
札幌学院大…………2名
北翔大………………2名
北海道情報大………2名

私立道外
東洋大………………3名
日本大………………1名
神田外語大…………1名
金沢工業大…………1名
日本赤十字九州看護大…1名

大学校
道職業能力開発大学校…2名

専門学校
日鋼記念看護………8名
市立室蘭看護………7名
室蘭センター相談看護師課程…4名
日本工学院北海道専門…4名

就職先等
北海道警察…………3名

学校へ行こう！

【学校祭】
7/4(木)～7/6(土)

【学校説明会】
9/12(木)　予定

入試情報
2024年度の入試情報です。2025年度は変更になる場合があります。掲載の入試データ等は道コン事務局の推定です。

以下は、2024年3月入試の情報です。2025年3月入試については北海道教育委員会の発表を確認して下さい。

(　)内は推薦を表しています。

24入試DATA	定員	一般		推薦		合格者平均	
		推定平均点	倍率	出願者数	内定者数	道コンSS	内申点・ランク
普通科	160	218	0.8	48	45	44 (46)	231・E (244・D)

一般入試

■学力検査の成績を重視
9：1

■個人調査書等を重視
6：4
内申点以外で参考にするポイント
[特別活動の記録] [総合所見等]

■傾斜配点の教科(倍率)
なし

■学力検査以外の試験
[過年度卒のみ個人面接]

推薦入試

■入学枠
40%程度

■面接(個人)・自己推薦書の提出以外に実施する項目
なし

入試点 道コンSS	454	422	390	359	327	295	263	231	200	168	136	104
内申ランク・内申点	74	70	66	62	58	54	50	46	42	38	34	30
A ～296点												
B ～276点												
C ～256点												
D ～236点								☆				
E ～216点								★				
F ～196点												
G ～176点												
H ～156点												
I ～136点												
J ～116点												

道コン合格圏(可能性60%ライン) ── 普通
合格者平均 ★一般入試(普通) ☆推薦入試(普通)

指定校推薦

非公表

室蘭東翔高等学校

総合学科[総]

生徒数467名　男子203名　女子264名

食堂／購買部(売店)／カウンセラー／寮・寄宿舎／海外研修(交流)／携帯電話持込(月1回)／スキー授業／プール施設

校訓　至誠(しせい)　日日新(ひびあらたなり)
純粋な真心をもち誠実に行動し、いきいきと明るい気持ちで毎日を生きる

教育目標
1 主体的に学ぶ創造性豊かな人の育成
2 豊かな情操と道徳的実践力を身につけた人の育成
3 健康な身体と健全な心を持った人の育成

学校の特色
1 基礎基本をしっかり学べる学校
2 学ぶ意欲を大切にする学校
3 興味関心を生かせる学校
4 主体的に学べる選択科目が充実した学校
5 少人数による分かりやすい授業が受けられる学校
6 多くの資格取得に挑戦できる学校
7 充実した行事や部活動がある学校
8 多様な施設・設備がある学校

在校生の声　高3生・生徒会長

　「胆振管内唯一の総合学科」である室蘭東翔高校は、一年次から進路が身近に感じられる授業が多く、一年次では、大学・専門学校を見学する「上級学校見学」二年次では自分が希望した企業などで働く体験ができる「インターンシップ」があります。そのため自分の希望する進路においてのミスマッチを防ぐことができます。また、5つの系列の中から1つを選択し、自分の取りたい科目も選択できるため、一人ひとりの学習スタイルにあった時間割を作成できます。科目の中には室蘭東翔高校でしか履修できない科目もあり、勉強になること間違いなしです。
　そして、日々の授業だけでなく、行事も充実しており、一大イベントである「東翔祭」をはじめ秋季体育大会、春季フェスティバルなど学校全体が盛り上がる行事が沢山あります。特に「東翔祭」はクラスの団結力が一番高まる行事であり、東翔生全員が優勝を目指してテーマに沿った衣装や装飾を作成し、準備期間から楽しいのが魅力です。
　ぜひ、皆さんも東翔高校に入学し、私たちと一緒に進路実現に向けた授業や楽しい行事に参加し、充実した高校生活を送ってみませんか?

学校へ行こう!

【オープンキャンパス】
10/1(火)

入試情報
2024年度の入試情報です。2025年度は変更になる場合があります。
掲載の入試データ等は道コン事務局の推定です。

以下は、2024年3月入試の情報です。2025年3月入試については北海道教育委員会の発表を確認して下さい。

一般入試

■学力検査の成績を重視
9:1

■個人調査書等を重視
6:4
内申点以外で参考にするポイント
[特別活動の記録] [総合所見等]

■傾斜配点の教科(倍率)
なし

■学力検査以外の試験
[個人面接]

推薦入試

■入学枠
50%程度

■面接(個人)・自己推薦書の提出以外に実施する項目
なし

( )内は推薦を表しています。

24入試DATA	定員	一般		推薦		合格者平均	
		推定平均点	倍率	出願者数	内定者数	道コンSS	内申点・ランク
総合学科	160	184	1.2	122	78	40 (43)	209・F (234・E)

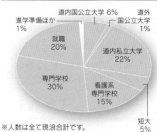

入試点 道コンSS	454	422	390	359	327	295	263	231	200	168	136	104
内申ランク・内申点	74	70	66	62	58	54	50	46	42	38	34	30
A ~296点	道コン合格圏(可能性60%ライン)		総合									
B ~276点	合格者平均	★一般入試(総合)										
C ~256点		☆推薦入試(総合)										
D ~236点												
E ~216点									☆			
F ~196点									★			
G ~176点												
H ~156点												
I ~136点												
J ~116点												

公立×私立・高専併願パターン

私立高校(割合)			高専(割合)	
大谷室蘭　普通		67%		
海星学院　普通		33%		

〒050-0072
室蘭市高砂町4丁目35-1
TEL 0143-44-4783
FAX 0143-44-4787
http://www.m-tosho.hokkaido-c.ed.jp/

◎ 道南バス
　JR東室蘭駅から「東翔高前」下車
◎ JR
　「鷲別駅」下車　徒歩15分

今春の主な進路

進学準備ほか 1%
道内国公立大学 6%
道外国公立大学 1%
道内私立大学 22%
看護系専門学校 15%
短大 5%
専門学校 30%
就職 20%

※人数は全て現浪合計です。

国公立道内
室蘭工業大………8名
旭川市立大………1名
国公立道外
弘前大……………1名
高知工科大………1名
私立道内
北海学園大………13名
藤女子大…………3名
天使大……………1名
北海道文教大……3名
札幌大……………2名
日本医療大………1名
札幌学院大………3名
北翔大……………2名
北海道情報大……2名
北海道千歳リハビリ大…2名
私立道外
京都産業大………1名
佛教大……………1名
短大道内
北海道武蔵女子短大…3名
光塩学園女子短大…1名
札幌国際大短大……1名

北星学園大短大……1名
短大道外
戸板女子短大………1名
華頂短大……………1名
専門学校
室蘭看護専門……17名
日本工学院北海道専門…6名
日鋼記念看護………4名
北海道福祉教育専門…4名
経専調理製菓専門…4名
札幌スポーツ&メディカル専門…3名
札幌ベルエポック美容専門…3名
北海道美容専門……3名
札幌デザイン&テクノロジー専門…2名
札幌ミュージック&ダンス放送専門…2名
吉田学園医療歯科専門…2名
勤医協札幌看護専門…1名
函館病院高等看護…1名
札幌こども専門……1名
札幌スイーツ&カフェ専門…1名
札幌ビューティーアート専門…1名
日本航空大学校……1名
北海道医薬専門……1名

指定校推薦(一部)

道内
札幌大
札幌学院大
札幌国際大
星槎道都大
函館大
北翔大
北海学園大
北海商科大
日本医療大

北海道医療大
北海道科学大
北海道情報大
酪農学園大
北海道文教大
北洋大
北海道千歳リハビリ大
札幌保健医療大
藤女子大
育英館大

室蘭工業高等学校

※2025年度より、建築科と環境土木科は統合し、建設科へ学科転換予定となります。

電子機械科[工] 電気科[工] 建設科[工]

生徒数280名　男子254名　女子26名

食堂（定時制閉課後、未使用）／購買部（売店）／カウンセラー／寮・寄宿舎／海外研修（交流）／携帯電話持込／スキー授業（休み時間）／プール施設

工業都市室蘭市において、校訓「自主協同」のもとに学習、部活動に取り組んでいる伝統ある工業高校である。特に、専門教育では、「ものづくり」を通した教育活動を中心に、資格取得、インターンシップにも力を入れている。

在校生の声　高3生・生徒会長

本校は電子機械科・電気科・建築科・環境土木科の4つの学科があり、普通教科から専門教科を幅広く学ぶことが出来る学校です。また、資格取得に対しても力を入れており、学科の先生のサポートを得ることができます。進路は約8割の人が就職を選択し、求人票から幅広い仕事を考えることが出来ます。進学する人も室蘭工業大学や星槎道都大学、北海道科学大学などの4年制大学に進む人もいます。室蘭工業高校は主に、仕事に就きたい人にとって必要な知識を得られるところです。3年間、将来のための勉強をしてみませんか？

ACCESS GUIDE

〒050-0073
室蘭市宮の森町3丁目1－1
TEL 0143-44-5712
FAX 0143-44-5711
http://www.muroran-th.ed.jp/

今春の主な進路

- 就職 78%
- 専門学校 13%
- 道内私立大学 4%
- 各種学校ほか 3%
- 道内国公立大学 2%

学校へ行こう！

【学校祭】
7/5（金）・6（土）　一般公開あり
詳しくは本校ホームページをご覧ください。

【体験入学】（午前と午後2回）
10月実施予定

入試情報

2024年度の入試情報です。2025年度は変更になる場合があります。
掲載の入試データ等は道コン事務局の推定です。

以下は、2024年3月入試の情報です。2025年3月入試については北海道教育委員会の発表を確認して下さい。

一般入試

■学力検査の成績を重視…
8：2

■個人調査書等を重視…
6：4
内申点以外で参考にするポイント
[特別活動の記録] [総合所見等]

■傾斜配点の教科（倍率）
なし

■学力検査以外の試験
[個人面接]

推薦入試

■入学枠
50%程度

■面接（個人）・自己推薦書の提出以外に実施する項目…
なし

24入試DATA	定員	一般		推薦		合格者平均	
		推定平均点	倍率	出願者数	内定者数	道コンSS	内申点・ランク
電子機械科	40		0.5	7	3		
電気科	40	115	0.9	8	6	31	155・I
建築科	40		0.6	2	2		
環境土木科	40		0.2	1	1		

入試点 道コンSS	454	422	390	359	327	295	263	231	200	168	136	104
内申ランク・内申点	74	70	66	62	58	54	50	46	42	38	34	30
A ～296点												
B ～276点												
C ～256点												
D ～236点												
E ～216点												
F ～196点												
G ～176点												
H ～156点												
I ～136点												★
J ～116点												

道コン合格圏（可能性60%ライン）── 全科集計
合格者平均 ★ 一般入試（全科集計）

※人数は全て現役です。

国公立道内
室蘭工業大…………2名
私立道内
北海道科学大………1名
星槎道都大…………2名
専門学校
日本工学院北海道専門…4名
北海道情報専門……2名
北海道芸術デザイン専門…1名
札幌マンガ・アニメ＆声優専門…1名
室蘭高等技術専門…1名
青葉鍼灸柔整専門…1名
札幌ブライダル＆ホテル観光専門…1名
スポーツ＆メディカル専門…1名
代々木アニメーション学院…1名
就職先等
自衛隊……………2名
日本製鋼所………6名
日本製鉄…………4名
北海道電力………3名
東海建設…………2名
共立電気工事……2名
耕電設……………2名
栗林不動産………2名

鐵和電設…………2名
三菱電機室蘭特殊鋼…2名
日鉄ファーストテック…2名
マルハン…………2名
トヨタ自動車……2名
伊達温泉 伊達和さび…1名
日本郵便…………1名
トーホウリゾート…1名
カネソン佐藤水産…1名
藤井工務店………1名
JKing……………1名
日鋼特機…………1名
ユニオン建設……1名
ほくやく…………1名
日鉄環境…………1名
Rapidus…………1名
日本航空電子工業…1名
自衛隊……………1名
北海道電気保安協会…1名
北海道ビルウェア…1名
他多数

指定校推薦（一部）

道内
北海道情報大
北海道科学大
星槎道都大

日本工学院北海道専門
北海道情報専門
北海道芸術デザイン専門

伊達開来高等学校

中・高一貫校 | 私立高校 | 高等専修学校・技能連携校 | 通信制・単位制 | 高等専門学校 | 公立高校(石狩) | 公立(渡島・檜山・後志) | 公立(空知・留萌) | 公立(上川・宗谷) | 公立(オホーツク) | 公立(胆振・日高) | 公立(十勝・釧路・根室)

普通科[普]

生徒数558名　男子275名　女子283名

食堂 / 購買部(売店) / カウンセラー / 寮・寄宿舎 / 海外研修(交流) / 携帯電話持込(授業時以外は可) / スキー授業 / プール施設

ACCESS GUIDE

〒052-0011
伊達市竹原町44
TEL 0142-23-2525
FAX 0142-23-2526
http://www.date-kaiki.hokkaido-c.ed.jp

令和3年4月　伊達高校と伊達緑丘高校が再編統合し、伊達開来高校が開校しました。新設校は伊達高校の校舎を使用します。普通科単位制の高校です。

特色ある教育活動

(1) 探究的な学習活動の充実

未だ経験のない急速に変化する時代を生き抜くため、「自ら課題をみつけ」「情報を集め」「分析し」「まとめ、伝え」そして「振り返る」教育活動を通して課題解決能力を育成します。

(2) グローカル教育の充実

グローバルな体験や研修を通じた学習を各教科や特別活動等において実施し、コミュニケーション能力を育成するとともに、地域の未来づくりや地域貢献に資する探究的な活動(「だて学」など)に取り組み確かな人間力を育成します。

(3) 自己実現を目指したキャリア教育の充実

地域、関係機関等がコンソーシアムを形成して相互に連携・協働し、社会的・職業的に自立して自分らしい生き方を実現するための力を育成します。また、多様な選択科目や学校設定科目を設定するとともに、選抜制の高い大学進学を目指した進学探究クラスを設置することにより、一人一人の自己実現に向けた意欲と学力の向上を図ります。

学校へ行こう!

【学校祭】	【オープンスクール】
7/5(金)〜7/6(土)	9/13(金)

今春の主な進路

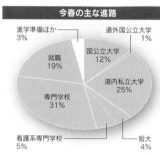

進学準備ほか 3%
道外国公立大学 1%
国公立大学 12%
就職 19%
道内私立大学 25%
専門学校 31%
短大 4%
看護系専門学校 5%

※人数は全て現役です。

国公立道内
北海道教育大 ……… 4名
小樽商科大 ……… 1名
室蘭工業大 ……… 14名
旭川市立大 ……… 2名
札幌市立大 ……… 1名
国公立道外
静岡大 ……… 1名
山口大 ……… 1名
私立道内
北海学園大 ……… 12名
藤女子大 ……… 3名
北星学園大 ……… 3名
天使大 ……… 1名
北海道医療大 ……… 6名
北海道科学大 ……… 5名

日本医療大 ……… 4名
北海道文教大 ……… 4名
札幌大 ……… 3名
札幌国際大 ……… 2名
札幌保健医療大 ……… 1名
東海大（札幌）……… 1名
日赤北海道看護大 ……… 1名
札幌学院大 ……… 8名
北翔大 ……… 4名
北海道情報大 ……… 1名
北海道武蔵女子大 ……… 1名
短大道内
北海道武蔵女子短大 ……… 4名
北星学園大短大 ……… 2名
札幌国際大短大 ……… 1名

指定校推薦(一部)

非公表

入試情報

2024年度の入試情報です。2025年度は変更になる場合があります。掲載の入試データ等は道コン事務局の推定です。

以下は、2024年3月入試の情報です。2025年3月入試については北海道教育委員会の発表を確認して下さい。

24入試 DATA	定員	一般		推薦		合格者平均	
		推定平均点	倍率	出願者数	内定者数	道コンSS	内申点・ランク
普通科	240	150	0.7	21	21	36	183・G

一般入試

■学力検査の成績を重視
10:0

■個人調査書等を重視
10:0
内申点以外で参考にするポイント
[特別活動の記録] [総合所見等]

■傾斜配点の教科(倍率)
なし

■学力検査以外の試験
[個人面接]

入試点 道コンSS	454	422	390	359	327	295	263	231	200	168	136	104
内申ランク・内申点	74	70	66	62	58	54	50	46	42	38	34	30
A ~296点	道コン合格圏(可能性60%ライン)		━ 普通									
B ~276点	合格者平均 ★ 一般入試(普通)											
C ~256点												
D ~236点												
E ~216点												
F ~196点												
G ~176点										★		
H ~156点												
I ~136点												
J ~116点												

推薦入試

■入学枠
40%程度

■面接(個人)・自己推薦書の提出以外に実施する項目
なし

登別青嶺高等学校

普通科［普］

生徒数317名　男子154名　女子163名

食堂 / 購買部（売店）パン・弁当・おやつなど / カウンセラー / 寮・寄宿舎 / 海外研修（交流）年間20回 / 携帯電話持込 始業前放課後日課中使用不可 / スキー授業 / プール施設

Memories ～に刻む青春を～

ACCESS GUIDE

〒059-0027
登別市青葉町42-1
TEL 0143-85-8586
FAX 0143-85-8586
http://www.n-seiryo.hokkaido-c.ed.jp/

本校は登別青嶺高等学校として、20年目を迎える学校です。令和3年度に単位制へ移行しました。単位制の特徴を活かし様々な選択科目から進路にあった科目を選択することができます。また、入学生全員が基礎基本からしっかり学ぶことができる「積み上がる学力」を基本コンセプトにしています。このことを実践するために、1年間を前期・後期、3年間を6ステージ制として発達段階に応じた短期的な目標を掲げ、段階的に学力が積み上がるカリキュラムを組んでいます。それは、国公立大や、数多く看護系専門学校へと卒業生を送り出す結果に結びついています。

学校祭では16000本の空き缶を利用しての缶壁（写真右）を作成したり、クラスごとのパフォーマンスで大いに盛り上がります。さらには、全道大会に出場する部活動もあり、課外活動も充実しています。本校は自分の持てる力を思いっきり発揮できる生徒が自慢の学校です。

今春の主な進路

道内国公立大学 3%　道内私立大学 8%
道外私立大学 1%
就職 33%
専門学校 44%
短大 5%
看護系専門学校 7%

※人数は全て現役です。

国公立道内
室蘭工業大 ………2名
釧路公立大 ………1名

私立道内
北海学園大 ………2名
北星学園大 ………2名
北海道文教大 ……1名
札幌保健医療大 …1名
北翔大 ……………2名
北海道情報大 ……1名

私立道外
東北芸術工科大 …1名

短大道内
北海道武蔵女子短大 …3名
光塩学園女子短大 …2名

専門学校
日本工学院北海道専門 …7名
室蘭看護専門 ……6名
北海道福祉教育専門 …5名
日鋼記念看護 ……2名

指定校推薦

非公表

入試情報

2024年度の入試情報です。2025年度は変更になる場合があります。掲載の入試データ等は道コン事務局の推定です。

以下は、2024年3月入試の情報です。2025年3月入試については北海道教育委員会の発表を確認して下さい。

（　）内は推薦を表しています。

24入試DATA	定員	一般		推薦		合格者平均	
		推定平均点	倍率	出願者数	内定者数	道コンSS	内申点・ランク
普通科	120	128	1.1	37	36	33 (35)	187・G (183・G)

入試点道コンSS	454	422	390	359	327	295	263	231	200	168	136	104
内申ランク・内申点	74	70	66	62	58	54	50	46	42	38	34	30
A ～296点												
B ～276点												
C ～256点												
D ～236点												
E ～216点												
F ～196点												
G ～176点											☆★	
H ～156点												
I ～136点												
J ～116点												

道コン合格圏（可能性60%ライン）━ 普通
合格者平均 ★一般入試（普通）☆推薦入試（普通）

一般入試

■学力検査の成績を重視
8：2

■個人調査書等を重視
6：4
内申点以外で参考にするポイント
特別活動の記録　総合所見等

■傾斜配点の教科（倍率）
なし

■学力検査以外の試験
個人面接

推薦入試

■入学枠
30%程度

■面接（個人）・自己推薦書の提出以外に実施する項目
なし

公立×私立・高専併願パターン

私立高校（割合）			高専（割合）
大谷室蘭　普通		80%	
海星学院　普通		20%	

苫小牧東高等学校

普通科［普］

生徒数710名　男子346名　女子364名

 食堂 購買部(売店) カウンセラー 寮・寄宿舎 海外研修(交流) 携帯電話持込 スキー授業　プール施設

年間20回　　　　　　　　　　休み時間 放課後

ACCESS GUIDE

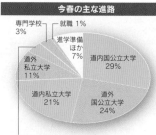

〒053-8555
苫小牧市清水町2丁目12-20
TEL 0144-33-4141
FAX 0144-33-4143
http://www.tomahigashi.hokkaido-c.ed.jp/

昭和12年の開校以来、苫小牧地区の中心校として約27,000人の卒業生を輩出してきた、80年以上の歴史をもつ伝統校です。「自主自律」「文武両道」の精神を校風とし、ほとんどの部活動が全道大会に進出し、生徒会活動も活発で、生徒一人一人が生き生きと学校生活を送っています。一方、授業の他に課外講習など受験のための学習活動の充実にも取り組んでおり、近年現役での国公立大学の合格者が増加しており、医進類型指定校の指定を受けて医学部進学を目指す生徒のために一層の学習支援の充実にも取り組んでいます。2010年に本校卒業生の鈴木章北大名誉教授がノーベル化学賞を受賞し、大きな話題となりました。また2020年には本校卒業生の馳星周さんが直木賞を受賞しました。

在校生の声　高3生・生徒会長

　苫小牧東高校（通称：ガタ高）は「文武両道」の校風のもと、様々な部活動が全国大会に出場し好成績を収めています。また部活動と勉強を両立させ、毎年多くの先輩方が国公立大学に現役合格しています。

　さらに2年生になると難関大学進学にむけた「理系α」「文系H」といった特設クラスが設立され、日々一生懸命に勉強に励んでいます。また、行事の規模も大きく、先生たちの力を借りずにクオリティの高い学校祭を創り上げております。

　また、体育大会が年に2度開催され、夏季体育大会では陸上競技場を借りて全員リレーを行ったり、冬季体育大会ではアイスリンクを借りて本格的なホッケーを行ったりしています。

　また、ここ東高は「自主自律」の学校であり、生徒の自主性を重んじる学校です。自由にスマートフォンを持参できる分、節度を守って利用するタイミングを考えたり、TPOに合わせて服装を考えたりと、行動の判断は自分自身に委ねられることが基本です。先生からの指示を待たずに行動することで生徒の自主性を高めることができます。他にも、東高にはここでは語りきれないほどたくさんの魅力があります。そんな東高で過ごす3年間は他の学校では経験することができないでしょう。みなさんのご入学を心よりお待ちしております。

入試情報
2024年度の入試情報です。2025年度は変更になる場合があります。
掲載の入試データ等は道コン事務局の推定です。

今春の主な進路

専門学校 3%　就職 1%
進学準備ほか 7%
道外私立大学 11%
道内私立大学 21%
道外国公立大学 24%
道内国公立大学 29%

看護系専門学校 4%
※人数は全て現役です。

国公立道内		新潟大	8名
北海道大	10名	福島大	2名
札幌医大	5名	埼玉大	2名
旭川医科大	1名	琉球大	2名
北海道教育大	32名	秋田大	1名
小樽商科大	5名	千葉大	1名
帯広畜産大	3名	**私立道内**	
室蘭工業大	14名	北海学園大	7名
旭川市立大	7名	北星学園大	6名
千歳科学技術大	6名	北海道医療大	10名
札幌市立大	5名	北海道科学大	8名
釧路公立大	4名	**私立道外**	
北見工業大	3名	慶應義塾大	1名
はこだて未来大	1名	青山学院大	2名
名寄市立大	1名	明治大	2名
国公立道外		同志社大	2名
大阪大	1名	立教大	1名
神戸大	1名	関西大	1名
筑波大	2名	東海大	3名
横浜国立大	2名	日本女子大	1名
弘前大	14名	東京工科大	1名

指定校推薦（一部）

道内		道外	
北海学園大	2名	慶應義塾大	1名
北海道科学大	2名	明治大	1名
北海道医療大	2名	中央大	1名
北星学園大	2名	同志社大	1名
		青山学院大	1名
			他多数

以下は、2024年3月入試の情報です。2025年3月入試については北海道教育委員会の発表を確認して下さい。

24入試 DATA	定員	一般		推薦		合格者平均	
		推定平均点	倍率	出願者数	内定者数	道コンSS	内申点・ランク
普通科	240	296	1.2			54	277・B

一般入試

■学力検査の成績を重視
10:0

■個人調査書等を重視
6:4

■傾斜配点の教科（倍率）
なし

■学力検査以外の試験
なし

推薦入試

■入学枠
なし

入試点 道コンSS	454	422	390	359	327	295	263	231	200	168	136	104
内申ランク・内申点	74	70	66	62	58	54	50	46	42	38	34	30
A ～296点												
B ～276点						★						
C ～256点												
D ～236点												
E ～216点												
F ～196点												
G ～176点												
H ～156点												
I ～136点												
J ～116点												

道コン合格圏（可能性60%ライン）■━━ 普通
合格者平均 ★一般入試（普通）

公立×私立・高専併願パターン

私立高校（割合）		高専（割合）	
駒大苫小牧　特別進学	79%	苫小牧高専　創造	98%
札幌日大　特進	4%	釧路高専　創造	2%
北海　特進・Sクラス	2%		
その他	15%		

苫小牧南高等学校

普通科[普]

生徒数455名　男子175名　女子280名

食堂／購買部(売店)／カウンセラー／寮・寄宿舎／海外研修(交流)／携帯電話持込／スキー授業／プール施設／資料請求

ACCESS GUIDE

〒059-1272
苫小牧市のぞみ町2丁目1−2
TEL 0144-67-2122
FAX 0144-67-2124
http://www.tomakomaiminami.ed.jp/

平成22年度より単位制へと移行し、一人ひとりの進路希望に対して、高い水準で対応できるカリキュラムになった。また習熟度別・少人数制授業も取り入れ、放課後・休日の進学講習の実施と併せ、個々の生徒の学力の向上にとりわけ力を入れている。「流汗悟道」、「至誠礼節」の校訓を旗印に生徒たちは落ち着いた校風の中で、学習・部活動・学校行事と様々な場面で積極的に自分を磨いている。

在校生の声　生徒会長

苫小牧南高校は自然に囲まれていて、とても良い環境にあります。4階から太平洋を見渡すことができ、また晴れていると樽前山を見ることができます。

校訓の一つである「至誠礼節」は、生徒一人ひとりが挨拶をすることに意識を持っていて、先生や来賓の方に礼儀正しく挨拶をしています。また、服装・頭髪などのきまりを守り、毎日気持ちよく学校生活を送っています。

行事では遠足、学校祭、スポーツ大会などがあります。学校祭は"苫南祭"と呼ばれていて南高ならではの行灯行列があります。時間をかけて作った行灯を地域の人にも楽しんでもらえるよう、行灯を担いで外を回ります。ライトアップされた行灯はとてもキレイな仕上がりを毎年見せています。スポーツ大会では全校生徒がクラスごとに球技や団体競技を行います。クラスの団結力が深まり、きっとよい思い出になると思います。

未来の後輩のみなさん、苫小牧南高校は環境もよく、勉強・部活に力を入れていて、行事があると学校全体が盛りあがり、毎日の学校生活はとても充実しています。ぜひ、南高校の受験を考えてみてください!

学校へ行こう!

【オープンスクール】10/9(水)　【苫南祭】7/13(土)

♣春の主な進路

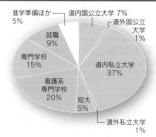

進学準備ほか 5%　道内国公立大学 7%　道外国公立大学 1%　道内私立大学 37%　道外私立大学 1%　短大 5%　看護系専門学校 20%　専門学校 15%　就職 9%

※人数は全て現役です。

国公立道内
北海道教育大……1名
小樽商科大……1名
室蘭工業大……2名
千歳科学技術大……2名
釧路公立大……1名
はこだて未来大……1名
札幌市立大……1名
国公立道外
秋田公立美術大……1名
信州大……1名
私立道内
北海学園大……12名
北星学園大……10名
藤女子大……4名
北海道文教大……4名
日本医療大……3名
札幌大……3名
北海道医療大……2名
東海大(札幌)……2名
札幌大谷大……1名

札幌保健医療大……1名
酪農学園大……1名
北海道科学大……1名
東京国際大(オホーツクキャンパス)……1名
北翔大……1名
北海道千歳リハビリ大……3名
札幌学院大……3名
北海道情報大……1名
私立道外
武庫川女子大……1名
短大道内
札幌大谷大短大……2名
札幌国際大短大……2名
光塩学園女子短大……1名
北海道武蔵女子短大……1名
北星学園大短大……1名
短大道外
上智大短大……1名
専門学校
苫小牧看護専門……24名

入試情報

2024年度の入試情報です。2025年度は変更になる場合があります。掲載の入試データ等は道コン事務局の推定です。

以下は、2024年3月入試の情報です。2025年3月入試については北海道教育委員会の発表を確認して下さい。

一般入試

■学力検査の成績を重視
10:0

■個人調査書等を重視
6:4
内申点以外で参考にするポイント
[特別活動の記録] [総合所見等]

■傾斜配点の教科(倍率)
英語(1.5)

■学力検査以外の試験
[過年度卒のみ個人面接]

推薦入試

■入学枠
20%程度

■面接(個人)・自己推薦書の提出以外に実施する項目
[英語による問答]

24入試DATA	定員	一般		推薦		合格者平均	
		推定平均点	倍率	出願者数	内定者数	道コンSS	内申点・ランク
普通科	160	223	1.0	51	32	45 (43)	239・D (238・D)

( )内は推薦を表しています。

入試点 道コンSS	454	422	390	359	327	295	263	231	200	168	136	104
内申ランク・内申点	74	70	66	62	58	54	50	46	42	38	34	30
A ~296点												
B ~276点												
C ~256点												
D ~236点								★☆				
E ~216点												
F ~196点												
G ~176点												
H ~156点												
I ~136点												
J ~116点												

道コン合格圏(可能性60%ライン) ━━ 普通
合格者平均 ★一般入試(普通) ☆推薦入試(普通)

公立×私立・高専併願パターン

私立高校(割合)		高専(割合)
駒大苫小牧　特別進学	44%	
駒大苫小牧　総合進学	24%	
北海道栄　アドバンス	6%	
その他	26%	

指定校推薦(一部)

道内
北海学園大……9名
北星学園大……9名
北海道科学大……4名
北海道医療大……8名
酪農学園大……2名
日本医療大……14名
北翔大……8名
札幌学院大……10名
北海道武蔵女子短大……5名
苫小牧看護専門……5名
道外
創価大……3名
秀明大……3名
松蔭大……4名
聖徳大……11名
東京工芸大……13名
東海大……5名
奈良大……6名
東京農業大……4名
駿河台大……4名

中・高一貫校／私立高校／高等専修学校・技能連携校／通信制・単位制／高等専門学校／公立高校(石狩)／公立(渡島・檜山・後志)／公立(空知・留萌)／公立(上川・宗谷)／公立(オホーツク)／公立(胆振・日高)／公立(十勝・釧路・根室)

苫小牧西高等学校

中・高一貫校
私立高校
高等専修学校・技能連携校
通信制・単位制
高等専門学校
公立高校（石狩）
公立（渡島・檜山・後志）
公立（空知・留萌）
公立（上川・宗谷）
公立（オホーツク）
公立（胆振・日高）
公立（十勝・釧路・根室）

普通科[普]

生徒数467名　男子176名　女子291名

食堂　購買部(売店)　カウンセラー　寮・寄宿舎　海外研修(交流)　携帯電話持込　スキー授業　プール施設
月1回　始業前 休み時間 放課後・登下校

ACCESS GUIDE

〒053-0807
苫小牧市青葉町1丁目1－1
TEL 0144-72-3003
FAX 0144-74-2977
http://www.tomanishi.hokkaido-c.ed.jp/

学校教育目標　**常に旺盛な意欲を持って**
1. 知性を高め、自らを啓発する人間の育成をはかる
2. 心の触れ合いを深め、信頼される人間の育成をはかる
3. 健康の増進に務め、社会に奉仕できる人間の育成をはかる

在校生の声　生徒会長

北海道苫小牧西高等学校は校訓「心常清新」のもと、生徒は明るく元気な雰囲気に包まれた学校です。
西高校は女子が多く女子校のイメージが強い方も多いと思いますが、現在の西高校は3分の1が男子で、年々増えてきています。
西高校は2019年で創立100周年を迎えた苫小牧市内で最も歴史のある学校です。
西高校は楽しいイメージを持っている人が多いと思います。その通りです!! 大体の先輩が「西高に入学してよかった」と言ってくれるほどいい学校です!!
普段の学校生活は授業と休み時間のメリハリができ、授業はいい雰囲気で受けることができます。放課後は吹奏楽部や弓道部など部活が盛んに行われています。
学校行事は西高祭、夏季体育大会、芸術鑑賞、冬季体育大会など行事の数が多いのが特徴です。中でも西高祭は、パフォーマンスコンテスト、クラス展示などがあります。一般公開も行われるので1年の中で一番盛り上がる行事です。
進路活動では親身になって相談に乗ってくれ、面接練習や小論文などを丁寧に指導してくれ進路実現をサポートしてくれます。
私たち生徒会は全校生徒が「楽しい」「西高に入学してよかった」と思ってくれるように全力でサポートします。
受験生の皆さん、高校選び・受験勉強は大変で辛いと思いますが負けずに頑張ってください。
ぜひ西高校に入学してください。絶対に入学してよかったって言ってもらえると思います。一緒に西高ライフを楽しみましょう!

学校へ行こう!

【学校説明会】	【学校祭】（一般公開日）	日程変更の場合があります。詳しくはお問い合わせください。
10/4(金)	7/10(水)～12(金)予定	

入試情報

2024年度の入試情報です。2025年度は変更になる場合があります。
掲載の入試データ等は道コン事務局の推定です。

以下は、2024年3月入試の情報です。2025年3月入試については北海道教育委員会の発表を確認して下さい。

一般入試

■学力検査の成績を重視
9:1

■個人調査書等を重視
6:4
内申点以外で参考にするポイント
特別活動の記録　総合所見等

■傾斜配点の教科（倍率）
なし

■学力検査以外の試験
過年度卒のみ個人面接

推薦入試

■入学枠
20%程度

■面接(個人)・自己推薦書の提出以外に実施する項目
なし

（　）内は推薦を表しています。

24入試DATA	定員	一般		推薦		合格者平均	
		推定平均点	倍率	出願者数	内定者数	道コンSS	内申点・ランク
普通科	160	180	1.4	80	32	40 (42)	203・F (238・D)

入試点 道コンSS	454	422	390	359	327	295	263	231	200	168	136	104
内申ランク・内申点	74	70	66	62	58	54	50	46	42	38	34	30

A ～296点　道コン合格圏{(可能性60%ライン)} ―普通
B ～276点　合格者{★一般入試(普通)
C ～256点　平　均{☆推薦入試(普通)
D ～236点
E ～216点　☆
F ～196点　★
G ～176点
H ～156点
I ～136点
J ～116点

公立×私立・高専併願パターン

私立高校（割合）			高専（割合）
駒大苫小牧　総合進学	66%		
苫小牧中央　総合	12%		
駒大苫小牧　特別進学	6%		
その他	16%		

今春の主な進路

その他 3%
道内国公立大学 1%
道内私立大学 2%
就職 18%
道内私立大学 24%
専門学校 46%
看護系専門学校 4%
短大 2%

※人数は全て現役です。

国公立道内
室蘭工業大・・・・・・・・・1名
千歳科学技術大・・・・・1名
私立道内
北海学園大・・・・・・・・・6名
北海商科大・・・・・・・・・3名
藤女子大・・・・・・・・・・・1名
北海道文教大・・・・・・・7名
北海道科学大・・・・・・・2名
札幌大谷大・・・・・・・・・2名
札幌学院大・・・・・・・・・8名
北翔大・・・・・・・・・・・・・2名
北海道千歳リハビリ大・・2名
私立道外
城西国際大・・・・・・・・・1名
洗足学園音楽大・・・・・1名
日本経済大・・・・・・・・・1名
短大道内
北海道武蔵女子短大・・1名
北翔大短大・・・・・・・・・1名
光塩学園女子短大・・・1名
専門学校
日本工学院北海道専門・・5名
苫小牧看護専門・・4名

経専北海道保育専門・・3名
北海道エコ・動物自然専門・・3名
札幌看護医療専門・・・2名
北海道美容専門・・・・・2名
北海道情報専門・・・・・2名
吉田学園医療歯科専門・・3名
北海道ハイテクノロジー専門・・3名
札幌スポーツアンドメディカル専門・・1名
北海道歯科技術専門・・1名
札幌こども専門・・・・・1名
日本航空大学校・・・・・1名
大原法律公務員専門・・1名
札幌商工会議所付属専門・・1名
北海道文化服装専門・・1名
就職先等
野口観光・・・・・・・・・・・3名
シーヴイテック北海道・・1名
セコム・・・・・・・・・・・・・1名
トヨタ自動車北海道・・・1名
四季舎・・・・・・・・・・・・・1名
デンコードー・・・・・・・1名
他多数

指定校推薦（一部）

道内
北海学園大
札幌大
札幌学院大
札幌国際大
北海道文教大
北海道医療大

北海道科学大
北海道情報大
北翔大
酪農学園大
北海商科大
藤女子大

苫小牧総合経済高等学校

流通経済科[商]　国際経済科[商]　情報処理科[商]

生徒数325名　男子7名　女子318名

食堂　購買部(売店)　カウンセラー　寮・寄宿舎　海外研修(交流)　携帯電話持込　スキー授業　プール施設

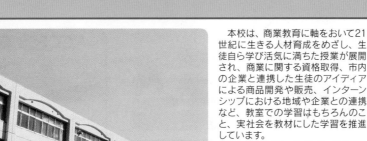

本校は、商業教育に軸をおいて21世紀に生きる人材育成をめざし、生徒自ら学び活気に満ちた授業が展開され、商業に関する資格取得、市内の企業と連携した生徒のアイディアによる商品開発や販売、インターンシップにおける地域や企業との連携など、教室での学習はもちろんのこと、実社会を教材にした学習を推進しています。

部活動ではマーケティング部が全国大会へ出場し、最優秀賞を獲得しました。また、バドミントン、ソフトボール、ソフトテニス、弓道、陸上部、簿記部、コンピュータ部、ワープロ部、写真部、図書、放送等多くの部活動が全道大会に出場し、生徒は生き生きと学校生活を送っています。

ACCESS GUIDE

〒053-0052
苫小牧市新開町4丁目7-2
TEL 0144-55-9264
FAX 0144-55-9263
http://www.soukei.hokkaido-c.ed.jp/

◎ 市営バス
「総合経済高校」下車徒歩0分
「苫小牧営業所」下車徒歩3分

在校生の声　生徒会長

私は、高校生活で検定・資格取得の勉強を頑張って取り組み、国家資格であるITパスポートや基本情報技術者を取得することができました。

他にも、簿記やビジネス計算検定を取得しました。

最初は、分からないことだらけです。ですが、そこで挫けることなく頑張って努力すればその結果が実る実らない関係なしに、自分の力として身につきます。

高校の3年間は本当にあっという間です。楽しむ事も大切ですが、勉強をして自分のスキルを上げることも大切だと思います。

皆さんの中にも「この高校じゃなくても就職はできる」や「私は高校卒業後就職するから関係ない」と思っている人がいると思います。

勿論そういう考えもあると思いますが、苫小牧総合経済高校では他の高校では学べない商業科目を学ぶことができ、そして多くの検定・資格を取得することができます。

就職したいと思っている人も進学をしたいと思っている人も、検定・資格は取っておいて損はありません。是非、苫小牧総合経済高校に来てください。

学校へ行こう!

【体験入学】
9/30(月) 予定

入試情報
2024年度の入試情報です。2025年度は変更になる場合があります。
掲載の入試データ等は道コン事務局の推定です。

以下は、2024年3月入試の情報です。2025年3月入試については北海道教育委員会の発表を確認して下さい。

一般入試

■学力検査の成績を重視
8:2

■個人調査書等を重視
8:2
内申点以外で参考にするポイント
[特別活動の記録]　[総合所見等]

■傾斜配点の教科(倍率)
なし

■学力検査以外の試験
[個人面接]

推薦入試

■入学枠
50%程度

■面接(個人)・自己推薦書の提出以外に実施する項目
なし

今春の主な進路

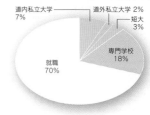

道内私立大学 7%
道外私立大学 2%
短大 3%
専門学校 18%
就職 70%

※人数は現役のみです。

私立道内
藤女子大…………1名
札幌国際大………1名
日本医療大………1名
北翔大……………3名
北洋大……………1名
星槎道都大………1名

私立道外
埼玉学園大………1名
京都芸術大………1名
短大道内
北海道武蔵女子短大……2名
北星学園大短大……1名

指定校推薦

非公表

（　）内は推薦を表しています。

24入試DATA	定員	一般		推薦		合格者平均		
		指定平均点	倍率	出願者数	内定者数	道コンSS	内申点・ランク	
流通経済科	40		1.1	26	20			
国際経済科	40	163	0.9	24	20	37 (37)	199・F (208・F)	
情報処理科	40		1.1	25	20			

入試点 道コンSS	454	422	390	359	327	295	263	231	200	168	136	104
内申ランク・内申点	74	70	66	62	58	54	50	46	42	38	34	30
A ~296点												
B ~276点												
C ~256点												
D ~236点												
E ~216点												
F ~196点										☆★		
G ~176点												
H ~156点												
I ~136点												
J ~116点												

道コン合格圏(可能性60%ライン) ── 全科集計
合格者平均 ★一般入試(全科集計) ☆推薦入試(全科集計)

公立×私立・高専併願パターン

私立高校(割合)		高専(割合)
駒大苫小牧　総合進学	100%	

苫小牧工業高等学校

電子機械科[工]　電気科[工]　情報技術科[工]
建築科[工]　土木科[工]　環境化学科[工]
生徒数665名　男子615名　女子50名

食 堂　購買部(売店)　カウンセラー　寮・寄宿舎　海外研修(交流)　携帯電話持込　スキー授業　プール施設

定時制の設備　　　　　　　　　　　　　　　　　休み時間　宿泊研修で実施
　　　　　　　　　　　　　　　　　　　　始業前・放課後
　　　　　　　　　　　　　　　　　　　　登下校

○全道一区どこからでも受験できます。
　工業高等学校は学区が分かれていませんから道内どこからでも受験できます。
○推薦入学制度を利用できます。
　本校も他の工業高等学校と同様に、推薦入学制度を採用しています。毎年の合格者の50%程度が推薦入学によるものです。

在校生の声　生徒会長

　本校は、2023年に創立100年を迎えた歴史のある工業高校です。本校に入学してくる生徒の大半は卒業後の進路が就職希望のため、それに向けた資格取得や各科での専門科目の勉強に力を入れています。
　学科は、土木科・建築科・電子機械科・電気科・環境化学科・情報技術科の6つの学科があり、校舎は共通科目の勉強を行う管理棟と、製図や実習などの専門科目の勉強をする実習棟に分かれています。
　次に、科で取得が可能な資格を紹介します。土木科では測量士補試験、土木施工管理技術検定試験。建築科ではレタリング技能検定、トレース技能検定。電子機械科ではボイラー技士試験、ガス溶接技能者試験。電気科では電気工事士試験。環境化学科では危険物取扱者試験。情報技術科ではDD第3種工事担任者試験、ITパスポート試験などを主に目標としています。
　また、その他にも各科共通で受けることのできる資格として、計算技術検定、情報技術検定、実用英語技能検定、日本漢字能力検定、日本語ワープロ検定などがあります。
　本校では、勉強以外に部活動にもとても力を入れており、多くの部が各種大会で優秀な成績をおさめています。
　これからの進路先で苫工を考えている皆さんへ。苫工に入学すれば将来の選択の幅が広がることは間違いありません！ぜひ苫工へ！

学校へ行こう！

【体験入学】
10/11(金)

【部活動開放】
7/6(土)、7/7(日)、7/13(土)、7/14(日)、7/15(月)、
7/29(月)、7/30(火)、7/31(水)、8/1(木)、8/2(金)、
8/5(月)、8/6(火)、8/7(水)、8/8(木)、8/9(金)、8/24(土)、
8/25(日)、9/7(土)、9/8(日)、9/14(土)、9/15(日)

ACCESS GUIDE

〒053-0035
苫小牧市字高丘6-22
TEL 0144-36-3161
FAX 0144-36-3166
http://www.tomakou.hokkaido-c.ed.jp/

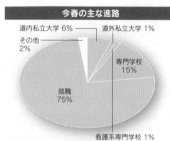

今春の主な進路

- 就職 75%
- 専門学校 15%
- 道内私立大学 6%
- その他 2%
- 道外私立大学 1%
- 看護系専門学校 1%

※人数は現役のみです。

私立道内
北海学園大　3名
北海道科学大　4名
札幌大　1名
北海道文教大　1名
札幌学院大　2名
北海道情報大　2名
北翔大　1名
私立道外
東海大　1名

指定校推薦

非公表

入試情報
2024年度の入試情報です。2025年度は変更になる場合があります。
掲載の入試データ等は道コン事務局の推定です。

以下は、2024年3月入試の情報です。2025年3月入試については北海道教育委員会の発表を確認して下さい。

( )内は推薦を表しています。

24入試DATA	定員	一般		推薦		合格者平均	
		推定平均点	倍率	出願者数	内定者数	道コンSS	内申点・ランク
電子機械科	40		1.0	35	20		
電気科	40		1.0	12	20		
情報技術科	40	160	1.6	27	20	37 (40)	183・G (200・F)
建築科	40		1.2	23	20		
土木科	40		0.9	20	20		
環境化学科	40		0.9	14	15		

一般入試

■学力検査の成績を重視
8：2

■個人調査書等を重視
6：4
内申点以外で参考にするポイント
特別活動の記録　総合所見等

■傾斜配点の教科(倍率)
なし

■学力検査以外の試験
個人面接

推薦入試

■入学枠
50%程度

■面接(個人)・自己推薦書の提出以外に実施する項目
なし

入試点 道コンSS	454	422	390	359	327	295	263	231	200	168	136	104
内申ランク・内申点	74	70	66	62	58	54	50	46	42	38	34	30
A ～296点												
B ～276点												
C ～256点												
D ～236点												
E ～216点												
F ～196点									☆			
G ～176点										★		
H ～156点												
I ～136点												
J ～116点												

道コン合格圏 {可能性60%ライン} ── 全科集計
合格者 ★一般入試(全科集計)
平　均 ☆推薦入試(全科集計)

公立×私立・高専併願パターン

私立高校(割合)		高専(割合)
駒大苫小牧　総合進学	51%	
苫小牧中央　総合	29%	
北海道栄　総合	9%	
その他	11%	

白老東高等学校

普通科[普]

生徒数150名　男子74名　女子76名

学校教育目標
1. 自他の生命を尊重し、心身ともに健康でたくましく生きる人間の育成
2. 自ら学び、創造的で知性豊かな人間の育成
3. 礼儀正しく、思いやりのある心豊かな人間の育成

〈校訓〉
- 自彊　学習や心身の鍛練に自ら励み、将来にわたってたくましく生き抜く力をもつ人間の育成。
- 聡明　他の人の話をよく聞き、物事をよく理解し、未来を見通した正しい判断のできる、すぐれた力をもつ人間の育成。
- 礼節　互いに、他を敬い相手から信頼され、長上に対しては礼を失わず生徒相互は人間として尊重し高めることのできる人間の育成。

北海道教育委員会委員長　安藤鉄夫書
校訓　自彊　聡明　礼節

在校生の声　高3生・生徒会長

白老東高等学校は、今年創立38年を迎える普通科の高校です。

白老東高校の一番の魅力はアットホームな雰囲気です。先生達はとても親身に相談にのってくれますし、授業もとてもわかりやすいです。行事も、学校祭やスポーツフェスティバルなどクラスで団結して行うものがたくさんあり、どの生徒も、クラスや学年の枠を超えて行事に向かって全力で取り組む姿が見られます。

また、行事以外にも資格取得をバックアップする制度があり、年間2,500円の補助金を活用して多くの生徒が資格取得にチャレンジしています。定期考査前には考査前学習週間が設定され、苦手科目の克服に立ち向かうこともできます。部活動に燃える生徒も多く、毎日の授業を大切に送ることで力をつけることができ、部活動との両立を果たした生徒もたくさんいます。進路に関しては、就職や進学とさまざまな進路に対応でき、先生達に相談しながら3年間の中で自分の適性を確認して決定していくことができます。

どこの高校に受験をするか迷っているみなさん、白老東高校では中学校とは違う体験や出会いが数多くあります。ぜひ白老東高校で充実した高校生活を送ってください。

学校へ行こう！
【学校説明会】10/17(木)
【白東祭】7/12(金)・13(土)

入試情報
2024年度の入試情報です。2025年度は変更になる場合があります。掲載の入試データ等は道コン事務局の推定です。

以下は、2024年3月入試の情報です。2025年3月入試については北海道教育委員会の発表を確認して下さい。

一般入試

■学力検査の成績を重視
9:1

■個人調査書等を重視
6:4
内申点以外で参考にするポイント
[特別活動の記録] [総合所見等]

■傾斜配点の教科（倍率）
なし

■学力検査以外の試験
[個人面接]

推薦入試

■入学枠
30%程度

■面接（個人）・自己推薦書の提出以外に実施する項目
なし

ACCESS GUIDE

〒059-0903
白老町日の出町5丁目17-3
TEL 0144-82-4280
FAX 0144-82-4766
http://www.shiraoihigashi.hokkaido-c.ed.jp/

今春の主な進路

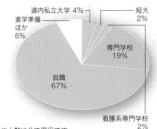

- 就職 67%
- 専門学校 19%
- 進学準備ほか 6%
- 道内私立大学 4%
- 短大 2%
- 看護系専門学校 2%

※人数は全て現役です。

私立道内
北海道文教大 …………1名
北洋大 …………………1名

短大道内
北海道武蔵女子短大 …1名

専門学校
吉田学園情報ビジネス専門 …2名
経専音楽放送芸術専門 …1名
北海道スポーツ専門 …1名
北海道芸術デザイン専門 …1名
日本工学院北海道専門 …1名
札幌ベルエポック美容専門 …1名
吉田学園公務員法科専門 …1名
札幌デザイン&テクノロジー専門 …1名
苫小牧看護専門 …1名

就職先等
北海道旅客鉄道 …………1名
登別虎杖浜ホテルプロフェッショナル学院 …2名
白老宏友会 …………………2名
王子サーモン …………2名
ふれんど …………………2名
海上自衛隊 …………………1名
カクヤス …………………1名
トヨタカローラ苫小牧 …1名
NX北旺運輸 …………1名
三星 …………………………1名
苫小牧警備センター …1名
門別町農協 …………1名
ホクト …………………1名
アンドヴォーグ ……1名
苫小牧信用金庫 …1名
ヤマダヤ …………………1名
ホースフレンドファーム …1名
ホテルニュー王子 …1名
パレモ …………………1名
マルトマ苫小牧卸売 …1名
国策機工 …………………1名
大昭和紙工産業 …1名
コープさっぽろ …1名
加森観光本社 …1名
AGCグラスプロダクツ …1名
デンソー北海道 …1名
山崎製パン …………1名
海の別邸 ふるかわ …1名

指定校推薦

非公表

一般入試 24入試DATA

24入試DATA	定員	一般		推薦		合格者平均	
		推定平均点	倍率	出願者数	内定者数	道コンSS	内申点・ランク
普通科	80	129	0.9	5	5	33	162・H

入試点道コンSS	454	422	390	359	327	295	263	231	200	168	136	104
内申ランク・内申点	74	70	66	62	58	54	50	46	42	38	34	30
A ~296点	道コン合格圏（可能性60%ライン）		普通									
B ~276点	合格者平均 ★一般入試（普通）											
C ~256点												
D ~236点												
E ~216点												
F ~196点												
G ~176点												
H ~156点										★		
I ~136点												
J ~116点												

静内高等学校

普通科[普]

生徒数504名　男子238名　女子266名

食堂　購買部(売店)　カウンセラー(不定期)　寮・寄宿舎　海外研修(交流)(〈希望者〉アメリカ)　携帯電話持込(校内電源OFF)　スキー授業　プール施設　資料請求(巻末ページの二次元コードからアクセスできます)

ACCESS GUIDE

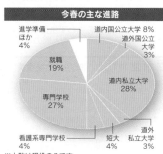

〒056-0023
新ひだか町静内ときわ町1丁目1−1
TEL 0146-42-1075
FAX 0146-42-1077
http://www.shizunai.hokkaido-c.ed.jp/

静内でかなえる！
地域に愛され
地域になくてはならない学校

単位制の特色
~多様な進路希望等に対応します~
● 普通教科を中心として、興味・関心や進路希望等に応じた多様な科目が開設されています。
● 興味・関心や進路希望等に応じて科目を選択することができるため、自分だけの時間割を作ることができます。
● 少人数授業が多くなるため、きめ細かな学習指導が展開されます。

在校生の声　高3生・生徒会長

北海道静内高等学校は普通科単位制高校で、入学後、普通クラス(1~4組)と特進クラス(5組)に分かれ、学校生活を過ごします。
単位制高校なので、2年、3年次に進むにつれて自分の進路にあった科目を選択するので、より自分の進路実現に向けて取り組むことができます。
特に、特進クラスは国公立大学合格を目指す生徒が集まるので、互いに切磋琢磨し、進路実現に向けて日々努力しております。
授業では、個性豊かな先生方に楽しく授業を教えてもらい、先生と生徒が一丸となり、より良い授業をしようと真剣に取り組んでいます。
学校行事も活発で、学校祭や球技大会など生徒が自分たちで協力し、作り上げ、地域の方々にも楽しんで頂けるような行事を目指しています。
「spirit of Shizukou」という人に感謝を伝える活動も行っております。
自分で自分を律し、思いやりを持ち、「静高プライド」をもち、全道、全国で戦える人材になれる学校です。ぜひ、一度訪れてみてください。お待ちしてます！

学校へ行こう！

【学校説明会】
9月中旬、下旬

【学校祭】
7/6(土)・7(日)

今春の主な進路

進学準備ほか 4%
道内国公立大学 8%
道外国公立大学 3%
道内私立大学 28%
道外私立大学 3%
短大 4%
看護系専門学校 4%
専門学校 27%
就職 19%

※人数は現役のみです。

国公立道内
北海道大…………1名
小樽商科大………3名
北海道教育大……2名
室蘭工業大………4名
札幌市立大………2名
千歳科学技術大…1名
国公立道外
弘前大……………2名
岩手大……………1名
宮城大……………1名
名古屋市立大……1名
私立道内
北海学園大………6名
藤女子大…………3名
北星学園大………1名
北海道医療大……7名
北海道文教大……5名
札幌大……………3名

北海道医療大……3名
東海大(札幌)……2名
日本医療大………2名
酪農学園大………2名
札幌保健医療大…2名
札幌国際大………1名
札幌大谷大………1名
北翔大……………7名
札幌学院大………3名
北海道情報大……3名
北海道千歳リハビリ大…2名
私立道外
法政大……………1名
明治大……………1名
日本大……………1名
杏林大……………1名
國學院大…………1名
神奈川科大………1名
国士舘大…………1名

入試情報

2024年度の入試情報です。2025年度は変更になる場合があります。
掲載の入試データ等は道コン事務局の推定です。

以下は、2024年3月入試の情報です。2025年3月入試については北海道教育委員会の発表を確認して下さい。

24入試DATA	定員	一般		推薦		合格者平均	
		推定平均点	倍率	出願者数	内定者数	道コンSS	内申点・ランク
普通科	200	167	0.8	0	0	38	213・F

入試点 道コンSS	454	422	390	359	327	295	263	231	200	168	136	104
内申ランク・内申点	74	70	66	62	58	54	50	46	42	38	34	30
A ~296点												
B ~276点												
C ~256点												
D ~236点												
E ~216点												
F ~196点									★			
G ~176点												
H ~156点												
I ~136点												
J ~116点												

道コン合格圏(可能性60%ライン) ── 普通
合格者平均 ★ 一般入試(普通)

一般入試

■**学力検査の成績を重視**
8:2

■**個人調査書等を重視**
8:2
内申点以外で参考にするポイント
[特別活動の記録] [総合所見等]

■**傾斜配点の教科(倍率)**
なし

■**学力検査以外の試験**
[集団面接]

推薦入試

■**入学枠**
20%程度

■**面接(個人)・自己推薦書の提出以外に実施する項目**
なし

指定校推薦(一部)

道内
北海学園大
北星学園大
北海道医療大
北海道科学大
北海道情報大
札幌学院大
札幌国際大
藤女子大

北海道文教大
北翔大
北海商科大
札幌大谷大
酪農学園大
北海道千歳リハビリ大
道外
法政大
千葉工業大

中・高一貫校 / 私立高校 / 高等専修学校・技能連携校 / 通信制・単位制 / 高等専門学校 / 公立高校(石狩) / 公立(渡島・檜山・後志) / 公立(空知・留萌) / 公立(上川・宗谷) / 公立(オホーツク) / 公立(胆振・日高) / 公立(十勝・釧路・根室)

浦河高等学校

総合学科[総]

生徒数268名　男子147名　女子121名

食堂　購買部(売店)　カウンセラー　寮・寄宿舎　海外研修(交流)　携帯電話持込　スキー授業　プール施設

総合学科の特長を生かした浦河高校の特色ある教育活動
○生徒の多様な進路目標、興味・関心に対応した多彩な選択科目を設置
○少人数指導や習熟度別指導による基礎・基本の確実な定着を図るきめ細かな学習指導
○地域の自然環境や人材等を生かした魅力ある学校設定科目の設置（日高の自然、北海道の自然、地域研究等）
○国公立大学進学を主眼とし、より高い学力の向上を目指す特設クラスの設置
○生徒の進路希望の確実な実現を目指す進路指導の充実（進学講習［週明け講習、夏期講習、冬期講習、勉強合宿］、就職セミナー［履歴書指導、面接指導］）
○系列の特色を生かした資格や検定の取得（日本漢字能力検定、実用英語技能検定、実用数学技能検定、危険物取扱者、各種商業系検定等）
○1年次生の職場見学や上級学校見学、2年次生全員によるインターンシップ、3年次生の課題研究等、「産業社会と人間」と「総合的な探求の時間」を中核とする3年間を見通したキャリア教育の充実

ACCESS GUIDE

〒057-0006
浦河町東町かしわ1丁目5－1
TEL 0146-22-3041
FAX 0146-22-2814
http://www.urakawa.hokkaido-c.ed.jp/

日高管内でただ一つの総合学科高校〜ONE MORE STEP〜

〔4つの系列〕

人文科学系列
主に国語・英語・社会などの科目を通して、我が国及び世界の歴史や文化について主体的に学ぶ力を身に付けます

文学部、人文学部
教養学部、教育学部

自然科学系列
主に数学・理科などの科目を通して、数学における原理・法則及び自然の事物・現象について主体的に学ぶ力を身に付けます

理学部、工学部
医療系学部、看護学部

情報・ビジネス系列
主に情報・商業などの科目を通して、情報及び商業に関する基礎的・基本的な知識と実践的技術を身に付けます

情報系学部、商学部
情報系就職、事務系就職

地域創生系列
主に地域の文化や産業、自然環境などについて理解を深めるとともに健康や生活について学ぶことで、自らの健全な心身の育成に努め地域を支える人材となるための知識や技術を身に付けます

福祉・家政系学部、体育・文化系学部
公務員

学校教育目標
・物事をよく見て理解し、自ら考え正しく判断するとともに、主体的・協働的に探究し行動することができる生徒。
・自他の人権や生命を敬い尊重する精神を持ち、多様性を認め合いよりよい人間関係を形成することができる生徒。
・望ましい自己実現のため不断に資質・能力の向上に努め、豊かな地域づくりに参画しようとする意欲を持つ生徒。

重点目標
(1) 「地域の特色を生かし、生徒一人一人の可能性を伸ばせる高校」
(2) 「将来の夢、希望の進路を実現できる高校」
(3) 「豊かな心を持ち、規律ある生活が送れる高校」
(4) 本校の生徒像を見据えた確固たる教育理念に基づく、より良い「総合学科」の創造

キャリア教育の重点
自助・共助(Self-help Mutual-help)

校訓 自主・敬愛・努力

在校生の声　高3生・生徒会長

浦河高校は、人文科学、自然科学、情報・ビジネス、地域創生と4つの系列がある総合学科です。自分のキャリア(進路)について考えることのできる授業が数多くあり、自分の将来の目標に合わせて授業を選択することができます。また、授業外でも充実した講習を受けることができ、大学受験に必要な科目や各種の資格取得などにも柔軟に対応しています。
また、多種多様な課外活動に挑戦する環境があり、私たちが「やってみたい!」と思ったことには、先生方が全力でサポートしてくれます。授業や課題研究、ボランティア活動や課外活動を通じて沢山の体験をすることで、進路実現に必要な自分の強みを増やす機会が多くあります。
浦河高校で「なりたい自分」を目指して、一緒に頑張りましょう!

学校へ行こう!
【オープンスクール】
9/13(金)
【学校祭】
7/13(土)・14(日)
日程変更の場合があります。詳しくはお問い合わせください。

今春の主な進路

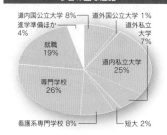

道内国公立大学 8%
道外国公立大学 1%
進学準備ほか 4%
道内私立大学 7%
就職 19%
道内私立大学 25%
専門学校 26%
看護系専門学校 8%
短大 2%

※人数は全て現役です。

国公立道内
北海道大	1名
北海道教育大	2名
小樽商科大	1名
帯広畜産大	1名
札幌市立大	1名
旭川市立大	1名

北海道科学大 2名
北海道文教大 2名
札幌大 2名
札幌国際大 2名
北海道医療大 1名
札幌学院大 3名
北翔大 1名
北海道情報大 1名

国公立道外
島根大 1名

私立道内
北海道学園大 4名
天使大 2名
藤女子大 1名
北星学園大 1名

私立道外
慶應義塾大 1名
中央大 1名
日本大 1名
東洋大 1名
杏林大 1名

入試情報
2024年度の入試情報です。2025年度は変更になる場合があります。
掲載の入試データ等は道コン事務局の推定です。

以下は、2024年3月入試の情報です。2025年3月入試については北海道教育委員会の発表を確認して下さい。

24入試 DATA	定員	一般		推薦		合格者平均	
		推定平均点	倍率	出願者数	内定者数	道コンSS	内申点・ランク
総合学科	120		0.7	0	0		

一般入試

■学力検査の成績を重視
10：0

■個人調査書等を重視
10：0
内申点以外で参考にするポイント
[特別活動の記録] [総合所見等]

■傾斜配点の教科(倍率)
なし

■学力検査以外の試験
[個人面接]

推薦入試

■入学枠
50%程度

■面接(個人)・自己推薦書の提出以外に実施する項目
なし

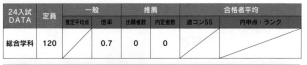

入試点 道コンSS	454	422	390	359	327	295	263	231	200	168	136	104
内申ランク・内申点	74	70	66	62	58	54	50	46	42	38	34	30
A ～296点												
B ～276点												
C ～256点												
D ～236点												
E ～216点												
F ～196点												
G ～176点												
H ～156点												
I ～136点												
J ～116点												

道コン合格圏(可能性60%ライン) ——総合

指定校推薦（一部）

道内
札幌学院大
札幌国際大
札幌大
東海大
東京農業大
日本医療大
日赤北海道看護大
北翔大
北星学園大
北洋大
藤女子大

北海学園大
北海商科大
北海道医療大
北海道科学大
北海道情報大
北海道千歳リハビリ大
北海道文教大
育英館大
北翔大短大
その他多数

入試当日の心得

出発前

● 準備は前日のうちにして当日焦ることが一つもないようにする
● 前日はしっかり寝て体調を整える
● 受験票、筆記用具など持ち物の確認(定規・コンパスも忘れずに)
● シャープペンシル以外に鉛筆も用意しておく
● 時計のない会場もあるので腕時計を忘れない！2個持っていってもよい
● 30分前に会場に着いたが、多くの人がもう来ていたので時間に余裕を持って動く
● 朝食は消化に良い食事を早めにとる
● カイロやひざかけを持参する
● 今までやってきたテキストやノートの量を見て「これだけやってきた！」と自信を持って出発する
● お守りや手紙など安心できるものを持参する
● 当日のTV入試解説は録画しておくと良い
● 当日吹雪で交通機関が乱れるかもしれないので、早めに到着できる手段を準備する

受験会場に着いたら

● 深呼吸する
● 周りの人は未来の同級生だと思う
● 絶対受かってやるという気持ちを持つ
● 手を温めるなど体温調節に気を付ける
● 移動中も見られているかもしれないということを意識する
● トイレの確認

緊張してきたら

● 解けない問題はみんなも解けないと思う
● 周りも自分と同じくらい緊張していると思う
● 友達や家族からの応援の言葉を思い出す
● 緊張するのはあたりまえ、落ち着いて着実に！
● 模試で一番可能性の高かった時の成績を思い出し「自分には余裕がある」と思う
● 今までの努力を信じ、自信を持って取り組む

試験が始まったら

● 今までの努力を信じ最大限の力を尽くす
● 前の教科の出来を引きずらないようにする
● マークシートは段ずれに注意する
● 焦った時は深呼吸、落ち着いてしっかり問題を読めばできる
● 出来ない問題に執着しすぎない
● 時間配分に気を付ける
● ケアレスミスがないように見直しする
● 名前の書き忘れに気を付ける
● 記述問題が多くて難しく感じるかもしれないが、あきらめずに書いてみるをもらえるかもしれないので、その1、2点が合否を左右する

休み時間には

● 休み時間に答え合わせをしない
● トイレは混むので早めに行く
● 道コンや模試を休憩時間に見て有効活用した
● 一喜一憂せず、試験後楽しみにしていることを考える

公立高校（十勝・釧路・根室）紹介

20校

CONTENTS

帯広柏葉高等学校

普通科[普]

生徒数711名　男子382名　女子329名

食堂｜購買部(売店)｜カウンセラー｜寮・寄宿舎｜海外研修(交流)｜携帯電話持込｜スキー授業｜プール施設
弁当のみ　　　　　　　　　　　　　　　　　　　　　　　　休み時間放課後

大平原とオベリ魂（柏葉精神）を心の糧に長い歴史と伝統を誇り、文武両道に努め、進取の気風あふれる自由闊達な校風のもとに、生徒は大きな夢と高い理想を持ち自己実現に向けて意欲的に学校生活を送っている。

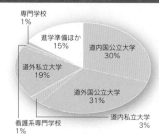

ACCESS GUIDE

〒080-8503
帯広市東5条南1丁目1番地
TEL 0155-23-5897
FAX 0155-23-8796
http://www.obihirohakuyou.hokkaido-c.ed.jp/

今春の主な進路

- 専門学校 1%
- 進学準備ほか 15%
- 道内国公立大学 30%
- 道外私立大学 19%
- 道外国公立大学 31%
- 看護系専門学校 1%
- 道内私立大学 3%

※人数は現浪合計です。

国公立道内
北海道大	22名
旭川医科大	8名
札幌医科大	3名
北海道教育大	12名
小樽商科大	9名
帯広畜産大	8名
釧路公立大	7名
室蘭工業大	6名
千歳科学技術大	5名
北見工業大	3名
札幌市立大	2名
はこだて未来大	1名
名寄市立大	1名

東京外国語大	1名
横浜国立大	1名
弘前大	8名
高崎経済大	7名
東京学芸大	5名
東京都立大	4名
埼玉大	4名
信州大	4名
静岡大	4名
茨城大	3名
神戸市外国語大	2名
千葉大	2名
新潟大	2名
富山大	1名

国公立道外
京都大	6名
東北大	5名
大阪大	3名
名古屋大	2名
九州大	1名
筑波大	4名
横浜市立大	2名

私立道外
早稲田大	5名
慶應義塾大	4名
上智大	1名
中央大	12名
法政大	8名
明治大	7名
立教大	2名

指定校推薦

非公表

学校へ行こう!

【柏葉祭】
7/5(金)〜7/7(日) 予定

【中学生学校説明会】
9/13(金) 予定

入試情報

2024年度の入試情報です。2025年度は変更になる場合があります。
掲載の入試データ等は道コン事務局の推定です。

以下は、2024年3月入試の情報です。2025年3月入試については北海道教育委員会の発表を確認して下さい。

一般入試

■学力検査の成績を重視
10：0

■個人調査書等を重視
6：4

■傾斜配点の教科（倍率）
なし

■学力検査以外の試験
なし

推薦入試

■入学枠
なし

24入試DATA	定員	一般		推薦		合格者平均	
		推定平均点	倍率	出願者数	内定者数	道コンSS	内申点・ランク
普通科	240	358	1.1			62	300・A

入試点 道コンSS	454	422	390	359	327	295	263	231	200	168	136	104
内申ランク・内申点	74	70	66	62	58	54	50	46	42	38	34	30
A ～296点				★								
B ～276点												
C ～256点												
D ～236点												
E ～216点												
F ～196点												
G ～176点												
H ～156点												
I ～136点												
J ～116点												

道コン合格圏（可能性60%ライン）── 普通
合格者平均 ★ 一般入試（普通）

公立×私立・高専併願パターン

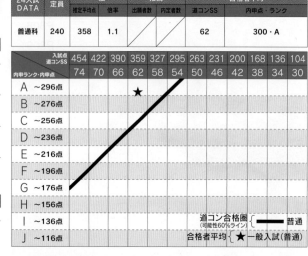

私立高校（割合）		高専（割合）
帯広大谷　文理	69%	
立命館慶祥　普通	14%	
立命館慶祥　SP	6%	
その他	11%	

帯広三条高等学校

普通科[普]

生徒数709名　男子309名　女子400名

食堂　購買部(売店)　カウンセラー　寮・寄宿舎　海外研修(交流)　携帯電話持込　スキー授業　プール施設
月2回　　　　　　　　　　　　　　　始業前休み時間放課後

ACCESS GUIDE

〒080-2473
帯広市西23条南2丁目12
TEL 0155-37-5501
FAX 0155-37-5503
http://www.obihirosanjyo.hokkaido-c.ed.jp/

◎ JR帯広駅より十勝バス乗車
「三条高校前」下車(所要時間約25分)
他にスクールバス有り
◎ JR
「西帯広駅」下車　徒歩約10分

校訓
真理を探究せよ
完たれ至誠勤勉
勉せよ心身を鍛錬

大正4年4月15日設立、本年で109年目を迎える十勝管内で一番古い伝統を持つ普通科高校。平成19年4月から進学重視型の単位制を導入。単位制キャッチフレーズ、「新しき自分を!　新しき栄光を!!　新しき伝統を!!!」のもと、生徒一人一人の無限に広がる夢と可能性を大切に育てています。

特色ある教育活動
・授業時数と開設科目の充実を図る45分×7コマ授業による学習指導。
・主体的な学びによる学力の向上と進路実現
・生徒の自主・自律を柱とする人間性を育む教育の充実
・地域と協働した探究活動の推進

学校へ行こう!

【学校説明会】
9/13(金)

今春の主な進路

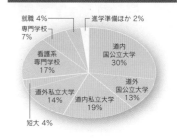

- 道内国公立大学 30%
- 道外国公立大学 13%
- 道内私立大学 19%
- 道外私立大学 14%
- 短大 4%
- 看護系専門学校 17%
- 専門学校 7%
- 就職 4%
- 進学準備ほか 2%

※人数は現浪合計です。

国公立道内
北海道大………3名
旭川医科大………1名
札幌医科大………1名
北海道教育大……19名
小樽商科大………10名
帯広畜産大………2名
室蘭工業大………7名
はこだて未来大……6名
釧路公立大………5名
名寄市立大………5名
北見工業大………4名
千歳科学技術大……4名
札幌市立大………4名
旭川市立大………1名

国公立道外
弘前大…………13名
信州大…………2名
高知大…………2名
都留文科大………2名
茨城大…………1名
静岡大…………1名
広島大…………1名
富山県立大………1名
岐阜薬科大………1名
神戸市外国語大……1名
兵庫県立大………1名

私立道内
北海学園大………31名
北星学園大………15名
北海道科学大……18名
北海道医療大……10名

私立道外
早稲田大…………1名
立命館大…………5名
駒澤大…………3名
中央大…………2名
日本大…………2名
青山学院大………1名
成蹊大…………2名
学習院女子大……1名
京都薬科大………1名

大学校
防衛大学校………1名
他多数

指定校推薦

非公表

入試情報

2024年度の入試情報です。2025年度は変更になる場合があります。
掲載の入試データ等は道コン事務局の推定です。

以下は、2024年3月入試の情報です。2025年3月入試については北海道教育委員会の発表を確認して下さい。

( )内は推薦を表しています。

24入試DATA	定員	一般		推薦		合格者平均	
		推定平均点	倍率	出願者数	内定者数	道コンSS	内申点・ランク
普通科	240	303	1.2	70	48	55 (54)	285・B (293・B)

一般入試

■学力検査の成績を重視
9:1

■個人調査書等を重視
6:4

■傾斜配点の教科(倍率)
なし

■学力検査以外の試験
なし

推薦入試

■入学枠
20%程度

■面接(個人)・自己推薦書の提出以外に実施する項目
なし

入試点 道コンSS	454	422	390	359	327	295	263	231	200	168	136	104
内申ランク・内申点	74	70	66	62	58	54	50	46	42	38	34	30
A ～296点												
B ～276点						★	☆					
C ～256点												
D ～236点												
E ～216点												
F ～196点												
G ～176点												
H ～156点												
I ～136点												
J ～116点												

道コン合格圏(可能性60%ライン)——普通
合格者平均 ★一般入試(普通)　☆推薦入試(普通)

公立×私立・高専併願パターン

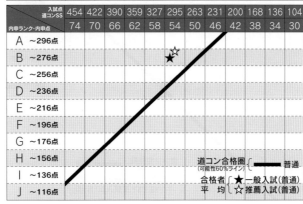

私立高校(割合)			高専(割合)		
帯広大谷　文理	86%		釧路高専　創造	75%	
帯広大谷　普通	6%		苫小牧高専　創造	25%	
立命館慶祥　普通	2%				
その他	6%				

帯広緑陽高等学校

普通科[普]

生徒数464名　男子214名　女子250名

食堂　購買部(売店)　カウンセラー　寮・寄宿舎　海外研修(交流)　携帯電話持込　スキー授業　プール施設
始業前放課後

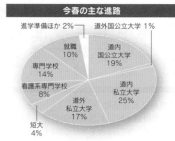

ACCESS GUIDE

〒080-0861
帯広市南の森東3丁目1-1
TEL 0155-48-6605
FAX 0155-48-6603
http://www.obihiroryokuyou.hokkaido-c.ed.jp/

◎ バス
帯広駅バスターミナルより　バス30分

「正義・友愛・前進」を校訓に掲げる、活力に溢れた学校です。生徒の進路を実現するための様々な方策を確立する中でも、知力偏重に陥ることなく、どんな時代でも普遍のモラルやマナーを兼ね備えた「人間教育」に力を入れています。生徒は授業を柱とした基礎学力向上に取り組みつつ、活気に満ちた加入率の高い部活動を通じて、「バランス」の取れた学校生活を送っています。

今春の主な進路

進学準備ほか 2%　道外国公立大学 1%
就職 10%
専門学校 14%
看護系専門学校 8%
短大 4%
道外私立大学 17%
道内私立大学 25%
道内国公立大学 19%

※人数は全て現役です。

国公立道内
北海道大…………1名
北海道教育大……8名
小樽商科大………2名
釧路公立大………10名
北見工業大………3名
室蘭工業大………2名
旭川市立大………1名
札幌市立大………1名
名寄市立大………1名
国公立道外
尾道市立大………1名
岡山大……………1名
私立道内
北海学園大………25名
北星学園大………8名
藤女子大…………4名
天使大……………2名
酪農学園大………6名
北海道医療大……3名
札幌国際大………2名
日本医療大………2名
北海道文教大……2名

北海道科学大……2名
北翔大……………5名
札幌学院大………3名
北海道情報大……3名
私立道外
関西大……………2名
同志社大…………1名
法政大……………1名
東北学院大………4名
千葉工業大………3名
千葉商科大………2名
大阪芸術大………1名
順天堂大…………1名
北里大……………1名
専門学校
帯広高等看護……5名
北海道社会事業協会帯広看護…5名
日本航空大学校…2名
北海道医薬専門…2名
就職先等
市町村職員………8名
自衛隊……………3名
北海道警察………1名
他多数

指定校推薦(一部)

道外
関西大
同志社大
武蔵大
立教大
法政大
道内
北海学園大

北海道医療大
北海道科学大
北星学園大
北翔大
藤女子大
札幌学院大

他多数

入試情報

2024年度の入試情報です。2025年度は変更になる場合があります。
掲載の入試データ等は道コン事務局の推定です。

以下は、2024年3月入試の情報です。2025年3月入試については北海道教育委員会の発表を確認して下さい。

( )内は推薦を表しています。

24入試DATA	定員	一般		推薦		合格者平均	
		推定平均点	倍率	出願者数	内定者数	道コンSS	内申点・ランク
普通科	160	266	1.2	53	32	50 (46)	261・C (255・D)

一般入試

■**学力検査の成績を重視**
8:2

■**個人調査書等を重視**
6:4

■**傾斜配点の教科(倍率)**
なし

■**学力検査以外の試験**
なし

推薦入試

■**入学枠**
20%程度

■**面接(個人)・自己推薦書の提出以外に実施する項目**
なし

入試点 道コンSS	454	422	390	359	327	295	263	231	200	168	136	104
内申ランク・内申点	74	70	66	62	58	54	50	46	42	38	34	30
A ~296点												
B ~276点												
C ~256点							★	☆				
D ~236点												
E ~216点												
F ~196点												
G ~176点												
H ~156点												
I ~136点												
J ~116点												

道コン合格圏 (可能性60%ライン) ── 普通
合格者 ★一般入試(普通)
平均 ☆推薦入試(普通)

公立×私立・高専併願パターン

私立高校(割合)		高専(割合)	
帯広大谷　普通	49%		
帯広大谷　文理	34%		
帯広北　特進	9%		
その他	8%		

帯広南商業高等学校

商業科[商]

生徒数591名　男子132名　女子459名

食堂　購買部(売店)　カウンセラー　寮・寄宿舎　海外研修(交流)　携帯電話持込　スキー授業　プール施設

教育相談室あり スクールカウンセラー(週1回)　〈希望者〉アメリカ マディソン市　制限付可

十勝管内唯一の商業科設置校として、地域社会の即戦力となる生徒の輩出に力を入れています。自主・自律をモットーに「さわやか南商」のイメージを意識して生活しています。資格取得では、全商検定で三種以上1級取得者数が北海道内でナンバーワンになるなどの成果を出しています。部活動は全員加入制をとり、全道大会・全国大会・世界で活躍しています。昨年度はバレーボール部、スケート部、美術部、書道部が全国大会に出場しました。スケート高木選手や陸上福島選手をはじめオリンピック選手を輩出しています。

在校生の声　高3生・生徒会長

　北海道帯広南商業高等学校は、十勝唯一の商業科設置校として、地域社会の即戦力となる将来の担い手の輩出に力を入れています。また、全国商業高等学校協会主催の各種検定で高い合格率を誇っており、1級3種目以上の取得者数について、道内の高等学校で常にトップを維持しています。高校生のうちから本格的なビジネスの知識や経験・マナーを学べたり、明るくいきいきとした爽やかな校風で、地域の皆様からは生徒の能力・活躍に高い評価と厚い信頼をいただいています。

　卒業後の進路については「進学」「就職」どちらにも対応しており、また南商専用の求人票や指定校推薦を頂けるほど南商ブランドとも呼ばれる長年の伝統と実績による信頼が厚いため、進路はとても幅広く生徒の将来の夢の実現がしやすい環境が整っています。

　部活動に関しても、「文武両道」を掲げ、運動系と文化系合わせて32の部局それぞれが熱心に活動をしており、全道・全国大会をはじめ世界大会へも出場しています。

　商業科目は難しそうと思われているかもしれませんが、先生方の丁寧で分かりやすい授業や仲間と協力をし合いながら合格を目指すことで商業科目の楽しさや奥深さを感じることで気づくとマスターしていることがあります。学年ごとに授業内容が違い、自分の興味のある科目の力を伸ばすこともできます！

　様々な経験ができ、たくさんの成長ができる南商でしか味わえない有意義な高校生活を送りませんか？　南商で皆さんの入学を心よりお待ちしています！

学校へ行こう！

【体験入学】
10/11(金)

入試情報

2024年度の入試情報です。2025年度は変更になる場合があります。
掲載の入試データ等は道コン事務局の推定です。

以下は、2024年3月入試の情報です。2025年3月入試については北海道教育委員会の発表を確認して下さい。

( )内は推薦を表しています。

24入試DATA	定員	一般		推薦		合格者平均	
		推定平均点	倍率	出願者数	内定者数	道コンSS	内申点・ランク
商業科	200	233	1.4	138	100	46 (47)	240・D (263・C)

一般入試

■学力検査の成績を重視
8：2

■個人調査書等を重視
6：4
内申点以外で参考にするポイント
[特別活動の記録] [総合所見等]

■傾斜配点の教科(倍率)
なし

■学力検査以外の試験
なし

推薦入試

■入学枠
50%程度

■面接(個人)・自己推薦書の提出以外に実施する項目
なし

入試点 道コンSS	454	422	390	359	327	295	263	231	200	168	136	104
内申ランク・内申点	74	70	66	62	58	54	50	46	42	38	34	30
A ~296点												
B ~276点												
C ~256点								☆				
D ~236点								★				
E ~216点												
F ~196点												
G ~176点												
H ~156点												
I ~136点												
J ~116点												

道コン合格圏{(可能性60%ライン)} ━━ 商業
合格者{★一般入試(商業)}
平均{☆推薦入試(商業)}

公立×私立・高専併願パターン

私立高校(割合)		高専(割合)
帯広大谷　普通	49%	
帯広北　総合	29%	
白樺学園　総合	10%	
その他	12%	

ACCESS GUIDE

〒080-2471
帯広市西21条南5丁目36−1
TEL 0155-34-5852
FAX 0155-34-5875
http://www.nansho.octv.ne.jp/

◎ JR「帯広駅」よりバス約20分
◎ バス「南商高校前」下車徒歩1分

今春の主な進路

進学準備ほか 1%
道内国公立大学 3%
道外私立大学 6%
私立大学 10%
短大 6%
専門学校 26%
看護系専門学校 8%
就職 40%

※人数は現役のみです。

国公立道内
小樽商科大………3名
旭川市立大………2名
私立道内
北海学園大………3名
北海商科大………1名
札幌大…………2名
北海道文教大……2名
札幌国際大………1名
酪農学園大………1名
札幌学院大………2名
星槎道都大………2名
北海道千歳リハビリ大…2名
北翔大…………2名

北海道武蔵女子大…1名
私立道外
日本大…………4名
中央大…………1名
明治大…………1名
千葉商科大………4名
埼玉学園大………1名
短大道内
光塩学園女子短大…1名
北海道武蔵女子短大…1名
北翔大短大………1名
帯広大谷短大……7名
昭和音楽大短大…1名

指定校推薦(一部)

道内
北海学園大
札幌大
札幌学院大
札幌国際大
北翔大
北星学園大
北海商科大
北海道医療大
日本医療大
札幌保健医療大
北海道情報大
北海道文教大

北海道武蔵女子大
帯広大谷短大
北海道武蔵女子短大
帯広高等看護
北海道社会事業協会帯広高等看護専門
帯広市医師会看護専門
釧路労災看護専門
道外
明治大
日本大
東洋大
千葉商科大

帯広工業高等学校

電子機械科[工] 電気科[工] 建築科[工] 環境土木科[工]

生徒数420名 男子366名 女子54名

食堂 購買部(売店) カウンセラー 月1回来校 寮・寄宿舎 海外研修(交流) 携帯電話持込 預かり放課後に指定場所のみ スキー授業 ヌカビラスキー場 プール施設

ACCESS GUIDE

〒080-0872
帯広市清流西2丁目8番地1
TEL 0155-48-5650
FAX 0155-48-2680
http://www.obikou.hokkaido-c.ed.jp/

校訓　創造実践　協同責任

学校教育目標

1 自主自立の精神と豊かな人間性の育成をめざす。
2 勤労を愛し責任を重んじる健康な社会人の育成をめざす。
3 高い知性と実践力にみちた工業人の育成をめざす。

本校は、将来工業関係へ就職をめざす方々が、高等学校の普通教科と工業関係の専門教科を学習するところとして開校、平成9年に新校舎に移転し、令和5年度には創立60周年を迎えました。今日までに、約10,000名の卒業生が巣立ち道内や本州のいろいろの職場で工業技術者として活躍しています。

本校には、電子機械・建築・環境土木・電気の4科があり、それぞれの分野において必要な技術者としての基礎知識を学び、ここで得た技術をもとに社会へ出て行きますが、また一方では、大学や専門学校など上級学校に進学する人もおります。

放課後の部活動も盛んで、文化系・体育系ともに対外活動では優秀な成績を収め、心身ともにはつらつとした気風が校内にみなぎっています。

学校へ行こう！

【体験入学】年2回	【体験入部】	【学校祭】
10/15(火)、11/8(金)	8/1(木)〜8/7(水)	7/12(金)〜7/13(土)

今春の主な進路

道内国公立大学 3%
道内私立大学 5%
道外私立大学 3%
専門学校 10%
短大 1%
就職 78%

※人数は現浪合計です。

国公立道内
北見工業大………2名
国公立道外
京都市立芸術大…1名
私立道内
北海学園大………1名
北海道科学大……4名
星槎道都大………1名
北海道情報大……1名
札幌学院大………1名
私立道外
金沢工業大………1名
山梨学院大………1名
千葉工業大………1名
大学校
道職業能力開発大学校…2名
短大道内
帯広大谷短大……1名
専門学校
帯広高等技術専門…5名
日本航空大学校…3名
日本工学院北海道専門…2名
就職先等
北海道電力………1名
よつ葉乳業………1名

住友電気工業………3名
パナソニックスイッチングテクノロジーズ…3名
ネクスコ・エンジニアリング北海道…3名
伊藤組土建………2名
岩田地崎建設………2名
北海道電気保安協会…2名
東洋農機………2名
岩倉建設………2名
萩原建設工業………2名
宮坂建設工業………2名
デンソー………1名
トヨタ自動車………1名
アイシン………1名
日本製鉄東日本製鉄所…1名
熊谷組………1名
鹿島建設………1名
関電工………1名
キャノン………1名
東京地下鉄………1名
きんでん………1名
いすゞ自動車………1名
鉄建建設・運輸施設整備支援機構…1名
よつ葉乳業………1名
丸彦渡辺建設………1名

指定校推薦（一部）

道内
北海学園大
北海道科学大
北海道情報大
日本工学院北海道専門
日本航空大学校北海道

青山建築デザイン・医療事務専門
道外
千葉工業大
金沢工業大
愛知工業大

入試情報

2024年度の入試情報です。2025年度は変更になる場合があります。掲載の入試データ等は道コン事務局の推定です。

以下は、2024年3月入試の情報です。2025年3月入試については北海道教育委員会の発表を確認して下さい。

一般入試

■学力検査の成績を重視…10:0

■個人調査書等を重視…6:4

■傾斜配点の教科（倍率）…なし

■学力検査以外の試験…個人面接

推薦入試

■入学枠…50%程度

■面接（個人）・自己推薦書の提出以外に実施する項目…なし

（ ）内は推薦を表しています。

24入試DATA	定員	一般 推定平均点	一般 倍率	推薦 出願者数	推薦 内定者数	合格者平均 道コンSS	合格者平均 内申点・ランク
電子機械科	40	190	1.4	23	20	41 (41)	214・F (228・E)
電気科	40		0.5	16	18		
建築科	40		1.1	31	20		
環境土木科	40		0.4	15	18		

入試点 道コンSS	454	422	390	359	327	295	263	231	200	168	136	104
内申ランク・内申点	74	70	66	62	58	54	50	46	42	38	34	30
A ～296点	道コン合格圏（可能性60%ライン）			全科集計								
B ～276点	合格者	★一般入試(全科集計)										
C ～256点	平　均	☆推薦入試(全科集計)										
D ～236点												
E ～216点										☆		
F ～196点										★		
G ～176点												
H ～156点												
I ～136点												
J ～116点												

公立×私立・高専併願パターン

私立高校（割合）		高専（割合）
帯広北　総合	55%	
帯広大谷　普通	16%	
白樺学園　総合	16%	
その他	13%	

芽室高等学校

普通科[普]

生徒数456名　男子193名　女子263名

食堂　購買部(売店)　寮・寄宿舎　海外研修(交流)　携帯電話持込(預かり始業前放課後)　スキー授業　プール施設

ACCESS GUIDE

〒082-0801
芽室町東めむろ1条北1丁目6
TEL 0155-62-2624
FAX 0155-62-2624
http://www.memuro.hokkaido-c.ed.jp/

令和5年度　学校教育指導の重点

【教育目標】
　個性の伸張を図り、創造性の育成に努めるとともに、社会の変化に対応できる能力の育成を目指す。
　　○　知性を磨き、主体的に学び続ける力を育てる。
　　○　情操を豊かにし、思いやりの心を育てる。
　　○　身体を鍛え、たくましい実践力を育てる。
【育成を目指す資質・能力】
(1) 課題解決能力
　　自ら学ぶ意欲を持ち、他と協力して課題をよりよく解決する力
(2) 未来創造力
　　高い志を持ち、将来を切り開いていくことができる力
(3) 社会貢献力
　　自他を肯定することができ、協調性を持って社会に貢献することができる力
(4) 芽高力
　　困難な状況でも、仲間と切磋琢磨し逞しく生き抜く力

学校へ行こう！

【学校説明会】
8/30（金）予定

入試情報

2024年度の入試情報です。2025年度は変更になる場合があります。
掲載の入試データ等は道コン事務局の推定です。

以下は、2024年3月入試の情報です。2025年3月入試については北海道教育委員会の発表を確認して下さい。

一般入試

■学力検査の成績を重視
　8：2

■個人調査書等を重視
　6：4

■傾斜配点の教科（倍率）
　なし

■学力検査以外の試験
　なし

推薦入試

■入学枠
　30%程度

■面接（個人）・自己推薦書の提出以外に実施する項目
　なし

（ ）内は推薦を表しています。

24入試DATA	定員	一般		推薦		合格者平均	
		推定平均点	倍率	出願者数	内定者数	道コンSS	内申点・ランク
普通科	160	194	1.3	75	48	41 (44)	219・E (243・D)

入試点道コンSS	454	422	390	359	327	295	263	231	200	168	136	104
内申ランク・内申点	74	70	66	62	58	54	50	46	42	38	34	30
A ～296点												
B ～276点												
C ～256点												
D ～236点									☆			
E ～216点										★		
F ～196点												
G ～176点												
H ～156点												
I ～136点												
J ～116点												

道コン合格圏（可能性60%ライン）━━普通
合格者平均｛★一般入試(普通)　☆推薦入試(普通)

公立×私立・高専併願パターン

私立高校（割合）			高専（割合）
白樺学園　総合		36%	
帯広大谷　普通		28%	
帯広北　総合		23%	
その他		13%	

今春の主な進路

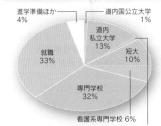

進学準備ほか 4%
道内国公立大学 1%
道内私立大学 13%
短大 10%
専門学校 32%
看護系専門学校 6%
道外私立大学 1%
就職 33%

※人数は全て現役です。

国公立道内
北海道教育大 ……… 1名
釧路公立大 ……… 2名
私立道内
北海学園大 ……… 2名
北星学園大 ……… 1名
札幌大 ……… 3名
日本医療大 ……… 1名
北翔大 ……… 4名
北海道千歳リハビリ大 … 3名
札幌学院大 ……… 2名
北海道情報大 ……… 1名
私立道外
創価大 ……… 1名

神戸学院大 ……… 1名
短大道内
帯広大谷短大 ……12名
専門学校
帯広高等看護 ……… 5名
就職先等
北海道職員 ……… 4名
北海道警察 ……… 2名
警視庁 ……… 2名
柳月 ……… 3名
六花亭製菓 ……… 2名
とかち広域消防事務組合 … 1名
芽室町農協 ……… 1名
十勝清水農協 ……… 1名

指定校推薦（一部）

道内
北海学園大
北海道科学大
札幌大
北海道医療大
北海商科大
星槎道都大
札幌国際大
北海道文教大
札幌大谷大
北洋大
酪農学園大
北海道情報大

札幌学院大
北翔大
東京農業大
帯広大谷短大
北海道武蔵女子短大
光塩学園女子短大
國學院大道短大
拓殖大道短大
釧路短大
など道内・道外、大学・短期大学・専門学校多数

音更高等学校

普通科[普]

生徒数290名　男子145名　女子145名

食堂 | 購買部(売店) | カウンセラー | 寮・寄宿舎 | 海外研修(交流) | 携帯電話持込 | スキー授業 | プール施設 | 資料請求
（不定期）／（海外研修×）／（登下校）／（スキー授業×）／（プール施設×）／巻末ページの二元コードからアクセスできます

中・高一貫校

私立高校

高等専修学校・技能連携校

通信制・単位制

高等専門学校

公立高校(石狩)

公立(渡島・檜山・後志)

公立(空知・留萌)

公立(上川・宗谷)

公立(オホーツク)

公立(胆振・日高)

公立(十勝・釧路・根室)

ACCESS GUIDE

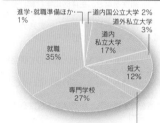

〒080-0574
音更町駒場西1
TEL 0155-44-2201
FAX 0155-44-2010
http://www.otohuke.hokkaido-c.ed.jp/

◎ JR帯広駅よりバス約36分
　（停留所は敷地内にあります）

『人と緑を活かして、未来を担う君を伸ばす』
○校訓：**自律力行**（己に厳しく節度を重んじる。たゆまぬ実践、実行力をめざす）
○平成27年度：**普通科単位制導入**
「着実に学力を伸ばす普通教育。本物を学ぶ専門教育」
・国語・数学・英語を中心に、1年次生から少人数授業や習熟度別授業による基礎・基本の確実な定着
・地域の豊かな自然環境を活かし、環境に関する選択科目等を普通科で初めて開設
・1年次生の必修科目「地域環境」では、十勝の自然、歴史や文化と生活の関係から、豊かな生活環境の在り方について学習
・地域の花壇づくりなど、「花」や「緑」の活動を全学年で継続的に実施
・道内には珍しい全国大会常連の管弦楽局。野球やテニス、書道ほか部活動が活発
・道立高校普通科初の「道外からの推薦入学者選抜」を実施

学校へ行こう!
【学校祭】
7/6(土)・7/7(日)
【オープンキャンパス】
9/19(木)

今春の主な進路

就職 35%
専門学校 27%
道内私立大学 17%
短大 12%
道内国公立大学 2%
道外私立大学 3%
進学・就職準備ほか 1%
看護系専門学校 3%

※人数は現役のみです。

国公立道内
千歳科学技術大‥‥1名
国公立道外
京都市立芸術大‥‥1名
私立道内
北海学園大‥‥‥‥3名
藤女子大‥‥‥‥‥1名
札幌大‥‥‥‥‥‥2名
東海大（札幌）‥‥‥1名
北海道千歳リハビリ大‥‥1名
私立道外
徳島文理大‥‥‥‥1名
短大道内
北海道武蔵女子短大‥‥1名
帯広大谷短大‥‥‥4名
専門学校
帯広市医師会専門‥‥1名
帯広高等看護‥‥‥1名

指定校推薦（一部）

非公表

入試情報

2024年度の入試情報です。2025年度は変更になる場合があります。
掲載の入試データ等は道コン事務局の推定です。

以下は、2024年3月入試の情報です。2025年3月入試については北海道教育委員会の発表を確認して下さい。

24入試DATA	定員	一般 推定平均点	一般 倍率	推薦 出願者数	推薦 内定者数	合格者平均 道コンSS	合格者平均 内申点・ランク
普通科	120	162	1.0	16	16	37	194・G

入試点 道コンSS	454	422	390	359	327	295	263	231	200	168	136	104
内申ランク・内申点	74	70	66	62	58	54	50	46	42	38	34	30
A ～296点	道コン合格圏（可能性60%ライン） ━━普通											
B ～276点	合格者平均 ★一般入試（普通）											
C ～256点												
D ～236点												
E ～216点												
F ～196点												
G ～176点										★		
H ～156点												
I ～136点												
J ～116点												

一般入試

■学力検査の成績を重視
9：1

■個人調査書等を重視
6：4

■傾斜配点の教科（倍率）
なし

■学力検査以外の試験
個人面接

推薦入試

■入学枠
30%程度

■面接(個人)・自己推薦書の提出以外に実施する項目
作文

公立×私立・高専併願パターン

私立高校（割合）			高専（割合）
帯広北　総合		74%	
帯広大谷　普通		26%	

鹿追高等学校

普通科[普]

生徒数169名　男子85名　女子84名

食堂　購買　カウンセラー　寮・寄宿舎　海外研修（交流）　携帯電話持込　スキー授業　プール施設
指定場所のみ　放課後

ACCESS GUIDE

〒081-0213
鹿追町西町1丁目8
TEL 0156-66-3011
FAX 0156-66-3012
http://www.shikaoi.hokkaido-c.ed.jp/

2年次から「特別進学」「国際探究」の2コース制、少人数教育を実施し、基礎学力の定着と学力向上、多様な進路希望に応じた教育を展開。特にグローバル・シチズンを育成するプログラムとして、第2学年全員対象のカナダへの短期（2週間）留学を実施するなど、国際理解教育と英語コミュニケーション能力育成に取り組む。英検や商業系の資格取得にも力を入れ、R5年度は国公立大学に4名が現役合格。細かい進路指導が実を結んでいる。また、部活動の兼部が可となった。

今春の主な進路

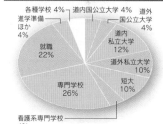

各種学校 4%　道内国公立大学 4%　道外国公立大学 4%
進学準備ほか 4%
就職 22%
道内私立大学 12%
道外私立大学 10%
短大 10%
看護系専門学校 4%
専門学校 26%

※人数は全て現浪合計です。

国公立道内
釧路公立大‥‥‥‥‥1名
札幌市立大‥‥‥‥‥1名
国公立道外
弘前大‥‥‥‥‥‥‥1名
北九州市立大‥‥‥‥1名
私立道内
北星学園大‥‥‥‥‥2名
北海学園大‥‥‥‥‥1名
札幌大‥‥‥‥‥‥‥5名
日本医療大‥‥‥‥‥2名
札幌国際大‥‥‥‥‥2名
札幌学院大‥‥‥‥‥1名
北翔大‥‥‥‥‥‥‥1名
私立道外
同志社大‥‥‥‥‥‥1名
専修大‥‥‥‥‥‥‥1名
神田外語大‥‥‥‥‥3名
獨協大‥‥‥‥‥‥‥2名

國學院大‥‥‥‥‥‥1名
近畿大‥‥‥‥‥‥‥1名
短大道内
北翔大短大‥‥‥‥‥1名
札幌国際大短大‥‥‥1名
帯広大谷短大‥‥‥‥3名
専門学校
帯広高等技術専門‥‥2名
帯広高等看護‥‥‥‥1名
就職先等
陸上自衛隊‥‥‥‥‥3名
北海道警察‥‥‥‥‥2名
北海道職員‥‥‥‥‥1名
十勝町村職員‥‥‥‥3名
野口観光‥‥‥‥‥‥1名
とかち帯広ヤマザキ‥1名
海外
Fraser International College‥‥1名

学校へ行こう！

【学校説明会】
6/27（木）

入試情報
2024年度の入試情報です。2025年度は変更になる場合があります。
掲載の入試データ等は道コン事務局の推定です。

以下は、2024年3月入試の情報です。2025年3月入試については北海道教育委員会の発表を確認して下さい。

一般入試

■学力検査の成績を重視…
10：0

■個人調査書等を重視…
6：4
内申点以外で参考にするポイント
[特別活動の記録] [総合所見等]

■傾斜配点の教科（倍率）…
なし

■学力検査以外の試験…
[個人面接]

推薦入試

■入学枠…
40%程度

■面接（個人）・自己推薦書の提出以外に実施する項目…
[英語聞取テスト] [英語による問答]

（）内は推薦を表しています。

24入試DATA	定員	一般		推薦		合格者平均	
		推定平均点	倍率	出願者数	内定者数	道コンSS	内申点・ランク
普通科	80	158	0.9	22	22	37 (44)	194・G (241・D)

入試点 道コンSS	454	422	390	359	327	295	263	231	200	168	136	104
内申ランク・内申点	74	70	66	62	58	54	50	46	42	38	34	30
A ～296点												
B ～276点												
C ～256点												
D ～236点												
E ～216点								☆				
F ～196点												
G ～176点								★				
H ～156点												
I ～136点												
J ～116点												

道コン合格圏（可能性60％ライン）{ ── 普通
合格者平均 { ★ 一般入試（普通）　☆ 推薦入試（普通）

指定校推薦（一部）

道内
北海学園大
札幌大
札幌学院大
北海道医療大
北海道情報大
北翔大
酪農学園大
札幌国際大
帯広大谷短大
北海道武蔵女子短大

國學院大道短大
道外
山梨学院大
東北学院大
淑徳大
愛知工業大
秀明大
大阪経済法科大
神奈川工科大
共栄大
帝京大短大

清水高等学校

総合学科［総］

生徒数213名　男子119名　女子94名

食堂／購買部（売店）／カウンセラー／寮・寄宿舎（不定期）／海外研修（交流）／携帯電話持込（指定場所のみ 放課後）／スキー授業／プール施設

ACCESS GUIDE

〒089-0123
清水町北2条西2丁目2
TEL 0156-62-2156
FAX 0156-62-2097
http://www.shimizu.hokkaido-c.ed.jp/

　清水高校は北海道初の総合学科の高校です。将来を見据え地域課題を探究する4つの系列を設置するとともに、本校ならではの特色ある学校設定科目を含めた幅広い選択科目を開設し、生徒の興味・関心や多様な進路選択に対応しています。1年次の必修科目「産業社会と人間」では、「働くこと」について学び、自分の将来やライフプランを考えることができるため、入学後に自分の進む道を決めることができることも本校の魅力の一つです。自分の学びたい内容や高校卒業後の進路に合わせて科目を選択することで、個々の生徒に合わせた充実した学習を行うことができ、結果として多くの卒業生が自分の希望する進路を実現しています。

〈地域課題を探究する4つの新系列〉

○社会創造系列　〜未来を形にする〜
　社会や地域の仕組みなどの基礎的な学習を通して、人文的・社会的な視点から必要な知識と教養を身に付けます。

○科学技術系列　〜科学を探究する〜
　自然界や実生活の中ではたらく原理・法則の基礎的な学習を通して、理科的・数学的な見方・考え方を身に付けます。

○食品ビジネス系列　〜6次産業を実現する〜
　食品産業や情報ビジネスの基礎的な学習を通して、職業人に必要な知識と教養を身に付けます。

○保健福祉系列　〜人を大切にする〜
　保健福祉に対する関心を高め、基礎的な学習を通して、職業人に必要な知識と教養を身に付けます。

在校生の声　高3生・生徒会長

　清水高校は総合学科で自分の進路に合わせた授業を受けることが出来ます。4年生大学をはじめとして医療・看護系の進学や公務員など高い学力を必要とする進路を目指す「進学チャレンジ生」制度があり、清水町から、模擬試験の受験料や検定料を補助してくれています。また、1週間に1回放課後に講習があり、テスト対策や単元のより専門的なことを学ぶことが出来ます。また、1年次のライフプランの授業では自分の将来の目標を決め、計画を立てることが出来ます。

学校へ行こう！

【学校祭】
7/6（土）、7（日）

【体験入学】
8/31（土）、9/29（日）

【合唱祭】
12/7（土）

詳しくは本校ホームページをご覧ください。

入試情報

2024年度の入試情報です。2025年度は変更になる場合があります。掲載の入試データ等は道コン事務局の推定です。

以下は、2024年3月入試の情報です。2025年3月入試については北海道教育委員会の発表を確認して下さい。

一般入試

■学力検査の成績を重視
10：0

■個人調査書等を重視
10：0
内申点以外で参考にするポイント
特別活動の記録　総合所見等

■傾斜配点の教科（倍率）
なし

■学力検査以外の試験
個人面接

推薦入試

■入学枠
50%程度

■面接（個人）・自己推薦書の提出以外に実施する項目
なし

24入試 DATA	定員	一般		推薦		合格者平均	
		推定平均点	倍率	出願者数	内定者数	道コンSS	内申点・ランク
総合学科	120	155	0.6	27	27	36	177・G

入試点 道コンSS	454	422	390	359	327	295	263	231	200	168	136	104
内申ランク・内申点	74	70	66	62	58	54	50	46	42	38	34	30
A ～296点												
B ～276点												
C ～256点												
D ～236点												
E ～216点												
F ～196点												
G ～176点									★			
H ～156点												
I ～136点												
J ～116点												

道コン合格圏（可能性60%ライン）— 総合
合格者平均 ★ 一般入試（総合）

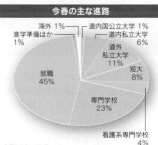

今春の主な進路

就職 45%
専門学校 23%
看護系専門学校 4%
短大 8%
道外私立大学 11%
道内私立大学 6%
道国公立大学 1%
海外 1%
進学準備ほか 1%

※人数は全て現役です。

国公立道内
札幌市立大 1名

私立道内
札幌大 2名
札幌学院大 2名
星槎道都大 1名
北海道情報大 1名

私立道外
明治大 2名
中央大 1名
東洋大 1名
法政大 1名
同志社大 1名
関西学院大 2名
日本体育大 1名

短大道内
光塩学園女子短大 1名
帯広大谷短大 4名
國學院大道短大 1名

専門学校
帯広高等技術専門 6名

帯広市医師会看護専門 2名
札幌ファッションデザイン専門 2名
旭川市医師会看護専門 1名
帯広コア専門 1名
帯広調理師専門 1名
北海道リハビリテーション大学校 1名
札幌ビューティーアート専門 1名
吉田学園情報ビジネス専門 1名
吉田学園公務員法科専門 1名
札幌ベルエポック製菓調理ウェディング専門 1名
札幌デザイナー学院 1名
宮島学園北海道調理師専門 1名

就職先等
陸上自衛隊 3名
芽室町農業協同組合 1名
池田町役場 1名
日本郵便北海道支社 1名

海外
トロント大 1名

他多数

指定校推薦（一部）

道内
札幌大
札幌学院大
札幌国際大
東京農業大
星槎道都大
北洋大
北翔大
北海道医療大
北海道科学大
北海道情報大
酪農学園大

北海道文教大
育英館大
日本医療大
帯広大谷短大
函館大谷短大
國學院大道短大
北翔大短大
北海道武蔵女子短大
光塩学園女子短大
釧路短大
拓殖大北海道短大

池田高等学校

総合学科[総]

生徒数83名 男子40名・女子43名

食堂	購買部(売店)	カウンセラー	寮・寄宿舎	海外研修(交流)	携帯電話持込	スキー授業	プール施設	給食	資料請求
		不定期		(希望者)カナダ	登下校放課後				巻末ページの二元コードからアクセスできます

ACCESS GUIDE

〒083-0003
池田町清見ケ丘13
TEL 015-572-2662・2663
FAX 015-572-1155
http://www.ikeda.hokkaido-c.ed.jp/

自分の学びは自分でデザインする！

本校は大正7年5月に設立、100年を超える歴史と伝統ある学校です。平成15年度に普通科から総合学科へ転換し、生徒は恵まれた環境の中で、自己の進路設計に基づいた授業に意欲的に取り組んでいます。

特色ある教育活動では、①池田高校オリジナル授業として、その道のプロの方を講師にお招きした授業（伝統音楽・羊と織物など）、②英語指導助手が常駐し、授業はもちろん部活動（ESS）や英検受験者の指導、③カナダ3高校と姉妹校提携を結び、短期訪問交流などがあります。

在校生の声

総合学科第19期生 生徒会・ESS所属

池田高校では、地域の人たちと触れ合い、自分の進路ともゆっくり向き合うことができます。また、先生方が一人ひとりに親身に寄り添ってくださるので、安心して学校生活を送ることができます。

総合学科第20期生 生徒会・弓道部所属

下宿生活に最初は不安もありましたが、先生方が支えてくれるため、落ち着いて生活しています。様々なことに挑戦できるため、夢に一歩ずつ近づいていける学校です。

総合学科第20期生 スピードスケート部

スピードスケートがやりたい！という思いから池田高校を選びました。先輩方が優しく接してくれ、毎日楽しく学校生活を送っています。また、昼は美味しい給食があり助かります。

学校へ行こう！

【Open School Day】	【学校祭】(エルム祭)
8/26(月)・10/4(金)	7/13(土)〜7/14(日)

入試情報

2024年度の入試情報です。2025年度は変更になる場合があります。
掲載の入試データ等は道コン事務局の推定です。

以下は、2024年3月入試の情報です。2025年3月入試については北海道教育委員会の発表を確認して下さい。

今春の主な進路

- 就職 48%
- 専門学校 30%
- 看護系専門学校 8%
- 短大 8%
- 道外私立大学 3%
- 道内国立大学 3%

※人数は現浪合計です。

24入試DATA	定員	一般 推定平均点	一般 倍率	推薦 出願者数	推薦 内定者数	合格者平均 道コンSS	合格者平均 内申点・ランク
総合学科	80		0.3	5	5		

一般入試

■学力検査の成績を重視
9:1

■個人調査書等を重視
9:1
内申点以外で参考にするポイント
[特別活動の記録] [総合所見等]

■傾斜配点の教科(倍率)
なし

■学力検査以外の試験
[個人面接]

推薦入試

■入学枠
50%程度

■面接(個人)・自己推薦書の提出以外に実施する項目
なし

入試点 道コンSS	454	422	390	359	327	295	263	231	200	168	136	104
内申ランク・内申点	74	70	66	62	58	54	50	46	42	38	34	30
A 〜296点												
B 〜276点												
C 〜256点												
D 〜236点												
E 〜216点												
F 〜196点												
G 〜176点												
H 〜156点												
I 〜136点												
J 〜116点												

道コン合格圏（可能性60%ライン）—— 総合

国公立道内
小樽商科大‥‥‥‥1名
私立道外
高崎健康福祉大‥‥1名
大学校
道立農業大学校‥‥1名
短大道内
北翔大短大‥‥‥‥1名
帯広大谷短大‥‥‥2名
専門学校
帯広高等技術専門‥3名
道療センター附属札幌看護‥1名
帯広高等看護‥‥‥1名
帯広医師会看護専門‥1名
帯広コア専門‥‥‥1名
経専北海道どうぶつ専門‥1名
札幌スイーツ&カフェ専門‥1名
日本工学院北海道専門‥1名
北海道ハイテクノロジー専門‥1名
北海道情報専門‥‥1名
北海道中央調理技術専門‥1名

就職先等
帯広信用金庫‥‥‥1名
陸上自衛隊‥‥‥‥3名
帯広公益社‥‥‥‥2名
北洋銀行‥‥‥‥‥1名
幕別町農協‥‥‥‥1名
十勝池田町農協‥‥1名
福原‥‥‥‥‥‥‥1名
帯広スズキ‥‥‥‥1名
十勝製餡‥‥‥‥‥1名
まくべつ本町歯科‥1名
日高ふれあいケアサービス‥1名
更葉園‥‥‥‥‥‥1名
清水旭山学園‥‥‥1名
浦幌電気‥‥‥‥‥1名
多田農場‥‥‥‥‥1名

指定校推薦(一部)

道内
北海学園大
札幌大
札幌学院大
札幌国際大
北翔大
北星学園大
北海商科大
北海道医療大
日本医療大
北海道情報大
星槎道都大

酪農学園大
帯広大谷短大
北海道武蔵女子短大
北翔大短大

道外
城西大
秀明大
山梨学院大
神奈川工科大
東京農業大

他多数

中・高一貫校 / 私立高校 / 高等専修学校・技能連携校 / 通信制・単位制 / 高等専門学校 / 公立高校(石狩) / 公立(渡島・檜山・後志) / 公立(空知・留萌) / 公立(上川・宗谷) / 公立(オホーツク) / 公立(胆振・日高) / 公立(十勝・釧路・根室)

本別高等学校

普通科［普］

生徒数85名　男子43名　女子42名

本別高校は十勝管内で旧制中学校の流れを汲む学校としては管内で2番目に古い伝統校であり、長年東十勝の拠点校として実績を上げてきた学校です。大学から就職まで幅広い生徒のニーズに応える教育課程を編成しております。3年次からは生徒一人に対して一人の先生が最後までサポートするきめ細やかな進路指導を行っております。また、本別町からの多くの支援を受けております。主な支援策をあげると、学生服の完全補助、バスでの通学費用の全額補助、部活動遠征活動費の補助、各種模擬試験の助成などがあります。詳しくは本校のホームページに詳細が記載されております。

学校へ行こう！

【学校祭】	【体験入学】
7/6(土)～7(日)	9/6(金)

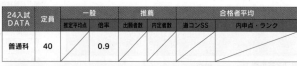

入試情報

2024年度の入試情報です。2025年度は変更になる場合があります。掲載の入試データ等は道コン事務局の推定です。

以下は、2024年3月入試の情報です。2025年3月入試については北海道教育委員会の発表を確認して下さい。

24入試DATA	定員	一般		推薦		合格者平均	
		推定平均点	倍率	出願者数	内定者数	道コンSS	内申点・ランク
普通科	40		0.9				

一般入試

■学力検査の成績を重視
8:2

■個人調査書等を重視
7:3
内申点以外で参考にするポイント
［特別活動の記録］［総合所見等］

■傾斜配点の教科(倍率)
なし

■学力検査以外の試験
［個人面接］

推薦入試

■入学枠
なし

入試点 道コンSS	454	422	390	359	327	295	263	231	200	168	136	104
内申ランク・内申点	74	70	66	62	58	54	50	46	38	34	30	
A ～296点	道コン合格圏 (可能性60%ライン)		普通									
B ～276点												
C ～256点												
D ～236点												
E ～216点												
F ～196点												
G ～176点												
H ～156点												
I ～136点												
J ～116点												

ACCESS GUIDE

〒089-3308
北海道中川郡本別町弥生町49番地2
TEL 0156-22-2052（事務室）
　　0156-22-2068（職員室）
FAX 0156-22-2052
E-mail:honbetsu-jimu2@hokkaido-c.ed.jp（代表）

◎バス停「本別（旧ふるさと銀河線「本別駅」）」から徒歩約20分

今春の主な進路

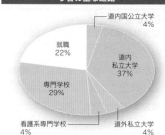

- 就職 22%
- 専門学校 29%
- 看護系専門学校 4%
- 道内私立大学 37%
- 道外私立大学 4%
- 道内国公立大学 4%

※人数は現役のみです。

国公立道内
旭川医科大………1名
私立道内
藤女子大…………1名
北海学園大………1名
日本医療大………3名
北海道文教大………1名
札幌国際大………1名
札幌大谷大………1名
札幌学院大………2名
私立道外
神奈川大…………1名

指定校推薦(一部)

道内
北海道情報大
北海学園大
北洋大
北翔大
北海道科学大
酪農学園大
北星学園大
星槎道都大
札幌学院大

札幌大
札幌国際大
札幌保健医療大
北海道文教大
日本医療大
帯広大谷短大
北海道武蔵女子短大
光塩学園女子短大
拓殖大短大
北翔大短大

釧路湖陵高等学校

文理探究科[普]　理数探究科[理]

生徒数658名　男子324名　女子334名

食堂　購買部(売店)　カウンセラー　寮・寄宿舎　海外研修(交流)　携帯電話持込　スキー授業　プール施設
校内電源OFF

ACCESS GUIDE

〒085-0814
釧路市緑ケ岡3丁目1-31
TEL 0154-43-3131
FAX 0154-43-3134
http://www.koryo946.hokkaido-c.ed.jp/

本校は校訓を「誠・愛・勇」とし、「文武両道」をモットーとして、勉学はもちろんのこと、部活動にも頑張る、調和のとれた生徒を育成することを目標としています。青春の情熱を挑戦すべきすべての分野に注ぎ込み、悔いなき高校生活を送ってほしいと願うものです。本校の入学生の99%以上が進学を希望しています。よって、学力の向上が何よりも大切な課題となります。本校では、進学指導に豊かな経験を持つ教員が日々充実した授業をめざし、生徒一人一人の実力を高めるように努力しています。

在校生の声　高3生・生徒会長

本校は文武両道をモットーとしており、私たち在学生は仲間と切磋琢磨しながら勉学・部活動・行事など様々なことに全力で取り組んでいます。
2024年度より、コースの名称が「理数探究科」・「文理探究科」となり、制服も新たなデザインに生まれ変わりました。
好きなことに打ち込める環境が更に整い、将来に向けての活躍の幅が広がったと感じています。
やりたいことが決まっているあなたも、これから夢を見つけるあなたも、ぜひここへ。
中学生の皆さん、私たちと一緒に釧路湖陵高校で青春しませんか。

学校へ行こう！

【学校説明会】
9/21(土)

【学校祭】
7/5(金)～7/7(日)(予定)

入試情報

2024年度の入試情報です。2025年度は変更になる場合があります。掲載の入試データ等は道コン事務局の推定です。

以下は、2024年3月入試の情報です。2025年3月入試については北海道教育委員会の発表を確認して下さい。

一般入試

■学力検査の成績を重視
10：0

■個人調査書等を重視
6：4
内申点以外で参考にするポイント
特別活動の記録　総合所見等

■傾斜配点の教科(倍率)
理数探究科　数学(2.0)
理科・英語(1.5)

■学力検査以外の試験
なし

推薦入試

■入学枠
文理探究科　20%程度
理数探究科　30%程度

■面接(個人)・自己推薦書の提出以外に実施する項目
作文

( )内は推薦を表しています。

24入試DATA	定員	一般		推薦		合格者平均	
		推定平均点	倍率	出願者数	内定者数	道コンSS	内申点・ランク
文理探究科	160	306	1.1	66	32	55 (59)	278・B (301・A)
理数探究科	40	366	1.4	20	12	63 (63)	288・B (307・A)

入試点道コンSS	454	422	390	359	327	295	263	231	200	168	136	104
内申ランク・内申点	74	70	66	62	58	54	50	46	42	38	34	30
A ～296点				○	☆							
B ～276点				●		★						
C ～256点												
D ～236点												
E ～216点												
F ～196点												
G ～176点												
H ～156点												
I ～136点												
J ～116点												

道コン合格圏 (可能性60%ライン)
- - - - 理数
──── 普通

合格者平均
★ 一般入試(普通)
☆ 推薦入試(普通)
● 一般入試(理数)
○ 推薦入試(理数)

公立×私立・高専併願パターン

私立高校(割合)		高専(割合)	
武修館　普通	39%	釧路高専　創造	98%
立命館慶祥　普通	18%	苫小牧高専　創造	2%
札幌光星　マリス	10%		
その他	33%		

今春の主な進路

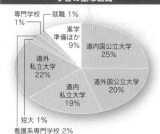

道内国公立大学 25%
道外国公立大学 20%
道内私立大学 19%
道外私立大学 22%
進学準備ほか 9%
専門学校 1%
就職 1%
短大 1%
看護系専門学校 2%

※人数は現役のみです。

国公立道内		大阪公立大	1名
北海道大	10名	埼玉大	1名
札幌医科大	4名	新潟大	1名
北海道教育大	15名	信州大	1名
帯広畜産大	5名	富山大	1名
小樽商科大	2名	**私立道内**	
釧路公立大	8名	北海学園大	9名
室蘭工業大	5名	北星学園大	4名
札幌市立大	3名	北海道医療大	11名
はこだて未来大	2名	北海道科学大	10名
千歳科学技術大	2名	酪農学園大	2名
旭川市立大	1名	**私立道外**	
名寄市立大	1名	早稲田大	2名
国公立道外		中央大	4名
京都大	1名	明治大	2名
大阪大	3名	立命館大	2名
筑波大	2名	法政大	1名
横浜市立大	1名	東京理科大	1名
弘前大	12名	青山学院大	1名
千葉大	1名	関西大	1名
東京都立大	1名		

指定校推薦

非公表

中・高一貫校
私立高校
高等専修学校・技能連携校
通信制・単位制
高等専門学校
公立高校(石狩)
公立(渡島・檜山・後志)
公立(空知・留萌)
公立(上川・宗谷)
公立(オホーツク)
公立(胆振・日高)
公立(十勝・釧路・根室)

釧路江南高等学校

普通科[普]

生徒数586名　男子246名　女子340名

食堂／購買部(売店)／カウンセラー／寮・寄宿舎／海外研修(交流)／携帯電話持込／スキー授業／プール施設
授業中以外

ACCESS GUIDE

〒085-0051
釧路市光陽町24-17
TEL 0154-22-2760
FAX 0154-22-2760
http://www.k-konan.hokkaido-c.ed.jp/

今年、創立105年目を迎える伝統校である本校は、進学重視型単位制の全日制普通科高校として、「文武一道」を目指し、学力向上と特別活動の充実に力を入れています。このため、少人数・習熟度別学習や7時間授業の実施、部活動率は90％に達するなど充実した学校生活を送るための環境が整っています。蝦夷太鼓部が全国高等学校総合文化祭で文化庁賞を受賞するなど、多くの部活動が全道・全国で活躍しています。

在校生の声　高3生・生徒会長

　釧路江南高等学校は、1919年に女子高として創立された伝統ある高校です。その名残から、女子生徒の制服はセーラー服が継承され現在に至りました。100年以上前から続く文化は、時代に合った形で現在でも引き継がれています。

　本校のスクールポリシーである『文武一道』のもと、多くの江南生が多種多様な部活動に加入しています。中でも江南高校の生徒会は『生徒会執行部』という名前で部活動として活動しています。また、蝦夷太鼓部のように江南高校を代表する伝統的な部活もあります。

　今まで3日間で開催されていた学校祭は、今年から2日間になってしまいましたが、生徒会執行部を中心に生徒一同心をひとつにして、過去最高の『江南祭』にするために頑張っています。常に新しい風が吹く江南高校は朝顔のようにのびのび成長できる学校です。

学校へ行こう！

【学校説明会】9/12(木)　【学校祭】7/6(土)～7(日)

入試情報

2024年度の入試情報です。2025年度は変更になる場合があります。掲載の入試データ等は道コン事務局の推定です。

今春の主な進路

海外進学 2%／進学準備ほか 3%／就職 7%／専門学校 12%／看護系専門学校 9%／道外私立大学 9%／短大 7%／道内私立大学 28%／道外国公立大学 5%／道内国公立大学 18%

※人数は全て現役です。

国公立道内
北海道大	1名
北海道教育大	5名
小樽商科大	3名
帯広畜産大	1名
釧路公立大	16名
室蘭工業大	6名
旭川市立大	3名
札幌市立大	2名
北見工業大	1名
千歳科学技術大	1名
名寄市立大	1名
はこだて未来大	1名

国公立道外
弘前大	5名
東京学芸大	1名
信州大	1名
都留文科大	1名
長岡造形大	1名

私立道内
北星学園大	13名
北海学園大	11名
藤女子大	4名
北海道科学大	28名
日本医療大	13名
北海道医療大	9名
札幌保健医療大	5名
日赤北海道看護大	4名

私立道外
法政大	2名
青山学院大	1名
中央大	1名
同志社大	1名
立命館大	1名
明治大	3名
明治学院大	2名

短大道内
北星学園大短大	4名
北海道武蔵女子短大	2名
釧路短大	11名

専門学校
釧路高等看護	9名
釧路労災看護専門	7名

就職先等
公務員	24名

海外
Clackmas Community College … 1名
他多数

指定校推薦(一部)

道内
北海学園大
北星学園大
北海道文教大
札幌学院大
日赤北海道看護大
日本医療大
北海道医療大
北海道科学大
北海道情報大
釧路労災看護専門

道外
青山学院大
法政大
明治学院大
東洋大
東京家政大
大東文化大
東北学院大
獨協大
同志社大
関西大

他多数

以下は、2024年3月入試の情報です。2025年3月入試については北海道教育委員会の発表を確認して下さい。

( )内は推薦を表しています。

24入試DATA	定員	一般		推薦		合格者平均	
		推定平均点	倍率	出願者数	内定者数	道コンSS	内申点・ランク
普通科	200	259	1.0	62	39	50 (50)	247・D (258・C)

入試点欄 道コンSS	454	422	390	359	327	295	263	231	200	168	136	104
内申ランク・内申点	74	70	66	62	58	54	50	46	42	38	34	30
A ～296点												
B ～276点												
C ～256点												
D ～236点							☆★					
E ～216点												
F ～196点												
G ～176点												
H ～156点												
I ～136点												
J ～116点												

道コン合格圏(可能性60%ライン) ── 普通
合格者 ★一般入試(普通) ☆推薦入試(普通)
平均

一般入試

■学力検査の成績を重視
10：0

■個人調査書等を重視
7：3

■傾斜配点の教科(倍率)
なし

■学力検査以外の試験
過年度卒のみ個人面接

推薦入試

■入学枠
20％程度

■面接(集団)・自己推薦書の提出以外に実施する項目
英語による問答

公立×私立・高専併願パターン

私立高校(割合)			高専(割合)		
武修館	普通	70%	釧路高専	創造	100%
札幌第一	総合進学	8%			
北海	進学	4%			
その他		18%			

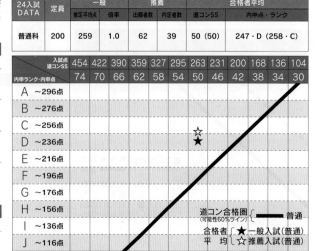

釧路北陽高等学校

普通科[普]

生徒数589名　男子284名　女子305名

食堂　購買部(売店)　カウンセラー　寮・寄宿舎　海外研修(交流)　携帯電話持込　スキー授業　プール施設
始業前登下校

北海道釧路北陽高等学校

北陽の "北" の文字を図案化し、全体を円形にしたのは、太陽を象徴し、素朴を精神としたものである。
デザイン：初代校長　沖口三郎

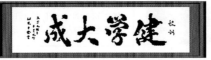

健学大成

明るく健康に留意し、自ら学ぶ姿勢を大切にするとともに、スポーツや勉学に勤しみ、大きな器の人間になろう。

ACCESS GUIDE

〒085-0814
釧路市緑ケ岡1丁目11-8
TEL 0154-41-4401
FAX 0154-41-0344
http://www.kushiro.ed.jp/hokuyo-h/

ようこそ！　釧路北陽高校へ

　本校は、学習と部活動を両立させ心技体のバランスのとれた人材を育成し、進学と就職に強く、生徒が通いたくなる市立高校の創造を目指しています。
　本校の特色として、進路多用型単位制を行っています。生徒の進路希望や興味関心に合わせて、さらに科目選択の幅を広げ、進路実現に向けて系統的なキャリア教育を実践します。
　本校に寄せる地域の信頼・期待は高く、進学・就職指導等にも高評価を得ています。また、全道屈指の広さを誇る体育館や憩いの場であるステンドグラスホールや食堂、北陽会館(合宿所)など施設・設備も整っており、生徒の部活動や生徒会活動・学習等に活用されています。

学校教育目標

1. 学習を重んじ、高い知性と豊かな情操を培う
2. 自主的・創造的な能力を養い、個性の伸張を図る
3. 公徳心・規範意識を育み、健康な心身を育成する
4. 国内外に目を向け、考え行動できる資質を育てる

在校生の声　高3生・生徒会長

　釧路北陽高等学校は、「健学大成」を校訓に勉強と部活動の両立を目指しています。令和4年度の入学生（66期）から単位制へと移行しました。様々な科目選択ができることにより、大学進学から就職まで幅広い分野に対応した学習ができるのも一つの特徴です。部活動では、全道大会や全国大会へ進出しているところも数多くあります。北陽高校の伝統行事に「湿原強歩大会」があり、釧路の大自然を肌で感じながら、体力の向上と友情を培うことができます。ですので、勉強も頑張り、部活動も思いっきりしたいという人は是非北陽高校へ。皆さんの入学をお待ちしております。

学校へ行こう！

【学校見学会】①9/19(木)　②10/10(木)
【学校祭】7/12(金)～14(日)

入試情報

2024年度の入試情報です。2025年度は変更になる場合があります。
掲載の入試データ等は道コン事務局の推定です。

以下は、2024年3月入試の情報です。2025年3月入試については北海道教育委員会の発表を確認して下さい。

( )内は推薦を表しています。

24入試DATA	定員	一般		推薦		合格者平均	
		推定平均点	倍率	出願者数	内定者数	道コンSS	内申点・ランク
普通科	200	209	1.1	96	40	43 (44)	217・E (241・D)

一般入試

■学力検査の成績を重視…8:2

■個人調査書等を重視…8:2
内申点以外で参考にするポイント
総合所見等

■傾斜配点の教科(倍率)…なし

■学力検査以外の試験…個人面接

推薦入試

■入学枠
20%程度

■面接(個人)・自己推薦書の提出以外に実施する項目
なし

入試点道コンSS	454	422	390	359	327	295	263	231	200	168	136	104
	74	70	66	62	58	54	50	46	42	38	34	30
内申ランク·内申点												
A ～296点				道コン合格圏	(可能性60%ライン)	━ 普通						
B ～276点				合格者	★一般入試(普通)							
C ～256点				平　均	☆推薦入試(普通)							
D ～236点								☆				
E ～216点												
F ～196点								★				
G ～176点												
H ～156点												
I ～136点												
J ～116点												

公立×私立・高専併願パターン

私立高校(割合)		高専(割合)	
武修館　普通	96%	釧路高専　創造	100%
北星学園大附属　進学	2%		
武修館　体育	2%		

今春の主な進路

- 道内国公立大学 11%
- 道内私立大学 28%
- 私立大学 3%
- 道外 短大 2%
- 看護系専門学校 12%
- 専門学校 14%
- 就職 28%
- その他 2%

※人数は全て現役です。

国公立道内

北海道教育大……6名	
釧路公立大……11名	
千歳科学技術大……1名	
北見工業大……1名	
室蘭工業大……1名	

私立道内

北海学園大……10名	
北星学園大……4名	
藤女子大……2名	
天使大……1名	
札幌大……5名	
日本医療大……4名	
札幌国際大……3名	
東海大（札幌）……3名	
北海道科学大……3名	
北海道文教大……3名	

日赤北海道看護大……2名
札幌大谷大……1名
札幌保健医療大……1名
酪農学園大……1名
札幌学院大……7名
北翔大……5名
北海道情報大……1名
北海道武蔵女子大……1名

私立道外

明治学院大……2名
東北福祉大……2名
愛知産業大……2名
北里大……1名
帝京大……1名
中京学院大……1名
岐阜保健大学……1名

指定校推薦(一部)

道内

北海学園大	北海道医療大
北星学園大	酪農学園大
北海商科大	日赤北海道看護大
札幌学院大	釧路短大
札幌大	北海道武蔵女子短大

釧路明輝高等学校

総合学科[総]

生徒数548名　男子203名　女子345名

食堂　購買部(売店)　カウンセラー(定期派遣)　寮・寄宿舎　海外研修(交流)　携帯電話持込(指定場所のみ 昼休み 放課後)　スキー授業(希望者)　プール施設

◆校訓◆

輝ける挑戦者たれ

【解説】
活力ある未来を創造するため、常に可能性を信じ挑戦し続け、輝きを放つ人間であってほしい。

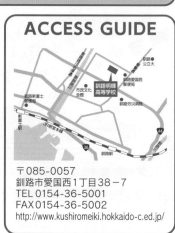

ACCESS GUIDE

〒085-0057
釧路市愛国西一丁目38-7
TEL 0154-36-5001
FAX 0154-36-5002
http://www.kushiromeiki.hokkaido-c.ed.jp/

本校は道内で10番目の総合学科として、平成19年4月に開校しました。生徒の興味・関心や進路希望等に応じた系列の中で、国語や数学などの普通科目はもちろん、外国の言葉と文化、商業、福祉等の多様な科目を学ぶことができます。また、各年次を接続し、3年間系統的なキャリア教育を行っています。

進路に応じた6つの系列

①人文科学系列　国語、地理、歴史や公民に関する内容を中心に学習。
②自然科学系列　数学や理科に関する内容を中心に学習。
③国際理解系列　英語を中心に学習。様々な外国の文化にふれ、異文化の尊重や交流の在り方を学びます。
④グローバルビジネス系列　商業や情報を中心に学習。就職時に特に大きな力となる資格取得にも力を入れます。
⑤メディア・アート系列　コンピュータに関する内容や芸術を中心に学習。自己を表現したり、アイデアを創造する力を育成します。
⑥福祉・生活系列　福祉や介護の基礎、家庭や保育に関する内容を学習。恵まれた施設設備の中で学ぶことができます。

在校生の声　高3生

私たち明輝高生は、「明輝高校らしさ」を大切にしながら、同じ学び舎で過ごす仲間たちと、何事にも一生懸命取り組んでいます。

本校の学校行事は、主に、学校祭である「明高祭」を中心に、体育大会、カルタ大会を実施しています。特に、カルタ大会では、道東地域で古くから親しまれる下の句カルタを行います。他校では見られない、珍しい行事ですが、全校生徒が一同に集まり白熱した対戦が繰り広げられる、見どころ満載な行事です。本校はカルタ大会に代表される、日本の伝統文化を大切にしている高校です。

また、本校の部活動加入率は80％を超えています。それぞれの部活動が、設定した目標に向かって、日々練習に励んでいます。本校は創立17年目をむかえるまだまだ歴史の浅い学校ですが、ほとんどの部活動が全道大会出場を経験しています。

本校の生徒は、校訓である「輝ける挑戦者たれ」のもと、各自の目標に向かって日々努力を怠りません。常にチャレンジ精神を忘れず、学校生活を「明るく輝く」ものにするよう、励んでいます。

学校へ行こう！

【学校説明会】①9/13(金)　②9/20(金)
【学校祭】7/5(金)〜7(日)

今春の主な進路

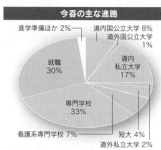

進学準備ほか 2%　道内国公立大学 8%　道外国公立大学 1%　道内私立大学 17%　短大 4%　道外私立大学 2%　看護系専門学校 7%　専門学校 33%　就職 30%

※人数は現浪合計です。

国公立道内		札幌学院大………4名
釧路公立大………4名		北翔大…………3名
北海道教育大……2名		北海道千歳リハビリ大…1名
名寄市立大………1名		**私立道外**
北見工業大………1名		武蔵野美術大……1名
国公立道外		城西大…………1名
琉球大…………1名		帝京大…………1名
私立道内		**短大道内**
北海学園大………11名		北海道武蔵女子短大…1名
北星学園大………2名		札幌国際大短大…1名
札幌大…………3名		釧路短大………5名
北海道文教大……2名		國學院大道短大…1名
北海道科学大……1名		**就職先等**
札幌保健医療大…1名		各町村役場………4名
北海道医療大……1名		北海道職員………1名
札幌国際大………1名		北海道警察………1名
日本医療大………1名		国家公務員………1名

入試情報

2024年度の入試情報です。2025年度は変更になる場合があります。掲載の入試データ等は道コン事務局の推定です。

以下は、2024年3月入試の情報です。2025年3月入試については北海道教育委員会の発表を確認して下さい。

( )内は推薦を表しています。

24入試DATA	定員	一般		推薦		合格者平均	
		推定平均点	倍率	出願数	内定数	道コンSS	内申点・ランク
総合学科	160	202	1.5	149	80	42 (41)	211・F (224・E)

一般入試

■学力検査の成績を重視…8：2

■個人調査書等を重視……6：4
内申点以外で参考にするポイント
[特別活動の記録] [総合所見等]

■傾斜配点の教科(倍率)
なし

■学力検査以外の試験
[個人面接]

推薦入試

■入学枠…50％程度

■面接(個人)・自己推薦書の提出以外に実施する項目
[作文]

入試点 道コンSS	454 74	422 70	390 66	359 62	327 58	295 54	263 50	231 46	200 42	168 38	136 34	104 30
内申ランク・内申点												
A ～296点	道コン合格圏 (可能性60%ライン) ―総合											
B ～276点	合格者 ★一般入試(総合)											
C ～256点	平均 ☆推薦入試(総合)											
D ～236点												
E ～216点									☆			
F ～196点									★			
G ～176点												
H ～156点												
I ～136点												
J ～116点												

公立×私立・高専併願パターン

私立高校	(割合)	高専	(割合)
武修館　普通	94%	釧路高専　創造	100%
北星学園大附属　進学	3%		
東海大札幌　総合進学	3%		

指定校推薦

非公表

釧路東高等学校

普通科[普]

生徒数229名　男子90名　女子139名

食堂 ／ 購買部(売店) ○ カウンセラー ○ 寮・寄宿舎 ／ 海外研修(交流) ／ 携帯電話持込 ／ スキー授業 ○ プール施設 ○　休み時間

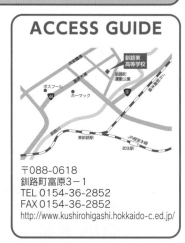

ACCESS GUIDE

〒088-0618
釧路町富原3－1
TEL 0154-36-2852
FAX 0154-36-2852
http://www.kushirohigashi.hokkaido-c.ed.jp/

今春の主な進路

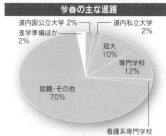

道内国公立大学 2% ─ 道内私立大学 2%
進学準備ほか 2%
短大 10%
専門学校 12%
看護系専門学校 2%
就職・その他 70%

※人数は全て現役です。

国公立道内
釧路公立大………2名
私立道内
札幌大谷大………1名
北翔大……………1名
短大道内
釧路短大…………8名
国立小樽海上技術短大…1名
専門学校
札幌ミュージック&ダンス放送専門…2名
札幌ビューティーアート専門…2名
釧路理容美容専門…2名
釧路市立高等看護…1名
釧路医師会看護専門…1名
札幌医学技術福祉歯科専門…1名
資生堂美容技術専門…1名
代々木アニメーション学院…1名
釧路高等技術専門…1名
就職先等
北海道旅客鉄道…5名
柳月…………………3名
日総…………………3名
コープさっぽろ……2名

ノースマイティ………2名
社会医療法人孝仁会…2名
ヤマト運輸…………2名
大地みらい信用金庫…1名
釧路信用金庫………1名
釧路市民文化振興財団…1名
三ツ輪商会…………1名
花月…………………1名
福原…………………1名
トヨタレンタリース釧路…1名
日産カーレンタルソリューション…1名
セイコーフレッシュフーズ…1名
釧路トヨタ自動車…1名
UDトラックス道東…1名
ユイコー……………1名
東光薬品工業………1名
社会福祉法人釧路啓生会…1名
北日本石油…………1名
北海道エネルギー…1名
ENEOSWing北海道…1名
熱原釧路……………1名
イチマル……………1名

指定校推薦

非公表

学校教育目標　何ごとも大切にし、まわりから大切にされる人を育てる

　東高校は、釧路湿原や大規模商業施設が近く、とても過ごしやすく利便性の良い環境にあります。校内の雰囲気も明るく、先生・先輩達も気軽に話を聞いてくれ、相談にものってくれます。しかし、高校では自分自身で考え、判断することが求められます。時には厳しく指導されることもありますが、「あたりまえのことができる一人前の人間」になるために、厳しさを知ることができます。

入試情報　2024年度の入試情報です。2025年度は変更になる場合があります。掲載の入試データ等は道コン事務局の推定です。

以下は、2024年3月入試の情報です。2025年3月入試については北海道教育委員会の発表を確認して下さい。

24入試DATA	定員	一般		推薦		合格者平均	
		推定平均点	倍率	出願者数	内定者数	道コンSS	内申点・ランク
普通科	80	133	1.0	／	／	34	142・I

一般入試

■学力検査の成績を重視
9:1

■個人調査書等を重視
9:1
内申点以外で参考にするポイント
[特別活動の記録] [総合所見等]

■傾斜配点の教科(倍率)
なし

■学力検査以外の試験
[個人面接]

推薦入試

■入学枠
なし

入試点 道コンSS	454	422	390	359	327	295	263	231	200	168	136	104
内申ランク・内申点	74	70	66	62	58	54	50	46	42	38	34	30
A ～296点												
B ～276点												
C ～256点												
D ～236点												
E ～216点												
F ～196点												
G ～176点												
H ～156点												
I ～136点											★	
J ～116点												

道コン合格圏(可能性60%ライン) ── 普通
合格者平均 ★ 一般入試(普通)

釧路商業高等学校

流通マネジメント科[商]	会計マネジメント科[商]	情報マネジメント科[商]

食堂 購買部(売店) カウンセラー 寮・寄宿舎 海外研修(交流) 携帯電話持込 スキー授業 プール施設

パン 休み時間 始業前・放課後 登下校

釧路商業高校の特色は、多くの資格を取得出来ることです。就職・進学でアピールできる「武器」を持つことは、進路を実現する上でとても有利になります。では、その「武器」とは何か？　それが資格です。できるだけ多くの資格取得にトライして、就職・進学活動に備えておくことが大事です。資格は、一生の財産です。そして、資格を取得するために努力する姿勢も、一生の財産です。釧路商業高校では、資格取得の指導に力を入れています。毎年多くの生徒が資格を取得し、進学・就職に生かしています。

 学校へ行こう！

【中学生体験入学】
詳しくは本校ホームページをご覧ください。

入試情報
2024年度の入試情報です。2025年度は変更になる場合があります。
掲載の入試データ等は道コン事務局の推定です。

以下は、2024年3月入試の情報です。2025年3月入試については北海道教育委員会の発表を確認して下さい。

一般入試

■学力検査の成績を重視
8：2

■個人調査書等を重視
8：2
内申点以外で参考にするポイント
特別活動の記録　総合所見等

■傾斜配点の教科（倍率）
なし

■学力検査以外の試験
個人面接

推薦入試

■入学枠
50%程度

■面接（個人）・自己推薦書の提出以外に実施する項目
なし

（ ）内は推薦を表しています。

24入試DATA	定員	一般		推薦		合格者平均	
		指定平均点	倍率	出願数	内定者数	道コンSS	内申点・ランク
流通マネジメント科	40		1.4	20	20		
会計マネジメント科	40	159	1.2	19	19	37 (34)	180・G (183・G)
情報マネジメント科	40		0.7	14	14		

入試点 道コンSS	454	422	390	359	327	295	263	231	200	168	136	104
内申ランク・内申点	74	70	66	62	58	54	50	46	42	38	34	30
A ～296点												
B ～276点												
C ～256点												
D ～236点												
E ～216点												
F ～196点												
G ～176点											★	☆
H ～156点												
I ～136点												
J ～116点												

道コン合格圏（可能性60%ライン）　━━━全科集計
合格者{★一般入試(全科集計)
平均{☆推薦入試(全科集計)

公立×私立・高専併願パターン

私立高校（割合）		高専（割合）	
武修館　普通	100%		

ACCESS GUIDE

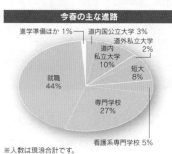

〒084-0910
釧路市昭和中央5丁目10－1
TEL 0154-52-3331
FAX 0154-52-3333
http://www.sensho.hokkaido-c.ed.jp

今春の主な進路

進学準備ほか 1%
道内国公立大学 3%
道外私立大学 2%
道内私立大学 10%
短大 8%
就職 44%
専門学校 27%
看護系専門学校 5%

※人数は現浪合計です。

国公立道内
釧路公立大………4名
私立道内
北海学園大………3名
北海商科大………2名
札幌国際大………2名
札幌大……………2名
北海道情報大……3名
札幌学院大………1名
私立道外
京都精華大………1名
東京情報大………1名
東京国際工科専門職大…1名
短大道内
釧路短大…………10名
専門学校
釧路孝仁会看護専門…5名
北海道理容美容専門…4名

くしろせんもん学校…4名
北海道情報専門……4名
釧路市医師会看護専門…1名
釧路市立高等看護…1名
北海道医療大学附属歯科衛生士専門…1名
就職先等
柳月………………1名
三ツ輪運輸………3名
釧路信用金庫……3名
森・プリンスホテルズワールドワイド…2名
釧路信用組合……1名
社会福祉法人釧路創生会…1名
釧路市民文化振興財団…1名
北北海道ダイハツ販売…1名
王子マテリア………1名
セノン……………1名
ネッツトヨタ釧路…1名
釧路スバル自動車…1名

指定校推薦

道内
札幌国際大
札幌大
北海道情報大
北海学園大
札幌学院大
北海商科大
函館大
北翔大
星槎道都大
北海道科学大

北洋大
東海大
北海道千歳リハビリ大
北海道医療大
北海道文教大
日本医療大
育英館大
東京農業大
北海道武蔵女子大
釧路短期大学

釧路工業高等学校

電子機械科[工] 電気科[工] 建築科[工]
土木科[工] 工業化学科[工]

生徒数477名 男子435名 女子42名

食 堂 購買部(売店) カウンセラー 寮・寄宿舎 海外研修(交流) 携帯電話持込 スキー授業 プール施設
※定時制のみ 月1回 休み期間・放課後 始業前・登下校のみ

ACCESS GUIDE

〒085-0821
釧路市鶴ケ岱3丁目5-1
TEL 0154-41-1285
FAX 0154-41-1287
http://www.kushiro-th.hokkaido-c.ed.jp

今春の主な進路

道内国公立大学 1%
道内私立大学 5%
道外私立大学 1%
専門学校 15%
就職 78%

※人数は現役のみです。

国公立道内
釧路公立大 1名
私立道内
北海学園大 2名
北海道科学大 2名
札幌大 2名
北海道文教大 1名
私立道外
関西学院大 1名

指定校推薦

非公表

学校へ行こう!

【体験入学】	【学校祭】
10/2(水)	7/12(金)・13(土)

入試情報

2024年度の入試情報です。2025年度は変更になる場合があります。
掲載の入試データ等は道コン事務局の推定です。

以下は、2024年3月入試の情報です。2025年3月入試については北海道教育委員会の発表を確認して下さい。

( )内は推薦を表しています。

24入試DATA	定員	一般		推薦		合格者平均	
		推定平均点	倍率	出願者数	内定者数	道コンSS	内申点・ランク
電子機械科	40		1.6	17	13		
電気科	40		0.8	7	4		
建築科	40	130	1.2	15	14	33 (37)	163・H (194・G)
土木科	40		0.6	3	1		
工業化学科	40		0.3	3	1		

一般入試

■学力検査の成績を重視
7:3

■個人調査書等を重視
7:3
内申点以外で参考にするポイント
特別活動の記録 総合所見等

■傾斜配点の教科(倍率)
なし

■学力検査以外の試験
個人面接

推薦入試

■入学枠
50%程度

■面接(個人)・自己推薦書の提出以外に実施する項目
作文

入試点 道コンSS	454	422	390	359	327	295	263	231	200	168	136	104
内申ランク・内申点	74	70	66	62	58	54	50	46	42	38	34	30
A ~296点	道コン合格圏(可能性60%ライン) 全科集計											
B ~276点	合格者 ★一般入試(全科集計)											
C ~256点	平 均 ☆推薦入試(全科集計)											
D ~236点												
E ~216点												
F ~196点												
G ~176点										☆		
H ~156点										★		
I ~136点												
J ~116点												

公立×私立・高専併願パターン

私立高校(割合)		高専(割合)	
武修館 普通	100%		

中・高一貫校 私立高校 高等専修学校・技能連携校 通信制・単位制 高等専門学校 公立高校(石狩) 公立(渡島・檜山・後志) 公立(空知・留萌) 公立(上川・宗谷) 公立(オホーツク) 公立(胆振・日高) 公立(十勝・釧路・根室)

根室高等学校

普通科[普] 商業科[商] 事務情報科[商]

食堂 購買部(売店)／パン販売 カウンセラー 寮・寄宿舎 海外研修(交流) 携帯電話持込／休み時間・放課後・処業前登下校 スキー授業 プール施設

生徒数460名 男子253名 女子207名

〈可能性を最大限に伸ばす〉
　普通科では大学受験に対応したカリキュラムや進学講習によって、近年、高い進学実績を収めています。商業科・事務情報科では、各種検定試験において高い合格率をあげ、就職内定率の向上に努めています。
◎基礎的、基本的な学力や技能の定着を重視するとともに、より一層学力や技能を伸ばすことを目的として、多くの科目で習熟度別授業やチームティーチングを行い、きめ細やかな指導に努めています。
◎総合的な探究の時間においては、自ら学び考える力や自己表現力を育成すること、人間性や社会性を養うこと、またそれらを支える健康や体力の重要性を理解すること等を目的に、ゼミ形式の取り組みを行っています。
◎望ましい勤労観や職業観を育成するため、多くの地元企業の協力を得て、全員がインターンシップに参加しています。
◎商業科目「課題研究」において、商品開発や地域貢献活動を通じて、自主性や郷土愛、課題解決能力を育成しています。
◎放課後講習や長期休業中の講習によって、学力の伸長を図るとともに、自学自習の力を養っています。

主な学校行事
学校祭(合唱コンクール・パフォーマンス・模擬店)・体育大会・インターンシップ・見学旅行　など

取得可能な資格
簿記検定・簿記能力検定・簿記実務検定・珠算・電卓実務検定・情報処理検定・ビジネス文書実務検定・ITパスポート・商業経済検定・実用英語技能検定・日本漢字能力検定・実用数学技能検定　など

在校生の声　高3生・生徒会長

　根室高校では「敢為和協」、「堅実錬磨」を校訓に自分の進路実現に向けて日々努力しています。本校の特徴として、単位制であることが挙げられます。この制度のメリットは、自分が興味のある教科や必要な教科を選んで授業を受けることができるので、進路に合った勉強に力を入れることができます。
　また、もう1つの特徴として、本校にしかない部局同好会である北方領土根室研究会があります。北方領土問題をたくさんの人に伝えるべく、様々な地域での講演会を行っています。
　この2つの特徴以外にも、全校生徒一丸となって盛りあげる学校祭などの行事や、全道・全国大会にも数多く出場している部局同好会などたくさんの魅力が詰まっています。自分の将来について決まっている人はもちろん、決まってない人も大歓迎です。本校で夢をみつけ、その夢を叶えましょう。
　皆さんの入学をお待ちしております。

学校へ行こう！

【オープンスクール】
9/13(金)(予定)

入試情報

2024年度の入試情報です。2025年度は変更になる場合があります。
掲載の入試データ等は道コン事務局の推定です。

以下は、2024年3月入試の情報です。2025年3月入試については北海道教育委員会の発表を確認して下さい。

24入試DATA	定員	一般		推薦		合格者平均	
		推定平均点	倍率	出願者数	内定者数	道コンSS	内申点・ランク
普通科	120		0.9	2	2		
商業科	40	222	0.6	0	0	45	229・E
事務情報科	40		0.5	0	0		

合格点道コンSS	454	422	390	359	327	295	263	231	200	168	136	104
内申ランク・内申点	74	70	66	62	58	54	50	46	42	38	34	30
A ～296点	道コン合格圏(可能性60%ライン) 普通											
B ～276点	合格者平均 ★一般入試(普通)											
C ～256点												
D ～236点												
E ～216点								★				
F ～196点												
G ～176点												
H ～156点												
I ～136点												
J ～116点												

一般入試

■学力検査の成績を重視…
10：0

■個人調査書等を重視……
6：4
内申点以外で参考にするポイント
[特別活動の記録] [総合所見等]

■傾斜配点の教科(倍率)
なし

■学力検査以外の試験……
[個人面接]

推薦入試

■入学枠……
普通科　30%程度
商業科・事務情報科　50%程度

■面接(個人)・自己推薦書の提出以外に実施する項目…
普通科 [英語による問答] [作文]
商業科・事務情報科 [作文]

ACCESS GUIDE

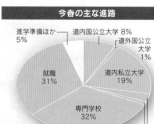

〒087-0002
根室市牧の内146
TEL 0153-24-4675
FAX 0153-24-3812
http://www.nemuro.hokkaido-c.ed.jp/

今春の主な進路

進学準備ほか 5%
道内国公立大学 8%
道外国公立大学 1%
道内私立大学 19%
道外私立大学 3%
看護系専門学校 1%
専門学校 32%
就職 31%

※人数は全て現役です。

国公立道内
北海道教育大………2名
旭川市立大………4名
北見工業大………1名
釧路公立大………1名
札幌市立大………1名
名寄市立大………1名
はこだて未来大………1名
室蘭工業大………1名

国公立道外
埼玉県立大………1名

私立道内
北海学園大………6名
藤女子大………3名
北海道医療大………9名
北海道科学大………9名
札幌大………2名
札幌保健医療大………2名
東海大(札幌)………2名

私立道内(続き)
酪農学園大………2名
札幌国際大………1名
類農塾大(オホーツクキャンパス)…1名
日本医療大………1名
北海道文教大………1名
北海道情報大………3名
札幌学院大………1名
北翔大………1名
日本赤十字北海道看護大…1名

私立道外
法政大………1名
鈴鹿医療科学大………1名
日本体育大………1名
東海学園大………1名
東京通信大………1名

就職先等
航空自衛隊………2名
根室市役所………3名
根室市消防本部………2名

指定校推薦

非公表

中標津高等学校

普通科[普]　総合ビジネス科[商]

生徒数468名　男子233名　女子235名

食堂　購買部(売店)　カウンセラー　寮・寄宿舎　海外研修(交流)　携帯電話持込　スキー授業　プール施設　資料請求
校内電源OFF
巻末ページの二次元コードからアクセスできます

ACCESS GUIDE

〒086-1106
中標津町西6条南5丁目1
TEL 0153-72-2059
FAX 0153-72-2492
http://www.nakashibetsu.ed.jp/

中標津町は根室管内の中心地で、朝夕気高い武佐岳を仰ぎ、開陽台をはじめとした景勝地や四季折々の流れとともにひらけゆく町です。

中標津高校は、昭和23年の開校式から今年度で75年目を迎える。昭和24年に道立に移管され、平成9年に普通科4間口、商業科1間口、事務情報科1間口、合計6間口となり根室管内で一番大きな高校となっている。令和3年に商業科と事務情報科を再編し総合ビジネス科1間口となった。

「剛健進取」、「友愛求真」、「自主独立」、「社會有為」4つの生徒指標のもと、文武両道を目指し、日常生活での授業や部活動はもちろん、基本的な生活習慣の確立を目指して社会で活躍できる人材の育成を図っている学校である。

学校へ行こう！

【体験入学会】
9/30(月)

今春のキな進路

進学準備ほか 2%
道内国公立大学 9%
道内私立大学 22%
就職 24%
専門学校 32%
看護系専門学校 1%
短大 7%
道外私立大学 3%

※人数は全て現役です。

国公立道内
北海道教育大………2名
釧路公立大………5名
はこだて未来大………3名
札幌市立大………2名
千歳科学技術大………2名
旭川市立大………2名
名寄市立大………1名
私立道内
北海学園大………10名
北星学園大………4名
北海商科大………2名
藤女子大………1名
北海道文教大………7名
北海道医療大………3名
東京農大(オホーツクキャンパス)………3名
日本医療大………2名
酪農学園大………2名
札幌学院大………4名
北海道情報大………3名
星槎道都大………2名
短大道内
旭川市立大短大………2名

北翔大短大………5名
札幌国際大短大………2名
拓殖大道短大………2名
専門学校
札幌ビューティーアート専門………6名
北海道美容専門………5名
大原法律公務員専門………3名
吉田学園医療歯科専門………3名
北海道医薬専門………2名
北海道理容美容専門………2名
吉田学園公務員法科専門………2名
就職先等
オーレンス税務所………4名
公務員………4名
中春別農協………2名
尾藤電気………2名
髙部電気………2名
蛯子酪内さけほす増殖事業組合………1名
標津町農協………1名
太平洋富士生コン………1名
森永乳業………1名
マテック………1名

入試情報

2024年度の入試情報です。2025年度は変更になる場合があります。
掲載の入試データ等は道コン事務局の推定です。

以下は、2024年3月入試の情報です。2025年3月入試については北海道教育委員会の発表を確認して下さい。

24入試DATA	定員	一般		推薦		合格者平均	
		推定平均点	倍率	出願者数	内定者数	道コンSS	内申点・ランク
普通科	160	173	0.7			39	217・E
総合ビジネス科	40		0.8	3	3		

入試点道コンSS	454	422	390	359	327	295	263	231	200	168	136	104
内申ランク・内申点	74	70	66	62	58	54	50	46	42	38	34	30
A ～296点												
B ～276点												
C ～256点												
D ～236点												
E ～216点											★	
F ～196点												
G ～176点												
H ～156点												
I ～136点												
J ～116点												

道コン合格圏 (可能性60%ライン) ── 普通
合格者平均 {★ 一般入試(普通)

一般入試

■学力検査の成績を重視
9：1

■個人調査書等を重視
7：3
内申点以外で参考にするポイント
特別活動の記録　総合所見等

■傾斜配点の教科(倍率)
なし

■学力検査以外の試験
集団面接

推薦入試

■入学枠
総合ビジネス科　50%程度

■面接(個人)・自己推薦書の提出以外に実施する項目
総合ビジネス科　作文

指定校推薦

非公開

■各校生徒募集概要

★は2025年度予定、それ以外は2024年度実績のデータです

	学校名	定員	一般入試日程	入試内容（上段：一般入試／下段：推薦入試）	経費 受験料	入学手続時 校納金	入学手続時 諸団体費	入学手続時 その他	月額経費 校納金	月額経費 諸団体費	月額経費 その他
★	北嶺中〈男子〉※中高一貫	中学部のみ 120	1/8	国算理社	20,000	300,000	10,000	3,000	50,000	1,900	14,000
				備考 中高一貫校							
★	北海〈共学〉	普通科 385	B	国数社理英 / 面接	15,000	250,000	4,500		38,000	11,000	
				備考 行事費、進路指導費含む							
★	札幌第一〈共学〉	普通科 400	B	国数社理英 / 国数英 面接 書類審査	16,000	250,000	10,000		40,500	1,600	ICT教育費 6,000
				備考							
★	札幌日大〈共学〉	普通科 314（IB以外）50（IB）	A	国数社理英（リスニング含）（専願）面接（単願）面接 作文（併願）書類審査（プレミアSコース、学習特待生は学力認定調査による）	15,000	260,000	6,000		33,000	4,700	施設維持費 7,500
				備考 ICT教育費は校納金に含まれています							
	東海大付属札幌〈共学〉	普通科 280	A	国数理社英（推薦）面接（単願）国数英（2月単願は理社あり）	15,000	250,000	4,000	18,000	授業料・生徒会 34,500	PTA等諸会費 4,100	
				備考							
★	立命館慶祥〈共学〉	普通科 305	B	国数英社理（リスニング含）（SP推薦・一般推薦・単願・専願）国数英 面接	15,000	350,000			授業料 64,500		
				備考							
★	北海学園札幌〈共学〉	普通科 400	A	国数社理英（推薦）面接（専願）面接	15,000	252,000			45,100 ただし4月は51,790		
				備考							
★	札幌光星〈共学〉	普通科 360	A	国数英理社（専願1・2）国数英 面接（専願3）国数英	16,000	300,000			47,715		4,500×4（暖房費）
				備考							
	札幌大谷〈共学〉	普通科 250 音楽科 30 美術科 40	A	（普通科）国数英理社（音楽科・美術科）国数英 実技（普通科）面接（音楽科・美術科）実技 面接	15,000	180,000			授業料 33,000	8,700	教育充実費 18,745 特別維持費 普通科 3,000 美術科 3,000 音楽科 9,000
				備考							
	北科大高〈共学〉	普通科 300	A	国数英社理（リスニング含）（推薦）面接（単願）面接 作文	16,000	200,000	13,000		35,000	2,500	9,000
				備考							
★	北星学園大学附属〈共学〉	普通科 255（特進コース 35 進学コース 220）	B	国数社理英（推薦）面接（専願）国英数 面接	16,000	240,000	5,000		36,000	[年額] 42,800	教育充実費 4,500
				備考							
★	札幌創成〈共学〉	普通科 305	A	（S選抜・A特進・特進コース）国数英社理（推薦・専願）面接	16,000	200,000	8,000		授業料 33,000	父母の会会費等 2,000	維持費 4,000
				備考							
★	札幌北斗〈共学〉	普通科 340	A	（総合コース）国数英（進学・特進コース）国数英社理（推薦・単願）面接	16,000	230,000	15,000	9,000	33,000	2,300	施設維持費 7,000
				備考							
★	札幌静修〈共学〉	普通科 240 ユニバーサル科 40	A	（特進・総合）国数英社理（リスニング含）（ユニバーサル科）国英（リスニング含）（推薦・単願）面接	16,000	220,000		35,000	44,700（授業料・諸費・諸経費等含む）		
				備考							
★	札幌山の手〈共学〉	普通科 320	A	国数英（アカデミック・プログレスコースは社理あり）（単願1）面接（単願2）国数英 面接（アカデミック・プログレスコースは社理あり）	16,000	245,000	11,000	18,000	授業料 33,000	月平均 13,800	年間行事費 2,000
				備考							
★	札幌龍谷学園〈共学〉	普通科 300	B	（スーパー特進・特進・プログレス進学コース）国数英理社（未来創造コース）国数英（推薦）作文（単願）作文 面接	15,000	併願による出願の場合 220,000 推薦・単願による出願の場合 180,000			授業料・施設費 36,000	月平均 3,500	周年事業費等 4,600
				備考							
	札幌新陽〈共学〉	普通科 280	A	面接・筆記課題（単願）面接・筆記課題	15,000	200,000			41,500	2,360	
				備考 入学金が半額になる独自の特待制度あり							
★	道文教大附属〈共学〉	普通科 120 食物科 40	B	国英（リスニングあり）数理社（推薦）面接（単願）国英数 面接	15,000	100,000	5,200		33,300	諸経費 月平均 12,500	食物科実習費 3,000
				備考							

申請により、所得に応じて下記経費より、就学支援金分（月額9,900円〜35,000円※国＋道の補助）が減額されます。
※就学支援金についてはP62で詳しく説明しております。

学校名	定員	一般入試日程	入試内容（上段：一般入試／下段：推薦入試）	経費						
				受験料	入学手続時 校納金	諸団体費	その他	月額経費 校納金	諸団体費	その他
★ 酪農学園大学附属 とわの森三愛 〈共学〉	普通科 260 アグリクリエイト科 40	B	国数英	16,000	普通科 260,000 アグリクリエイト科 260,000		（入寮費） 入寮者のみ 60,000	授業料 普通科 32,300 アグリクリエイト科 34,800	普通科 4,683 アグリクリエイト科 5,816	普通科 特別進学クラス 4,366 総合進学クラス 3,533 フードクリエイトコース 3,442 トップアスリート健康コース 3,450 アグリクリエイト科 4,583
			（推薦）作文 面接 （単願）国数英 面接	備考	寮費・食費（月額）・男子寮 63,000・女子寮 63,000					
★ 日本航空北海道 〈共学〉	航空科 80	A	国数英 面接	17,000	150,000		（入寮費） 入寮者のみ 50,000	月平均 58,000	月平均 9,000	月平均 8,000
			（推薦）作文 面接（Web）	備考	寮生は寮費（年額）290,000・食費（年額）500,000〜600,000　通学生は昼食（給食制）1食720					
★ 藤女子 〈女子〉	普通科 160	A	国数社理英（リスニング含）	16,000	250,000			37,400	4,450	
			（専願）数英（リスニング含）面接	備考						
北星女子 〈女子〉	普通科 250 Academic 40 Pioneer 110 Globalist 70 Music 30	札幌B 釧路B 帯広B	（4コース共通）国数英（リスニング含）理社 （Globalist）筆記試験とは別にリスニングテストあり （Music）実技	16,000	250,000			Academic 39,300 Pioneer 39,300 Globalist 42,800 Music 48,800		
			（推薦）面接 （専願）面接 作文 リスニング（英語科のみ）	備考	他、年額費用あり					
函館ラ・サール 〈男子〉	普通科 160	A	国数社英（リスニング含）理	15,000	150,000		施設設備充実費 150,000 （入学後の分納可）	43,100	3,850	
			国数英（リスニング含）面接なし	備考						
函館白百合 〈女子〉	普通科 140	A	（LB）国英数理社 （看護）国英数理 （総合進学）国英数	15,000	130,000		（入寮費） 入寮者のみ 100,000	授業料 33,000		（LB）9,600 （看護）9,600 （総合進学）7,600
			（LB）国英数 面接 （看護・総合進学）面接	備考	寮納入金 寮費－4人部屋 65,000/月 2人部屋 68,000/月 1人部屋 71,000/月 設備費（4月のみ）30,000					
遺愛女子 〈女子〉	普通科 205 英語科 35	A	（一般コース）国英数 （特別進学コース）国英数社理 （英語科）国英数社	16,000	130,000		施設拡充費 8,000	33,000	10,600	
			（一般コース）（特別進学コース）国英数 面接 （英語科）国英 面接	備考						
函館大柏稜 〈共学〉	普通科 140 商業科 40	A	国数英 面接	15,000	130,000	5,400		33,000	3,500	教育充実費 2,000
			面接	備考						
★ 函館大有斗 〈男子〉	普通科 180 （特別進学コース 30 普通コース 150）	A	（特進コース）英数国理社 面接 （普通コース）英数国 面接	15,000	150,000	5,800	卒業費用積立金 4,000	33,000	4,400	施設設備費 500 教育充実費 200
			（特進コース）英数国 面接 （普通コース）面接	備考						
函館大谷 〈共学〉	普通科 130	A	国数英 面接 （普通コース）作文 （体育コース）実技	15,000	140,000		同窓会入会金 5,400	合計 37,800		
			（普通コース）面接 （体育コース）実技 面接	備考	入学金については、減免制度あり					
清尚学院 〈共学〉	調理科 76 製菓衛生師科 27	A	国数英 面接（両科共通）	15,000	130,000			38,000		
			面接（両科共通）	備考	入学金・月額経費校納金については、減免または本校独自の奨学金制度あり					
★ 函館大妻 〈女子〉	家政科 60 福祉科 30 食物健康科 40 普通科 40	A	国数英 面接	15,000	140,000			33,000	6,000	
			作文 面接	備考						
★ 北照 〈共学〉	普通科 120	A （推薦入試）1/25	英数国 面接	15,000	160,000		40,000	33,000		（普通コース）3,000 （スポーツコース）7,000
			面接	備考						
★ 北星学園余市 〈共学〉	普通科 70	B	（廃止）	14,000	入学金 160,000	27,500	学習活動費 48,790	授業料 34,000		施設整備費 1,000
			予約面接のみで対応	備考	入学金については、減免制度あり					
小樽双葉 〈共学〉	普通科 175	B	国数英 面接	16,000	180,000			授業料 35,000		
			面接	備考						
旭川龍谷 〈共学〉	普通科 240	A	（特進コース）国数社理英 （キャリアデザインコース）3教科型 国数英 面接	20,000	入学金 265,000 授業料（4月分）33,000	6,800		授業料 （維持費含む）33,000	9,100	施設拡充整備協賛費 4,000
			面接・作文	備考						

★は2025年度予定、それ以外は2024年度実績のデータです

学校名	定員	一般入試日程	入試内容（上段:一般入試／下段:推薦入試）	受験料	入学手続時 校納金	入学手続時 諸団体費	入学手続時 その他	月額経費 校納金	月額経費 諸団体費	月額経費 その他
★ 旭川志峯〈共学〉	普通科 225	A	特進エリア（選抜コース・グローバルコース）国数社理英 進学探究エリア（進学コース・ライセンスコース・スポーツ教育コース）国数英 面接／面接	20,000	280,000	8,000		授業料 33,000 維持費 5,500	5,500	
★ 旭川明成〈共学〉	総合学科 206	A	国数英 面接／面接	21,000	270,000			授業料 33,000 維持費 2,000	8,700	
旭川実業〈共学〉	普通科 150／自動車科 70／機械システム科 35／商業科 70	A	（普通科難関選抜コース・普通科特別進学コース）国数英理社／（普通科進学コース）国数英／（自動車科、機械システム科、商業科）国数英 面接／面接 書類審査	18,000	270,000	7,000		35,000（運営費込み）	8,600	ICT活用・実習費等 1,400
旭川藤星〈共学〉	普通科 140	A	国数英 面接／面接	20,000	入学金 280,000			授業料 33,000 維持費 1,800	5,000	UL（コース活動費）2,000
★ 稚内大谷〈共学〉	普通科 90	A	国数英 面接／面接　【備考】奨学生制度有り	16,000	入学金 160,000			授業料 25,000	7,200	施設維持・ICT 11,000
駒大苫小牧〈共学〉	普通科 280（特別進学 120／総合進学 160）	A	（特別進学コース）国数英社理／（総合進学コース）国数英／（推薦）面接（専願）総合問題 面接　【備考】入学時の校納金には4月授業料26,800円と教育充実費5,000円を含みます	15,000	211,800	9,000		授業料 26,800 教育充実費 5,000	6,000	
★ 苫小牧中央〈共学〉	普通科 120	A	国数英 面接／面接　【備考】奨学生制度有り	15,000	入学金 200,000	16,000		授業料 33,000	8,500	施設設備費 2,000
★ 北海道栄〈共学〉	普通科 140	A	（全コース）国数英理社（リスニングあり）／（SC）英数国 面接（SCα）面接	15,000	200,000			33,000		
大谷室蘭〈共学〉	普通科 225	B	書類審査 学科試験 面接／書類審査 面接	15,000	190,000			33,000	5,700	
★ 海星学院〈共学〉	普通科 105	A	国数社理英 面接／面接 書類審査	15,000	180,000	PTA入会金 3,000		授業料 35,000	2,800	
★ 帯広大谷〈共学〉	普通科 260（内推薦 100）	A	英数国 面接 書類審査／面接 書類審査	15,000	入学金 157,000	PTA入会金 5,000	生徒会入会費 2,000	授業料 32,200	4,650	建築事業協力金 3,500
★ 帯広北〈共学〉	普通科 230	A	（特進）国英数／（総合）国英 選択科目 数理社から1科目選択 面接 書類審査／面接	15,000	150,000			授業料 33,000	PTA会費 3,000	維持費 2,000
白樺学園〈共学〉	普通科 188	A	（特進コース）国数社理英 面接／（総合・アスリートコース）国数英 面接／面接	13,000	150,000	PTA入会費 5,000		33,000	5,300	
★ 札幌科学技術専門〈共学〉	総合技術科 50	1/25・2/8・3/25（定員に達していない場合のみ実施）	書類審査 面接 作文　【備考】就学支援金は本校授業料にのみ適用されます	15,000	入学金 本校 210,000／科学技術学園高等学校 9,000／合計 219,000			授業料等（年額）※予定 本校 396,000／科学技術学園高等学校 102,000／合計 498,000／学費は口座振替で毎月41,500円の引き落としになります		
★ 苫小牧商業〈共学〉	総合ビジネス科 120	（一般入試）2/18・2/19（推薦入試）1/24	（一般入試）国英数 面接／（一般推薦）書類審査 面接（特別推薦）基礎学力試験 国英数 面接	13,000	入学金 175,000	23,880	59,900	33,000	1,200	2,500
北見商科〈共学〉	商業科 80	（一般入試）2/3（推薦入試）12/20	書類審査 国・数 面接／書類審査 面接	16,000	254,200	2,000	41,630	32,000	2,500	
★ 北海道芸術〈共学〉	通信制・単位制・普通科 130	（一般入試）1/25・2/15・3/8（自己推薦）12/7・12/8	書類審査・面接（生徒・保護者）　【備考】上記の学費より、就学支援金に該当する世帯は144,360円～360,000円が減額されます	（一般入試・自己推薦）20,000	週5日通学 初年度納入合計額 850,900					
★ N/S高〈共学〉	単位制・通信制	学校案内参照	学校案内参照　【備考】コースや学び方などによって異なりますので、詳しくはお問い合わせください		3年間の実質負担額 206,200円～（ネットコースの場合）※就学支援金が支給された場合の実質負担額 ※履修単位数や世帯年収等により異なる					

申請により、所得に応じて下記経費より、就学支援金分（月額 9,900 円〜 35,000 円※国＋道の補助）が減額されます。
※就学支援金については P62 で詳しく説明しております。

	学校名	定員	一般入試日程	入試内容（上段：一般入試／下段：推薦入試）	受験料	入学手続時 校納金	入学手続時 諸団体費	入学手続時 その他	月額経費 校納金	月額経費 諸団体費	月額経費 その他
★	とわの森三愛 通信教育課程〈共学〉	単位制・通信制	単願受付 12月〜1月 一般受付 2月〜3月 詳細な日程等は募集要項をご確認ください 【転入学】および【編入学】はお問い合わせください	事前面談 書類選考（作文）	16,000	○学費のモデルケース（1年次） ※下記参照					
★	札幌静修 通信制課程〈共学〉	単位制・通信制	学校案内参照	書類選考・面接	5,000	入学時納入金 70,000円（入学金50,000円、施設費20,000円） 授業料 1単位9,000円（卒業単位数は74単位以上の修得） ▼通信のみの方は以下のコース費はかかりません。 オプションコース費年間（選択制） アグリコース：週1日150,000円 学習支援コース：週1日50,000円 ホームクラフトコース：週1日100,000円					
★	函館高専〈共学〉	生産システム工学科 120 物質環境工学科 40 社会基盤工学科 40	2/9	理英数国社 / 面接、作文（自己推薦書）	16,500	84,600	育成会入会金 10,000	諸納付金 4,260	[年額] 234,600 （4月と10月に分納）		諸納付金 [年額] 27,630
★	苫小牧高専〈共学〉	創造工学科 200	2/9	理英数国社 / 面接	16,500	入学料 84,600	学生会費 2,000（入会金） 8,500（年会費）	教材費等 約35,000 後援会費 10,000（入会金） 10,000（前期会費） 同窓会費 30,000	[年額] 234,600 （5月と10月に分納）		
★	釧路高専〈共学〉	創造工学科 160	2/9	理英数国社 / 面接	16,500	84,600		後援会費 10,000（入会金） 30,000（年会費） 同窓会費 10,000	[年額] 234,600 （4月と10月に分納）		
★	旭川高専〈共学〉	機械システム工学科 40 電気情報工学科 40 システム制御情報工学科 40 物質化学工学科 40	2/9	理英数国社 / 面接	16,500	84,600		後援会費 95,000（5年分） 同窓会費 15,000	[年額] 234,600 （5月と10月に分納）		学生会費 [入会金] 1,000 [年会費] 7,000

○学費のモデルケース（1年次）（とわの森三愛 通信教育課程）

学科	コース	入学金	教育充実費	施設維持費	実習費	レポート教材費	授業料（1単位）	合計
普通科	通学コース	50,000	150,000	144,000	22,800	42,000	12,000	748,000
農食環境科学科	通学コース				45,600			783,000
普通科	通信コース		21,600	20,400	8,400			482,400
農食環境科学科	通信コース				15,600			501,600

備考（函館高専）：その他に教材等経費約32,000円

備考（苫小牧高専）：その他統一テスト代金、諸経費等かかかります

備考（釧路高専）：その他教科書代、傷害保険料等の諸経費がかかります

備考（旭川高専）：その他入学時に教科書・教材費約80,000円（金額は学科によって異なります）

■各校修学旅行・宿泊研修・ホームステイ一覧

《表の見方》各校からの聞き取り調査によるものです。「条件」の欄に特に記載がない場合は原則全員参加です。詳細は年度ごとに変更になる場合があります。

高校名	時期	行き先・道程	日数	おおよその費用	条件
北嶺	高1・3学期	アメリカ ボストン→ニューヨーク	2週間	50万	全員
札幌第一	2年・後期	シンガポール	6	30万	全員
札幌日大	2年・10月下旬	広島ー関西	5	14万	全員
立命館慶祥	2年・ー	ガラパゴス・ボツワナ・ポーランド・リトアニア・ベトナム・タイ・マレーシア(2コース)・アメリカ(3コース)・ネパール・フィンランド・インドネシア・豪州・韓国・台湾・カナダ・NZ	ー	ー	高2全員、他高1高3でも参加可能なコースあり
北海学園札幌	2年・10月下旬	アメリカ合衆国 オレゴン州ポートランド	3週間	約57万	グローバルコース
	2年・12月上旬	沖縄	4	約15万	選択
	2年・12月上旬	シンガポール	5	約28万	
札幌光星	2年・11月	長崎→京都→大阪	5	約15万	全員
札幌大谷	2年・2学期	広島→京都・奈良	5	約16万	普通科
	2年・2学期	京都→浜松→東京	5		音楽科
	2年・2学期	京都・奈良→金沢	5		美術科
北科大高	2年・10月	沖縄・関西	5	16万5千	全員
北星学園大附属	2年・11月上旬	韓国	6	23〜24万	全員
		台湾	6		
		タイ	6		
		沖縄	5	約18万	
		北九州	5		
		中国・四国	5		
札幌創成	1年・4月	ルスツ・ニセコ方面(宿泊研修)	3	3万2千	全員
	2年・11月	京都→大阪USJ→広島・兵庫・愛知等→奈良(修学旅行)	5	14〜16万	全員(選択制)
札幌北斗	2年・2学期	関西	4	15万	全員
札幌静修	2年・10月	広島→京都・奈良・大阪	5	14〜15万	普通科全員
札幌山の手	2年・2学期	広島→京都→大阪	5	15万	
札幌龍谷学園	1年・2月	スキー授業	3	約3万	全員
	2年・10月	関西&広島	5	約16万	選択
		沖縄&東京	5	約18万	
		ハワイ	5	約45万	
	ー・1月	オーストラリア(語学研修)	17日間	約40万	希望者
	ー・8〜9月	ハワイ パシフィック ブディスト アカデミー高校短期留学	45日間	約70万	希望者
札幌新陽	ー・ー	沖縄コース	4	約18万	希望者のみ
		関西コース(京都〜大阪)	4	約14万	
		九州コース(鹿児島〜長崎〜福岡)	5	約18万	
		韓国コース	5	約20万	
北海道文教大附属	2年・10月	広島→関西	4	約15万	希望者
酪農学園大附属とわの森三愛	普通総合進学・2年	京都・奈良→沖縄	5	ー	
	TA健康・2年	関東	3		
	フードクリエイト・2年	四国	5		
	獣医・2年	沖縄	5		
	アグリクリエイト科機農・2年	九州→関西	6		
日本航空北海道	2年・後期	ハワイ(新千歳→ホノルル)	7	25万(学費にて積立)	全員
藤女子	中3、高1・夏休み	オーストラリア	約2週間	約62万	希望者
	高1・3月	カナダ	約2週間	約60万	希望者
	高1、2・8月	イギリス	約2週間	約60万	希望者
	中3〜高2・ー	アイルランド	約2週間	約45万	希望者
	高1・11月	奈良・京都・広島	4	約16万	全員
北星女子	2年・10月下旬	沖縄	6	約20万	3つから選択(普通科と音楽科)英語科は留学
		台湾	6	約20万	
		カンボジア	6	約20万	

高校名	時期	行き先・道程	日数	おおよその費用	条件
函館白百合	2年・11月	広島→京都→大阪	5	約13万	全員
	隔年・ー	フィリピン（ボランティアスタディツアー）	11日間	約20万	希望者
	隔年・ー	ニュージーランド（海外研修）	10日間	約30万	希望者
遺愛女子	2年・2学期	沖縄	5	15万	全員
	1、2年・春休み	オーストラリア	8	38万	希望者
函館大柏稜	2年・2学期	京都→大阪→山梨→東京	5	14万	全員
函館大谷	1年・1学期	ルスツ、工場見学（宿泊研修）	2	2万5千	全員
	2年・2学期	台湾（見学旅行）	5	18万	全員
清尚学院	2年・2学期	東京・神奈川・千葉	4	12万	全員
函館大妻	2年・10月	大阪→兵庫→京都→東京	5	16万2千	全員
北照	2年・2学期	沖縄	5	18万	全員
北星余市	2年・2学期	沖縄	5	15万	全員
小樽双葉	2年・10月	国内（京都・沖縄）	5	20万	全員
	隔年・3月～4月	アメリカ・バーモント州・サウスバーリントン	2週間	負担額20数万円程度 残りは奨学金として給付	希望者から10名程度
	ー・8月～9月	アメリカ・ハワイ州・ホノルル	6週間	100万円越の費用のうち 大半を奨学金として給付	希望者から1名程度
旭川龍谷	2年・10月	関西	5	12万	全員、コース自由選択
		沖縄	5	16万	
		台湾	5	15万	
旭川志峯	2年・10月～11月	国内コース（関西・関東）	5	16万前後	全員（選択制）
		国外コース（台湾）	5	16万5千前後	
	1、2年・1月	タイ（海外研修）	約2週間	25万前後	希望者 （グローバルコース優先）
旭川明成	10/24～10/28	マレーシアコース	5	22万	
		東北・関東コース	5	17万	
		広島・関西コース	5	15万	
旭川実業	2年・2学期	京都ー大阪ー東京	5	16万	選択
		韓国	4	23万	
北見藤	2年・10月	沖縄→関東or関西	5	18万	全員
駒大苫小牧	2年・後期	福岡→長崎→大阪	5	12万8千	
		沖縄→大阪	4	16万4千	100名以上
		台湾→大阪	4	19万8千	40名以上
苫小牧中央	2年・11月	沖縄→大阪（USJ）→京都（予定）	4	18万5千	全員
北海道栄	2年・後期	大阪→東京	5	15万	
稚内大谷	2年・2学期	京都→東京	6	16万	
大谷室蘭	2年・後期	オーストラリア（ケアンズ）	7	32万	国内外の選択希望制
		関西（京都・大阪）・沖縄（那覇・名護・うるま市）	7	21万	
海星学院	2年・10月	アメリカ　ミネソタ州	10	45万	希望者
		沖縄	4	18万	希望者
帯広大谷	2年・3月	ハワイ州オアフ島（ホノルル）	5	約30万	全員
帯広北	2年・11月	関西（大阪・京都）→沖縄	5	約15万	全員
白樺学園	2年・10月～11月	広島→京都→大阪→奈良	5	15万	
	2年・10月～11月	オーストラリア海外研修	6	30万前後（半額学校負担）	
北見商科	2年・後期	広島→関西	5	ー	
とわの森（通信）	2年・11月頃	沖縄研修旅行（変更する場合があります）	4	約16万	希望者
札幌科学技術専門	2年・10月下旬	京都→大阪（USJ）→奈良	4	13万5千	全員
苫小牧高専	3年・11月	第3学年工場見学旅行（道内）	2	2万	全員
	4年・11月	第4学年総合研修旅行（道外）	4	6～10万	全員
旭川高専	2年・6月	札幌・小樽方面	2	約2万	全員
	4年・10月	札幌・登別・室蘭方面	3	約3万	全員
市立札幌旭丘	1年・4月	札幌市内	2	約1万4千	全員
	2年（普通科）・10月	関西方面	4	約12万	全員
	2年（数理データサイエンス科）・10月	大阪・神戸・京都	4	約12万	全員
	ー・1月	アメリカ合衆国　アトランタ市	約9	約20万（過去実施時）	希望者（選考あり）隔年
	ー・1月	イギリス　ロンドン市　ケンブリッジ市	約10	約30～35（過去実施時）	希望者（選考あり）隔年
札幌月寒	2年・後期（10月）	京都（2泊）→大阪（2泊）	5	約12万	全員

高校名	時期	行き先・道程	日数	おおよその費用	条件
市立札幌藻岩	2年・一	京都→大阪→奈良	4	約10万	全員
市立札幌平岸	2年・10月	京都・大阪	4	10万程度	全員
	1年・6月	ニセコ	2	1万5千程度	全員
札幌東	2年・10月	京都・大阪・奈良方面	5	約12万	全員
	1、2年・冬休み	カナダ・バンクーバー	10日程度	約40万	希望者のみ
札幌啓成	2年・10月	関西(京都→大阪→奈良)	4	12万	全員
市立札幌清田	2年・10月	京都→奈良→大阪	4	12万	普通コース
	2年・10月	韓国	5	15万	グローバルコース
札幌白石	2年・10月	関西方面(京都・奈良・大阪)	4	10万	全員
札幌平岡	2年・10月	関西方面(奈良・京都・大阪等)	4	12～13万	原則全員
札幌厚別	2年・10月	広島→関西(大阪・京都)	4	12万	全員
札幌真栄	2年・後期	京都→大阪→奈良	4	約11万	全員
札幌白陵	2年・11月	関西→関東	4	11万	
札幌東陵	2年・10月	広島→京都	4	12万	全員
札幌丘珠	1年・4月	美瑛(大雪青少年交流の家)	3	1万2千	全員
	2年・12月	沖縄	4	12万	全員
札幌東豊	2年・10月末～11月初	京都→大阪→奈良	4	12万	全員
札幌北	1年・4月	ニセコ	3	約1万7千	全員
	1年・1月	アメリカ合衆国 ボストン	9	44万	希望者40名
	2年・10月	奈良→京都	5	約12万	
札幌国際情報	1年・4月下旬	ルスツリゾート(宿泊研修)	3	2万8千	全員
	2年・10月下旬	ハワイ(見学旅行)	5	30万	全員
市立札幌新川	2年・10月	奈良→京都→大阪(USJ)	4	10万	全員
札幌英藍	2年・10月	関西方面	4	約10万	全員
石狩南	2年・10月	京都・大阪・奈良方面	4	約10万	全員
石狩翔陽	2年・10月末	広島→京都→大阪	4	13万	全員
札幌西	2年・10月頃	東京→京都→大阪→奈良	5	12万5千	全員
札幌手稲	2年・10月	関西→広島	4	約12万	全員
札幌稲雲	2年・9月	奈良→京都→大阪	4	12万	全員
札幌西陵	2年・11月頃	京都→奈良→大阪	4	12万	全員
札幌あすかぜ	2年・後期	奈良→京都→大阪	4	12万	全員
江別	2年・10月	奈良→京都→大阪	4	10万	全員
野幌	2年・後期(10月)	奈良→京都→東京	4	11万	全員
北広島	2年・後期	関西方面	4	約12万	全員
北広島西	2年・12月	沖縄(那覇→恩納村)	4	11万	全員
千歳	2年・後期	台湾	5	約17万	原則全員
千歳北陽	1年・4月	国立日高青少年自然の家	2	8千	全員
	2年・10月	広島→京都→大阪→奈良	4	12万5千	全員
恵庭北	2年・12月	沖縄	4	約13万	全員
恵庭南	2年・10月	関西方面	4	約10万	全員
札幌啓北商業	2年・10月	奈良・京都・大阪方面(見学旅行)	4	約10万	全員
札幌東商業	一・10月8日～11日	関西方面	4	12万	全員
札幌琴似工業	2年・2学期	関西方面(京都(2泊)→大阪)〈奈良は見学〉	4	－	全員参加
市立札幌大通	2年・6月	ニセコ→小樽	2	約2万	希望者
	3年・5月	奈良→京都→大阪	3	約9万	希望者
有朋(単位制)	2年・9月	関西方面	4	10万	希望者のみ
函館中部	2年・9月	奈良→京都・大阪→東京	5	－	
函館西	2年・10月29日～11月2日	関西→関東(京都・奈良・大阪→東京)	5	13万5千	全員
八雲	2年・10月末	大阪→奈良→京都→東京	5	約12万	全員
七飯	2年・10月	京都→東京→横浜→千葉	5	12万5千	全員
檜山北	2年・一	広島→京都→大阪→奈良	4	11万	全員
小樽潮陵	2年・10月	学年による	4	－	全員
岩見沢東	2年・一	関西方面(京都→奈良→大阪)	4	12万	全員
三笠	2年・後期	東京・大阪・京都	5	13万	全員
滝川	2年・10月	広島→関西	4	13万	全員
深川西	2年・10月末	京都→奈良→大阪	4	12万	全員

高校名	時期	行き先・道程	日数	おおよその費用	条件
深川東	2年・10月	京都・大阪	4	−	
芦別	2年・10月	京都→奈良→大阪	4	13万	全員
旭川東	2年・10月	大阪・奈良・京都・東京	5	13万	全員
旭川北	−・10月後期	京都・奈良・大阪・東京	5	約14万	全員
旭川南	2年・10月	広島→京都→大阪	5	12万	希望者全員
旭川工業	2年・2学期	京都→大阪→奈良	4	12万5千	全員
鷹栖	2年・後期	関西方面(京都・大阪等)	4	13万	希望者
名寄	2年・10月	広島→京都→大阪	4	14万	全員
士別翔雲	2年・後期	京都→奈良→大阪	5	14万	全員
おといねっぷ美術工芸	1年・5月	北見・網走方面	3	2万5千	全員
	2年・9月	旭川・札幌(東海大学)	3	3万	全員
	3年・4月	大阪・京都・奈良	5	12万	全員
北見柏陽	2年・10月〜11月	奈良→京都→東京	5	13万	
北見工業	2年・10月	長崎・佐賀・福岡	5	約13万5千	全員
美幌	2年・後期11月	広島→京都→大阪	5	15万	希望者
斜里	2年・11月	台湾	4	15万	全員
室蘭栄	2年・前期	奈良→京都→東京	5	−	全員
室蘭清水丘	1年・1月	大沼(茅部郡森町にてスキー・スノーボード研修)	3	3〜4万	基本的に全員
	2年・10月	関西方面(京都・奈良・大阪等)	5	12〜13万	基本的に全員
室蘭東翔	2年・11月	奈良→京都→東京	5	12万	全員
室蘭工業	2年・2学期	広島→京都→奈良	4	12万5千	全員
伊達開来	2年・12月	台湾	5	15万	全員
苫小牧南	2年・10月	広島→京都→大阪→奈良	4	12万	全員
苫小牧西	2年・2学期(10月末)	九州(長崎)→関西(大阪・京都)	4	約12万	全員
苫小牧総合経済	2年・10月下旬	京都・奈良・大阪	4	−	全員
苫小牧工業	2年・2学期	大阪・京都・奈良	4	10万	全員
静内	2年・後期	京都→奈良→東京	5	12万6千	全員
帯広三条	2年・10月	大阪→京都→奈良	5	約12万	全員
帯広緑陽	−・10月22〜26日	関西方面	5	−	
帯広南商業	2年・2学期	広島(平和学習)→大阪(宝塚観劇等)→奈良(文化学習)	5	12万	全員
帯広工業	2年・2学期	広島→関西	5	約13万	全員
音更	2年・2学期	広島・京都	4	12万	全員
清水	2年・10月	広島→京都→(関西自主研修)→奈良	4	12万	希望者のみ
池田	2年・10月	広島→京都→奈良	4	12万	全員
釧路江南	2年・10月	大阪→京都→奈良→東京	5	12万	全員
釧路北陽	2年・9月〜10月	台湾	5	18万	全員
釧路商業	2年・11月	京都→東京	5	12万	全員
釧路工業	2年・12月	沖縄	4	約14万	全員
根室	2年・10〜11月	東京・横浜・鎌倉等	5	12〜13万	全員

■高校部活動一覧

≪各校からの聞き取り調査による 部・局の活動状況の一覧です。≫

区分	学校	バスケット	硬式テニス	ソフトテニス	バドミントン	サッカー	バレー	陸上競技	硬式野球	卓球	剣道	柔道	弓道	空手	水泳	スキー	ソフトボール	ラグビー	ハンドボール	山岳	ダンス	アイスホッケー	吹奏楽	美術	茶道	華道	放送	書道
中高一貫	北嶺	30	50			30	15	10	40	10	25							40							5			5
私立・石狩	北海	○	○			○	○	○	○													○	○	○			○	○
私立・石狩	札幌第一	55	27		28	70	55	45	51	22	22	5	48	6	8	11			○				43	12	7	6	21	12
私立・石狩	札幌日大	40/11	36		44	50		48	71	13	32	13				5	3						100	30	35		23	22
私立・石狩	東海大札幌	○	○			○		○	○							○					○		○	○				
私立・石狩	立命館慶祥	○	○			○		○	○		○	○	○					○			○		○	○	○		○	○
私立・石狩	北海学園札幌	31/13	13/13		30/26	27	女24	30	45	7								8					43	15	30		30	
私立・石狩	札幌光星	○			○	○		○	○												○		○	○	○		○	○
私立・石狩	札幌大谷	女23		8	4	91/24	27/28	34	90	女7							23						50	156	1	6	5	6
私立・石狩	北科大高	27	22/9	24/9	15/14	93	28/28		41	10	9		40	17	7								27	7	5		21	2
私立・石狩	北星学園大附属	55	28		35	79	22	43	58	12	17								6				68	16			11	9
私立・石狩	札幌創成	40		30	38/22	100	18	21	55	16	5					○							12	20	7	5	13	22
私立・石狩	札幌北斗	47			42	9	24		6	30		13						10					22	6	13	5	11	8
私立・石狩	札幌静修	○	○	○	○	○	○	○		○			○					○		○			○	○	○		○	○
私立・石狩	札幌山の手			1	3	62		31	63	○		30							67				31	8	7			
私立・石狩	札幌龍谷学園	○			○																		○	○	○	○	○	○
私立・石狩	札幌新陽	11			16	20		10	40	10	12	3							31				7				2	9
私立・石狩	道文教大附属	8/7				54/31			37												26		28		11		6	
私立・石狩	酪農学園大附属とわの森三愛	○	○	○	○	○	○	○	○				○					○					○					○
私立・石狩	日本航空北海道	女22		7						3																		
私立・石狩	藤女子	○	○		○		○																○				○	○
私立・石狩	北星学園女子	33	14		17	11	15		1				39								38		8	14	23		8	5
私立・渡島	函館ラ・サール	○	○			○		○	○					○	○		○					○		○			○	
私立・渡島	函館白百合	○																				○		○				
私立・渡島	遺愛女子	○			○										○									○				
私立・渡島	函館大柏稜	17/20	7		28	15	2		43	2			18						8/18				16	13				
私立・渡島	函館大有斗	21		12	14	29	9	8	43		6	2								15	25			2				
私立・渡島	函館大谷	39			19	51		12	23	33		9									4							
私立・渡島	清尚学院				33																				5	3		
私立・渡島	函館大妻	16			9	14		12	22		9												19	19	10	6	1	4
私立・後志	小樽明峰	○			○				○																		○	
私立・後志	小樽双葉	13			10		18		37				8				11						17	8	4	1		4
私立・後志	北照					2	60	○	90								5						5				○	
私立・後志	北星余市	10	5		20	10	20		5		10										5			5			15	5
私立・上川	旭川龍谷	○																				○	○	○			○	
私立・上川	旭川藤星	7/26	11		23	9/17			4				21									23		○	13	3	9	13
私立・上川	旭川志峯	○		○		○					○					○								○				○
私立・上川	旭川実業	13/13		27/20	29	128/23	14/26	10	59	19		2	21				7		9		19		50	12		7		2
私立・上川	旭川明成	○		○		○									○	○								○				○
私立・宗谷	稚内大谷	22/10				14/9	男19	14/16	男35												女4		34				男4	
私立・オホーツク	北見藤	52		28	38		12	11		17						5							10	14		8		2
私立・胆振	北海道栄	33/27			27	24	24	40	60		17/17	9				2					7	25	25	7				8
私立・胆振	大谷室蘭	5	12		23	109	7	11	32			2				7						13	46	11		18		8
私立・胆振	駒大苫小牧	55		14	10	58		6	63	24			36									28	75	17	15		7	7
私立・胆振	苫小牧中央	○				○			○													○		○				
私立・胆振	海星学院	46	15			2							19									16		7	16	13		5

≪表の見方≫
・表中の数字は昨年度（2023年度）の在籍人数です。「○」は活動はあるが人数は非公表や、今年度創部のため昨年度「在籍なし」などです。
　また、アミカケは特に活動が盛んな部活（5つまで）を示しています。
・⬚などのマスは「男子10人、女子15人」という意味です。
・「部」「クラブ」「同好会」「研究会」の意味は学校によって異なるので、ここでは区別していません。
・部活動は学校によって名称が異なりますが、活動内容が同じとみなせるものは1つにまとめてあります。また、硬式テニス・ソフトテニスなどは「テニス」としてまとめてある場合があります。
・部活動は人数により創部・廃部となる場合があります。

図書	写真	演劇	新聞	ボランティア	パソコン・コンピュータ	マンガ・アニメ	囲碁	将棋	合唱	理科・科学	軽音楽	英語・英会話	文芸	その他
5	5		5		10		5	10		40				軟式野球25　クイズ25　ディベート10　数学15　鉄道研究会5　ロボット研究会10　古典かるた5　映像5　国連コース25
	○	○	○	○	○				○				○	国際交流　新体操　弁論
17	10	6			○		3	3	**36**	7		17	3	家庭13　インターアクト16　生徒会執行部40　チアリーダー31　弁論4　学校祭運営局7　資格5　体操1
59	16	9	52					6	4	43			35	JRC 3　弁論5　中国語同好会6　軽音楽56　クイズ研究9
	○	○	○	○	○				○				○	家庭　ディベート　機関誌　eスポーツ
	○	○			○				○	○				チアリーディング　弁論研究　自然科学　報道局　国際局　競技かるた　ロボットプログラミング
5					11					11				ゴルフ712　ボクシング3　陸上ホッケー男26女13　相撲　弁論5　青少年赤十字13　少林寺拳法8　International Club 24　競技カルタ7　珠算1　簿記1　囲碁同好会　医療福祉研究同好会
	○	○	○	○	○								○	ゴルフ　馬術　クラシックギター　カトリック研　鉄道研究同好会　フェンシング　ディベート同好会
10	11	14	○		12						17	13	○	**チアダンス19**　生物9　家庭3　フェンシング9　弁論4　ボランティア・宗教4　工芸19　ロボット2　競技かるた8
14	11			9	7				46	9		17		軟式野球24　射撃41
7									7			10		**ホームメイキング89**　情報処理24　北星局23
9	61			20										太鼓46　編集3　イノベーション同好会43　パソコン15　マンガ・イラスト5　科学同好会6　英米語同好会13　文芸同好会8　よさこい10　演劇同好会14　家庭科42　生徒会支援同好会16　フィールドワーク同好会23　ボクシング14　クイズ研究会　eスポーツ同好会16　ダンス同好会12
12	7	**35**			13	10								赤十字20　北斗星編集局12　ホームメイド11　MESS
○	○	○			○				○	○		○		新体操　赤十字　編集　国際交流　パソコン同好会
7		24		21					21			4		女子バスケット24　男子バスケット32　女子バレー23　文芸愛好会　調理16　アニメーション3　英会話愛好会3　ビジネス愛好会　囲碁・将棋愛好会4　広報1　軟式野球10
	○		○	○	○			○					○	弁論　ESS　馬術　吟詠剣詩舞　宗育　ホームメイキング　ロボティクス　ギター
4	4		○						12					アグリクラブ4　スノーボード4　茶道・箏曲6　**女子硬式野球15**　**e-sports研究30**　漫画アニメ研究14
				24					34					園芸5　製菓料理研究30　写真創作15
	○								○				○	音楽　農業（アグリエイト科の全生徒）　ハンドベル　YCA　体操　家庭
													○	ゴルフ7　English部18　学習部3
	○	○		○			○	○		○			○	新体操　オーケストラ　パイロット同好会　宗教倫理研究会　文学・演劇・表現研究会　子どもの本研究会　競技かるた同好会
8	18	20							43					**新体操6**　ワンダーフォーゲル10　ESS 13　ハンドベル24　YWCA 15　手芸18　聖歌隊6
○	○	○	○	○				○	○			○	○	軟式野球　アーチェリー　体操　ジャズ研究　天文　ミッション　模道　クイズ研究
○	○		○			○			○	○			○	ストリングス　編集　白百合局　福祉局　調理　国際交流
○	○	○			○				○				○	新体操　イラスト　家庭
				7						**4**			2	チアリーディング7　社会福祉部9
	6			6	13									マーチングバンド32　ESS 5
10														自転車競技2　剣道・杖道・居合道2　日本拳法
				25										**イラスト15**　料理12
	6			28						○				被服・手芸3　食物14　調理クラブ13　硬筆書写3
	○	○			○				○				○	太鼓　料理　クラシックバレエ　e-sports　書道同好会　アウトドア同好会　おたる案内人同好会
	16			**22**		2				8				仏教研究4
1														W-NoA（ウィー・ノア）　ウエイトトレーニング2
10	20			15								15		ヨット5　野球10
○						○	○							郷土　仏教研究　インターアクト　聖歌隊　大学入試研究会　e-スポーツ　クイズ研究会
									8					家庭科20　弁論9　箏曲22　カトリック研究6
			○	○										軟式野球　調理　商業研究　弁論　チアダンス
13	33	5						1	12	8				太鼓3　旭山5　国際8　クイズ研究10　モータースポーツ7　ものづくり12　アームレスリング10　エンジニアクラブ18　韓流サークル10　商業13
	○		○	○						○				チアリーディング　舞姫　インターアクト　女子硬式野球
20				男9女2										進学クラブ大谷塾　男5女2
4		6		10					8			14		カーリング12　家庭科11
											4			ウェイトリフティング1　駅伝 男11女6　相撲4
		4												インターアクト12　**女子サッカー32**
	2								13					チアリーディング15　スピードスケート16　女子硬式野球40　ゴルフ11　社会福祉11　ストリートダンス同好会10
○				○	○									
												17	4	快晴農園部7　運動同好会14　コーラス部7

		バスケット	硬式テニス	ソフトテニス	バドミントン	サッカー	バレー	陸上競技	硬式野球	卓球	剣道	柔道	弓道	空手	水泳	スキー	ソフトボール	ラグビー	ハンドボール	山岳	ダンス	アイスホッケー	吹奏楽	美術	茶道	華道	放送	書道
私立・釧路	武修館	9			14	28	7	25	23	7	6											33	4	10			○	3
私立・十勝	帯広大谷	○	○	○	○	○	○	○	○		○		○	○				○			○		○	○	○	○	○	○
私立・十勝	帯広北	32/21	15		39	92/11		8	39				11										37	4	4			5
私立・十勝	白樺学園	○			○	○	○	○	○			○	○	○	○	○						○					○	
高等専修	札幌科学技術専門	7			4					3																		
高等専修	苫小牧高等商	○			7						6	7							9						○		6	1
高等専修	北見商科高等専修			○																								
通信	北海道芸術																										7	
通信	酪農学園大附属とわの森三愛																						1					1
通信	N/S高																				○			○				
高専・上川	旭川高専	21		21	10	35	7	12	23	22	18			5	4			6			5		17			13		
高専・渡島	函館高専	○	○	○	○		○	○	○									○	○			○	○					
高専・胆振	苫小牧高専	17	8	18	33	21	31	9	20	21	8						3		18		8		9	7	8			14
高専・釧路	釧路高専	29	12	17	31	37	36	25	23	15	14	2		7							7		33	○	23			
公立・石狩	札幌南	○	○	○	○	○	○	○	○	○	○		○			○		○	○				○	○	○	○	○	○
公立・石狩	市立札幌旭丘	○	○	○	○	○	○	○	○	○	○		○										○	○	○	○	○	○
公立・石狩	札幌月寒																○		○									
公立・石狩	市立札幌藻岩	○																							○			
公立・石狩	市立札幌平岸	40	20		70	50	40	20	40	20							5						30	100	10	10	30	20
公立・石狩	札幌南陵				○		○	○											○								○	○
公立・石狩	札幌東	○														○							○	○				
公立・石狩	札幌啓成	16/15	17/10	24/8	32/28	36	33/14	37	29	27	8		20					11	21				43	30	22		18	9
公立・石狩	市立札幌清田	43	29	23	58	33	49	24	31	11			55					34					42	24	27	9	6	16
公立・石狩	札幌白石	○	○	○	○	○	○	○	○	○													○	○			○	○
公立・石狩	札幌平岡	○	○	○	○	○	○	○	○	○													○	○			○	○
公立・石狩	札幌厚別	36	10		44	20	42	21	29		28		49	25				43						60	8		3	○
公立・石狩	札幌真栄	21		9	25		27	3	21		1	3							13				5				13	4
公立・石狩	札幌白陵	○			○	○				○													○					○
公立・石狩	札幌東陵	36/8	9	16	26	30	17/15	9	16	16	6		35										14	8	8		5	8
公立・石狩	札幌丘珠	33/12	4	22	36/11	14	28/14	23	39		11								28/12				10	10	9		20	6
公立・石狩	札幌東豊	12		10	31	25		7	13	2													2	2	3		6	1
公立・石狩	札幌北	12/18	26/17	9/18	28/28	25	36/18	17/17	25	24	3	5	18/25	8	10	1							75	3	25	20	15	3/12
公立・石狩	札幌国際情報	27/15		31	35/22	28	31	53	76	23							16	5					147	8	31	13	15	6
公立・石狩	市立札幌新川	57	22	25	76	48	66	29	41		21		70						46				86	11	6		24	8
公立・石狩	札幌北陵	46	29	32	69	21	61	28	30	24			61						45				50	25	27		19	10
公立・石狩	札幌英藍	51	16	8	58	29	40	11	21		1	2	46	11									27	10	10		6	8
公立・石狩	石狩南	○	○	○	○	○	○	○	○	○							○		○				○	○	○		○	○
公立・石狩	石狩翔陽	63	16		47	28	7	18	19	19		19									18		42				12	20
公立・石狩	当別	10	5		14	11		6		7													11	2			2	1
公立・石狩	札幌西	37	37	14	40	37	44	36	25	33	10		43					52		7	50			15		19	21	9
公立・石狩	札幌手稲	34	36		59	32	32	39	21	24	21		66	27		2					27	33	68	18	29		24	
公立・石狩	札幌稲雲	29/15	23/14		20/16	35	32/16	30	28	17		2	55			7		8					50	18	24	4	10	5
公立・石狩	札幌西陵	15	14	5	11	42	31	22	18	11	3	1											23	8	6	2	23	4
公立・石狩	札幌あすかぜ	○		○									○										○	○			○	○
公立・石狩	大麻	○	○	○	○	○	○	○	○	○			○				○		○				○	○			○	○
公立・石狩	江別	16/9		16/12	20/11	21	29/2	7	21	12	6	10	29							8	24		12	14	16	7	7	9
公立・石狩	野幌	9	2		15	3		10	11	1	4												6		4		15	7
公立・石狩	北広島	49	34	40	67	49	52	29	33	42	29	1					13						41	10	20	8	40	33
公立・石狩	北広島西	○	○	○	○	○	○	○	○	○													○	○			○	○
公立・石狩	千歳	50	40	20	34	37	44	14	28	28	27		64						13				51	14	15	6	3	2

図書	写真	演劇	新聞	ボランティア	パソコン・コンピュータ	マンガ・アニメ	囲碁	将棋	合唱	理科・科学	軽音楽	英語・英会話	文芸	その他
	15				4									箏曲8　チアダンス11
○	○	○	○	○								○		イラスト　料理研究
○	6	8		10	2				3					チアリーディング16　レスリング9　漫画・イラスト10　箏2　国際交流6　生徒会執行部7　ブレイクダンス8
○	○		○											スピードスケート　ゲートボール　フットサル　ユネスコ　IT研究　勉強同好会　イラスト同好会　ドローン同好会　芽室ジモト大学附属高校探求部　社交ダンス
					8									軟式野球6
7	5			4	14						16			クッキング10　電卓2　簿記　総務局10　イラスト・デザイン13　バレー同好会5　ダンス同好会　レスリング同好会3
														簿記　電卓　フライングディスク
	22										29			デッサン27　アニメーション35　3DCG23　デザイン14　LBC12　エンターテイメント6
	3													
							○	○						起業部　投資部　政治部　eスポーツ部　研究部　音楽部　プログラミング部　クイズ研究会　人狼部　その他同好会多数
	6				26						26			アーチェリー12　イラスト9　ロボット27　数理10　発明11　トレーディングカードゲーム8　最先端テクノロジー14　小手返し研究会2　化学同好会8　こせんれぼ2　航空研究会10　e-Sports Lab24　ボードゲーム同好会2　模型同好会7
	○		○				○			○	○			アーチェリー　ロボット研究会　魚を釣って食べる会　革細工愛好会　GX研究会　お茶研究会　料理部　ソーラーカヌー愛好会　天文部　発明愛好会　珈琲研究会　化学探偵会　Fast swinger　e-sports愛好会　LSQ(レスキュー)　創作部　実用英語練習会　プロコン研究会　モルック愛好会
21	13			13	10	10			13	44	36			アーチェリー18　フットサル3　カーリング5　ロボット45　構造デザイン2　少林寺拳法13　卓上ゲーム同好会9　鉄道研究同好会13
	37						○				28			アーチェリー31　自転車14　ロボット23　ギター　アマチュア無線　ドイツ語　総合デザイン　プログラミング23　レゴブロック　ゲーム開発　ボディービルディング7　百人一首　DTM　宇宙科学技術　科学ボランティア18　ロットランチャープロジェクト13　数学19　トランポリン4　鉄道　eスポーツ50　コーヒー
○		○				○	○	○	○	○	○			ゴルフ　ホームサイエンス　駅伝　よろずや　ESS
○	○	○	○	○									○	チアリーディング　弁論　ICC局(国際交流局)　メディア局　創画　創楽　サイエンス
○	○				○	○				○		○		アーチェリー　生活科学　マンドリン　文芸創作
○	○				○	○		○						イラスト　ホームサイエンス　フィールドサイエンス　ワンダーフォーゲル　ユネスコ　ボランティア
2	30	2		10							60	10		体操10　生物20　家庭(文化倶楽部)40　アンプラグト・ギター40　生徒会執行部30　創作部20　数学同好会10
○	○									○				
○	○			○		○		○	○	○			○	体操　生物　映画研究　フォークソング　ESS　学友会(生徒会)　科学　競技かるた
18	42	11	15	16				5	8	32				アーチェリー33　体操26
13	26			10					6		15	10		料理21
○	○			○		○								体操
											○	○		
8	14	○		57						3	51			情報処理9　漫画・イラスト33　音楽局(吹奏楽、管弦楽、合唱、日本音楽)44
11				33										美術・漫画研究15
○														グッドホームクラブ　国際
14	26	5	5	13					11					イラストレーション同好会24　体操25
	43				31	7	25				9			家庭(1年生全員加入)261
7	2	10			5									レスリング6　イラスト16
3/6	8	6			14		○	8		22	38		6	ICC20　世界史研究4　FHK17　地球惑星科学10　数学研究11　生物10　ワンダーフォーゲル男25女6　物理化学20　生徒会執行部48　競技カルタ6
7		11	10	31	19				14			48		ワープロ7　商業研究10　情報技術19　お箏の会14　数楽研究28　なぎなた54　自然科学11
10	23				8	13				12	74		5	
9	55					21			8	10				チアリーディング25　少林寺拳法25
9	15	5	5		46	14	6					4		アーチェリー8　バトントワリング22　ギター45　郷土研究5　ホームメーキング63　ピア・サポート7　生徒会事務局54　体操16
○	○	○			○	○			○					
15		6	4	4	6						7		3	ボート25　料理30　イラスト36　ワープロ9　太鼓32　美術・工芸16　生物11
1	1			2	2	2								漢字同好会　生徒会8　農業クラブ6　家庭クラブ10
15		19	15						11		96		10	邦楽8　オーケストラ66　マンガ・イラスト11　科学20
15			3		11	25			12	12		28		家庭30
8	21	16				31			15					
15	20	8					4	4	3					イラスト32
○		○				○								ウェイトリフティング　料理
	○	○				○			○				○	少林寺拳法　イラストデザイン　チアリーディング
9	7			21	29							6		商業研究部11　ホッケー15　家庭18
2	5	◎		29	7	4	3	3						調理10
8	21					10		4			21			ESS11　アウトドア18　チアリーディング15　生物13
○	○			○	○								○	LCC　生徒会執行部
12	39	○	1	17		18						22		料理81　ワープロ21　ビジネススタディクラブ19　フィールドサイエンス13　クイズ研究14

区分	学校	バスケット	硬式テニス	ソフトテニス	バドミントン	サッカー	バレー	陸上競技	硬式野球	卓球	剣道	柔道	弓道	空手	水泳	スキー	ソフトボール	ラグビー	ハンドボール	山岳	ダンス	アイスホッケー	吹奏楽	美術	茶道	華道	放送	書道
公立・石狩	千歳北陽	男3			5/3		10	3							5								10	8			6	3
公立・石狩	恵庭北	34	10		14	17	31	27	28	20			25										6	3	16		3	5
公立・石狩	恵庭南	36/10	11		38	34	22/18	40	25		27	20		26									20	5	2		3	○
公立・石狩	市立札幌啓北商業	35	3	16	27	20	40	12	34	8							14						18	8	14	4	15	4
公立・石狩	札幌東商業	19	13	6	16	15	23	9		11	11		15				16						17	6	14	18	11	7
公立・石狩	札幌琴似工業	14	10	19	19	19	19	7	25	19	1	28	24		○				25				13		15		25	
公立・石狩	札幌工業	○	○	○	○	○	○	○		○	○	○		○									○	○			○	
公立・石狩	市立札幌大通	○			○		○			○												○	○	○	○			○
公立・石狩	有朋	5					6														12			16			5	1
公立・渡島	函館中部	17/16	17		31	19	14/12	36	31	15	8		45						15				30	7	22	8	6	10
公立・渡島	市立函館	39	19	24	39	31	42	36	23	15			50					5	32	5			70	28	7		6	11
公立・渡島	函館西	30	18		45	27	49	20	26	11	9			10									54	16	19		12	14
公立・渡島	函館商業	○		○			○								○								○	○			○	○
公立・渡島	函館工業	34		17	29	18	26	26	25	12	3	6	15					11	35				6	8			3	
公立・渡島	函館水産	○		○			○		○					○														○
公立・渡島	大野農業	3		4	4	1	8	7	9		2						6							○	10		2	
公立・渡島	八雲	2		12	24	12		18	11	6	3	2									9		11	17	9			
公立・渡島	七飯	19	8		25	13	11	11	12		18												6	11	4		6	
公立・檜山	檜山北	女11		15	17	5		11	17														13	11	6			11
公立・後志	小樽潮陵	36	21	9	30	28	32	29	20	17			42	4					29		10		30	25	10		15	9
公立・後志	小樽桜陽	○	○	○	○	○	○	○	○	○		○		○			○	○					○	○			○	
公立・後志	小樽未来創造	7	5		6	5	15	15	2	7			7										2	10	5	5	10	
公立・後志	小樽水産	23			15	16	13	17	13	8	6	8	9	3													4	
公立・空知	岩見沢東	○	○	○	○	○	○	○	○	○			○		○				○				○	○			○	
公立・空知	岩見沢西												○															
公立・空知	岩見沢緑陵	○	○	○	○	○	○	○	○	○			○						○				○	○			○	
公立・空知	三笠																											
公立・空知	美唄聖華	5		7	12		7	5					8										3		5			12
公立・空知	滝川	31		44	24	32	29	28	38	22	1		31						7				46	15	13		17	16
公立・空知	滝川西	46	13	27	34	35	44	39	53	22		5		5			4						54	17	14	24	3	11
公立・空知	深川西	男8	3		14		11/17	14	7	9			18										21	4			11	
公立・空知	深川東	5			7		2	9	5		3	7											2	9				
公立・空知	芦別	○		○			○		○								○	○					○	○			○	
公立・留萌	留萌	○	○	○	○	○	○	○	○	○	○			○									○	○			○	
公立・上川	旭川東																					○						
公立・上川	旭川北	29/13	9/20	女18	30	46	23/21	36	35	25	10						女10		26				44	22			8	19
公立・上川	旭川西	23/18	23	38	37	29	25/14	33	34	5									12				47	19	17	2	8	32
公立・上川	旭川南										○	○										○						
公立・上川	旭川永嶺																				○							
公立・上川	旭川商業	9		27	45	20	5	11	14	8	10		23				9						58	15	32			16
公立・上川	旭川工業	34		27	22	40	31	25	36	16	9	5					20		17				15	6	10		18	12
公立・上川	富良野	30	17		23	17	37	14	35								11		15		16		20	10	5		11	13
公立・上川	富良野緑峰	○			○		○		○												○		○	○			○	
公立・上川	鷹栖				5			1															5	5				
公立・上川	東川	4		2	14			11															4	12	5			
公立・上川	名寄	○		○	○	○	○	○								○							○	○			○	
公立・上川	士別翔雲	9	18	17	31	1	9	39	31	22			30										23	11			10	
公立・上川	おといねっぷ美工				12																			41				
公立・宗谷	稚内	15	28		16	23	19	12	21	5	2	1											20	10	9		4	7
公立・網走	北見北斗	○	○	○		○	○						○				○		○				○	○	○		○	

322

図書	写真	演劇	新聞	ボランティア	パソコン・コンピューター	マンガ・アニメ	囲碁	将棋	合唱	理科・科学	軽音楽	英語・英会話	文芸	その他
5	18	8		18						6				レスリング　創作漫画10　軟式野球11
36	21				11	22								生物20
4	9	9	○	8		15								クロスカントリースキー4　新体操（男子）18　ボクシング1
9		8			3	10						5		アーチェリー21　簿記7　商業クラブ　ワープロ8
6	33	8	2	17		33					50	22		ボウリング29　珠算8　簿記20　マーケティング25　ワープロ12　中国語6　料理16　情報処理11
12	12										19			ロボット研究8　ITエンジニア13　化学3　電子機械研究16　ウェイトリフティング20　ワンダーフォーゲル17　電気研究3　コンピューター27　アニメーション30
○	○		○											ボクシング　ボウリング　ワンダーフォーゲル　パソコン同好会　鉄道研究同好会　メカ技巧　建築研究同好会　電気研究同好会　土木研究同好会　現代文化研究同好会　アマチュア無線同好会　野球
○	○					○	○	○					○	和太鼓伝統芸能　遊語　メディア局　生物
														軟式野球13　ビジネス3
5	6	12						6	○	23	30	21		学業局2
13	7	5	2								45		5	チアリーディング20　漫画研究17　国際交流18
9	49									16			3	競技かるた10
○	○			○	○	○			○					ワープロ　商業研究　簿記　珠算
9	8		7								32			映画研究11　生物18　自然科学3　自動車20　作法6　計算機器1　マイコン13　テニス6　空手道4　ものづくり愛好会24
	○		○											ボート　相撲　ヨット　イラスト同好会　音楽　模型工作　花と暮らしを楽しむ同好会　函水クラブ
		4	4	16										相撲19　フェンシング8　ホルスタインクラブ10
2			○											
	20			19						4			8	
				24										
19	6	11	5	8				4			39		4	チアリーディング20　ボート25　料理14　箏12　音楽3　科学11
○	○	○	○								○			ボート　菓子研究　ペン画
5	20		3	15	5						5			簿記5　ワープロ5　情報技術研究10　科学研究5　建設5　珠算5　商業研究10
2						6					32			ヨット11　相撲5　登山1　生物27　報道1　茶華道4
○	○			○	○				○	○			○	
○	○													
	○			○	○					○				簿記
														調理35　製菓42　地域連携10
				21							26			手話・点字32
9	24	1	5			10		14		36				国際4　料理24
5		3	17									14		軟式野球32　商業クラブ14　珠算5　簿記同好会2　コミュニティ・サービス17　情報処理21
2	10													茶華道3
7	8			11										農業クラブ41　商業クラブ42
		○								○				
	○	○	○	○										理科研究　木工研究会　電子工作研究会　商業研究会　萌陵局　英会話部
○		○	○		○	○			○	○	○	○	○	応援団　音楽（合唱）　天文　クイズ
		16	2	10			14			8				チアリーディング21　少林寺拳法21　応援団15　音楽46　アーチェリー31
○	15	5								32		3	9	体操10　ファッションクリエーター5　インターアクト6　音楽8
○	○	○		○							○		○	少林寺拳法　英語検定同好会
○		○	○	○										ライフ・クリエイト・クラブ　国際クラブ
17	25	6		17									8	体操4　家庭20　ワープロ　商業研究5　簿記2　珠算10
10	35	24	12	11										情報処理35　ボクシング20　工業クラブ30
	16	22	8							10				総合競技（少林寺）12
○		○												商業クラブ　工業クラブ　農業クラブ（全員）　美術イラスト
														3L's 5　商業研究2
		11		42										クロスカントリースキー8
			○	○										家庭
11			8	10										ウエイトリフティング8　国際14
											15		2	工芸30　家政8　アルペンスキー1　クロスカントリースキー2
1	24		1							6	10			商業クラブ3
○		○												サイエンスクラブ　棋道

区分	学校名	バスケット	硬式テニス	ソフトテニス	バドミントン	サッカー	バレー	陸上競技	硬式野球	卓球	剣道	柔道	弓道	空手	水泳	スキー	ソフトボール	ラグビー	ハンドボール	山岳	ダンス	アイスホッケー	吹奏楽	美術	茶道	華道	放送	書道
公立・網走	北見柏陽	24/24	9/32	13/19	34/20	30	24/20	49	33	23	18		35	28	4								29	40	11		14	
公立・網走	北見緑陵	34		37		28	24	23	15	6			40				5						14	4	9	9	3	
公立・網走	北見商業	21		20	14		15	7	12	4		9	23				4						12	12				
公立・網走	北見工業	18	22		18	18	15	3	18	8		8	18						16								○	
公立・網走	美幌	7		20	11		3		8				17			6		5					10	4				
公立・網走	網走南ケ丘	26		30	39	24	39	33	○	13	12		35										52	21			22	
公立・網走	網走桂陽	○		○	○	○	○	○	○	○			○										○	○	○		○	
公立・網走	斜里		○				○	○	○				○										○		○	○		
公立・網走	遠軽	32		29	14	29	25/10	37	75	10	4		25			3	16	28			25		60	14			7	
公立・胆振	室蘭栄	○	○	○	○	○	○												○	○			○	○			○	○
公立・胆振	室蘭清水丘	8/8	4/2	19/13	27	21/4	19/13	11/12	23	13													9	10	13		6	
公立・胆振	室蘭東翔	○	○	○	○	○	○		○	○			○	○									○	○			○	○
公立・胆振	室蘭工業	7		11	6	6	16	5	3	6		5							6				13				12	
公立・胆振	伊達開来	35		24	22	25	42	20	24	29	2	3	31				11						16	6			4	
公立・胆振	登別青嶺	14		10	26	19	11	4	9	13					4				16				14	7	12		4	
公立・胆振	苫小牧東	54	14	34	34	45	38	34	32	24	7	1	50	2								18	68	13	22		12	18
公立・胆振	苫小牧南				○		○		○	○													○	○			○	
公立・胆振	苫小牧西	21/9		23	37		11	5	6	2			30								18	○	31	18	7			4
公立・胆振	苫小牧総合経済	16			3	12		6	2	5			3				3						4			25	5	
公立・胆振	苫小牧工業	21	30	23	3	26	16	15	29	14	6	6							17			18	17	13			12	
公立・胆振	白老東	○	○		○	○			○														○	○			○	
公立・日高	静内	18/11		男2	28	19	20/13	20	31	4	5								17				20	15	11		7	18
公立・日高	浦河	13/5		11	22	11	1	1	15	2			20										25	10	14		8	
公立・十勝	帯広柏葉	○	○	○	○	○	○	○	○				○			○	○	○					○	○			○	
公立・十勝	帯広三条	51	35	17	27	42	40	24	36	19	4						12	50					63	16	13	7	5	22
公立・十勝	帯広緑陽	○	○	○	○	○	○		○				○										○	○			○	
公立・十勝	帯広南商業	13	16	18	18	31	12	22	20	14	17		38						7				35	10	34	30	9	11
公立・十勝	帯広工業	30		30	28	35	16	15	31	16	3		22	9					18			14	24	12			2	
公立・十勝	芽室	19	○	8	17	33	4	27	20	8											15		41	11	14		6	9
公立・十勝	音更	10	12		12	4	8	5	9	4	8										4		10	4			2	8
公立・十勝	鹿追	○	○	○	○	○	○		○	○													○				○	○
公立・十勝	池田	○			○	○			○				○										○	○			○	
公立・十勝	清水	8		6	21	7		6	2				6									29	5	10	5		16	6
公立・十勝	本別			○					○	○			○										○				○	
公立・釧路	釧路湖陵	○	○	○	○	○	○	○	○				○	○	○				○			○	○	○			○	
公立・釧路	釧路江南	30	15	25	37	25	25	22	32	23	1	2	○				6		38			7	43	21	16		4	12
公立・釧路	釧路北陽	39	18	21	34	35	10	30	31	17	11	6	34				10		36		12	3	49	14	10		8	10
公立・釧路	釧路明輝	○		○	○	○	○		○	○	○								○				○				○	○
公立・釧路	釧路東	14			9		14	5					15						5				7	32	3		3	
公立・釧路	釧路商業	5	○	8	24		8		4	6					5				20				3	10	14		7	5
公立・釧路	釧路工業	20		12	10	18	14	16	23	15		6	15	1				2	17			11	4	16			5	
公立・根室	根室	14		26	26	16	18/7	24	21	9	4	6				8			2				14	5	15		11	3
公立・根室	中標津	○		○	○	○	○		○	○							○						○	○			○	

図書	写真	演劇	新聞	ボランティア	パソコン・コンピューター	マンガ・アニメ	囲碁	将棋	合唱	理科・科学	軽音楽	英語・英会話	文芸	その他
6	20		6	79										
		11												
6	14	3												応援団9　商業クラブ
8										9				ものつくり研究11
	19			13										
		9	10									13		ボート14
○			○	○										ボート
7	19			21								7		
○	○			○				○	○					手話　文芸挿画　国際交流　総合理系
7		1/6	○	6									2/4	国際19
○			○		○						○			
4			6	11										工業技術研究3　建築ものづくり
12			3	40		10					42			家庭19
10				41										
16	34	14	4	9					6	27				軟式野球7　少林寺拳法4
○		○		○										
14	40	11											6	
5	15			12	5	11					17			国際13　マーケティング9　簿記6　ワープロ9
	50		8		11									機械工作研究16　スピードスケート1　計算技術4　アマチュア無線9　土木研究4　建築研究1　ワープロ1　自然環境研究12　電気4
7				23			12							料理43　馬術2
	35													馬術6
○	○	○	○			○		○	○	○				国際交流　化学研究　数学研究　ポピュラー音楽　総合文化　生物研究
15	13	5							37					アーチェリー23　応援団24　スケート22　フィールドサイエンス7
○														マルチメディア
29	31			15										スケート15　クッキング26　ワープロ7　ESS 12　簿記3　珠算5　バトントワリング21　OA 37　購買15　イラスト13
10			7											アーチェリー12　工業46
7	26		15	48										
2	10	5		21										管弦楽14　農業倶楽部6
	○	○		○										弁論　eスポーツ
				○								○		スピードスケート
19		8	20											
				○										家庭
○	○	○	○						○		○	○	○	チアリーディング　家政　スケート　探求部
13	7	13							2		30			ドレスメーカー養成同好会24　蝦夷太鼓43　スケート1
8	14	6									13		6	家政21
○	○	○	○	○		○				○	○			商業研究
○				23										家庭14
19	7	7	○											スピードスケート1　キッチン34　ワープロ14　商業クラブ5　簿記6　情報処理6　創作6　ESS 5
7	9		○							4				軟式野球9　マイコン7　スピードスケート1　工業化学研究会18　計算競技　ボート2
	13	14		24								○		商業研究1　ロック12　北方領土根室研究8
○	○			○	○				○		○	○	○	商業　簿記　天文研究会

■公立×私立・高専 併願パターン一覧

《資料の見方》
● 2024年の道コン事務局入試結果調査に基づく公立高校受験者の私立高校・高専の併願割合を一覧に示します。
　（公立の各校ページにも同じデータを掲載しています。）
● データが少ない高校は割愛しています。

石　狩		
公立高校	私立A日程（割合）	私立B日程（割合）
札幌南	札幌光星　ステラ　70%	札幌第一　文理選抜　71%
	札幌光星　マリス　23%	札幌第一　文理北進　15%
	札幌日大　プレミアS　7%	立命館慶祥　SP　8%
		その他　6%
市立札幌旭丘	札幌光星　マリス　69%	札幌第一　文理北進　41%
	札幌光星　ステラ　8%	北海　特進・特進クラス　20%
	札幌日大　特進　5%	札幌第一　文理選抜　15%
	その他　18%	その他　24%
札幌月寒	札幌光星　マリス　64%	札幌第一　文理北進　46%
	札幌日大　特進　14%	北海　特進・特進クラス　25%
	北海学園札幌　特進　12%	北海　進学　8%
	その他　10%	その他　21%
市立札幌藻岩	東海大札幌　特別進学　28%	北海　進学　47%
	北海学園札幌　特進　24%	北海　特進・特進クラス　18%
	札幌光星　マリス　13%	札幌第一　文理北進　16%
	その他　35%	その他　19%
市立札幌平岸	北海学園札幌　総進　26%	北海　進学　52%
	北海学園札幌　特進　21%	札幌龍谷学園　プログレス進学　15%
	札幌創成　A特進　12%	札幌龍谷学園　特進　8%
	その他　41%	その他　25%
札幌南陵	札幌静修　総合　50%	
	札幌北斗　総合　25%	
	東海大札幌　総合進学　25%	
札幌東	札幌光星　マリス　55%	札幌第一　文理北進　51%
	札幌日大　特進　18%	札幌第一　文理選抜　29%
	札幌日大　プレミアS　11%	北海　特進・特進クラス　7%
	その他　16%	その他　13%
札幌啓成	札幌日大　特進　51%	北海　特進・特進クラス　18%
	札幌日大　総合進学　18%	北海　進学　17%
	北海学園札幌　特進　11%	北星学園大附属　特別進学　15%
	その他　20%	その他　50%
市立札幌清田	北海学園札幌　特進　31%	北海　進学　51%
	北海学園札幌　総進　21%	北海　特進・特進クラス　15%
	札幌日大　特進　18%	札幌第一　文理北進　9%
	その他　30%	その他　25%
札幌白石	北海学園札幌　総進　40%	北星学園大附属　進学　50%
	札幌創成　A特進　16%	北海　進学　10%
	札幌日大　総合進学　10%	札幌龍谷学園　プログレス進学　10%
	その他　34%	その他　30%
札幌平岡	北海学園札幌　総進　57%	北星学園大附属　進学　57%
	札幌日大　総合進学　10%	北海　進学　16%
	札幌静修　総合　5%	とわの森三愛　総合進学　9%
	その他　28%	その他　18%

石　狩		
公立高校	私立A日程（割合）	私立B日程（割合）
札幌厚別	北海学園札幌　総進　31%	北星学園大附属　進学　67%
	札幌北斗　進学　22%	とわの森三愛　総合進学　16%
	札幌静修　総合　10%	道文教大附属　普通　4%
	その他　37%	その他　13%
札幌真栄	札幌北斗　総合　31%	札幌龍谷学園　未来創造　79%
	札幌北斗　進学　24%	北星学園大附属　進学　14%
	札幌静修　総合　17%	とわの森三愛　アグリクリエイト機農　7%
	その他　28%	
札幌東陵	札幌北斗　進学　26%	札幌龍谷学園　未来創造　50%
	札幌創成　特進　14%	札幌龍谷学園　プログレス進学　22%
	札幌北斗　総合　13%	北海　進学　11%
	その他　47%	その他　17%
札幌丘珠	札幌北斗　総合　58%	札幌龍谷学園　未来創造　100%
	札幌北斗　進学　11%	
	札幌静修　総合　8%	
	その他　23%	
札幌東豊	札幌北斗　総合　50%	
	札幌北斗　進学　33%	
	札幌山の手　未来デザイン　17%	
札幌北	札幌光星　マリス　48%	札幌第一　文理選抜　62%
	札幌光星　ステラ　36%	札幌第一　文理北進　26%
	札幌日大　プレミアS　8%	北海　特進・特進クラス　2%
	その他　8%	その他　10%
札幌国際情報	札幌光星　マリス　40%	札幌第一　文理北進　31%
	北科大高　特別進学　16%	北海　特進・特進クラス　29%
	北海学園札幌　特進　8%	北海　進学　19%
	その他　36%	その他　21%
市立札幌新川	北科大高　特別進学　27%	北海　特進・特進クラス　38%
	札幌光星　マリス　21%	北海　進学　26%
	札幌創成　S選抜　12%	札幌第一　文理北進　16%
	その他　40%	その他　20%
札幌北陵	札幌創成　S選抜　23%	北海　進学　60%
	札幌創成　A特進　23%	北海　特進・特進クラス　20%
	北海学園札幌　特進　15%	札幌龍谷学園　特進　4%
	その他　39%	その他　16%
札幌英藍	札幌創成　特進　34%	札幌龍谷学園　未来創造　37%
	札幌創成　A特進　32%	札幌龍谷学園　プログレス進学　33%
	北海学園札幌　総進　9%	北星学園大附属　進学　16%
	その他　25%	その他　14%
石狩南	札幌創成　A特進　41%	札幌龍谷学園　プログレス進学　40%
	北科大高　進学　20%	北海　進学　38%
	北海学園札幌　総進　11%	札幌龍谷学園　特進　7%
	その他　28%	その他　15%

石 狩

公立高校	私立Ａ日程（割合）		私立Ｂ日程（割合）	
石狩翔陽	札幌北斗　総合	28%	札幌龍谷学園　未来創造	70%
	札幌創成　特進	23%	札幌龍谷学園　プログレス進学	17%
	札幌北斗　進学	22%	札幌龍谷学園　特進	5%
	その他	27%	その他	8%
当別	札幌北斗　総合	28%		
	札幌山の手　未来デザイン	28%		
	札幌北斗　進学	28%		
	その他	16%		
札幌西	札幌光星　マリス	54%	札幌第一　文理選抜	46%
	札幌光星　ステラ	28%	札幌第一　文理北進	35%
	北科大高　特別進学	7%	北海　特進・特進クラス	7%
	その他	11%	その他	12%
札幌手稲	北科大高　特別進学	38%	北海　進学	31%
	北科大高　進学	17%	北海　特進・特進クラス	22%
	札幌光星　マリス	16%	札幌第一　文理北進	21%
	その他	29%	その他	26%
札幌稲雲	北科大高　進学	36%	札幌龍谷学園　プログレス進学	59%
	北海学園札幌　総進	22%	北星学園大附属　進学	13%
	札幌創成　Ａ特進	16%	北海　進学	10%
	その他	26%	その他	18%
札幌西陵	札幌山の手　未来デザイン	31%	札幌龍谷学園　未来創造	65%
	札幌山の手　プログレス	14%	札幌龍谷学園　プログレス進学	21%
	北海学園札幌　総進	12%	北海　進学	5%
	その他	43%	その他	9%
札幌あすかぜ	北照　普通	30%	札幌龍谷学園　未来創造	100%
	札幌北斗　総合	20%		
	札幌北斗　進学	20%		
	その他	30%		
大麻	札幌日大　総合進学	38%	北星学園大附属　進学	32%
	札幌日大　特進	16%	とわの森三愛　総合進学	25%
	北海学園札幌　総進	14%	北海　進学	7%
	その他	32%	その他	36%
江別	札幌北斗　総合	32%	とわの森三愛　総合進学	58%
	札幌北斗　進学	24%	北星学園大附属　進学	20%
	札幌静修　総合	20%	札幌龍谷学園　未来創造	17%
	その他	24%	その他	5%
北広島	札幌日大　特進	77%	札幌第一　文理北進	31%
	札幌光星　マリス	8%	北海　特進・特進クラス	16%
	札幌日大　プレミアＳ	4%	北海　進学	12%
	その他	11%	その他	41%
北広島西	札幌北斗　進学	50%	北星学園大附属　進学	50%
	札幌北斗　総合	16%	札幌龍谷学園　未来創造	50%
	札幌山の手　未来デザイン	16%		
	その他	18%		
千歳	札幌日大　総合進学	40%	道文教大附属　普通	79%
	札幌日大　特進	32%	北星学園大附属　進学	10%
	北海学園札幌　総進	5%	北星学園大附属　特別進学	2%
	その他	23%	その他	9%
千歳北陽	札幌北斗　総合	75%		
	札幌山の手　未来デザイン	25%		

石 狩

公立高校	私立Ａ日程（割合）		私立Ｂ日程（割合）	
恵庭北	札幌北斗　総合	61%	道文教大附属　普通	72%
	札幌北斗　進学	16%	北星学園大附属　進学	13%
	北科大高　進学	5%	とわの森三愛　総合進学	9%
	その他	18%	その他	6%
恵庭南	札幌北斗　進学	35%	道文教大附属　普通	33%
	札幌北斗　総合	21%	札幌龍谷学園　未来創造	33%
	札幌創成　特進	14%	とわの森三愛　総合進学	16%
	その他	30%	その他	18%
市立札幌啓北商業	東海大札幌　総合進学	37%	札幌龍谷学園　未来創造	56%
	北海学園札幌　総進	27%	札幌龍谷学園　プログレス進学	25%
	札幌静修　総合	18%	北海　進学	6%
	その他	18%	その他	13%
札幌東商業	北海学園札幌　総進	22%	北星学園大附属　進学	41%
	札幌北斗　進学	21%	札幌龍谷学園　プログレス進学	20%
	札幌静修　総合	13%	道文教大附属　普通	17%
	その他	44%	その他	22%
札幌琴似工業	札幌山の手　未来デザイン	37%	札幌龍谷学園　未来創造	69%
	札幌北斗　総合	25%	札幌龍谷学園　プログレス進学	26%
	北科大高　進学	10%	とわの森三愛　総合進学	5%
	その他	28%		
札幌工業	札幌山の手　未来デザイン	18%	札幌龍谷学園　未来創造	63%
	札幌静修　総合	15%	札幌龍谷学園　プログレス進学	15%
	札幌北斗　総合	12%	とわの森三愛　総合進学	10%
	その他	55%	その他	12%
市立札幌大通	札幌静修　総合	27%	札幌龍谷学園　未来創造	70%
	札幌山の手　未来デザイン	22%	とわの森三愛　総合進学	20%
	札幌北斗　総合	16%	とわの森三愛　アグリクリエイト機農	10%
	その他	35%		

渡 島

公立高校	私立高校（割合）		高専（割合）	
函館中部	遺愛女子　特別進学	40%	函館高専　生産システム	75%
	函館大有斗　特別進学	24%	函館高専　物質環境	20%
	函館ラ・サール　一般	18%	函館高専　社会基盤	5%
	その他	18%		
市立函館	函館大有斗　特別進学	34%	函館高専　生産システム	56%
	遺愛女子　特別進学	17%	函館高専　社会基盤	31%
	遺愛女子　一般	14%	函館高専　物質環境	13%
	その他	35%		
函館西	遺愛女子　一般	32%	函館高専　生産システム	75%
	函館大有斗　普通	24%	函館高専　社会基盤	25%
	函館大柏稜　総合進学	13%		
	その他	31%		
函館商業	函館大柏稜　総合進学	25%		
	遺愛女子　一般	23%		
	函館大有斗　普通	16%		
	その他	36%		

渡　島

公立高校	私立高校（割合）		高専（割合）	
函館工業	函館大有斗　普通	50%		
	函館大柏稜　総合進学	27%		
	遺愛女子　一般	4%		
	その他	19%		
函館水産	函館大柏稜　総合進学	40%		
	函館大谷　普通	33%		
	函館大有斗　普通	13%		
	その他	14%		
七飯	函館大柏稜　総合進学	36%		
	函館大有斗　普通	27%		
	函館大谷　普通	18%		
	その他	19%		

後　志

公立高校	私立A日程（割合）		私立B日程（割合）	
小樽潮陵	北科大高　進学	27%	小樽双葉　特別進学	83%
	札幌光星　マリス	27%	小樽双葉　総合進学	6%
	北科大高　特別進学	24%	北海　進学	3%
	その他	22%	その他	8%
小樽桜陽	北科大高　進学	33%	小樽双葉　総合進学	79%
	北照　普通	22%	小樽双葉　特別進学	21%
	北科大高　特別進学	11%		
	その他	34%		
小樽未来創造	小樽明峰　普通	75%	小樽双葉　総合進学	93%
	北照　普通	25%	小樽双葉　特別進学	7%
小樽水産	小樽明峰　普通	50%	小樽双葉　総合進学	100%
	北科大高　進学	16%		
	札幌北斗　進学	16%		
	その他	18%		

空　知

公立高校	私立A日程（割合）		私立B日程（割合）	
岩見沢東	札幌光星　マリス	100%	とわの森三愛　総合進学	28%
			札幌第一　総合進学	19%
			札幌第一　文理北進	19%
			その他	34%
岩見沢緑陵			とわの森三愛　総合進学	84%
			道文教大附属　普通	16%
美唄聖華	札幌創成　A特進	37%		
	北海学園札幌　総進	25%		
	北科大高　進学	12%		
	その他	26%		
滝川	札幌日大　総合進学	16%		
	札幌日大　特進	16%		
	北科大高　特別進学	16%		
	その他	52%		

上　川

公立高校	私立高校（割合）		高専（割合）	
旭川東	旭川実業　難関選抜	26%	旭川高専　物質化学	66%
	旭川藤星　特進	18%	旭川高専　機械システム	11%
	旭川実業　特別進学	16%	旭川高専　電気情報	11%
	その他	40%	その他	12%
旭川北	旭川藤星　特進	38%	旭川高専　物質化学	60%
	旭川実業　特別進学	21%	旭川高専　機械システム	20%
	旭川龍谷　特進・難関突破	14%	旭川高専　システム制御情報	20%
	その他	27%		
旭川西	旭川藤星　特進	24%	旭川高専　物質化学	42%
	旭川実業　特別進学	22%	旭川高専　機械システム	28%
	旭川明成　総合	11%	旭川高専　電気情報	14%
	その他	43%	その他	16%
旭川永嶺	旭川藤星　進学	19%	旭川高専　物質化学	50%
	旭川明成　総合	17%	旭川高専　機械システム	25%
	旭川龍谷　特進・文武両道	10%	旭川高専　電気情報	25%
	その他	54%		
旭川南	旭川明成　総合	25%		
	旭川藤星　進学	22%		
	旭川龍谷　特進・文武両道	16%		
	その他	37%		
旭川商業	旭川明成　総合	28%		
	旭川龍谷　キャリアデザイン	23%		
	旭川藤星　進学	23%		
	その他	26%		
旭川工業	旭川龍谷　キャリアデザイン	42%		
	旭川明成　総合	21%		
	旭川実業　機械システム	14%		
	その他	23%		
東川	旭川龍谷　キャリアデザイン	60%		
	旭川実業　商業	20%		
	旭川明成　総合	20%		

オホーツク

公立高校	私立高校（割合）		高専（割合）	
北見北斗	北見藤　総合	63%		
	立命館慶祥　普通	11%		
	札幌第一　文理北進	7%		
	その他	19%		
北見柏陽	北見藤　総合	98%		
	旭川実業　進学	2%		
北見緑陵	北見藤　総合	100%		
北見商業	北見藤　総合	100%		
網走南ケ丘	北見藤　総合	92%		
	札幌第一　文理選抜	8%		

胆　　振				
公立高校	私立高校（割合）		高専（割合）	
室蘭栄	大谷室蘭　普通	22%	苫小牧高専　創造	100%
	海星学院　普通	22%		
	北海道栄　アルファ	22%		
	その他	34%		
室蘭東翔	大谷室蘭　普通	67%		
	海星学院　普通	33%		
登別青嶺	大谷室蘭　普通	80%		
	海星学院　普通	20%		
苫小牧東	駒大苫小牧　特別進学	79%	苫小牧高専　創造	98%
	札幌日大　特進	4%	釧路高専　創造	2%
	北海　特進・Sクラス	2%		
	その他	15%		
苫小牧南	駒大苫小牧　特別進学	44%		
	駒大苫小牧　総合進学	24%		
	北海道栄　アドバンス	6%		
	その他	26%		
苫小牧西	駒大苫小牧　総合進学	66%		
	苫小牧中央　総合	12%		
	駒大苫小牧　特別進学	6%		
	その他	16%		
苫小牧総合経済	駒大苫小牧　総合進学	100%		
苫小牧工業	駒大苫小牧　総合進学	51%		
	苫小牧中央　総合	29%		
	北海道栄　総合	9%		
	その他	11%		

十勝・釧路				
公立高校	私立高校（割合）		高専（割合）	
帯広柏葉	帯広大谷　文理	69%		
	立命館慶祥　普通	14%		
	立命館慶祥　SP	6%		
	その他	11%		
帯広三条	帯広大谷　文理	86%	釧路高専　創造	75%
	帯広大谷　普通	6%	苫小牧高専　創造	25%
	立命館慶祥　普通	2%		
	その他	6%		
帯広緑陽	帯広大谷　普通	49%		
	帯広大谷　文理	34%		
	帯広北　特進	9%		
	その他	8%		
帯広南商業	帯広大谷　普通	49%		
	帯広北　総合	29%		
	白樺学園　総合	10%		
	その他	12%		
帯広工業	帯広北　総合	55%		
	帯広大谷　普通	16%		
	白樺学園　総合	16%		
	その他	13%		
芽室	白樺学園　総合	36%		
	帯広大谷　普通	28%		
	帯広北　総合	23%		
	その他	13%		
音更	帯広北　総合	74%		
	帯広大谷　普通	26%		
釧路湖陵	武修館　普通	39%	釧路高専　創造	98%
	立命館慶祥　普通	18%	苫小牧高専　創造	2%
	札幌光星　マリス	10%		
	その他	33%		
釧路江南	武修館　普通	70%	釧路高専　創造	100%
	札幌第一　総合進学	8%		
	北海　進学	4%		
	その他	18%		
釧路北陽	武修館　普通	96%	釧路高専　創造	100%
	北星学園大附属　進学	2%		
	武修館　体育	2%		
釧路明輝	武修館　普通	94%	釧路高専　創造	100%
	北星学園大附属　進学	3%		
	東海大札幌　総合進学	3%		
釧路商業	武修館　普通	100%		
釧路工業	武修館　普通	100%		

■過去3年間の合格者 内申ランク別人数

《表の見方》・道コン事務局の入試結果調査より過去3年分の内申ランク別合格者人数を集計
・データは一般、推薦を含めた全ての入試の合計

※道コン受験時（中3・2学期まで）の内申で集計しています。実際の入試（中3・学年末）で内申が変更になっている場合があります。

区分	高校名	SS	内申点・ランク	A	B	C	D	E	F	G	H	I	J	K	L	M
公立・石狩	札幌南	68	306・A	751	82	13	2	1	1	1						
公立・石狩	札幌北	66	305・A	733	102	3										
公立・石狩	札幌西	64	300・A	607	184	30	8	3		1	1					
公立・石狩	札幌東	63	301・A	629	187	7	1		1	1						
私立・石狩	札幌第一	62	295・B	2527	1325	394	88	8	6	3	1					
私立・石狩	札幌光星	62	293・B	2087	1117	541	97	9	3	2	1					
公立・石狩	市立札幌旭丘	61	294・B	465	279	66	12	2								
私立・石狩	立命館慶祥	60	291・B	374	158	93	35	13	3							
公立・石狩	札幌月寒	59	288・B	293	340	127	17	2								
公立・石狩	北広島	57	284・B	165	293	130	23	5								
公立・石狩	札幌国際情報	57	284・B	277	255	139	57	12	3	1						
公立・石狩	市立札幌新川	56	278・B	112	358	253	61	3	2							
私立・石狩	札幌日大	55	272・C	529	538	521	388	175	33	5	1	1				
私立・石狩	北海	55	272・C	546	851	1057	394	128	35	12	2					
公立・石狩	札幌手稲	55	272・C	80	254	286	114	14	2							
公立・石狩	札幌啓成	54	268・C	51	230	273	115	30	4							
公立・石狩	市立札幌藻岩	54	267・C	31	129	226	122	14								
公立・石狩	市立札幌清田	53	267・C	33	157	257	102	14	1		1					
公立・石狩	札幌北陵	52	261・C	15	125	324	200	39	3							
公立・石狩	市立札幌平岸	51	248・D	4	40	219	284	125	33	2		1				
私立・石狩	北科大高	50	254・D	131	252	384	391	273	130	21						
私立・石狩	北星女子	49	252・D	42	46	76	83	63	37	6	1					
公立・石狩	石狩南	48	242・D	1	12	127	264	178	34	2						
私立・通信	N/S高	48	215・F	1			1	1		1		2				
公立・石狩	大麻	47	242・D	3	25	130	195	139	45	5	1	1				
私立・石狩	札幌大谷	47	242・D	36	59	110	168	137	68	31	7	2	1			
私立・石狩	北海学園札幌	47	237・D	51	142	411	684	643	399	111	5	3				
公立・石狩	千歳	47	239・D	3	16	96	170	141	55	10						
私立・石狩	札幌創成	46	233・E	45	138	319	448	423	391	195	23	4	2	1	1	
私立・石狩	日本航空	46	240・D			1	1	2	1							
公立・石狩	札幌白石	46	239・D	3	21	99	201	195	58	4		2				
私立・石狩	東海大札幌	46	231・E	17	52	122	174	152	136	89	21	7				
公立・石狩	札幌稲雲	45	228・E			50	173	208	131	23	2	1				
公立・石狩	札幌平岡	45	228・E		2	44	131	189	95	22	2	1				
私立・石狩	北星学園大附属	44	226・E	6	39	139	206	311	284	116	12	1				
私立・石狩	とわの森三愛	44	222・E	22	35	72	92	114	119	57	44	14	8	4	1	1
私立・石狩	道文教大附属	44	227・E			10	51	92	139	114	26	4				
公立・石狩	札幌英藍	43	219・E		2	9	75	202	173	31	6	1				
私立・通信	池上学院	42	149・I							1	4			1	1	
私立・石狩	札幌龍谷学園	42	205・F	16	32	87	175	199	225	257	178	102	12	4	2	
公立・石狩	札幌厚別	42	217・E	1	2	13	68	170	151	52	7	2				
公立・石狩	札幌東商業	42	223・E		9	32	66	154	114	37	3	1				
公立・石狩	市立札幌啓北商業	41	215・F		3	9	43	94	110	47	7	2				
私立・石狩	札幌静修	41	208・F	11	25	49	105	117	117	185	92	27	8	2		
公立・石狩	市立札幌大通	40	171・H	1	2	1	14	14	29	18	29	31	10	16	6	4
公立・石狩	札幌東陵	40	201・F			1	19	86	141	106	34	4	2			
公立・石狩	恵庭北	38	197・F			1	5	33	94	70	27	3	2			
私立・石狩	有朋	38	176・G			1	1	2		2		1		1	1	

330

区分	高校名	SS	内申点・ランク	A	B	C	D	E	F	G	H	I	J	K	L	M
私立・通信	北海道芸術	38	188・G			1		3	2	4	5	1	1			
公立・石狩	江別	38	195・G			1	17	29	74	91	34	8				
公立・石狩	札幌西陵	38	192・G				8	48	98	119	52	15	2	1	1	
公立・石狩	札幌真栄	37	187・G			1	2	20	69	107	47	14	5			
公立・石狩	石狩翔陽	37	194・G		1	1	11	31	118	176	42	3	1			
私立・石狩	札幌北斗	37	189・G	2	8	23	56	92	207	355	277	92	8	1		
私立・石狩	札幌山の手	37	181・G	1	7	14	17	37	69	64	72	74	36	8	1	
公立・石狩	札幌工業	37	180・G				11	18	45	70	62	36	11	1		
私立・通信	クラーク記念国際	37	164・H				1	3	4	9	5	2	4	6	1	
公立・石狩	札幌琴似工業	36	177・G				4	15	50	70	69	42	11	2		
私立・石狩	札幌新陽	35	176・G		4	4	8	22	54	66	108	50	20	6	2	
公立・石狩	恵庭南	34	182・G	1		2	4	15	40	72	57	17	8	1	1	
公立・石狩	札幌丘珠	34	174・H			1	2	9	39	78	119	40	11			
公立・石狩	北広島西	33	169・H				1	3	12	20	33	12	5	2	2	
公立・石狩	札幌南陵	33	169・H	1			1	4	17	11	8	4	1			
公立・石狩	札幌白陵	33	156・H			1	1	1	4	7	5	9	1			
私立・通信	飛鳥未来	33	144・I		2			1	1	6	3	4	2	2		3
高等専修	札幌科学技術専門	33	165・H							3						
公立・石狩	札幌あすかぜ	32	163・H					5	15	24	20	7				
公立・石狩	野幌	31	157・H				1	2	5	5	7	3	1	1		
公立・石狩	千歳北陽	31	154・I					1	4	12	10	5				
公立・石狩	札幌東豊	30	152・I					2	7	12	16	5	3	2		
公立・石狩	当別	29	150・I					1	5	3	8	4	3			
私立・渡島	函館ラ・サール	60	286・B	72	44	22	11	6	1							
公立・渡島	函館中部	60	293・B	246	127	59	13	1								
公立・渡島	市立函館	52	268・C	49	117	131	87	28	3							
高専・渡島	函館高専	52	256・C	51	59	108	104	72	31	6						
私立・渡島	遺愛女子	49	255・D	149	123	100	122	107	89	35	5	2				
公立・渡島	八雲	49	233・E		2	1	1	1	2	2						
私立・渡島	函館大有斗	48	237・D	66	78	109	108	128	127	82	26	5	2	1		
私立・渡島	函館白百合	46	240・D	21	20	24	26	32	30	16	7	1				
公立・渡島	函館西	45	226・E	1	10	22	92	155	104	21	1					
公立・渡島	函館工業	41	207・F		2	5	14	61	109	68	7					
公立・渡島	函館商業	40	206・F		1	4	9	46	67	49	8	1				
私立・渡島	函館大柏稜	39	198・F	2	1	8	17	47	74	96	41	10	1			
私立・渡島	函館大妻	37	198・F			2	5	16	37	43	12	1				
公立・渡島	七飯	37	186・G			1		2	10	29	16	1				
私立・渡島	清尚学院	36	185・G		1	2	2	6	19	12	16	11	2	2		
公立・渡島	知内	36	184・G					4		3	2	3				
私立・渡島	函館大谷	35	175・H	1			16	22	30	21	26	8	2		4	
公立・渡島	函館水産	33	165・H					2	8	22	32	22	8	2		
公立・渡島	大野農業	30	152・I							1	1	2	1			
公立・檜山	檜山北	49	247・D	1			1	1	1							
公立・檜山	江差	40	215・F				2	5	4	1	1					
公立・後志	小樽潮陵	54	277・B	113	125	126	49	16	2							
公立・後志	寿都	46	241・D	5	1	3	2	3	6	2		1				
私立・後志	小樽双葉	46	240・D	69	89	118	87	101	98	58	31	10	1			
公立・後志	小樽桜陽	43	227・E	3	11	37	79	84	79	18	7		2			
公立・後志	倶知安	40	215・F			3	5	2	13	3	2					
公立・後志	小樽未来創造	35	190・G					6	24	61	80	38	12			
私立・後志	北照	35	179・G	2	1			4	16	6	10	14	6			
公立・後志	小樽水産	32	170・H					2	2	20	34	35	16	8	3	2
私立・後志	小樽明峰	31	151・I				1		1	3	4	10	5	1	1	
公立・空知	岩見沢東	54	266・C	26	52	54	47	9	8							

区分	高校名	合格者・過去3年平均		合格者データ（人）												
		SS	内申点・ランク	A	B	C	D	E	F	G	H	I	J	K	L	M
公立・空知	滝川	53	264・C	24	60	58	49	19	10							
公立・空知	三笠	44	225・E	2		6	10	24	10	6	2					
公立・空知	美唄聖華	44	236・D	1	2	14	20	14	11	3						
公立・空知	岩見沢西	43	225・E		2	4	10	27	11	4	1					
公立・空知	岩見沢緑陵	42	223・E	1	1	12	34	40	41	12	3	1				
公立・空知	滝川西	42	219・E	2		11	17	38	29	17	4	1	1			
公立・空知	砂川	42	217・E		2	1		3	1	2	1	1				
公立・空知	栗山	40	208・F		1		1	2	2	1	1					
公立・空知	深川西	38	214・F		1		3	6	6	3	2					
公立・空知	岩見沢農業	36	190・G				1	4	13	13	10	3				
公立・空知	美唄尚栄	32	165・H					1	1	3	2	3	2			
公立・上川	旭川東	63	304・A	523	98	9										
公立・上川	旭川北	58	291・B	237	200	64	4									
高専・上川	旭川高専	55	267・C	74	68	89	57	31	17	2						
公立・上川	旭川西	54	276・B	68	175	122	49	9	2	1						
私立・上川	旭川藤星	51	262・C	71	89	56	50	33	34	11	4	1				
私立・上川	旭川実業	51	257・C	125	90	62	56	55	40	27	13	7	4	2		
私立・上川	旭川龍谷	49	245・D	66	76	69	61	71	61	40	14	4	1	3		
公立・上川	旭川永嶺	47	246・D	3	25	98	144	80	20	4						
私立・上川	旭川志峯	47	243・D	11	15	15	20	21	15	6	3					
公立・上川	旭川南	46	238・D		16	60	148	98	36	5	1					
私立・上川	旭川明成	44	230・E	11	22	21	31	43	32	24	9	3	1			
公立・上川	富良野	44	227・E	6	3	16	15	27	44	7	1	1	1			
公立・上川	おといねっぷ美工	44	229・E		1	3	6	9	2	2	1					
公立・上川	士別翔雲	42	212・F	1		1	3	4	2	2	2	1	1			
公立・上川	名寄	41	237・D	1	3	1	6	2	1	2	2					
公立・上川	旭川商業	41	216・E	4	2	4	37	50	73	31	5	1				
公立・上川	旭川工業	40	200・F		1	1	11	35	60	60	14	3	1			
公立・上川	鷹栖	38	194・G		1				2	6	1					
公立・上川	旭川農業	38	201・F				3	9	33	19	5	1				
公立・上川	東川	36	183・G				1	6	7	7	9	5	1	1		
公立・上川	美瑛	35	205・F					1	1		1					
公立・上川	富良野緑峰	33	180・G					2	6	6	8	4				
公立・留萌	羽幌	45	256・C		1		1	1								
公立・留萌	天塩	43	233・E	2	2	2	3	6	4	2						
公立・留萌	留萌	41	218・E	1	1	4	3	3	3	2	2	1				
公立・宗谷	稚内	46	235・E	2	3	5	10	8	5	2	1	2				
私立・宗谷	稚内大谷	40	217・E	1	2	1	1		3	2	1	1	1			
公立・オホーツク	北見北斗	56	279・B	163	169	129	65	19	3							
公立・オホーツク	北見柏陽	48	244・D	14	31	66	119	105	34							
私立・オホーツク	北見藤	46	235・E	44	72	112	142	152	126	76	23	7				
公立・オホーツク	網走南ケ丘	44	232・E	8	12	14	26	39	33	17	1					
公立・オホーツク	北見緑陵	41	212・F		2	4	14	55	74	35	2					
公立・オホーツク	遠軽	39	222・E	2	2	2	2	10	3	4	2					
公立・オホーツク	津別	36	206・F			1		3	2	1	2					
公立・オホーツク	北見商業	36	186・G				8	8	44	72	34	10	4	2		
公立・オホーツク	網走桂陽	35	191・G					3	11	12	8					
公立・オホーツク	北見工業	32	171・H					2	14	22	24	12	4	4		
高等専修	北見商科高等専修	30	128・J								1		2			
公立・胆振	室蘭栄	57	287・B	128	99	72	15									
公立・胆振	苫小牧東	55	280・B	123	195	109	46	7	3	1						
高専・胆振	苫小牧高専	55	265・C	76	120	130	106	51	21	1						
私立・胆振	北海道栄	47	241・D	23	25	20	16	16	13	10	18	3	2			
公立・胆振	苫小牧南	46	242・D	1	17	50	105	87	19	2						

区分	高校名	SS	内申点・ランク	A	B	C	D	E	F	G	H	I	J	K	L	M
私立・胆振	駒大苫小牧	46	237・D	57	103	117	148	126	112	75	44	15				
公立・胆振	室蘭清水丘	45	236・D	1	9	30	42	43	32	5	1					
私立・胆振	海星学院	43	223・E	4	5	11	8	9	16	11	6	2				
公立・胆振	室蘭東翔	41	221・E		3	9	26	59	40	19	1					
私立・胆振	大谷室蘭	40	213・F	4	7	6	8	11	23	18	13	4				
公立・胆振	苫小牧西	40	212・F		1	5	18	50	77	26	7					
公立・胆振	苫小牧工業	38	194・G	2	2	4	18	64	124	120	82	24	4	2		
公立・胆振	伊達開来	38	202・F	1	1	5	3	7	24	12	10	2	1	1		
私立・胆振	苫小牧中央	38	192・G		2	4	4	16	34	42	32	10				
公立・胆振	苫小牧総合経済	37	198・F			4	10	30	48	62	16	10				
公立・胆振	厚真	35	162・H						1	2	2	2				
公立・胆振	登別青嶺	34	185・G					7	25	40	30	4				
高等専修	苫小牧高等商	33	166・H			1	1	2	4	6	7	11	5	2		
公立・胆振	白老東	32	166・H				1	3	7	7	5	2	1			
公立・胆振	室蘭工業	32	160・H					4	16	20	6	6	8			
公立・胆振	鵡川	30	159・H					1	1	2		1	4			
公立・日高	静内	41	226・E	2	5	4	11	9	12	7	4					
公立・日高	平取	34	192・G				1	2	2	6	3	1				
公立・十勝	帯広柏葉	62	300・A	426	123	18	3			1	1					
公立・十勝	帯広三条	55	287・B	203	216	106	21	2	1							
私立・十勝	帯広大谷	53	274・C	361	300	223	160	103	31	7						
公立・十勝	帯広緑陽	50	263・C	13	80	123	73	20	3	1						
公立・十勝	帯広南商業	46	252・D	9	30	70	90	55	7							
公立・十勝	帯広工業	42	226・E		10	18	68	108	82	18	2					
私立・十勝	帯広北	41	222・E	13	16	18	29	43	57	35	15	3	2			
公立・十勝	芽室	41	221・E		2	5	38	78	68	12	1					
公立・十勝	鹿追	40	211・F	1		4	3	4	4	6	1		3			
私立・十勝	白樺学園	39	211・F	2	8	14	28	48	68	52	16	8	2			
公立・十勝	帯広農業	38	211・F	1	1	6	8	25	34	21	6					
公立・十勝	池田	37	220・E		1		3	1	2	3						
公立・十勝	音更	37	196・F			3	2	7	16	13	5	3	3			
公立・十勝	幕別清陵	36	190・G		1	1		5	11	12	6	4				
公立・十勝	清水	35	184・G			1		2	11	6	8	3				
公立・十勝	上士幌	32	175・H				1		2	5	1	5				
公立・釧路	釧路湖陵	57	283・B	173	155	108	38	11	1	1						
高専・釧路	釧路高専	50	250・D	33	52	84	58	56	41	13	3	1	1			
公立・釧路	釧路江南	50	256・C	22	45	136	115	59	9	2	1	1				
私立・釧路	武修館	46	232・E	26	38	53	53	69	61	49	18	6	3			
公立・釧路	釧路北陽	44	225・E	1	6	34	82	112	100	25	5					
公立・釧路	釧路明輝	42	218・E		2	7	50	92	92	32	2					
公立・釧路	釧路商業	36	188・G		1		1	6	38	38	25	2	2			
公立・釧路	標茶	35	186・G					3	2	2	3	1				
公立・釧路	釧路工業	34	169・H					5	17	52	55	34	7	2	2	
公立・釧路	釧路東	32	152・I						4	7	4	9	5	3	2	
公立・根室	根室	42	228・E	3	3	3	5	6	5	6	3					
公立・根室	中標津	39	215・F		4	2	6	5	11	9	4	1				

■2024入試合格者 道コンSSランキング

SS	石　狩	渡　島	後　志	空　知
70				
69				
68	札幌南			
67	光星・ステラ			
66	札幌北／立命館慶祥・SP			
65	第一・選抜			
64	札幌西／日大・プレミアS			
63	札幌東			
62		函館中部・理数／函館ラ・サール・特進		
61	旭丘・普／北海・Sクラス			
60	旭丘・数理DS／国際情報・普／光星／龍谷学園・S特進／第一・北進／立命館慶祥			
59	啓成・理数／月寒	函館中部／函館ラ・サール		
58		遺愛女子・特進		
57	国際情報・国際／北海・特進			
56	北広島／新川／日本航空			滝川・理数
55	北科大高・特進／第一／日大・特進			
54	藻岩／手稲／国際情報・理工・GL／とわの森三愛・特進GU／北星女子・High・英		小樽潮陵	岩見沢東
53	啓成／清田／創成・S選抜	市立函館／函館大有斗・特進	小樽双葉・特進	
52	北陵／大谷・学力重点S／北星学園大附属・特進／北海／北海学園札幌・特進／東海大・特進	函館白百合・LB／函館高専		
51	平岸			
50				
49	龍谷学園・特進／日大			滝川
48	石狩南／静修・特進・ユニバーサル／北科大高／山の手・アカデミック			
47	千歳／大麻／創成・A特進／大谷			
46	白石／北海学園札幌			
45	平岡／稲雲／北星女子	遺愛女子		
44	文教大附属／龍谷学園・P進学／北斗・特進	函館西		
43	英藍／北星学園大附属	函館白百合		岩見沢西
42	厚別／啓北商業／東商業／とわの森三愛／東海大		小樽桜陽	岩見沢緑陵／滝川西
41	創成／山の手・プログレス	函館大有斗		三笠
40	東陵／大通		小樽双葉	美唄聖華
39	静修	函館商業／函館大柏稜		深川西
38	恵庭北	函館工業／函館大妻／清尚学院		
37	江別／西陵／真栄／石狩翔陽	七飯		
36	札幌工業／琴似工業／新陽／龍谷学園／北斗		北照	
35	山の手	函館大谷	小樽未来創造	
34	白陵			
33	あすかぜ／丘珠／恵庭南／北広島西			
32	東豊	函館水産		
31	南陵／千歳北陽／有朋			
30	当別		小樽水産／小樽明峰	

≪資料の見方≫
○ 2024年の入試結果調査に基づく各高校の合格者平均SSを一覧に示します。
○学科・コースが複数ある高校については、全学科で集計しております。
　　※例外、以下の学校は学科・コース毎に集計
　　・公立高校：理数科併設校、札幌国際情報など
　　・私立高校：特進コースなど

上川・宗谷	オホーツク	胆振・日高	十勝・釧路・根室	SS
				70
				69
				68
				67
				66
旭川実業・難関				65
				64
旭川東	北見北斗・理数		釧路湖陵・理数探究	63
			帯広柏葉	62
				61
				60
		室蘭栄・理数		59
旭川北／旭川龍谷・難関			帯広大谷・文理	58
				57
				56
旭川高専		苫小牧高専	帯広三条／釧路湖陵・文理探究	55
旭川西／旭川藤星・特進・UL／旭川実業・特進	北見北斗	苫小牧東		54
旭川志峯・選抜・GL		室蘭栄／北海道栄・アルファ		53
			帯広北・特進	52
旭川西・理数		駒大苫小牧・特進	釧路高専	51
		北海道栄・アドバンス	帯広緑陽／釧路江南	50
				49
旭川永嶺	北見藤			48
旭川南	北見柏陽		帯広大谷	47
			帯広南商業／武修館	46
旭川明成／旭川龍谷／旭川藤星／旭川志峯		苫小牧南	根室	45
		室蘭清水丘		44
			釧路北陽	43
稚内／富良野／旭川実業	網走南ケ丘		釧路明輝	42
名寄		海星学院	帯広工業／芽室／白樺学園	41
旭川商業	北見緑陵	室蘭東翔／苫小牧西／駒大苫小牧	帯広北	40
		大谷室蘭／苫小牧中央／北海道栄	中標津	39
旭川工業	遠軽	静内		38
		苫小牧総合経済／苫小牧工業	音更／釧路商業	37
		伊達開来	清水	36
				35
東川	北見商業		釧路東	34
		登別青嶺／白老東／苫小牧高等商	釧路工業	33
	網走桂陽			32
		室蘭工業		31
	北見工業			30

■大学合格実績ランキング　2024

≪超難関国公立大学現役合格者数から見る大学合格実績ランキング≫

≪表の見方≫
- 超難関国公立大学（旧帝大＋東京工業大学、一橋大学、神戸大学）の「現役合格人数／卒業生人数」の割合の順に並べています。
- 本資料は各校のアンケート及び、大学通信のご協力により作成しております。（2024年4月判明分）
- 高校入試のSS（2021）は、今春卒業した生徒の高校入試時点の合格者平均SSです。
- 卒業生人数は複数学科の合計です。
- 過年度卒業生（浪人生）については高校が合格者を把握しきれていないケースがあるため、実際は表の数字より多い場合があります。

順位	高校名	高校入試のSS(2021)	北海道大学		東北大学		東京大学		東京工業大学		一橋大学		名古屋大学		京都大学		大阪大学		神戸大学		九州大学		現浪合計人数	現役合計人数	卒業生人数（一部の人数は推定）	現役合格÷卒業生人数
			現浪計	現役	現浪計	現役	現浪計	現役	現浪計	現役	現浪計	現役	現浪計	現役	現浪計	現役	現浪計	現役	現浪計	現役	現浪計	現役				
1	札幌南	69	85	66	10	10	11	10	3	3	2	2	3	2	19	17	20	18	4	2	3	2	160	132	307	43.0%
2	札幌北	66	113	98	14	9	7	3			1		1	1	14	8	11	10	6	6	2	2	169	137	319	42.9%
3	北嶺［中高一貫校］	—	15	12	8	7	7	5			5	5	1	1	3	3	4	3	1				44	36	117	30.8%
4	札幌西	65	70	56	7	5	2	1			2	1			6	2	8	6			3	3	98	74	306	24.2%
5	札幌東	64	60	45	7	6					1	1	3	2			4	3	4	4			79	61	304	20.1%
6	旭川東	64	39	31	3	2	3	3	1	1					3	3	3	2	4	3	1		57	45	238	18.9%
7	市立札幌開成［中等教育学校］	—	16	14	2	2			2		1	1	1	1	1	1	5	5	1	1	1	1	30	27	159	17.0%
8	函館中部	60	14	14	5	5									1	1	2	1					23	22	193	11.4%
9	帯広柏葉	62	22	14	5	4							2	1	6	3	3	3			1	1	39	26	235	11.1%
10	市立札幌旭丘	61	34	25	5	3											4	3	1				44	31	300	10.3%
11	室蘭栄	56	19	16	1	1	1	1			2	2			1	1					1	1	25	22	228	9.6%
12	小樽潮陵	55	22	15											1	1	1	1			1	1	25	18	229	7.9%
12	北見北斗	56	16	15	2	2					1	1							2				21	18	229	7.9%
14	札幌光星	62	25	17	3	2	1	1									2	2	2	2			33	24	319	7.5%
15	立命館慶祥	62	9	8	3	3	1	1					1	1	7	7	1	1			2	2	24	23	306	7.5%
16	函館ラ・サール	59	3	2	3	3	1	1	2	1	1												10	7	113	6.2%
17	旭川北	59	13	12			1	1									1	1					15	14	227	6.2%
18	岩見沢東	56	14	9											1	1			1	1			16	11	182	6.0%
19	釧路湖陵	56	13	10											1	1	3	3					17	14	232	6.0%
20	札幌第一	62	27	23	2	1							1		1				1	1	1		33	25	435	5.7%
21	北広島	58	19	13			1	1															20	14	270	5.2%
22	札幌月寒	59	11	10			2	1									1	1	1	1	1		16	13	271	4.8%
23	札幌国際情報	57	11	10			3	2			1	1							1	1			16	14	303	4.6%
24	札幌啓成	54	14	13			1										2						17	13	310	4.2%
25	札幌手稲	56	14	10			1	1															15	11	267	4.1%
26	苫小牧東	56	10	7													1	1	1	1			12	9	230	3.9%
27	藤女子［中高一貫校］	—	5	3											1	1							6	4	104	3.8%
28	市立札幌藻岩	55	9	7																			9	7	225	3.1%
29	市立札幌清田	54	5	5																	1		6	5	232	2.2%
30	滝川	53	4	4																			4	4	195	2.1%
31	札幌日大	55	7	5					1	1	1				1		1	1					11	7	385	1.8%
32	市立札幌新川	56	5	4			1	1															6	5	305	1.6%
33	旭川龍谷	52	3	3																			3	3	213	1.4%
34	遺愛女子	49	2	2											1	1							3	3	222	1.4%

順位	高校名	高校入試のSS (2021)	北海道大学		東北大学		東京大学		東京工業大学		一橋大学		名古屋大学		京都大学		大阪大学		神戸大学		九州大学		現浪合計人数	現役合計人数	卒業生人数(一部の人数は推定)	現役合格÷卒業生人数
			現浪計	現役	現浪計	現役	現浪計	現役	現浪計	現役	現浪計	現役	現浪計	現役	現浪計	現役	現浪計	現役	現浪計	現役	現浪計	現役				
34	紋別	—	2	2																			2	2	148	1.4%
36	名寄	54	2	1																			2	1	76	1.3%
37	登別明日［中等教育学校］	—	1		1	1																	2	1	77	1.3%
38	北海	55	4	4											1		1	1	1				7	5	398	1.3%
39	浦河	50	1	1																			1	1	88	1.1%
40	旭川実業	48	3	3																			3	3	283	1.1%
41	帯広三条	56	3	2																			3	2	229	0.9%
42	市立函館	53	2	2																			2	2	233	0.9%
43	倶知安	41	1	1																			1	1	118	0.8%
44	札幌北陵	53	2	2																			2	2	270	0.7%
45	帯広緑陽	50	1	1																			1	1	147	0.7%
46	留萌	45	1	1																			1	1	151	0.7%
47	静内	41	1	1																			1	1	154	0.6%
48	遠軽	39	1	1																			1	1	157	0.6%
49	北星女子	50	1	1																			1	1	173	0.6%
50	旭川西	53	1	1																			1	1	190	0.5%
51	釧路江南	50	2	1																			2	1	196	0.5%
52	函館西	47	1	1																			1	1	226	0.4%
53	市立札幌大通	38	1	1																			1	1	231	0.4%
54	大麻	49	3	1																			3	1	252	0.4%
55	札幌稲雲	47	1	1																			1	1	265	0.4%
56	札幌大谷	47	1	1																			1	1	280	0.4%
57	札幌創成	47	3	1																			3	1	286	0.3%
58	東海大札幌	48	1	1																			1	1	288	0.3%
59	千歳	48	1	1																			1	1	302	0.3%
60	北科大高	49	1	1																			1	1	346	0.3%
61	N/S高	—	3	3			1	1	3	1	2	1	1	1	3	2			2	2	1		16	11	9115	0.1%
—	クラーク記念国際	35			1	1			1	1			2	2	1	1							5	5	—	—
—	星槎国際	51	2	2																			2	2	—	—
—	北星余市	—															1						1		46	—
—	札幌北斗	38	1																				1		348	—
—	旭川志峯	46	1																				1		162	—
—	市立札幌平岸	50	1																				1		299	—
—	札幌平岡	46	1																				1		228	—
—	網走南ケ丘	47	1																				1		150	—
※	釧路高専	51		3				1																4	136	2.9%
※	旭川高専	56		3																				3	141	2.1%
※	苫小牧高専	55		2								1												3	190	1.6%
※	函館高専	53		2																				2	183	1.1%

※ 高専は、5年制卒業後に大学3年生に編入した人数となっています。

■道内国公立大学合格一覧　2024

≪表の見方≫
- 本書で紹介している各校の道内国公立大学の合格者人数の一覧です。
- 本資料は各校のアンケート及び、大学通信のご協力により作成しております。（2024年4月判明分）
- 高校入試のSS（2021）は、今春卒業した生徒の高校入試時点の合格者平均SSです。
- 過年度卒業生（浪人生）については高校が合格者を把握しきれていないケースがあるため、実際は表の数字より多い場合があります。
- 高専につきましては、5年制卒業後に大学3年生に編入した人数となっています。

区分・地域	高校名	高校入試のSS(2021)	北海道 現浪計	北海道 現役	北海道教育 現浪計	北海道教育 現役	室蘭工業 現浪計	室蘭工業 現役	小樽商科 現浪計	小樽商科 現役	帯広畜産 現浪計	帯広畜産 現役	旭川医科 現浪計	旭川医科 現役	北見工業 現浪計	北見工業 現役	旭川市立 現浪計	旭川市立 現役	釧路公立 現浪計	釧路公立 現役	公立千歳科学技術 現浪計	公立千歳科学技術 現役	公立はこだて未来 現浪計	公立はこだて未来 現役	札幌医科 現浪計	札幌医科 現役	札幌市立 現浪計	札幌市立 現役	名寄市立 現浪計	名寄市立 現役	現浪合計人数	現役合格人数
私立・石狩	北嶺[中高一貫校]	—	15	12	1				3	2	1		3	3			1				2	1			15	9					41	27
私立・石狩	北海	55	4	4	10	10	4	4	4	4					2	2	1	1					2	2	2	2	3	3	1	1	33	33
私立・石狩	札幌第一	62	27	23	35	34	15	13	23	18	3	3	3	1	3	3	1	1	4	4	9	8	1	1	10	9	4	4	1		139	122
私立・石狩	札幌日大	55	7	5	15	14	15	11	9	6	3	3	1				1	1	1	1	8	5	3	3	3	3	5	4			71	56
私立・石狩	東海大札幌	48	1	1																			2	2							3	3
私立・石狩	立命館慶祥	62	9	8					2	1	2	1	10	9									1	1	1	1	6	4	1	1	32	26
私立・石狩	北海学園札幌	48			2	1	2	2	2	2							2	2	1	1			2	2			1	1			12	11
私立・石狩	札幌光星	62	25	17	22	21	19	15	10	9	1	1	3	2	7	7	3	3	14	14	7	6	2	2			5	5	3	3	121	105
私立・石狩	札幌大谷	47	1	1	9	9							1	1											2	2	1	1	1	1	15	15
私立・石狩	北科大高	49	1	1	1	1	3	3	3	3	1	1	1	1	2	2	1						1	1			1	1	1	1	16	15
私立・石狩	北星学園大附属	46			5	4					1	1											3	3	1	1			1	1	11	10
私立・石狩	札幌創成	47	3		9	9	8	8					2	1			4	4	5	5	3	3	4	4			3	3	1	1	44	41
私立・石狩	札幌北斗	38	1		3	3	1	1									1	1	2	2	2	2					1	1			11	10
私立・石狩	札幌静修	42			1				3	3	1	1									2	2									7	6
私立・石狩	札幌山の手	38			1	1											1	1													2	2
私立・石狩	札幌龍谷学園	44			1	1													5	5			1	1							7	7
私立・石狩	道文教大附属	45			2	2																					1	1			3	3
私立・石狩	とわの森三愛	43			3	3					2	2			1	1							1	1			3	3	1	1	11	11
私立・石狩	藤女子[中高一貫校]	—	5	3	1	1			2	2	1	1											1	1	1						11	8
私立・石狩	北星女子	50	1	1	9	9			4	4													1	1	1		1	1			17	16
私立・渡島	函館ラ・サール	59	3	2																	1	1	1	1			1	1			6	5
私立・渡島	函館白百合	49																					1	1							1	1
私立・渡島	遺愛女子	49	2	2	5	5							1										1	1			1	1	1	1	11	10
私立・渡島	函館大有斗	48					3	3															1								4	3
私立・後志	北照	39							1	1																					1	1
私立・後志	小樽双葉	48																	1														
私立・上川	旭川龍谷	52	3	3	7	7	2	2	2	1			1	1			1	1					1	1					1	1	18	17
私立・上川	旭川志峯	46	1		1	1											11	11											1	1	14	13
私立・上川	旭川明成	43			1	1			1	1	1	1	1	1	2	2	7	7	1	1									1	1	15	15
私立・上川	旭川実業	48	3	3	14	13			2	2			1	1	1	1	10	9	4	4	1	1	2	2					1	1	39	37
私立・上川	旭川藤星	52			6	5	3	2	2	2	1						1	1	4	4			1				1	1	2	2	21	17
私立・宗谷	稚内大谷	48																									1	1			1	1
私立・オホーツク	北見藤	50			1	1							2	1	2	2															5	4
私立・胆振	北海道栄	49			1	1																			1	1					2	2
私立・胆振	駒大苫小牧	47			3	3	3	2													1	1	1	1			2	2	1	1	11	10
私立・胆振	海星学院	42							1	1																					1	1
私立・十勝	帯広大谷	51			3	3	1	1			2	2							3	3							1	1	3	3	13	13
私立・十勝	帯広北	39			1	1			1	1					1	1															3	3
私立・十勝	白樺学園	40					2	2																							2	2
私立・釧路	武修館	44																							1	1					1	1

区分	高校名	高校入試のSS(2021)	北海道大学 現浪計	北海道大学 現役	北海道教育大学 現浪計	北海道教育大学 現役	室蘭工業大学 現浪計	室蘭工業大学 現役	小樽商科大学 現浪計	小樽商科大学 現役	帯広畜産大学 現浪計	帯広畜産大学 現役	旭川医科大学 現浪計	旭川医科大学 現役	北見工業大学 現浪計	北見工業大学 現役	旭川市立大学 現浪計	旭川市立大学 現役	釧路公立大学 現浪計	釧路公立大学 現役	公立千歳科学技術大学 現浪計	公立千歳科学技術大学 現役	公立はこだて未来大学 現浪計	公立はこだて未来大学 現役	札幌医科大学 現浪計	札幌医科大学 現役	札幌市立大学 現浪計	札幌市立大学 現役	名寄市立大学 現浪計	名寄市立大学 現役	現浪合計人数	現役合計人数
私立・通信	北海道芸術	36			1	1																									1	1
私立・通信	N/S高	—	3	3					1	1					1	1					3	3	1	1	2	1			1	1	12	11
私立・通信	クラーク記念国際	35					2	2	2	2					1	1	1	1											1	1	7	7
私立・通信	池上学院	34																							1	1					1	1
私立・通信	星槎国際	51	2	2																	1										3	2
高専・渡島	函館高専	53	2				6																6								14	
高専・胆振	苫小牧高専	55	2				3								2																7	
高専・釧路	釧路高専	51	3		1														3												7	
高専・上川	旭川高専	56	3				3										1						2								9	
公立・石狩	札幌南	69	85	66	2	2	2	1	6	4	1	1	5	4							1	1			4	2	3	3	25	17	134	101
公立・石狩	市立札幌旭丘	61	34	25	28	26	8	7	24	22	5	3					1	1			3	3	5	5	7	5	5	3	2	2	123	102
公立・石狩	札幌月寒	59	11	10	17	17	9	8	34	33			2	2			2	2	3	1	1	1	1	1	7	7	2	2	4	4	93	88
公立・石狩	市立札幌藻岩	55	9	7	23	23	8	6	14	14	2	2	1				1	1			2	2	2	2	11	9	8	8	8	8	89	82
公立・石狩	市立札幌平岸	50	1	1	11	10	11	11	8	8			1	1			1	1			8	8							3	3	46	44
公立・石狩	札幌東	64	60	45	20	19	12	11	34	31	3	3									20	3			11	9			3	2	165	123
公立・石狩	札幌啓成	54	14	13	29	28	22	21	12	12	4	3	3	3			4	3	8	8	10	10	13	13			4	3	8	8	134	128
公立・石狩	市立札幌清田	54	5	5	12	12	14	14	14	14			5	5			3	3	5	5	8	8	2	2	1	1	3	3	4	4	76	76
公立・石狩	札幌白石	47			1	1	3	2									1	1									1	1	1		7	5
公立・石狩	札幌平岡	46	1	1	1	1	6	6									1	1			4	4							3	3	16	14
公立・石狩	札幌厚別	43			4	3	2		1	1											2	1	1	1			1	1	1	1	12	8
公立・石狩	札幌真栄	38																			1	1									1	1
公立・石狩	札幌東陵	41					5	3																	2				1	1	8	4
公立・石狩	札幌丘珠	36					1	1																							1	1
公立・石狩	札幌北	66	113	98	12	11	6	5	22	19	4	4	4	3							14	12	1	1	12	7	3	3			191	163
公立・石狩	札幌国際情報	57	11	10	26	25	8	8	17	15	1	1							3	2	11	11	13	12	4	4	10	10	1	1	105	99
公立・石狩	市立札幌新川	56	5	4	27	26	6	5	18	15	2	2					2	1			7	7	4	4	2	2	2	2			78	72
公立・石狩	札幌北陵	53	2	2	16	16	9	9	12	12	1	1					7	7	5	5	9	9	5	5	3	3	2	2	3	3	75	75
公立・石狩	札幌英藍	45			1	1	3	3	1	1																					5	5
公立・石狩	石狩南	48					7	7	3	3	5	4									1								1	1	17	15
公立・石狩	札幌西	65	70	56	9	5	4	3	28	22	5	5	3	2							4	2	1	1	7	6	3	3			134	105
公立・石狩	札幌手稲	56	14	10	34	33	16	15	15	14	2	2					5	5	4	4	6	6	8	7	7	7	4	2	6	6	122	111
公立・石狩	札幌稲雲	47	1	1	10	10	3	3	3	3							1	1	3		9	8	1	1	3	3	1	1	1	1	37	36
公立・石狩	札幌西陵	39																							3	3	1	1	1	1	5	5
公立・石狩	大麻	49	3	1	11	10	11	11	5	4							5	4			15	15	4	4	3	3	4	4	2	2	63	58
公立・石狩	江別	40			1	1	1	1	2	2	1	1																			5	5
公立・石狩	北広島	58	19	13	32	27	16	15	13	13					3	2			1	1	5	5	10	10	3	3	6	6	2	2	110	97
公立・石狩	千歳	48	1	1	4	3	6	6	6	6							1	1			4	4	5	5			1	1	1	1	29	28
公立・石狩	恵庭北	41			1	1	1	1									1	1											1	1	4	4
公立・石狩	恵庭南	35							1																						1	0
公立・石狩	市立札幌啓北商業	42							2	2	4	4									2	2	1	1							9	9
公立・石狩	札幌東商業	42									1	1																			1	1
公立・石狩	札幌琴似工業	38					2	2																							2	2
公立・石狩	札幌工業	38					1	1									1	1													2	2
公立・石狩	市立札幌大通	38	1	1	1	1			1	1																					3	3
公立・石狩	有朋	35					1																								1	0
公立・石狩	市立札幌開成	—	16	14	11	9	2	2	10	9							1				3		3	3	3	3	3	3	3	3	52	43
公立・渡島	函館中部	60	14	14	16	16	5	5	2	2	1	1	1	1			3	3	1	1	3	3	1	1	2	2	6	5	1	1	56	55

	高校名	高校入試のSS (2021)	北海道大学		北海道教育大学		室蘭工業大学		小樽商科大学		帯広畜産大学		旭川医科大学		北見工業大学		旭川市立大学		釧路公立大学		公立千歳科学技術大学		公立はこだて未来大学		札幌医科大学		札幌市立大学		名寄市立大学		現浪合計人数	現役合格人数
			現浪計	現役	現浪計	現役	現浪計	現役	現浪計	現役	現浪計	現役	現浪計	現役	現浪計	現役	現浪計	現役	現浪計	現役	現浪計	現役	現浪計	現役	現浪計	現役	現浪計	現役	現浪計	現役		
公立・渡島	市立函館	53	2	2	24	23			4	3			1	1	2	2	3	3	2	2	2	2	6	6					2	2	48	46
公立・渡島	函館西	47	1	1	7	5	4	4							2	2	1	1	3	3	1	1	6	6					2	2	27	25
公立・渡島	函館商業	41							1	1													1	1							2	2
公立・渡島	函館工業	42													1	1															1	1
公立・渡島	八雲	—							2	2															1	1					3	3
公立・渡島	七飯	36			1	1																	1	1							2	2
公立・檜山	檜山北	39																					1	1			1	1			2	2
公立・檜山	江差	—					1	1	1	1									1	1											3	3
公立・檜山	奥尻	47			1	1																									1	1
公立・後志	小樽潮陵	55	22	15	23	22	7	6	29	27	1	1	1	1	2	2	4	3	1	1	1	1	3	3	5	2	1	1	1	1	101	86
公立・後志	小樽桜陽	44					5	5											2	2			1	1							8	8
公立・後志	小樽未来創造	35							1	1																					1	1
公立・後志	岩内	41			3	3											1	1											3	3	7	7
公立・後志	倶知安	41	1	1	3	3	1	1	2	2									3	3	1		1	1							12	11
公立・空知	岩見沢東	56	14	9	15	14	8	8	6	6					1	1	4	2	2	2	4	4			2	2			1	1	57	49
公立・空知	岩見沢西	42			2	2	1	1							2	2	1	1	1	1	1	1							1	1	9	9
公立・空知	岩見沢緑陵	42			1	1	2	2	2	2																					5	5
公立・空知	滝川	53	4	4	12	11	9	9	3	3	1		2	2	3	3	7	7	6	5	1	1	5	5	1	1	2	2	6	6	62	59
公立・空知	滝川西	41			1	1	2	2															2	2			1	1	1	1	7	7
公立・空知	深川西	32			2	2											1	1											1	1	4	4
公立・空知	芦別	—																	1	1											1	1
公立・空知	岩見沢農業	35									1	1																			1	1
公立・空知	夕張	46			1	1																									1	1
公立・空知	栗山	35			1	1																									1	1
公立・留萌	留萌	45	1	1	3	2	2	2	3	2					1	1	2	2									2	2	2	2	16	14
公立・留萌	天塩	44			1	1																									1	1
公立・上川	旭川東	64	39	31	20	20	3	3	7	7	4	4	24	21	4	3	1	1	1	1	1	1	1	1	1	1	3	3			109	97
公立・上川	旭川北	59	13	12	44	44	9	9	11	10	1	1	10	10	5	5	6	6	6	6	3	3			4	4	2	2	7	7	121	119
公立・上川	旭川西	53	1	1	12	12	4	3	2	2	1	1	4	4	3	3	10	10	3	3	3	3	3	3			5	5	8	8	59	58
公立・上川	旭川永嶺	49			10	9	6	6	1	1	1	1	3	3	2	2	18	18	4	4	1	1					1	1	4	4	51	50
公立・上川	旭川南	47			11	10	1		1	1					3	2	12	12	1	1	1	1							6	6	36	33
公立・上川	旭川商業	41															5	5													5	5
公立・上川	旭川工業	40			2	2	1	1							2	2	2	2													7	7
公立・上川	富良野	45			6	6	4	4	2	2			1	1	2	2	4	4									1	1	1	1	21	21
公立・上川	鷹栖	36			1	1									1	1	1	1													3	3
公立・上川	名寄	54	2	1	4	4	2	2							2	2	1	1	6	6	2	2					1	1	7	7	27	26
公立・上川	士別翔雲	39			3	3	2	2	1	1																			5	5	11	11
公立・上川	旭川農業	41															1	1											1	1	2	2
公立・宗谷	稚内	50			3	3	3	3	3	3			1	1	2	2	2	2	5	5	3	3	1	1	1	1			4	4	28	28
公立・宗谷	浜頓別	—									1	1																			1	1
公立・宗谷	枝幸	—																			1								1	1	2	1
公立・オホーツク	北見北斗	56	16	15	19	18	5	4	2	2	2	2	2	2	10	10	5	5	3	3	4	4	3	3	7	5	3	3	3	3	84	79
公立・オホーツク	北見柏陽	48			7	7	1	1	1	1					12	12			5	5			1	1					4	4	31	31
公立・オホーツク	北見緑陵	44							1	1					5	5	1	1	1	1											8	8
公立・オホーツク	北見工業	31													4	4															4	4
公立・オホーツク	美幌	—																											1	1	1	1
公立・オホーツク	網走南ケ丘	47	1		5	5	9	7	1	1									3	3	4	4	1	1					4	4	28	25

	高校名	高校入試のSS(2021)	北海道大学		北海道教育大学		室蘭工業大学		小樽商科大学		帯広畜産大学		旭川医科大学		北見工業大学		旭川市立大学		釧路公立大学		公立千歳科学技術大学		公立はこだて未来大学		札幌医科大学		札幌市立大学		名寄市立大学		現浪合計人数	現役合計人数
			現浪計	現役	現浪計	現役	現浪計	現役	現浪計	現役	現浪計	現役	現浪計	現役	現浪計	現役	現浪計	現役	現浪計	現役	現浪計	現役	現浪計	現役	現浪計	現役	現浪計	現役	現浪計	現役		
公立・オホーツク	斜里	33															1	1											1	1	2	2
公立・オホーツク	遠軽	39	1	1	5	5			1	1			1	1			2	2									1	1	5	5	16	16
公立・オホーツク	紋別	—			2	2	4	4	1	1							3	3			1										11	10
公立・オホーツク	佐呂間	34																											1	1	1	1
公立・オホーツク	湧別	—															1	1													1	1
公立・胆振	室蘭栄	56	19	16	22	20	16	16	5	5	1	1	3	3	3	3	3	3	3	2	1	1	3	3	7	7			3	3	89	83
公立・胆振	室蘭清水丘	48					4	4	14	14	2	2					2	2	1	1	2	2	2	2	2	2			4	4	33	33
公立・胆振	室蘭東翔	43					8	8									1	1													9	9
公立・胆振	室蘭工業	32					2	2																							2	2
公立・胆振	伊達開来	39					4	4	14	14	1	1					2	2											1	1	22	22
公立・胆振	登別青嶺	37					2	2											1	1											3	3
公立・胆振	苫小牧東	56	10	7	32	32	14	13	5	5	3	3	1	1	1	1	3	3	7	7	4	4	6	6	2	1	5	5	5	5	98	93
公立・胆振	苫小牧南	46			1	1			2	2							1	1	2	2	2	2	1	1			1	1			10	10
公立・胆振	苫小牧西	41							1	1									1	1											2	2
公立・胆振	鵡川	37															1	1													1	1
公立・胆振	登別明日 [中等教育学校]	—	1		4	4	4	4									1	1	1	1	1	1							1	1	13	12
公立・日高	静内	41	1	1	2	2	4	4	3	3											1	1					2	2			13	13
公立・日高	浦河	50	1	1	2	2			1	1	1	1					1	1											1	1	7	7
公立・日高	富川	—			2	2																									2	2
公立・十勝	帯広柏葉	62	22	14	12	12	6	5	9	9	8	6	8	6	3	3			7	6	5	5	1	1	3	3	2	2	1	1	87	73
公立・十勝	帯広三条	56	3	2	19	19	7	7	10	10	2	2	1	1	1	1	4	4	5	4	4	4	6	6	1	1	4	4	5	5	72	70
公立・十勝	帯広緑陽	50	1	1	8	8	2	2	2	2							3	3	1	1	10	10					1	1	1	1	31	31
公立・十勝	帯広南商業	47							3	3							2	2													5	5
公立・十勝	帯広工業	44															2	2													2	2
公立・十勝	芽室	43			1	1													2	2											3	3
公立・十勝	音更	34																					1	1							1	1
公立・十勝	鹿追	34																	1	1									1	1	2	2
公立・十勝	清水	35																											1	1	1	1
公立・十勝	池田	38							1	1																					1	1
公立・十勝	上士幌	39																			1										1	0
公立・十勝	幕別清陵	37			1	1											1	1	1	1											3	3
公立・十勝	大樹	39					1	1																							1	1
公立・十勝	広尾	—					1	1			1	1							2	2											4	4
公立・十勝	本別	32													1	1															1	1
公立・十勝	足寄	32							1	1							1	1	1	1	1	1									4	4
公立・釧路	釧路湖陵	56	13	10	16	15	8	5	3	2	5	5	1	1			4	1	12	8	3	2	2	2	5	4	3	3	1	1	76	59
公立・釧路	釧路江南	50	2	1	5	5	6	6	3	3	1	1			1	1	3	3	16	16	1	1	1	1			2	2	1	1	42	41
公立・釧路	釧路北陽	45			6	6	1	1									1	1	11	11									1	1	20	20
公立・釧路	釧路明輝	43			2	2											1	1	4	4									1	1	8	8
公立・釧路	釧路東	32																	2	2											2	2
公立・釧路	釧路商業	36																	4	4											4	4
公立・釧路	釧路工業	35																	1	1											1	1
公立・釧路	白糠	—																	1	1											1	1
公立・釧路	標茶	37									1	1							3	3											4	4
公立・釧路	霧多布	—																					1								1	0
公立・根室	根室	40			2	2	2	2			1	1					1	1	4	4							1	1	1	1	12	12
公立・根室	中標津	39			2	2											2	2	5	5	2	2	3	3			2	2	1	1	17	17

■北海道高校ガイドブック 掲載校一覧

2024年度 北海道学力コンクール 事務局会場受験 年間日程表

中1～中3

第1回
申込締切：3月15日
－前学年までの総復習－
中1・2 4/2(火) 中3 3(水)
北海道学力コンクール

第2回
申込締切：7月22日
－夏休みの総仕上げ－
中1・2 8/10(土) 中3 11(日)
北海道学力コンクール

第3回
申込締切：9月30日
－進路決定のカギ－
中3 10/19(土)
北海道学力コンクール

第4回
申込締切：11月1日
－願書提出対策－
中3 11/23(土)
北海道学力コンクール

第5回
申込締切：12月18日
－低学年:1年間の総復習－
－中3:入試直前対策－
中1・2 1/10(金) 中3 11(土)
北海道学力コンクール

第6回
申込締切：1月14日
－入試直前実力判定－
中3 2/1(土)
北海道学力コンクール

中3・学力テスト対策
※学力テスト対策は、事務局会場受験はありません。
道コン参加塾または自宅受験での開催となります。

A対策
－学力テスト総合A対策－
申込締切：8月15日
8/31(土)・9/1(日)

B対策
－学力テスト総合B対策－
申込締切：9月12日
9/28(土)・29(日)

C対策
－学力テスト総合C対策－
申込締切：10月10日
10/26(土)・27(日)

小4～小6

第1回
申込締切：3月15日
－前学年までの総復習－
4/2(火)
小学生学力コンクール

発展編①
申込締切：6月14日
－小6対象 中学受験対策①－
6/29(土)
小学生学力コンクール 小6【発展編】

第2回
申込締切：7月22日
－夏休みの総仕上げ－
8/10(土)
小学生学力コンクール

発展編②
申込締切：10月30日
－小6対象 中学受験対策②－
11/17(日)
小学生学力コンクール 小6【発展編】

第3回
申込締切：12月18日
－1年間の総復習－
1/10(金)
小学生学力コンクール

※定員に限りがあります。定員に達し次第、申込締切日前でも受付を終了させていただく場合があります。

受験料（送料・消費税込）

小4（2科（国・算のみ））・・・・・・・・・・・・・・・・・2,600円
小5・小6（2科または5科※）・・・・・・・・・3,300円
※小5の第1回は、英語を除いた4科または2科となります。
小6発展編（4科または4科＋総合）・・・4,200円
中学生（5科）・・・・・・・・・・・・・・・・・・・・・・4,200円
中3学力テスト対策（自宅受験）・・・・3,700円

【お申し込み方法】
お電話・FAX・ホームページからのお申し込みにて承ります。
※事務局会場受験は、店頭受付を実施している各書店でもお申し込みいただけます。（受付書店はホームページ等でご確認ください。）
※お申込受領後、各回の試験が近づきましたら受験票をお届けします。
受験票の発送は、試験実施日2週間前からの予定となっております。

---

do-con 北海道学力コンクール事務局 https://www.do-con.com

札幌市中央区北7条西20丁目1-8 SKビル TEL 011-621-6640（平日9:30～17:30）FAX 011-621-2550 e-mail jim@do-con.com

学校案内資料請求フォームについて

道コンホームページから各学校へ、資料の請求ができます。

https://www.do-con.com/material/

後日、各学校より資料をお届けします。

（2024年度の資料請求期限：2025年2月末まで）

※お知らせいただいた個人情報は、目的外の用途には使用致しません。

本書の発行にあたり、ご協力いただいた各校の先生方、学習塾の方々、
受験生・保護者の皆様に厚く御礼申し上げます。

2025年度受験用

北海道 高校ガイドブック

初版発行　2024年7月
発 行 所　北海道学力コンクール事務局
　　　　　〒060-0007 札幌市中央区北7条西20丁目1-8 SKビル
　　　　　Tel（011）621-6640　　https://www.do-con.com

●無断転載を禁じます。
●乱丁・落丁本はお取り替えいたします。